Wolfgang Kowalsky · Wolfgang Schroeder (Hrsg.)

Rechtsextremismus

Wolfgang Kowalsky · Wolfgang Schroeder (Hrsg.)

Rechtsextremismus

Einführung und Forschungsbilanz

Westdeutscher Verlag

Umschlaggestaltung: Horst Dieter Bürkle, Darmstadt
Druck und buchbinderische Verarbeitung: Lengericher Handelsdruckerei, Lengerich
Gedruckt auf säurefreiem Papier
Printed in Germany

ISBN 3-531-12561-3

Inhalt

IV. Internationale Aspekte

V. Gesellschaftliche und staatliche Reaktionen

VI. Übergreifende Forschungsansätze und -diskussionen

VII. Chronologie

VIII. Anhang

Wolfgang Kowalsky / Wolfgang Schroeder

Einleitung

Rechtsextremismus – Begriff, Methode, Analyse

Eine Sozialwissenschaft im Elfenbeinturm braucht sich nicht mit aktuellen gesellschaftlichen Probleme zu befassen. Kaum ein Thema bewegt die deutsche und internationale Öffentlichkeit seit Ende der 80er Jahre so stark wie der Rechtsextremismus. Hier scheint ein Schlüssel zu liegen, um die politische Situation in Deutschland zu verstehen und um die Veränderungen in diesem Land zu bewerten: Ist Deutschland nach der Vereinigung, nach seiner wiedergewonnenen Souveränität auf dem Wege nach rechts? Werden sich rechtsextreme Parteien in den – deutschen wie europäischen – Parlamenten etablieren und zu einer Veränderung des Parteiensystems beitragen? Gibt es eine Kontinuitätslinie von den gegenwärtigen rechtsextremen Denk- und Handlungsmustern zu jenen der Epoche des historischen Faschismus, speziell der NS-Zeit? Oder hat sich der Rechtsextremismus so stark verändert – beispielsweise in Form der Partei „Die Republikaner" –, daß er ohne Bezug auf den „Nationalsozialismus"[1] auskommt? Gibt es eine steigende Akzeptanz für rechtsextremes Denken und Handeln, so daß von Deutschland wieder

---

1 Eine terminologische Fahrlässigkeit sei in diesem Zusammenhang erwähnt: So wie sich schleichend die – seit der NS-Zeit kontrovers diskutierte (vgl. kürzlich: Haug 1993: 343) – Übernahme der NS-Selbstbezeichnung „Nationalsozialismus", die immer auch der Diskreditierung sozialistischer Vorstellungen dienen sollte, durchgesetzt hat (anstelle beispielsweise des außerhalb der Bundesrepublik üblichen „Nazismus"), so scheint auch die Besetzung des Begriffs Republikaner durch eine rechtsextreme Partei ein mittlerweile allseits akzeptiertes Faktum darzustellen. In keinem anderen westlichen Land außer der Bundesrepublik haben sich die Republikaner, d.h. die Verfechter einer offenen und modernen Republik, widerstandslos den Begriff entwenden lassen. Der sich durchsetzende Verzicht auf distanzierende Anführungszeichen kann als Indiz dafür genommen werden, daß die Republikaner/Demokraten den Begriff der rechtsextremen Partei überlassen. Eine Wissenschaft, die sich als freischwebend, fernab jeglicher sozialer Auseinandersetzungen wähnt, kann eine solche Begriffsbesetzung tolerieren; eine Wissenschaft jedoch, die sich selbstreflexiv verhält, dürfte sich nicht zum Komplizen dieser Begriffsverwirrung machen, sondern müßte vielmehr den ursprünglichen Begriffsinhalt „aufheben". Seit dem Wahlsieg der rechtsextremen Partei „Die Republikaner" im Januar 1989 in Berlin sind diejenigen, die den Begriff im ursprünglichen Wortsinn verwenden, in der Defensive, d.h. sie müssen ihn durch Zufügungen kenntlich machen. Auf diesem Gebiet haben die Rechtsextremisten einen leichten Sieg errungen, der viel zu selbstverständlich von den Republikanern/Demokraten hingenommen wird.

eine Gefährdung für die Welt ausgehen könnte? Warum wird der aktuelle Rechtsextremismus in Deutschland als bedrohlicher empfunden als vergleichbare Phänomene in Frankreich, Großbritannien, Österreich oder Italien? Kurzum: Welche Bedeutung hat der Rechtsextremismus für die kollektive Identität der Deutschen, für die Entwicklungsmöglichkeiten der Gesellschaft und der Innen- und Außenpolitik dieses Landes?

So existentiell diese Fragen und die darin enthaltenen Befürchtungen gerade vor dem Hintergrund der deutschen Vergangenheit sind (Meier 1990), so wenig hilfreich sind dramatisierende und ahistorische Antworten. In der kaum überschaubaren Flut von Veröffentlichungen, die sich mit dem Rechtsextremismus befassen, überwiegen journalistische Schnellschüsse (vgl. Backes 1990), die Konjunktur haben, sobald rechtsextremistische Umtriebe das öffentliche Interesse auf sich ziehen. Im Vergleich zu anderen Forschungsgebieten fällt auf, daß viele Studien zum Rechtsextremismus mit emotionalen und gesinnungsethischen Bewertungen geradezu überfrachtet sind. Zudem werden die darin erhobenen Befunde häufig direkt in politische Handlungsanweisungen übersetzt. Die verzerrte Sichtweise, die in zahlreichen Publikationen anzutreffen ist, kann nicht nur auf die deutsche Vergangenheit zurückgeführt und mit der Absicht, eine erfolgreiche Gegenstrategie zu finden, erklärt werden; sie ist ebenfalls Ergebnis fehlender analytischer und methodischer Klarheit sowie selbst verschuldeter Ausfluß des politischen Willens zur Dramatisierung und Dämonisierung (vgl. bspw. Kirfel 1989; Kühnl 1990; Butterwegge 1992). Mangelnde Distanz und ahistorisches Vorgehen versperren den Blick auf das Neue und verhindern eine der Situation angemessene Bewertung des gegenwärtigen Rechtsextremismus.

Der Bedeutung des rechtsextremen Phänomens werden die meisten Publikationen nicht gerecht. Qualitätsdefizite beruhen nicht zuletzt darauf, daß bisherige Forschungsergebnisse nur selektiv zur Kenntnis genommen werden.[2] Diesem Mangel abzuhelfen ist ein Ziel des vorliegenden Bandes. In den Beiträgen wird versucht die Entwicklung der Rechtsextremismusforschung in Deutschland seit Kriegsende nachzuvollziehen; die wichtigsten Studien, deren Thesen sowie die damit einhergehenden Kontroversen werden in Zusammenhänge eingeordnet und systematisiert. So verknüpft diese Bilanz eine Bestandsaufnahme mit der Absicht, einen Überblick und eine Einführung zu bieten.[3]

---

2 Beispielsweise wird erst in jüngster Zeit der bereits 1967 erarbeitete Erklärungsansatz von Klingemann/Scheuch, die Rechtsextremismus als „normale Pathologie" westlicher Industriegesellschaften begreifen, wieder aufgegriffen (1967: 15).

3 Das von uns im Juli 1993 organisierte Symposium „Rechtsextremismus – Produkt der Moderne oder Überbleibsel des Faschismus? Bilanz der Rechtsextremismusforschung" bildete den Ausgangspunkt dieses Bandes.

I. Rechtsextremismus als Klassifizierungs- und Analysekonzept

Rechtsextremismus ist ein Sammelbegriff, in dem unterschiedliche Phänomene gebündelt werden. Dazu gehören vor allem antidemokratisch-autori-
täre Ideologien, Einstellungs-und Handlungsmuster, Einzel- und Kollektiv-
aktivitäten, Medien, Organisationen, Parteien und schließlich Bedingungs-
zusammenhänge (vgl. Stöss 1989). Da selbst der innerwissenschaftliche Diskussionsstand in Deutschland noch nicht an dem Punkt angelangt ist, daß
von einem konsensualen Verständnis und Gebrauch der Rechtsextremismus-
Terminologie gesprochen werden kann, hat dies zur Folge, daß jeder neue
Aufsatz, jede neue Monographie zunächst einmal den kategorialen Deutungs-
horizont ihrer Argumentation darlegen muß. Dieser Pflicht kann sich die
hier vorgelegte wissenschaftliche Bestandsaufnahme, die weder dramatisieren noch beschwichtigen, sondern einen möglichst unvoreingenommenen
und umfassenden Beitrag zum Erkenntnisfortschritt leisten will, nicht entziehen.

Ein Problem der Rechtsextremismus-Terminologie besteht darin, daß einerseits eine Reihe von konkurrierenden Begrifflichkeiten wie Rechtsradikalismus, Rechtsfundamentalismus, Neo-Nazismus, Neo-Faschismus, Rechts-
und Nationalpopulismus, Nationalkonservatismus bis hin zur Alten und
Neuen Rechten[4] im Gebrauch sind (vgl. auch Pfahl-Traughber 1993: 26ff.).
Andererseits verbinden die Autoren, die den Begriff Rechtsextremismus benutzen, damit sehr unterschiedliche Motivationen, Ziele und Bedeutungs-
ebenen.

Für die extremismustheoretische Forschungsrichtung, die der alten Totalitarismustheorie[5] am nächsten steht – in besonders pointierter Form von
Backes/Jesse (1993) artikuliert –, fungiert Rechtsextremismus als Sammelbegriff für Phänomene, die sich gegen den demokratischen Verfassungsstaat
richten. Mit einer solchen Deutung wird die inhaltliche Begriffsbestimmung
an eine außerwissenschaftliche Instanz wie den Verfassungsschutz angelehnt,
statt sich selbst um die Durchsetzung einer eigenen Interpretation im öffentlichen Diskurs zu bemühen. Diese staatszentrierte Deutungsübernahme wird
noch zugespitzt durch Forscher, die die vom Verfassungsschutz vorgegebene
juristische Unterscheidung zwischen einem nicht-verfassungsfeindlichen
Rechtsradikalismus und einem verfassungsfeindlichen Rechtsextremismus

---

4 Der Begriff Neue Rechte ist zweideutig: Einerseits wird darunter die „Modernisierung" des
   Rechtsextremismus verstanden, andererseits wird er verwendet als Bezeichnung für rechts-
   intellektuelle Denkzirkel, die seit Ende der 60er Jahre Antworten von rechts auf die gesellschaftlichen Veränderungen zu geben versuchen (vgl. Gessenharter 1989). Unter „moderni-
   siertem" Rechtsextremismus wird gemeinhin der Rechtsextremismus gefaßt, der versucht,
   seine Identität ohne Bezug auf den historischen Faschismus zu bestimmen.
5 Vgl. die bereits in den 50er und 60er Jahren kontroverse Diskussion um das Totalitarismustheorem (Jänicke 1971).

übernehmen. Ein solch phänomenologischer Ansatz, der als Ordnungsprinzip die Einordnung auf der Koordinatenachse von verfassungsgemäßen bis verfassungsfeindlichen Einstellungen verfolgt, vermag der Komplexität eines gesellschaftlichen Krisenphänomens, wie es der Rechtsextremismus in hochentwickelten Industriegesellschaften darstellt, insofern nicht gerecht zu werden, als er sich auf ein zu enges Referenzkonzept verläßt. Die Analyse des Rechtsextremismus kann sich jedoch nicht darauf beschränken, empirische Phänomene deskriptiv wiederzugeben, sondern muß die beobachteten Phänomene auf ihre konstitutiven Bedingungen zurückbeziehen, deren Genese nachzeichnen und erklären können. Schon aus diesem Grunde ist ein eindimensionaler Ansatz wie der extremismustheoretische notwendigerweise komplexitätsreduzierend und damit der Problematik nicht adäquat.

Die Mehrzahl kritischer Sozialwissenschaftler meidet den Rechtsextremismusbegriff gerade wegen seiner extremismustheoretischen Besetzung. Sie sehen darin eine unverantwortliche politische Instrumentalisierung (vgl. Narr 1980, 1993), die letztlich auf eine Gleichsetzung von Links- und Rechtsextremismus im Sinne der alten Totalitarismustheorie (vgl. bspw. Nolte 1973; Bracher 1987) hinauslaufe. Zudem befürchten sie, daß mit einer solchen Negativdefinition, die sich primär auf die Gegnerschaft zum demokratischen Verfassungsstaat und seinen verfahrens- und menschenrechtlichen Grundlagen kapriziert, die Genese und Ursachen von Rechtsextremismus ausgeblendet und somit vorrangig Staatsschutzziele, die eine strafrechtliche Ausgrenzung bezwecken, verfolgt werden.

Um diesen Schwierigkeiten zu entgehen, benutzen verschiedene Forscher alternative Begriffe, beispielsweise den Begriff Rechtsradikalismus (vgl. Leggewie in diesem Band). Andere vertreten die Auffassung, daß gerade dieser Begriff wegen der positiven Konnotation von Radikalismus (im ursprünglichen Sinne von: an die Wurzel gehen) eine Fehlorientierung bedeute. Wieder andere greifen auf ältere Begriffe zurück, denen die Vorsilbe „Neo-" vorangestellt wird, doch diese Begriffsbildung ist irreführend, da bei Komposita wie Neofaschismus oder Neonazismus nicht die Vorsilbe, sondern das Nomen sinngebend wirkt. Zugleich ignorieren diese begrifflichen Fixierungen, daß die meisten der aktuell agierenden rechtsextremistischen Gruppen und Aktivitäten nicht unmittelbar auf das NS-Regime zurückzuführen sind, sondern daß in diesem politischen Spektrum eine relative Autonomisierung gegenüber der NS-Politik und NS-Ideologie stattgefunden hat, die durch neue und eigenständige Begrifflichkeiten erfaßt werden muß.

In jüngster Zeit hat die Begriffsbildung Rechtspopulismus als Konkurrenzkategorie zu Rechtsextremismus an Akzeptanz gewonnen (vgl. Laclau 1981; Dubiel 1986; Glotz 1989). Die in diesem Begriff zum Ausdruck kommende Akzentverlagerung besteht darin, daß das Populistische, also der Appell an das Volk (lat. populus) in den Vordergrund gerückt, damit aber auf die Unterscheidung zwischen rechtsextrem und rechts vollends verzichtet

wird. Zudem ergibt sich ein weiteres Problem: Mit der Bildung des Gegen-
begriffs „Linkspopulismus" schiebt sich die extremismustheoretische Be-
griffsfundierung, der zu entgehen doch gerade ein Ziel bildete, wie eine Folie
hinter die Neuschöpfung. Kurzum: Der Begriff Populismus bezeichnet keine
neue politische Strömung, sondern eine spezifische Form der politischen
Beziehung zwischen Politikern, Parteien und Volk (Dubiel 1986: 7).

Um den Rechtsextremismus-Begriff trotz solcher Probleme wieder fruchtbar zu machen, muß die Herangehensweise von zwei komplementären Verkürzungen befreit werden, die aus normativen Vorannahmen resultieren:
Einerseits von der extremismustheoretischen Verengung, die auf Verfassungskonformität und Staatsschutzdenken verweist, andererseits von der normativen Überhöhung und Stilisierung, die zu einem antifaschistischen Kampf,
der weitgehend ritualisiert und vergangenheitsbezogenen verläuft, führen
kann.

Beide Sichtweisen beruhen auf und führen zu einer Engführung der Erkenntnisse, die ihre beste Rechtfertigung jeweils in der Existenz des anderen
Lagers findet: So wie der extremismustheoretische Ansatz dem Antifa-Ansatz
seine Blindheit gegenüber totalitären und speziell linksextremen Auffassungen und Aktivitäten vorhält, so kritisiert der gesellschaftskritische Ansatz
an der extremismustheoretischen Variante deren – totalitarismustheoretisch
inspirierte – Hervorhebung und Überhöhung formaler Strukturanalogien,
die zu eigenständigen Gefahren für die Demokratie von linksaußen bzw.
rechtsaußen stilisiert würden. Beide Seiten gründen ihre Terminologie und
ihre Konzeptionen letztlich auf – zwar konträren, aber eben – normativen
Prämissen, die mehr mit der jeweiligen „political correctness" als mit wissenschaftlicher Analyse zu tun haben. Beide Verkürzungen gilt es zu überwinden, um das gesamte Feld des Rechtsextremismus in den Blick zu bekommen.

In die wissenschaftliche Analyse des Rechtsextremismus müssen eingehen: die ökonomischen, sozialen, politischen und kulturellen Rahmenbedingungen, die Verbreitung von antidemokratischen und demokratieskeptischen
Einstellungen, das Ausmaß und die Entwicklung rechtsextremer Aktivitäten
– organisiert wie nicht organisiert –, die generations- und geschlechtsspezifischen Besonderheiten, die Struktur rechtsextremistischer Ideologien, die
Programmatik rechtsextremer Organisationen, die Beziehungen rechtsextremer Organisationen zu maßgeblichen politischen Kräften auf nationaler wie
internationaler Ebene.

Wenn unter Rechtsextremismus verstanden wird die Gesamtheit von Einstellungen und Verhaltensweisen, die auf die Beseitigung oder nachhaltige
Beeinträchtigung demokratischer Rechte, Strukturen und Prozesse gerichtet
ist, so bleibt Rechtsextremismus als zugleich soziales und politisches Mas-
senphänomen erklärungsbedürftig. Es deutet auf eine individuelle und gesamtgesellschaftliche Komponente hin, wenn auch diese beiden Faktoren

einen einheitlichen Wirkungszusammenhang bilden. Da es sich beim Rechtsextremismus um einen komplexen Wirkungszusammenhang handelt, ist es
nicht sinnvoll, ihn auf einzelne Elemente bzw. Komponenten zu reduzieren.
Rechtsextremismus ist nicht gleichzusetzen mit Rassismus, Nationalismus,
Xenophobie, Autoritarismus, Antipluralismus, Antisemitismus, Ethnozentrismus, Verfassungsfeindschaft oder der Ideologie der Ungleichheit.
   Erst durch ein Denken in Zusammenhängen, das mit diesen einfachen
Zuordnungen bricht, läßt sich Rechtsextremismus begreifen, und zwar indem
die einzelnen Elemente miteinander in Beziehung gesetzt werden, und so
zu einem (Bezugs-)System verdichtet werden. Erst im Bruch mit der alltäglichen, vorwissenschaftlichen Erfahrung läßt sich die wissenschaftliche Konstruktion des Gegenstandes in seinem Beziehungsgefüge leisten. Dagegen
bleibt die bloße Behauptung eines Zusammenhanges von Kernelementen wie
Nationalismus, Rassismus, Autoritarismus etc. auf der Ebene einer willkür-
lichen Setzung, wenn diese Relationen nicht in ihrer Genese herausgearbeitet
werden. Die gesellschaftlich-sozialen Relationen und Institutionen existieren
nur vermittels sozialer Akteure und ihres Handelns. Die Annahme, daß die
rechtsextreme Spezifik sich aus der Verknüpfung verschiedener Elemente
ergebe, ist nicht folgenlos, denn damit wird beispielsweise die Redeweise
von rechtsextremen Themen hinfällig. Es gäbe demzufolge keine rechtsextremen Topoi, sondern Rechtsextremisten könnten Themen durch Herauslösen (Desartikulation) aus ihrem ursprünglichen Kontext und durch Einfü-
gung (Reartikulation) in einen rechtsextremen Kontext besetzen. Dabei wäre
es unerheblich, ob die Rechtsextremisten Immigration, Kriminalität, die Über-
führung der DM in den ECU, ökologische oder feministische Themen aufgreifen. Umgekehrt hieße dies aber auch, daß eine rechtsextreme Partei auf
eine ideologische Grundfigur verzichten kann, beispielsweise die Ausländer-
thematik, und trotzdem weiterhin eine rechtsextreme Partei bliebe.
   Nicht bloß die Forschung zum Thema Rechtsextremismus steht am Anfang, sondern auch die dazu notwendige Theoriebildung. Eine theoretisch
gehaltvolle Konzeptualisierung hat sich die genannten terminologischen und
methodologischen Klippen zu vergegenwärtigen, denn der Vorstoß zu einer
(selbst-)kritischen und (selbst-)distanzierten wissenschaftlichen Haltung
kann der Gefahr erliegen, ins Leere zu laufen. Die Kritik am Rechtsextremismus darf nicht eindimensional oder monokausal sein, da sie sonst in eine
vereinfachende und/oder moralisierende Sicht der Dinge verfällt und letztlich eine primär ethisch begründete Kritik vorträgt, die Andersdenkende, die
die eigenen normativen Voraussetzungen nicht teilen, durch ihren Monopol-
anspruch auf Kritik dem gegnerischen Lager zuschlägt.[6] Normative Verzer-

---

6   Begriffsverwirrungen und Kategorienfehler sind die unausweichliche Folge. Da Wissenschaft
     sich weder in einem macht- noch herrschaftsfreiem Terrain bewegt, sind sich Wissenschaft
     und Macht nicht äußerlich und muß Wissenschaft sich nicht durch normativ überladene
     Konzepte erst Maßstab und Berechtigung zur Kritik holen.

rungen (bias) der Rechtsextremismusanalyse wie auch methodische Verein-
fachungen können aus der Hoffnung erwachsen, so eine unmittelbar opera-
tive Umsetzungsmöglichkeit der eigenen analytischen Ergebnisse und Perspektiven zu erzielen. Dahinter steht eine Wissenschaftspraxis, die durch
eine unmittelbare und enge Verflechtung mit außerwissenschaftlichen Zielen
Gefahr läuft, die wissenschaftliche Produktivität zu gefährden. Statt solcher
Instrumentalisierung ist eine konsequent historisch-strukturelle Analyse unverzichtbar, die den Schein gesellschaftlicher Natürlichkeit durchbricht und
so die Funktionsmechanismen der sozialen Welt aufdeckt und dadurch die
Möglichkeit zur Kritik und Handlungsfähigkeit herstellt. Eine solche theoretisch gehaltvolle und konsequent selbstreflexive Sozialwissenschaft kann
auf diese Weise einen Beitrag dazu leisten, daß nicht mehr beliebig – entsprechend dem postmodernen „anything goes" des verstorbenen Paul K.
Feyerabend – und je nach normativen Vorannahmen sogar konträr über die
soziale Welt geredet werden kann, sondern daß die Aufklärung zu ihrem
universalistischen Anspruch zurückfindet.

In diesem Sinne plädieren wir für die Verwendung eines Rechtsextremis-
musbegriffes, der sowohl deskriptiv als auch analytisch der Komplexität des
Phänomens im umfassenden Sinne gerecht wird. Eine wichtige Grundlage
für ein solches Vorgehen ist eine konkrete Analyse, die zwischen scheinbar
disparaten Phänomenen Korrelationen herzustellen vermag und diese in die
jeweiligen historisch-gesellschaftlichen Kräfteverhältnisse einzubetten versteht. Auf diese Weise kann sowohl die ahistorische Schieflage, die die Voraussetzungen der Moderne unzureichend reflektiert, als auch die komparative Schieflage, die die nationalen Wurzeln gesellschaftlicher Phänomene zu
unterschätzen droht, überwunden werden.

Mit der Auflösung des realsozialistischen Staatensystems 1989/90 setzte
ein Erosionsprozeß auch der ideologischen Legitimationssysteme ein, der
nicht zuletzt das Totalitarismus- und Extremismustheorem erfaßte. Die Kategorien, denen der Ost-West-Gegensatz seinen Stempel aufdrückte, stehen
zur Re-Vision im ursprünglichen Sinne einer Neu-Analyse und Neu-Bewer-
tung an. Die neue geopolitische Situation, die durch das Ende der bipolaren
Weltordnung entstanden ist, zwingt dazu, die Theoreme und Konzepte, die
eng mit dieser weltpolitischen Konstellation verbunden bzw. von ihr geprägt
waren, neu zu durchdenken und damit die Rechtsextremismus-Begrifflichkeit
(Kowalsky 1993: 571ff.) und das Totalitarismustheorem (vgl. dazu Söllner
1993; Barck 1993; Naumann 1993, 1994) neu zu diskutieren.

II. Die Rechtsextremismus-Analyse als Gegenstand von Demokratiewissenschaft

Die Erforschung des Rechtsextremismus gehört zu den vordringlichen Aufgaben der Sozialwissenschaften als Demokratie- und – mit Norbert Elias zu sprechen – Menschenwissenschaften.

Die kritische Auseinandersetzung mit dem Rechtsextremismus basiert auf der normativen Vorentscheidung für das demokratische Projekt der westlichen Moderne. Insofern ist der Rechtsextremismus als Antithese zur Demokratie westlichen Zuschnitts kein exklusiver Gegenstand einer bestimmten sozialwissenschaftlichen Forschungsrichtung. Vielmehr können alle Sozialwissenschaften von der Geschichts-, der Politik-, der Sozial-, der Rechtswissenschaft, den Wirtschaftswissenschaften, der Pädagogik über die Psychologie bis hin zur Theologie einen Beitrag – im umfassenderen Sinne oder hinsichtlich einzelner Aspekte – zur Erforschung des Gesamtphänomens leisten und somit Antworten geben, um den Rechtsextremismus einzuordnen: Was sind die Bedingungen, die Strukturen, die spezifischen modernen Ideologeme und Organisationsformen, die geschlechts- und generationsspezifischen Ausprägungen, die demokratiegefährdenden Wirkungen des Rechtsextremismus und die möglichen demokratischen Gegenstrategien?

Während in den meisten sozialwissenschaftlichen Fächern die Erforschung des Rechtsextremismus sich eher auf soziale Einzelaspekte beschränkt, stehen in der Politikwissenschaft die demokratietheoretischen sowie -politischen Implikationen des Rechtsextremismus im Zentrum (vgl. Münkler 1993). Als Demokratiewissenschaft, die sich mit den Voraussetzungen und Instrumenten für die Stabilisierung und Weiterentwicklung der Demokratie befaßt, rekurriert die Politikwissenschaft auf die Ergebnisse anderer sozialwissenschaftlicher Disziplinen. Indem alle relevanten gesellschaftlichen und ökonomischen Bereiche in die Analyse des Rechtsextremismus einbezogen werden, können umfassendere Aussagen über die Anfechtungen der Demokratie gemacht werden. Zugleich wird so vermieden, daß die Analyse auf dichotome Zuordnungen innerhalb des Spannungsbogens Verfassungskonformität oder -dissens reduziert wird.

Ein integrativer Ansatz, wie er diesem Band zugrundeliegt, ist Voraussetzung für die Konstituierung einer Rahmentheorie des Rechtsextremismus und für eine Bilanzierung der rechtsextremistischen Potentiale in modernen Industriegesellschaften. Auf diese Weise ist es möglich, einerseits die juristische Verengung zu überwinden, die der aktuellen Fassung der Extremismustheorie eigen ist, und andererseits eine umfassendere Berücksichtigung der historischen, politischen, psychologischen, individuellen und gesellschaftlichen Bedingungen und Auswirkungen rechtsextremistischen Handelns zu erreichen. Die Verknüpfung von Struktur- und historischer Entwicklungsanalyse, d.h. synchroner und diachroner Perspektive erfüllt gerade bei der

Erforschung eines sozialen Phänomens wie Rechtsextremismus eine erkenntnisstiftende Funktion.

III. Rechtsextremismus aus der Perspektive gesellschaftlicher Desintegrationsprozesse

Will sich die Rechtsextremismusforschung nicht mit der Klassifizierung von Phänomenen zufrieden geben, sondern Aufschluß über Genese und Rahmenbedingungen rechtsextremistischer Aktivitäten vermitteln, so kann ein kontextuell orientiertes Theoriekonzept sozialer, politischer und kultureller Desintegration eine sinnvolle Forschungseinbettung ermöglichen (vgl. auch Kreckel 1992). Eine so orientierte Rechtsextremismusforschung basiert auf einer gesamtgesellschaftlichen Theorie, die ihr Augenmerk zuallererst auf Krisenphänomene und spezielle Ausdrucksformen sozialer Unzufriedenheit bzw. sozialen Protests richtet und dementsprechend den Begriffen und Theoremen Deprivation und Anomie einen zentralen Platz in der Theoriebildung zuweist.

Soziale Deprivation bezeichnet eine imaginierte oder reale Mangelerscheinung (relative Deprivation) oder reale Unterversorgung (absolute Deprivation) bestimmter Individuen oder sozialer Gruppen. Relative Deprivation meint eine von Individuen oder sozialen Gruppen empfundene Benachteiligung, die sich aus der tatsächlichen gesellschaftlichen Situation ergeben kann, aber nicht muß. Vielmehr kann sich diese Wahrnehmung aus der Diskrepanz zwischen subjektiven Erwartungen und realen Erfahrungen oder auch zwischen gesellschaftlichen Werten, Normen und deren unvollständiger Realisierung bzw. aus dem Vergleich mit anderen Individuen und Gruppen speisen.[7] Eine solche Herangehensweise leugnet nicht die Relevanz der Frage nach der Verfassungskonformität, aber sie wird nicht zur Grundkategorie der Analyse gemacht, vielmehr wird der Zusammenhang zwischen gesellschaftlichen Integrationsprozessen, demokratischen Verfahrensformen und den Bedingungen ihrer Unterminierung ins Zentrum der analytischen Bemühungen gestellt.

---

7   Die gängige These, daß speziell Modernisierungsverlierer für rechtsextreme Orientierungen empfänglich sind, greift zu kurz, da sie reale Verluste im Gefolge von Modernisierungsprozessen unterstellt. Außer acht gelassen wird dabei, daß empfundene Benachteiligungsgefühle eine hinreichende Bedingung für die Zuwendung zu rechtsextremistischen Orientierungen oder Milieus darstellen können. Analog darf unter gesellschaftlicher Desintegration nicht der Ausschluß oder die Ausgrenzung aus sämtlichen sozialen Beziehungsgefügen verstanden werden; das Augenmerk liegt auf der Abwendung von parlamentarisch-demokratischen Spielregeln bzw. deren Ablehnung und darüber vermittelt der Hinwendung zu demokratieskeptischen bzw. antidemokratischen Einstellungen und Verfahren. Die Desintegration muß sich also nicht unbedingt in sozialer Ausgrenzung, wie sie etwa in Folge von Arbeitslosigkeit entstehen kann, äußern.

Im Mittelpunkt der folgenden Skizze steht die Überlegung, daß gesellschaftliche Kohärenz und Integration, auch und gerade im Sinne der Akzeptanz eines demokratisch-parlamentarischen Gesellschaftssystems, jeweils neu
hergestellt werden müssen, da sie ständig von anomischen Prozessen bedroht
sind. Insbesondere vom sozio-ökonomischen und ideologisch-kulturellen
Strukturwandel, der eine Erosion gesellschaftlicher Regulierungsmuster, gel-
tender Normen und Wertgefüge bewirken kann, geht eine ständige Gefährdung der sozialen Dimension und damit des gesellschaftlichen Zusammen-
halts moderner, hochentwickelter Gesellschaften aus. Beschleunigter Wandel
gesellschaftlicher Lebensbedingungen kann dazu führen, daß Menschen aus
traditionell geronnen Lebenszusammenhängen und biographischen Entwicklungen herausgerissen, Gewohnheiten und gewachsene Strukturen in Frage
gestellt werden und Risiken entstehen können, die die Individuen alleine
häufig nicht bewältigen können.

Der gegenwärtig zu beobachtende Individualisierungsprozeß bedeutet
auf der einen Seite eine fortschreitende Auflösung kollektiver Lebensformen,
sozialer Milieus und eine Pluralisierung der Lebensstile und Werte (Beck
1986). In manchen Fällen kann dies zwar als eine berechtigte Abkehr von
veralteten Gemeinschaftsformen gedeutet werden, doch diese Abwendung
setzte Entwicklungen in Gang, deren Auswirkungen selbst problematisch
sind und die somit eine Gegensteuerung notwendig machen. In diesem Sinne
darf der Blick auf die Individualisierungsprozesse die gleichzeitig ablaufen-
den sowie notwendigen neuen Vergesellschaftungsprozesse nicht aus dem
Sichtfeld geraten lassen. Dabei ist zu berücksichtigen, daß sich auch in der
rechtsextremistischen Szene neue Milieus und Gemeinschaftsformen herausbilden, die es näher zu untersuchen gilt. Die Erosion traditioneller Lebensformen, Milieus und Werte ist also nicht einfach als Zerfallsprozeß[8] zu charakterisieren, denn an ihre Stelle treten häufig neue Integrationsformen (vgl.
Bourdieu 1993; Vester u.a. 1993).

Gerade vor diesem Hintergrund wird deutlich, daß der Sozialstaat nicht
in seiner sozialpolitischen Umverteilungsfunktion aufgeht, sondern eine zentrale Aufgabe – im Sinne des Subsidiaritätsprinzips (vgl. Heinze 1986) – darin
besteht, eine Neubestimmung des Verhältnisses zwischen (sozial-)staatlichen
Leistungen und einer verantworteten individuellen und kollektiven Selbst-
hilfe vorzunehmen (vgl. Hondrich/Koch-Arzberger 1992). Von dieser Warte
aus ergibt sich auch die Notwendigkeit einer Überprüfung der Instrumente
des Sozialstaats, da die Kritik an der wachsenden Bürokratisierung staatlicher
Leistungen und der damit einhergehenden Entmündigung sowie das Mißtrauen gegenüber staatlicher Allgegenwart ernst zu nehmen sind. Da ein
Mangel an Solidarität und an Zivilcourage zu den größten Zukunftsgefahren

---

8   Beispielsweise im Sinne von Oswald Spenglers „Der Untergang des Abendlandes" (1918,
    1922).

für moderne Gemeinwesen gehört, sind der Ausbau egalitärer Zivil- und Staatsbürgerrechte, individueller und kollektiver Beteiligungsrechte sowie die Demokratisierung der Institutionen Bestandteile eines jeden zukünftigen Gesellschaftsprojekts, dem es um eine Verbesserung der Lebenschancen geht.

Eine moderne Zivilgesellschaft basiert auf einer relativen Ausgewogenheit von Rechten und Pflichten der Zivilbürger. Nicht zufällig sind im Rahmen der Kommunitarismus-Debatte (vgl. Zahlmann 1992; Walzer 1992; Brumlik/Brunkhorst 1993; Honneth 1993) Gemeinschaftswerte wie Solidarität, die Betonung des Aufeinander-Angewiesenseins von Gemeinschaft und Individuen erneut thematisiert worden. Zur Freiheit und Gerechtigkeit gehört die Bereitschaft, für sie einzutreten, denn Verantwortung heißt immer auch Verbindlichkeit und kollektive Verantwortung gegenüber den künftigen Generationen und damit beispielsweise auch für die demographische Entwicklung. Eine menschliche Gemeinschaft ohne Solidarität kann es nicht geben, eine Gemeinschaft ohne minima moralia, ohne einen ethischen Konsens genausowenig. Mitglieder einer Gemeinschaft sind zugleich als individuelle, als gesellschaftsbezogene und als verantwortliche Subjekte zu denken.

In diesem übergreifenden Kontext moderner Desintegrationsphänomene, anomischer Prozesse und daraus resultierender relativer Deprivation ist die Problematik des Rechtsextremismus und auch die Suche nach verbesserten gesellschaftlichen Integrationswegen anzusiedeln.

Zur Struktur des Bandes

Selbst eine anspruchsvolle Bestandsaufnahme, die die Entwicklung der Rechtsextremismusforschung nachvollziehbar machen will und die wichtigsten Thesen, Kontroversen sowie Forschungsdesiderate darstellt und analysiert, kann nicht alle Aspekte erfassen; auch sie muß eine Auswahl der Bereiche und Themen vornehmen.

Im Eröffnungsbeitrag bietet Richard Stöss einen umfassenden Problemaufriß. Er zeigt dabei nicht nur, wie vielfältig die analytischen Zugänge zum Phänomen Rechtsextremismus sind, sondern stellt auch den Zusammenhang zwischen politisch-kulturellen Rahmenbedingungen und der Vorliebe für einen bestimmten Erklärungsansatz dar.

Im zweiten Teil unseres Bandes zeichnen Juliane Wetzel und Jürgen Winkler die Entwicklung des organisierten Rechtsextremismus sowie die parallel dazu konstatierbaren Einstellungsveränderungen in Deutschland nach. Außerdem befaßt sich Heinz Lynen von Berg mit der Entwicklung des Rechtsextremismus in den fünf neuen Bundesländern seit der Wende.

Die Beiträge des dritten Teils erhellen die generationsspezifischen Konturen des Rechtsextremismus im Jugendbereich (Arno Klönne), die geschlechtsspezifischen Erklärungen zum Verhältnis Frauen und Rechtsextremismus

(Gertrud Siller) und die Übergänge im publizistisch-intellektuellen Bereich zwischen Rechtsextremismus und Konservatismus (Armin Pfahl-Traughber).

Eine entfaltete, international vernetzte Rechtsextremismusforschung existiert bisher nicht. Angesichts der Tatsache, daß die Erscheinungsformen rechtsextremistischer Denk- und Handlungsmuster in den hochentwickelten Industrieländern sich in vielen Bereichen ähneln, drängt sich die Frage auf, wie das Verhältnis zwischen den spezifisch nationalen, mit der jeweiligen Kultur und Geschichte eines Landes korrelierenden Ausprägungen des Rechtsextremismus und den übergreifenden Phänomenen zu charakterisieren ist. In den Analysen im 4. Teil befassen sich Franz Greß, Benno Hafeneger, Dietmar Loch und Rolf Uessler hauptsächlich mit den Ländern Frankreich und Italien, in denen der Rechtsextremismus im europäischen Vergleich den quantitativ und qualitativ fortgeschrittensten Stand aufzuweisen hat. Der Teil „Internationale Aspekte" kann zugleich als Plädoyer, eine zumindestens europäisch-komparative Rechtsextremismusforschung zu betreiben, gelesen werden.

Mit den Erfolgen rechtsextremistischer Parteien und mit der Zunahme rechtsextremistischer Gewalt Anfang der 90er Jahre geriet die Diskussion über gesellschaftliche und staatliche Gegenstrategien ins Zentrum öffentlichen Interesses. Während Peter Dudek im 5. Teil Revue passieren läßt, wie die Auseinandersetzung mit Rechtsextremismus und „Nationalsozialismus" seit 1945 in Deutschland verlaufen ist, setzt sich Hans-Gerd Jaschke mit den staatlichen Institutionen und ihren (Re-)Aktionsmöglichkeiten auseinander.

Im abschließenden 6. Teil befassen sich Claus Leggewie und Eike Hennig mit interdisziplinären Forschungsdesideraten und Diskussionssträngen, denen für die zukünftige Debatte über Bedingungen des Rechtsextremismus und dessen Einordnung eine zentrale Bedeutung zukommen werden. Claus Leggewie geht der Frage nach, inwieweit der Rechtsextremismus als Gegenstand der sozialen Bewegungsforschung verortet werden kann. Eike Hennig macht in seinem Beitrag deutlich, daß Rechtsextremismus auf gesamtgesellschaftliche Resonanzbedingungen angewiesen ist, die die Wahlsoziologie herausarbeiten kann. In diesem Sinne könnten die Kategorien der politischen Unzufriedenheit[9] und des Protests eine wichtige Erkenntnisfunktion einnehmen. Abgerundet wird der Band durch eine von Anne Schmidt erarbeitete Chronologie des Rechtsextremismus in der Bundesrepublik Deutschland und anderen westeuropäischen Ländern. Abschließend haben wir eine Auswahl wichtiger bundesdeutscher Studien zum Rechtsextremismus zusammengestellt.

Zu guter Letzt möchten wir der Hans-Böckler-Stiftung unseren Dank

---

9   Das Unzufriedenheitstheorem ist klar zu unterscheiden von „Politikverdrossenheit", die – zumindest teilweise – eine demoskopisch konstruierte Kategorie darstellt, vgl. dazu Schedler 1993.

aussprechen; ohne deren Förderung wäre die Publikation dieses Bandes schwierig gewesen.

Literatur

Backes, Uwe, 1990: Nationalpopulismus und Rechtsextremismus im westlichen Deutschland. Kritische Betrachtungen zum neuerlichen „Hoch" in Politik und Literatur, in: Neue Politische Literatur, Jg. 35 (1990), 443-471.

Backes, Uwe/Jesse, Eckhard, 1993: Politischer Extremismus in der Bundesrepublik Deutschland. Berlin.

Barck, Karlheinz, 1993: Möglichkeiten und Grenzen der Totalitarismustheorie, in: Mittelweg 36, 3/1993, 89-92.

Beck, Ulrich, 1986: Risikogesellschaft. Auf dem Weg in eine andere Moderne. Frankfurt a.M.

Bourdieu, Pierre, 1993: La misère du monde. Paris.

Bracher, Karl Dietrich, 1987: Totalitäre Erfahrung. München.

Brumlik, Micha/Brunkhorst, Hauke (Hg.), 1993: Gemeinschaft und Gerechtigkeit. Frankfurt a.M.

Butterwegge, Christoph/Jäger, Siegfried (Hg.), 1992: Rassimus in Europa. Köln (vgl. Rezension in: Frankfurter Allgemeine Zeitung, 4.5.1993).

Dubiel, Helmut (Hg.), 1986: Populismus und Aufklärung. Frankfurt a.M.

Gessenharter, Wolfgang, 1989: Die „Neue" Rechte als Scharnier zwischen Neokonservatismus und Rechtsextremismus in der Bundesrepublik, in: *Rainer Eisfeld/Ingo Müller* (Hg.), Gegen Barbarei. Essays Robert M.W. Kempner zu Ehren. Frankfurt a.M., 424-452.

Glotz, Peter, 1989: Die deutsche Rechte. Eine Streitschrift. Stuttgart.

Haug, Wolfgang Fritz, 1993: Vom hilflosen Antifaschismus zur Gnade der späten Geburt. 2., erweiterte Aufl., Hamburg/Berlin.

Heinze, Rolf G. (Hg.), 1986: Neue Subsidiarität: Leitidee für eine zukünftige Sozialpolitik? Opladen.

Hondrich, Karl Otto/Koch Arzberger, Claudia, 1992: Solidarität in der modernen Gesellschaft. Frankfurt a.M.

Honneth, Axel (Hg.), 1993: Kommunitarismus. Eine Debatte über die moralischen Grundlagen moderner Gesellschaften, (Theorie und Gesellschaft, Bd. 26). Frankfurt a.M.

Jänicke, Martin, 1971: Totalitäre Herrschaft. Berlin.

Kirfel, Martina/Oswalt, Walter (Hg.), 1989: Die Rückkehr der Führer. Modernisierter Rechtsradikalismus in Westeuropa. Wien/Zürich.

Kowalsky, Wolfgang, 1993: Nicht Antifaschismus, sondern Anti-Rechtsextremismus, in: Das Argument, 35. Jg., Heft 4 1993, 571ff.

Kreckel, Reinhard, 1992: Politische Soziologie der sozialen Ungleichheit. Frankfurt a.M./New York, (Theorie und Gesellschaft, Bd. 25).

Kühnl, Reinhard, 1990: Gefahr von rechts. Vergangenheit und Gegenwart der extremen Rechten. Heilbronn.

Laclau, Ernesto, 1981: Politik und Ideologie im Marxismus. Kapitalismus, Faschismus, Populismus. Berlin.

Meier, Christian, 1990: Vierzig Jahre nach Auschwitz. Deutsche Geschichtserinnerung heute. München.

Münkler, Herfried, 1993: Eine Wissenschaft wie jede andere? Zwei Einführungen in die Politologie, in: Frankfurter Allgemeine Zeitung, 8.9.1993.

Narr, Wolf-Dieter, 1980: Radikalismus, Extremismus, in: *Martin Greiffenhagen* (Hg.), Kampf um Wörter? Politische Begriffe im Meinungsstreit. München/Wien, 366-375.

Narr, Wolf-Dieter, 1993: Vom Extremismus der Mitte, in: Politische Vierteljahresschrift, 1/93, 106-113.

Naumann, Klaus, 1993: Nationalsozialistische und stalinistische Herrschaft – Möglichkeiten und Grenzen des Vergleichs. Bericht zu einer Tagungsreihe, in: Mittelweg 36, 4/93, 65-67.

Naumann, Klaus, 1994: Theorie als Erfahrungsgeschichte. Der Begriff Totalitarismus zeugt von Vergangenheit und wird neu konzipiert, in: Frankfurter Rundschau, 25.1.1994, 10.

Nolte, Ernst, 1973: Kapitalismus – Marxismus – Faschismus, in: Merkur, 27. Jg., Nr. 2, 123f.

Pfahl-Traughber, Armin, 1993: Rechtsextremismus. Eine kritische Bestandsaufnahme nach der Wiedervereinigung. Bonn.

Schedler, Andreas, 1993: Die demoskopische Konstruktion von „Politikverdrossenheit", in: Politische Vierteljahresschrift, 34. Jg. (1993), Heft 3, 414-435.

Scheuch, Erwin K./Klingemann, Hans-Dieter, 1967: Theorie des Rechtsradikalismus in westlichen Industriegesellschaften, in: Hamburger Jahrbuch für Wirtschafts- und Gesellschaftspolitik. Tübingen, 11-29.

Söllner, Alfons, 1993: Totalitarismus, in: Mittelweg 36, 2/93, 83-88.

Stöss, Richard, 1989: Die extreme Rechte in der Bundesrepublik Deutschland. Entwicklung – Ursachen – Gegenmaßnahmen. Opladen.

Vester, Michael/Oertzen, Peter von/Geiling, Heiko/Hermann, Thomas/Müller, Dagmar, 1993: Soziale Milieus im gesellschaftlichen Strukturwandel. Zwischen Integration und Ausgrenzung. Köln.

Walzer, Michael, 1992: Sphären der Gerechtigkeit. Ein Plädoyer für Pluralität und Gleichheit, (Theorie und Gesellschaft, Bd. 23). Frankfurt a.M.

Zahlmann, Christel (Hg.), 1992: Kommunitarismus in der Diskussion. Eine streitbare Einführung, Berlin.

I.
Das Problemfeld

Richard Stöss

Forschungs- und Erklärungsansätze – ein Überblick

A. Gibt es eine Rechtsextremismusforschung?

1) Im Titel des Bandes („Bilanz der Rechtsextremismusforschung") wird der Eindruck erweckt, als gäbe es hierzulande eine Rechtsextremismusforschung. Dies ist freilich nicht der Fall. Zwar kennen unsere Literaturdatenbanken viele Bücher und Aufsätze und noch mehr „graue Literatur". Aber das alles ist in zumeist guter, eben antifaschistischer, aber kaum wissenschaftlicher Absicht verfaßt. Vorherrschend ist nicht die theoretisch angeleitete systematische Datenerhebung, sondern die journalistische Recherche. Rucht (1993) spricht von der Perspektive des „Jägers und Sammlers"[1]:

> „The hunter and collector is grasping for each piece of information. He is interested in survey data as well as in press interviews with extremist leaders. He registers, categorizes and counts without criteria of priority, hoping that an increased mass of data will also improve his understanding of the phenomenon. Because life constantly produces new events and new data, he remains busy in collecting further information. There is no time and no sense for a clearly focused, theoretically-directed and systematic analysis."

2) Die Rechtsextremismusforschung ist akademisch nicht institutionalisiert (Ausnahme: die „Arbeitsstelle Neonazismus" an der FH Düsseldorf). Es besteht in der gesamten Bundesrepublik keine einzige Professur für Rechtsextremismus. Selbst am Fachbereich Politische Wissenschaft der FU, dem größten politikwissenschaftlichen Fachbereich in Deutschland, konnte man sich bislang noch nicht dazu durchringen, diesem Thema eine Professur zu widmen (das Vorlesungsverzeichnis weist immerhin 42 Professuren für Politikwissenschaft aus!). So wird der Rechtsextremismus notgedrungen von anderen Fachgebieten „mitbetreut": von Parteien-

---

1 Neben der Perspektive des Jägers und Sammlers nennt Rucht noch drei andere Betrachtungsweisen: die des Streetworkers, der die Rechtsextremisten in ihrem sozialen Kontext verstehen will, die des militanten Demokraten, der wie ein Wachhund auf die Verletzung demokratischer Spielregeln reagiert, und schließlich der Variablensoziologe, dessen Interesse am Rechtsextremismus sich auf die Überprüfung empirischer Konzepte und damit zusammenhängender statistischer Fragen reduziert.

und Wahlforschern, von Historikern, die zumeist auf die Faschismen der Zwischenkriegszeit spezialisiert sind, von Jugendsoziologen, Bewegungsforschern, Pädagogen, Psychologen, Kriminologen usw. Bezeichnend ist ferner, daß sich die „Betreuer" nicht in ihren wissenschaftlichen Standesvertretungen in Arbeitsgruppen o.ä. organisieren und auch nicht regelmäßig interdisziplinär kommunizieren.

3) Hinsichtlich der Terminologie, der Begriffsbestimmung und des Gegenstandsbereichs besteht völlige Unübersichtlichkeit. Daß es keine Theorie des Rechtsextremismus gibt, muß nicht besonders hervorgehoben werden. Der Begriff Rechtsextremismus ist bekanntlich (und berechtigterweise) umstritten. Verwendung finden auch (Neo)Faschismus, (Neo)Nazismus, Rechtsradikalismus, Rechtspopulismus, Nationalismus etc. Unklarheit besteht weiterhin darüber, ob es sich beim Rechtsextremismus um eine eigenständige Kategorie oder um eine Variante von Extremismus[2] oder gar Totalitarismus handelt. Eine auch nur halbwegs anerkannte Definition liegt nicht vor. Unklar ist mit Blick auf die Mikroebene (Individuum), ob es sich dabei um Einstellungen oder um Verhaltensweisen handelt[3], wie das Einstellungsmuster konfiguriert ist, unter welchen Be-

---

2 Ich werde mich in diesem Referat nicht mit der sogenannten Extremismus„forschung" (Backes/Jesse 1989) beschäftigen, die ihren Namen schon gar nicht verdient. Die Gegenüberstellung von vermeintlich extrem rechten und extrem linken politischen Phänomenen folgt in der Regel subjektiver politischer Willkür und dient weniger komparativer Forschung als der Stigmatisierung politisch mißliebiger Personen und Institutionen . Den bislang wohl eindrucksvollsten empirischen Beweis dafür, daß es sich bei Rechts- und Linksextremismus um zwei grundlegend verschiedene Phänomene handelt, liefern Noelle-Neumann/Ring (1984), die deshalb als gewichtige Zeugen gelten können, weil sie das Extremismuskonzept selbst vertreten. In ihrer Untersuchung verwenden sie zwei unterschiedliche Skalen zur Messung von Extremismus, eine für die linke und eine für die rechte Abteilung. Daran ist weniger bemerkenswert, daß sie mit diesem Verfahren auch statistisch daneben liegen (es ist unsinnig, eine Distanz in Kilometern und eine andere in Meilen zu messen, wenn die Meßwerte verglichen werden sollen). Entscheidend ist das implizite Eingeständnis, daß es keinen gemeinsamen Maßstab für Links- und Rechtsextremismus gibt. Allein im Verfassungsrecht bestehen Definitionsmerkmale, die aus dem Begriff der „freiheitlichen demokratischen Grundordnung" abgeleitet sind (Stöss 1993a). – Ungeachtet dessen bestehen vielfältige politische Berührungspunkte zwischen der extremen Linken und der extremen Rechten (vgl. z.B. Dohse 1974, Dupeux 1985, Schüddekopf 1972). Siehe a. unten Nr. 37.

3 Hier herrscht allergrößte Verwirrung, da viele Autoren diesen Unterschied überhaupt nicht zur Kenntnis nehmen. Ein typisches Beispiel stellt der (ansonsten interessante und ergiebige) sprachwissenschaftliche Zugang des „Duisburger Instituts für Sprach- und Sozialforschung" (DISS) dar, wo die Grenze zwischen Einstellungen und Verhalten im „Diskurs" verschwimmt. Auch sprachlich bleibt bei diesem Ansatz stets unklar, ob Diskurs auf Denken oder Handeln zielt (Jäger/Jäger 1991). Ich gehe davon aus, daß es sich beim Rechtsextremismus um ein inkonsistentes, mehrdimensionales Einstellungsmuster handelt, das die Grundlage für politische Aktivität bzw. Inaktivität bildet (Stöss 1993e: 17ff.). Nach Heitmeyer besteht Rechtsextremismus dagegen aus der Ideologie der Ungleichheit sowie aus Gewaltakzeptanz (Nrn 15, 16), womit Definitionsmerkmale der Einstellungs- und der Verhaltensdimension miteinander verknüpft werden.

dingungen Einstellungen in Verhalten umschlagen und ob Gewalt notwendiger Bestandteil rechtsextremer Praxis ist. Hinsichtlich der Makroebene (Gesellschaft) wird Rechtsextremismus zumeist als Bestandteil des intermediären Systems und hier wiederum primär unter institutionellen Gesichtspunkten (Parteien, Verbände, Medien etc.) betrachtet. Strittig ist, ob er auch bewegungsförmige oder subkulturelle Merkmale annehmen kann bzw. angenommen hat (siehe dazu auch Nr. 36). Gelegentlich wird Rechtsextremismus in der Tradition der Faschismustheorien auch unter strukturellen bzw. funktionalen Gesichtspunkten als spezifische Herrschaftsform dargestellt, wobei die Unterscheidung von Altem (an der Weimarer Republik oder am NS orientiertem) und Neuem Nationalismus sinnvoll erscheint (dazu unten Nr. 26). Insgesamt haben wir es auch beim Rechtsextremismus mit dem berühmten „Mikro-Makro-Puzzle" zu tun, mit der Frage also, wie sich die individuelle mit der gesamtgesellschaftlichen Ebene vermittelt.

4) Die Unübersichtlichkeit des Forschungsgegenstands kann hier nur angedeutet werden. In der Forschungspraxis stellen sich die Probleme noch weitaus komplizierter dar. Die Autor/inn/en bedienen sich in der Regel eines sehr persönlichen Forschungsdesigns, ohne andere zur Kenntnis zu nehmen oder gar zu berücksichtigen. Daher finden auch nur in Ausnahmefällen wissenschaftliche Debatten statt. Zwar gibt es gelegentlich unterschiedliche Sichtweisen, aber diese werden kaum dargestellt und aufeinander bezogen. Es fehlt also nicht nur die akademische Institutionalisierung des Rechtsextremismus, es mangelt zudem an wissenschaftlicher Responsivität. Letzteres ist ein untrügliches Kennzeichen für die Nichtexistenz einer Rechtsextremismusforschung.

5) Betrachtet man den gegenwärtigen Literaturstand, dann ist Rechtsextremismus allenfalls ein diffuser Sammelbegriff für verschiedenartige gesellschaftliche Erscheinungsformen, die als rechtsgerichtet, undemokratisch und inhuman gelten. Und wegen dieser begrifflichen Unschärfe läßt sich Rechtsextremismus (Faschismus, Neofaschismus etc.) auch leicht als politischer Kampfbegriff, als Schimpfwort für alles, was irgendwie rechts ist oder zu sein scheint, verwenden. Rechtsextremismus ist ein hochpolitisiertes und emotionsgeladenes Thema, über das kaum jemand vernünftig diskutieren kann. Die für diesen Beitrag entscheidende Konsequenz aus der begrifflichen Diffusität ist jedoch die Tatsache, daß sich die Untersuchungsergebnisse mit unterschiedlichen theoretischen Bezugsrahmen und unterschiedlichen Methoden auf verschiedene Dimensionen des Rechtsextremismus beziehen und daher nur schwer vergleichbar sind. Es gibt überhaupt keine Erklärungsansätze für Rechtsextremis-

mus schlechthin, sondern allenfalls für einzelne Dimensionen, eher noch für einzelne Erscheinungsformen des Rechtsextremismus[4].

B. Ursachen des Rechtsextremismus

6) Wenn wir von Erklärungsansätzen für Rechtsextremismus sprechen, denken wir wohl zuerst an die Erfolgsursachen – an die Ursachen beispielsweise für die Faschisierung der Weimarer Republik, für den Aufstieg des NS, für die Wahlerfolge rechtsextremer Parteien usw. In diesem Zusammenhang ist aber auch der Mißerfolg zu berücksichtigen: Was waren die Ursachen für den Niedergang der NPD nach 1969? Wie erklären sich die (gemessen an der Wahlsonntagsfrage) teilweise heftigen Schwankungen der Republikaner in der Wählergunst? Weiterhin ist zwischen den verschiedenen Parteien zu differenzieren: Warum war die NPD in Baden-Württemberg 1988 erfolgreicher als die Republikaner, warum schnitten die Republikaner dort 1992 ungleich besser ab als die NPD? Warum fallen die Wahlergebnisse im Osten Deutschlands generell schlechter aus als im Westen? Hinsichtlich der Einstellungsdimension interessieren uns die Entstehung und Verbreitung von rechtsextremen Einstellungen allgemein sowie einzelner Komponenten dieses Einstellungsmusters und deren Beziehung zueinander: Warum gibt es mehr Autoritarismus als Rassismus? Warum sind die einen eher rassistisch, die anderen eher wohlstandschauvinistisch eingestellt? Warum verbindet sich Nationalismus teilweise mit expansionistischem Denken (Wiederherstellung des „Großdeutschen Reichs"), teilweise aber auch nicht? Schließlich ist von Bedeutung, welche Praxis sich gegebenenfalls aus welchen Einstellungsmustern ergibt: Durch welche Disposition unterscheidet sich der NPD-Wähler vom REP-Wähler, der gewalttätige Neonazi vom betulichen DVU-Mitglied? Bei der Verhaltensdimension fragen wir aber nicht nur nach den vorgelagerten Einstellungen, sondern auch nach den sozioökonomischen Rahmenbedingungen und den politischen „opportunity structures".

7) Die Liste der Fragen ließe sich unschwer fortsetzen. Entscheidend ist, daß sich Erklärungsansätze auf unterschiedliche Dimensionen des Rechtsextremismus (oder gar nur auf Einzelaspekte) beziehen. Sie unterscheiden sich also zunächst notwendigerweise darin, worauf sie Bezug nehmen, was sie erklären wollen. Und das unterscheidet sich „objektiv" voneinander. Rechtsextreme Gewalt ist nicht dasselbe wie rechtsextreme Einstellungen, und Mitgliedschaft in der NPD ist nicht identisch mit Wahl der NPD. Genau genommen haben wir es zumeist nicht mit unterschied-

---

4 Gesamtdarstellungen: Stöss 1989, 1991 sowie Backes/Jesse 1989.

Dimensionen des Rechtsextremismus
A. Individuelle Ebene
⟹ **Einstellungen** ◆ Anomie ◆ Autoritarismus ◆ Nationalismus, Expansionismus ◆ Ethnozentrismus ++ Rassismus ++ Wohlstandschauvinismus ◆ Antisemistismus ◆ NS-Sympathien
⟹ **Verhalten** ◆ Wahlverhalten ◆ Mitgliedschaft in Organisation ◆ Gewalttätigkeit ◆ Protestverhalten
B. Gesellschaftliche Ebene
⟹ **Institutionen** ◆ Parteien ◆ Jugendorganisationen, Verbände ◆ Medien, Verlage
⟹ **Bewegungen/Subkulturen**
⟹ **Gesellschaftsgestaltende Konzeptionen** ◆ Alter Nationalismus ◆ Neuer Nationalismus

lichen Erklärungsansätzen, sondern mit der Erklärung unterschiedlicher Sachverhalte zu tun. Die Annahme, es gäbe gegenwärtig substantiell unterschiedliche Erklärungsansätze für Rechtsextremismus, ist weit gefehlt. Tatsächlich verfügen wir kaum über inkompatible Ursachenbefunde. Politische, wertgeladene Debatten finden in der empirisch-analytischen Forschung kaum statt, und wenn überhaupt, dann eher verdeckt oder implizit. (Dies gilt nicht für die Bewertung des Rechtsextremismus als Bedrohung, Normalität etc. und auch nicht für die Antifa-Diskussion!)

8) Im Zentrum der Ursachenanalyse auf der Mikroebene stehen vor allem Einstellungen, Sozialisation und Psyche des Individuums. In der Tradition von Adorno u.a. (1950) wird der Versuch unternommen, die typische Charakterstruktur des Rechtsextremisten durch die Messung bzw. Analyse von Einstellungen zu ergründen. Dabei ist man sich der Problematik dieses Vorgehens durchaus bewußt: Die Analyse der Psyche kann nur von der Psychologie geleistet werden, die sich übrigens in den letzten Jahren zunehmend intensiver mit dem Faschismus bzw. Rechtsextremismus befaßt[5]. Die Einstellungsforschung bemüht sich, Persönlichkeitsmerkmale zu ermitteln, die den Erwerb von rechtsextremen Einstellungen begünstigen: Apathie, Autoritarismus, Dogmatismus, Kontrollerwartung[6] etc.[7] Gute Erfolge erzielt neuerdings Siegfried Schumann (1990) mit seiner Skala „Affinität zu einem stabilen kognitiven Orientierungssystem" (ASKO). Unstrittig ist: Rechtsextremismus wird auf der Mikroebene in besonderem Ausmaß von derartigen Persönlichkeitsmerkmalen bestimmt, wesentlich stärker als von ökonomisch-sozialen Faktoren.

9) Einstellungsuntersuchungen zum Rechtsextremismus orientieren sich in der Regel an derartigen Persönlichkeitsmerkmalen. Für das Bundesgebiet liegt allerdings nur eine repräsentative Studie vor (SINUS 1981; kritisch: Reumann 1982). Die von Noelle-Neumann/Ring (1984) bezieht sich auf junge Leute, und meine Untersuchung (Stöss 1993e, auch 1993c, 1993d) gilt nur für Berlin. Mithin ist der Bestand an (zeitgemäßen) Meßinstrumenten (Skalen) nicht gerade üppig. Konsens besteht darin, daß es sich beim Rechtsextremismus um ein mehrdimensionales Einstellungsmuster handelt. Umstritten ist, welche Dimensionen dieses Muster einschließt. Genannt bzw. berücksichtigt werden Anomie, Autoritarismus (gegebenenfalls differenziert nach Bereichen wie Politik, Erziehung usw.), Nationalismus (wobei zwischen Nationalbewußtsein, Nationalismus und Expansionismus unterschieden werden sollte), Ethnozentrismus (neuerdings aufgeteilt in Rassismus und Wohlstandschauvinismus), Antisemitismus[8] und pronazistische Einstellungen. Die inhaltliche Komposition

---

5 Neben dem „Klassiker" Mitscherlich/Mitscherlich (1967/1977) seien beispielsweise erwähnt: Frindte 1990; Gruen 1987; Müller-Hohagen 1988; Paul 1979; Pilz 1992; Raue 1992; Wirth 1989.

6 Hohe *externe* Kontrollerwartung bedeutet, daß die Einflußchancen der Menschen hinsichtlich des politischen Geschehens als erheblich angenommen werden. Hohe *interne* Kontrollerwartung signalisiert, daß der Befragte seine eigenen Fähigkeiten bzw. Kompetenzen im politischen Prozeß für groß hält.

7 Freyhold 1971; Gessenharter/Fröchling/Krupp 1978; Hoffmeister/Sill 1992; Jaerisch 1975; Krampen 1986; Lederer 1983; Lederer u.a. 1991; Rokeach 1960; Roghmann 1966; Rotter 1966; Scholz 1982; S. Schumann 1984, 1986.

8 Der Antisemitismus hat sich mittlerweile zu einem eigenen Forschungsfeld mit respektablen Resultaten entwickelt (Bergmann/Erb 1990, 1991; Silbermann 1982; Silbermann/Sallen 1992;

einer Rechtsextremismusskala sollte nach theoretischen und statistischen Gesichtspunkten erfolgen. Realiter hapert es zumeist an der Theorie.

10) Die Trennung zwischen Persönlichkeitsmerkmalen und Einstellungen ist forschungspraktisch nicht immer leicht durchzuhalten: Wo beispielsweise läßt sich empirisch die Grenze zwischen dem Persönlichkeitsmerkmal „autoritärer Charakter" und autoritären Einstellungen ziehen. Sie muß gezogen werden, weil autoritäre Einstellungen als Bestandteil von rechtsextremen Einstellungen die *abhängige,* zu erklärende Variable darstellen, während der autoritäre Charakter oder andere Persönlichkeitsmerkmale *unabhängige* Variablen bilden, mit denen die abhängige Variable (Rechtsextremismus) erklärt werden soll. Eine genaue Betrachtung von Erklärungsansätzen für Faschismus oder Rechtsextremismus ergibt immer wieder, daß unabhängige und abhängige Variablen verwechselt bzw. vermischt werden, daß Unklarheit besteht, was womit erklärt wird (Ursache und Wirkung). Das gilt beispielsweise für den Zusammenhang von Faschismus, Rassismus und Sexismus[9]. Daß ein Zusammenhang zwischen Rechtsextremismus bzw. Faschismus, Rassismus bzw. Ethnozentrismus und Sexismus bzw. Frauenfeindlichkeit besteht, ist unstrittig (siehe dazu auch Nr. 33). Ungeklärt ist freilich noch die Art des Zusammenhangs. Wenn Faschismus beispielsweise als Rassismus plus Sexismus charakterisiert wird, bedeutet dies, daß Rassismus und Sexismus abhängige, durch andere Faktoren zu erklärende Variablen sind. Empirisch ist diese These jedoch nicht verifiziert. Einiges spricht dafür, daß genau das Gegenteil der Fall ist: Sexismus erklärt Rechtsextremismus. Sexismus wäre dann nicht Bestandteil des rechtsextremen Einstellungsmusters, sondern erzeugt Rechtsextremismus. Das hieße: Je frauenfeindlicher eine Person ist, desto größer ist die Wahrscheinlichkeit, daß sie auch rechtsextrem eingestellt ist. Nota bene: Wir wissen es nicht, denn es gibt keine empirischen Untersuchungen über diesen Zusammenhang. (Der Unterschied mag sich für den Historiker als unbedeutend darstellen, für den Sozialwissenschaftler ist er gravierend.)

11) Da die Messung von rechtsextremen Einstellungen sehr aufwendig und kostspielig ist, behelfen sich viele Autoren mit Ersatzlösungen[10]. Als

---

Strauss/Bergmann/Hoffmann 1990; Strauss/Kampe 1984; Wittenberg/Prosch/Abraham 1991). Ich vertrete die Auffassung, daß es sich beim Rechtsextremismus und beim Antisemitismus um zwei verschiedene Phänomene handelt, die sich allerdings überschneiden können.

9 Rommelspacher 1991; Rassismus und Sexismus 1992; Wippermann 1989. – Bei Jäger/Jäger (1991: 40) liest sich das so: „Auch die heutigen Rechtsextremen vertreten eine Ideologie, die undemokratisch, rassistisch und sexistisch ist."

10 Besonders verbreitet ist das Verfahren, von einzelnen Dimensionen (v.a. Fremdenfeindlichkeit) auf den Rechtsextremismus insgesamt zu schließen. Oft basiert dies noch nicht einmal auf einer Ethnozentrismus-Skala, sondern es liegen nur einzelne „Statements" zugrunde.

bevorzugte Indikatoren gelten die Wahlabsicht zugunsten einer rechtsextremen Partei[11] (dazu weiter unten) und die Selbsteinstufung am rechten Rand der Links-Rechts-Skala. Beide Indikatoren lassen sich einfach
abfragen und sind weltweit Bestandteil aller Umfragen, so daß auf dieser
Basis auch komparative Sekundärauswertungen durchgeführt werden
können[12]. Unterstellt wird damit (in der Regel ohne jede Diskussion),
daß die Links-Rechts-Selbsteinstufung (LRS) dasselbe mißt wie Rechtsextremismus. Diese Unterstellung ist jedoch theoretisch und statistisch-
empirisch fragwürdig. LRS „funktioniert" besser als unabhängige denn
als abhängige Variable, LRS erklärt Rechtsextremismus eher als daß sie
ihn ersetzt. Dies ist auch von der Sache her plausibel, denn beide Meß-
instrumente beruhen auf unterschiedlichen theoretischen Konzepten.
Während Rechtsextremismus auf die ichschwache, vorurteilsbehaftete
und apathische Persönlichkeit zielt, stellt das Links-Rechts-Schema einen
„effizienten Mechanismus der Vereinfachung komplizierter politischer
Sachverhalte durch symbolische Generalisierung" (Fuchs/Kühnel 1990:
217; s.a. Fuchs/Klingemann 1990) dar. Die ideologische Selbstidentifikation reflektiert nicht notwendigerweise die eigene psychische Disposition
(skeptisch auch Scheuch 1990: 401ff.). Anders ausgedrückt: Viele Rechtsextremisten, insbesondere Neonazis und hier wiederum gerade solche
aus den neuen Bundesländern, halten sich für Sozialisten und stufen sich
eher links ein (Stöss 1993e: 31ff.). Rechtsextremismus bedeutet also nicht
unbedingt eine extrem rechte Selbsteinstufung[13]. Aber: Je rechter sich
eine Person einstuft, desto höher ist die Wahrscheinlichkeit, daß sie rechtsextrem eingestellt ist.

12) Rechtsextreme Einstellungen lassen sich besonders gut durch Persönlichkeitsmerkmale wie ASKO (positiver Zusammenhang) oder interne Kontrollerwartung (negativer Zusammenhang) und durch politische Überzeugungssysteme („belief systems"[14]) wie die LRS (positiver Zusammenhang), den Materialismus-Postmaterialismus-Index (negativer Zusammenhang) oder sexistische Orientierungen (positiver Zusammenhang)

---

11 Methodische Probleme bei Herz 1975 u. Klingemann/Pappi 1972.
12 Bauer/Niedermayer 1990; Falter/Schumann 1988, 1991; Niedermayer 1990.
13 Dieser Befund bestätigt, daß der Begriff Rechtsextremismus sehr unglücklich ist, weil er
    etwas Falsches suggeriert: nämlich daß es sich dabei um Personen handelt, die im landläu-
    figen Sinne besonders rechts eingestellt sind. Das trifft zwar zumeist zu, nicht aber des
    Pudels Kern. Statistisch versammeln sich nämlich rechtsextrem eingestellte Personen und
    solche, die sich bei der LRS rechts einstufen, entlang zweier Geraden, die zwar nicht recht-
    winklig aufeinander stehen, aber auch nicht parallel verlaufen. Dies gilt entsprechend für
    den Linksextremismus und verdeutlicht nochmals, daß das Extremismuskonzept die Realität
    nur bedingt widerspiegelt.
14 Converse 1964. – Politische Überzeugungssysteme dienen der Handlungsorientierung, in-
    dem sie helfen, politische Informationen zu verstehen und einzuordnen.

erklären. Weitere Erklärungsfaktoren sind Repressionshaltung (der Staat soll notfalls auch mit Gewalt und illegalen Methoden gegen unliebsame Störer von Ruhe und Ordnung vorgehen) und politische Apathie (Gegenteil von politischer Partizipation). Unter den sozialstrukturellen Variablen stechen Bildung[15] und Alter hervor. Arbeitslosigkeit oder ökonomisch-soziale Perspektivlosigkeit spielen auf der Mikroebene eine vergleichsweise geringe Rolle.

13) Das heißt nun keineswegs, daß ökonomisch-soziale Faktoren für die Verbreitung oder den Erfolg von Rechtsextremismus bedeutungslos sind. Das widerspräche auch allen historischen und politischen Erfahrungen. Und die vorliegenden Daten zeigen auch, daß der Anteil von stark rechtsextrem eingestellten Personen beispielsweise unter den Arbeitslosen größer ist als bei der Bevölkerung insgesamt. Aber es besteht nur ein geringer systematischer Zusammenhang von Arbeitslosigkeit und Rechtsextremismus. Das bedeutet, daß derartige Variablen für sich genommen auf der Mikroebene nur einen geringen unmittelbaren Einfluß haben. Arbeitslose finden sich in allen politischen Lagern und sozialen Schichten, und Arbeitslosigkeit kann das politische Bewußtsein in ganz unterschiedliche Richtungen radikalisieren. Ein ähnlicher Effekt zeigt sich bei der in allen Lagern und Schichten weit verbreiteten Parteiverdrossenheit, die ebenfalls nicht oder nur schwach mit Rechtsextremismus korreliert. Arbeitslosigkeit, Parteiverdrossenheit etc. prägen jedoch das politische Klima und entfalten ihre Wirkung indirekt, beispielsweise über Persönlichkeitsmerkmale, politische Überzeugungssysteme oder politische Apathie.

14) Die Umfrageforschung vermag der Komplexität und Dynamik der verschiedenartigen Einflüsse auf das individuelle Bewußtsein nur bedingt gerecht zu werden. Will man die Entwicklung des Individuums im Kontext sich wandelnder gesellschaftlicher Umwelten erfassen, dann sind Konzepte ertragreicher, die sich auf die Analyse von Lebensläufen[16] und Sozialisationsprozessen beziehen. Ob die biographische Methode unter forschungsstrategischen Gesichtspunkten ein „Integrationskonzept" (Backes/Jesse 1989, Bd. II: 207ff.) bildet, sei dahin gestellt. Jedenfalls sind ihre Resultate nur bedingt verallgemeinerungsfähig. An systematischen biographischen Analysen mangelt es noch. Die immer wieder aufgeworfene Frage, ob es typische Merkmale einer rechtsextremen Karriere gibt, läßt sich abschließend noch nicht beantworten. Hennig (1982, 1984) un-

---

15 Bildung korreliert stark negativ mit Rechtsextremismus. Bei der Interpretation dieser empirischen Beobachtung ist allerdings zu bedenken, daß überdurchschnittlich Gebildete eher dazu neigen, evtl. vorhandene rechtsextreme Einstellungen zu kaschieren, da diese als sozial unerwünscht gelten.

16 Eberwein/Drexler 1987; Graf 1984; Rabe 1980.

tersuchte Lebensläufe von neonazistischen Terroristen und ermittelte verschiedene Entwicklungsstadien: „Übergang von einer privatistischen autoritären zu einer öffentlich-politischen rechtsextremen Haltung", „Ausbildungs- und Orientierungsphase", „Mitgliedschaft", „aggressiv-politische Partizipation" in Gruppen bzw. Organisationen, „Umschlagen von aggressiver Militanz in Terrorismus". Dingel u.a. (1982) teilen dagegen mit, daß die von ihnen untersuchten Lebensläufe so unterschiedlich und so stark von Zufällen geprägt seien, daß man nicht von typischen Karriereverläufen sprechen könne.

15) Als besonders fruchtbar und ertragreich hat sich der Ansatz der Bielefelder Forschungsgruppe um Wilhelm Heitmeyer erwiesen (Heitmeyer 1987, 1992). Er analysiert die Sozialisation Jugendlicher im Rahmen des sozialen Wandels moderner Industriegesellschaften[17]. Ausgangspunkt ist die Individualisierungsthese: Mit dem Bedeutungsverlust sozialer Milieus, die ehedem eine kollektive Identitätsbildung ermöglichten, seien die Jugendlichen heute auf sich selbst zurückgeworfen. Sie müßten allein mit Ambivalenzkonflikten und Widerspruchskonstellationen fertig werden und folglich höheren Belastungen bei ihrer Identitätsbildung, bei der Ausprägung autonomer Handlungsfähigkeit standhalten. Das Fehlen sozialer Beziehungen könne dazu führen, daß Jugendliche auf „surrogathafte kollektive Identitäten" (Heitmeyer 1987: 101) setzen, bei denen sie Stärke, Schutz oder Geborgenheit vermuten. Rechtsextreme Orientierungen deuteten auf einen „niedrigen Entwicklungsstand autonomie-orientierter Handlungsfähigkeit und auf einen hohen Anteil von Abhängigkeit" (ebd.: 104) hin. Im Ergebnis lasse sich die Hinwendung von Jugendlichen zum Rechtsextremismus nicht im Sinne von Karrieremustern systematisieren. Die Entwicklung der Lebensläufe sei vielmehr prinzipiell offen und mithin auch durch Jugendarbeit beeinflußbar. Die Nähe bzw. Distanz zum organisierten Rechtsextremismus wird als Stufenmodell

---

17 Dies taten erstmalig Scheuch/Klingemann (1967) und gelangten zu folgenden Thesen: Das durch Ängstlichkeit und Unsicherheit geprägte Individuum sei in den modernen Industriegesellschaften besonderen Belastungen ausgesetzt. Tradierte Werte und Verhaltensweisen gerieten unter den Bedingungen raschen gesellschaftlichen Wandels immer wieder in Konflikt mit den „funktionalen Erfordernissen der sekundären Institutionen (z.B. Betriebe, Behörden, Organisationen)". Wenn diese – im „dynamischen Charakter der Industriegesellschaften" liegenden – Spannungen nicht konstruktiv verarbeitet, sondern ängstlich abgewehrt werden, sprechen Scheuch/Klingemann von „pathologischer Anpassung". Und weil dies bei einem Teil der Bevölkerung in variierendem Ausmaß immer der Fall sein werde, bezeichnen sie Rechtsextremismus folgerichtig als „normale Pathologie westlicher Industriegesellschaften". Wenn wir davon ausgehen, daß auch die sozialistischen Gesellschaften ständigem Wandel unterlagen und daß auch dort pathologische Anpassungsprozesse (z.B. „Kontroll-Mythos"; vgl. Frindte 1990) gang und gäbe waren, dann können wir durchaus von einer normalen Pathologie der Industriegesellschaften schlechthin sprechen, die, wie ich hinzufüge, in Krisen- oder Umbruchsituationen verstärkt auftreten dürfte.

dargestellt. Auf der obersten Stufe stehen 16 Prozent der befragten Jugendlichen, die stark rechtsextrem orientiert sind, d.h. (nach Heitmeyers
Definition), die konsequent die Ideologie der Ungleichheit mit Gewaltakzeptanz verbinden. Weitere 34 Prozent sind eine Stufe niedriger anzusiedeln: Sie neigen zwar besonders der Ungleichheitsideologie zu, lehnen
offene Gewalt jedoch ab.

16) Die Ergebnisse einer fünfjährigen Langzeituntersuchung zur politischen
Sozialisation von 31 männlichen Bielefelder Jugendlichen im Alter von
17 bis 21 Jahren bestätigen dies im großen und ganzen (Heitmeyer u.a.
1992). Die Studie zeigt, „daß es weder Zwangsläufigkeiten noch vollständig offene Verlaufslinien der politischen Sozialisation gibt. Gerade darin
dokumentiert sich auch die Ambivalenz von Individualisierungsbedin-
gungen, in denen harte, extern gesetzte strukturelle Zwänge und 'neue'
Handlungsmöglichkeiten oft hauteng beieinander liegen". Ob Jugendliche diese Bedingungen in sozial produktiver Weise (und „nicht mittels
Ideologien der Ungleichheit und/oder der Gewaltakzeptanz zu Lasten
von Fremden oder 'Anderen'") verarbeiten, sei vor allem davon abhängig,
ob sie „befriedigende Erfahrungen in Arbeit, Milieu und Politik machen
können" (ebd.: 601).

17) Im Bielefelder Ansatz spielt Gewalt eine zentrale Rolle bei der Bestimmung von jugendlichem Rechtsextremismus. Gewalt ist jedoch nicht die
einzige Form rechtsextremer Praxis, nicht einmal die bedeutendste. Prinzipiell haben wir zwischen drei Verhaltensweisen zu unterscheiden: Wahlverhalten, zielgerichtetes politisches Verhalten und Protestverhalten.

18) Die Wahl einer rechtsextremen Partei stellt eine „weiche" Form der politischen Praxis dar, weil es sich um einen individuellen und geheimen
Akt handelt. Der Wähler bekennt sich in der Regel nicht offen zu seinem
Verhalten und muß auch keine gesellschaftlichen Sanktionen fürchten.
Diese Aktivitätsform ist spätestens seit den Wahlerfolgen der NPD gut
erforscht[18], was übrigens nichts mit der NPD, sondern mit der Entwicklung der Umfrageforschung zu tun hat. Jedenfalls verfügen wir über
detaillierte Kenntnisse hinsichtlich der sozialen Merkmale und Motive
von Anhängern bzw. Wählern rechtsextremer Parteien (Stöss 1993b). Aber
es sind auch Schwächen und Defizite zu verzeichnen, die um die Frage
kreisen, ob es sich dabei um Protestwähler oder um „Überzeugungstäter"
handelt (siehe dazu auch Nr. 35).

---

18 DII 1990; EMNID 1989; Falter/Schumann 1992; Feist 1989; Hofmann-Göttig 1989; Nieder-
    mayer 1990; Pappi 1990; Roth 1990; SINUS 1989; Veen/Lepszy/Mnich 1992.

19) Die Anhängerschaft der Republikaner (und grosso modo der anderen rechtsextremen Parteien) ist in sozialstruktureller Hinsicht sehr heterogen und läßt sich mit den herkömmlichen sozialstatistischen Kategorien insgesamt nur unzureichend abgrenzen. Überdies stellen sich die Verhältnisse von Bundesland zu Bundesland, von Region zu Region sehr unterschiedlich dar. Generell gilt: Bundesweit stammen rund die Hälfte der REP-Wähler aus Bayern und Baden-Württemberg. 40 bis 50 Prozent der Parteianhänger gehörten früher dem Lager der Unionsparteien und 20 bis 25 Prozent dem der SPD an. Zwei Drittel der durch einen sehr niedrigen Bildungsstatus gekenzeichneten REP-Sympathisanten sind Männer. Hinsichtlich der beruflichen Zusammensetzung überwiegen einfache Arbeiter, Facharbeiter und Selbständige bzw. Landwirte. Die neuen Mittelschichten sind unterrepräsentiert. Keine gravierenden Unterschiede zur Wahlbevölkerung insgesamt zeigen sich bei der Altersstruktur, der konfessionellen Zusammensetzung und der Einkommensverhältnisse. Auch die Gewerkschaftsmitglieder unterscheiden sich hinsichtlich ihrer Sympathie für rechtsextreme Parteien nicht vom Bevölkerungsdurchschnitt. Die Anhänger des Rechtsextremismus sind vor allem durch spezifische politische Einstellungen und Wertorientierungen geprägt. Umfragen über das politische Bewußtsein der REP-Anhänger im Bundesgebiet ergaben, daß diese das politische System der Bundesrepublik, die Parteien, die Regierung und die Opposition besonders negativ beurteilen und besonders häufig den Vorwurf des Politikversagens erheben. Die Gesellschaftsordnung wird generell als extrem ungerecht empfunden, und es besteht eine starke Neigung, politische Ziele mit Gewalt durchzusetzen. Autoritäre Orientierungen mischen sich mit nationalistischen und fremdenfeindlichen Haltungen. Stark verbreitet sind feindliche Einstellungen gegenüber Ausländern, Flüchtlingen und Übersiedlern. Unter weltanschaulichen Gesichtspunkten ist das Potential der Republikaner mithin am äußersten rechten Rand des Meinungsspektrums angesiedelt.

20) Notwendig und sinnvoll ist die Unterscheidung zwischen zielgerichtetem und auf politisch- programmatischer Identifikation mit rechtsextremen Organisationen oder Gruppen beruhendem Verhalten einerseits und zumeist individuellem und schwach organisiertem Protestverhalten andererseits (Stöss 1986 mit weiteren Literaturangaben[19]). Rechtsextreme Aktivisten müssen nämlich nicht notwendigerweise unmittelbar rechtsextreme Ziele verfolgen. Ihre Motivation kann auch darin bestehen, der individuellen Unzufriedenheit mit den bestehenden Verhältnissen ver-

---

19 Auf die Notwendigkeit dieser Unterscheidung vor allem mit Blick auf Gegenmaßnahmen haben meines Wissens erstmalig Meyer/Rabe (1979a, 1979b) hingewiesen. Vgl. auch Paul/ Schoßig 1979 u. Dingel u.a. 1982.

mittels provokativer Gebärden (Hakenkreuzschmierereien, ausländerfeindliche Sprüche, antisemitische „Witze" etc.) Ausdruck zu verleihen.
Während beim zielgerichteten politischen Verhalten die Aktionsformen,
Stile und Symbole direkt mit dem avisierten Ziel korrespondieren – das
Hakenkreuz steht hier für ein politisches Programm – dienen Aktionsformen, Stile und Symbole beim Protestverhalten in der Regel allein dazu,
die Öffentlichkeit durch provozierende und schockierende Maßnahmen
auf Mißstände und Probleme aufmerksam zu machen. Das Hakenkreuz
dient in diesem Falle dazu, das Ausmaß der eigenen Entfremdung gegenüber den bestehenden Verhältnissen zu dokumentieren. Die Grenzen
zwischen Protestverhalten und zielgerichtetem politischen Verhalten sind
allerdings fließend. Protestverhalten kann (muß aber nicht) eine Vorstufe
zu zielgerichtetem politischen Verhalten sein, Protest mündet jedoch nicht
zwangsläufig in politisch aktivem Rechtsextremismus. Umgekehrt rekrutiert sich der aktive Rechtsextremismus auch nur partiell aus dem Pro-
testpotential.

21) Gewalt findet sich sowohl beim Protestverhalten als auch beim zielgerichteten politischen Verhalten. Systematische Forschungen zu diesem
Problem sind noch die Ausnahme. Die „Gewaltkommission" (Schwind/
Baumann u.a. 1990) vernachlässigt den Rechtsextremismus fast völlig,
und die vierbändigen „Analysen zum Terrorismus" befassen sich auch
nur in einem einzigen Beitrag mit dem Terrorismus von rechts (Neidhardt
1982). Neben den Forschungen von Hennig (1982, 1984) stehen zum
Neonazi-Terrorismus der ausgehenden siebziger und beginnenden achtziger Jahre nur eher journalistische Betrachtungen zur Verfügung[20]. Mit
dem Anwachsen rechtsextremer Jugendgewalt gegen Ende der achtziger
Jahre, insbesondere seit der Vereinigung, kamen unzählige Veröffentlichungen, zumeist Erfahrungsberichte und Aufsätze, auf den Markt. Besondere Aufmerksamkeit verdienen die Arbeiten von Farin/Seidel-Pielen
(1991, 1992, 1993), Schröder (1992), F. Schumann (1990) und Stock/Mühl-
berg (1990) sowie der Band „Fußball und Rassismus" (1993). Dabei handelt es sich um informative Darstellungen von Szenen bzw. Subkulturen
in beiden Teilen Deutschlands vor und nach der Vereinigung (und in
anderen Staaten), die hinsichtlich ihrer rechtsextremen Prägung sehr differenziert betrachtet werden (müssen) und jene Forschungsergebnisse
unterstreichen, die zwischen Protest und Identifikation unterscheiden
und nicht jeden Hakenkreuzschmierer, Sprücheklopfer oder Glatzkopf
umstandslos zum Faschisten erklären, sondern die jugendliche Subjektivität im Kontext der sich wandelnden gesellschaftlich-politischen Rah-

---

20 Pomorin/Junge 1978, 1979; Biemann/Krischka 1986.

menbedingungen interpretieren. Diese Sichtweise birgt freilich Gefahren, auf die ich später noch eingehen werde (Nr. 34).

22) Eine Untersuchung von rechtskräftig verurteilten rechtsextremen Straftätern zwischen 1978 und 1982 im Auftrag des Bundesministers der Justiz (Kalinowsky 1985) ergab, daß von 405 Verurteilten 191 (47 %) organisiert waren, davon vier Fünftel in neonazistischen Gruppen. 43 Prozent der Täter waren unter 21 Jahre alt und weitere 30 Prozent zwischen 21 und 30. Knapp 2 Prozent waren Frauen. Bei den Berufen dominierten die Angaben „Schüler/Auszubildende" (24 %), „an/ungelernte Arbeiter" (22 %) und „einfache Angestellte, Beamte, Facharbeiter" (21 %). Der Anteil der Arbeitslosen betrug 12 Prozent. Die Täter entstammten mithin den unteren sozialen Schichten, waren vergleichsweise schlecht qualifiziert aber nicht überdurchschnittlich arbeitslos. Dieses Profil hat sich mittlerweile teilweise erheblich verändert: Vor allem der Organisationsgrad und der Altersdurchschnitt sind dramatisch gesunken (zur Sozialstruktur liegen keine Angaben vor). 1991/92 gehörten nach Angaben des BKA nur 9 Prozent der rechtsextremen Täter einer rechtsextremen Organisation an und 14 Prozent waren Skinheads. Die restlichen 77 Prozent der Täter stammten teilweise aus der Fußballszene, vor allem aber aus extrem rechten, kurzlebigen Cliquen. Hinzu kamen Einzeltäter. Knapp 13 Prozent der Täter war arbeitslos[21]. Die Zahl der ermittelten und von den Verfassungsschutzbehörden mitgeteilten Gewalttaten mit rechtsextremem Hintergrund hat sich zwischen 1982 und 1992 von 88 auf 2456 erhöht. 1991 betrug der Anteil der Jugendlichen und Heranwachsenden (16-20 Jahre) an den Tätern fast 70 Prozent. Nur 3 Prozent der Tatbeteiligten waren weiblich (Verfassungsschutzbericht 1991: 74ff.). Regionaler Schwerpunkt der Gewalttaten bildeten 1992 die neuen Bundesländer: Umgerechnet auf 100 000 Einwohner wurden für Mecklenburg-Vorpommern 9,5 und für Brandenburg 8,8 Taten gemessen, in NRW waren es 3 und in Bayern nur eine. Eine Untersuchung von Trierer Soziologen ermittelte vier Gruppen von Gewalttätern[22]:

- „Politisch motivierte Jugendliche aus der rechtsradikalen Szene";
- „Nicht ideologisch gebundene Jugendliche, die sich sozial benachteiligt fühlen und durch Gewalt gegen Fremde auf ihre eigenen Probleme aufmerksam machen wollen";
- „Bereits straffällig gewordene Jugendliche aus hochgradig gestörten Elternhäusern";

---

21 Zit. nach: Karl F. Schumann, Nur jeder zehnte rechte Gewalttäter ist arbeitslos, in: Frankfurter Rundschau Nr. 149 v. 1.7.1993, S. 10.
22 Zit. nach: Der Spiegel Nr. 17 v. 26.4.1993, S. 91 („Schläger, Kämpfer, Helden. Wissenschaftler erforschen Herkunft und Umfeld junger Ausländerfeinde").

– „Mitläufer aus meist bürgerlichem Milieu, die in Skin- und Fascho-gruppen die daheim vermißte Nestwärme suchen".

Aus dieser Typologie wird deutlich, daß zielgerichtetes politisches Verhalten im Gewaltbereich nicht vorrangig ist.

23) Zielgerichtetes politisches Verhalten umfaßt alle Spielarten der politischen Partizipation, von der „konventionellen" bis zur „unkonventionellen" Beteiligung, von der Teilnahme an einer genehmigten politischen Versammlung bis hin zum politisch motivierten Mord. Dem institutionalisierten Rechtsextremismus gelten unzählige Literaturangaben. Insgesamt liegen hinreichende Informationen über die Gesamtentwicklung sowie über einzelne Parteien, Verbände, Organisationen, Medien, Verlage etc. vor, auch wenn man sich aus organisationssoziologischem Interesse mehr Kenntnisse über Binnenstruktur, Willensbildung, Mitglieder und Finanzen wünscht. (Allerdings sind derartige Informationen auch für die demokratischen Institutionen nur in unzureichendem Ausmaß verfügbar.) Empirisch gesättigte Gesamtdarstellungen des (west)deutschen Rechtsextremismus sind freilich rar. Für die fünfziger Jahre ist nach wie vor Tauber (1967) maßgeblich. Bis Anfang der achtziger Jahre informieren Dudek/Jaschke (1984) und die Beiträge über rechtsextreme Parteien in dem von mir herausgegebenen Parteien-Handbuch (Stöss 1983/84). Zur schnellen Information mögen die Übersichten von Assheuer/Sarkowicz (1990), Hirsch (1989) oder Kühnl (1990) dienen. Nützlich sind auch Sammelwerke mit Beiträgen zu verschiedenen Aspekten des Rechtsextremismus, so der seit 1980 fortgeschriebene Band von Benz (1989) und das Buch von Butterwegge/Isola (1990). Besondere Aufmerksamkeit fanden bzw. finden politisch relevante Teilbereiche, wie beispielsweise Jugendorganisationen (zuletzt Dudek 1985) oder das Pressewesen (neuerdings Jäger 1988, A. Lange 1993). In den vergangenen Jahren konzentrierte sich das Interesse natürlich auf die 1983 gegründeten Republikaner[23] und auf den Rechtsextremismus in der DDR bzw. den neuen Bundesländern[24], wobei die Akten der Staatssicherheit für die Zeit bis Ende 1989 eine bedeutende Quelle darstellen (Süß 1993).

24) Der wissenschaftliche Nutzen dieser zumeist sehr deskriptiven, selektiven, detailistischen und wenig systematischen Darstellungen ergibt sich

---

23 Funke 1989; Hennig 1991; Jaschke 1992a; Leggewie 1990; Stöss 1990.
24 Borchers 1992; Engelstädter 1991; Harnischmacher 1993; Heinemann/Schubarth 1992; Ködderitzsch/Müller 1990; G. Lange 1990; Langer 1991; Runge 1990; Siegler 1991. – Empirische Studien: Abschlußbericht 1992; ISG 1991; Lederer u.a. 1991; Maßner 1992; Wittenberg u.a. 1991. Zu den Rahmenbedingungen s.a. Förster/Roski 1990; Friedrich 1990. Ost-West-Vergleiche: DII 1990; Spiegel-Spezial 1991; Stöss 1993e.

erst durch die Zusammenfügung der einzelnen Partikel zu einem Ge-
samtbild. Während die Betrachtung der Mikroebene in der Regel (Ausnahme: Lebenslaufanalysen) Momentaufnahmen von individuellen Be-
findlichkeiten bzw. Stimmungen liefert, erlaubt die Makroebene Einsichten in das Prozeßhafte des Rechtsextremismus. Erst auf dieser hochag-
gregierten Ebene werden Untersuchungen über seine historische Entwicklung, Struktur und Funktion möglich. Da eine Gesellschaft aber aus
Menschen besteht, und diese es sind, die Geschichte machen, läßt sich
die Mikroebene nicht einfach von der Makroebene abkoppeln. Zwar ist
Gesellschaft ein soziales System und daher mehr als nur die Summe der
Individuen, aber eben auch ohne diese nicht denkbar. So läßt sich von
der Mikroebene nicht einfach auf die Makroebene schließen (von der
Einstellungsforschung wird oft übersehen, daß die Makroebene nicht die
bloße Widerspiegelung der Mikroebene darstellt), aber – und das wird
von den „Generalisten" gern mißachtet – beide korrespondieren miteinander.

25) Makroanalysen sollten auf typologischen Vergleichen in horizontaler und
vertikaler Hinsicht basieren. Vertikale Typen sind Entwicklungsabschnit-
te, die wiederum in Aufstieg, Boom und Niedergang unterteilt werden
können. Die Entwicklung des Rechtsextremismus in der Bundesrepublik
wird im allgemeinen in drei Perioden eingeteilt: 1945 bis 1965, 1966 bis
1982 und die Jahre seit 1983. Ob die Vereinigung der beiden deutschen
Staaten einen neuen Einschnitt bildet, kann jetzt noch nicht beurteilt
werden. Horizontale Typologien zielen auf die Struktur des Rechtsextremismus und können sich an institutionellen, handlungsbezogenen oder
ideologisch-programmatischen[25] Merkmalen orientieren.

26) Eingebürgert hat sich die Unterscheidung zwischen Alter und Neuer
Rechter bzw. Altem und Neuem Nationalismus[26]. Eine zufriedenstellende
und allgemein anerkannte Begriffsbestimmung steht freilich noch aus.
Insbesondere ist ungeklärt, wo die spezifische Differenz liegt. Die Republikaner werden beispielsweise oft als „Neue Rechte"[27] bezeichnet, weil
sie im Vergleich etwa zur NPD als junge Partei gelten, obgleich sich die
Programme beider Organisationen kaum unterscheiden. Als Differenzie-
rungskriterium muß häufig der Rekurs auf die „Konservative Revolution"
der Weimarer Republik (Fritzsche 1976, Mohler 1972, Mosse 1991) her-

25 Vgl. dazu neuerdings Schwagerl (1993), der die Verbindung von rechtsextremer Ideologie
    und Propaganda kompetent darstellt.
26 Zur Entwicklung in Westdeutschland nach 1945: Stöss 1980; zur nationalrevolutionären
    Neuen Rechten: Feit 1987; zur aktuellen Lage in Westeuropa: Greß/Jaschke/Schönekäs 1990.
27 So untertitelte Leggewie (1990) die erste Version seines REP-Buchs mit „Phantombild der
    Neuen Rechten".

halten, der als typisch für die Neue Rechte angesehen wird. In diesem Zusammenhang wird gelegentlich auch – zumeist mit Blick auf die französische Neue Rechte – die Bezugnahme auf Theoretiker (z.B. Antonio Gramsci) und Praktiken (Pariser Mai 1968) der Neuen Linken genannt (Greß/Jaschke/Schönekäs 1990: 350ff.; Kowalsky 1991: 8). Oft wird der Begriff Neue Rechte auch als Synonym für Intellektualisierung des Rechtsextremismus gebraucht. Vor allem die Vordenker des Rechtsextremismus lieben es, sich das aufwertende Etikett Neue Rechte anzuheften. Tatsächlich unterscheidet sich jedoch das, was sich selbst als neu-rechts präsentiert oder dafür gehalten wird, in der Substanz kaum von der Weltanschauung der Alten Rechten. Beide beziehen sich übrigens auf die Konservative Revolution, die mithin als Abgrenzungsmerkmal untauglich ist. Auch das völkische Denken kann nicht als Spezifikum der Neuen Rechten betrachtet werden, weil es – darauf hat wieder Schwagerl (1993: 101ff.) verwiesen – genuiner Bestandteil der rechtsextremen Ideologie ist, der alten wie der neuen. Bezeichnenderweise verzichtet Schwagerl, einer der besten Kenner des bundesdeutschen Rechtsextremismus seit seinen Anfängen, völlig auf die Differenzierung zwischen beiden ideologisch-programmatischen Varianten. Alte Rechte und Neue Rechte unterscheiden sich nämlich kaum bezüglich ihrer ideologischen Traditionen oder der Orientierung an antidemokratischen Autoren aus der ersten Hälfte unseres Jahrhunderts und auch nicht hinsichtlich der Taktik und der Methoden ihrer Propaganda, sondern vor allem in der Herleitung und Rechtfertigung ihrer jeweiligen politischen Konzepte, die nicht nur zwischen, sondern auch innerhalb der Alten und der Neuen Rechten variieren und konkurrieren. Während sich die Alte Rechte an autoritären und faschistischen Herrschaftsmethoden aus der Weimarer Republik, am Deutschnationalismus oder am Nationalsozialismus, orientiert, bemüht sich die Neue Rechte um „zeitgemäße" Konzepte und Begründungen, die den – durch die Ergebnisse des Zweiten Weltkrieges und spätere globale Entwicklungen – veränderten, jeweils aktuellen nationalen und weltpolitischen Bedingungen angepaßt sind (siehe auch Nr. 32a). Die Alte Rechte ließe sich so gesehen unter organisatorischen Gesichtspunkten beispielsweise in Neonazis (FAP, DA, NF etc.) und Deutschnationale (NPD, DVU, REP), die Neue Rechte in Nationalneutralisten (AUD etc.), Nationalrevolutionäre (SdV/NRAO, BDS etc.) und „Neovölkische" (Thule-Seminar) untergliedern.

27) Die drei Boomphasen des westdeutschen Rechtsextremismus (1949-52; 1966-69, 1987ff.) lassen sich nach den genannten typologischen Gesichtspunkten bezüglich ihrer politisch-gesellschaftlichen Rahmenbedingungen und der internen Strukturmerkmale des rechtsextremen Lagers (auch unter regionalen Gesichtspunkten) miteinander vergleichen, um Einsich-

ten in die spezifischen Ursachen von Aufstieg und Niedergang, von Erfolg und Mißerfolg des Rechtsextremismus im allgemeinen und von spezifischen Organisationen, ideologisch-programmatischen Konzepten oder Praxisformen zu gewinnen. Soweit ich sehen kann, besteht Übereinstimmung darin, daß sich die Existenzbedingungen des Rechtsextremismus nur multifaktoriell erklären lassen. Eindimensionale Erklärungsansätze werden heute wohl nicht mehr vertreten. Zunächst wird zwischen mehr oder weniger konstanten und eher situativen Faktoren unterschieden. Zu ersteren zählen vor allem die Fort- bzw. Nachwirkungen des Nationalsozialismus (z.B. Giordano 1987, siehe auch Nr. 32), die antidemokratischen Elemente in der politischen Kultur (Stöss 1989: 239ff.) und die Auswirkungen des sozialen Wandels und der Modernisierungsprozesse in Industriegesellschaften (Scheuch/Klingemann 1967, Heitmeyer 1987, 1992). Situative Faktoren erwachsen zumeist aus Umbruchsituationen im ökonomischen, sozialen oder politischen Bereich, wobei entscheidend ist, ob die Umbrüche als gravierend wahrgenommen werden oder nicht. Alle drei Boomphasen des Rechtsextremismus stellen Begleiterscheinungen von spürbaren Einschnitten in der gesellschaftlich-politischen Entwicklung der Bundesrepublik dar. Dabei mögen konjunkturelle oder strukturelle Krisen, Veränderungen in der politischen „Großwetterlage", Machtwechsel oder Revisionen in wichtigen Bereichen der Innen- oder Außenpolitik eine Rolle spielen. Im Detail machten sich auf der wirtschaftlich-sozialen Ebene Arbeitslosigkeit, Armut, strukturelle Benachteiligung einzelner Wirtschaftssektoren, Regionen oder sozialer Schichten, aber auch unbefriedigende Wohn- und Lebensbedingungen, Infrastrukturen, Freizeitangebote und Nachbarschaftsbeziehungen bemerkbar. Auf der politischen Ebene waren Faktoren wie unzureichende Sachkompetenz politischer Akteure, geringe Akzeptanz politischer Institutionen, mangelnde Integrationskapazität und Bindungsverluste intermediärer Organisationen und politische Skandale maßgeblich. Entscheidend ist wie gesagt, daß es immer ein Geflecht von verschiedenen, in der Regel aber miteinander irgendwie verknüpften, Faktoren ist, die Rechtsextremismus begünstigen (vgl a. Backes/Jesse 1980, Bd. II: 192ff.; Stöss 1989: 229ff.) – und zwar stets die Alte Rechte, und dabei wiederum kaum neonazistische Organisationen, sondern solche, die in der Tradition des Deutschnationalismus stehen. Die Botschaft der Neuen Rechten gewinnt nur dann Bedeutung, wenn sie durch die Alte Rechte oder den Konservatismus popularisiert wird.

28) Wenn die gesamtgesellschaftlichen Voraussetzungen für einen Erfolg rechtsextremer Organisationen gegeben sind, bedeutet das noch lange nicht, daß beispielsweise diese oder jene rechtsextreme Partei auch tatsächlich viele Stimmen erhält. Parteien und Verbände müssen interne

Bedingungen erfüllen, um externe Chancen zu nutzen. Sie können ihr Potential dauerhaft nur ausschöpfen, wenn sie

- politische Kompetenz und Glaubwürdigkeit ausstrahlen,
- attraktive programmatische Alternativen und identifikationsfähige Ziele präsentieren,
- innere Geschlossenheit zeigen und organisatorische Zersplitterung vermeiden,
- populäre und respektable Personen in die Führungsgremien entsenden und
- hinreichende Publizität in den Medien erhalten (Stöss 1989: 239).

29) Besonders aufschlußreich ist der innerdeutsche Ost-West-Vergleich: Die Entwicklung des Rechtsextremismus im vereinigten Deutschland ist seit dem Zusammenbruch der DDR durch drei Merkmale gekennzeichnet: Zunächst haben wir es mit einer enormen Zunahme von (zumeist fremdenfeindlichen) Gewalttaten zu tun. Sodann handelt es sich weithin und zunehmend um ein subkulturelles, alltägliches Jugendphänomen. Beides unterscheidet die neuere Entwicklung von den vorhergehenden Perioden. Und schließlich unterscheidet sich das Erscheinungsbild des Rechtsextremismus in West und Ost in struktureller Hinsicht: Während er im Westen überwiegend durch Organisationen (Parteien, Verbände, Jugendorganisationen) geprägt und auch sonst stark institutionalisiert ist (Presse, Verlage, Kongresse), herrscht im Osten (noch?) der eher spontane, schwach organisierte und ideologisch gering fundierte, dafür aber besonders aggressive Protest vor. Der Rechtsextremismus ist in den neuen Bundesländern in erster Linie von subkultureller Natur und stark bewegungsorientiert (Skinheads, Hooligans, „Faschos", Jugendcliquen). Für die Analyse des widersprüchlichen Erscheinungsbildes des Rechtsextremismus in der Bundesrepublik dürfte bedeutsam sein, daß sich beide Teile Deutschlands in einer, jeweils spezifischen, Umbruchsituation befinden. Die im Osten scheint fundamentaler zu sein, weil es sich um einen – zwar gewünschten und bewußt herbeigeführten, in seinen konkreten sozialen und psychischen Auswirkungen für das Individuum aber von vornherein nicht absehbaren – abrupten Systemwandel vom Sozialismus zum Kapitalismus, vom Stalinismus zur Demokratie handelt. Zudem ist der Osten noch mit jenen quasi-revolutionären Veränderungen konfrontiert, die die westliche Welt prägen: sozialer Wandel, Wertewandel, Individualisierung, Tertiärisierung, technologische Modernisierung, supranationale Integration und Multikulturalität. Gewachsene soziale Bindungen und Orientierungsmuster werden dabei entwertet, Angst und Unsicherheit breiten sich aus. Der Bedeutungsverlust nationaler Grenzen, die Zunahme transnationaler Verflechtungen, die – kulturelle Eigenheiten

nivellierende – Industriezivilisation und die anschwellenden Migrations-
ströme verschärfen den Problemdruck. Mit der Vereinigung geriet die
DDR-Gesellschaft mithin unter die Last einer doppelten Krise, was nicht
ohne Auswirkungen auf Form, Inhalt und Ausmaß des Rechtsextremismus bleiben konnte.

30) Der Rechtsextremismus der achtziger Jahre wird zunehmend im (west)eu-
ropäischen Kontext gesehen und dargestellt. Internationale Verflechtungen und Kooperation gibt es zwar schon seit Beginn der fünfziger Jahre
(Smoydzin 1966), aber erst in diesem Jahrzehnt haben sich die Existenz-
und Erfolgsbedingungen des Rechtsextremismus in den westeuropäischen Staaten angeglichen. Darauf weisen Wahl- und Einstellungsuntersuchungen[28] hin, und dies belegen vergleichende Darstellungen auf der
institutionellen Ebene[29]. Besondere Beachtung finden dabei rassistische
Einstellungen und Aktivitäten[30]. So empfanden 1988 14 Prozent der EG-
Europäer Menschen anderer Staatsangehörigkeit, Rasse oder Religion als
störend und wollten die Rechte von Ausländern beschränken. In Belgien
waren es 23 Prozent, in der Bundesrepublik 20, in Griechenland 18 und
in Frankreich 17 Prozent. Am unteren Ende der Skala standen Luxemburg
mit 4 Prozent, Portugal mit 5, Spanien mit 6 und Irland mit 7 Prozent
(Eurobarometer 1989: 94). Die Bundesrepublik, Frankreich und Belgien
sind die Länder mit dem größten Anteil von Ausländern aus EG-Dritt-
staaten (5,3 %; 3,9 %; 3,8 %). Für Osteuropa ist die Literaturlage noch
recht schmal. Jedoch deutet alles darauf hin, daß der Rechtsextremismus
dort besonderen Existenz- und Erfolgsbedingungen unterliegt: Der Zusammenbruch des Sozialismus, der realiter auch eine transnationale Su-
perstruktur unter sowjetischer Hegemonie darstellte, setzt in den Viel-
völkerstaaten des Ostens explosionsartig separatistische Energien frei,
die sich zu militanten Nationalbewegungen verdichten und in blutige
Bürgerkriege münden (Mommsen 1992). Auf diesem Boden wachsen
Chauvinismus, Fremdenhaß, Antisemitismus, Faschismus und panslavi-
stische, imperiale Ideologien (Laqueur 1993).

31) Die These von der Angleichung der Existenz- und Erfolgsbedingungen
des Rechtsextremismus in Westeuropa stützt sich auf die gleichartigen
Modernisierungsprobleme in den Ländern der EG (und in Norwegen,
Schweden, Österreich und der Schweiz). Die dritte Entwicklungsperiode

---

28 Bauer/Niedermayer 1990; Falter/Schumann 1988, 1991; Niedermayer 1990. Vgl. dazu auch
    Herz 1975.
29 Beyme 1988; EP-Report 1985, 1990; Greß/Jaschke/Schönekäs 1990; Hafeneger 1990; Hains-
    worth 1992; Ignazi/Ysmal 1992; Kirfel/Oswalt 1989; Koch 1989; Schulz 1990.
30 Butterwegge/Jäger 1992, 1993; Fußball und Rassismus 1993; Kalpaka/Räthzel 1992; Einstel-
    lungen: Eurobarometer 1989.

des Rechtsextremismus in der Bundesrepublik kann hinsichtlich ihrer gesamtgesellschaftlichen Rahmenbedingungen mithin nicht allein im nationalen Kontext analysiert werden. Die Tendenz zur Internationalisierung relativiert die nach wie vor vorhandenen deutschen Spezifika.

Die rechte Inter-Nationale „organisiert in allen westeuropäischen Ländern vor allem die Opfer und Verlierer des wirtschaftlichen, sozialen und kulturellen Wandels; modernisiert und reorganisiert wird die extreme Rechte 'attraktiv' und ... wählbar. Ursachen und Motive liegen in sozialen Ängsten und normativer Verunsicherung, in ökonomisch-sozialen Problemen, der Zerstörung bzw. Erosion sozialer und kultureller Milieus, politischer Kulturen und Traditionen" (Hafeneger 1990: 49f.).

Die Modernisierungsverlierer-These – so unscharf sie im Detail ist – wendet sich gegen absolute Deprivation (allgemeine Verschlechterung der wirtschaftlichen und sozialen Bedingungen, Arbeitslosigkeit, Armut etc.) als pauschales Erklärungsmuster für Rechtsextremismus und zielt auf Ungleichzeitigkeiten bzw. empfundene Ungleichgewichte infolge des raschen Wandels in allen gesellschaftlichen Bereichen (relative Deprivation[31]). Dieser erzeugt Angst und Unsicherheit bei potentiell Betroffenen („Verlierer"), bei Armen und Wohlhabenden, bei Arbeitern (hier besonders) und bei Landwirten, bei Gewerkschaftsmitgliedern und praktizierenden Christen, bei Frauen und Männern. So erklärt sich die diffuse Sozialstruktur des rechtsextremen Einstellungspotentials und der Wählerschaft der rechtsextremen Parteien.

„Rechtsextremismus ist im Kern ein Reflex auf intensive Modernisierungsschübe in den jeweiligen Gesellschaftssystemen. Doch in dem Maße, in dem unklar wird, was 'Modernisierung' nun wirklich sei, wird auch die Kontur des Antimodernismus unklarer. Von diesem Dilemma profitiert die 'Neue Rechte'. Nicht so sehr die Frage nach der Normalität führt ... weiter, als vielmehr der Verweis auf das 'Unbehagen in der Modernität' [Berger/Berger/Kellner 1977], das Brüchigwerden der Leitbilder der bürgerlichen und der industriellen Revolution" (Greß/Jaschke/Schönekäs 1990: 354).

Folgt man der Beschreibung von Butterwegge (1990: 16f.), dann sind die Rechtsextremisten weniger Modernisierungsopfer oder -verlierer, sondern in erster Linie Modernisierungsgegner:

„Der heutige Rechtsradikalismus ist die Negation des politischen und Gesellschaftsentwurfs der Moderne mitsamt ihren humanistischen Grundwerten, de-

---

31 Vgl. zu den entsprechenden Forschungskonzepten die nicht mehr ganz aktuelle, aber immer noch einschlägige Literaturübersicht Protest 1978.

mokratischen und sozialen Errungenschaften (wohlfahrtsstaatliche Sicherun-
gen, Menschen- und Bürgerrechte) im Rahmen einer Nation. [Er ist] nur verständlich als Reaktion auf Tendenzen zur Marginalisierung, Individualisierung
und Isolierung durch eine widersprüchlich verlaufende Modernisierung einerseits, auf Emanzipationsbestrebungen und -bewegungen (Arbeiter, Frauen, Frieden) andererseits."

C. Kontroversen

Ich habe ausführlich dargestellt, daß es bei der wissenschaftlichen Durch-
dringung des Rechtsextremismus an Problemen und offenen Fragen nicht
mangelt. Gleichwohl finden kaum Debatten statt. Zwar gibt es immer wieder
unterschiedliche Sichtweisen, aber sie werden zumeist nicht explizit gemacht
und nicht auf konkurrierende Ansätze bezogen. Ich werde im Folgenden
einige mir wichtig erscheinende – explizite oder implizite – Kontroversen
darstellen und dabei auch meine eigene Auffassung nicht verschweigen.

32) Die Kontinuitätsthese: Was ist neu am Rechtsextremismus?

Daß der bundesdeutsche Rechtsextremismus die Fortsetzung des Nationalsozialismus darstellt, behauptet, soweit ich informiert bin, niemand.
Vom Erbe oder von einer Neuauflage des deutschen Faschismus war in
den fünfziger und sechziger Jahren in der kommunistischen Propaganda
schon öfter mal die Rede. Darauf soll hier jedoch nicht eingegangen
werden. Die im Titel dieser Veranstaltung[32] genannte Frage stellt sich in
dieser krassen Alternative nicht. Wohl aber bestehen konstante, langfristig
wirkende Faktoren im Sinne von Fort- bzw. Nachwirkungen des Nationalsozialismus, die Rechtsextremismus in der Bundesrepublik begün-
stig(t)en. Um welche Faktoren es sich im einzelnen handelt und welche
Bedeutung ihnen zukommt, ist unklar, teilweise sogar strittig.

a) Unstrittig ist, daß wesentliche Elemente der rechtsextremen *Ideologie,*
der Alten wie der Neuen Rechten, auf Autoren der „Konservativen Revolution" der Weimarer Republik zurückgehen. Assheuer/Sarkowicz
(1990: 112ff.) präsentieren eine beeindruckende Ahnengalerie (Arthur
Moeller van den Bruck, Hans Freyer, Edgar Julius Jung, Othmar Spann,
Ernst Jünger, Friedrich Nietzsche und Carl Schmitt usw.) zeitgenössischer
rechtsextremer Vordenker, von denen Armin Mohler, Alain de Benoist,
Bernard Willms, Günter Maschke, Hans-Dietrich Sander und Henning

---

32 Gemeint ist das Symposium „Rechtsextremismus – Produkt der Moderne oder Überbleibsel
    des Faschismus" vom Juli 1993 (siehe Einleitung dieses Bandes).

Eichberg besonders herausgestellt werden. Die Methode, alle Gegner bzw. Kritiker der parlamentarisch-pluralistischen Demokratie in einer Schublade zu versammeln, um die Kontinuität rechtsextremen Denkens bis ins 18. Jahrhundert zurückzuverfolgen, ist weit verbreitet und mag ideengeschichtlich auch berechtigt sein. Aber niemand wird im Ernst behaupten wollen, der heutige Rechtsextremismus sei eine Folge der Französischen Revolution. Erklärungsbedürftig ist vielmehr die (fehlende oder vorhandene) Attraktivität rechtsgerichteter antidemokratischer Konzepte im Nachkriegsdeutschland. Und dabei ist die Tradition völlig belanglos. Sie ist allenfalls Ausdruck von Ressentiments oder von Ratlosigkeit rechtsextremer Ideologen, die mangels eigener Ideen aus der Mottenkiste reaktionärer Literatur leben. Für die Wähler und Anhänger des Rechtsextremismus spielt sie jedenfalls keine Rolle. Ganz im Gegenteil: Mit den Parolen der Deutschnationalen oder der Nazis lassen sich heute keine Erfolge erzielen. Die Schwäche des bundesdeutschen Rechtsextremismus beruht nicht zuletzt auf seiner Vergangenheitsfixierung. Mit der wissenschaftlichen Unterscheidung zwischen Neuer und Alter Rechter soll diesem Umstand Rechnung getragen werden. Rassistische Vorurteile lassen sich nicht mehr dadurch mobilisieren, daß man den Deutschen erklärt, sie seien Arier, als solche besonders hochwertig und damit zu Herrenmenschen prädestiniert. Opas Rassismus ist tot. Angesagt ist Ethnopluralismus: die Lehre von der Bewahrung der Identität prinzipiell gleichwertiger, aber verschiedenartiger Völker bzw. Rassen durch räumliche Separierung. Die Parole „Ausländer raus!" verdankt ihre Popularität nicht irgendwelchen ideologischen Traditionen, sondern der heutigen globalen Problemlage, auf die sich der „Neo-"Rassismus bezieht. Dies gilt entsprechend für andere Elemente der rechtsextremen Ideologie, wie beispielsweise dem heutigen „Antisemitismus ohne Juden".

b) Die *Programmatik* des Rechtsextremismus war zumeist anachronistisch und „unmodern". In der Substanz stand sie zweifellos in der Tradition des antidemokratischen Denkens der Weimarer Republik. Allerdings fanden sich konkrete Rekurse auf damalige Ziele und Forderungen allenfalls am Rande (etwa bei den Neonazis). Außenpolitisch ging es dem Nachkriegsrechtsextremismus um die Einheit des geteilten Deutschland, und die Parteien und Organisationen differenzierten sich entlang der Frage, wie diese zu erreichen sei (Stöss 1989: 24ff.). Innenpolitisch machte man sich sehr unterschiedliche Gedanken darüber, wie das zu schaffende Deutsche Reich wirtschafts- und sozialpolitisch gestaltet werden sollte. Zwar waren viele der gedachten Modelle mittelständisch orientiert und daher wenig zeitgemäß, aber es ging nicht mehr um „Zinsknechtschaft" o.ä., sondern um Vertriebene, die Existenzsorgen der mittelständischen Wirtschaft, insbesondere der Landwirtschaft, um die E(W)G usw.

c) Bei der *Funktionsbestimmung* von Faschismus/Rechtsextremismus spielen grundsätzliche und langfristige Gesichtspunkte naturgemäß eine ausschlaggebende Rolle. Dies gilt für den Faschismus/Rechtsextremismus als Produkt patriarchaler Verhältnisse (siehe dazu unten Nr. 33) oder als „Produkt kapitalistischer Verhältnisse" (Kühnl 1990: 44), als Form bürgerlicher Herrschaft in kapitalistischen Gesellschaften.

„Der Faschismus – gleich ob als politische Strömung oder als offen terroristische Herrschaftsform – war und ist eine Form des Reagierens des Finanzkapitals und insbesondere seiner reaktionärsten, seiner aggressivsten Teile auf die veränderten Bedingungen des Klassenkampfs, seitdem sich die allgemeine Krise des Kapitalismus entfaltet und der Niedergangsprozeß des kapitalistischen Systems eingesetzt hat, seitdem die Menschheit mit der Großen Sozialistischen Oktoberrevolution in die Epoche des Übergangs vom Kapitalismus zum Sozialismus eingetreten ist" (Weißbecker 1980: 255).

Allerdings bestehen im marxistisch-leninistischen Lager unterschiedliche Auffassungen darüber, ob sich der Charakter und die Existenzbedingungen des Faschismus nach 1945 geändert haben, ob eine begriffliche Unterscheidung zwischen Faschismus und Neofaschismus in der Nachkriegszeit notwendig geworden ist. Opitz (1984: 238) räumt zwar ein: Neofaschismus

„ist keineswegs nur eine in unsere Gesellschaft hinüberlebende, übriggebliebene Resterscheinung und der Rückstand aus dem Hitler-Reich, sondern eine sich aus dieser Gesellschaft der Bundesrepublik selbst heraus durchaus neu produzierende und den alten Faschismus reproduzierende, ihn damit auch durchaus neu produzierende politische Erscheinung, die jenen Restbeständen ebenso zum Auftrieb verhilft, wie sie von ihnen inspiriert ist."

Die Silbe „Neo" habe jedoch nur die Bedeutung einer Zeitangabe, die darauf verweise, daß es sich um den Faschismus nach 1945 handele. An seiner geschichtlichen Funktion und seinen Herrschaftsmethoden habe sich in der Nachkriegszeit nichts geändert, wie die Erfahrungen aus Chile und der Türkei bewiesen. Andere Autoren äußern sich differenzierter. So glaubt Weißbecker (1980: 250) beispielsweise, daß das Klima für Faschismus nach dem Zweiten Weltkrieg „ungünstig" geworden sei (was er v.a. auf die Existenz des damals mächtigen sozialistisch-antifaschistischen Lagers zurückführt). Immerhin charakterisiert er die „meisten imperialistischen Länder" als „eingeschränkte bürgerliche Demokratien" und die rechtsextremen Organisationen als „angepaßt" und zunehmend einflußlos (ebd.: 257, 258). Allerdings könne die „Tendenz zur verstärkten Anwendung konservativ-autoritärer Herrschaftsmethoden" unter bestimmten Bedingungen durchaus wieder in Faschismus umschlagen (ebd.: 257). Diese Vermutung begründet er allerdings nicht, und sie erscheint mir auch als äußerst zweifelhaft. Den heutigen Rechtsextremismus in Westeuropa als potentielle Herrschaftsmethode des Groß- oder gar Finanzkapitals für den Fall zu bezeichnen, daß sich die Arbeiterklasse nicht mehr sozial und demokratisch in den Kapitalismus integrieren läßt, stellt einen groben Anachronismus dar, der die gesellschaftlichen Veränderungen seit 1918 außer acht läßt. Anders als in Weimar besteht heute in der Bundesrepublik eine überwältigende Akzeptanz der Demokratie, der Nationalsozialismus ist vollkommen diskreditiert, und die sozialen Beziehungen haben sich so stark ausdifferenziert, daß von einem antagonistischen Gegensatz zwischen Bourgeoisie und Proletariat nicht die Rede sein kann. Wie bereits erwähnt (siehe Nr. 31), wird Rechtsextremismus heute eher als Reflex auf Modernisierungsprozesse interpretiert[33]. Insgesamt erschließt sich die These von einer funktionalen Kontinuität des Rechtsextremismus also nicht.

d) Nachweisbare Kontinuität bestand allerdings bei den rechtsextremen *Führungsgruppen.* Über Kontinuität und Diskontinuität der Nachkriegseliten ist viel geschrieben worden (z.B. Stöss 1989: 77f.), worauf hier jedoch nicht eingegangen werden kann. Niethammer (1969) differenziert zwischen „Postfaschisten" und „Neofaschisten", zwischen ehemaligen NS-Funktionären und Aktivisten, die ihre politische Sozialisation in der Ära Adenauer vollzogen haben. Beide unterscheiden sich nicht so sehr im Alter, sondern hinsichtlich ihrer politischen Ziele und Sichtweisen. Dieser Gegensatz prägte noch die Führungsschicht der NPD in der zweiten Hälfte der sechziger Jahre. Heute ist er aus biologischen Gründen obsolet geworden. Schönhuber dürfte der letzte Parteiführer sein, der NS-Organisationen noch aus eigener Anschauung kennt.

e) Wahlanalysen zeigen, daß eine gewisser Zusammenhang zwischen der NSDAP und rechtsextremen Parteien im Nachkriegsdeutschland besteht (z.B. Kühnl u.a. 1969: 232ff.). Das bezieht sich auf Wählerhochburgen und auf die sozialstrukturelle Zusammensetzung der Wählerschaften. Was die Hochburgen angeht, ist die Kontinuität allerdings keineswegs durchgängig, sondern nur teilweise vorfindbar. Dies dürfte auf spezifische regionale Problemkonstellationen und historische Traditionen zurückzuführen sein, die Rechtsextremismus begünstigen (beispielsweise in Teilen von Nordhessen, Ober- und Mittelfranken). Die Sozialstruktur

---

33 In diesem Sinne ließen sich auch die Faschismen der Zwischenkriegszeit interpretieren. Aber auch dies rechtfertigte wohl kaum die Kontinuitätsthese, weil sich Modernisierungsbedingungen, -prozesse und -folgen gegenüber früher grundsätzlich verändert haben.

der Wählerschaft von NSDAP, NPD und Republikanern ist mehr oder weniger gleichermaßen breit gestreut. Man könnte sie als „Allerweltsparteien" bezeichnen, die allerdings über jeweils spezifische Schwerpunkte verfügen. Der NSDAP bescheinigt Falter (1991: 13) beispielsweise einen „Mittelstandsbauch", und die Republikaner sind bei den Arbeitern überdurchschnittlich vertreten (Stöss 1993b: 57). Vermutlich ist jedoch für die Wahlentscheidung zugunsten einer rechtsextremen Partei nicht die Sozialstruktur maßgeblich, sondern politische Einstellungen (siehe auch unten Nr. 35). Dann wäre die Kontinuitätsthese allerdings tautologisch, besagte sie doch nur, daß extrem rechts eingestellte Personen dazu neigen, rechtsextreme Parteien zu wählen.

Insgesamt lassen sich durchaus Zusammenhänge zwischen dem Nachkriegs- und dem Vorkriegsrechtsextremismus feststellen. Und es bestehen auch auf hoher Abstraktionsebene Gemeinsamkeiten. Insofern hat die Kontinuitätsthese ihre Berechtigung. Freilich läßt sich aus ihr kaum Honig für die Erklärung der Existenz- und Erfolgsbedingungen des Nachkriegsrechtsextremismus saugen. Dennoch sollte sie nicht ad acta gelegt werden. Denn 1945 war keine „Stunde Null". Die politische Kultur der Bundesrepublik war und ist durch die deutsche Geschichte geprägt, durch die autoritären, militaristischen, rassistischen und antisemitischen Traditionen, durch die unzureichende Auseinandersetzung mit dem NS und den neurotischen Antikommunismus. Hierbei handelt es sich um Faktoren, die latent für die Ausbreitung von Rechtsextremismus mit verantwortlich sind.

33) *Rechtsextremismus als Produkt patriarchaler Verhältnisse?*

Rommelspacher weist die gängigen Erklärungsmuster für Rechtsextremismus als „patriarchale Argumentationskunst" einer „männlichen Wissenschaft" zurück, die maßgeblich dadurch gekennzeichnet sei, daß sie die Geschlechtsspezifik des Rechtsextremismus verdränge, um die (männliche) „Dominanzkultur" zu bewahren. Daß Rechtsextremismus ein geschlechtsspezifisches Phänomen sei, zeige sich schon darin, daß Frauen unter den Anhängern rechtsextremer Parteien deutlich unterrepräsentiert seien und auch weniger zur Ausprägung rechtsextremer Einstellungen neigten. Sie stimmt mit den jugendsoziologischen Autoren insoweit überein, als sie das Bedürfnis nach Sicherheit, Orientierung und Vereinfachung aus den ökonomisch-sozialen Alltagserfahrungen in modernen Industriegesellschaften ableiten. Nur eben folgten daraus nicht notwendigerweise rechtsextreme bzw. rassistische Orientierungen. „Dominanzverhalten, ... einseitige Verfügung über andere und deren Existenzrechte" (Rommelspacher 1991: 84) sei nur ein denkbares, für Dominanzkulturen allerdings typisches Konfliktlösungsmuster.

„Alles Fremdartige wird im Allgemeinen in unserer Gesellschaft als Provokation empfunden, als Herausforderung der eigenen Identität, faszinierend und Angst machend zugleich. Um die Spannung zwischen Selbst und Fremdem zu lösen, gibt es die Möglichkeit, das Fremde qua Bemächtigung auszuschalten oder so weit an die eigenen Vorstellungen zu assimilieren, bis das Fremde in der Anpassung verschwindet. (...)
Dieses Konfliktlösungsmuster, der Umgang mit Andersartigem als etwas zu Unterwerfendem, hat in unserer Gesellschaft eine elementare Quelle im Umgang mit dem Geschlechtsunterschied. Die Differenz der Geschlechter ist die erste Begegnung mit einer prinzipiellen Andersartigkeit von Menschen. Die Sozialisation lehrt die Jungen mit Hilfe aggressiver Selbstbehauptung und Abwertung des Weiblichen ihre Männlichkeit zu beweisen. Mädchen hingegen müssen ihre Weiblichkeit in Form von Friedlichkeit, Fürsorgeverhalten und Selbstentwertung entwickeln. Beide lernen so mit einem Unterschied qua Hierarchisierung umzugehen, qua Dominanz resp. Unterwerfung" (ebd.: 84f.).

Rassismus bzw. Rechtsextremismus dienten mithin der „Verteidigung von Privilegien", der Erhaltung der Dominanzkultur.
Abgesehen einmal von der unzulässigen Gleichsetzung von Rassismus und Rechtsextremismus weist der feministische Ansatz erhebliche Schwächen auf. Gesicherte Erkenntnisse über das Geschlechterspezifische am Rechtsextremismus sind zwar noch rar (was durchaus daran liegen mag, daß die wenigen Rechtsextremismusforscher zumeist männlichen Geschlechts sind), aber es besteht kein Zweifel daran, daß es bei rechtsextremen Einstellungen keinen geschlechterspezifischen Unterschied gibt: Männer und Frauen sind gleichermaßen anfällig (SINUS 1981: 115; Stöss 1993e: 40f.). Hinsichtlich des Wahlverhaltens (und vermutlich auch hinsichtlich der Mitgliederschaft) sind die bundesdeutschen rechtsextremen Parteien überwiegend Männerparteien (Hofmann-Göttig 1989), dies gilt aber nicht für die NSDAP (Falter 1991: 136ff.). Gewalt wird allerdings fast ausschließlich von jungen Männern ausgeübt, hier sind Frauen kaum vertreten (siehe oben Nr. 22). Bis auf Gewaltausübung ist Rechtsextremismus also keine reine Männersache. Bestätigt werden kann wiederum, daß die Ideologie bzw. Programmatik des Rechtsextremismus patriarchal-frauenfeindlich ist (z.B. Stöss 1990: 78ff.) und daß rechtsextreme Einstellungen hoch mit sexistischen Einstellungen korrelieren[34]. Rommelspacher übersieht freilich, daß auch Frauen in erheblichem Umfang sexistisch eingestellt sind und dadurch die Dominanzkultur legitimieren. Der Rechtsextremismus hat mithin nur in ideologisch-programmatischer,

---

34 Dies zeigt eine unveröffentlichte Repräsentativbefragung für Berlin, die 1992 von einem Projektkurs am Fachbereich Politische Wissenschaft der Freien Universität Berlin unter der Leitung von Jürgen Falter, Richard Stöss und Jürgen Winkler durchgeführt wurde.

nicht aber in sozialstruktureller Hinsicht eine geschlechterspezifische Dimension. Im übrigen ist der Ansatz von Rommelspacher auch nicht in der Lage, die Dynamik von Erfolg und Mißerfolg in Dominanzkulturen zu erklären, jedenfalls nicht ohne Bezugnahme auf die Erklärungsfaktoren aus dem Repertoire der „patriarchalen Argumentationskunst"[35].

34) *Opfer oder Täter?*

Rommelspacher geht aus feministischer Sicht hart mit jenen Autoren (Funke 1989, Leggewie 1990, v.a. aber Heitmeyer 1987) ins Gericht, die die neue Welle des (jugendlichen) Rechtsextremismus letztendlich auf die „Modernisierungsrisiken" (orientiert an Beck 1986) zurückführen. Darin sieht sie eine „Täterentlastung", weil die Ursachen „immer in den bedauernswerten sozialen Verhältnissen oder der persönlichen Biographie gesucht" (Rommelspacher 1991: 76) werden.

„Das Bedürfnis zur Täterentlastung versteigt sich gar so weit, rechtsextreme Gewalttäter oder Gewaltbefürworter nicht nur zu Opfern widriger Umstände und bedauerlicher Verhältnisse zu machen, sondern sogar ihr Gewalthandeln gegenüber Schwächeren zum Widerstand gegen soziale Ungerechtigkeit hochzustilisieren. So spricht etwa Hajo Funke vom 'Aufstand der Modernisierungsopfer' [Funke 1989: 116]. Sein ganzes Buch ist durchzogen von Hinweisen auf soziale Mißstände und politische Versäumnisse, auf die desolate Situation der Zukurzgekommenen" (ebd.: 77).

Die Formulierung „Aufstand der Modernisierungsopfer" stammt von Klönne (1989), der so einen Kurzkommentar der REP-Wahlergebnisse in Berlin und Hessen betitelt hat, ohne die Begriffe „Aufstand" und „Modernisierungsopfer" zu erläutern. Aus dem Text geht vor allem nicht hervor, daß er die REP-Wähler für Opfer von Modernisierungsprozessen hält. Korrekter wäre sicherlich die – auch von mir verwendete (Stöss 1990: 108) – Formulierung „Modernisierungsverlierer" gewesen. Allerdings läßt sich an den Texten von Funke und Klönne[36] nicht nachweisen, daß sie Opfer und Täter verwechseln. Dies gilt schon gar nicht für Funke,

---

35 Leistungen und Defizite der (feministischen) Frauenforschung im Bereich des Rechtsextremismus können hier nur angedeutet werden. Ausführlicher und differenzierter: Richard Stöss, Does Gender Matter. Frauen und Rechtsextremismus in der Bundesrepublik Deutschland, Papier für die Tagung „Rechtsradikalismus im vereinigten Deutschland: Soziale Bewegung oder kollektive Episoden?" des Arbeitskreises „Soziale Bewegungen" der DVPW, 6.-8.5.1994 Berlin.

36 Klönne betont lediglich, daß „dieser rechte Fundamentalismus heute seine Herkünfte – soweit es um die 'Gefolgschaften' geht – auch in Existenznöten und materiellen Bedrängnissen hat" und daß „im rechtsextremen Wahlverhalten fundamentale Probleme der Gesellschaftsentwicklung zum Vorschein kommen" (Klönne 1989: 545, 547).

der unnachsichtig um Täterbelastung bemüht ist, was bereits im Untertitel seines Buchs zum Ausdruck kommt. Der Vorwurf des Verwechselns trifft vielmehr Rommelspacher selbst. Sie bringt ständig die unterschiedlichen Dimensionen des Rechtsextremismus durcheinander, wenn sie beispielsweise die jugendlichen Gewalttäter, die Wähler, die organisierten Rechtsextremisten und die rechtsextrem eingestellten Personen über einen Kamm schert und Untersuchungsergebnisse, die sich auf ein spezifisches Segment des Rechtsextremismus beziehen, ungeprüft verallgemeinert. So gelangt sie auf methodisch zweifelhaftem Weg zu der These, daß „ökonomische Ängste, psychosoziale Probleme im Zuge des Verlusts von sozialen Netzen, Milieus und familiärem Halt und schließlich ... global-perspektivische Risiken" (ebd.: 77f.) für den Erfolg von Rechtsextremismus bedeutungslos seien.

Diese These ist nicht nur wegen ihrer Pauschalität unhaltbar. Sie verkennt die Bedeutung von sozialem Wandel und technologischer Modernisierung für den neuerlichen Aufschwung des Rechtsextremismus. Im übrigen scheint mir die Täter-Opfer-Debatte am Problem vorbeizuzielen, so lange nicht Verharmlosungsabsichten zweifelsfrei nachgewiesen werden.

35) *Protestpartei oder Weltanschauungspartei?*

Die Republikaner (und teilweise auch die anderen rechtsextremen Parteien) werden in empirischen Untersuchungen zumeist als Protestphänomen charakterisiert (z.B. Roth 1989, Erdmenger 1991; kritisch bzw. ablehnend: Hennig/Kieserling 1989, Sozialstruktur 1989, Mielke 1990, Stöss 1993e). Veen u.a. (1992: 4) charakterisieren die Republikaner als ein

„Sammelbecken unterschiedlich motivierten Protests verschiedener gesellschaftlicher Gruppen und unterschiedlicher politisch-ideologischer Herkunft. Sie sind alles andere als eine politisch-ideologisch, gesinnungsmäßig, soziodemographisch oder wirtschaftsinteressenmäßig einigermaßen klar konturierte Gruppe."

Auch Roth (1990: 39) spricht von dem „Protestcharakter eines großen Teils der Wahlentscheidungen für die Republikaner". Und Pappi (1990: 38) glaubt, daß die Wahlentscheidung für die Republikaner durch „rationales Protestwählen" geprägt sei:

„Rationales Protestwählen liegt vor, wenn Wähler sich für eine neue Partei entscheiden, weil die etablierten Parteien sich zu weit von dem entfernt haben, was die Wähler durch eine Regierung verwirklicht sehen wollen. (...) Ziel kann es zunächst sein, durch Wahl einer neuen Partei die Politik einer bestehenden Partei zu beeinflussen ..."

Im „zweidimensionalen Raum der Parteienkonkurrenz" nähmen die Republikaner, so Pappi, einen Platz ein, der etwa gleich weit von den Unionsparteien und der SPD entfernt sei. Auf der wirtschaftspolitischen Links-Rechts-Achse lägen sie ebenfalls im mittleren Bereich. Und auch bei der Innen- und Rechtspolitik befänden sie sich nicht rechts von der CSU. Bei anderen Politikbereichen (Wirtschaftshilfe, Aus- und Übersiedler, Asylpolitik etc.) lasse sich jedoch eine spezifische Position der Republikaner erkennen. Insgesamt habe die Partei freilich „keinen klaren Standpunkt", die ideologische Einordnung bereite daher Schwierigkeiten.

Neben politisch-ideologischer und sozialstruktureller Heterogenität (Falter/Schumann 1992, 1993) wird als Merkmal von Protestpartei auch immer wieder angeführt, daß die Republikaner ihre durch geringe Parteiidentifikation charakterisierten Wähler aus den Lagern beider Volksparteien bezögen, wobei die Bindungen der REP-Wähler an ihre alten Parteien immer noch vorhanden seien und ständig Fluktuation stattfinde.

Das entscheidende Argument scheint mir die (vermeintliche) politisch-ideologische Heterogenität zu sein. Daß sich die REP-Wählerschaft überwiegend aus dem Lager anderer Parteien rekrutiert, ist ebenso selbstverständlich und sagt überhaupt nichts über den Protestcharakter einer Partei aus, wie der Umstand, daß Kleinparteien, zumal neue, kaum über Stammwähler verfügen. Da Rechtsextremisten überwiegend etablierte Parteien wählen (SINUS 1981: 129; Stöss 1993e: 64), ist es nicht von der Hand zu weisen, daß es gerade diese Wähler sind, die zu den Republikanern überwechseln (und gegebenenfalls auch wieder zu ihren Stammparteien zurückkehren). Die Verfechter der Protestpartei-These müssen sich den Vorwurf gefallen lassen, daß sie die REP-Wähler nicht danach analysiert haben, ob und inwieweit sie rechtsextrem eingestellt sind. Und da sie derartige Analysen nicht vorgenommen haben, sind sie auch nicht imstande, die Protestthese empirisch zu belegen. EMNID ist dieser Frage im Auftrag des „Spiegel" nachgegangen und kam zu folgendem Resultat: „Zugespitzt gesagt: Die Republikaner sind weniger eine Protestpartei, die Unzufriedene aller Art anzieht, als vielmehr eine Weltanschauungs-Partei" (EMNID 1989: 45). Und diesbezügliche Untersuchungen für Berlin zeigen, daß 40 Prozent der REP-Anhänger stark rechtsextrem eingestellt sind und daß bei ihnen Autoritarismus, Nationalbewußtsein und Fremdenfeindlichkeit wie bei sonst keiner anderen Partei kumulieren (Stöss 1993e: 63ff.).

36) *Rechtsextremismus als „neue soziale Bewegung von rechts"?*

Jaschke beschreibt die gegenwärtige Situation der Bundesrepublik als „soziokulturellen Umbruch", der wesentlich durch die „Ethnisierung sozialer Konflikte" gekennzeichnet sei. „Verschärft wird der Umbruch ...

durch die Formierung des Protests von rechts als soziale Bewegung" (1992b: 1443). Später führte er seine These weiter aus:

„Für die Konstituierung einer sozialen Bewegung von rechts lassen sich zahlreiche Indikatoren benennen. Zunächst das populistische Aufgreifen von Alltagsinteressen und eine weithin akzeptierte Thematik (Ausländer, innere Sicherheit, nationale Identität). Sodann die Existenz mehrerer rechtsintellektueller Gruppierungen außerhalb der Universitäten, die Impulse der Weimarer 'konservativen Revolution', geistesgeschichtliche Traditionen zwischen Carl Schmitt, Moeller van den Bruck und Ernst Jünger zum Programm erheben, aber auch eine partielle, bisweilen terroristische Militanz am Rande (nicht im Zentrum) der Bewegung.

Hinzu kommen eine beachtliche Breitenwirksamkeit, die in der Lage ist, die politische Klasse in die argumentative Defensive zu drängen, sowie dezentrale Strukturen bei hohem Vernetzungsgrad. (...) Zu einer vergleichsweise breiten, aktivistischen Beteiligung von Jugendlichen mit einer sich ausprägenden jugendspezifischen Subkultur (Skin-Bands und -zeitschriften, expressive Selbstdarstellungsrituale) gesellt sich eine romantisch-irrationale, dem vernünftigen Diskurs kaum zugängliche politische Religiosität, die Botschaft statt Programm verkündet. Und nicht zuletzt ist ein internationaler – zumindest europaweiter – Gleichklang mit ähnlich strukturierten sozialen Bewegungen zu verorten" (Jaschke 1993: 110).

Die Deutung des zeitgenössischen Rechtsextremismus als soziale Bewegung erschließt sich mir nicht so recht (vgl. auch Butterwegge 1993). Immerhin besteht der manifeste Rechtsextremismus zu 90 Prozent aus Parteien und Organisationen. Sie sind es, die Alltagsinteressen populistisch aufgreifen[37]. Dabei geben sie sich in der Regel nicht einmal die Mühe, ihre Parolen bzw. Forderungen intellektuell aufzubereiten. Die erwähnten rechtsintellektuellen Zirkel sind ebenso winzig wie einflußlos. Ihre Existenz ist übrigens keine neue Erscheinung. Derartige Zirkel wurden nach 1945 immer wieder gegründet, und stets beriefen sie sich auf die „konservative Revolution". Den jugendspezifischen Subkulturen mag man ja Bewegungscharakter zubilligen. Nur eben dürfen sie nicht umstandslos dem Rechtsextremismus zugeschlagen werden. Das trifft nämlich nur auf kleine Teile etwa der Skinheads zu (Farin/Seidel-Pielen 1993). Entscheidend scheint mir aber die Frage zu sein, welcher analytische Nutzen, welcher Gewinn an Einsicht sich ergibt, wenn der Rechtsextremismus zur Bewegung erklärt wird? Jaschke behauptet, der Bewegungs-

---

37 Ich folge hier der Diktion Jaschkes, die allerdings sehr ungenau ist: Wie lassen sich „Alltagsinteressen" „populistisch" aufgreifen? Überhaupt greift der Rechtsextremismus doch keine Alltagsinteressen auf, sondern erzeugt bzw. verstärkt fremdenfeindliche, rassistische etc. Haltungen und verleiht ihnen in der politischen Sphäre Ausdruck.

charakter bilde eine wichtige Ursache für den Erfolg des Rechtsextremismus, bezieht diesen Erkenntnisgewinn allerdings explizit nur auf die „rechten Skins"[38]. Für die Erklärung der Wahlerfolge der rechtsextremen Parteien und für die Ursachen des latenten Rechtsextremismus läßt sich aus der Bewegungsthese keinerlei Honig saugen.

Mit der von Jaschke gewählten Formulierung „Formierung des Protests von rechts als soziale Bewegung" (s. oben) könnte gemeint sein, daß sich sein Begriff von Rechtsextremismus vor allem auf die fremdenfeindlichen bzw. rassistischen Gewaltakte jugendlicher Täter bezieht. Abgesehen einmal von der m.E. unzulässigen Einschränkung des Begriffs Rechtsextremismus vermag ich nicht zu erkennen, daß es sich bei dem weit verbreiteten Gewaltpotential unter Jugendlichen (und nicht nur dort) um eine Bewegung handelt. Überdies liegt hier wiederum eine undifferenzierte Verwendung des Begriffs Protest vor. Das mag für viele jugendliche Gewalttäter zutreffen. Aber nicht selten handelt es sich eben auch um brutalen Rassismus, um zielgerichtetes politisches Verhalten.

37) *Rechtsextremismus als Reaktion auf die APO und die neuen sozialen Bewegungen?*

Hofmann (1993) kondensiert das Problem auf folgende Schlagzeile: „Anklage von rechts: Gehört die 68er-Generation mit ihren Tabubrüchen zu den Urhebern der Welle von Gewalt und Fremdenhaß in Deutschland?" Die Linke als Geburtshelferin des Rechtsextremismus paßt so recht in das totalitaristische Weltbild des deutschen Konservatismus. Hier fügt sich die Protestthese nahtlos ein. Und wer sich mit den Demokratisierungs-, Emanzipations- und Modernisierungsprozessen der letzten Jahre nie so recht anfreunden konnte, mag mit einem lachenden Auge auf die Ereignisse von Rostock, Mölln oder Solingen blicken. Und auch die extreme Rechte dürfte hocherfreut sein, daß man ihr das Prädikat einer sozialen Bewegung verleiht (was sie seit dem Ende der sechziger Jahre immer sein wollte), einer Gegenbewegung gar gegen die verhaßten „Sozial-Liberalen" der Reformära.

Wissenschaftlich ist das Problem von Bewegung und Gegenbewegung noch kaum erforscht. Schon der Begriff Gegenbewegung ist unklar. Rucht (1991: 11) schlägt vor, ihn in strikt relativem Sinn zu gebrauchen und macht folgenden Definitionsvorschlag: „Gegenbewegung ... ist eine soziale Bewegung, die zu einer bereits bestehenden Bewegung in Opposition steht". Er unterscheidet sodann zwischen direkten Gegenbewegun-

---

38 „Die Motivation der Anhänger und Sympathisanten, ihr Weg nach rechts und nicht anderswohin, erklärt sich durch die Attraktion der Bewegungsmomente des Rechtsradikalismus. Das hervorstechende Beispiel sind die rechten 'Skins'" (Jaschke 1993: 110).

gen, die sich „negativ und unmittelbar auf eine bestehende Bewegung"
beziehen, und indirekte Gegenbewegungen, wenn „keine oder nur eine
randständige Interaktionsdynamik zwischen Bewegung und Gegenbewegung zustande kommt" (ebd.: 11f.). Ruchts These für die hier ange-
sprochene Problematik lautet:

„In diesem Sinne könnte man den Aufschwung der Neuen Rechten in den
achtziger Jahren als eine mittelbare Reaktion auf den kulturellen Liberalisie-
rungsschub seit Mitte/Ende der 1960er Jahre sowie auf die Entfaltung und den
Einfluß der neuen sozialen Bewegungen in vielen westlichen Industrieländern
interpretieren" (ebd.: 12).

Diese These trifft partiell auf die Republikaner, aber nur sehr bedingt auf
NPD und DVU zu. Sie gilt nicht für die Neonazis (die sich seit jeher
gegen das System schlechthin wenden) und auch nicht für die militante
Gewalt gegen Ausländer und Asylsuchende. Koopmans/Duyvendak
(1991) haben das Verhältis von Bewegung und Gegenbewegung in der
Bundesrepublik, den Niederlanden und Frankreich untersucht und kommen zu dem Ergebnis, daß „der Rechtsextremismus nicht als eine Gegenbewegung gegen die neuen sozialen Bewegungen zu betrachten" sei,
da sein Entwicklungsgrad nicht mit „der Stärke der neuen sozialen Bewegungen in einem bestimmten Land oder zu einer bestimmten Zeit"
(ebd.: 28f.) zusammenhängt. Auf der anderen Seite finden sich Beispiele
für direkte Gegenbewegungen, etwa die Reaktion von Antifa-Gruppen
auf Veranstaltungen rechtsextremer Parteien (Blattert/Ohlemacher 1991).
Ob und inwieweit wir es dabei mit einem „gegenseitigen Hochschaukeln
linker und rechter Gewalt" (Siegler/Tolmein/Wiedemann 1993: 199) zu
tun haben, ist wissenschaftlich noch ungeklärt. Jedenfalls besteht kein
nachgewiesener ursächlicher Zusammenhang zwischen medienwirksamen Antifa-Aktionen und rechtsextremen Wahlerfolgen.
Abgesehen einmal von den Fragen, ob der Rechtsextremismus eine soziale
Bewegung darstellt (dafür fehlen m.E. immer noch schlüssige wissenschaftliche Belege) und ob er sich direkt oder indirekt gegen eine Bewegung, Partei oder Weltsicht richtet, kann kein Zweifel an seinem antimo-
dernistischen Charakter bestehen. Darauf habe ich bereits bei der Begründung der „Modernisierungsgegner-These" hingewiesen (Nr. 31). In
der komparativen Parteien- und Wahlforschung wird häufig die Ansicht
vertreten, daß der Gegensatz zwischen linkslibertären und rechtsautori-
tären (auch: rechtspopulistischen) Parteien mehr und mehr die künftige
prägende Konfliktlinie in westlichen Parteiensystemen darstellen wird
(Kitschelt 1991, Minkenberg 1992). Auch meine Untersuchungen zum
Berliner Parteiensystem haben ergeben, daß sich die Parteien entlang
einer quer zur Links-Rechts-Achse verlaufenden Linie gruppieren, deren

Endpunkte die Alternative Liste und die Republikaner (bzw. die DSU) bilden (Stöss 1993e: 68). Die für diese neue Achse entscheidenden Themen (Ökologie, Menschenrechte, Wohlfahrtsstaat, Europa, Ausländer etc.) segmentieren die etablierten Parteien entlang heftig umstrittener Problembereiche (soziale Sicherung, Asylrecht, europäische Einigung usw.) und Zukunftsentwürfe (Multikulturelle Gesellschaft, Ethnopluralismus, Neonationalismus, Eurozentrismus), wobei die Koalitionen quer durch alle Parteien gehen. Vermutlich befinden wir uns mitten in einem durch zukunftsentscheidende Sachfragen ausgelösten Umstrukturierungsprozeß des Parteiensystems, der die Volksparteien in die vielzitierte Krise stürzt und der *gleichermaßen* für Wählerwanderungen, Wahlabstinenz und den Erfolg linkslibertärer wie rechtsautoritärer Parteien verantwortlich ist.

38) *Rechtsextremismus als Medienprodukt?*

Seit dem überraschenden Erfolg der Republikaner bei den Berliner Wahlen 1989 wird wieder (zur NPD: Kepplinger 1985: 252) über die Bedeutung der Medien für das Anwachsen des Rechtsextremismus spekuliert. Denn die Schönhuber-Partei erzielte ihren parlamentarischen Durchbruch ohne organisatorische Basis (mit nur 150 Mitgliedern in West-Berlin) und ohne nennenswerten Wahlkampf. Daß sie zum „eigentlichen Wahlgewinner" (Schimmer/Werle 1989: 76) werden konnte, lag offenbar insbesondere daran, daß sie in den drei Januarwochen vor der Wahl einen „Dauerbrenner in der Medienlandschaft" (Jaschke 1992c: 56) darstellte. Und auch nach den rassistischen Pogromen von Hoyerswerda, Rostock und Mölln wurde immer wieder der Vorwurf laut, die Massenmedien „ließen als bedrohliche Gefahr erscheinen, was eigentlich nur eine marginale Erscheinung in der bundesdeutschen Gesellschaft sei" (Siegler/Tolmein/ Wiedemann 1993: 165).

Trägt die Berichterstattung über den Rechtsextremismus zu seinem Erfolg bei? Wird der Rechtsextremismus durch die Medien aufgebauscht? Sind sie zum „objektiven Steigbügelhalter einer politischen Minderheit" (Jaschke 1992c: 65) geworden, gar zu „PR-Agenturen des [rassistischen] Zeit-(Un-)Geistes" (Siegler/Tolmein/Wiedemann 1993: 194)? Oder anders gefragt: Führt mediale Ignoranz zur Eindämmung oder sogar zum Absterben des Rechtsextremismus? Auch zu diesem Problem liegen viele (kontroverse) Diskussionsbeiträge, aber kaum empirisch gesicherte Forschungsergebnisse vor.

Zunächst ist festzustellen, daß sich die rechtsextremen Politiker der wachsenden Bedeutung der Medien durchaus bewußt sind und sie planmäßig und geschickt für ihre Zwecke ausnutzen. Der aufsehenerregende Fernsehspot der Berliner Republikaner, der ihnen die starke Medienresonanz vor der Wahl eintrug, war als gezielte Provokation konzipiert worden, um die Partei bekannt zu machen und ins Gespräch zu bringen. Diese Strategie konnte freilich nur deshalb aufgehen, weil der Wahlkampf insgesamt langweilig und ohne Kontroversen und Probleme verlief. Der rassistische Werbespot thematisierte zentrale Besorgnisse der Bevölkerung (Ausländer, Kriminalität, Wohnungsnot), die die etablierten Parteien allenfalls am Rande behandelten. Gewollt oder ungewollt trugen die Republikaner so zur Politisierung des Wahlkampfs bei und machten damit die entpolitisierenden Wahlkampfkonzepte der großen Parteien zunichte. „Der Dissens im Grundsätzlichen ist es, der von den 'Republikanern' thematisiert und den herrschenden, hochabstrakten symbolischen Auseinandersetzungen entgegengesetzt wurde" (Schimmer/Werle 1989: 92). Dieser Befund stützt mithin nicht die vielfältigen Bestrebungen, die Medien zum Sündenbock für unerwünschte oder skandalöse Erscheinungen im politischen System zu stempeln: Die Republikaner (wie der Rechtsextremismus insgesamt) sind Teil der Mediengesellschaft und nutzen deren Möglichkeiten, wie alle anderen Parteien, Gruppen oder Personen auch. Aber es wäre auch unzutreffend, die Medien als harmlose Überbringer von schlechten Nachrichten (die sie zu veröffentlichen, aber nicht zu verantworten haben) freizusprechen.

Tatsächlich haben wir es mit einer „Wechselwirkung zwischen dem politischen Informationsangebot der Massenmedien und dem Kommunikationsverhalten der Bürger" (Schenk 1990: 420) zu tun. In den Medien dominiert die unterhaltsame, faktenarme und personalisierte Präsentation von Politik („Infotainment"). Die Politiker lassen sich bewußt auf die Dramaturgie der Massenmedien ein und verzichten auf die Darstellung komplexer Sachverhalte zugunsten von medienwirksamen, inhaltsleeren Inszenierungen, die nicht der Erläuterung ihrer Praxis bzw. Konzepte, sondern der Profilierung ihrer Eliten dienen. Auf der anderen Seite werden die Konsumenten von einer wachsenden Fülle von Informationen geringer Qualität überflutet, es werden immer mehr Informationen aufgenommen, aber immer weniger gedanklich verarbeitet, interpretiert und bewertet (Schenk 1990: 430, 423). Diese abnehmende Fähigkeit zu rationaler Informationsverarbeitung („Low Involvement", geringe „Ich-Beteiligung") nützt nach Schenk vor allem den rechtsextremen Parteien (nicht aber den Grünen, die vom „High Involvement" profitieren) oder begünstigt Protestwahl oder Wahlenthaltung. Insofern können die Wahlerfolge der Republikaner durchaus als Resultat von Medienwirkungen angesehen werden, zumal die (Print-)Medien durch – am „Zeitgeist" ausgerichtete – Sensationsberichterstattung das Low-Involvement-Verhalten verstärken. Aber selbst wenn Personen mit geringer Informationsverarbeitung besonders anfällig für Themen sind, die von den Medien transportiert werden, so wäre doch die Behauptung absurd, daß sie ihn aufbauschen oder gar erzeugen. Daher würde eine quantitative Verminderung

der Berichterstattung über rechtsextreme Parteien (die übrigens seit Ende
1989 tatsächlich zu verzeichnen ist) nicht wesentlich zur Eindämmung
ihrer Wahlerfolge beitragen. Dies dürfte entsprechend für Organisations-
mitgliedschaften, rechtsextreme Gewalt und für Protestverhalten gelten.

Literatur

Abschlußbericht, 1992: Abschlußbericht der interministeriellen Arbeitsgruppe „Rechtsextremismus und Gewalt im Land Brandenburg", Potsdam: Ministerium für Bildung, Jugend und
Sport (vvf. Ms., dat. v. 16.6.1992 [in der Anlage: Abschlußbericht zur Feldstudie „Jugendszene
und Jugendgewalt im Land Brandenburg" vom Institut für Familien- und Kindheitsforschung
an der Universität Potsdam i.A. der Landeszentrale für politische Bildung des Landes Bran-
denburg, Redaktion *Peter Dietrich.*
Adorno, Theodor W./Else Frenkel-Brunswik/Daniel J. Levinson/R. Nevitt Sanford, 1950: The Authori-
tarian Personality. New York: Harper & Brothers.
Assheuer, Thomas/Sarkowicz, Hans, 1990: Rechtsradikale in Deutschland. Die alte und die neue
Rechte. München: Beck.
Backes, Uwe/Eckhard Jesse, 1989: Politischer Extremismus in der Bundesrepublik Deutschland, 3
Bde. Köln: Wissenschaft und Politik.
Bauer, Petra/Niedermayer, Oskar, 1990: Extrem rechtes Potential in den Ländern der Europäischen
Gemeinschaft, in: Aus Politik und Zeitgeschichte, B 46-47, 15-26.
Beck, Ulrich, 1986: Risikogesellschaft. Auf dem Weg in eine andere Moderne. Frankfurt a.M.:
Suhrkamp.
Benz, Wolfgang (Hg.), 1989: Rechtsextremismus in der Bundesrepublik. Voraussetzungen, Zu-
sammenhänge, Wirkungen. Frankfurt a.M.: Fischer.
Bergmann, Werner/Erb, Rainer (Hg.), 1990: Antisemitismus in der politischen Kultur nach 1945.
Opladen: Westdeutscher Verlag.
Bergmann, Werner/Erb, Rainer, 1991: Antisemitismus in der Bundesrepublik Deutschland. Ergeb-
nisse der empirischen Forschung von 1946 – 1989. Opladen: Leske + Budrich.
Beyme, Klaus von (Hg.), 1988: Right-wing Extremism in Western Europe. London: Cass.
Biemann, Georg/Krischka, Joachim (Hg.), 1986: Nazis, Skins und alte Kameraden. Dortmund:
Weltkreis.
Blattert, Barbara/Ohlemacher, Thomas, 1991: Zum Verhältnis von Republikanern und antifaschi-
stischen Gruppen in West-Berlin. Dynamik, wechselseitige Wahrnehmungen und Medien-
resonanz, in: Forschungsjournal Neue Soziale Bewegungen, 4. Jg., H. 2, 63-74.
Borchers, Andreas, 1992: Neue Nazis im Osten. Hintergründe und Fakten. Weinheim/Basel: Beltz.
Butterwegge, Christoph, 1990: Gesellschaftliche Ursachen, Erscheinungsformen und Entwicklungs-
tendenzen des Rechtsradikalismus, in: *Christoph Butterwegge/Horst Isola* (Hg.), Rechtsextre-
mismus im vereinten Deutschland. Berlin: LinksDruck, 14-35.
Butterwegge, Christoph, 1993: Rechtsextremismus als neue soziale Bewegung?, in: Forschungs-
journal Neue Soziale Bewegungen, 6. Jg., H. 2, 17-24.
Butterwegge, Christoph/Isola, Horst (Hg.), 1990: Rechtsextremismus im vereinten Deutschland.
Berlin: LinksDruck.
Butterwegge, Christoph/Jäger, Siegfried (Hg.), 1992: Rassismus in Europa. Köln: Bund-Verlag.
Butterwegge, Christoph/Jäger, Siegfried (Hg.), 1993: Europa gegen den Rest der Welt? Flüchtlings-
bewegungen – Einwanderung – Asylpolitik. Köln: Bund-Verlag.
Converse, Philip, 1964: The Nature of Belief Systems in Mass Publics, in: *David E. Apter* (Hg.),
Ideology and Discontent. New York: The Free Press, 206-261.

DII, 1990: Erstwähler im Prozeß der deutschen Einigung. Eine wahlsoziologische Studie in Gesamtdeutschland v. *Holle Ellrich, Jürgen Gries, Dieter Otten* und *Michael Wicher.* Osnabrück: Deutsches Institut zur Erforschung der Informationsgesellschaft.

Dingel, Frank/Sander, Andreas/Stöss, Richard, 1982: Ursachen und Ausmaß der „NS-Renaissance" unter Jugendlichen in Berlin (West) und bildungspolitische Maßnahmen zu ihrer Bewältigung. Abschlußbericht des Forschungsprojekts. Berlin: Freie Universität/Zentralinstitut für sozialwissenschaftliche Forschung.

Dohse, Rainer, 1974: Der Dritte Weg. Neutralitätsbestrebungen in Westdeutschland zwischen 1945 und 1955. Hamburg: Holsten.

Dudek, Peter, 1985: Jugendliche Rechtsextremisten. Zwischen Hakenkreuz und Odalsrune. 1945 bis heute. Köln: Bund-Verlag.

Dudek, Peter/Jaschke, Hans-Gerd, 1984: Entstehung und Entwicklung des Rechtsextremismus in der Bundesrepublik. Zur Tradition einer besonderen politischen Kultur, 2 Bde. Opladen: Westdeutscher Verlag.

Dupeux, Louis, 1985: „Nationalbolschewismus" in Deutschland 1919-1933. Kommunistische Strategie und konservative Dynamik. München: Beck.

Eberwein, Markus/Drexler, Josef, 1987: Skinheads in Deutschland. Interviews. Hannover/München: Selbstverlag.

EMNID, 1989: Dem Tod oder dem Triumpf entgegen. Wer wählt rechtsradikal? Die Republikaner und die anderen Bundesbürger – Ergebnisse dreier Spiegel-Umfragen, in: DER SPIEGEL, Nr. 21/1989, 36ff.

Engelstädter, Heinz, 1991: Der Aufbruch neofaschistischer Gruppen in der früheren DDR, in: 1999, 6. Jg., H. 2, 88-103.

EP-Report, 1985: Racism and Xenophobia, Committee-Report. Brussels: European Parliament.

EP-Report, 1990: Racism and Xenophobia, Committee-Report. Brussels: European Parliament.

Erdmenger, Klaus, 1991: Rep-Wählen als rationaler Protest?, in: *Hans-Georg Wehling* (Red.), Wahlverhalten. Stuttgart: Kohlhammer, 242-252.

Eurobarometer, 1989: Racism and Xenophobia, November. Brussels: Commission of the European Communities.

Falter, Jürgen W., 1991: Hitlers Wähler. München: Beck.

Falter, Jürgen W./Schumann, Siegfried, 1988: Affinity Towards Right-Wing Extremism in Western Europe, in: West European Politics, Vol. 11, Nr. 2, 96-110. Sonderausgabe: *Klaus von Beyme* (Hg.), Right-Wing Extremism in Western Europe. London: Frank Cass.

Falter, Jürgen W./Schumann, Siegfried, 1991: Affinity Towards Right-Wing Extremism in Western Europe, Papier für die „Conference on the Radical Right in Western Europe". Minneapolis.

Falter, Jürgen W./Schumann, Siegfried, 1992: Die Republikaner, in: *Peter Eisenmann/Gerhard Hirscher* (Hg.), Die Entwicklung der Volksparteien im vereinten Deutschland. München: Bonn Aktuell, 191-228.

Falter, Jürgen W./Schumann, Siegfried, 1993: Wähler und Sympathisanten der Republikaner in Bayern im Jahre 1990, in: *Oscar W. Gabriel/Klaus G. Troitzsch* (Hg.), Wahlen in Zeiten des Umbruchs. Frankfurt a.M. u.a.: Lang, 73-106.

Farin, Klaus/Seidel-Pielen, Eberhard, 1991: Krieg in den Städten. Berlin: Rotbuch.

Farin, Klaus/Seidel-Pielen, Eberhard, 1992: Rechtsruck. Rassismus im neuen Deutschland. Berlin: Rotbuch.

Farin, Klaus/Seidel-Pielen, Eberhard, 1993: Skinheads. München: Beck.

Feist, Ursula, 1989: Rechtsparteien im Vormarsch. Gründe für ihre Wahlerfolge – Strategien zu ihrer Eindämmung, in: Gegenwartskunde, 38. Jg., H. 3, 321-330.

Feit, Margret, 1987: Die „Neue Rechte" in der Bundesrepublik. Organisation – Ideologie – Strategie. Frankfurt a.M./New York: Campus.

Förster, Peter/Roski, Günter, 1990: DDR zwischen Wende und Wahl. Meinungsforscher analysieren den Umbruch. Berlin: LinksDruck.

Freyhold, Michaela von, 1971: Autoritarismus und politische Apathie. Analyse einer Skala zur Ermittlung autoritätsgebundener Verhaltensweisen. Frankfurt a.M.: Europäische Verlagsanstalt.

Friedrich, Walter, 1990: Mentalitätswandlungen der Jugend in der DDR, in: Aus Politik und Zeitgeschichte, B 16-17, 25-37.

Frindte, Wolfgang, 1990: Sozialpsychologische Anmerkungen zur Entwicklung rechtsradikaler Tendenzen in der DDR, in: Christoph Butterwegge/Horst Isola (Hg.), Rechtsextremismus im vereinten Deutschland. Randerscheinung oder Gefahr für die Demokratie? Berlin: Links-Druck, 88-96.

Fritzsche, Klaus, 1976: Politische Romantik und Gegenrevolution. Fluchtwege in der Krise der bürgerlichen Gesellschaft: Das Beispiel des „Tat"-Kreises. Frankfurt a.M.: Suhrkamp.

Fuchs, Dieter/Klingemann, Hans-Dieter, 1990: The Left-Right-Schema, in: Continuities in Political Action. A Longitudinal Study of Political Orientations in Three Western Democracies. Berlin/New York: de Gruyter, 203-234.

Fuchs, Dieter/Kühnel, Steffen M., 1990: Die evaluative Bedeutung ideologischer Selbstidentifikation, in: Max Kaase/Hans-Dieter Klingemann (Hg.), Wahlen und Wähler. Analysen aus Anlaß der Bundestagswahl 1987. Opladen: Westdeutscher Verlag, 217-252.

Funke, Hajo, 1989: Republikaner. Rassismus, Judenfeindschaft, nationaler Größenwahn. Berlin: Aktion Sühnezeichen.

Fußball und Rassismus, 1993: mit Beiträgen v. Dietmar Beiersdorfer u.a. Göttingen: Die Werkstatt.

Gessenharter, Wolfgang/Fröchling, Helmut/Krupp, Burkhard, 1978: Rechtsextremismus als normativ-praktisches Forschungsproblem. Weinheim/Basel: Beltz.

Giordano, Ralph, 1987: Die zweite Schuld oder Von der Last, Deutscher zu sein. Hamburg: Rasch & Röhring.

Glaeßner, Gert-Joachim, 1988: Am Ende der Klassengesellschaft? Sozialstruktur und Sozialstrukturforschung in der DDR, in: Aus Politik und Zeitgeschichte, B 32, 3-12.

Graf, Werner (Hg.), 1984: „Wenn ich die Regierung wäre ..." Die rechtsradikale Bedrohung. Interviews und Analysen von Heinz Bonorden, Karin Eickhoff-Vigelahn, Volker Graf, Eike Hennig, Margitta Miehe. Berlin/Bonn: Dietz.

Greß, Franz/Jaschke, Hans-Gerd/Schönekäs, Klaus, 1990: Neue Rechte und Rechtsextremismus in Europa. Opladen: Westdeutscher Verlag.

Gruen, Arno, 1987: Der Wahnsinn der Normalität. Realismus als Krankheit. München: Kösel.

Hafeneger, Benno, 1990: Die „extreme Rechte" und Europa. Herausforderung für eine multikulturelle Gesellschaft. Frankfurt a.M.: Verlag für akademische Schriften.

Hainsworth, Paul (Hg.), 1992: The Extreme Right in Europe and the USA. London: Pinter.

Harnischmacher, Robert (Hg.), 1993: Angriff von Rechts. Rechtsextremismus und Neonazismus unter Jugendlichen Ostberlins. Beiträge zur Analyse und Vorschläge zu Gegenmaßnahmen. Rostock/Bornheim-Roisdorf: Hanseatischer Fachverlag für Wirtschaft.

Heinemann, Karl-Heinz/Schubarth, Wilfried (Hg.), 1992: Der antifaschistische Staat entläßt seine Kinder. Jugend und Rechtsextremismus in Ostdeutschland. Köln: PapyRossa.

Heitmeyer, Wilhelm, 1987: Rechtsextremistische Orientierungen bei Jugendlichen. Empirische Ergebnisse und Erklärungsmuster einer Untersuchung zur politischen Sozialisation. Weinheim/München: Juventa.

Heitmeyer, Wilhelm/Buhse, Heike/Liebe-Freund, Joachim/Möller, Kurt/Müller, Joachim/Ritz, Helmut/Siller, Gertrud/Vossen, Johannes, 1992: Die Bielefelder Rechtsextremismus-Studie. Erste Langzeituntersuchung zur politischen Sozialisation männlicher Jugendlicher. Weinheim/München: Juventa.

Hennig, Eike, 1982: Neonazistische Militanz und Terrorismus. Thesen und Anmerkungen, in: Gewalt von rechts. Beiträge aus Wissenschaft und Publizistik, hrsg. v. Referat „Öffentlichkeitsarbeit gegen Terrorismus" im Bundesministerium des Innern. Bonn, 111-131.

Hennig, Eike, 1984: Wie wird man rechtsextremer Jugendlicher in der Bundesrepublik?, in: Extremismus und Schule. Daten, Analysen und Arbeitshilfen zum politischen Rechts- und Linksextremismus. Bonn: Bundeszentrale für politische Bildung, 151-170 (Schriftenreihe der Bundeszentrale für politische Bildung, Bd. 212).

Hennig, Eike, 1991: Die Republikaner im Schatten Deutschlands. Zur Organisation der mentalen Provinz. In Zusammenarbeit mit *Manfred Kieserling* und *Rolf Kirchner.* Frankfurt a.M.: Suhrkamp.

Hennig, Eike/Kieserling, Manfred, 1989: Aktuelle Wahlerfolge kleiner Rechtsparteien in der Bundesrepublik, in: Gewerkschaftliche Monatshefte, 40. Jg., H. 9, 524-537.

Herz, Thomas A., 1975: Soziale Bedingungen für Rechtsextremismus in der Bundesrepublik Deutschland und in den Vereinigten Staaten. Meisenheim: Hain.

Hirsch, Kurt, 1989: Rechts von der Union. Personen, Organisationen, Parteien seit 1945. Ein Lexikon. München: Knesebeck & Schuler.

Hoffmeister, Dieter/Sill, Oliver, 1992: Zwischen Aufstieg und Ausstieg. Autoritäre Einstellungsmuster bei Jugendlichen und jungen Erwachsenen. Opladen: Leske + Budrich.

Hofmann, Gunter, 1993: Kulturkampf gegen die Kulturrevolutionäre, in: Die Zeit Nr. 1, 3.

Hofmann-Göttig, Joachim, 1989: Die Neue Rechte: Die Männerparteien, in: Aus Politik und Zeitgeschichte, B 41-42, 21-31.

Ignazi, Piero/Ysmal, Colette, 1992: Extreme Right-wing Parties in Europe, European Journal of Political Research, 22. Jg., H. 1 (Special Issue).

ISG, 1991: Ausländerfeindlichkeit auf dem Gebiet der ehemaligen DDR [Institut für Sozialforschung und Gesellschaftspolitik, Köln]. Zusammenfassung der Ergebnisse, abgedr. in: TOP – Berlin International, 5/1991, 53-61.

Jäger, Siegfried (Hg.), 1988: Rechtsdruck. Die Presse der Neuen Rechten. Bonn: Dietz.

Jäger, Siegfried/Jäger, Margret, 1991: Die Demokratiemaschine ächzt und kracht – Zu den Ursachen des Rechtsextremismus in der BRD. Dortmund: Pädagogische Arbeitsstelle (DISS-Texte, Nr. 12).

Jaerisch, Ursula, 1975: Sind Arbeiter autoritär? Zur Methodenkritik politischer Psychologie. Frankfurt a.M./Köln: Europäische Verlagsanstalt.

Jaschke, Hans-Gerd, 1992a: Die Republikaner. Profile einer Rechtsaußen-Partei. 2. Aufl., Bonn: Dietz.

Jaschke, Hans-Gerd, 1992b: Formiert sich eine neue soziale Bewegung von rechts? Folgen der Ethnisierung sozialer Konflikte, in: Blätter für deutsche und internationale Politik, 37. Jg., H. 12, 1437-1447.

Jaschke, Hans-Gerd, 1992c: Fremdenfeindlichkeit, Rechtsextremismus und das Fernsehen. Eine medienkritische Betrachtung, in: Aspekte der Fremdenfeindlichkeit. Beiträge zur aktuellen Diskussion, hrsg. v. Institut für Sozialforschung. Frankfurt a.M./New York: Campus, 55-69.

Jaschke, Hans-Gerd, 1993: Rechtsradikalismus als soziale Bewegung. Was heißt das?, in: Vorgänge 122, 32. Jg., H. 2, 105-116.

Kalinowsky, Harry H., 1985: Rechtsextremismus und Strafrechtspflege. Eine Analyse von Strafverfahren wegen mutmaßlicher rechtsextremistischer Aktivitäten und Erscheinungen, hrsg. v. Bundesminister der Justiz. Bonn.

Kalpaka, Annita/Räthzel, Nora (Red.), 1992: Rassismus und Migration in Europa, Argument-Sonderband AS 201. Hamburg/Berlin: Argument.

Kepplinger, Hans Mathias, 1985: Systemtheoretische Aspekte politischer Kommunikation, in: Publizistik, 30. Jg., H. 2-3, 247-264.

Kirfel, Martina/Oswalt, Walter (Hg.), 1989: Die Rückkehr der Führer. Modernisierter Rechtsradikalismus in Westeuropa. Wien/Zürich: Europaverlag.

Kitschelt, Herbert, 1991: Left-Libertarians and Right-Authoritarians: Is the New Right a Response to the New Left in European Politics? Papier für die „Conference on the Radical Right in Western Europe". Minneapolis.

Klingemann, Hans-Dieter/Pappi, Franz Urban, 1972: Politischer Radikalismus. Theoretische und methodische Probleme der Radikalismusforschung, dargestellt am Beispiel einer Studie anläßlich der Landtagswahl 1970 in Hessen. München/Wien: Oldenbourg.

Klönne, Arno, 1989: Aufstand der Modernisierungsopfer, in: Blätter für deutsche und internationale Politik, 34. Jg., H. 5, 545-548.

Koch, Günter, 1989: Als Mutprobe: Mord. Über neofaschistische Bewegungen in kapitalistischen Ländern. Berlin (DDR): Militärverlag.

Ködderitzsch, Peter/Müller, Leo A., 1990: Rechtsextremismus in der DDR. Göttingen: Lamuv.

Koopmanns, Ruud/Duyvendak, Jan Willem, 1991: Gegen die Herausforderer: Neue Soziale Bewegungen und Gegenbewegungen in der Bundesrepublik Deutschland, den Niederlanden und Frankreich, in: Forschungsjournal Neue Soziale Bewegungen, 4. Jg., H. 2, 17-30.

Kowalsky, Wolfgang, 1991: Kulturrevolution? Die Neue Rechte im neuen Frankreich und ihre Vorläufer. Opladen: Leske + Budrich.

Krampen, Günter, 1986: Selbstkonzept eigener politischer Kompetenzen. Messung durch eine Kurzskala und eigene Korrelate, in: PP-Aktuell, 5. Jg., H. 2, 19-25.

Kühnl, Reinhard, 1990: Gefahr von rechts. Vergangenheit und Gegenwart der extremen Rechten. Heilbronn: Distel.

Kühnl, Reinhard/Rilling, Rainer/Sager, Christine, 1969: Die NPD. Struktur, Ideologie und Funktion einer neofaschistischen Partei. 2. Aufl., Frankfurt a.M.: Suhrkamp.

Lange, Astrid, 1993: Was die Rechten lesen. Fünfzig rechtsextreme Zeitschriften. Ziele, Inhalte, Taktik. München: Beck.

Lange, Günter, 1990: DDR-Jugendliche. Bedingungen des Aufwachsens in den 80er Jahren, in: Deutsche Jugend, 38. Jg., H. 10, 430-436.

Langer, Hermann, 1991: Rechtsextremismus von Jugendlichen in der DDR, in: 1999, 6. Jg., H. 1, 89-99.

Laqueur, Walter, 1993: Der Schoß ist fruchtbar noch. Der militante Nationalismus der russischen Rechten. München: Kindler.

Lederer, Gerda, 1983: Jugend und Autorität. Über den Einstellungswandel zum Autoritarismus in der Bundesrepublik Deutschland und den USA. Opladen: Westdeutscher Verlag.

Lederer, Gerda/Nerger, Joachim/Rippl, Susanne/Schmidt, Peter/Seipel, Christian, 1991: Autoritarismus unter Jugendlichen in der ehemaligen DDR, in: Deutschland Archiv, 24. Jg., H. 6, 587-596.

Leggewie, Claus, 1990: Die Republikaner. Ein Phantom nimmt Gestalt an. Berlin: Rotbuch.

Maßner, Stephan, 1992: Rechtsextreme Orientierung unter Ostberliner Jugendlichen. Eine sozialwissenschaftliche Untersuchung, hrsg. v. Berlin-Brandenburger Bildungswerk. Berlin: Widerschein.

Meyer, Alwin/Rabe, Karl-Klaus, 1979a: Rechtsextremismus unter Jugendlichen. Berlin: Aktion Sühnezeichen.

Meyer, Alwin/Rabe, Karl-Klaus, 1979b: Unsere Stunde die wird kommen. Rechtsextremismus unter Jugendlichen. Bornheim-Merten: Lamuv.

Mielke, Gerd, 1990: Strohfeuer oder Schwelbrand? Zur Diskussion um die Anhänger der neuen Rechtsparteien. Eine Analyse der Wähler der Republikaner bei der Europawahl und der Kommunalwahl 1989 in Freiburg. Freiburg: Amt für Statistik und Einwohnerwesen der Stadt Freiburg im Breisgau (Sonderberichte des Amtes für Statistik und Einwohnerwesen Stadt Freiburg im Breisgau).

Minkenberg, Michael, 1992: The New Right in Germany. The Transformation of Conservatism and the Extreme Right, in: European Journal of Political Research, 22. Jg., H. 1, 55-81.

Mitscherlich, Alexander/Mitscherlich, Margarete, 1977: Die Unfähigkeit zu trauern. Grundlagen kollektiven Verhaltens. Neuausgabe, München: Piper (1. Aufl. 1967).

Mohler, Armin, 1972: Die Konservative Revolution in Deutschland 1918-1932. Ein Handbuch. 2., völlig neu bearb. u. erw. Fassung, Darmstadt: Wissenschaftliche Buchgesellschaft.

Mommsen, Margareta (Hg.), 1992: Nationalismus in Osteuropa. Gefahrvolle Wege für die Demokratie. München: Beck.

Mosse, George L., 1991: Die völkische Revolution. Über die geistigen Wurzeln des Nationalsozialismus. Frankfurt a.M.: Hain.

Müller-Hohagen, Jürgen, 1988: Verleugnet, verdrängt, verschwiegen. Die seelischen Auswirkungen der Nazizeit. München: Kösel.

Neidhardt, Friedhelm, 1982: Linker und rechter Terrorismus. Erscheinungsformen und Handlungspotentiale im Gruppenvergleich, in: Analysen zum Terrorismus, hrsg. v. Bundesministerium des Innern, Bd. 3: Gruppenprozesse. Opladen: Westdeutscher Verlag, 433-476.

Niedermayer, Oskar, 1990: Sozialstruktur, politische Orientierungen und die Unterstützung extrem rechter Parteien in Westeuropa, in: Zeitschrift für Parlamentsfragen, 21. Jg., H. 4, 564-582.

Niethammer, Lutz, 1969: Angepaßter Faschismus. Politische Praxis der NPD. Frankfurt a.M.: S. Fischer.

Noelle-Neumann, Elisabeth/Ring, Erp, 1984: Das Extremismus-Potential unter jungen Leuten in der Bundesrepublik Deutschland 1984. Allensbach: Institut für Demoskopie.

Ohder, Claudius, 1992: Gewalt durch Gruppen Jugendlicher. Eine empirische Untersuchung am Beispiel Berlins. Berlin: Hitit (Sonderauflage für die Landeszentrale für politische Bildungsarbeit Berlin).

Opitz, Reinhard, 1984: Faschismus und Neofaschismus. Frankfurt a.M.: Marxistische Blätter.

Pappi, Franz Urban, 1990: Die Republikaner im Parteiensystem der Bundesrepublik. Protesterscheinung oder politische Alternative?, in: Aus Politik und Zeitgeschichte, B 21, 37-44.

Paul, Gerhard, 1979: Zur Sozialpsychologie des jugendlichen Rechtsextremismus heute. Überlegungen zu psychischen Strukturen von Jugendlichen, die rechtsextremistische Dispositionen fördern, in: *Gerhard Paul/Bernhard Schoßig* (Hg.), Jugend und Neofaschismus. Provokation oder Identifikation? Frankfurt a.M.: EVA, 138-169.

Paul, Gerhard/Schoßig, Bernhard (Hg.), 1979: Jugend und Neofaschismus. Provokation oder Identifikation? Frankfurt a.M.: EVA.

Pilz, Gunter A., 1992: Hooligans – Europameister der Gewalt?, in: Psychologie heute, 19. Jg., H. 5, 36-39.

Pomorin, Jürgen/Junge, Reinhard, 1978: Die Neonazis und wie man sie bekämpfen kann. Dortmund: Weltkreis.

Pomorin, Jürgen/Junge, Reinhard, 1979: Vorwärts, wir marschieren zurück. Die Neonazis Teil II. Dortmund: Weltkreis.

Protest, 1978: Politischer Protest in der sozialwissenschaftlichen Literatur. Eine Arbeit der Infratest Wirtschaftsforschung GmbH. Stuttgart: Kohlhammer.

Rabe, Karl-Klaus, 1980: Rechtsextreme Jugendliche. Gespräche mit Verführern und Verführten. Mit Interviews, geführt von *Paul-Elmar Jöris, Alwin Meyer, Karl-Klaus Rabe, Andreas Zumach*. Bornheim-Merten: Lamuv.

Rassismus und Sexismus, 1992: Schwerpunktheft der „Perspektiven", Nr. 9. Berlin: Selbstverlag.

Raue, Jochen, 1992: Jugendliche und Neonazismus – Psychoanalytische Anmerkungen zu einem Zeitphänomen, in: Beiträge zur analytischen Kinder- und Jugendlichenpsychotherapie, H. 74, 16-27.

Reumann, Kurt, 1982: Studie über Rechtsextremismus – Fallen statt Fragen. Das SINUS-Institut hat methodisch unsauber überzeichnet, was zu Sorgen Anlaß gibt, in: Gewalt von rechts. Bonn: Bundesministerium des Innern, 221-233.

Roghmann, Klaus, 1966: Dogmatismus und Autoritarismus. Kritik der theoretischen Ansätze und Ergebnisse dreier westdeutscher Untersuchungen. Meisenheim: Hain.

Rokeach, Milton, 1960: The Open and the Closed Mind. New York: Basic Books.

Rommelspacher, Birgit, 1991: Rechtsextreme als Opfer der Risikogesellschaft. Zur Täterentlastung in den Sozialwissenschaften, in: 1999, 6. Jg., H. 2, 75-87.

Roth, Dieter, 1990: Die Republikaner. Schneller Aufstieg und tiefer Fall einer Protestpartei am rechten Rand, in: Aus Politik und Zeitgeschichte, B 37-38, 27-39.

Rotter, Julian B., 1966: Generalized Expectancies for Internal Versus External Control of Reinforcement, in: Psychological Monographs 80, 1-28.

Rucht, Dieter, 1991: Das Kräftefeld soziale Bewegungen, Gegenbewegungen und Staat: Einführende Bemerkungen, in: Forschungsjournal Neue Soziale Bewegungen, 4. Jg., H. 2, 9-16.

Rucht, Dieter, 1993: The Rise of Right-Wing Extremism in Contemporary Germany: Public Perceptions and Scientific Approaches, Paper für die „International Conference on Education for Democracy in a Multicultural Society". Jerusalem, 6.-10. Juni 1993.

Runge, Irene, 1990: Ausland DDR. Fremdenhaß. Berlin: Dietz.

Schenk, Michael, unter Mitwirkung v. Uwe Pfenning, 1990: Politische Massenkommunikation: Wirkung trotz geringer Beteiligung? Neue Strategien der Persuasion, in: Politische Vierteljahresschrift, 31. Jg., H. 3, 420-435.

Scheuch, Erwin K., 1990: Extremismus und die Bedeutung des Links-Rechts-Schemas, in: Verfassungsschutz in der Demokratie, hrsg. v. Bundesamt für Verfassungsschutz. Köln u.a.: Heymanns, 371-405.

Scheuch, Erwin K./Klingemann, Hans-Dieter, 1967: Theorie des Rechtsradikalismus in westlichen Industriegesellschaften, in: Hamburger Jahrbuch für Wirtschafts- und Gesellschaftspolitik, 12. Jg. Tübingen: Mohr, 11-29.

Schimmer, Ralf/Werle, Markus, 1989: Verlust oder Aktualisierung des Politischen? Zur Wahlkampfstrategie der „Republikaner", in: Peter Klier/Erhard Stölting (Hg.), Politische Selbstdarstellung im Wahlkampf. Untersuchungen und Interpretationen zum Berliner Wahlkampf. Berlin: Bittermann, 76-92.

Scholz, Ingo, 1982: Politische Apathie. Sozialwissenschaftliche Ansätze zur Bestimmung des Apathiebegriffs. Frankfurt a.M.: Haag + Herchen.

Schröder, Burkhard, 1992: Rechte Kerle. Skinheads, Faschos, Hooligans. Reinbek: Rowohlt.

Schüddekopf, Nationalbolschewismus in Deutschland 1918-1933. 2., durchges. u. neu einger. Ausg. Frankfurt a.M. u.a.: Ullstein.

Schulz, Hans-Jürgen (Hg.), 1990: Sie sind wieder da! Faschismus und Reaktion in Europa. Frankfurt a.M.: ISP.

Schumann, Frank, 1990: Glatzen am Alex. Rechtsextremismus in der DDR. Berlin: Edition Fischerinsel.

Schumann, Siegfried, 1984: Rechtsautoritäre (politische) Einstellungen und verschiedene Persönlichkeitsmerkmale ihrer Vertreter. Forschungsbericht 84.01. München: Hochschule der Bundeswehr.

Schumann, Siegfried, 1986: Politische Einstellungen und Persönlichkeit. Ein Bericht über empirische Forschungsergebnisse. Frankfurt a.M./Bern/New York: Lang.

Schumann, Siegfried, 1990: Wahlverhalten und Persönlichkeit. Opladen: Westdeutscher Verlag.

Schwagerl, H. Joachim, 1993: Rechtsextremes Denken. Merkmale und Methoden. Frankfurt a.M.: Fischer.

Schwind, Hans-Dieter/Baumann, Jürgen u.a. (Hg.), 1990: Ursachen, Prävention und Kontrolle von Gewalt. Analysen und Vorschläge der Unabhängigen Regierungskommission zur Verhinderung und Bekämpfung von Gewalt (Gewaltkommission), 4 Bde. Berlin: Duncker & Humblot.

Siegler, Bernd, 1991: Auferstanden aus Ruinen ... Rechtsextremismus in der DDR. Berlin: Bittermann.

Siegler, Bernd/Tolmein, Oliver/Wiedemann, Charlotte, 1993: Der Pakt. Die Rechten und der Staat. Göttingen: Die Werkstatt.

Silbermann, Alphons, 1982: Sind wir Antisemiten? Ausmaß und Wirkung eines sozialen Vorurteils in der Bundesrepublik Deutschland. Köln: Wissenschaft und Politik.

Silbermann, Alphons/Sallen, Herbert, 1992: Juden in Westdeutschland. Selbstbild und Fremdbild einer Minorität. Köln: Wissenschaft und Politik.

SINUS, 1981: 5 Millionen Deutsche: „Wir sollten wieder einen Führer haben ..." Die SINUS-Studie über rechtsextremistische Einstellungen bei den Deutschen. Reinbek: Rowohlt.

SINUS, 1989: Die SINUS-Studie, in: Sozialstruktur und Einstellungen von Wählern rechtsextremer Parteien. Die Wähler der extremen Rechten III, hrsg. v. Karl-Heinz Klär u.a. Bonn: Demokratische Gemeinde – Vorwärts Verlag, 7-22.

Smoydzin, Werner, 1966: Hitler lebt. Vom internationalen Faschismus zur Internationale des Hakenkreuzes. Pfaffenhofen/Ilm: Ilmgau Verlag.

Sozialstruktur, 1989: Sozialstruktur und Einstellungen von Wählern rechtsextremer Parteien. Studien von Sinus und Infratest, Bonn: Demokratische Gemeinde – Vorwärts Verlag (Die Wähler der extremen Rechten III).

Spiegel-Spezial, 1991: Das Profil der Deutschen: Was sie vereint, was sie trennt. Hamburg: Spiegel Verlag.

Stock, Manfred/Mühlberg, Philipp, 1990: Die Szene von Innen. Skinheads, Grufties, Heavy Metals, Punks. Berlin: LinksDruck.

Stöss, Richard, 1980: Vom Nationalismus zum Umweltschutz. Opladen: Westdeutscher Verlag.

Stöss, Richard (Hg.), 1983/84: Parteien-Handbuch. Die Parteien der Bundesrepublik Deutschland 1945-1980, 2 Bde. Opladen: Westdeutscher Verlag.

Stöss, Richard, 1986: Pronazistisches Protestverhalten unter Jugendlichen, in: *Alphons Silbermann/Julius H. Schoeps* (Hg.), Antisemitismus nach dem Holocaust. Köln: Wissenschaft und Politik, 163-192.

Stöss, Richard, 1988: The Problem of Right-Wing Extremism in West Germany, in: West European Politics, Vol. 11, Nr. 2, 34-46. Sonderausgabe: *Klaus von Beyme* (Hg.), Right-Wing Extremism in Western Europe. London: Frank Cass.

Stöss, Richard, 1989: Die extreme Rechte in der Bundesrepublik. Opladen: Westdeutscher Verlag.

Stöss, Richard, 1990: Die Republikaner. 2. Aufl., Köln: Bund-Verlag.

Stöss, Richard, 1991: Politics Against Democracy. New York/Oxford: Berg Publishers.

Stöss, Richard, 1993a: Extremismus von rechts. Einige Anmerkungen aus rechtlicher und politikwissenschaftlicher Perspektive, in: *Robert Harnischmacher* (Hg.), Angriff von Rechts. Rechtsextremismus und Neonazismus unter Jugendlichen Ostberlins. Beiträge zur Analyse und Vorschläge zu Gegenmaßnahmen. Rostock/Bornheim-Roisdorf: Hanseatischer Fachverlag für Wirtschaft, 5-29.

Stöss, Richard, 1993b: Rechtsextremismus und Wahlen in der Bundesrepublik, in: Aus Politik und Zeitgeschichte, B 11, 50-61.

Stöss, Richard, 1993c: Latenter und manifester Rechtsextremismus in beiden Teilen Berlins, in: *Oskar Niedermayer/Richard Stöss* (Hg.), Wähler und Parteien im Umbruch. Wählerverhalten und Parteiensystem in den neuen Bundesländern. Opladen: Westdeutscher Verlag (i.E.).

Stöss, Richard, 1993d: Determinanten des Rechtsextremismus, in: *Hans-Dieter Klingemann/Lutz Erbring/Nils Diederich* (Hg.), Zwischen Wende und Wiedervereinigung. Vergleichende Analysen zur politischen Kultur in West- und Ost-Berlin 1990. Opladen: Westdeutscher Verlag (i.E.).

Stöss, Richard, 1993e: Rechtsextremismus in Berlin 1990. Berlin: Freie Universität Berlin/Zentralinstitut für sozialwissenschaftliche Forschung (Berliner Arbeitshefte und Berichte zur sozialwissenschaftlichen Forschung, Nr. 80).

Strauss, Herbert A./Bergmann, Werner/Hoffmann, Christhard (Hg.), 1990: Der Antisemitismus der Gegenwart. Frankfurt a.M./New York: Campus.

Strauss, Herbert A./Kampe, Norbert (Hg.), 1984: Antisemitismus. Von der Judenfeindschaft zum Holocaust. Bonn: Bundeszentrale für politische Bildung (Schriftenreihe der Bundeszentrale für politische Bildung, Bd. 213) (Buchhandelsausg.: Frankfurt a.M./New York: Campus).

Süß, Walter, 1993: Zur Wahrnehmung und Interpretation des Rechtsextremismus in der DDR durch das MfS. Berlin: Der Bundesbeauftragte für die Unterlagen des Staatssicherheitsdienstes der ehemaligen Deutschen Demokratischen Republik, Abt. Bildung und Forschung (Analysen und Berichte, Reihe B, Nr. 1).

Tauber, Kurt P., 1967: Beyond Eagle and Swastika. German Nationalism Since 1945, 2 Bde. Middletown: Wesleyan University Press.

Veen, Hans-Joachim/Lepszy, Norbert/Mnich, Peter, 1992: Die Republikaner-Partei zu Beginn der 90er Jahre – Programm, Propaganda, Organisation, Wähler- und Sympathisantenstrukturen. Sankt Augustin: Konrad-Adenauer-Stiftung (Interne Studien, Nr. 14/1991-1992).

Verfassungsschutzbericht 1991, hrsg. v. Bundesminister des Innern, Bonn 1992.

Weißbecker, Manfred, 1980: Der Faschismus in der Gegenwart: Grundlagen – Erscheinungsformen – Aktivitäten – Organisationen, in: Faschismus in Deutschland – Faschismus der Gegenwart. Köln: Pahl-Rugenstein, 249-279.

Wippermann, Wolfgang, 1989: Neues über den Faschismus? Drei Bücher, in denen der Neofaschismus verharmlost wird, in: Vorwärts – Sozialistisches Hochschulmagazin, H. 8, 8f.

Wirth, Hans-Jürgen, 1989: Sie fühlen sich wie der letzte Dreck. Zur Sozialpsychologie der Skinheads, in: *Marlene Bock/Monika Reimitz* u.a., Zwischen Resignation und Gewalt. Jugendprotest in den achtziger Jahren. Opladen: Leske + Budrich, 187-202.

Wittenberg, Reinhard/Prosch, Bernhard/Abraham, Martin, 1991: Antisemitismus in der ehemaligen DDR, in: Tribüne, 30. Jg., H. 118, 102-119.

II.
Historische Entwicklung des Rechtsextremismus in Deutschland

Jürgen R. Winkler

Die Wählerschaft der rechtsextremen Parteien in der Bundesrepublik Deutschland 1949 bis 1993

1. Einleitung

Die Rechtsextremismusforschung zählt nicht zu den zentralen Bereichen der Sozialwissenschaft. Im Gegensatz zu anderen Forschungsfeldern sind auf diesem Gebiet keine grundlegenden theoretischen und empirischen Arbeiten vorgelegt worden, die eine Forschungstradition und damit eine Normalwissenschaft im Sinne Kuhns hätten begründen können. Lediglich in der unmittelbaren Nachkriegszeit erlebte die Rechtsextremismusforschung unter dem Etikett Autoritarismusforschung in der amerikanischen Sozialwissenschaft eine gewisse Konjunktur. Zwar wurde gelegentlich das geringe Interesse der deutschen Sozialwissenschaft an der Erforschung zentraler Aspekte des Rechtsextremismus bemängelt, größere Forschungsprogramme sind dennoch nicht auf den Weg gebracht worden.

Einen wichtigen Bereich der empirischen Rechtsextremismusforschung stellt die Analyse der Entwicklung extrem rechter Parteien und der diese Entwicklung hemmenden und begünstigenden Faktoren dar. Hierzu zählen die Beschreibung, Erklärung und Prognose von Wahlerfolgen von Parteien wie etwa der NSDAP, NPD und Republikaner. Antworten auf Erklärung- und Prognose-verlangende-Fragen hängen wesentlich von der theoretischen Perspektive und den Kenntnissen über die Entwicklung der relevanten Rahmenbedingungen ab. Um fruchtbare Hypothesen zu generieren und überprüfen sowie entscheidende Bedingungen zu identifizieren, kann sich ein Vergleich der als rechtsextremistisch bezeichneten Parteien als äußerst nützlich erweisen. Theorien der Entwicklung von extremistischen Parteien sollten Antworten auf Fragen nach den Wählerwanderungen sowie der sozialen und kognitiven Basis dieser Parteien geben. Die empirische Rechtsextremismusforschung versucht daher zu klären, aus welchen parteipolitischen Lagern sich die Wähler der extremen Rechten rekrutieren und welche Faktoren die Anfälligkeit für die Wahl rechtsextremistischer Parteien bewirken. Am häufigsten werden derartige Faktoren in der Sozialstruktur gesucht. Gefragt wird, ob Personen mit bestimmten sozialen Merkmalen unter den Wählern der extremen Rechten überrepräsentiert sind und ob sozialstrukturelle Parallelen zwischen den Wählern der rechtsextremen Parteien auf der einen

Seite und den Wählern der übrigen Parteien auf der anderen Seite bestehen. Schließlich ist die Frage von theoretischer und praktischer Bedeutung, ob die in bestimmten Zeitabschnitten erfolgreichen extrem rechten Parteien über eine ähnliche soziale Zusammensetzung verfügen. Zeigt sich, daß soziale Merkmale nur eine untergeordnete Rolle spielen, wird das Augenmerk auf andere Einflußfaktoren gerichtet wie zum Beispiel auf kognitive, konjunkturelle oder politische Merkmale. Was die kognitiven Faktoren angeht, interessiert vor allem, welche politischen Einstellungen mit der Wahl extrem rechter Parteien korrespondieren, welche Motive Personen veranlassen, extrem rechte Parteien zu wählen, inwiefern antidemokratische, ausländerfeindliche, nationalistische, autoritäre, antidemokratische und den Nationalsozialismus positiv bewertende Einstellungen mit der Wahl einer extrem rechten Partei zusammenhängen. Schließlich wird gefragt, ob sich die Anhänger extrem rechter Parteien hinsichtlich der Persönlichkeitsstruktur von den Anhängern anderer Parteien unterscheiden.

Im folgenden möchte ich kurz die Entwicklung der extrem rechten Parteien in der Geschichte der Bundesrepublik skizzieren und daran anschließend einige der genannten Fragen anschneiden. Zunächst soll die parteipolitische, sodann die soziale Herkunft der Wähler der rechtsextremen Parteien dargestellt werden. Es folgt eine Diskussion der Mobilisierung des latenten Wählerpotentials durch extrem rechte Parteien. Abschließend möchte ich einige offene Fragen formulieren.

2. Die Entwicklung extrem rechter Parteien bei den Wahlen in der Bundesrepublik Deutschland

Alle Gesellschaften sind mehr oder weniger heterogen zusammengesetzt. Die Individuen unterscheiden sich hinsichtlich einer Vielzahl von Merkmalen wie zum Beispiel dem sozioökonomischen Status, der kirchlichen Bindung, der Mitgliedschaft in sozialen Gruppen, den politischen Einstellungen und Ideologien. Damit sind latente Interessen und Ansprüche gesellschaftlicher Gruppen schon lange vorhanden, bevor sie in Organisationen ihren Ausdruck finden. Die moderne politische Theorie hat gezeigt, daß sich Parteien zur Befriedigung der Ansprüche bestimmter Gruppen der Gesellschaft nur schwer bilden und nur unter günstigen Bedingungen auf Dauer bestehen bleiben. Ein Beispiel stellen die extrem rechten Parteien in der Bundesrepublik Deutschland dar. Stöss (1993a) zählt rund 40 rechtsextreme Parteien, die auf dem Gebiet der alten Bundesrepublik Deutschland gegründet worden sind. Die meisten dieser Parteien vermochten es jedoch nicht, hinreichend viele Anhänger zu binden, so daß sie nur kurze Zeit auf der politischen Bühne weilten. Größere Wahlerfolge konnten auf Landes- und Bundesebene nur zehn dieser Parteien in drei Phasen der Geschichte der Bundesrepublik erzielen: Anfang der fünfziger Jahre kleinere Rechtsparteien, in der zweiten Hälfte der sechziger Jahre die Nationaldemokratische Partei Deutschlands (NPD) sowie seit 1989 regional konzentriert die Republikaner und die Deutsche Volksunion (Stöss 1989; Westle/Niedermayer 1992; Jaschke 1993; Stöss 1993a, 1993b).

In der Gründungsphase der Bundesrepublik Deutschland entstanden mehrere, regional konzentrierte Parteien am rechten Rand des Parteiensystems, von denen jedoch nur zwei beachtenswerte Ergebnisse erzielten: In Bayern zog 1946 die Wirtschaftliche Aufbau-Vereinigung (WAV) mit 7,4 Prozent der Stimmen in das erste bayerische Landesparlament und 1949 mit 14,4 Prozent der Stimmen in den ersten Deutschen Bundestag ein (vgl. Stöss 1989: 82f.). Und in Norddeutschland konnte die Deutsche Rechtspartei bei der ersten Bundestagswahl in Niedersachsen mit 8,1 Prozent der Stimmen einen Achtungserfolg erzielen. Insgesamt erreichte das rechte Parteienspektrum bei dieser Wahl nach Stöss (1989: 85) annähernd 2,5 Millionen Stimmen, was einem Stimmenanteil von 10,5 Prozent entspricht. Die vorliegenden Studien stimmen darin überein, daß die extrem rechten Parteien in jenen Gebieten überdurchschnittlich abschnitten, in denen auch schon die NSDAP erfolgreich gewesen war (Kaltefleiter 1966; Tauber 1967, Bd. 1: 90ff.; Falter 1981; Roßdeutscher 1990). Welchen Einfluß die regionale NSDAP-Tradition auf die Stärke der rechten Splitterparteien im Vergleich zu anderen Faktoren hatte, ist allerdings mangels empirischer Analysen eine offene Frage.

Nach der Aufhebung der alliierten Lizenzierungspolitik entstanden mit der Sozialistische Reichspartei (SRP), der Deutschen Reichspartei (DRP), der Deutschen Gemeinschaft (DG) und dem Block der Heimatvertriebenen und Entrechteten (BHE) weitere Parteien am rechten Rand. Die rechtsextreme SRP, die bei den Landtagswahlen im Jahre 1950 in Nordrhein-Westfalen in einigen wenigen Wahlkreisen bereits auf eine beachtliche Resonanz gestoßen war, verzeichnete bei den Landtagswahlen in Bremen und Niedersachsen 1951 einen rapiden Aufstieg. In Niedersachsen votierten insgesamt 11 Prozent der Wähler für die SRP, in Bremen 7,7 Prozent. In 35 Gemeinden konnte sie sogar die absolute Mehrheit der Stimmen gewinnen. Wie die zuvor genannten extrem rechten Parteien erzielte sie in den Gegenden besonders hohe Stimmenanteile, in denen schon die NSDAP erfolgreich gewesen war (Kaltefleiter 1966: 133f.). Der regional konzentrierte Aufstieg der SRP wurde schließlich mit deren Verbot durch das Bundesverfassungsgericht 1952 beendet. Nachdem die SRP vom politischen Markt genommen war, stieg die DRP für etwa ein Jahrzehnt zur führenden rechtsextremen Partei auf, ohne jedoch zwischen 1950 und 1963 nennenswerte Wahlerfolge zu erzielen. Dagegen mobilisierte der Block der Heimatvertriebenen und Entrechteten (BHE) während dieser Phase in einigen Regionen beständig hohe Stimmenanteile. Den größten Wahlerfolg erzielte auch er kurz nach der Konstituierung der Bundesrepublik Deutschland bei der schleswig-holsteinischen Landtagswahl 1950 mit 23,4

Prozent der Stimmen. Zweistellige Ergebnisse gewann er ferner bei den Landtagswahlen 1950 und 1954 in Bayern, 1951 und 1955 in Niedersachsen sowie 1954 in Schleswig-Holstein.

Einigkeit besteht in der Literatur darin, daß die nationale Opposition gegen die Etablierung der sozialliberalen Demokratie durch die sozialen und wirtschaftlichen Probleme begünstigt wurde, die mit der Teilung Deutschlands, den Folgen der NS-Diktatur und des Zweiten Weltkriegs sowie der gesellschaftlichen und politischen Umgestaltung des politischen Systems einhergingen. Bis Ende der fünfziger Jahre fanden die kleineren rechten Parteien jedoch eine immer geringere Resonanz in der Bevölkerung. Der rasch einsetzende Niedergang der extrem rechten Parteien und die Konzentration der Wählerschaft auf nur drei Parteien wird im allgemeinen auf die innen-, außen- und wirtschaftspolitischen Erfolge in den fünfziger Jahren (vgl. Kaltefleiter 1966; Stöss 1989; Jaschke 1993) sowie „eine deutliche Rechtsverschiebung" der Unionsparteien zurückgeführt (Gemmecke/Kaltefleiter 1967: 33). Man ist sich heute einig, daß die überkonfessionelle und volksparteiliche Ausrichtung der Unionsparteien die Integration der kleineren rechten Parteien wesentlich erleichterte. Als eine diese Entwicklung begünstigende Rahmenbedingung gilt die positiv bewertete wirtschaftliche Entwicklung. Damit wurde den rechten Parteien zwar nicht die Basis ein für allemal entzogen, aber die Kosten des sozialen und politischen Protests erheblich erhöht. Übersehen werden darf außerdem nicht, daß die institutionelle Hürde für die kleineren rechten Oppositionsparteien schrittweise erhöht wurde. Nachdem die Fünf-Prozent-Hürde ursprünglich nur auf die einzelnen Bundesländer bezogen war, sollten die Kosten des rechten Protests mit der Festlegung, daß die Parteien mindestens fünf Prozent aller Stimmen im Bundesgebiet oder wenigstens drei Direktmandate erringen müssen, um in das nationale Parlament einziehen zu können, noch einmal ansteigen.

Die Mißerfolge der rechten Oppositionsparteien bei Wahlen veranlaßten Vertreter der DRP zu einer Sammlung der rechten Kleinparteien- und -gruppen in der Nationaldemokratischen Partei Deutschlands (NPD). Schon kurz nach der Gründung im Jahre 1964 erlebte die NPD einen steilen Aufstieg. Innerhalb kurzer Zeit zog sie in sieben Landesparlamente ein. Im Jahre 1966 erzielte sie in Bayern 7,4 und in Hessen 7,9 Prozent, 1967 in Rheinland-Pfalz 6,9, in Schleswig-Holstein 5,8, in Niedersachsen 7,0 und in Bremen 8,8 Prozent der Stimmen. Den höchsten Wahlsieg konnte die NPD schließlich 1968 mit 9,8 Prozent der Stimmen in Baden-Württemberg erringen. Der NPD gelang es damit nicht nur, einige traditionelle Hochburgen des parteipolitischen Rechtsextremismus im Norden der Bundesrepublik zu erobern, sondern in Süddeutschland einen neuen Schwerpunkt zu bilden. Liepelt (1967) und Nagle (1970) sind zu dem Ergebnis gekommen, daß auch die NPD vor allem in jenen Gegenden besonders erfolgreich war, wo bereits die NSDAP überdurchschnittliche Resultate erzielt hatte. Die Stimmenergebnisse der NPD ließen sich als eine Funktion der NSDAP-Anteile ausdrücken. Falter (1980: 108) sieht hierin eine „räumliche Tradierung der Stimmpräferenzen". Daß dieser Zusammenhang jedoch keine bundesweite Gültigkeit hat, zeigt Sahner (1972) in seiner Regionalstudie über Schleswig-Holstein, in der er systematischer als andere Autoren die Entwicklung der NPD in den Gemeinden mit den Resultaten der NSDAP vergleicht. Nach dem Aufstieg in den Landtagswahlen gingen viele Kommentatoren davon aus, daß die NPD auch bei den Bundestagswahlen im Jahre 1969 die Fünf-Prozent-Hürde überspringen würde. Tatsächlich scheiterte die NPD mit 4,3 Prozent der Stimmen knapp am Einzug in den Deutschen Bundestag. In vier Bundesländern übersprang die NPD allerdings die Fünf-Prozent-Sperrklausel (Bayern, Hessen, Saarland, Rheinland-Pfalz). Nach den Bundestagswahlen 1969 setzte endlich ein schneller Abstieg der NPD ein.

Der Aufstieg der NPD in den Jahren 1966 bis 1969 wird im Schrifttum u.a. auf die Bildung der Großen Koalition und der damit verbundenen Positionsverschiebung der Unionsparteien nach links, der Herausbildung der teilweise linksextremistischen Außerparlamentarischen Opposition und vor allem der ersten größeren Wirtschaftskrise in der Geschichte der Bundesrepublik zurückgeführt (Kaltefleiter 1966; Stöss 1989, 1993a; Jaschke 1993). Zur Erklärung des Niedergangs der NPD seit 1970 werden ähnliche Erklärungsmuster herangezogen wie für den Niedergang der rechten Oppositionsparteien in den fünfziger Jahren. Der Niedergang der NPD erkläre sich aus einer politisch-ideologischen Verlagerung der sich nun erstmals in Opposition befindenden Unionsparteien nach rechts sowie aus internen Fraktionskämpfen und Spaltungen (Stöss 1989, 1993a; Jaschke 1993). Durch die Positionsänderung habe die Union das Vakuum wieder ausfüllen können, das bei Eintritt in die Große Koalition im Jahre 1966 entstanden sei.

Nach der Sammlung der extremen Rechten in der NPD Mitte der sechziger Jahre spaltete sich das extrem rechte Parteienspektrum nach den Wahlniederlagen wieder. Anfang der siebziger Jahre konstituierte sich zunächst die Deutsche Volksunion (DVU), Anfang der achtziger Jahre schließlich die Republikaner-Partei. Über ein Jahrzehnt konnte die DVU jedoch keine Erfolge bei Wahlen erzielen. Erst im Jahre 1987 trat sie mit einem parlamentarischen Erfolg bei der Wahl zur Bremer Bürgerschaft in das Bewußtsein eines größeren Teils der deutschen Öffentlichkeit. Daß die extreme Rechte bei Wahlen wieder auf mehr Resonanz stoßen sollte als in den siebziger und frühen achtziger Jahren, zeigte sich spätestens bei der Landtagswahl 1986 in Bayern, in der die Republikaner mit drei Prozent der Stimmen ein beachtliches Wahlergebnis erzielen konnten. Der Durchbruch der Republikaner erfolgte schließlich zwei Jahre später bei den Wahlen zum Berliner Abgeordnetenhaus im Januar 1989 mit 7,5 Prozent der Stimmen, ein Ergebnis, das bei den Europawahlen Mitte 1989 wiederholt werden konnte. Im Zuge des nun für das rechte Parteienspektrum günstigen Meinungsklimas zog auch die NPD im gleichen Jahr wieder in einige hessische Kommunalparlamente ein. In Frankfurt erzielte die NPD mit 6,5 Prozent der Stimmen ein für alle Beobachter überraschendes Wahlergebnis (vgl. Hennig 1991). Nach den spektakulären Wahlerfolgen der Republikaner erwarteten viele Beobachter ihren Einzug in den Deutschen Bundestag. Dem Aufstieg der Republikaner im Jahre 1989 folgten jedoch 1990 und 1991 relativ schlechte Wahlergebnisse. Seit der Wiedervereinigung der beiden deutschen Staaten zeigt sich darüber hinaus, daß die extrem rechten Parteien in den alten Bundesländern deutlich besser abschneiden als in den neuen Bundesländern. So erzielten die Republikaner und die NPD bei der Bundestagswahl 1990 in den alten Bundesländern einen fast doppelt so hohen Stimmenanteil wie in den neuen Bundesländern. Auch bei den Landtags-wahlen blieben die extrem rechten Parteien in den ostdeutschen Ländern Splittergruppierungen. Die Mißerfolge der Republikaner bei den Wahlen im Jahre 1990 werden einhellig auf die besonderen Ereignisse im Zusammenhang der deutschen Einigung zurückgeführt. Durch die Zurückdrängung der mit den Republikanern attribuierten Themen wie Ausländerpolitik, Asyl- und Wohnungsfrage durch das Thema deutsche Einheit in der öffentlichen Mei-nung habe die Partei zeitweilig an Kompetenz eingebüßt (Veen/Lepszy/ Mnich 1991). Auch habe die Union wichtige Themen des rechten Parteien-spektrums wieder zu besetzen vermocht. Daneben werden interne Macht-kämpfe der Republikaner-Partei als erklärende Faktoren herangezogen (Jasch-ke 1993; Stöss 1993a). Während manche wissenschaftliche Beobachter in der Wahlentwicklung im Jahre 1990 einen deutlichen Niedergang der Republi-kaner erblicken (Roth 1989; Veen/Lepszy/Minch 1991), sehen andere ein nur vorübergehendes Tief (Stöss 1993a; Jaschke 1993). In den Jahren 1992 und 1993 fielen die Wahlergebnisse für die extrem rechten Parteien wieder deutlich höher aus. In Schleswig-Holstein kamen die DVU und Republikaner zusam-men auf 7,5 Prozent, und bei der Landtagswahl in Baden-Württemberg er-zielten die Republikaner mit 10,9 Prozent das bisher beste landesweite Er-gebnis seit ihrer Gründung.

3. Die parteipolitische Herkunft der Wähler der extrem rechten Parteien

Die sozialwissenschaftliche Rechtsextremismusforschung ist sich darüber ei-nig, daß eine befriedigende Erklärung der Wahlerfolge der rechtsextremisti-schen Parteien die Frage nach der parteipolitischen Herkunft beantworten muß. Den Ausgangspunkt bildet die bis in die sechziger Jahre weithin ge-äußerte Ansicht, daß sich in Deutschland besonders die Wähler liberaler Parteien für rechtsextremistische Strömungen anfällig zeigen. Im Falle von ökonomischen Krisen würden sie sich wesentlich häufiger als die Wähler der übrigen Richtungen rechtsextremistischen Parteien anschließen. Als klas-sisches Beispiel für diesen Zusammenhang gilt die Parteientwicklung in der

Weimarer Republik. Während die liberalen Parteien ihren Rückhalt in der Bevölkerung zunehmend verloren, wuchs die NSDAP zur stärksten Partei heran. In einer einflußreichen Arbeit behauptet Lipset (1960), daß die Anhänger der liberalen Parteien 1930 der NSDAP zugeströmt seien, während es von den ehemaligen Wählern der DNVP, den Nicht- und Jungwählern keine nennenswerten Zuwanderungen gegeben habe. Dieses im Schrifttum weit verbreitete Modell wurde später auf die Wahlerfolge der extrem rechten Parteien in der Bundesrepublik übertragen. Die neuere historisch-sozialwissenschaftliche Forschung hat jedoch belegt, daß der Aufstieg der NSDAP wesentlich differenzierter verlief. Falter (1991) zeigt, daß die Wählerschaft der NSDAP nicht primär einer Quelle, sondern verschiedenen politischen Gruppierungen entstammte: der DNVP, den Nichtwählern, den liberalen, Regional- und Interessenparteien sowie der SPD.

Ähnlich wie die frühen Analytiker der NSDAP-Wahlerfolge sehen Kühnel, Rilling und Sager (1969: 73) die regionalen Erfolge der NPD in den sechziger Jahren im Kontext von Wählerverlusten der FDP. Es sei offensichtlich, daß die Verluste der Liberalen und die Zuwächse der rechtsextremen NPD zusammenfallen. Schließlich konstatieren sie, daß die NPD „in bezug auf die politische Herkunft der Wähler (...) im Prinzip der NSDAP" entspreche. In Umfragen zeigte sich, daß die FDP-Anhänger eher zur NPD neigten als die Anhänger der beiden großen Volksparteien. Nagle (1970: 147ff.) führt aus, daß bis 1966 in erster Linie ehemalige Anhänger der rechten Splitterparteien und frühere Wähler der Liberalen die NPD unterstützten. Die spätere NPD sei dann auch stärker von ehemaligen Wählern der Unionsparteien und der SPD gewählt worden. Während Sahner (1972) und Klingemann (1971) in ihren Regionalstudien über Schleswig-Holstein bzw. Baden-Württemberg ähnliche Ergebnisse ausbreiten, zeigen Klingemann und Pappi (1972), daß in Hessen nicht die Wähler der FDP, sondern die CDU-Wähler am stärksten zur NPD tendierten. Gemmecke und Kaltefleiter (1967: 29) berichten, daß Mitte der sechziger Jahre 7,2 Prozent der CDU/CSU-, 8 Prozent der SPD-, 15 Prozent der FDP-, 73 Prozent der Sonstigen, 9,6 Prozent der Unentschiedenen und 7,5 Prozent der Nichtwähler zur NPD wanderten. Noch bei den Wahlen zum Deutschen Bundestag im Jahre 1969 unterstützte ein beträchtlicher Teil der ehemaligen FDP-Wähler die NPD, wenngleich ein größerer Teil der Abwanderer von der FDP ihre neue Heimat bei den Unionsparteien suchte (Falter 1980). Damit einher geht die Beobachtung von Liepelt (1967: 250), daß 21 Prozent der FDP-Anhänger, 12 Prozent der SPD-Anhänger und 9 Prozent der CDU/CSU-Anhänger eine Stimmabgabe für die NPD nicht ausschlossen. Es ergibt sich somit, daß liberale Wähler in den sechziger Jahren tatsächlich besonders anfällig gegenüber dem Rechtsextremismus waren.

Eine andere Frage ist, welche Kontingente unter den Zuwanderern der rechtsextremen Parteien am stärksten vertreten sind. Hierbei macht sich bemerkbar, daß sowohl in der Weimarer Republik als auch in den sechziger

Jahren der Bundesrepublik Deutschland die liberalen Parteien absolut gesehen über kein sehr großes Wählerreservoir verfügten. Falter (1991) hat gezeigt,
daß von den Wählern der NSDAP im Jahre 1930 etwa 18 Prozent von den
Liberalen, 22 Prozent von den Konservativen und 24 Prozent von ehemaligen
Nichtwählern kamen. Obwohl die liberalen Wähler am stärksten zur NPD
tendierten, machten sie nach Nagle (1970: 150) nur ein Fünftel der NPD-Sym-
pathisanten aus. Das würde bedeuten, daß die ehemaligen Wähler der Liberalen im Jahre 1930 und 1966 für etwa die gleichen Gewinne der rechtsextremistischen Parteien verantwortlich waren. Gemmecke und Kaltefleiter
(1967: 26) haben darauf hingewiesen, daß für den Aufstieg der NPD die
gestiegene Wahlbeteiligung bedeutsamer war als der Zuwachs von der FDP.
Gewichtiger als die Zuwanderungen von den Freien Demokraten waren
schließlich auch die Zuwächse der NPD von den Unionsparteien und der
Sozialdemokratie. Trotz der geringeren NPD-Neigung der Wähler der SPD
und der CDU/CSU stellten beide Volksparteien beträchtlich größere Wäh-
lerkontingente der NPD als die FDP.
   Wie erwähnt, zeigten am Ende der Weimarer Republik die Liberalen,
Konservativen, Regional- und Interessenparteien sowie die Nichtwähler eine
in etwa gleiche Wahrscheinlichkeit der NSDAP-Wahl. In den sechziger Jahren
neigten dann in erster Linie die ehemaligen Wähler der FDP zur Unterstützung der rechtsextremen NPD. Die Analysen über die Wahlen seit 1989
verdeutlichen dagegen, daß die Anhänger der Unionsparteien insgesamt die
größte Affinität gegenüber den Republikanern zeigen. Nach den Analysen
der Forschungsgruppe Wahlen hatte die CDU in Berlin 1989 starke Verluste
an die Republikaner, während die SPD und auch die FDP in geringerem
Umfang an die Republikaner abgeben mußten. Wenig später wanderten bei
den Wahlen zum europäischen Parlament bundesweit etwa 6 Prozent der
ehemaligen Wähler der Unionsparteien zu den Republikanern, während vergleichsweise geringe drei Prozent der ehemaligen Wähler der SPD diese
Entscheidung trafen. Nach den Angaben von Feist (1992: 71f.) gaben schließlich bei der Landtagswahl in Schleswig-Holstein sowohl die CDU als auch
die SPD jeweils etwa 3 Prozent ihrer ehemaligen Wähler an die Republikaner
bzw. DVU ab. Dagegen entschieden sich diesmal etwa 8 Prozent der Nichtwähler des Jahres 1988 für die rechtsextremen Parteien. In Baden-Württemberg, bei der die Republikaner ihr bislang bestes Resultat erzielten, zeigte
sich dagegen eine in etwa gleich starke Neigung ehemaliger CDU-, SPD-
und Nichtwähler zur Wahl der Republikaner.
   Was die parteipolitische Zusammensetzung betrifft, so zeigt sich, daß von
den Wählern der Republikaner bei der Wahl zum Berliner Abgeordnetenhaus
fast 60 Prozent von der CDU, aber nur jeweils rund 15 Prozent von der SPD
und der Demokratischen Alternative kamen. Wenige Monate später bei der
Europawahl setzte sich die Wählerschaft der Republikaner zu etwa 40 Prozent
aus ehemaligen Wählern der Unionsparteien, etwa 20 Prozent ehemaliger

SPD- und 33 Prozent ehemaliger Nichtwähler zusammen (Feist 1989: 325f.; Roth 1989: 15f.). Eine ähnliche politische Herkunft wiesen die Wähler der extremen Rechten bei der Bundestagswahl im Jahre 1990 auf. 1992 stellten ehemalige Nichtwähler in Schleswig-Holstein schließlich den größten Anteil an den Zuwächsen der extremen Rechten. Hinter den Nichtwählern waren hier ehemalige SPD-Wähler für einen größeren Anteil der Gewinne der extremen Rechten verantwortlich. In Baden-Württemberg speisten sich die Republikaner ebenfalls aus diesen drei Hauptquellen. Rund ein Drittel der Stimmen für die Republikaner kam von ehemaligen Wählern der CDU, ein weiteres Fünftel von ehemaligen Wählern der SPD. Die Nichtwähler steuerten ein Viertel der Stimmen für die Republikaner hinzu (Feist 1992: 72). Bei der letzten Hamburger Bürgerschaftswahl im September 1993 endlich kam jede vierte Stimme von der CDU und jede fünfte von der SPD. Ähnlich wie die NSDAP Ende der Weimarer Republik und die NPD in den sechziger Jahren speisen sich die extrem rechten Parteien heute also aus verschiedenen Quellen. In einem größeren Umfang als in der Vergangenheit sind gegenwärtig aber ehemalige Wähler der christlichen Parteien und auch der Sozialdemokraten für die Zuwächse der rechtsextremen Parteien verantwortlich.

4. Die soziale Basis extrem rechter Parteien

Da ein großer Teil der Wähler der einmal gewählten Partei treu bleibt und viele Wähler im Laufe der Zeit mehr oder weniger intensive Bindungen an die jeweils bevorzugte Partei erwerben, hat man schnell erkannt, daß das Wahlverhalten der neu in das Elektorat Eintretenden eine besondere Beachtung verdient. Weil die jüngeren Altersgruppen im Vergleich zu den älteren Altersgruppen über die schwächsten Parteibindungen verfügen, sind sie für Parteien unter ansonsten konstanten Bedingungen am leichtesten zu gewinnen. Gelingt es einer neuen Partei über einen längeren Zeitraum hinweg die Jungwähler zu mobilisieren, wird sie infolge des Generationenwechsels mit der Zeit zur Mehrheitspartei aufsteigen. Daher kann man in dem politischen Verhalten der neu in die politische Arena eintretenden Personen eine Art Frühwarnsystem erblicken.

In den sechziger Jahren konnte man beobachten, daß die NPD stärker von der Altersgruppe der 45- bis 65jährigen gewählt wurde, während die jüngeren Wähler unterdurchschnittlich vertreten waren (Liepelt 1967; Sahner 1972; Herz 1975). So konnte man argumentieren, daß es sich bei den Wählern der NPD entweder um ehemalige Wähler der NSDAP oder um Personen handelte, „die im Dritten Reich aufgewachsen und erzogen worden" waren (Kühnel/Rilling/Sager 1969: 69). Da man bei den älteren Personen zudem Einstellungen aus dem rechtsextremen Ideenhaushalt häufiger beobachten konnte als bei den jungen Leuten, waren viele Beobachter zu der Einsicht gekommen, daß sich das Problem der NPD quasi von selbst erledigen würde. Um so erstaunter war man, als 1989 bei der Wahl zum Berliner Abgeordnetenhaus die Jungwähler am stärksten zu den Republikaner neigten. Diese Beobachtung hat Funke (1989: 17ff.) zu der Behauptung veranlaßt, daß es sich bei den Republikanern um eine Jungwählerpartei handle. Aus dem Sachverhalt, daß junge Wahlberechtigte eher als ältere zu einer Partei tendieren, folgt jedoch nicht, daß es sich bei einer derartigen Partei um eine Jungwählerpartei handeln muß. Von der Frage nach der Anfälligkeit bestimmter Personengruppen ist nämlich die Frage der sozialen Zusammensetzung der Wählerschaft scharf zu trennen. So hat Roth (1989: 11) gegen die These von der Jungwählerpartei eingewandt, daß die Wähler der Republikaner in Berlin zwar jünger als die der beiden Volksparteien seien, daß es sich bei der Republikaner-Partei aber dennoch nicht um eine Jungwählerpartei handeln könne, da tatsächlich nur eine Minderheit der Republikaner-Wähler aus der Gruppe der Jungwähler stamme. Schon bei der Europawahl zeigten sich dann kaum noch altersspezifische Unterschiede im Wahlverhalten (Roth 1989; Veen/Lepszy/Minch 1991). Auch bei den darauffolgenden Wahlen waren insgesamt keine gleichlaufenden altersspezifischen Effekte zu erkennen. Bei den letzten landesweiten Wahlen in Bayern, Baden-Württemberg und Hamburg 1992 und 1993 tendierten die älteren Alterskohorten sogar etwas stärker zu den extrem rechten Parteien als die jüngeren Jahrgänge. Schacht (1991: 154) hat dennoch zurecht darauf hingewiesen, daß die extrem rechten Parteien der Gegenwart im Vergleich zu den Wahlerfolgen der NPD in den sechziger Jahren in stärkerem Maße bei jungen Leuten Resonanz finden. Wenn das altersspezifische rechtsextreme Wählerverhalten in den sechziger Jahren als eine Wirkung der unterschiedlichen kulturellen Prägung durch zwei unterschiedliche politische Systeme angesehen werden kann (Klingemann/Pappi 1972), war mit dem Aussterben der älteren Alterskohorten eine Angleichung des rechtsextremen Wählerverhaltens zu erwarten. Folglich sollte man erwarten, daß sich die Wähler der Republikaner von den Wählern der NPD der sechziger Jahre auch hinsichtlich der weltanschaulich-ideologischen Dimension unterscheiden. Ob dies der Fall ist, ist eine der vielen offenen Fragen.

Ein großer Einfluß auf abweichendes Wahlverhalten geht dagegen von der geschlechtsspezifischen Sozialisation aus. An zahlreichen Beispielen kann beobachtet werden, daß radikale Parteien in der Frühphase vor allem von Männern unterstützt werden. Etabliert sich die Partei im Parteiensystem, schließen die Frauen aber häufig schnell auf. So verhalfen vor allem Männer der NSDAP zu ihrem ersten großen Wahlerfolg im Jahre 1930. Ab 1932 stimmte dann ein immer größerer Anteil der Frauen für die Nationalsozialisten, so daß schließlich kein geschlechtspezifischer Unterschied im rechtsextremen Wahlverhalten mehr bestand (Falter 1991). Auch in den sechziger Jahren tendierten Männer wesentlich stärker zur NPD (Liepelt 1967; Kühnel/Rilling/Sager 1969; Sahner 1972; Falter 1980). Dieses Muster rechtsextremen Wählerverhaltens zeigt sich auch in neuester Zeit. Seit dem ersten großen Wahlerfolg in Berlin stimmen durchgängig wesentlich mehr Männer als Frauen für die Parteien der extremen Rechten. Im Schnitt haben die Republikaner seitdem bei allen Wahlen bei den Männern einen doppelt so hohen Stimmenanteil wie bei den Frauen rekrutieren können (Roth 1989; Falter/Schumann/Winkler 1990; Roth 1990; Veen/Lepszy/Mnich 1991; Feist 1992). Manche haben die Republikaner daher sofort als Männerpartei bezeichnet, um fälschlicherweise auszudrücken, daß kein anderes sozialstrukturelles Merkmal eine ähnlich klare Differenzierung erlaube (Hofmann-Göttig 1989: 29). Während Roth (1989) das unterschiedliche Wahlverhalten von Männern und Frauen auf das unterdurchschnittliche Politikinteresse der Frauen zurückführt, meint Hofmann-Göttig (1989), daß die Unterrepräsentanz von Frauen innerhalb der Wählerschaft der Republikaner durch deren frauenfeindliche Programmatik zu erklären sei. Da die Republikaner mit der Ausländerpolitik ein „männliches Thema in den Mittelpunkt" stelle, sei zu erwarten, daß die Republikaner-Partei auch auf längere Sicht eine Männerpartei bleiben werde. Beide Erklärungen überzeugen jedoch wenig. Das unterschiedliche politische Verhalten von Männern und Frauen bleibt auch nach verschiedenen Veröffentlichungen in neuerer Zeit erklärungsbedürftig.

Falter und Schumann (1988) leiten aus dem Erklärungsansatz von Scheuch und Klingemann (1967) die Hypothese ab, daß schlechter Gebildete auf typische Spannungen des sozialen Wandelns mit rigidem Denken eher anfällig seien als höher Gebildete. Dies begründen sie damit, daß diesen Personengruppen die analytischen und kognitiven Fähigkeiten fehlten, die zur Bewältigung der sich stets wandelnden Anforderungen notwendig seien. Wendet man die Hypothese auf die Erfolge der NPD in den sechziger Jahren an, so sprechen die Befunde auf dem ersten Blick dagegen. Es ergibt sich nämlich, daß die NPD in der Frühphase insbesondere bei den Wählern mit höherer Schulbildung Resonanz finden konnte. Erst mit den Erfolgen der NPD bei den Wahlen trat eine gewisse Angleichung ein (Liepelt 1967: 242ff.; Kühnel/Rilling/Sager 1969: 60f.; Falter 1980: 109f.). Wirkte sich die Bildung insgesamt kaum auf die Wahl der NPD aus, so gehört sie zu den einflußreichsten Bestimmungsfaktoren des gegenwärtigen rechtsextremen Wählerverhaltens. Alle Analysen stimmen darin überein, daß die Anhänger der extrem rechten Parteien heute durch ein niedriges Bildungsniveau gekennzeichnet sind. 1992 äußerten zum Beispiel in den alten Bundesländern 6,4 Prozent der Hauptschüler eine Wahlabsicht für die Republikaner, aber nur 2,1 Prozent der Befragten mit Abitur. Damit differenziert die Bildung in gleicher Weise wie das Geschlecht zwischen den Anhängern und Nicht-Anhängern der Republikaner. Veen, Lepszy und Mnich (1991: 34f.) berichten, daß 71 Prozent der Sympathisanten der Republikaner die Hauptschule und 29 Prozent eine weiterführende Schule besucht haben. Vor allem diejenigen, die „im Zuge der

Bildungsexpansion mit Beginn der 60er Jahre eine weiterführende Schule besucht" haben, erweisen sich als immun gegenüber den Republikanern. Dagegen sind die 18- bis 24jährigen Hauptschulabgänger weit überrepräsentiert (Veen/Lepszy/Mnich 1991: 35). Diese Befunde sprechen gegen die These von der Strukturgleichheit der extrem rechten Parteien. Bei der Interpretation darf allerdings nicht übersehen werden, daß die Bildung eng mit der sozialen Schichtung bzw. Berufsausübung zusammenhängt.

Die einflußreichste These über den Zusammenhang zwischen der sozialen Schichtung und der Wahl rechtsextremistischer Parteien hat Lipset (1960) vorgetragen. Der Kern seiner Theorie des Rechtsextremismus besteht aus der Annahme, daß jede soziale Schicht sowohl eine demokratische als auch extremistische Ausdrucksform findet und daß der Rechtsextremismus seine Anhänger aus der gleichen Schicht rekrutiert, aus der auch liberale Parteien ihre Anhängerschaft beziehen: der Mittelschicht. In ökonomischen Krisenzeiten würde der Mittelstand von den Liberalen zu den Rechtsextremisten wandern. Diese theoretische Vorstellung ist die Grundlage einer ganzen Reihe von Erörterungen über den Aufstieg des Nationalsozialismus. Im Falle der Nationalsozialisten lag zudem die Vorstellung zugrunde, daß die alten Mittelschichten im Modernisierungsprozeß zu den Verlierern der Gesellschaft zählten. Die latent für Rechtsextremismus anfälligen Mittelschichten tendierten danach zum Rechtsextremismus, weil sie depriviert waren. Die neueren Forschungen zeigen jedoch, daß die These vom Mittelstandscharakter der NSDAP nicht haltbar ist. Nach Falter (1991) handelt es sich bei der NSDAP um eine sowohl für Arbeiter als auch für Mittel- und Oberschichtangehörige attraktive Partei.

Da die Mittelstandsthese lange Zeit als sichere Erkenntnis galt, und man mit Lipset von einer Strukturgleichheit der rechtsextremistischen Parteien ausging, wurden auch die frühen extrem rechten Parteien als Mittelstandsparteien bezeichnet (Stöss 1989; Jaschke 1993), und zwar ohne daß man diese Thesen ernsthaften empirischen Tests aussetzte. Anders als in den frühen fünfziger Jahren ging man aber im Falle der NPD an die Aufgabe, die weit verbreiteten Ansichten über die schichtmäßige Zusammensetzung des Rechtsextremismus mit der Realität zu konfrontieren. Liepelt (1967: 242) findet, daß unter den Anhängern der NPD vor allem Selbständige überrepräsentiert waren. Angesichts der im Schrifttum verbreiteten Darstellung der NSDAP als Mittelstandspartei zeigte man sich aber erstaunt, als man in repräsentativen Bevölkerungsumfragen feststellte, daß auch ein relativ hoher Anteil von Arbeitern die NPD unterstützte. Gemmecke und Kaltefleiter (1967: 28) berichten, daß fast ein Drittel der Wähler der NPD zur Arbeiterschaft gehörte. Entgegen den allgemeinen Erwartungen zeigte sich zudem, daß Angestellte und Beamte nur durchschnittlich zur NPD neigten (Liepelt 1967; Scheuch 1970; Sahner 1972; Herz 1975; Falter 1980). Insgesamt belegen die Wahlstudien, daß sich die Wähler der NPD gleichmäßiger über die sozialen

Schichten verteilten als die Anhänger der übrigen Parteien. Obwohl viele der Befunde über die Wählerschaft der NPD im Lichte der Ende der sechziger Jahre vorherrschenden Ansichten über die schichtmäßige Zusammensetzung der NSDAP dafür sprachen, die These von der sozialen Strukturgleichheit der rechtsextremistischen Parteien zu verwerfen, wurde sie dennoch weiterhin vertreten (z. B. Kühnel/Rilling/Sager 1969: 56).

Beim gegenwärtigen Rechtsextremismus ergibt sich ein unterschiedliches Bild. Individualdatenanalysen, d.h. Untersuchungen, die sich auf Informationen stützen, die für einzelne Wähler vorliegen, zeigen, daß die Selbständigen heute nur eine durchschnittliche Neigung zu den Parteien der extremen Rechten aufweisen. Auch Aggregatdatenanalysen, d.h. Untersuchungen, die sich auf Informationen über Gebietseinheiten wie Stimmbezirke, Gemeinden und Kreise stützen, zeigen sowohl auf Bundesebene als auch in den Flächenstaaten bei den Wahlen seit 1989 keine nennenswerten Zusammenhänge zwischen den Berufsvariablen und den Stimmenanteilen der Republikaner. Zu völlig anderen Befunden kommt man jedoch in den Metropolen wie Berlin, Frankfurt oder Hamburg. Hier zeigen sich im Gegensatz zu den Flächenstaaten sehr starke Zusammenhänge zwischen der räumlichen Verteilung der Berufe und den Wahlergebnissen der Republikaner. Je höher der Anteil der Arbeiter in den einzelnen Bezirken der Metropolen ist, desto erfolgreicher schneiden gegenwärtig die Parteien der extremen Rechten ab. In den Gegenden mit überdurchschnittlich vielen Selbständigen erzielen die rechten Parteien dagegen nur weit unterdurchschnittliche Ergebnisse (Hennig 1991). Dies bedeutet, daß in den Metropolen andere Wirkzusammenhänge bestehen als in den Flächenstaaten. Auf der Individualebene angesiedelte Analysen zeigen schließlich, daß nicht die ungelernten, sondern die Facharbeiter gegenwärtig über die stärkste Neigung zur Republikaner-Wahl verfügen. Am geringsten tendieren die Angehörigen des neuen Mittelstands zu den Republikanern. Feist (1992: 74) berichtet, daß bei der Landtagswahl 1992 in Baden-Württemberg, bei der die Republikaner mit 10,9 Prozent der Stimmen ihren bisher größten Wahlsieg erzielen konnten, 22,2 Prozent der Arbeiter, 11,8 Prozent der Selbständigen, 9 Prozent der Angestellten und Beamten, 7,2 Prozent der Hausfrauen, 10,2 Prozent der Rentner und 13,1 Prozent der Arbeitslosen für die extrem rechten Parteien votierten. Eine ähnliche Relation ergab sich bei der Landtagswahl in Schleswig-Holstein. Veen, Lepszy und Mnich (1991: 39) fügen hinzu, daß es sich bei den Arbeitern, die in Süddeutschland zu den rechten Parteien neigen, um Personen handelt, die in den vergangenen Jahren eine materielle Absicherung erfahren haben und das „erreichte Wohlstandsniveau (...) erst einmal gesichert sehen" wollen. In den Metropolen hingegen würde es sich um Modernisierungsverlierer handeln. Diese These klingt derart plausibel, daß sie heute als eine Art Standardantwort auf die Frage angeführt wird, warum in der Gegenwart besonders Arbeiter zu den extrem rechten Parteien neigen. Übersehen wird häufig, daß die Antwort ein Modell der Deprivationstheorie darstellt. Ähnliche Modelle sind schon zur Erklärung des Aufstiegs der NSDAP, der frühen rechtsextremen Parteien sowie der NPD herangezogen worden. Zu befürchten ist, daß dieser Erklärungsansatz gegenwärtig derart in den Mittelpunkt rückt, daß kein Platz mehr für alternative Antworten bleibt. Möglicherweise aber hängt die unterschiedliche Neigung verschiedener sozialer Gruppen zur Unterstützung einer rechtsextremen Partei von anderen Faktoren ab.

5. Die Mobilisierung des latenten Potentials

Anläßlich der Erfolge der NPD haben Scheuch und Klingemann (1967) die Behauptung aufgestellt, daß in allen westlichen Industriegesellschaften ein Potential für rechtsextremistische Parteien existiere. Ausgehend von der Theorie der normalen Pathologie des Rechtsextremismus konstatieren Klingemann und Pappi (1972), daß die Wahlbereitschaft für eine rechtsextremistische Partei lange Zeit latent vorhanden ist, bevor sie sich bei Vorliegen einer bestimmten wirtschaftlich-politischen Konstellation im Wahlverhalten manifestiere. Eine Bedingung sei, daß die rechtsextreme Partei für den Wähler als Alternative sichtbar sei. Die Frage, warum Sympathien auch dann keinen Niederschlag im Wahlverhalten finden, wenn eine rechtsextreme Partei als Alternative wahrgenommen wird, ließen sie allerdings offen. Die Klingemann-Pappi-Frage gehört seitdem zu einer der zentralsten Probleme der Rechtsextremismusforschung. Auf der Suche nach der relevanten Konstellation dürften die politischen Probleme eine Schlüsselrolle spielen. Um Wählerwanderungen von Teilen des Elektorats zu erklären, hat die Wahlforschung bekanntlich schon früh auf die Relevanz politischer Themen und die Bewertung der Kompetenz der einzelnen Parteien hingewiesen. Eine These besagt, daß vor allem sozialökonomische Probleme in politischen und wirtschaftlichen Krisenzeiten für den Aufstieg von rechtsextremen Parteien von Bedeutung sind. So führt Kaltefleiter (1966) nicht nur den Aufstieg der NSDAP, sondern auch die Wahlerfolge der SRP in den frühen fünfziger Jahren sowie der NPD Mitte der sechziger Jahre auf eine wirtschaftlich ungünstige Situation zurück. Wirtschaftliche Not, ökonomische und politische Unzufriedenheit und dadurch hervorgerufene pessimistische Zukunftserwartungen hätten die Wählerwanderungen zu den rechtsextremen Parteien bewirkt. Unterstützt wird diese Sichtweise im Schrifttum durch zahlreiche Hinweise darauf, daß die frühen rechtsextremen Parteien in der Bundesrepublik dort besonders erfolgreich waren, wo die Arbeitslosigkeit oder die Zahl der Vertriebenen besonders hoch war. Da mit dem wirtschaftlichen Aufschwung und der Integration der Problemgruppen in die Gesellschaft die wirtschaftlichen Erwartungen positiver beurteilt wurden, sei der dann einsetzende Niedergang der rechten Parteien zu erwarten gewesen. Auch Liepelt (1967:

256f.) sieht die entscheidende Gemeinsamkeit der Anhänger der NPD darin, daß sie ihre wirtschaftliche Entwicklung überaus pessimistisch beurteilten. Eine zentrale Rolle nehmen neuerdings die ökonomischen Probleme in denjenigen Ansätzen ein, in denen ein Zusammenhang zwischen Modernisierungsprozessen, der Herausbildung rechtsextremistischer Einstellungen und der Wahl extrem rechter Parteien behauptet wird (Stöss 1989; Schacht 1991; Betz 1993). Im Gegensatz zu der in der Vergangenheit vorherrschenden Sicht, stehen nun nicht mehr konjunkturelle, sondern strukturelle ökonomische Krisen im Vordergrund. Gemeinsam ist den Modernisierungstheorien, daß Personen besonders in Zeiten rascher gesellschaftlicher Veränderungen für rechtsradikale Bewegungen und Parteien anfällig seien. Alle mehr oder weniger vage formulierten Modernisierungstheorien implizieren jedoch die schon von Lipset (1960), Kaltefleiter (1966) und Liepelt (1967) formulierte These. Besteht im Schrifttum ein Konsens hinsichtlich des Einflusses ökonomischer Probleme auf die Entwicklung des historischen Rechtsextremismus, so ist die Bedeutung ökonomischer Fragen im Falle der Republikaner jedoch umstritten. Während etwa Veen, Lepszy und Mnich (1991) betonen, daß die Anhänger der Republikaner pessimistischer in die Zukunft blicken als die Wähler der etablierten Parteien, finden Falter und Schumann (1993) keine Anhaltspunkte für diese These. Roth (1990: 37) berichtet, daß sich die Anhänger der Republikaner zwar in einer wirtschaftlich ungünstigeren wirtschaftlichen Lage befinden, aber optimistischer in die Zukunft blicken. Gegen die These von der ökonomischen Bestimmung des Aufstiegs und Niedergangs der rechtsextremen Parteien sind daher berechtigterweise verschiedene Kritikpunkte angeführt worden. Ohne die Rolle derartiger Rahmenbedingungen herunterzuspielen, kann man doch davon ausgehen, daß ökonomische Streitfragen nur unter bestimmten Bedingungen rechtsextremes Wählerverhalten hervorruft. Als intervenierende Größen zwischen der sozioökonomischen Situation und den Erfolgen der extrem rechten Parteien sind u.a. die Wahrnehmung der politischen Positionen der etablierten Parteien, die Parteibindungen und Persönlichkeitsfaktoren zu nennen.

Verschiedene Theorien des Wählerverhaltens behaupten, daß bei Vorliegen bestimmter Konstellationen die Wähler dann die Partei wechseln, wenn sie in wichtigen Fragen nicht mehr mit der Partei ihrer bisherigen Wahl übereinstimmen. Die Bedeutung der politischen Streitfragen für die Unterstützung extrem rechter Parteien ist dann auch bei dem Aufstieg der Republikaner nachdrücklich unterstrichen worden. Schon der Durchbruch der Republikaner bei den Wahlen zum Berliner Abgeordnetenhaus 1989 brachte zutage, daß die Anhänger der Republikaner vor allem zwei Themen als besonders wichtig erachten: die hohen Mieten und das Thema Aussiedler und Asylanten. Während allerdings das Thema Mieten auch die Wähler der übrigen Parteien bewegt, trennt sich die Wählerschaft der Republikaner deutlich von der der etablierten Parteien hinsichtlich des Ausländerthemas. Über

90 Prozent der Anhänger der Republikaner fanden es im Jahre 1990 in Berlin beispielsweise „nicht in Ordnung", daß in der Stadt viele Ausländer leben. Zwei Drittel der Republikaner-Wähler sprachen sowohl einem SPD- als auch CDU-Senat eine kompetente Ausländerpolitik ab. Alle Umfragen der letzten Jahre belegen, daß sich die Anhänger der extrem rechten Parteien hinsichtlich der Problemprioritäten von den Anhängern der etablierten Volksparteien, der FDP und den Grünen unterscheiden (Roth 1989: 1990; Veen/Lepszy/ Mnich 1991; Falter/Schumann 1993). Dagegen betrachten die Anhänger der Republikaner Themen wie Arbeitslosigkeit und Umweltschutz als wesentlich unwichtiger als die Anhänger der übrigen Parteien. Diese Beobachtung ist es, die Pappi (1990: 37) zu dem Urteil geführt hat, daß die Republikaner die Wohnungsfrage und die Einwanderungsproblematik besetzt haben. Da abzusehen sei, daß beide Themen noch eine Weile auf der Tagesordnung stünden, sei eine Grundvoraussetzung dafür geschaffen, daß die Republikaner-Partei vorläufig für viele Wahlberechtigte eine ernsthafte Alternative bleibe. Dies bleibt sie auch im Lichte der Interpretation von Falter und Schumann (1993), die hinter der von den Republikanern geäußerten Fremdenfeindlichkeit ein Persönlichkeitsmerkmal erblicken.

Um die Rolle von Problemen als Bestimmungsfaktoren der Wahl rechtsextremistischer Parteien angemessen einschätzen zu können, muß man bedenken, daß viele Wähler im Zuge der politischen Sozialisation eine mehr oder weniger ausgeprägte Bindung an die Parteien herausbilden. Hat man einmal eine derartige psychische Parteimitgliedschaft erworben, beeinflußt diese die Einschätzung der Wichtigkeit politischen Streitfragen und die Zuweisung von Kompetenzen sowie die Beurteilung des politischen Systems. Je enger die Bindung der Wähler an eine Partei ist, desto eher tendieren sie dazu, ihrer Partei Lösungskompetenz zuzumessen. Andererseits bestimmt die Parteiidentifikation das Wählerverhalten. So wird der Aufstieg der NSDAP im Schrifttum u.a. darauf zurückgeführt, daß sich im Zuge der Industrialisierung die sozialen Milieus langsam auflösten. Diejenigen Wahlberechtigten, die in intermediären Institutionen eingebunden waren, erwiesen sich als wesentlich weniger anfällig für die nationalsozialistische Propaganda als die weniger eingebundenen Personen (vgl. Falter 1991). Wähler mit nur geringen oder keinen Parteibindungen tendieren in Krisenzeiten heftiger als Wähler, die sich mehr der weniger mit einer Partei identifizieren. Politische Streitfragen sind daher für den Ausgang von Wahlen um so bedeutender, je geringer die Verbreitung starker Parteibindungen in einer Gesellschaft ist. Sind die Wähler mit den Leistungen der Regierungsparteien unzufrieden, so neigen sie dazu, auch extreme Parteien zu wählen, wenn sie nur über eine geringe oder keine Parteiidentifikation verfügen. Der seit langem beobachtete Rückgang der Parteiidentifikation in den westlichen Industrienationen erhöht langfristig die Zahl der Wechselwähler, was dann, wenn den etablierten Parteien keine Kompetenz mehr zur Lösung der dringlichsten

Probleme zugesprochen wird, zu einer ideologischen Polarisierung der Wählerschaft und einem Anwachsen der extrem rechten Parteien führen kann.
Der Anteil der Republikaner bei den Wahlen im Jahre 1989 dürfte aus diesem
Grund erheblich höher ausgefallen sein, wenn die Parteiidentifikation eines
großen Teils des Elektorats dem nicht entgegengewirkt hätte.
Eine von Klingemann und Pappi (1972) schon angedeutete Grundvoraussetzung für die Mobilisierung des Elektorats durch rechtsextreme Parteien
besteht endlich darin, daß ein Minimalkonsens zwischen den Überzeugungs-
systemen der Wähler und den extrem rechten Parteien gegeben sein muß.
Wähler, die liberale und demokratische Werte stark internalisiert haben, sind
nach dieser Theorie von rechtsextremistischen Parteien auch dann schwer
mobilisierbar, wenn die zuvor genannten Rahmenbedingungen gegeben sind.
Dagegen votieren Wähler, die liberaldemokratische Grundwerte nur wenig
verinnerlicht haben, besonders dann für rechtsextreme Parteien, wenn die
genannten Bedingungen vorliegen. Offen ist allerdings, wann ein Minimalkonsens besteht. Hier liegt ein weites zukünftiges Arbeitsfeld der empirischen
Rechtsextremismusforschung.

6. Offene Fragen

Aus den bisherigen Ausführungen geht schon hervor, welche Forschungs-
fragen einer Bearbeitung bedürfen. Hierzu gehören Aggregatdatenanalysen
über die extrem rechten Parteien, um endlich das Beziehungsgeflecht zwischen der Wählerrekrutierung der NSDAP, der Sozialstruktur und anderen
Einflußfaktoren auf die frühen Rechtsparteien, aber auch die NPD zutage zu
fördern. Was wir dringend benötigen, sind vergleichende, statistisch fundierte
regionale Studien über die Wirkung ökonomischer, sozialstruktureller und
politischer Einflußgrößen auf die Wählerrekrutierung der Republikaner und
anderer moderner Rechtsparteien, in denen auch der Zusammenhang mit
den regionalen Erfolgen der NPD in den sechziger Jahren untersucht wird.
Eine systematische Analyse sollte ferner die These vom Einfluß der Positionsverschiebung der Volksparteien auf den Aufstieg und Niedergang der
Rechtsparteien überprüfen. Es wäre etwa zu klären, inwieweit die Entwicklung der Republikaner von Positionsveränderungen der Unionsparteien und
der Sozialdemokratie in den siebziger und achtziger Jahren beeinflußt worden
ist. Schließlich ist die Frage zu untersuchen, inwiefern die Wähler der extrem
rechten Parteien über ein mehr oder weniger geschlossenes rechtsextremes
Weltbild verfügen. Die Beantwortung dieser offenen Frage ist die Voraussetzung, um in der hier nicht angesprochenen Diskussion über den Charakter
der Republikaner weiterzukommen. In diesem Zusammenhang wäre auch
zu klären, welche Rolle Persönlichkeitsmerkmale im Vergleich zu situativen,
konjunkturellen, sozialstrukturellen, politischen und historischen Faktoren

spielen. Eine offene Frage ist endlich, welche Richtung die extrem rechten Parteien bei den nächsten Wahlen nehmen werden. Einige Autoren deuten an, daß die Rechtsparteien in der Bundesrepublik Deutschland ihren Aufstieg fortsetzen werden und sich das deutsche Parteiensystem durch die Ansiedlung eines extrem rechten Flügels zu einem Fünf-Parteien-System transformieren wird (z. B. Schacht 1991; Minkenberg 1992; Jaschke 1993; Stöss 1993a). Andere sehen dagegen eine zurückgehende Akzeptanz der Republikaner in der Bevölkerung (z. B. Pappi 1990; Roth 1990; Veen/Lepszy/Mnich 1991). In methodologischer Perspektive hängt die Antwort auf die im Raum stehende Frage von den theoretischen Vorstellungen ab, die man über den Aufstieg und Niedergang von Parteien besitzt. Je nachdem welche Bedingungen man für den Aufstieg und den Niedergang extrem rechter Parteien formuliert, fällt die Antwort auf die Zukunftschancen der Republikaner unterschiedlich aus. Da sich die unterschiedlichen Positionen im Schrifttum implizit auf Hypothesen beziehen, die bisher keinen wirklich strengen empirischen Überprüfungen unterzogen worden sind, kann man heute keine befriedigende wissenschaftliche Prognose über die Entwicklung der Republikaner bei den Wahlen abgeben. Dieser Umstand erklärt auch zum Teil die eklatante Fehlprognose von Roth (1990). Um Prognosen über die Erfolgsaussichten der extrem rechten Parteien nicht auf ad hoc einzuführenden Sätzen aufbauen zu müssen, sondern auf eine intersubjektiv überprüfbare, theoretisch fruchtbare Basis zu stellen, benötigt die Rechtsextremismusforschung bewährte allgemeine Aussagen über die Bedingungen von rechtsextremen Wählerverhalten, d.h. eine Theorie, die angibt, unter welchen Bedingungen welche sozialen Personengruppen mit welchen Dispositionseigenschaften zur Wahl extrem rechter Parteien neigen. Bei der Konstruktion einer solchen Theorie wäre zu prüfen, welche Konsequenzen sich für die Theoriebildung aus den Befunden über die unterschiedliche soziale und politische Basis der rechtsextremen Parteien in Deutschland ergeben.

Literatur

Betz, Hans-Georg, 1993: Krise oder Wandel? Zur Zukunft der Politik in der postindustriellen Moderne, in: Aus Politik und Zeitgeschichte, B11/93, 3-13.
Falter, Jürgen W., 1980: Wählerwanderungen vom Liberalismus zu (rechts-)extremen Parteien. Ein Forschungsbericht am Beispiel des NSDAP-Aufstiegs 1928-1933 und der NPD-Erfolge 1966-1970, in: *Lothar Albertin* (Hg.), Politischer Liberalismus in der Bundesrepublik. Göttingen, 92-124.
Falter, Jürgen W., 1981: Kontinuität und Neubeginn. Die Bundestagswahl 1949 zwischen Weimar und Bonn, in: Politische Vierteljahresschrift, 22. Jg., 236-263.
Falter, Jürgen W., 1991: Hitlers Wähler. München.
Falter, Jürgen W./Schumann, Siegfried, 1988: Affinity Toward Right-Wing Extremism in Western Europe, in: *Klaus von Beyme* (Hg.), Right-Wing Extremism in Western Europe. London, 96-110.

Falter, Jürgen W./Schumann, Siegfried, 1993: Wähler und Sympathisanten der Republikaner in Bayern im Jahre 1990, in: *Oscar W. Gabriel/Klaus G. Troitzsch* (Hg.), Wahlen in Zeiten des Umbruchs. Frankfurt a.M. u.a., 73-106.

Falter, Jürgen W., Schumann, Siegfried/Winkler, Jürgen R., 1990: Erklärungsmodelle von Wählerverhalten, in: Aus Politik und Zeitgeschichte, B37-38/90, 3-13.

Feist, Ursula, 1989: Rechtsparteien im Vormarsch: Gründe für ihre Wahlerfolge – Strategien zu ihrer Eindämmung, in: Gegenwartskunde, 38. Jg., 321-330.

Feist, Ursula, 1992: Rechtsruck in Baden-Württemberg und Schleswig-Holstein, in: *Karl Starzacher* u.a. (Hg.), Protestwähler und Wahlverweigerer. Krise der Demokratie? Köln, 69-76.

Funke, Hajo, 1989: „Republikaner". Rassismus, Judenfeindschaft nationaler Größenwahn. Berlin.

Gemmecke, Vera/Kaltefleiter, Werner, 1967: Die NPD und die Ursachen ihrer Erfolge, in: *Ferdinand A. Hermens* (Hg.), Jahrbuch Verfassung und Verfassungswirklichkeit, 23-45.

Hennig, Eike, 1991: Die Republikaner im Schatten Deutschlands. Zur Organisation der mentalen Provinz. Frankfurt a.M.

Herz, Thomas, 1975: Soziale Bedingungen für Rechtsextremismus in der Bundesrepublik Deutschland und in den Vereinigten Staaten. Meisenheim am Glan.

Hofmann-Göttig, Joachim, 1989: Die Neue Rechte: Die Männerparteien, in: Aus Politik und Zeitgeschichte, B41-42/89, 21-31.

Jaschke, Hans-Gerd, 1993: Die „Republikaner". Profile einer Rechtsaußen-Partei. 2., erw. Aufl., Bonn.

Kaltefleiter, Werner, 1966: Wirtschaft und Politik in Deutschland. Konjunktur als Bestimmungsfaktor des Parteiensystems. Köln.

Klingemann, Hans Dieter, 1971: Politische und soziale Bedingungen der Wählerbewegungen zur NPD, in: *Rudolf Wildenmann* (Hg.), Sozialwissenschaftliches Jahrbuch für Politik, Bd. 2. München/Wien, 563-601.

Klingemann, Hans Dieter/Pappi, Franz Urban, 1972: Politischer Radikalismus. Theoretische und methodologische Probleme der Radikalismusforschung. München.

Kühnl, Reinhard/Rilling, Rainer/Sager, Christine, 1969: Die NPD. Struktur, Ideologie und Funktion einer neofaschistischen Partei. Frankfurt a.M.

Lipset, Seymour Martin, 1960: Political Man. Garden City.

Liepelt, Klaus, 1967: Anhänger der neuen Rechtspartei. Ein Beitrag zur Diskussion über das Wählerreservoir der NPD, in: Politische Vierteljahresschrift, 8. Jg., 237-271.

Minkenberg, Michael, 1992: The New Right in Germany. The transformation of conservatism and the extreme right, in: European Journal of Political Research, 22. Jg., 55-81.

Nagle, John David, 1970: The National Democratic Party. Right Radicalism in the Federal Republic of Germany. Berkely.

Pappi, Franz Urban, 1990: Die Republikaner im Parteiensystem der Bundesrepublik. Protesterscheinung oder politische Alternative?, in: Aus Politik und Zeitgeschichte, B21/90, 37-44.

Roßdeutscher, Reinhard, 1990: Wählerverhalten im Vorharz nach dem 2. Weltkrieg. Einflußfaktoren auf die Resultate rechtsextremer Parteien im Vorharzraum bei Kommunal- und Landtagswahlen in der Zeit von 1946 bis 1952. Frankfurt a.M. u.a.

Roth, Dieter, 1989: Sind die Republikaner die fünfte Partei? Sozial- und Meinungsstruktur der Wähler der Republikaner, in: Aus Politik und Zeitgeschichte, B41-42/89, 10-20.

Roth, Dieter, 1990: Die Republikaner. Schneller Aufstieg und tiefer Fall einer Protestpartei am rechten Rand, in: Aus Politik und Zeitgeschichte, B37-38/1990, 27-39.

Sahner, Heinz, 1972: Politische Tradition, Sozialstruktur und Parteiensystem in Schleswig-Holstein. Ein Beitrag zur Replikation von Rudolf Heberles: Landbevölkerung und Nationalsozialismus. Meisenheim am Glan.

Schacht, Konrad, 1991: Der Rechtsextremismus hat eine Zukunft, in: Gewerkschaftliche Monatshefte, 38. Jg., 152-158.

Scheuch, Erwin K., 1970: Die NPD als rechtsextreme Partei, in: *Heinz-Dieter Ortlieb/Bruno Molitor* (Hg.), Hamburger Jahrbuch für Wirtschafts- und Sozialpolitik 15. Tübingen, 321-333.

Scheuch, Erwin K./Klingemann, Hans-Dieter, 1967: Theorie des Rechtsradikalismus in westlichen Industriegesellschaften, in: *Heinz-Dieter Ortlieb/Bruno Molitor* (Hg.), Hamburger Jahrbuch für Wirtschafts- und Sozialpolitik 12. Tübingen, 11-29.

Stöss, Richard, 1989: Die extreme Rechte in der Bundesrepublik. Entwicklung, Ursachen, Gegenmaßnahmen. Opladen.

Stöss, Richard, 1993a: Rechtsextremismus und Wahlen in der Bundesrepublik, in: Aus Politik und Zeitgeschichte, B11/93, 50-61.

Stöss, Richard, 1993b: Rechtsextremismus in Berlin 1990, Berliner Arbeitshefte und Berichte zur sozialwissenschaftlichen Forschung, Nr. 80. Berlin.

Tauber, Kurt P., 1967: Beyond Eagle and Swastika. German Nationalism Since 1945, 2 Bde. Middletown.

Veen, Hans-Joachim, Lepszy, Norbert/Mnich, Peter, 1991: Die Republikaner-Partei zu Beginn der 90er Jahre. Programm, Propaganda, Organisation, Wähler- und Sympathisantenstrukturen (Forschungsinstitut der Konrad-Adenauer-Stifung, Interne Studien, Nr. 14/1991). St. Augustin.

Westle, *Bettina/Niedermayer, Oskar*, 1992: Contemporary right-wing extremism in West Germany, in: European Journal of Political Research, 22. Jg., 83-100.

Juliane Wetzel

Der parteipolitische Rechtsextremismus in der Bundesrepublik 1945 bis 1989

Die hier vorgenommene Periodisierung des bundesrepublikanischen Rechtsextremismus in *drei Phasen* beschränkt sich in erster Linie auf die Entwicklung der Parteien und erfaßt nur zum Teil die Strukturen der rechtsextremen Subkultur sowie der neonazistischen Umtriebe und gewalttätigen Übergriffe. Sie bezieht sich im wesentlichen auf die Spitzenwerte in einem fiktiven Diagramm, die die Erfolge in den einzelnen Wahlzyklen dokumentieren.

Der erste Phase umfaßt die Jahre 1949 bis 1952, d.h. den Aufstieg und Niedergang der „Sozialistischen Reichspartei". Nach mehr als einem Jahrzehnt relativer Ruhe – mit Ausnahme der Schmierwelle 1959/60 – bis zur Gründung der NPD 1964 und der Zunahme rechter Gewalt 1965, setzt mit den Wahlerfolgen der NPD 1966 die eigentliche zweite Phase ein, die mit der Niederlage der Partei bei der Bundestagswahl 1969 ein Ende findet. Trotz einiger rechtsextremer Grüppchen und Splitterparteien, aber auch einschlägiger Druckerzeugnisse und Verlagsaktivitäten, die ihre Propagandatätigkeit und Mitgliederrekrutierung keinesfalls eingestellt hatten, aber nur auf ein geringes Anhängerpotential zurückgreifen konnten, beginnt die nächste Phase erst wieder in der zweiten Hälfte der 80er Jahre, nachdem 1983 die Partei „Die Republikaner" gegründet worden war. Sie hat ihren Höhepunkt 1989, als die Partei in das Berliner Abgeordnetenhaus und das Europaparlament einzieht. Dieser dritten Phase könnte man eine bis heute andauernde Entwicklung unterstellen, sie also als bisher letzten Einschnitt in der bundesrepublikanischen Rechtsextremismusgeschichte bezeichnen. Andererseits scheint die These plausibler, daß 1990 mit dem schlechten Abschneiden der „Republikaner" bei der Bundestagswahl und dem zwei Monate zuvor mißglückten Einzug in den bayerischen Landtag nicht nur ein vorübergehender Einbruch zu konstatieren ist, sondern abermals das Ende einer Phase.

1. Die erste Phase 1949 bis 1952: die Entwicklung der Sozialistischen Reichspartei

Mit dem Ende des Dritten Reiches war nicht gleichzeitig auch das völkisch-nationalistische, rassistische Gedankengut untergegangen, Kontinuitäten wurden immer wieder sichtbar und blieben nicht allein auf das rechtsextreme

Spektrum beschränkt. Ein ständiger Wechsel von Mitgliedern, Anhängern und Wählern war kennzeichnend für das damals noch junge Parteiensystem, deshalb sind die uns heute in der Retrospektive oft merkwürdig und völlig diametral entgegengesetzt erscheinenden Parteizugehörigkeiten nichts Ungewöhnliches.

Dennoch zeigten sich die ungebrochenen Traditionen am deutlichsten in den Reihen der rechten Extremisten, die trotz Kontrolle durch die Alliierten bereits während der Besatzungszeit mit ihrer propagandistischen Tätigkeit begonnen hatten. Andere, die dem alten Gedankengut noch verhaftet waren, verhielten sich eher zurückhaltend und integrierten sich in den neugegründeten demokratischen Parteien, innerhalb derer sie zum Teil die national-konservative Flügel stärkten. Einige schlossen sich kleineren Splittergruppen und Parteien an, die mit ihrer deutsch-nationalen, konservativ-revolutionären oder völkischen Diktion mehr oder minder erfolgreich waren (Backes/Jesse 1993: 57-62). Trotz aller Bemühungen scheiterte die angestrebte Sammlungsbewegung der extremen nationalen Rechten und ebenso deren Versuch eines Zusammenschlusses mit offen rechtsextremen Gruppierungen.

Dieser Mißerfolg war aber nicht gleichbedeutend mit einem Rückgang des rechtsextremen Gedankenguts, das sich über die deutsche Kapitulation hinweg gerettet hatte. Ein deutliches Bekenntnis zur NS-Ideologie fiel unter alliiertes Verbot, nicht aber die Forderung nach „Beseitigung des Entnazifizierungsunrechts", nach einem „Schlußstrich" unter die Vergangenheit oder die Umtriebe gegen die Kriegsverbrecherprozesse sowie die Propaganda gegen die alliierte Umerziehungspolitik (Dudek/Jaschke 1984, I: 38-41). Diese neuen Themen dienten dazu, altes – von den Alliierten verbotenes – Gedankengut zu verdecken, also mit einer durch harmlos erscheinende Parolen codierten Sprache rechte Ideologien weiterzutradieren.

Im Oktober 1945 waren erste Zeichen für die Neuformierung des rechtsextremen Lagers festzustellen. Dem aus verschiedenen Splittergruppen entstandenen Bündnis „Deutsche Konservative Partei" – „Deutsche Rechtspartei" (DKP-DRP) gelang schließlich bei den ersten Bundestagswahlen 1949 in Niedersachsen mit 8,1 % der Stimmen und fünf Abgeordneten in Bonn der Durchbruch. Neben Adolf von Thadden, der in der rechtsextremen Szene der Bundesrepublik in den folgenden Jahren immer wieder eine Rolle spielen sollte, war zunächst auch Fritz Dorls führendes Mitglied, mit Sitz im Bonner Parlament. Er wurde jedoch am 2. Oktober 1949 aus der Partei ausgeschlossen und gründete noch am selben Tag mit Generalmajor a.D. Otto Ernst Remer, der als Kommandeur des Berliner Wachbataillons an der Niederschlagung des Attentats vom 20. Juli 1944 beteiligt war, die „Sozialistische Reichspartei" (SRP), die als erste rechtsextreme Partei in der bundesrepublikanischen Öffentlichkeit wieder für Schlagzeilen sorgte.

Die SRP, die vor allem in Norddeutschland ihre Hochburgen hatte, knüpfte an alte nationalsozialistische Traditionen an und mußte als Nachfolgepartei der NSDAP betrachtet werden. Die Bundesregierung stellte beim Bundes-verfassungsgericht, das sich erst einige Wochen zuvor konstituiert hatte, im November 1951 Antrag auf Feststellung der Verfassungswidrigkeit der SRP. In ihrem Antrag beschrieb sie die SRP als eine Partei, die auf dem Führer-prinzip beruhe und die NSDAP-Ideologie rezipiere. Im Juli 1952 verhandelte das Bundesverfassungsgericht den Fall. Um dem drohenden Verbot vorzu-greifen, gab die SRP im September 1952 ihre Selbstauflösung im gesamten Bundesgebiet bekannt. Am 23. Oktober 1952 schließlich erging das Urteil des Bundesverfassungsgerichtes. Die Partei, die immerhin bei den Wahlen zum niedersächsischen Landtag im Mai 1951 rund 11 % der Gesamtstimmenzahl (16 Mandate) erhalten hatte, wurde als verfassungswidrig eingestuft und aufgelöst (Urteil des Bundesverfassungsgerichts 1952).

In seiner Begründung hatte das Bundesverfassungsgericht deutlich ge-macht, daß es nicht nur um die Inhalte des SRP-Parteiprogramms und um die Ziele der Partei gehe, da diese auf einfache Weise nach außen verschleiert werden könnten, sondern vielmehr um das Verhalten ihrer „Anhänger"; gerade darin würden sich die Absichten der Partei spiegeln (Urteil des Bun-desverfassungsgerichts 1952: 25f.). Das Gericht führte weiter aus, die Vermu-tung läge nahe, daß es sich bei der SRP um den Versuch einer Neubelebung rechtsextremer Ideen handele, die sich „zuletzt im Nationalsozialismus ma-nifestiert haben". Die Beweisaufnahme habe diesen Eindruck bestätigt und zwar insofern, als die Führungsschicht der SRP sich hauptsächlich aus „ehe-maligen 'alten Kämpfern' und aktiven Nationalsozialisten" zusammensetze; so war Fritz Dorls etwa bereits seit 1929 NSDAP-Mitglied gewesen (Urteil des Bundesverfassungsgerichts 1952: 27; Backes/Jesse 1993: 64). Eine NSDAP-Vergangenheit genügte bereits, um noch vor dem Eintritt in die SRP ein Parteiamt angetragen zu bekommen (Urteil des Bundesverfassungsgerichts 1952: 43, 52f.). Besonders deutlich würde das Ziel, die freiheitlich-demokra-tische Grundordnung zu erschüttern, so das Bundesverfassungsgericht wei-ter, im Hinblick darauf, daß „dieselben Kreise, die es Hitler ermöglicht haben, Deutschland in den Abgrund zu führen, bereits wieder politische Führungs-ansprüche" anmelden würden und dies alles mit denselben Mitteln und unter Empfehlung der gleichen Wege wie in den dreißiger Jahren (Urteil des Bundesverfassungsgerichts 1952: 63f.). Es hatte sich schließlich gezeigt, daß trotz aller Verschleierungstaktik die Verfassungsorgane der Bundesrepublik die Tätigkeit der SRP nicht hingenommen hatten, nicht zuletzt auch wegen der Wiederbelebung des Antisemitismus, die das Gericht als besonders schwerwiegend einstufte. Mit Stürmer-Parolen und Liedertexten „O Arier hoch in Ehren" habe die SRP gegen die Menschenrechte und den Grundsatz der Gleichheit vor dem Gesetz verstoßen (Urteil des Bundesverfassungsge-richts 1952).

Nach dem Verbot bzw. der Auflösung der SRP versuchten die Parteifunk-tionäre, in anderen rechtsextremen Gruppen unterzukommen. Am aktivsten

in der rechten Szene bis heute blieb Remer, der immer wieder durch Aktionen
von sich reden machte und im April 1983 die „Deutsche Freiheitsbewegung"
gründete, die sich mit der Zeitschrift „Der Bismarck-Deutsche", bzw. nach
deren Umbenennung im Juni 1992, mit „Recht und Wahrheit" ein Forum
schuf. Nachdem Remer seine Anhänger regelmäßig mit Hilfe der „Remer
Depesche" über die neuesten Erkenntnisse im Zusammenhang mit der von
ihm unterstellten Nichtexistenz von Gaskammern in den NS-Vernichtungs-
lagern informiert, hat er unlängst erneut auf sich aufmerksam gemacht, als
er an „sämtliche Professoren der anorganischen Chemie" der Bundesrepublik,
aber auch an „Professoren für Zeitgeschichte" und „tausende von forschen-
den Menschen" eine 114-seitige Broschüre von Germar Rudolf mit dem Titel
„Gutachten über die Bildung und Nachweisbarkeit von Cyanidverbindungen
in den 'Gaskammern' von Auschwitz" (Rudolf 1992) verschickte. Wieder
einmal wird hier versucht auf einer pseudowissenschaftlichen Ebene die
„Auschwitz-Lüge" zu beweisen und damit den Tenor jahrelang betriebener
Leugnung des Massenmords an den Juden erneut an die Öffentlichkeit zu
bringen. Ein ähnliches und noch viel verbreiteteres Machwerk ist der aus
dem Jahr 1988 stammende Bericht des amerikanischen Ingenieurs Fred A.
Leuchter, mit dem die Verleugnungsstrategen erstmals glaubten, einen stich-
haltigen Beweis gegen die Ergebnisse der etablierten historischen Forschung
in Händen zu haben (Wellers 1991: 230-241). Ebenso wie im Falle von Leuchter,
der anläßlich eines in Kanada 1988 stattgefundenen Prozesses gegen den
neonazistischen Deutsch-Kanadier Ernst Christof Zündel von der Verteidigung als Gutachter bestellt wurde, war auch Rudolf als „Sachverständiger"
von Remers Anwalt in einem im Oktober 1992 gegen den General a.D.
abgeschlossenen Gerichtsverfahren wegen Aufstachelung zum Rassenhaß
und Volksverhetzung in der „Remer-Depesche" hinzugezogen worden. Ru-
dolfs Gutachten fand jedoch vor Gericht keine Beachtung, und Remer wurde
zu 22 Monaten Haft ohne Bewährung verurteilt.

Die Verharmlosung des nationalsozialistischen Massenmords an den Juden gehört zum Repertoire des gesamten rechtsextremen Spektrums und
trifft nicht zuletzt auch auf Zustimmung in Teilen der Bevölkerung, die nicht
Anhänger oder Wähler rechtsextremer Parteien sind. Auschwitz wird gegen
Dresden aufgerechnet und das Schicksal der rassisch und religiös Verfolgten
während der NS-Zeit mit der Vertreibung der Deutschen aus dem Osten
verglichen. Solche Strategien braucht die rechtsextreme Ideologie, um nach
Abrechnung aller negativen Komponenten des NS-Staates schließlich ein
positives Bild des Nationalsozialismus zu gewinnen, das der neu-alten Ideologie als Vorbild dienen kann. Die Zeit der NS-Diktatur muß mit allen Mitteln
in ein besseres Licht gerückt werden, damit der „Stolz auf das deutsche
Vaterland", der Nationalchauvinismus, ungebrochen weitertradiert werden
kann. Eine vollständige Verdrängungsstrategie, wie sie in vielen Teilen der
deutschen Gesellschaft wiederzufinden ist, kann für die Rechtsextremisten

der 50er Jahre keine Lösung sein. Sie brauchen die NS-Ideologie als Grundlage, darauf zu verzichten würde ihnen den Boden unter den Füßen entziehen (Dudek/Jaschke 1984, I: 300-307).

2. Die zweite Phase: Aufstieg und Niedergang der NPD

Das Verbot der SRP und die öffentliche Resonanz hatten ihre Wirkung auf tendenziell rechts eingestellte Wähler nicht verfehlt und einen deutlichen Rückgang des Mitglieder- und Stimmenpotentials zur Folge. Darüber hinaus war die seit den Bundestagswahlen 1953 eingeführte Fünf-Prozent-Klausel, die nun den Einzug in den Bundestag nicht mehr aufgrund des Überschreitens der Fünf-Prozent-Marke in nur einem Bundesland erlaubte, sondern auf das gesamte Bundesgebiet bezogen sein mußte, zu einem Stolperstein für die inzwischen zur Sektengröße zerfallenen Rechtsaußen-Parteien geworden. Trotzdem sie nun umso größere Anstrengungen unternahmen, diese Hürde zu nehmen, gelang keiner der Sprung in das Parlament. Dies war vor allem auf die Zersplitterung des Spektrums zurückzuführen, war aber auch ursächlich mit dem Rückgang der Arbeitslosenquote verbunden. Die Zahl der Arbeitslosen war von 1948 mit 5,3 % auf 11 % 1950 fast auf um das Doppelte gestiegen und sank 1952 mit 9,5 % wieder unter die 10 %-Marke; 1955 hatte die Kurve mit 5,6 % erneut nahezu den Stand von 1948 erreicht und fiel von da an kontinuierlich weiter bis sie 1961 mit 0,8 % einen Stand erreichte, der in den nächsten Jahren bis 1966 mit ganz geringen Schwankungen gehalten werden konnte, also nicht nur eine Vollbeschäftigung garantierte, sondern auch die Anwerbung von ausländischen Arbeitnehmern erforderte (Wirtschaft und Statistik, 1948-1962; Benz/Moos 1988: Chronik). Einfluß auf das deutliche Zurückgehen der Anhänger des rechtsextremen Spektrums hatte darüber hinaus auch die öffentliche Reaktion im In- und Ausland auf die antisemitische Schmierwelle 1959/60, die nach dem Initialfall der Schändung der Kölner Synagoge zu Weihnachten 1959 in der Bundesrepublik bis Januar 1960 zu insgesamt 470 antisemitischen und neonazistischen Nachfolgetaten geführt hatte (Arndt/Schardt 1989: 281). Interessanterweise schwappte diese Welle auch auf die DDR über; im Januar 1960 wurden in Leipzig, Berlin und Magdeburg ähnliche Fälle bekannt (Berliner Zeitung vom 22.1.1960 u. 26.1. 1960).

Nachdem die rechtsextremen Parteien und Gruppierungen immer mehr an Bedeutung verloren hatten, versuchten nun die ehemaligen Mitglieder, ähnlich wie in den unmittelbaren Nachkriegsjahren, die etablierten demokratischen Parteien zu unterwandern und vor allem die nationalkonservativen Flügel der „Deutschen Partei" (DP) und der FDP zu stärken (Backes/Jesse 1993: 65f.). Allerdings hatte sich seit Anfang der 50er Jahre trotz oder gerade wegen der Zersplitterung des Spektrums eine facettenreiche Szene, eine Art

Subkultur im Rechtsextremismus entwickelt, die sich als Interessengemein-
schaften oder wahlstrategische Bündnisse versuchten zu etablieren und ihren
Anfang in Jugendorganisationen der rechtsextremen Parteien nahmen; ihre
Mitgliederstärke lag Mitte der 50er Jahre etwa bei 10.000 bis 15.000 (Bak-
kes/Jesse 1993: 72f.). Trotz intensivster Bemühungen gelang es diesen Gruppen jedoch nicht, ihrem Splitterdasein zu entkommen.

Nach der Schmierwelle war schließlich auch die 1950 gegründete Nach-
folgerin der „Deutschen Rechts-Partei" und einiger Splittergruppen, die
„Deutsche Reichspartei" (DRP), die nach dem Verbot der SRP einen Teil ihrer
Mitglieder aufgefangen hatte, einzig noch erwähnenswerte Gruppierung zu
dieser Zeit, in die Bedeutungslosigkeit abgerutscht und löste sich dann am
4. Dezember 1965 endgültig auf (Assheuer/Sarkowicz 1992: 16ff.). Adolf von
Thadden, Vorsitzender der Partei seit 1961, fand neue Verbündete und gründete mit ihnen 1964 die NPD. Fritz Thielen übernahm den NPD-Vorsitz,
Thadden wurden zunächst sein Stellvertreter und später, nach Thielens Ausscheiden, 1967 zum Vorsitzenden gewählt.

Bereits im folgenden Jahr stellte der Verfassungsschutz ein sprunghaftes
Ansteigen nazistischer und antisemitischer Vorkommnisse in der Bundesrepublik fest, die seit der ersten Hälfte der 50er Jahre fortschreitende Tendenz
des Mitgliederschwunds in der gesamten Rechten – von 1954 78.000 auf
24.600 im Jahre 1963 – war durchbrochen (Backes/Jesse 1993: 77). Parallel
läßt sich auch für die DDR eine Zunahme „neofaschistischer" Strömungen
konstatieren, die sich allerdings in den Akten des Ministeriums für Staatssicherheit nur unter der Aussage „rowdyhafte Ausschreitungen und Zusam-
menrottungen" finden lassen. Tatsächlich handelte es sich aber um eine vermehrt festzustellende Hitler-Verherrlichung in Form von verbalen Ausbrü-
chen und Wandschmierereien vor allem bei Jugendlichen der Altersstufe von
16 bis 19 Jahren (Süss 1993: 8).

Nachdem die NPD bereits bei den Bundestagswahlen 1965 mit 2,1 %,
verglichen mit den 0,8 % die zuletzt die DRP errungen hatte, mehr als nur
ein Achtungsergebnis erzielte, zog die Partei, die trotz Verjüngungskur noch
20 % ehemalige NSDAP-Angehörige zu ihren Mitgliedern zählte, 1966 in
Hessen (7,9 %) und Bayern (7,4 %) in den Landtag ein. Die Mitgliederzahlen
waren inzwischen fast um das Doppelte gestiegen, 1968 schaffte die Partei
mit 9,8 % auch in Baden-Württemberg den Sprung in das Parlament (Ass-
heuer/Sarkowicz 1992: 17f.; Arndt/Schardt 1989: 284).

Das Parteiprogramm von 1967 entzieht sich geflissentlich dem Vorwurf
einer Rezeption der NS-Ideologie, wehrt sich aber gegen „Kollektivschuld"-
Vorwürfe und die „Allein- oder Hauptschuld Deutschlands an den Weltkrie-
gen". Anklänge an völkisches Ideengut und sozialdarwinistische Rassenlehre
verbergen sich aber immer wieder hinter Äußerungen einzelner Parteimit-
glieder, wie etwa dem zeitweiligem Chefideologen Ernst Anrich, dem ehemaligen Reichsschulungsleiter des NS-Studentenbundes (Assheuer/Sarko-

wicz 1992: 18f.). Auch der Einsatz eines parteieigenen sogenannten Ordnungsdienstes (OD), der während einer Veranstaltung in Frankfurt am Main
im Juli 1969 Ausschreitungen provozierte, deutete auf eine Wiederbelebung
alter Ideen hin. Negative Schlagzeilen führten schließlich dazu, daß die NPD
im April 1970 den „Ordnungsdienst" auflöste und statt dessen einen „Orga-
nisationsdienst" einrichtete. Damit entsprach die NPD einer im rechtsextremen Spektrum oft zu beobachtenden Vorgehensweise: sich auf das Wählerpotential negativ auswirkende Schlagzeilen oder auch Parteiverbote führen
schnell zu Umbenennungen oder Neugründungen, die nur nach außen eine
Neuorientierung dokumentieren sollen, tatsächlich aber keineswegs ein Um-
denken bedeuten.

Die Rezeption der NSDAP-Ideologie in den Kreisen der NPD war der
Öffentlichkeit durchaus bekannt. Eine Umfrage des Allensbacher Instituts
1966 ergab, daß nur 15 % der Befragten keine Parallelen zwischen diesen
beiden Parteien sahen (Assheuer/Sarkowicz 1992: 20). Die Wähler wußten
also, welchem Programm sie ihre Stimme gaben, als die NPD bald darauf in
insgesamt sieben Landtage einzog. Nach dem Wirtschaftswunder in den 50er
und der ersten Hälfte der 60er Jahre war die bundesrepublikanische Wirtschaft 1966/67 in ihre erste Rezession mit einer um das Dreifache gestiegenen
Arbeitslosenziffer (1966: 0,7 %, 1967: 2,1 %, 1968: 1,5 %) gefallen. Die Angst
vor einer ähnlichen Krise wie in der Weimarer Republik, die uns heute
angesichts der aktuellen Arbeitslosenziffern als völlig überzogen erscheinen
muß und eher subjektiv als objektiv bedrohlich war, trieb die Wähler, vor
allem jene, die ihren Protest über die Unzulänglichkeiten des politischen
Establishments zum Ausdruck bringen wollten, damals in die Arme der
NPD. Außer diesen wirtschaftlichen Gründen spielte auch eine geschürte
Ausländerfeindlichkeit eine nicht unerhebliche Rolle. Die NPD hatte die
Ressentiments gegenüber den „Gastarbeitern", die seit 1955 durch Anwer-
beabkommen mit Italien (1955), Spanien und Griechenland (1960) sowie der
Türkei (1961) und einigen anderen Ländern nach Deutschland gekommen
waren, zu einem ihrer Themen gemacht. Auf Stimmenfang ging die Partei
aber ebenso mit der Kritik an der im Dezember 1966 gebildeten „Großen
Koalition", die sie als Verrat des nationalen Lagers wertete. Die Union hatte
ihre integrierende Kraft verloren, durch die seit Adenauer und in den ersten
Erhard-Jahren so erfolgreich das rechtsextreme Spektrum klein gehalten werden konnte.

In ihrer Blütezeit 1967 zählte die NPD 28.000 Mitglieder, dennoch gelang
ihr bei den Wahlen zum deutschen Bundestag im September 1969, trotz aller
gegenteiligen Prognosen von Seiten einiger Wissenschaftler und Journalisten,[1] nicht der Einzug in das Parlament, die Partei konnte aber immerhin

---

1   Vgl. Riehl-Heyse 1980, über die Prognosen von Kühnl/Rilling/Sager 1969 und über einen
    Artikel im Münchner Merkur zum NPD-Parteitag in Schwabach 1969: 129-132.

4,3 % der Zweitstimmen erringen. Bald darauf verlor sie jedoch nach und nach sämtliche ihrer bis dahin errungenen Landtagsmandate und die Mitgliederzahl nahm rapide ab.[2] Ursache dafür waren nicht nur die mißlungene praktische Umsetzung der versprochenen politischen Neuerungen in den Landesparlamenten, in denen die NPD-Abgeordneten saßen, und die innerparteilichen Querelen, die erst Ende der 80er Jahre zum Stillstand kamen, sowie die sich in der Öffentlichkeit negativ auswirkenden Ausschreitungen des NPD-„Ordnungsdienstes" gewesen, sondern auch die Stabilisierung der wirtschaftlichen und politischen Lage. Bereits während des Wahlkampfes hatte sich angedeutet, daß keine Neuauflage der „Großen Koalition" zu erwarten war, also die CDU/CSU sich wieder jenen Themen widmen würde, denen die NPD in den letzten Jahren ihren Zulauf zu verdanken hatte. Bis heute konnte die Partei nicht annähernd wieder die Ergebnisse der 60er Jahre erreichen, auch wenn sie 1989 bei den hessischen Kommunalwahlen mit 6,6 % in den Frankfurter Römer einzog. Wie ruinös der Zustand der Partei ist, beweist, daß der Frankfurter Wahlerfolg nur von kurzer Dauer war, denn bereits im Mai 1990 zerfiel die Stadtverordnetenfraktion wieder und die Wahlkampfkostenrückerstattung für die verlorene Bundestagswahl im Dezember 1990 brachte die Partei in eine finanzielle Krise. Der Parteivorsitzende Martin Mußgnug trat noch im Dezember zurück, und sein Nachfolger Günther Deckert versucht nun, die NPD wieder auf einen neuen Kurs zu bringen (Assheuer/Sarkowicz 1992: 22-29).

3. Die dritte Phase: Die Erfolge der „Republikaner"

Nach dem Mißerfolg der NPD 1969 wurden in den folgenden Jahren neue Parteien und Gruppierungen gegründet, die mehr oder weniger aktiv versuchten, Mitglieder und Wähler zu gewinnen, zum Teil aber verboten wurden oder sich selbst auflösten. Insgesamt blieb dem Spektrum ein gewisses Anhänger- und Wähler-Potential erhalten, aber es handelte sich eher um einen braunen Sumpf, der wenig tatsächliche Breitenwirkung hatte.

Als sich in der zweiten Hälfte der siebziger Jahre das rechtsextreme Lager stark zum militanten und terroristischen Neonazismus gewandelt hatte, schlug sich dies auch in strafrechtlichen Verfahren nieder. Mehr und mehr galt es Delikte wie Waffenbesitz, Totschlag, Bombenanschläge und die Bildung terroristischer Vereinigungen zu verurteilen. Daneben blieb der Tatbestand der Verunglimpfung Verstorbener oder der Volksverhetzung bestehen – oft sogar in Tateinheit mit terroristischen Vergehen. Diese Veränderungen führten verstärkt zu Diskussionen über den notwendigen strafrechtlichen

---

2   Von 1969 28.000 auf 1980 7.200, vgl. Backes/Jesse 1993: 81, zit. nach: Greß/Jaschke 1982: 20.

Schutz gegen solche rechtsextremistischen Bestrebungen (Kalinowsky 1985: 279ff.). Nachdem bereits in den sechziger und Mitte der siebziger Jahre einige Veränderungen diesbezüglich im Strafrecht vorgenommen worden waren, konkretisierte sich Ende der siebziger, Anfang der achtziger Jahren die Diskussion um die Schaffung eines eigenen „Auschwitz-Lüge"-Paragraphen, der schließlich als 21. Strafrechtsänderungsgesetz Eingang in das bundesdeutsche Strafgesetzbuch fand (Wetzel 1993: 83-106).

Kühnen stand immer wieder im Mittelpunkt solcher gerichtlicher Verfahren und Verurteilungen, seine antisemitisch-rassistischen und gewalttätigen Ziele, die er seiner Anhängerschaft auf Versammlungen und in seiner Zeitung „Die Neue Front" vermittelte, verstießen regelmäßig gegen die Gesetze und erfüllten meist den Tatbestand der „Volksverhetzung". Parteiverbote und Gefängnisstrafen kümmerten Kühnen wenig, er versammelte immer wieder seine Gefolgsleute, um sich unter neuen Namen abermals zusammenzuschließen und als „Bewegung" weiterzuexistieren. Die letzte spektakuläre Kühnen-Gründung, die am 27. Januar 1989 wieder verbotene „Nationale Sammlung" (NS), entstand anläßlich der hessischen Landtagswahlen als eine bundesweite Wählerinitiative der „Freiheitlichen Deutschen Arbeiterpartei" (FAP), die ihrerseits seit März 1979 bestand. Die FAP, eigentlich nur eine militant-terroristische Tarnorganisation für die im Untergrund auch nach ihrem Verbot weiterarbeitende ANS, nahm 1987 erfolglos an den Bundestagswahlen teil.

Von den Neugründungen der 70er Jahre ist einzig die der „Deutschen Volksunion" (DVU), die der Jurist Dr. Gerhard Frey im Januar 1971 ins Leben rief, bis heute handlungsfähig. Bereits damals konnte die DVU 4000 Mitglieder verzeichnen und wurde bald zur größten rechtsextremen Organisation in der Bundesrepublik mit 1991 nach amtlichen Angaben etwa 24.000 Mitgliedern (1988: 18.600; 1989: 25.000; 1990: 22.000; Verfassungsschutzberichte passim). Wichtiger als die Zahl der Mitglieder, die Frey selbst wesentlich höher ansetzt, ist die Breitenwirkung von Freys seit 1958 bestehendem Presseimperium, das weit über die Partei hinaus das rechtsextreme Spektrum mit fließenden Grenzen zum Konservatismus mit revisionistischen und „nationalfreiheitlichen" Ideen indoktriniert. Mit zwei Wochenzeitungen, der „Deutschen National-Zeitung" und dem mit der „Deutschen Wochenzeitung" vereinigten „Deutschen Anzeiger" erreicht Frey eine Auflage von über 100.000 Stück. Zusätzlich gewann er als Alleinbesitzer oder Mitinhaber verschiedener Verlage und Buchvertriebsdienste weiteren Einfluß, der allerdings seiner Partei lange Zeit verwehrt blieb. Durch das 1987 zwischen NPD und „DVU-Liste D" geschlossene Wahlbündnis erhoffte sich Frey nun endlich den erwünschten Erfolg, konnte sich aber 1989 bei der Europawahl gegen die „Republikaner" nicht durchsetzen, erzielte jedoch schließlich bei den Bürgerschaftswahlen in Bremen 1991 (6,2 %) und den schleswig-holsteinischen

Landtagswahlen 1992 (6,3 %) spektakuläre Ergebnisse (Assheuer/Sarkowicz 1992: 29-41; Haller/Deiters 1989: 265-272).

Rechtsextreme Parteien sowie rechtsradikale Gruppierungen und Splittergruppen erfreuen sich seit Beginn der 80er Jahre und besonders seit 1987 nicht nur in der Bundesrepublik, sondern auch in anderen europäischen Ländern immer größeren Zulaufs. Die Ursachen für diese Entwicklung liegen nicht zuletzt in einer unbefriedigenden politischen und gesellschaftlichen Situation, die kaum noch Ideale kennt und vielfach von Existenzängsten geprägt ist. Auch die „Wende" des Jahres 1982 brachte für viele nicht die erwartete politische Neuorientierung. Insbesondere die Fortsetzung der sozialliberalen Ostpolitik verstörte das nationalkonservative Klientel. Als dann schließlich Franz-Joseph Strauß noch den Milliardenkredit für die DDR auf den Weg brachte, war für viele das Maß voll. Deshalb ist es kein Zufall, daß gerade in jenem Jahr drei Unionsabtrünnige die „Republikaner" gründeten.

Bei der Gründung am 26. November 1983 scharten sich zwei ehemalige CSU-Bundestagsabgeordnete Ekkehard Voigt und Franz Handlos, die kurz zuvor ihre Partei verlassen hatten, um den inzwischen unbestrittenen Führer der „Republikaner" Franz Schönhuber. Sowohl Handlos als auch Voigt haben wegen interner Konflikte mit Schönhuber die Partei wieder verlassen, wobei Voigt nach einem Intermezzo bei der F.D.P. 1989 wieder zu den „Republikanern" stieß. Durch das Ausscheiden von Handlos und einiger anderer wurde der anfangs beabsichtigte, betont rechtskonservative Kurs zugunsten einer radikaleren Linie aufgegeben. Das zunächst verbindende Element, gemeinsam gegen die CDU zu stehen, entwickelte sich rasch zu einem Generationen-Konflikt zwischen den in den Vierzigern stehenden Handlos und Voigt auf der einen Seite und dem der Kriegsgeneration angehörenden und bei der Waffen-SS „dabeigewesenen" Schönhuber. Bereits bei diesen ersten innerparteilichen Auseinandersetzungen, die auch in den folgenden Jahren das Bild der Partei immer wieder prägen sollten, spielten die Führungsansprüche des ehemaligen Rundfunkredakteurs Schönhuber eine wesentliche Rolle (Stöss 1990: 23).

Von den gewalttätigen Neonazi- und Skinhead-Gruppen, aber auch von anderen rechtsextremen Parteien, wie der DVU und der NPD grenzt sich Schönhuber öffentlich ab, d.h. aber nicht, daß seine Partei nicht ähnliche Ziele wie die „Nationalfreiheitlichen" oder die „Nationaldemokraten" vertritt. Insbesondere in der Deutschlandfrage, aber auch im Verdrängungsmechanismus gegen die nationalsozialistischen Greueltaten manifestieren sich ähnliche Grundstrukturen. Die Last der Vergangenheit müsse den Deutschen genommen werden, um ihnen endlich die lang ersehnte Identität zurückzugeben und das Unrecht im Zusammenhang mit der Vertreibung aus dem Osten – der „Holocaust an den Sudetendeutschen" wie es Schönhuber nennt – revidiert werden (Stöss 1990: 24). Wenngleich antisemitische Vorurteile und Verharmlosung des Nationalsozialismus ebenso wie die Verfolgung großdeutscher Ziele zum Repertoire dieser Partei gehören, so sind doch Fremdenfeindschaft und Ausländerhaß zum eigentlichen Motor und Bindemittel der öffentlichen Agitation geworden. Damit unterscheiden sich die „Republikaner" nicht wesentlich von der Ideologie der NPD oder jener, die seit Jahren in den Zeitungen des DVU-Vorsitzenden Gerhard Frey vertreten wird, aber die „Republikaner" haben die größere öffentliche Resonanz. Das liegt einerseits daran, daß die Partei verfassungsmäßig nicht als bedenklich gilt, aber auch an Schönhubers rhetorischem Geschick, das er sich als Fernsehjournalist angeeignet hat, die Rolle des Anwalts für den kleinen Mann zu übernehmen und seine Ängste und Bedürfnisse zu artikulieren. Vorurteile bis hin zum Ausländerhaß treffen auf ein nicht unbeträchtliches Potential von Befürwortern, die sich durch die bundesrepublikanische Entwicklung bedroht sehen und sich auch nicht durch haßerfüllte Werbespots, wie jenen zur Berlin-Wahl im Januar 1989, in dem Ausländerfeindlichkeit auf primitivste Art geschürt wurde, abschrecken lassen. Mit der Filmmusik von Sergio Leones Western „Spiel mir das Lied vom Tod" untermalt, waren neben gewalttätigen vermummten Demonstranten und türkischen Geschäften auch eine Horde aufdringlich wirkender türkischer Kinder zu sehen. Welche Wirkung dieser Propagandafilm, der in breiten Kreisen der Öffentlichkeit Entrüstung hervorrief, auf die potentiellen Wähler schließlich hatte, ist nicht nachzuvollziehen, feststeht jedenfalls, daß die „Republikaner" mit 7,5 % der Stimmen in das Berliner Abgeordnetenhaus einzogen und damit den politischen Durchbruch schafften. In den beiden Wahlkreisen, in denen die Partei bei der Hessen-Wahl im März 1989 angetreten war, erreichte sie gar zweistellige Ergebnisse. Nachdem sie mit 7,1 % der Stimmen, d.h zwei Millionen Wählervoten – das höchste Ergebnis, das einer rechtsextremen Organisation der Bundesrepublik je gelungen ist – im Juni 1989 auch in das Europaparlament eingezogen war, hatte die Partei bewiesen, daß die Rechte wieder als parlamentsfähig gelten mußte. Allerdings konnten die „Republikaner" solche Erfolge außer bei der Landtagswahl in Baden-Württemberg 1992 mit 10,9 % nicht mehr wiederholen, auch in ihrem Stammland Bayern schafften sie, obgleich einige Wahlkreise zweistellige Ergebnisse erbrachten, 1990 nicht mehr den Einzug in das Parlament (Leggewie 1993: 166).

Schluß

Die Schilderung der rechtsextremistischen Szene mag zu der irrigen Meinung führen, das Potential bedeute eine unmittelbare Bedrohung der deutschen Demokratie, aber bei aller notwendigen Aufklärung und Beobachtung des Spektrums, sind Überreaktionen keine nützliche Strategie. Das politische System der Bundesrepublik war – zumindest bis heute – nie wirklich durch die rechtsextremen Parteien und rechtsradikalen Bewegungen gefährdet. Dies ist insbesondere darauf zurückzuführen, daß trotz aller personeller Verflechtungen und Zusammenarbeit[3] – offen oder insgeheim –, eine einigende Persönlichkeit fehlte, aber auch, weil bei allen zu kritisierenden Unzulänglichkeiten der Justiz und Polizei die demokratischen Mechanismen dennoch weitgehend funktionierten. Sympathisanten und Wähler dieser Parteien waren eher Außenseiter als Integrationsfiguren. Trotzdem es immer wieder zu spektakulären Wahlerfolgen der Rechtsaußen-Parteien kam – sie konnten von Krisensituationen profitieren, errangen schnelle Siege – gerieten sie doch ebenso schnell als kleine unbedeutende Splitterparteien wieder in Vergessenheit. Dazu hatte nicht nur die Verbesserung der sozialen und ökonomischen Verhältnisse beigetragen, sondern auch die Flügelkämpfe, die innerhalb des Spektrums zur Schwächung führten. Die Wahlerfolge der NPD, der „DVU-Liste D" und der „Republikaner" waren vor allem auf Protestwähler zurückzuführen, die sich zumindest bisher scheuten, ihren Unmut über die Politik der etablierten Parteien auch in den Wahlen zum deutschen Bundestag mit ihrer Stimme für die Rechten zu artikulieren. Es blieben nur vorübergehende Erfolge, die auf Kommunal- und Landtagswahlen beschränkt waren. Allerdings bedeutet dieser immer wieder festzustellende Abwärtstrend der Wähler, der bisher regelmäßig nach einer Erfolgsserie eintrat sowie die jeweils auf die hier dargestellten drei Phasen folgende lange Zeit der Bedeutungslosigkeit nicht gleichzeitig auch das Verschwinden der den Rechtsaußen-Parteien immanenten politischen Gesinnung, wie nicht zuletzt auch der ideologische Hintergrund der in den letzten Jahren eskalierenden Gewalt gezeigt hat. Die Einstellung ist eben nicht an die Parteien gekoppelt und Parteigründungen sind auch nicht die einzige Möglichkeit in diesem Spektrum Macht zu erwerben. Man kann auch auf andere Art und Weise Einfluß auf das politische Klima einer Gesellschaft nehmen, wie die Entwicklung der „Neuen Rechten" nicht nur in Frankreich, sondern auch in Deutschland gezeigt hat. Die Abwendung vom rechtsradikalen Radaurassismus und Antisemitismus hin zu einer intellektuellen pseudowissenschaftlichen Ebene eröffnet neue Möglichkeiten, auch im bürgerlichen Lager Fuß zu fassen. Die „Neue Rechte" gehört zu jenen Bewegungen, die dokumentieren, daß die Grenzen zum bürgerlich konservativen Lager fließend sind, weil sie „in den Denkfabriken konservativer Ideologieplaner ein Wörtchen mitreden will" (Assheuer/Sarkowicz 1992: 10). Diese „Intelligenz"-Variante (Leggewie 1993: 115) wurde lange Zeit kaum wahrgenommen, nun aber zu einer besonders gefährlichen Verschwörung hochstilisiert. Obgleich die Apologeten und Revisionisten wie Fred Leuchter und der Brite David Irving, die sich inzwischen zu den Vordenkern der Rechten in Deutschland entwickelt haben, viel eher eine Gefahr darstellen, darf doch die Denkart der „Neuen Rechten", weil undurchschau-

---

3   Vgl. zu den Vernetzungen des Rechtsextremismus national und international: Heidenreich/
    Wetzel 1989: 151-168.

barer und durch zahlreiche Druckerzeugnisse international vernetzt, nicht unterschätzt werden.

Literatur

Arndt, Ino/Schardt, Angelika, 1989: Zur Chronologie des Rechtsextremismus. Daten und Zahlen 1946-1989, in: *Wolfgang Benz* (Hg.), Rechtsextremismus in der Bundesrepublik. Voraussetzungen, Zusammenhänge, Wirkungen. Frankfurt a.M.

Assheuer, Thomas/Sarkowicz, Hans, 1992: Rechtsradikale in Deutschland. Die alte und die neue Rechte. 2. aktualisierte Auflage, München.

Backes, Uwe/Jesse, Eckhard, 1993: Politischer Extremismus in der Bundesrepublik Deutschland, 3. überarbeitete Auflage. Bonn.

Backes, Uwe/Jesse, Eckhard, 1989: Politischer Extremismus in der Bundesrepublik Deutschland. Köln, Bd. 1: Literatur (I).

Benz, Wolfgang (Hg.), 1980: Rechtsradikalismus: Randerscheinung oder Renaissance? Frankfurt a.M.

Benz, Wolfgang (Hg.), 1984: Rechtsextremismus in der Bundesrepublik. Voraussetzungen, Zusammenhänge, Wirkungen. Frankfurt a.M.

Benz, Wolfgang (Hg.), 1989: Rechtsextremismus in der Bundesrepublik. Voraussetzungen, Zusammenhänge, Wirkungen. Frankfurt a.M.

Benz, Wolfgang/Moos, Detlev (Hg.), 1988: Das Grundgesetz und die Bundesrepublik Deutschland. Bilder und Texte zum Jubiläum, 1949-1989. München.

Dudek, Peter/Jaschke, Hans-Gerd, 1984: Entstehung und Entwicklung des Rechtsextremismus in der Bundesrepublik. Zur Tradition einer besonderen politischen Kultur. 2 Bde., Opladen.

Greß, Franz/Jaschke, Hans-Gerd, 1982: Rechtsextremismus in der Bundesrepublik seit 1960. Dokumentation und Analyse von Verfassungsschutzberichten, PDI-Sonderheft 18. München.

Haller, Michael/Deiters, Gerhard C., 1989: Alte Parolen, Neue Parteien. Die Republikaner und die Deutsche Volksunion-Liste D, in: *Wolfgang Benz* (Hg.), Rechtsextremismus in der Bundesrepublik. Voraussetzungen, Zusammenhänge, Wirkungen. Frankfurt a.M., 265-272.

Heidenreich, Gert/Wetzel, Juliane, 1989: Die organisierte Verwirrung. Nationale und internationale Verbindungen im rechtsextremistischen Spektrum, in: *Wolfgang Benz* (Hg.), Rechtsextremismus in der Bundesrepublik. Voraussetzungen, Zusammenhänge, Wirkungen. Frankfurt a.M., 151-168.

Hundseder, Franziska, 1993: Stichwort Rechtsextremismus. München.

Kalinowsky, Harry H., 1985: Rechtsextremismus und Strafrechtspflege. Eine Analyse von Strafverfahren wegen mutmaßlicher rechtsextremistischer Aktivitäten und Erscheinungen, hrsg. v. Bundesministerium der Justiz, Bonn.

Kühnl, Reinhard/Rilling, Rainer/Sager, Christine, 1969: Die NPD. Struktur, Ideologie und Funktion einer neofaschistischen Partei. Frankfurt a.M.

Leggewie, Claus, 1993: Druck von rechts. Wohin treibt die Bundesrepublik? München.

Niethammer, Lutz, 1969: Angepaßter Faschismus. Politische Praxis der NPD. Frankfurt a.M.

Pfahl-Traughber, Armin, 1993: Rechtsextremismus. Eine kritische Bestandsaufnahme nach der Wiedervereinigung. Bonn.

Rechtsradikalismus im Nachkriegsdeutschland, 1967: Studien über die „Sozialistische Reichspartei" (SRP). Erste Studie: *Otto Büsch*, Geschichte und Gestalt der SRP. Zweite Studie: *Peter Furth*, Ideologie und Propaganda der SRP. 2. Auflage, Köln/Opladen.

Riehl-Heyse, Herbert, 1980: Die NPD. Leidensgeschichte einer Rechtspartei oder: Der Kampf an drei Fronten, in: *Wolfgang Benz* (Hg.), Rechtsradikalismus: Randerscheinung oder Renaissance? Frankfurt a.M., 127-144.

Rudolf, Germar, 1992: Gutachten über die Bildung und Nachweisbarkeit von Cyanidverbindungen in den 'Gaskammern' von Auschwitz, hrsg. v. *Otto Ernst Remer*, 3. erweiterte und korrigierte Auflage.

Stöss, Richard, 1989: Die extreme Rechte in der Bundesrepublik. Entwicklung, Ursachen, Gegenmaßnahmen. Opladen.

Stöss, Richard, 1990: Die „Republikaner". Woher sie kommen, was sie wollen, wer sie wählt, was zu tun ist. 2. Auflage, Köln.

Süß, Walter, 1993: Zur Wahrnehmung und Interpretation des Rechtsextremismus in der DDR durch das MfS. Analysen und Berichte, hrsg. v. Der Bundesbeauftragte für die Unterlagen des Staatssicherheitsdienstes der ehemaligen Deutschen Demokratischen Republik 1.

Das Urteil des Bundesverfassungsgerichts vom 23. Oktober 1952 betreffend Feststellung der Verfassungswidrigkeit der Sozialistischen Reichspartei (1952), hrsg. v. Mitgliedern des Bundesverfassungsgerichts. Tübingen.

Wellers, Georges, 1991: Der „Leuchter-Bericht" über die Gaskammern von Auschwitz: Revisionistische Propganda und Leugnung der Wahrheit, in: Dauchauer Hefte 7, 230-241.

Wetzel, Juliane, 1993: The Judicial Treatment of Incitement against Ethnic Groups and of the Denial of National Socialist Mass Murder in the Federal Republic of Germany, in: *Louis Greenspan/Cyril Levitt* (ed.), Under the Shadow of Weimar. Democracy, Law and Racial Incitement in Six Countries. Westport/Connecticut, 83-106.

Wirtschaft und Statistik (1948-1962).

Heinz Lynen von Berg

Rechtsextremismus in Ostdeutschland seit der Wende

Mit dem Zusammenbruch der SED-Herrschaft und der Umbruchsituation in der DDR ging eine Welle rechtsextremer Vorfälle und ein eruptiver Ausbruch fremdenfeindlicher Gewalt einher. Durch die Fixierung auf spektakuläre Aktionen neonazistischer Parteien und aggressiver Skinheadgruppen wurde in den Medien oft der Eindruck erzeugt, als seien Rechtsextremismus[1] und fremdenfeindliche Gewalt ausgesprochene „Ost-Phänomene". Demgegenüber hat Eike Hennig (1992: 31) zu Recht betont, daß sich in der Bundesrepublik mit ihren beiden großen Teilkulturen in Ost und West unterschiedliche Ausprägungen des Rechtsextremismus herausgebildet haben. Im Westen hat sich ein stark institutionalisierter und wählbar gewordener Rechtsextremimus mit neonazistisch und rechtsextrem organisierten Minderheiten etabliert. Im Osten bestimmen informell-lokal agierende und subkulturell geprägte Gruppen neben neonazistischen Organisationen das Erscheinungsbild. Der im Osten überwiegend von jugendlichen Akteuren getragene Rechtsextremismus ist durch ein wesentlich höheres Ausmaß an Gewalt gekennzeichnet.

Zwar ist zur Entwicklung des Rechtsextremismus nach 1989 eine wahre Publikationsflut zu verzeichnen, eine systematische und empirisch ausgewiesene Erforschung der Ursachen und Erscheinungsformen des Rechtsextremismus in Ostdeutschland steht allerdings erst am Anfang. Im ersten Abschnitt der Darstellung werden bereits vorliegende Forschungsarbeiten vorgestellt. Der Schwerpunkt liegt dabei auf Untersuchungen zum Rechts-

---

1 Der Bedeutungsumfang des Rechtsextremismusbegriffs ist in der wissenschaftlichen Diskussion umstritten. Jaschke (1991: 49) weist darauf hin, daß der (Rechts-)'Extremismus' nicht „an sich" existiert, sondern die Kategorisierung als 'extrem' das Resultat von sozialen und politischen Deutungs- und Definitionsprozessen ist. Der von Backes/Jesse entwickelte extremismustheoretische Ansatz läßt dieses Geltungsproblem außer acht. Pfahl-Traughber, ein Vertreter dieses Ansatzes, erkennt zwar die Notwendigkeit einer politikwissenschaftlichen Erweiterung des extremismustheoretischen Ansatzes an, hält aber weiterhin an der von Jaschke (1991: 43ff.; vgl. auch Narr 1993) grundlegend an der konventionellen Extremismusforschung kritisierten normativ gesetzten Dichotomie von Demokratie und 'Extremismus' sowie der strukturellen Gleichsetzung von 'Links'-und 'Rechtsextremismus' fest (vgl. Pfahl-Traughber 1992, 1993: 14ff. u. 214ff.). Sozialwissenschaftliche Aussagen über Ursachenkomplexe und den Anteil von staatlichen und gesellschaftlichen Institutionen an dem Konstitutionsprozeß des 'Extremismus' werden dadurch systematisch ausgeblendet. (Zum Wandel des Bedeutungsumfangs des Rechtsextremismusbegriffs in der Bundesrepublik vgl. auch Herz 1991.)

extremismus und dessen Entstehungsbedingungen in der DDR bis 1989. Im zweiten Teil wird die aktuelle Entwicklung des Rechtsextremismus in den neuen Ländern bis zum Herbst 1993 nachgezeichnet.

I. Forschungsstand

Die Mehrzahl der Publikationen zur Entwicklung des Rechtsextremimus in Ostdeutschland ist deskriptiv und journalistisch (siehe u.a. Ködderitzsch/ Müller 1990; Schumann 1990; Borchers 1992). Die hier hervorzuhebenden journalistischen Arbeiten zeichnen sich durch genaue Beobachtungen aus und vermitteln trotz der sich überschlagenden Ereignisse nach Öffnung der Mauer einen guten Einblick in die Aktivitäten und das Innenleben rechtsextremer Organisationen, Parteien (Siegler 1991; Schröder 1992) und gewaltbereiter Subkulturen (Farin/Seidel-Pielen 1993). In ersten wissenschaftlichen Publikationen wurden zunächst theoretische Interpretationsentwürfe (u.a. Heitmeyer 1992) und gesellschaftspolitische Einschätzungen (u.a. Butterwegge 1991) aus den alten Bundesländern ohne ausreichende Datenbasis auf die neuen Länder übertragen. Mittlerweile liegen allerdings auch empirisch fundiertere Untersuchungen vor: zur fremdenfeindlichen Gewalt (Willems u.a. 1993), zu den rechtsorientierten Subkulturen und zum jugendlichen Rechtsextremismus (Korfes 1992; Erb 1993a) sowie zur Jugendgewalt (Sturzbecher/ Dietrich 1992; Sturzbecher/Dietrich/Kohlstruck 1994). Einen weiteren Forschungsschwerpunkt bilden Untersuchungen über die Verbreitung rechtsextremer und fremdenfeindlicher Orientierungen bei Jugendlichen und Schülern (u.a. Förster/Friedrich u.a. 1992a; Melzer 1992; Österreich 1993). Eine Vergleichsuntersuchung zu rechtsextremen Einstellungen in der Ost- und West-Berliner Bevölkerung hat Stöss (1993) erstellt.

Eine zentrale Forschungsfrage ist, in welchem Umfang der Rechtsextremismus in den neuen Ländern durch die Folgewirkungen des DDR-Systems oder durch den gesellschaftlichen Umbruch der Jahre 1989/90 bedingt ist (vgl. Stöss 1993: 12ff.). In der DDR gab es bereits in den achtziger Jahren rechtsextremistische Erscheinungen in Form von 'Fascho'- und Skinheadgruppen (vgl. Studie über Erkenntnisse der Kriminalpolizei zu neofaschistischen Aktivitäten in der DDR 1989; Stock/Mühlberg 1990; Wagner 1993). Die wenigen, z.T. bereits in der DDR durchgeführten empirischen Untersuchungen gehen übereinstimmend davon aus, daß die Herausbildung einer rechtsextremen Strömung in zwei Phasen erfolgte: In der ersten Hälfte der achtziger Jahre bildete sich zunächst eine rechtsorientierte Subkultur heraus; die zweite Phase ab 1986/87 wird als Beginn einer politisch motivierten rechtsextremen Bewegung interpretiert (vgl. Korfes 1992: 51ff.; Süß 1993: 17ff.).

Korfes (1992) kommt anhand von Interviews mit Angehörigen des rechtsextremen Spektrums zu dem Ergebnis, daß die sich Anfang der achtziger Jahre herausbildenden Skinheadgruppen in Stil und Inhalt als rechtsorientierte Jugendkulturen zu betrachten sind. Eine bewußte politische Auseinandersetzung mit gesellschaftlichen Problemen kann zu diesem Zeitpunkt noch nicht festgestellt werden (vgl. Korfes 1992: 51f.). Vielmehr handelte es sich um jugendliches Protestverhalten gegen die vom DDR Staat autoritär erzwungene Integration in erstarrte gesellschaftliche Strukturen und die Einschränkung selbstbestimmter Entfaltungsmöglichkeiten (Korfes 1992: 52). Diese Gegenreaktion hat, so Korfes (1992: 52), „ihre Ursache vor allem in der politischen Sozialisation, deren Inhalte in wachsendem Maße dem lebensweltlichen Erfahrungs- und Erlebnisbereich konträr waren (...)" (vgl. auch Brück 1992: 44). Daraus resultierte in dieser Phase auch „die Ablehnung all dessen, was links ist" (Korfes 1992: 52) und die Hinwendung zu nationalen Themen, die sich aus der deutschen Spaltung ergaben: wie Beseitigung der Mauer, Reisefreiheit und Wiedervereinigung.

In der zweiten Phase ab Mitte der achtziger Jahre kam es zu einer allgemeinen Politisierung der Jugendkulturen, so auch bei den Skinheadgruppen. Nach Korfes (1991: 9) haben die Isolierung und gesellschaftliche Ausgrenzung, die zunehmende Konfrontation mit den staatlichen Kontrollinstanzen und die Gruppendynamik in den jugendlichen Extremgruppen maßgeblich zur Herausbildung von rechtsextremen Orientierungen beigetragen (vgl. auch Stock/Mühlberg 1990: 19f.; Süß 1993: 17ff.). Innerhalb der rechtsorientierten Subkulturen kristallisierten sich seit 1986/87 ideologisierte „Naziskin-" oder „Fascho-Gruppen" heraus, die für Korfes (1992: 53) „den Kern einer politisch motivierten rechtsextremen Bewegung" bildeten. Diese Gruppen verzichteten meist auf ein auffälliges Äußeres, zogen sich aus dem kontrollierten öffentlichen Raum zurück und zeichneten sich durch eine hohe Gruppendizplin aus (vgl. auch Süß 1993: 17ff.; Wagner 1993: 119ff.).

In der Literatur wird dem Überfall von ca. 30 rechtsextremen Skins und Hooligans auf ein Punkkonzert in der Ost-Berliner Zionskirche am 17. Oktober 1987 übereinstimmend ein zentraler Stellenwert für die Ausdifferenzierung des rechten Spektrums beigemessen. Süß (1993: 25ff.), der durch eine Auswertung von Akten der Staatsicherheit im nachhinein weitgehend die Einschätzungen von Stock/Mühlberg (1990), Korfes (1991; 1992) und Wagner (1993) bestätigt, stellt fest, daß die nun einsetzende staatliche Repression und die öffentliche Berichterstattung einen katalysatorischen Effekt auf die Herausbildung und Verfestigung ideologisierter Gruppen hatte. Anstelle der bisher praktizierten Ablehnung setzte bei den Gruppen ein gezielter Umgang mit staatlichen Institutionen ein. So wollte ein Teil dieser sogenannten Nazi-Skins durch den Eintritt in die Gesellschaft für Sport und Technik (GST) oder die Nationale Volksarmee (NVA) eine paramilitärische Ausbildung und gesellschaftlich anerkannte Funktionen erlangen. In den Arbeitskollektiven galten sie als angepaßt und wurden wegen ihrer fachlichen Qualitäten

und ihrem Arbeitseinsatz anerkannt (vgl. Madloch 1993a: 55f.; Süß 1993: 23f.).
Bummelei, Materialverschwendung und Ineffektivität wurden von diesen
Jugendlichen abgelehnt und an der sozialistischen Planwirtschaft kritisiert.
Für sie waren „Punks und Ausländer ... der Inbegriff von Faulheit, Schlam-
perei, Unordnung und Schmutz" (Studie über Erkenntnisse der Kriminalpolizei ... 1989: 14; vgl. Niederländer 1990: 17). Diese Entwicklung „vom subkulturellen Rand in die Mitte der Gesellschaft" markiert nach Süß (1993: 26f.)
den Übergang von einer „rechten Jugendkultur", hin zu einer „organisierten
rechtsextremen Bewegung".

Über die Gründe, weshalb es in den achtziger Jahren in Teilen der Jugend
zu einem Wiederaufleben der NS-Ideologie kam und über welche 'Vermitt-
lungskanäle' diese tradiert wurde, wissen wir allerdings noch wenig. In der
Literatur wird häufig angeführt, daß der institutionell „verordnete Antifaschismus" (Giordano 1987: 219) und das „offizielle Verbot der Trauerarbeit"
(Frindte 1991: 96) eine Auseinandersetzung mit den persönlichen Verstrik-
kungen in den Nazismus verhinderten und dadurch rechtsextreme Ideolo-
giebestände fortbestehen konnten (vgl. Giordano 1987: 216ff.; Wolf 1986:
350ff.). Wie Bialas treffend herausstellt, ging der antifaschistische Gründungsmythos der DDR von der unausgesprochenen Annahme aus, daß „allein die
politische Zerschlagung der administrativen Strukturen des Nazisystems
und seiner ökonomischen Grundlagen auch dessen sozialpsychologische Ver-
ankerungen in gelungenen Sozialisations- und Identitätsbildungsprozessen
zerstört habe" (Bialas 1993: 553). Diese von der ökonomistischen Faschismus-
definition Georgi Dimitroffs abgeleitete und auf das politische System beschränkte Interpretation des Nazismus ermöglichte es Mittätern und Mitläufern, sich als „Opfer des Systems" darzustellen (Bialas 1993: 554). In der
Literatur wird vielfach thematisiert, daß das von der SED einseitig eingefor-
derte „Abtragen von Mitschuld" (Schubarth u.a. 1991: 4) des einzelnen Bür-
gers durch die Übernahme von Mitverantwortung für das neue System und
das Bekenntnis zu Sozialismus und Parteiräson zu einer „Tabuisierung der
eigenen inneren Anteilnahme eine(r) mit dem Naziregime mehrheitlich iden-
tifizierte(n) Bevölkerung" beitrug (Rauschenbach 1992: 39; vgl. Bialas 1993:
554)[2].

Der 'antifaschistische' Gründungsmythos der DDR, der nach außen zur
Abgrenzung gegen die als potentiell faschistisch wahrgenommene Bundes-

---

2 Christa Wolf, die den 'alltäglichen' Faschismus und die bis heute fortwirkenden Sozialisa-
tionsprägungen des Nazismus bereits 1976 in „Kindheitsmuster" sehr differenziert und
komplex aufgearbeitet hat, faßt diesen Vorgang folgendermaßen zusammen: „Eine kleine
Gruppe von Antifaschisten, die das Land regierte, hat ihr Siegerbewußtsein zu irgendeinem
nicht genau zu bestimmenden Zeitpunkt aus pragmatischen Gründen auf die ganze Bevölkerung übertragen. Die 'Sieger der Geschichte' hörten auf, sich mit ihrer wirklichen Vergangenheit, der der Mitläufer, der Verführten, der Gläubigen in der Zeit des Nationalsozialismus auseinanderzusetzen" (Wolf 1990: 96).

republik diente und nach innen „die zentrale Legitimationsfigur der Herrschaft der SED" war (Meuschel 1992: 163), verlor durch seine Formalisierung und Ritualisierung immer mehr an Bindungs- und Integrationskraft (vgl. Bialas 1993: 560ff.; Schubarth u.a. 1991: 6). Seit den achtziger Jahren ist unter Jugendlichen eine zunehmende Abkehr vom offiziell vermittelten Geschichtsbild der DDR zu verzeichnen. Eine 1988 durchgeführte Untersuchung des Zentralinstituts für Jugendforschung Leipzig „Zum Geschichtsbewußtsein Jugendlicher" zeigte zum ersten Mal offen, daß unter Schülern und Lehrlingen „ein bestimmtes Akzeptanz- bzw. Sympathiepotential für nationalsozialistische Ideologieelemente von 10 bis 15 Prozent" vorhanden war (Schubarth u.a. 1991: 10). Der Anteil der Jugendlichen, die ab Mitte der achtziger Jahre ihrem Staat „geistig und praktisch die Gefolgschaft versagte(n)", wurde immer größer (Förster/Roski 1990: 48). Diese Erscheinungen sind vor dem Hintergrund eines allgemeinen Werteverfalls zu betrachten, der durch die zunehmende sozial-ökonomische Krise des 'real existierenden Sozialismus', die unzureichende Versorgung mit Konsumgütern und die Verkrustung des politischen Systems hervorgerufen wurde. Nach Korfes (1992: 53) wurde der zentralistisch und autoritär geführte Staat selbst zu einer unmittelbaren Ursache für die Desintegrationsprozesse, da die gesellschaftlichen Krisensymptome ignoriert und „notwendiger sozialer Wandel" aufgrund des staatlichen 'Sicherheitsbedürfnisses' verhindert wurden.

Eine hohe Bedeutung für die Entstehung rechtsextremer Orientierungen und fremdenfeindlicher Gewaltbereitschaft wird den autoritären Erziehungsmethoden entlang von Feind-Freund-Dichotomien beigemessen (vgl. Heitmeyer 1992: 104). Heitmeyer betont, daß die Jugendlichen in Ostdeutschland seit der Wende einem doppelten Transformationsprozeß ausgesetzt sind. Sie müssen den Übergang von „einer formierten in eine individualisierte Gesellschaft" bewerkstelligen bei gleichzeitiger „Abwertung bisheriger biografischer Eigenleistungen" (Heitmeyer 1992: 102). In Übertragung seines für westliche Industriegesellschaften entwickelten Erklärungsmodells (vgl. Heitmeyer 1987) verknüpft er hier DDR-spezifische Ursachen mit den ökonomischen und sozialpsychologischen Begleiterscheinungen der gesellschaftlichen Umbruchsituation. Die abrupte Auflösung bisheriger Sicherheiten und die Entwertung bis dahin gültiger Verhaltensmuster, haben demnach verstärkt Handlungsunsicherheit, Ohnmachts- und Vereinzelungserfahrungen zur Folge, die für rechtsextreme Orientierungen anfällig machen.

Dieses Erklärungsmodell wird von der in der Rechtsextremismusforschung weithin vertretenen These gestützt, daß in gesellschaftlichen Umbruch- und Krisensituationen die Erfolgsbedingungen des Rechtsextremismus besonders gut sind und in verunsicherten sozialen Gruppen „ein übermächtiges Bedürfnis nach Gemeinschaft, Orientierung und Schutz" entsteht (Stöss 1993: 9). So ist für Leggewie der Rechtsextremismus in Ostdeutschland „ein extremer Ausdruck eines markanten Bruches in Mentallitäten und Lebensverhältnissen der alten DDR-Bevölkerung, (...) eine eher rezente und besonders auffällige Reaktion auf das Ende einer scheinbar stabilen und bei aller Misere Sicherheit bietenden Gesellschaft, die nun auf allen Gebieten extreme Krisensymptome an den Tag legt: Massenarbeitslosigkeit, wachsende Wohnungsnot, (...) unsichere Zukunftsperspektiven" (Leggewie 1991: 248; vgl. auch Butterwegge 1991: 20). Gegen die Allgemeinheit von Heitmeyers – für den Osten noch nicht empirisch nachgewiesenen – Individualisierungsthese muß allerdings mit Willems (1993: 135) eingewendet werden, daß es unterschiedliche Reaktionsweisen auf Individualisierungsprozesse gibt und nur eine Minderheit der Jugendlichen gewaltbereit oder gewalttätig ist. Umstritten ist zudem, ob rechtsextrem orientierte oder gewaltbereite Jugendliche als orientierungslos und desintegriert zu charakterisieren sind (vgl. Kersten 1993). Willems u.a. (1993: 135) stellen heraus, daß „die Unterstützung fremdenfeindlicher Gewalttaten durch Nachbarn und Anwohner gerade auf eine Integration in die Nachbarschaften" hinweist. Förster/Friedrich (1992b: 8) kommen bei einer repräsentativen Einstellungsuntersuchung bei 14- bis 25jährigen Jugendlichen in Sachsen zu dem Ergebnis, daß Jugendliche mit extrem rechten Positionen im Vergleich zu Jugendlichen mit linken Positionen „insgesamt selbstbewußter, risikofreudiger, optimistischer, draufgängerischer" und mit ihrem Leben zufriedener sind.

In der Bilanz dieser Forschungsansätze wird bereits deutlich, daß vielfältige Erscheinungen unter dem Etikett Rechtsextremismus subsumiert werden. So werden unter diesem Sammelbegriff so heterogene Phänomene wie jugendliche und fremdenfeindliche Gewalt, politische Partizipation in rechtsextremen Parteien und neonazistischen Organisationen sowie rechtsextreme Einstellungsmuster und Verhaltensweisen zusammengezwängt. Die einseitige Zuordnung der jugendlichen Gewalt unter dem Label Rechtsextremismus erweist sich als problematisch, da dadurch die Heterogenität der Gewaltmilieus unbeachtet bleibt. In den neueren empirischen Untersuchungen zur Jugendgewalt, wird dann auch zwischen unterschiedlichen Entstehungskontexten und Motivationen differenziert. Von ideologisch begründeter Gewalt wird Gewalt als Resultat von Modellernen (Erb 1993c), als Folge gruppendynamischer Prozesse (Erb 1993a) oder als Bestandteil maskulin geprägter Subkulturen (Sturzbecher u.a. 1994; vgl. auch Kersten 1993) unterschieden.

Da die Entwicklung des Rechtsextremismus in den neuen Ländern von einer starken Dynamik geprägt und kein abgeschlossener Prozeß ist, verwundert es nicht, daß die bisherigen Untersuchungen überwiegend beschreibend sind. Grundlegende Forschungen, die sich beispielsweise mit der Frage beschäftigen, ob die rechtsextremen Tendenzen auf dem Gebiet der ehemaligen DDR ähnlichen Erscheinungen in Westdeutschland und Westeuropa entsprechen oder ob diese vielmehr im Kontext des zerfallenden Ostblocks zu betrachten sind, liegen bislang nicht vor. Auch darüber, welche Folgewirkungen die vierzigjährige Blockkonfrontation der beiden deutschen Staaten und die davon geprägte unterschiedliche Aufarbeitung der gemeinsamen NS-Vergangenheit auf die heutigen Entwicklungen des vereinten Deutschland hat, besteht noch Forschungsbedarf.

Im folgenden Abschnitt werden nun entlang der wichtigsten Ereignisse die spezifischen Erscheinungsformen des Rechtextremismus in Ostdeutschland dargestellt. Dabei werden nicht nur die oben erwähnten neueren Forschungsarbeiten berücksichtigt, sondern auch journalistische Beschreibungen, Zeitungsberichte, Daten der Sicherheitsbehörden sowie Publikationen der rechtsxtremen Gruppen und Parteien ausgewertet.

II. Die Entwicklung des Rechtsextremismus seit der Wende

Der Bezugspunkt meiner Darstellung sind manifeste Erscheinungsformen des Rechtsextremismus, die sich in Verhalten, Habitus oder politischer Betätigung von Personen, Gruppen, Parteien oder Organisationen ausdrücken können[3]. In Ostdeutschland sind drei Erscheinungsbereiche des Rechtextremismus festzustellen:

1. Die jugendlichen Gewaltmilieus, von denen der weitaus größte Teil der fremdenfeindlichen Straftaten ausging. Ein wichtiger Aspekt sind dabei die fließenden Übergänge zwischen den rechtsorientierten Subkulturen zum organisierten Rechtsextremismus.
2. Der organisierte Neonazismus: Von Bedeutung waren vor allem die Parteien „Nationale Alternative" und „Deutsche Alternative". Sie hatten unter Jugendlichen eine hohe Anziehungskraft und waren maßgeblich am Ausbau neonazistischer Strukturen beteiligt.
3. Die etablierten rechtsextremen Parteien DVU, NPD und die „Republikaner". Hier steht die Frage im Vordergrund, inwieweit sich diese Parteien in den fünf neuen Ländern etablieren konnten.

1. Jugendliche Gewaltmilieus und die Entwicklung der fremdenfeindlichen Gewalt nach der Wende

Die fremdenfeindlichen Gewalttaten sind in einem vielfältigen Interaktionsgefüge zu betrachten. Dazu gehören organisierte rechtsextreme Gruppen, subkulturell geprägte jugendliche Gewaltmilieus und die Reaktionen der

---

3 Als Arbeitsgrundlage übernehme ich die von Seils (1993: 8) vorgeschlagene Rechtsextremismusdefinition, die sich auf latente und manifeste Erscheinungen bezieht. Von Rechtsextremismus wird demnach hier gesprochen, wenn sich Ideologien der Ungleichheit oder Ausgrenzung mit Gewaltanwendung oder -akzeptanz zur Regelung sozialer Konflikte oder mit Demokratiefeindschaft verbinden (vgl. auch Heitmeyer 1990: 103f.; zur Demokratiefeindschaft vgl. Stöss 1989: 19ff.).

Bevölkerung auf die Anwesenheit von Asylbewerbern und anderen Migranten in einer Situation des gesellschaftlichen Umbruchs. Diese überwiegend im lokalen Bereich interagierenden Akteure sind im Zusammenhang mit den gesellschaftlich-institutionellen Prozessen zu betrachten, die das Verhältnis zu den 'Fremden' strukturell beeinflussen. Hierzu gehören die institutionell-rechtliche Stellung von Zuwanderern und Asylbewerbern, die politische und verwaltungstechnische Behandlung des 'Asylproblems' und der Zuwanderung sowie der in den Medien geführte Asyldiskurs.

Meine Ausführungen beschränken sich hier auf die Darstellung der Akteursseite. Im ersten Teil des Abschnitts wird auf die Herausbildung jugendlicher Gewaltmilieus eingegangen; im zweiten Teil wird die Entwicklung der fremdenfeindlichen Gewalt nach der Vereinigung behandelt und punktuell in ihrem vielfältigen Bedingungsgefüge interpretiert.

1.1 Jugendliche Gewaltmilieus nach der Wende

Nach der Öffnung der Mauer wurde in Teilen der DDR-Bevölkerung ein fremdenfeindliches Potential sichtbar, das von der DDR-Führung bis dahin negiert worden war. Angestaute Wut und Aggressionen vermischten sich mit fremdenfeindlichen Ressentiments, die in einer diffusen Gewalt gegen Fremde, aber auch gegen Schwule, Linke, Alternative und in weit geringerem Maße gegen die Volkspolizei und andere Repräsentanten des alten Systems mündeten. Im Winter 1989/90 wurde in den Medien fast täglich über Anpöbeleien und Übergriffe gegen Ausländer berichtet (vgl. Krüger-Potratz 1991: 69ff.). Zu größeren gewalttätigen Ausschreitungen und Übergriffen gegen Ausländerunterkünfte und alternative Projekte kam es zunächst nach Fußballspielen (vgl. Madloch 1993b: 209ff.).

Durch den Wegfall der DDR-spezifischen Formen sozialer Kontrolle – sowohl in normativer wie repressiver Hinsicht – entstand ein 'anomisches Vakuum', in dem sich ein heterogenes gewaltbereites Jugendmilieu ausbreitete. Feste feiern, Alkoholkonsum und Randale gehörten zu den zentralen Betätigungen dieser Gruppen. Die zunehmende Bewaffnung und die Gruppendynamik erzeugten immer brutalere Gewaltformen[4]; sie führten zu einer Entgrenzung der Gewalt (vgl. Erb 1993a: 9ff.).

Zum ersten Todesopfer kam es am 25. November 1990 in Eberswalde, als bei einem Überfall von ca. fünfzig Skinheads und Heavy-Metal-Fans der Angolaner Amadeu Antonio Kiowa tödlich verletzt wurde. An diesem Bei-

---

4   Eine Differenzierung nach Art der Gewalttätigkeiten und deren Bedeutung für die Akteure nimmt Kohlstruck (1993: 10f.) vor. Demnach lassen sich drei Gewalttypen unterscheiden: 1. Die Abfuhr von Aggressionen; 2. die Achtungs- und Aufmerksamkeits-Provokationen und 3. die ökonomisch-ideologisch begründete Gewalt gegen Ausländer und soziale Minderheiten.

spiel, das nur als ein erster Höhepunkt für viele ähnliche Aktionen steht, werden mehrere charakteristische Aspekte der Gewaltentwicklung in den neuen Ländern sichtbar:
– Die Gewalt wird in Gruppen ausgeführt, zumeist in *großen* Gruppen.
– Die Aufforderung zu einer Gewalthandlung erfolgt häufig situativ, oft stimuliert durch Skinhead-Musik mit rassistischen Texten, NS-Parolen und starken Alkoholkonsum.
– Die Gewaltabsichten werden nicht verdeckt, sondern offen angedroht und ausgeführt.
– Die Gewalt wird unmittelbar, ohne Vorlauf, 'blitzartig' eingesetzt.
– In den Auseinandersetzungen entgrenzt die Gewalt, es gibt keine sozialen Normen mehr, die die Brutalität einschränken.
– Die Gruppen sehen sich im Kleinstadtmilieu als Ordnungsfaktor, als 'Armeen', die ihr Territorium von fremden Eindringlingen 'säubern'.
Diese Art der Gewalt stellt im Vergleich zu bisher in der Bundesrepublik bekannt gewordenen Formen eine neue Dimension dar. Fremdenfeindlich oder rechtsextrem motivierte Gewaltaktionen wurden bis dahin überwiegend konspirativ und von organisierten rechtsextremen (Terror-)Gruppen oder in dem Milieu verankerten Einzelpersonen durchgeführt (vgl. Rosen 1990). Die in mehrerer Hinsicht überlegenen lokalen Gruppen konnten mit der Zeit durch ihr martialisches Auftreten und ihre Gewaltbereitschaft soziale Räume besetzen und in Kleinstädten das Klima unter Jugendlichen bestimmen. Vielerorts bildete sich eine rechte Dominanz in der Jugendkultur heraus. Die gegen schwächere Gruppen, aber auch gegen die 'überforderte' Volkspolizei ausgeführte Gewalt war auf 'Sieg' programmiert (vgl. Erb 1993a: 30f.). Aggressive Gruppen wie die Skinheads konnten durch ihr provokantes Auftreten die Aufmerksamkeit der Medien erlangen. Die Berichterstattung im Fernsehen und in illustrierten Zeitschriften erhöhte die Attraktivität der Gruppen und trug anderenorts durch Modellernen zur Verbreitung solcher Verhaltensweisen bei. Trotz des relativ geringen Grads an Organisationsstrukturen in den subkulturellen Szenen wurde so eine mediale Vernetzung hergestellt und ein Informationsfluß gewährleistet (vgl. Willems u.a. 1993: 128f.; Erb 1993b: 20ff.).

Die Übergänge zwischen diesem heterogenen und lose strukturierten Gewaltmilieu zum organisierten Rechtsextremismus sind fließend: Auf *personeller Ebene* über Einzelpersonen oder gemeinsame Treffpunkte sowie Veranstaltungen; auf *habitueller Ebene* dadurch, daß der „maskulin-orientierte Handlungstyp" (Lenz 1991: 15) mit seiner Fixierung auf körperliche Auseinandersetzung und seinem großen Bedarf an 'action' für direkte Aktionen von rechtsextremen Organisationen leicht ansprechbar ist (vgl. auch Kersten 1993); auf *ideologischer Ebene* kommt der Fremdenfeindlichkeit eine Art Scharnierfunktion zu. Sie bildet einen elementaren Anknüpfungspunkt für die Übernahme rechtsextremistischer Ideologie und hat gleichzeitig einen hohen

Mobilisierungseffekt für Gewaltaktionen. Auch wenn sich die gewaltbereiten Gruppen langfristig nicht von Organisationen steuern oder einbinden ließen, gelang es dem organisierten Neonazismus personell und ideologisch in die jugendlichen Subkulturen zu diffundieren. Dadurch gewann das rechtsextreme Spektrum Einflußmöglichkeiten, die den von Zugangsbarrieren gekennzeichneten und stigmatisierten Organisationen sonst nicht zugekommen wären.

Zur Entwicklung der Gewaltmilieus kann abschließend festgehalten werden: In den Jahren 1990/91 hat sich ein jugendliches Gewaltmilieu herausgebildet, das sich aus lose strukturierten und in sich heterogenen Gruppen zusammensetzt. Ein zentrales Integrationsmoment bildet die fremdenfeindliche Gewalt. Neben Schwulen, Linken und Alternativen waren die in der ehemaligen DDR lebenden Ausländer und Zuwanderer aus Osteuropa am stärksten von den Gewalttätigkeiten betroffen. Nach der Vereinigung Deutschlands wandte sich die Gewalt vor allem gegen Asylbewerber.

1.2 Die Entwicklung der fremdenfeindlichen Gewalt nach dem Beitritt der fünf neuen Bundesländer

Nach der Vereinigung wurden die neuen Bundesländer von der Bundesregierung verpflichtet 20 Prozent der Asylbewerber aufzunehmen. Obwohl Experten, wie etwa die Ausländerbeauftragte von Brandenburg, Almuth Berger, auf mangelnde Infrastruktur, fehlendes qualifiziertes Personal und auf die sozial-ökonomischen Spannungen in der Umbruchsituation hinwiesen[5], hielt die Bundesregierung an ihrem Vorhaben fest.

Bereits Anfang 1991 kam es zu ersten Übergriffen gegen Asylbewerber und deren Unterkünfte. In den Monaten vor den Ausschreitungen in Hoyerswerda war ein kontinuierlicher Anstieg der fremdenfeindlichen Gewalttaten[6] zu beobachten. Die Ausschreitungen von Hoyerswerda im September 1991 stellten einen Eskalationspunkt dar, dem eine Mobilisierungswelle und eine Serie von Gewalttaten folgte. Die Verlegung der Asylbewerber war für die Gewalttäter, für die sie unterstützenden Zuschauer und für den organi-

---

5 Laut Auskunft des Büros der Ausländerbeauftragten von Brandenburg vom 29.08.1993.

6 Unter die vom Bundeskriminalamt (BKA) und den Polizeien der Länder gemeinsam entwickelte Definition von fremdenfeindlichen Straftaten, werden Delikte als fremdenfeindliche motivierte Straftaten zusammengefaßt, „die in der Zielrichtung gegen Personen begangen werden, denen die Täter (aus intoleranter Haltung heraus) aufgrund ihrer Nationalität, Volkszugehörigkeit, Rasse, Hautfarbe, Religion, Weltanschauung, Herkunft oder aufgrund ihres äußeren Erscheinungsbildes oder aufgrund ihrer tatsächlichen oder vermeintlichen Herkunft ein Bleibe- oder Aufenthaltsrecht in ihrer Wohnung oder in der gesamten BRD bestreiten" (BKA 15.2.1993: 3; zit. nach Willems u.a. 1993: 12). Die den weiteren Ausführungen zugrundeliegenden Zahlen über fremdenfeindliche Straftaten stammen von Willems u.a. (1993: 7ff.) und aus Angaben des Bundeskriminalamtes (BKA) (1993).

sierten Rechtsextremismus ein Erfolg, der zu einem zentralen Nachahmungsfaktor wurde[7]. Bundesweit nahmen die fremdenfeindlichen Straftaten drastisch zu: von 104 im August auf 314 im September und 961 im Oktober 1991. Allein im Oktober waren 148 von insgesamt 335 Brandanschlägen des Jahres 1991 zu verzeichnen. Das Ausmaß der fremdenfeindlichen Straf- und Gewalttaten ging zwar im November/Dezember zurück, stabilisierte sich dann bis Mitte 1992 auf einem wesentlich höheren Niveau als vor den Ausschreitungen von Hoyerswerda.

Die zweite Eskalationswelle war nach den Ereignissen in Rostock Ende August 1992 zu verzeichnen. Die Zahl der fremdenfeindlichen Ausschreitungen stieg in der Woche nach Rostock in den neuen Ländern auf das Dreifache (vgl. Klinger 1993: 149). Bundesweit stieg die Zahl der Straftaten von 461 im August auf 1163 im September; bis Ende Dezember kam es zu einer Stabilisierung auf hohen Niveau. Erst im Januar 1993 kam es – nach den Organisationsverboten und den Lichterketten im Dezember – mit 507 Straf- und Gewalttaten zu einem merklichen Rückgang[8]. Betrachtet man nun den Ablauf der Gewaltserien und die bisher vorliegenden empirischen Daten über die tatverdächtigen Gewalttäter, so ergibt sich folgendes Bild:

– Der überwiegende Anteil der Gewalttaten wurde von männlichen Jugendlichen (über 95 Prozent) in Gruppen (über 90 Prozent) zumeist im näheren Umkreis des Wohnortes begangen (Willems u.a. 1993: 18)[9]. In Sachsen wohnten fast 90 Prozent der Tatverdächtigen in einem Umkreis von 20 Kilometern zum Tatort. Über 55 Prozent der Straftaten wurden in der eigenen Gemeinde begangen (LKA 1993: 44).

– Bezogen auf die Einwohnerzahl fanden 1992 die meisten Straftaten in den neuen Ländern statt[10].

---

7 Willems u.a. (1993: 111ff.; vgl. auch Willems 1992) stellen sehr detailliert und vielschichtig die Interaktions- und Eskalationsprozesse der fremdenfeindlichen Gewalttaten für die Jahre 1990/91 dar.

8 Nach dem Brandanschlag von Solingen Ende Mai 1993 waren in der nunmehr dritten Gewaltserie deutliche Verschiebungen festzustellen. Die Mehrzahl der Nachfolgetaten ereignete sich in westdeutschen Klein- und mittelgroßen Städten. Ziel und Opfer dieser Gewalttaten waren nun neben Asylbewerbern vermehrt hier ansässige Ausländer, insbesondere Türken. Die Anzahl der fremdenfeindlichen Straftaten stieg sprunghaft von 400 im Mai auf ihren bisherigen Höchststand von 1307 Straftaten im Juni 1993 (vgl. BKA 1993).

9 Willems u.a. (1993) haben 1398 polizeiliche Ermittlungsakten zu fremdenfeindlichen Straftaten aus sechs alten und den drei neuen Bundesländern Brandenburg, Sachsen und Sachsen-Anhalt für den Untersuchungzeitraum vom 1.1.1991 bis zum 30.4.1992 umfassend ausgewertet. Für Sachsen liegt zudem eine Dokumentation des Landeskriminalamt (LKA) Sachsen zu rechtsextrem- und fremdenfeindlich motivierten Straftaten für den Zeitraum 1991/92 vor (vgl. LKA 1993).

10 Bezogen auf 100 000 Einwohner ereigneten sich 1992 in Mecklenburg-Vorpommern die meisten Straftaten (9,52), mit 8,83 Straftaten kam Brandenburg an zweiter Stelle vor Schleswig-Holstein mit 4,19 Straftaten (vgl. Bundesamt für Verfassungsschutz (BfV) 1993).

– Im Osten wurden mit ca. 63 Prozent wesentlich häufiger fremdenfeindliche Straf- und Gewalttaten aus größeren Gruppen und Massensituationen (Hoyerswerda, Rostock etc.) begangen als im Westen mit etwa 20 Prozent, wo anteilsmäßig häufiger Gruppen unter zehn Personen oder auch Einzelpersonen zu verzeichnen waren (vgl. Willems u.a. 1993: 47).
– Nahezu 95 Prozent der ermittelten Tatverdächtigen in Brandenburg, Sachsen-Anhalt und Sachsen waren zur Tatzeit jünger als 25 Jahre und etwa 36 Prozent jünger als 18 Jahre (Willems u.a. 1993: 43).
Wie die große Anzahl von applaudierenden und anfeuernden Zuschauern bei Angriffen auf Asylbewerberheime – ein bis dahin in der Bundesrepublik nicht bekanntes Phänomen – zeigt, sind die gewalthaften Ausschreitungen in den neuen Ländern nicht auf ein *Jugendgruppen*phänomen zu reduzieren. In Rostock sollen bis zu 3000 „Bystanders" (Heinsohn 1993) die Gewalttäter – 'ihre Kinder' – angefeuert haben. Über vielfältige Interaktionsprozesse ist diese fremdenfeindliche Jugendgruppengewalt in die gesellschaftlichen Entwicklungen der letzten Jahre eingebunden. Punktuell sollen hier in einem kurzen Exkurs einige Bedingungen und Interaktionsprozesse aufgezeigt werden, die zur Ausbreitung und Eskalation der fremdenfeindlichen Gewalt beigetragen haben.

Exkurs

Eine in der DDR vorwiegend ökonomisch geprägte Fremdenfeindlichkeit – in Form von Neid auf Ausländer, die Zugang zu knappen Konsumgütern hatten –, wurde nach der Vereinigung durch den Asyldiskurs der etablierten Parteien und der Medien zugespitzt und verstärkt (vgl. Gerhard 1992; Krüger-Potratz 1992: 54ff.). Der Streit der etablierten Parteien um das Asylrecht und der dadurch von den Regierungsparteien evozierte Handlungsdruck bot ausländerfeindlichen Gruppierungen und rechtsextremen Parteien die Möglichkeit, die öffentliche Meinung zum Asylproblem zu beeinflussen. Von den großen Parteien wurden in Reaktion auf den „Druck von Rechts" (Leggewie 1993) bis dahin tabuisierte und marginalisierte rechte politische Forderungen und Themen aufgegriffen und diskursfähig gemacht. Dies trug zu einer Normalisierung und Legitimierung von ausländerfeindlichen Einstellungen und Gewaltbereitschaften bei (vgl. Jaschke 1992; Willems u.a. 1993: 121f.).
Die Aufnahme von Asylbewerbern traf für viele DDR-Bürger mit dem Ausbleiben des versprochenen Wohlstands und der als existentiell bedrohlich erfahrenen sozial-ökonomischen Krise zusammen. Vor dem Hintergrund eines nationalistisch formulierten Wohlstandsanspruchs wurden Sozialleistungen an Fremde, an sogenannte Wirtschaftsflüchtlinge und 'Scheinasylanten', von einem Teil der ehemaligen DDR-Bürger als Zurückweisung von – nach

ihrem Selbstverständnis – berechtigten eigenen Ansprüchen interpretiert. Konkrete Konflikte zwischen Anwohnern und Bewohnern von Asylbewerberheimen, die vielfach auf die großen – zudem häufig überfüllten – 'Aufnahmelager' und die mangelnde Infrastruktur zurückzuführen waren, führten zu Unmut und Protest in der Bevölkerung, worauf vielerorts die zuständigen Behörden unzureichend oder wie in Rostock überhaupt nicht reagierten (vgl. Funke 1993: 112ff.; Klinger 1993: 152f.). In dieses strukturell bedingte Spannungsverhältnis zwischen Asylbewerbern und der einheimischen Bevölkerung griffen die gewaltbereiten Gruppen aktiv ein. In ihrem Selbstverständnis als Ordnungsfaktor sahen sich die gewalttätigen Gruppen durch den Asyldiskurs und die Zustimmung in Teilen der Bevölkerung moralisch legitimiert, gegen die sogenannten 'Asylbetrüger' vorzugehen.

2. Der organisierte Neonazismus

Im folgenden werden die Entwicklungen der neonazistischen Parteien „Nationale Alternative" (NA) und „Deutsche Alternative" (DA) dargestellt[11]. Die Konzentration auf diese beiden Parteien ergibt sich aufgrund ihrer hohen Attraktivität unter Jugendlichen und aus ihrer hervorstechenden Bedeutung für den Etablierungsprozeß neonazistischer Strukturen in den fünf neuen Bundesländern[12].
Beide Parteien weisen folgende Charakteristika auf:
– Sie verfügen über eine hohe personelle Kontinuität zu den rechtsorientierten Subkulturen in der ehemaligen DDR.
– Nach ihrer Konstituierung als Parteien können sie die Verankerung zu ihren Herkunftsmilieus im starken Maße beibehalten. Es entsteht jedoch ein Spannungsverhältnis zwischen Führungsanspruch der Partei und dem Beharren des Sympathisantenumfeldes auf Autonomie und Spontaneität.
– Die neonazistischen Parteien in den neuen Ländern sind bewegungsorientiert.
Die NA wurde bereits am 1. Februar 1990 von sechs jungen Männern in Ost-Berlin gegründet. Die Gründungsmitglieder kamen aus der Skinhead-

---

11 Die sozialwissenschaftliche Erforschung der Bildung und Entwicklung der neonazistischen Parteien und Gruppen in den fünf neuen Ländern steht noch aus. Die Konstituierung der NA als Partei wurde von Korfes (1991; 1992) kenntnisreich und differenziert untersucht.
12 Nach der Wende wurden neonazistische Organisationen und Parteien aus dem Westen in Ostdeutschland aktiv. Zu den bedeutendsten gehören: „Freiheitliche Deutsche Arbeiterpartei" (FAP), „Nationale Liste" (NL), „Nationalistische Front" (NF), „Nationale Offensive" (NO), „Wiking Jugend" (WJ), „Gesinnungsgemeinschaft der Neuen Front" (GdNF), „Nationalsozialistische Deutsche Arbeiterpartei/Auslands- und Aufbauorganisation" (NSDAP/AO). Daneben gab es einige Neugründungen (z. B. in Thüringen die „Deutsch Nationale Partei" (DNP)). Zu diesen Organisationen siehe u.a.: Fromm (1992 u. 1993), Wettstädt (1992), ID-Archiv im ISSG (1992), Siegler (1991), Schmidt (1993).

Szene der ehemaligen DDR und gehörten fast alle 1988 der „Bewegung 30. Januar" an (vgl. Korfes 1991: 21). Der organisatorische Aufbau der Partei wurde maßgeblich von den Michael Kühnen nahestehenden neonazistischen Organisationen wie der „Nationalen Liste" (NL), der österreichischen „Volkstreuen Außerparlamentarischen Opposition" (VAPO) und Teilen der Freiheitlichen Deutschen Arbeiterpartei (FAP) unterstützt (vgl. Siegler 1991: 45ff.).

Erstmals wendete eine neonazistische Organisation öffentlichkeitswirksam Aktionsformen an, die bisher aus dem links-alternativen Spektrum bekannt waren: Die NA besetzte mehrere Häuser in Berlin-Lichtenberg, gründete eine „Initiative für Wohnraumsanierung" (WOSAN) und versuchte in der Bevölkerung durch Protest gegen Wohnungsnot Fuß zu fassen. Ihre Zentrale, das Haus Weitlingstraße 122, wurde zu einem Aktions- und Organisationszentrum ausgebaut. Der bis dahin in der alten Bundesrepublik auf Hinterzimmer verwiesene organisierte Neonazismus konnte sich nun medienwirksam präsentieren und von hier aus seine Verbindungen zu anderen rechtsextremen Organisationen im In- und Ausland ausbauen. Auf das unorganisierte Parteiumfeld hatte das Zentrum eine hohe Anziehungskraft und wurde für Jugendliche aus dem rechten subkulturellen Spektrum zu einer Informations- und Anlaufstelle, von der gewalttätige Aktionen ausgingen (vgl. Korfes 1991: 24f.; Siegler 1991: 48ff.).

Aufgrund ihrer Verankerung im subkulturellen Milieu konnte die NA nach einer Hausdurchsuchung im April 1990 innerhalb kürzester Zeit einen rapiden Mitgliederzuwachs verbuchen. Die Mitgliederzahlen stiegen von 30 im April auf etwa 500 im Juni 1990. Der Polizeipräsident von Ost-Berlin ging sogar von weiteren 1500-2000 Sympathisanten aus (vgl. Madloch 1993b: 225). Der NA gelang es aber nicht, dieses gewaltbereite Spektrum in eine kontinuierliche Parteiarbeit einzubinden. Die Hooligans und Skinheads lehnten den Führungsanspruch der Partei als Elite und die Unterordnung unter eine konsequente Parteidisziplin ab. Die Parteiführung führte ab Oktober 1990 eine 'Säuberung' durch, wodurch die Mitgliederzahl sich schon im November auf unter 200 reduzierte. Der NA ging es dabei nicht um eine generelle Distanzierung von Gewaltaktionen, sondern um die Aufrechterhaltung ihrer politischen Wirkungsmöglichkeiten als Wahlpartei (vgl. Korfes 1991: 27ff.).

Ihre Doppelstrategie von 'legaler' Parteipolitik und Verankerung im Gewaltmilieu scheiterte trotzdem, und zwar auf beiden Ebenen: Bei der Wahl zum Gesamtberliner Abgeordnetenhaus am 2.12.1990 bekam sie nur 30 Erststimmen im Bezirk Lichtenberg (vgl. Madloch 1993a: 66); und im November/Dezember 1990 gab sie nach Auseinandersetzungen mit der Kommunalen Wohnungsgesellschaft das Haus in der Weitlingstraße kampflos auf. Der Niedergang der NA ist aber nicht nur auf interne Ursachen zurückzuführen. Neben einer starken militanten Antifa-Bewegung in Berlin führte der Bedeutungsverlust der NA zugunsten der „Deutschen Alternative" (DA) im Herbst

1990 zu einer Verlagerung der rechtsextremen Aktivitäten in den Südosten und Osten der ehemaligen DDR (vgl. ID-Archiv 1992: 94).

Bei der Etablierung neonazistischer Strukturen in der ehemaligen DDR und den fünf neuen Bundesländern kam der Partei „Deutsche Alternative" (DA) eine weitergehende Rolle zu. Im Rahmen des von Kühnen und der DA-Führung im Januar 1990 erstellten „Arbeitsplan Ost" sollte mit der DA die 'legale Partei' der neonazistischen „Gesinnungsgemeinschaft der Neuen Front" (GdNF) geschaffen werden (vgl. Siegler 1991: 53ff.). Die DA war am 3. Mai 1989 in Bremen von Kühnen-treuen Anhängern des FAP-Landesverbandes Bremen gegründet worden. Die Westpartei bildete die organisatorische Grundlage für den Parteiaufbau in der DDR. Auf personaler Ebene kam ehemaligen DDR-Bürgern, die vor der Maueröffnung in Westdeutschland in neonazistischen Organisationen aktiv waren, eine strategisch wichtige Funktion zu. Durch Kontakte zu früheren Gesinnungsgenossen konnte zum Beispiel Frank Hübner schon im Dezember 1989 eine DA-Ortsgruppe in seiner Heimatstadt Cottbus gründen. Im März 1990 wurde in West-Berlin die „DA-Ost" als „Mitteldeutsche Partei" gegründet, die personell zunächst weitgehend identisch mit der NA war (vgl. Siegler 1991: 56).

Im Gegensatz zur NA gelang der „Deutschen Alternative" die Doppelstrategie von 'legaler' Parteiarbeit und Mobilisierung des unorganisierten Gewaltmilieus. In Cottbus erlangte die DA kommunalpolitische Bedeutung: Mit der Thematisierung der sogenannten Ausländerproblematik (z.B. durch eine Straßenbefragung von 1500 Bürgern), dem Aufgreifen von sozialen Problemen in Flugblattaktionen „gegen Mietwucher und Sozialabbau" und nicht zuletzt durch ihre Präsenz an Infoständen in der Stadt gelang es ihr, breitere Bevölkerungskreise anzusprechen. Mit ihrem „volksbezogenen Sozialismus" und der Verknüpfung von antikapitalistischem Protest[13] gegen soziale Mißstände mit der Erinnerung an bessere und geordnetere Zustände zu DDR-Zeiten stieß sie auch bei Älteren auf Zustimmung. Durch eine attraktive Jugendarbeit – Konzerte, Reisen – hatte sie großen Zulauf von Schülern und wurde mit 200 Mitgliedern drittstärkste Mitgliederpartei in Cottbus (Der Spiegel Nr. 48/1992: 43ff.)[14].

Die DA beschränkte sich nicht auf diese 'moderate' Strategie. Die offizielle Ablehnung der Gewalt war ein rein taktisches Manöver. Sie hetzte z.B. in

---

13 So forderte die DA in Flugblättern die „Enteignung des Kapitals", die „Sozialisierung der Großindustrie" und die „Beseitigung der Massenarbeitslosigkeit durch ein großzügiges Arbeitsbeschaffungsprogramm" (vgl. Schröder 1991: 5).

14 Bundesweit stieg der Anteil der Mitglieder der DA von 1989 bis Ende 1992 um mehr als das Vierfache. Nach Erkenntnissen der Sicherheitsbehörden hatte die DA 1989 80 Mitglieder, 1990 140, 1991 320 und zum Zeitpunkt des Verbots im Dezember 1992 ca. 350 Mitglieder (vgl. Verfügung des Bundesministers des Inneren vom 10.12.1992). Diese Zahlen können nur eine Tendenz anzeigen, andere Schätzungen gehen davon aus, daß die DA mit 700 (vgl. Pfahl-Traughber 1993: 90f.) bis 1200 (vgl. Siegler 1993: 64) Mitgliedern die größte rechtsextreme Organisation in den neuen Bundesländern war.

ihrer Zeitschrift „Brandenburger Beobachter" und in Flugblättern gegen Ju-
den und Asylbewerber. Unter den gewaltbereiten Jugendlichen heizte sie mit
ihrer Agitation die ausländerfeindliche Stimmung auf. DA-Mitglieder waren
nachweislich an gewaltsamen fremdenfeindlichen Ausschreitungen beteiligt.
Die pogromartigen Ausschreitungen von Hoyerswerda wurden von der DA-
Führung als Front von „Bürgern und Nationalisten" gefeiert und als ein
Etappenziel betrachtet, „Mitteldeutschland ausländerfrei" zu machen (vgl.
Der Spiegel Nr. 40/1991: 37; Verfügung des Bundesministers des Inneren
vom 10.12.1992).

Nach den Ausschreitungen in Rostock und den Morden von Mölln wurden
die neonazistischen Parteien DA, „Nationalistische Front" (NF) und „Nationale Offensive" (NO) im November und Dezember 1992 verboten[15]. Die
'sichtbaren Aktivitäten' der DA und die Anzahl der Gewalttaten gingen nach
dem Verbot im Raum Cottbus zurück (vgl. Milbradt 1993). Im Gegensatz zur
DA konnte die Kaderpartei „Nationalistische Front" in den von ihr gegründeten Ersatzorganisationen „Sozialrevolutionäre Arbeiterfront" (SrA) und
„Förderwerk Mitteldeutsche Jugend" (FMJ) ihre Aktionen fortsetzen. Die
Organisationsverbote und das energischere Handeln von Polizei und Justiz
haben nach derzeit vorliegenden Erkenntnissen auch eine Polarisierung zur
Folge. Auf einen Teil der Jugendlichen in den gewaltbereiten Cliquen wirkt
die Stärkung der Kontrollinstanzen und der öffentliche Druck einschüchternd
und abschreckend (vgl. Sturzbecher u.a. 1994); für die Kerne der Anhängerschaft der verbotenen Parteien und anderer neonazistischer Organisationen
stellen die Verbote eine Bestätigung ihrer politischen Ziele dar. Die DA versuchte nach dem Verbot ihre politische Arbeit u.a. in Zusammenarbeit mit
der sich radikalisierenden NPD fortzusetzen. Daneben zeichnet sich die Tendenz ab, daß die Gewaltaktionen zunehmend von fester zusammengeschlos-
senen Gruppen geplant und durchgeführt werden (vgl. Harbrecht 1993).

Zur allgemeinen Entwicklung des Neonazismus in den neuen Ländern
läßt sich zusammenfassend feststellen: Den neonazistischen Organisationen
gelang es durch politische Arbeit im lokalen Umfeld und insbesondere durch
spektakuläre Aktionen, sich öffentlichkeitswirksam in Szene zu setzen. Nichts
konnte in den neuen Ländern radikaler und provozierender die Ablehnung
des alten und des neuen Systems besser zum Ausdruck bringen als der Bezug
auf den „Nationalsozialismus". Durch die nicht energisch unterbundene

---

15 Der DA konnte bisher juristisch keine direkte Anstiftung zu Gewalttaten oder eine Steuerung
    von Angriffen auf Asylbewerberheime nachgewiesen werden. Aus diesen Gründen wurden
    auch 'nur' ihre ausländerfeindliche Agitation und die Beteiligung einzelner DA-Mitglieder
    an Angriffen auf Asylbewerberheime in der Verbotsbegründung für ihre „aktiv kämpferi-
    sche, aggressive Haltung" herangezogen. Die Hauptbegründung des Verbots erstreckt sich
    auch deshalb auf den Nachweis der Wesensverwandtschaft der DA mit dem „Nationalso-
    zialismus" und die Verharmlosung desselben (vgl. Verfügung des Bundesinnenministers
    des Inneren vom 10.12.1992: 8ff.).

Präsentation von NS-Symbolen und offene Artikulation von Nazi-Parolen wurde die bis dahin gültige Tabuisierung solcher Praktiken zurückgedrängt und eine Akzeptanz insbesondere unter Jugendlichen geschaffen. Der Hitler-Gruß hat so als alltägliches Provokations- und Identifikationssymbol Eingang in rechtsorientierte Subkulturen gefunden. Dies hat Auswirkungen auf die politische Kultur in der ganzen Bundesrepublik. Durch die günstige politische Gelegenheitsstruktur[16] (political opportunity structure) in den neuen Ländern – u.a. Ausfall der Kontrollen von Polizei und Justiz, Aufnahmebereitschaft für rechte Deutungsmuster in Teilen der Bevölkerung – ist es dem Neonazismus gelungen, sein Wirkungsfeld insbesondere unter Jugendlichen zu erweitern. Es ist eine Verjüngung des Akteurspotentials innerhalb des rechtextremen Lagers festzustellen. In der alten Bundesrepublik gab es im Spektrum der rechtsextremen Organisationen trotz aller internen Differenzen personell generationsübergreifende Kontinuitäten, die bis in den NS zurückreichten. In der DDR wurde der 'aktive' Rechtsextremismus von Anfang an von Jugendlichen bestimmt, was sich nach der Wende fortsetzte.

3. Die etablierten rechtsextremen Parteien am Beispiel der „Republikaner"[17]

Unmittelbar nach der Öffnung der Mauer wurden die im Westen existierenden rechtsextremen Parteien auf dem Gebiet der DDR aktiv. Auf den Leipziger Montagsdemonstrationen und in Ost-Berlin konnten ohne Behinderung massenhaft Flugblätter und Werbematerialien verteilt werden, die nach Angaben des DDR-Beauftragten der „Republikaner", Reinhard Rade, auf großes Interesse stießen (siehe Pfahl-Traughber 1991: 73). Schon Ende Januar 1990 wurde in Leipzig ein Kreisverband der NPD-nahen Partei „Mitteldeutsche Nationaldemokraten" sowie ein Kreisverband der „Republikaner" unter Regie westlicher Funktionäre gegründet. Die nationale Euphorie auf den Montagsdemonstrationen und das rege Interesse der DDR-Bürger an ihren Werbematerialen wurde von den „Republikanern" völlig überschätzt und als dauerhafte Zustimmung zu ihren Positionen interpretiert. Der Parteiaufbau kam allerdings nur schleppend voran. Die örtlichen Parteifunktionäre erwiesen sich oftmals als unfähig, funktionsfähige Organisationsstrukturen aufzubauen. Konnte eine der rechtsextremen Parteien im Chaos der Wendezeit einen Ortsverband gründen, band sie häufig Personen aus dem gesamten

---

16 Zur Bedeutung politischer Gelegenheitsstrukturen für kollektives Handeln siehe Tarrow 1991.

17 Die DVU und NPD sind im Gegensatz zu den „Republikanern" bis zum Herbst 1993 kaum mit parteipolitischen Aktivitäten in den neuen Ländern in Erscheinung getreten. Deshalb werden hier schwerpunktmäßig die „Republikaner" behandelt. Zu der Entwicklung der rechtsextremen Parteien in den neuen Ländern liegen nur einige deskriptive, jedoch keine politologischen oder soziologischen Veröffentlichungen vor.

rechten Spektrum an sich, so auch Skinheads und Neonazis. Nicht selten vertraten Funktionäre der „Republikaner" offen neonazistische Positionen[18]. Dies trug dazu bei, daß die Partei im Februar 1990 durch Volkskammerbeschluß in der DDR verboten wurde. Die „Republikaner" setzten den Parteiaufbau[19] trotzdem fort. Im Februar wurde der Landesverband Brandenburg in West-Berlin unter Anwesenheit von Schönhuber gegründet (vgl. Schomers 1991: 84).

Die Anziehungskraft der rechtsextremen Parteien war bisher in den neuen Ländern, im Gegensatz zu den gewaltorientierten Subkulturen und den bewegungsorientierten neonazistischen Organisationen, relativ gering. Vielen Jugendlichen sind die „Republikaner" und die DVU zu 'bieder' und zu 'lasch' (vgl. Spiegel 31/1992: 51). Aber auch bei den Wahlen blieb der erhoffte Zuspruch aus[20].

Nach der Wiederzulassung in der DDR im August 1990 erreichen die „Republikaner" bei den Landtagswahlen im Oktober in den neuen Ländern nur Ergebnisse zwischen 0,6 und 1,2 Prozent. Bei der ersten Bundestagswahl nach der Wiedervereinigung im Dezember 1990 kamen sie insgesamt nur auf 2,1 Prozent (2,3 Prozent im Westen und 1,3 Prozent im Osten[21]). Auch die NPD erreichte im Osten bei den Landtagswahlen nur Ergebnisse zwischen 0,1 und 0,7 Prozent und bei der Bundestagswahl 0,2 Prozent. Bei der Bundestagswahl erreichten NPD und „Republikaner" zusammen in keinem der fünf neuen Bundesländer mehr als 2 Prozent (vgl. Blick nach rechts, 25/1990: 2ff.). Gründe für das schlechte Abschneiden der rechtsextremen Parteien bei der Bundestagswahl waren, daß es insbesondere den Unionsparteien gelang, die 'deutsche Frage' in den Mittelpunkt zu stellen und national orientierte Wählergruppen zu binden. Vor allem aber fingen sie den sich abzeichnenden sozialen Protest durch das Versprechen auf schnellen Wohlstand auf.

Bei den Bundestagswahlen zeichnete sich bereits eine Tendenz ab, die

---

18 Vgl. Interview mit dem Rep-Aktivisten Jens Sarközi aus Leipzig, in: Junge Welt vom 31.01. 1990.

19 Sozialstrukturelle Daten über die Zusammensetzung der Mitgliedschaft der „Republikaner" liegen nicht vor. Nach Angaben des sächsischen Rep-Aktivisten Steffen Ruckdäschel von 1990 sollen die Mehrzahl der Mitglieder aus Arbeiter- und Handwerksberufen stammen und Männer jugendlichen Alters sein (vgl. Interview mit Steffen Ruckdäschel, in: Ködderitzsch/Müller 1990: 57ff.).

20 Größere Bedeutung hatten die rechtsextremen Parteien im Westen. Insbesondere die „Republikaner" konnten in der Asyldiskussion Druck auf die großen Parteien ausüben (vgl. Seils 1993). Nach ihrem Tief in den Jahren 1990/91 gelingt es ihnen seither, sich als rechte Protestpartei der sogenannten Modernisierungsverlierer darzustellen. Maßgeblich dafür ist einerseits, daß sich größere Bevölkerungsteile für politisch rechte Interpretationsangebote öffnen. Andererseits konnten die „Republikaner" ihr rechtsextremes Image abstreifen und sich als verfassungstreue und rechtspopulistische Partei 'des kleinen Mannes' profilieren.

21 Einen relativ hohen Wähleranteil von 7,4 Prozent hatten die „Republikaner" in den neunen Ländern vor allem unter den jungen Männern im Alter von 18-25 Jahren (vgl. Madloch 1993a: 68).

sich bei den Berliner Bezirkswahlen vom Mai 1992 fortsetzte. Trotz der erheblichen sozialen Verwerfungen in den neuen Bundesländern stoßen rechtsextreme Parteien im Osten auf deutlich geringere Zustimmung als im Westen. Bei insgesamt 8,3 Prozent konnten die „Republikaner" im Westen der Stadt mit 9,9 Prozent einen erheblich höheren Wähleranteil verbuchen als in Ost-Berlin mit 5,4 Prozent. Nach Stöss ist in den Ost-Berliner Bezirken kein Zusammenhang zwischen sozialstrukturellen Merkmalen und Wählerschaft der „Republikaner" festzustellen. Die Wahl der „Republikaner" im Osten ist demnach als Ausdruck eines allgemeinen, diffusen Protests zu werten. Hingegen ist der Wahlerfolg der „Republikaner" im Westen Ausdruck einer politischen Botschaft, die „die Existenz einer weithin rechtsextremen politischen Opposition signalisiert" (Stöss 1993: 75). Diese Differenz im Wahlverhalten bestätigt im Zusammenhang mit der bisher dargestellten Entwicklung des Rechtextremismus die These von Stöss (1992: 22), daß der Rechtsextremismus im Westen stärker institutionalisiert und von Organisationen und Parteien bestimmt ist, während der Rechtsextremismus im Osten stark bewegungsorientiert und subkulturell geprägt ist.

Das Parteileben der „Republikaner" ist in den östlichen Landesverbänden nach wie vor von internen Streitigkeiten und Auseinandersetzungen mit der Parteiführung gekennzeichnet. Von Ende 1992 bis Herbst 1993 wurden in drei der fünf östlichen Landesverbände die Landesvorsitzenden abgesetzt oder zum Rücktritt gedrängt[22]. Auch stellte sich der erhoffte Mitgliederzuwachs in den neuen Ländern bisher noch nicht ein[23]. Die Organisationsschwäche und das schlechte Image als Partei aus dem Westen versucht die Parteiführung durch die Rekrutierung von ehemaligen Offizieren der Nationalen Volksarmee (NVA) und SED-Funktionären auszugleichen. Dieser Personenkreis besitzt zum einen die bisher fehlenden organisatorischen Fähigkeiten und ist zum anderen in Wählerschichten verankert, von denen sich die „Republikaner" Zuspruch erhoffen. So hatten die „Republikaner" bei der Bundestagswahl 1990 in einigen ehemaligen Garnisonsorten der NVA einen Stimmenanteil von bis zu 7,1 Prozent (vgl. Madloch 1993b: 67).

Zusammenfassend läßt sich für die etablierten rechtsextremen Parteien feststellen, daß ihre Aufbruchseuphorie nach der Öffnung der Mauer bisher nicht mit entsprechenden Wahlerfolgen korrespondierte. Den „Republikanern" gelang es noch am besten, 'tragfähige' Parteistrukturen aufzubauen. Die allgemeine Abneigung gegen West-Parteien versuchen sie mit der Rhetorik einer „Nationalen Versöhnung" und der damit verbundenen Integration von ehemaligen SED-Funktionären und -Mitgliedern zu begegnen. Bei einer

---

22 Siehe dazu: Der Spiegel Nr. 25/1993: 58f.; die tageszeitung vom 23.06.1993.
23 Nach Angaben der Parteiführung sollen von den insgesamt 24.000 Mitgliedern 4.000 aus
    den neuen Ländern sein (vgl. auch die tageszeitung vom 23.06.1993). Andere Schätzungen
    gehen von 2.800 Mitgliedern aus, von denen weniger als 50 Prozent aktiv sein sollen (vgl.
    Der Spiegel Nr. 25/1993: 59).

weiteren Angleichung der Parteiensysteme in Ost und West könnte es den „Republikanern" gelingen, sich auch im Osten als 'nationalpopulistische' Protestpartei zu profilieren. Mit den jetzt nach rechts abdriftenden Jugendlichen wächst für die rechtsextremen Parteien möglicherweise langfristig ein neues Wählerklientel heran.

III. Schluß

Die Ursachen für die Ausbreitung des Rechtsextremismus in den neuen Ländern sind sowohl in den Folgewirkungen des DDR-Systems als auch in den Begleiterscheinungen der Umbruchsituation zu suchen. In der DDR hatten sich bereits in den achtziger Jahren rechtsorientierte Subkulturen und rechtsextreme Gruppen gebildet, aus denen nach der Wende das Akteurspotential für die sich bildenden Parteien und jugendlichen Gewaltmilieus hervorging. Das Chaos der Umbruchsituation, die Schwächung der Kontrollinstanzen, das Wegbrechen bisher gültiger Normen und die sozialen Verwerfungen stellten für die Entfaltung jugendlicher Gewaltmilieus und für den organisierten Rechtsextremismus günstige Gegebenheiten dar.

Die Entwicklung des Rechtsextremismus nach der Wende wurde hier anhand von drei unterschiedlichen Erscheinungsbereichen dargestellt. Dabei ist deutlich geworden, daß man nicht von einer einheitlichen Entwicklung 'des' Rechtsextremismus nach der Wende sprechen kann. Allerdings sind die Übergänge zwischen dem organisierten Rechtsextremismus und den lose strukturierten Gewaltmilieus fließend. Die wichtigste Verbindungslinie bildet die Fremdenfeindlichkeit. Sowohl bei den neonazistischen Gruppen als auch bei den rechtsorientierten Subkulturen ist eine hohe Gewaltbereitschaft zu verzeichnen. Im Gegensatz zum rückwärtsgewandten Neonazismus stieß das Gewaltmilieu mit seinen ausländerfeindlichen Aktionen bei Teilen der Bevölkerung auf Zustimmung. Das entschiedenere Vorgehen der staatlichen Kontrollinstanzen und die einsetzende öffentliche Mißbilligung der Gewalt haben dazu beigetragen, daß seit dem Winter 1992/93 aufruhrähnliche Ausschreitungen ausblieben. Danach äußerte sich das weiterhin hohe Gewaltpotential in weitverbreitetem Kleinterror, Übergriffen gegen Ausländern sowie insbesondere in Form von Propagandadelikten.

Die Umbruchsituation in der DDR verschaffte dem in der alten Bundesrepublik auf ein Sektiererdasein verwiesenen organisierten Neonazismus einen öffentlichen Entfaltungsraum. Das Charakteristische an den dargestellten neonazistischen Parteien war ihre Bewegungsorientierung. Ihnen gelang es, Jugendliche aus den rechtsorientierten Szenen zeitweise an sich zu binden. Ein bedeutendes politisches Wirkungsfeld dieser Parteien bestand in der Anstachelung gewaltbereiter Gruppen zu fremdenfeindlichen Aktionen. Durch einen subkulturellen Modernisierungsprozeß (Nazi-Rock, Fanzines) sind die neonazistischen Parteien über Feindbilder, Kultur- und Handlungs-muster weit über ihren Organisationsrahmen hinaus in die rechte Jugend-szene diffundiert. Der Aktionsradius dieser Parteien und ihre Einflußnahme auf das Gewaltmilieu konnte durch die Organisationsverbote vorerst einge-schränkt werden.

Während in den Monaten nach der Wende im rechten Spektrum noch keine scharfen Abgrenzungen erkennbar waren, betreibt die Parteiführung der „Republikaner" im Gegensatz zur NPD eine Distanzierung vom neona-zistischen Rand. Ob dieser Versuch glaubwürdig ist und es den „Republika-nern" gelingen wird, sich in den neuen Ländern als rechtspopulistische Protestpartei zu etablieren, ist gegenwärtig noch nicht abzusehen. Neben internen Faktoren – Beendigung der innerparteilichen Machtkämpfe und Überwindung der Organisationsschwäche – werden vor allem externe Fak-toren von entscheidender Bedeutung sein. Hervorzuheben sind die anhal-tende Wirtschaftkrise mit hoher Arbeitslosigkeit, die soziale Verunsicherung großer Bevölkerungsgruppen sowie der Vertrauensverlust gegenüber den großen demokratischen Parteien. Die Erfolgsaussichten der rechtsextremen Parteien werden wesentlich davon abhängen, wie die Gesellschaft und die großen Parteien auf sie reagieren.

Wie die Entwicklung des Rechtextremismus in Ostdeutschland zeigt, sind dort spezifische Erscheinungsformen festzustellen, die mit den bisher be-kannten Erklärungsansätzen nicht hinreichend erfaßt werden können. Dies macht vergleichende und historische Forschung notwendig, die die verschie-denen Mentalitätsbestände, die unterschiedlich ausgebildeten politischen Kulturen sowie die von der Blockkonfrontation geprägte historische Entwick-lung in Ost- und Westdeutschland berücksichtigt.

Literatur

Bialas, Wolfgang, 1993: Antifaschismus in der DDR, in: Das Argument 200/1993.

Borchers, Andreas, 1992: Neue Nazis im Osten. Weinheim.

Brück, Wolfgang, 1992: Skinheads – Vorboten der Systemkrise, in: *Karl-Heinz Heinemann/Wilfried Schubarth* (Hg.): Der antifaschistische Staat entläßt seine Kinder. Köln.

Bundesamt für Verfassungsschutz (BfV), 1993: Gewalttaten mit erwiesener oder zu vermutender rechtsextremistischer Motivation. Stand: 15. Januar 1993. Bundesamt für Verfassungsschutz, Abt. II. Köln.

Bundeskriminalamt (BKA), 1993: Aktuelle Übersicht zu fremdenfeindlich motivierten Straftaten (Stand: 6/93). Informationen der Pressestelle. Wiesbaden.

Butterwegge, Christoph, 1991: Rechtsextremismus vor und nach der Wiedervereinigung, in: *Christoph Butterwegge/Horst Isola* (Hg.): Rechtsextremismus im vereinten Deutschland. Bremen/ Berlin.

Erb, Rainer, 1993a: Gewalt und Rechtsextremismus bei ostdeutschen Jugendlichen (Ms.). Zentrum für Antisemitismusforschung, TU Berlin.

Erb, Rainer, 1993b: „Die Leute sind immer dann abgesprungen, wenn null Publicity war". Gewaltbereite und rechtsextreme Jugendliche in den Medien, in: Forschung Aktuell (TU Berlin). Nr. 39-41 Berlin.

Erb, Rainer, 1993c: Erzeugt abweichendes Verhalten die abweichenden Motive? Über Gruppen und ideologische Lernprozesse, in: *Hans-Uwe Otto/Roland Merten* (Hg.): Rechtsradikale Gewalt im vereinten Deutschland. Jugend im gesellschaftlichen Umbruch. Opladen.

Farin, Klaus/Seidel-Pielen, Eberhard, 1993: Skinheads. München.

Förster, Peter/Roski, Günter, 1990: DDR zwischen Wende und Wahl. Berlin.

Förster, Peter/Friedrich, Walter u.a., 1992a: Jugendliche in Ostdeutschland. Forschungsstelle Sozialanalysen e.V. Leipzig.

Förster, Peter/Friedrich, Walter, 1992b: Politische Einstellungen und Grundpositionen Jugendlicher in Ostdeutschland, in: APuZ, Nr. B 38/1992.

Frindte, Wolfgang, 1991: Sozialpsychologische Anmerkungen zur Entwicklung rechtsradikaler Tendenzen in der DDR, in: *Christoph Butterwegge/Horst Isola* (Hg.): Rechtsextremismus im vereinten Deutschland. Bremen/Berlin.

Fromm, Rainer, 1992: Rechtsextremismus in Thüringen. Erfurt.

Fromm, Rainer, 1993: Am rechten Rand. Lexikon des Rechtsradikalismus. Marburg.

Funke, Hajo, 1993: Die Brandstifter. Deutschland zwischen Demokratie und völkischem Nationalismus. Göttingen.

Gerhard, Ute, 1992: Wenn Flüchtlinge und Einwanderer zu „Asylantenfluten" werden – zum Anteil des Mediendiskurses an rassistischen Pogromen, in: Osnabrücker Beiträge zur Sprachtheorie (OBST) 46/1992.

Giordano, Ralph, 1987: Die zweite Schuld oder Von der Last Deutscher zu sein. Hamburg/Zürich.

Harbrecht, Paul, 1993: Verbote haben die neonazistischen Gruppen kaum beeindruckt/Versammlungen, Bundestreffen und modernste technische Ausrüstung, in: die tageszeitung vom 27.06. 1993.

Heinsohn, Gunnar, 1993: Rostocks Gewalt und ihre Erhellung durch die Bystander-Forschung, in: Leviathan 1/1993.

Heitmeyer, Wilhelm, 1987: Rechtsextremistische Orientierungen bei Jugendlichen. Empirische Ergebnisse und Erklärungsmuster einer Untersuchung zur politischen Sozialisation. Weinheim/München.

Heitmeyer, Wilhelm, 1990: Jugend und Rechtsextremismus – Von der ökonomisch-sozialen Alltagserfahrung zur rechtsextremistisch motivierten Gewalt-Eskalation, in: *Gerhard Paul* (Hg): Hitlers Schatten verblaßt. Bonn.

Heitmeyer, Wilhelm, 1992: Die Widerspiegelung von Modernisierungsrückständen im Rechtsextremismus, in: *Karl-Heinz Heinemann/Wilfried Schubarth:* Der antifaschistische Staat entläßt seine Kinder. Köln.

Hennig, Eike, 1992: Rechter Extremismus. Ein Protest vom Rand der Mitte, in: Vorgänge 6/1992.

Herz, Thomas, 1991: Rechtsextreme Parteien und die Reaktion der Gesellschaft, in: Sozialwissenschaftliche Informationen 4/1991.

ID-Archiv im ISSG (Hg.), 1992: Drahtzieher im braunen Netz. Der Wiederaufbau der NSDAP. Berlin.

Jaschke, Hans-Gerd, 1991: Streitbare Demokratie und innere Sicherheit. Opladen.

Jaschke, Hans-Gerd, 1992: Formiert sich eine neue soziale Bewegung von rechts?, in: Blätter für deutsche und internationale Politik 12/1992.

Kersten, Joachim, 1993: Der Männlichkeits-Kult. Über die Hintergründe der Jugendgewalt, in: Psychologie Heute 9/1993.

Klinger, Fred, 1993: Soziale Konflikte und offene Gewalt. Die Herausforderungen des Transformationsprozesses in den neuen Bundesländern, in: Deutschland-Archiv 2/1993.

Ködderitzsch, Peter/Müller, Leo A., 1990: Rechtsextremismus in der DDR. Göttingen.

Kohlstruck, Michael, 1993: „Jugendgewalt als Reaktion?" Manusskript zum Vortrag auf der Klausurtagung der Niedersächsichen Landeszentrale für politische Bildung am 2.06.1993 in Harbke.

Korfes, Gunhild, 1991: Rechtsextreme Bewegungen in der DDR. Versuch einer Analyse der Herausbildung und Formierung am Beispiel der Partei „Nationale Alternative". (ungedruckter Forschungsbericht) Kriminologische Forschungsstelle Berlin.

Korfes, Gunhild, 1992: Zur Entwicklung des Rechtsextremismus in der DDR, in: Kriminologisches Journal 1/1992.

Krüger-Potratz, Marianne, 1991: Anderssein gab es nicht. Ausländer und Minderheiten in der DDR. Münster.

Landeskriminalamt (LKA), 1993: Dokumentation. Rechtsorientierte/fremdenfeindliche Straftaten im Freistaat Sachsen 1991/1992, hrsg. vom Landeskriminalamt Sachsen. Dresden.

Leggewie, Claus, 1991: 'Asylanten und so'n Rotz.' Xenophobie und extremer Nationalismus in Ostdeutschland, in: Sozialwissenschaftliche Informationen 4/1991.

Leggewie, Claus, 1993: Druck von rechts. Wohin treibt die Bundesrepublik? München.

Lenz, Karl, 1991: Kulturformen von Jugendlichen: Von der Sub- und Jugendkultur zu Formen der Jugendbiographie, in: APuZ, Nr. B 27/1991.

Madloch, Norbert, 1993a: Zur Entwicklung des Rechtsextremismus in der DDR und in Ostdeutschland von den siebziger Jahren bis Ende 1990, in: *Robert Harnischmacher* (Hg.): Angriff von Rechts. Rechtsextremismus und Neonazismus unter Jugendlichen Ostberlins. Rostock.

Madloch, Norbert, 1993b: Rechtsextremismus in der Endphase der DDR und nach der Vereinigung von DDR und Bundesrepublik Deutschland – Chronologie. Anhang A, in: *Robert Harnischmacher* (Hg.): Angriff von Rechts. Rechtsextremismus und Neonazismus unter Jugendlichen Ostberlins. Rostock.

Melzer, Wolfgang, 1992: Jugend und Politik in Deutschland. Opladen.

Meuschel, Sigrid, 1992: Antifaschistischer Stalinismus, in: *Brigitte Rauschenbach* (Hg.): Erinnern, Wiederholen, Durcharbeiten. Zur Psycho-Analyse deutscher Wenden. Berlin.

Milbradt, Jörg, 1993: Rechtsextremismus in Brandenburg – gegenwärtiger Stand (Stand 23.08. 1993), hrsg. vom Ministerium des Inneren des Landes Brandenburg, Pressestelle. Potsdam.

Narr, Wolf-Dieter, 1993: Vom Extremismus der Mitte, in: PVS 1/1993.

Niederländer, Loni, 1990: Zu den Ursachen rechtsradikaler Tendenzen in der DDR, in: Neue Justiz 1/1990.

Österreich, Detlef, 1993: Jugend in der Krise. Ostdeutsche Jugendliche zwischen Apathie und politischer Radikalisierung, in: APuZ, Nr. B 19/1993.

Pfahl-Traughber, Armin, 1991: Rechtsextreme Tendenzen in der ehemaligen DDR, in: Liberal 1/1991.

Pfahl-Traughber, Armin, 1992: Der Extremismusbegriff in der politikwissenschaftlichen Diskussion, in: *Uwe Backes/Eckhard Jesse* (Hg.): Extremismus und Demokratie. Bonn/Berlin.

Pfahl-Traughber, Armin, 1993: Rechtsextremismus. Eine kritische Bestandsaufnahme nach der Wiedervereinigung. Bonn.

Rauschenbach, Brigitte, 1992: Erbschaft aus Vergessenheit – Zukunft aus Erinnerungsarbeit, in: *Brigitte Rauschenbach* (Hg.): Erinnern, Wiederholen, Durcharbeiten. Zur Psycho-Analyse deutscher Wenden. Berlin.

Rosen, Klaus-Henning, 1990: Rechtsterrorismus. Gruppen – Taten – Hintergründe, in: *Gerhard Paul* (Hg.): Hitlers Schatten verblaßt. Die Normalisierung des Rechtsextremismus. Bonn.

Schmidt, Michael, 1993: Heute gehört uns die Straße. Der Inside-Report aus der Neonazi-Szene. Düsseldorf/Wien u.a.

Schomers, Michael, 1991: Die Republikaner von innen betrachtet, in: *Christoph Butterwegge/Horst Isola* (Hg.): Rechtsextremismus im vereinten Deutschland. Bremen/Berlin.

Schröder, Burkhard, 1991: „Gautreffen" der „Deutschen Alternative", in: Blick nach rechts, Nr. 15/15.07.1991.

Schröder, Burkhard, 1992: Rechte Kerle. Skinheads, Faschos, Hooligans. Reinbeck bei Hamburg.

Schubarth, Wilfried/Pschierer, Ronald/Schmidt, Thomas, 1991: Verordneter Antifaschismus und die Folgen. Das Dilemma antifaschistischer Erziehung am Ende der DDR, in: APuZ, Nr. B 9/1991.

Schumann, Frank, 1990: Glatzen am Alex. Berlin.

Seils, Christoph, 1993: Massenmedien und Rechtsextremismus. Die Berichterstattung über die Republikaner in der Süddeutschen Zeitung und der Frankfurter Rundschau. Diplomarbeit, Fachbereich Politische Wissenschaft, FU-Berlin.

Siegler, Bernd, 1991: Auferstanden aus Ruinen ... Rechtsextremismus in der DDR. Berlin.

Siegler, Bernd, 1993: Das rechte Netz, in: *Bündnis 90/Die Grünen* (Hg.): Rechte Gewalt und der Extremismus der Mitte. Bonn.

Stöss, Richard, 1989: Die extreme Rechte in der Bundesrepublik. Entwicklungen – Ursachen – Tatsachen. Opladen.

Stöss, Richard, 1992: Rechtsextreme Einstellungen in Berlin: Thesen und Tabellen, in: *Rolf Busch* (Hg.): „Streetwork im Bermuda-Dreieck". Rechtsextremismus in Berlin. Berlin.

Stöss, Richard, 1993: Rechtsextremismus in Berlin 1990, in: Berliner Arbeitshefte und Berichte zur sozialwissenschaftlichen Forschung Nr. 80. Zentralinstitut für sozialwissenschaftliche Forschung, FU-Berlin.

Stock, Manfred/Mühlberg, Philipp, 1990: Die Szene von Innen. Skinheads, Grufties, Heavy Metals, Punks. Berlin.

Studie über Erkenntnisse der Kriminalpolizei zu neofaschistischen Aktivitäten in der DDR (1989). Berlin (Ost) Ms.

Sturzbecher, Dietmar/Dietrich, Peter, 1992: Die Situation von Jugendlichen in Brandenburg, hrsg. von der Brandenburgischen Landeszentrale für politische Bildung. Potsdam.

Sturzbecher, Dietmar/Dietrich, Peter/Kohlstruck, Michael, 1994: Jugend in Brandenburg 93, hrsg. von der Brandenburgischen Landeszentrale für politische Bildung. Potsdam (im Erscheinen).

Süß, Walter, 1993: Zu Wahrnehmung und Interpretation des Rechtsextremismus in der DDR durch das MfS, in: *Der Bundesbeauftragte für Unterlagen des Staatssicherheitsdienstes der ehemaligen DDR* (Hg.): Reihe B. Analysen und Berichte Nr. 1/1993.

Tarrow, Sidney, 1991: Kollektives Handeln und politische Gelegenheitsstruktur in Mobilisierungswellen: Theoretische Perspektiven, in: Kölner Zeitschrift für Soziologie und Sozialpsychologie 4/1991.

Verfügung des Bundesministers des Inneren vom 10.12.1992 „Bundesminister Rudolf Seiters verbietet rechtsextremistische Vereinigung 'Deutsche Alternative'", hrsg. vom Pressedienst im Bundesministerium des Inneren. Bonn.

Wagner, Bernd, 1993: Extreme in Rechts – Die DDR als Stufe zum Heute, in: *Robert Harnischmacher* (Hg.): Angriff von Rechts. Rechtsextremismus und Neonazismus unter Jugendlichen Ostberlins. Rostock.

Wettstädt, Rolf/Fraktion Bündnis 90 im Landtag Brandenburg (Hg.), 1992: Rechts – Rechts – Rechts. Rechtsextremismus in Brandenburg. Potsdam.

Willems, Helmut, 1992: Fremdenfeindliche Gewalt: Entwicklung, Strukturen, Eskalationsprozesse, in: Gruppendynamik 4/1992.

Willems, Helmut/Würtz, Stefanie/Eckert, Roland, 1993: Fremdenfeindliche Gewalt: Eine Analyse von Täterstrukturen und Eskalationsprozessen. Forschungsbericht, hrsg. vom Bundesministerium für Frauen und Jugend. Bonn.

Wolf, Christa, 1976: Kindheitsmuster. Berlin/Weimar.

Wolf, Christa, 1986: Die Dimension des Autors. Essays und Aufsätze, Reden und Gespräche 1959-1985. Bd. II Berlin/Weimar.

Wolf, Christa, 1990: Reden im Herbst. Berlin/Weimar.

III.
Jugend, Frauen, Neue Rechte und Rechtsextremismus

Arno Klönne

Jugend und Rechtsextremismus

In der veröffentlichten Meinung gelten rechtsextreme Orientierungen bei Jugendlichen weithin als überraschend auftretende Phänomene der neunziger Jahre. In ihnen komme, so wird dieses scheinbare Novum gedeutet, ein politisch-kultureller Wertewandel im Zuge des Wechsels der Generationen und zugleich eine „Modernisierung" des Rechtsextremismus zum Ausdruck.

Nun ist zweifellos seit etlichen Jahren in der Bundesrepublik Deutschland, in ihren beiden Teilgesellschaften, ein Anstieg von Gewalttaten Jugendlicher mit mehr oder weniger diffusem, rechtsextremem weltanschaulichen Hintergrund zu verzeichnen, ebenso ein Vordringen rechtsextremer Äußerungen und Symbole in jugendliche Alltagskulturen. Zu vermuten ist, daß ethno-nationalistische, rassistische, anti-liberale und sozialdarwinistische Weltbilder bei der gegenwärtigen Jugendgeneration in Deutschland an Boden gewonnen haben, verglichen mit der Jugendzeit ihrer Elterngeneration sowohl in der Alt-Bundesrepublik als auch in der DDR.

Genaueres läßt sich aber zu einem solchen Vergleich aufgrund der dürftigen Quellenlage und forschungsmethodischer Schwierigkeiten nicht sagen. Keinesfalls läßt sich bei näherem Hinsehen die Annahme bestätigen, jugendlicher Rechtsextremismus sei in der – geteilten – deutschen Geschichte zwischen 1945 und 1989 nicht vorfindbar gewesen und erst seit der Wieder-Vereinigung, speziell in den Neuen Bundesländern, neu aufgekommen und zum Problem geworden, zuvor seien rechtsextreme Einstellungen und Aktivitäten durchweg nur bei „Ewig-Gestrigen" im Sinne einer noch im „Dritten Reich" sozialisierten Altersgruppe zu entdecken gewesen.

Zur Geschichte des jugendlichen Rechtsextremismus seit 1945

Betrachtet man die historische Entwicklung in Westdeutschland, wo rechtsextreme Orientierungen im Unterschied zur Sowjetischen Besatzungszone bzw. zur DDR einigermaßen offen hervortreten konnten, so zeigt sich, daß es – mit wechselnden „Konjunkturen" – seit der unmittelbaren Nachkriegszeit stets ein Potential rechtsextrem organisierter junger Leute, eine damit verbundene rechtsextreme Jugendpublizistik, militante oder rechtsbrecherische Handlungen junger Rechtsextremisten und darüber hinaus ein breiteres Sympathiefeld für rechtsextreme Leitbilder bei Jugendlichen gegeben hat. Die demokratischen Jugendverbände, politisch sensible Publizisten und zeitweise auch die Justizorgane haben sich mit diesem jugendlichen Rechtsextremismus von den fünfziger bis zu den achtziger Jahren wiederholt und zeitweise intensiv auseinandergesetzt.

Im Jahre 1956 stellte der Bundesjugendring seine Vollversammlung unter das Thema „Nationalsozialismus" und forderte die Jugendgeneration auf, „aktiven Widerstand gegen das Wiedererstehen nationalistischer Ideologien unter jungen Menschen zu leisten"; auf die Ausbreitung von Jugendorganisationen, die „nationalistische, militaristische oder neofaschistische Ziele verfolgen", wurde warnend hingewiesen.

Eigentümlicherweise ist dies alles derzeit kaum noch in Erinnerung, und selbst in der aktuellen wissenschaftlichen Literatur zum Thema wird solcherart „Vorgeschichte" zumeist vernachlässigt, obwohl nicht nur ideologische, sondern auch organisatorische und personelle Kontinuitätslinien vom damaligen jugendlichen Rechtsextremismus, in mehreren Altersschüben, in die Zentren der heutigen rechtsextremen Szene hineinführen.

Die Historie rechtsextremer Jugendorganisationen, Jugendzeitschriften und jugendlicher Aktivitäten in Westdeutschland seit 1945 kann hier nicht im Detail nachgezeichnet werden. Verwiesen sei auf einige zeitgenössische Überblicksdarstellungen und eine zusammenfassende spätere Monographie (Klönne 1958, 1960; Hübner 1966; Dudek 1985). Interessant ist das Verhältnis des jugendlichen Rechtsextremismus in seinen einzelnen Phasen zu den jeweiligen „Jugendstilen" und den zeitgleich existierenden Differenzierungen in der Mentalität der Jugendgeneration insgesamt.

Die bald nach 1945 entstehenden nationalistischen, völkischen und „soldatischen" Jugendorganisationen, überwiegend noch von der „Hitlerjugend-Generation" geprägt, knüpften mehrheitlich an die Formenwelt der „bündischen" Jugend an, die aus der Wandervogel-Jugendbewegung und der Pfadfinderei in Deutschland hervorgegangen war. Für rechtsextreme Jugendorganisationen wie „Wiking-Jugend" und „Bund heimattreuer Jugend" (die auch heute noch bestehen) waren Wanderfahrten und Lagerfeuer, Volkstanz und Heimatabend selbstverständliche Komponenten eines „völkischen Jugendlebens". Die Staatsjugendorganisation des „Dritten Reiches" hatte sich solcher „bündischer" Formen bedient und diesen ihre zeitweilige Attraktivität zu verdanken. Die Bünde selbst aber hatte der NS-Staat aufgelöst oder verboten und „bündische Umtriebe" illegaler jugendlicher Gruppen verfolgt. Durch eben diese historische Erfahrung hatte sich aber das Gros der „bündischen" Gruppen nach 1945 von nationalistisch-völkischen Traditionen gelöst und politisch liberalen, kulturell internationalen Orientierungen geöffnet. Der Anziehungsfähigkeit des derart veränderten „bündischen Milieus" hatten die rechtsextremen Jugendorganisationen der fünfziger Jahre wenig entgegenzusetzen, und so blieben sie relativ isoliert und verloren immer wieder Gruppen an die nicht dem Rechtsextremismus anhängenden, in diesem „bündischen" Milieu tonangebenden freiheitlichen Bünde, mit Verzögerungseffekten auch noch in den sechziger und siebziger Jahren.

Zu dieser Zeit war allerdings das „bündische Milieu" zusehends schon unter den Druck des neuen „Jugendstils" der antiautoritären Studenten- und Schülerbewegung geraten und von Auflösungserscheinungen bestimmt (von denen es sich erst in den achtziger Jahren wieder erholte). Der jugendliche Rechtsextremismus, soweit er organisations-politisch agierte, gab in den siebziger Jahren seine Fixierung auf „bündische" Formen auf (was nicht heißt, daß sich sämtliche rechtsextremen Jugendorganisationen von diesen getrennt hätten) und diversifizierte sich gewissermaßen: Erstens machten sich studentische und intellektuell ambitionierte Kreise der jungen Generation des Rechtsextremismus daran, den Habitus der „Achtundsechziger" für sich zu vereinnahmen und der „Neuen Linken" eine „Neue Rechte" nachfolgen zu lassen, ideologisch vornehmlich im Rückgriff auf die „konservative Revolution" der zwanziger Jahre. Zweitens öffnete sich die rechtsextreme Jugend-„Pädagogik" den bis dahin als „undeutsch" abgelehnten neuen Jugendkulturen aus den angelsächsischen Ländern (Rock, Skin etc.) und gewann dadurch Anschluß an die Jugend-„Szene"; drittens suchten militante, meist im engeren Sinne neonazistische Jugendgruppen Kontakt zu „randständigen", illegalem Handeln zuneigenden Jugendlichen und stellten so die Voraussetzungen für einen gewaltorientierten Flügel in der Front des jungen Rechtsextremismus her, mit fließenden Übergängen zu einer spontanen, gefühlsmäßig und nicht organisatorisch rechtsaußen angesiedelten Jugendgewalt.

Die „Modernisierung" des jugendlichen Rechtsextremismus war damit erfolgreich in Gang gesetzt, zum Teil – so ist den historischen Quellen zu entnehmen – bewußt in einer kulturrevolutionären und zugleich arbeitsteiligen Methodik.

Die verspätet wahrgenommene „Modernisierung" der Jugendszenen rechtsaußen

Detaillierte Beschreibungen oder analytische Interpretationen dieses „Modernisierungs"-Prozesses im deutschen jugendlichen Rechtsextremismus im Verlauf der siebziger Jahre sind unter der insgesamt reichhaltigen Literatur über „Jugend rechtsaußen", die seit Ende der achtziger Jahre hierzulande produziert worden ist, nicht zu entdecken. Es fehlt auch jede Thematisierung eines zu vermutenden Bedingungszusammenhanges für die zunehmende jugendkulturelle Reichweite und Tragfähigkeit rechtsextremer Verhaltensstile und Ideologiekomponenten, nämlich des Rückganges oder Einflußverlustes der traditionellen wie auch der „antiautoritär" umgeformten demokratischen Jugendarbeit, zeitgleich mit dem „Geländegewinn" rechtextremer Jugend-„Pädagogik" zwischen etwa 1975 und 1985 verlaufend. Daß die demokratischen Jugendverbände in dieser Phase massiv an Potential verloren haben, wurde freilich bis heute hin insoweit verdeckt, als hauptamtliche Mitarbeiter und Mitarbeiterinnen, deren Zahl im Zuge der Professionalisierung von Jugendarbeit erheblich anwuchs, durch eine Vielzahl von Projekten verbandliche Präsenz demonstrieren. Dennoch hat sich unverkennbar die Bedeutung demokratischer Jugendarbeit für die Lebenswelt von Jugendlichen erheblich verringert, wofür die Aktivitäten der Gewerkschaftsjugend – oder besser: deren Rückläufigkeit – nur ein Beispiel bilden. Es spricht nichts dafür, daß rechtsextreme Jugend-„Pädagogik" die demokratische Jugendarbeit in der direkten Auseinandersetzung verdrängt hätte. Vielmehr scheint es so gewesen zu sein, daß der Bedeutungsverlust der „Angebote" demokratischer Jugendverbände Terrain freigegeben hat, in dem nun – in indirekter Nachfolge – rechtsextreme Offerten ihren Platz finden konnten.

Der Mangel an Beachtung dieses Vorganges in der beschreibenden oder deutenden aktuellen Literatur mag damit zusammen hängen, daß forschende Interessen sich angesichts der fremdenfeindlichen Gewalttaten Jugendlicher (genauer müßte man sagen: angesichts deren Zunahme) seit 1989 auf die Verbindung von jugendlicher Kriminalität dieser Art und rechtsextremen Weltbildern konzentrierten und dabei zeitweise die Problemlage als „DDR-Nachfolgelast" (miß-)verstanden.

Die begünstigenden Voraussetzungen, die das Politikmuster der DDR mit seinem erziehungsdiktatorischen „Antifaschismus" und dann auch die spezifischen sozialen Verhältnisse der ostdeutschen Gesellschaft im Umbruch zur „Marktwirtschaft" einem Eindringen rechtsextremer Orientierungen in die dortige Jugendszene bereitstellten, sind nicht zu verkennen (siehe etwa Heinemann/Schubarth 1992; Melzer 1992; Förster u.a. 1993). Identifizierbar sind aber auch die Importlinien vom „Westen" her, die das rechtsextreme Angebot für Jugendliche in den Neuen Bundesländern beherrschen; von einer ostdeutschen jugendkulturellen oder ideologischen Eigenproduktion kann hier keine Rede sein. Das gilt auch für die rechtsextremen Beimischungen der ostdeutschen Skin-Szene noch vor dem Untergang der DDR.

Um auf die westdeutsche Entwicklung vor dem „Rückruf" in die national-deutsche Gemeinsamkeit zurückzukommen: Einige Studien über jugendliche Rechtsextremisten, die Anfang der achtziger Jahre herauskamen, inzwischen aber leider kaum noch Aufmerksamkeit finden, haben den stilistischen und mentalen Wandel im Jugendrechtsextremismus, die darin auch steckende Zunahme von ideologischer Breitenwirkung einerseits, Gewaltbereitschaft andererseits, sowie die daraus sich ergebenden gesamtgesellschaftlichen Risiken recht zutreffend charakterisiert (Dudek/Jaschke 1982; Hennig 1982; Dudek 1985), ohne allerdings mit den geäußerten Warnungen den vorherrschenden politisch-pädagogischen Diskurs sonderlich beeindrucken zu können. Hinzuweisen ist hier insbesondere auf die sozialbiographische Rekonstruktion rechtsextrem-militanter jugendlicher „Karrieren" bei Hennig, ferner

auf die Skizzierung von Interdependenzen rechtsextremer jugendlicher Leitbilder und Gesinnungen „in der Mitte der Gesellschaft" bei Dudek.

Vorausschauende Hypothesen zur Fähigkeit des jugendlichen Rechtsextremismus, die lange Zeit bestehende Isolation hinter sich zu lassen, sind
frühzeitig formuliert worden: „Militante Ausbrüche und Gewaltaktionen (jugendlicher Rechtsextremisten) können zu symbolischen Ersatzhandlungen
einer ausländerfeindlichen und autoritär strukturierten Massenmentalität
werden" (Dudek/Jaschke 1982: 79).

Die erste empirische Untersuchung Heitmeyers über „rechtsextremistische Orientierungen bei Jugendlichen" (Heitmeyer 1987), deren Rezeption
und Fortführung wenige Jahre später in der veröffentlichten Meinung allent-
halben beachtet wurde, galt noch einige Zeit nach ihrem Erscheinen als
thematisch eher abseitig. Die Bedingungen und Verlaufsformen rechtsextremer politischer Sozialisation von Jugendlichen kamen dem Mainstream der
Wissenschaft und deren Popularisierung als wenig interessant vor.

Die Gründe für ein solches Desinteresse sind auf einer allgemeinen Ebene
in der bis etwa 1990 in Westdeutschland, im Zwischenraum von Wissenschaft
und politischem Zeitgefühl, dominanten Erwartung der „vollendeten Zivilgesellschaft" zu suchen, einer epochalen Trendannahme, die ihre liberal-kon-
servativen und ihre „rot-grünen" Varianten hatte.

Im Rahmen einer solchen Situationsdeutung war es logisch (wenn auch
empirieabgewandt), den Rechtsextremismus insgesamt als „Restphänomen",
als unerfreuliche Hinterlassenschaft einer gesellschaftsgeschichtlich-formativ
abgeschlossenen Epoche (nämlich der faschistischen oder nationalsozialistischen) wahrzunehmen – oder höchstens als randläufige Rückständigkeit einer
„unbewältigten deutschen Vergangenheit". Wenn aber Rechtsextremismus
so gedeutet wurde, dann war es plausibel, ihn speziell im Hinblick auf die
Jugendgeneration als nicht sonderlich riskant zu betrachten. Im Zuge einer
Ablösung der noch vom „Dritten Reich" beeinflußten älteren Generation, so
wurde vielfach angenommen, werde sich die „zivilgesellschaftliche Moder-
nitätslücke" endgültig auf angenehm liberale Weise ausfüllen.

Der Mangel an Wahrnehmung rechtsextremer Risiken in der Mentalitäts-
entwicklung der Jugendgeneration hatte aber auch seine methodischen Gründe. Selbst die sozialwissenschaftliche Sichtweise der Befindlichkeit junger
Menschen war überwiegend immer noch auf die „Offizialkultur" eingestellt
und nahm subkulturelle Erscheinungen und Veränderungen kaum zur Kenntnis. Kennzeichnend für dieses Defizit ist die völlig verspätete Einsichtnahme
in die Wirksamkeit des Rechts-Rocks und der Skin-Fanzines.

Zudem hatten sich Wissenschaft, Pädagogik und Politik in ihrer großen
Mehrheit daran gewöhnt, Verhaltensauffälligkeiten bei Teilen der Jugendgeneration, selbst wenn diese sich politisch artikulierten, als für die ideologisch
und machtpraktisch hegemonialen Strukturen letzten Endes unerheblich anzusehen. Schließlich hatten ja die „Halbstarken" der fünfziger Jahre die Sta-

bilität der Wirtschaftswundergesellschaft nicht erschüttern können, und die linksrebellische Studenten- und Schülerbewegung von „1968" hatte, obwohl nach dem Umsturz des Kapitalismus verlangend, insgesamt eher zur Modernisierung und damit Bestätigung der „Marktgesellschaft" beigetragen – von einer kleinen terroristischen Minderheit abgesehen.

Soweit es um die regierende liberal-konservative oder national-konservative Politik in der Bundesrepublik geht, ist mitzubedenken, daß deren Gesellschaftsdeutungen es kaum zuließen, Rechtsextremismus bei Jugendlichen rechtzeitig als bedrohliches Phänomen zu definieren. Die gewalttätige Ausformung rechtsextremer Orientierungen bei jungen Leuten paßte nicht in das Bild einer „Bedrohung der Demokratie durch linksterroristische Gewalt", zumindest dann nicht, wenn darin die „Feindlage" eindeutig auf die Linke hin gezeichnet bleiben sollte. Der seriös und legal auftretende, gerade der intellektuell anspruchsvolle Angriff auf die „liberale Zerfallsgesellschaft" durch eine extreme „junge Rechte" wiederum mußte der Wahrnehmung vorenthalten bleiben, weil sonst der Blick auf die Schnittmengen zwischen der „konservativ-revolutionären" Ideologie und dem National-Konservativismus hätte fallen können. Soweit in den Jugendstudien zu Anfang der achtziger Jahre, etwa den Untersuchungen des SINUS-Instituts und des Jugendwerks der deutschen Shell, zum Rechtsextremismus neigende Einstellungen bei Jugendlichen festgestellt wurden, beruhigte sich die offizielle Politik mit der Feststellung, daß es sich hier um minoritäre Mentalitäten handele.

Erklärungsangebote und Kontroversen Anfang der 90er Jahre

Inzwischen hat sich die Konstellation soweit verändert, daß auch Liberalkonservative und Nationalkonservative im jugendlichen Rechtsextremismus eine Gefahr sehen, wobei sie diese freilich interpretativ ein wenig mildern durch die Sprachregelung, den rechtsextremen Tendenzen müsse ebenso entgegengetreten werden wie dem Linksextremismus. Zur veränderten Risikoeinschätzung hat zweifellos beigetragen, daß Gewaltakte Jugendlicher mit fremdenfeindlichem Hintergrund seit 1989 in der Bundesrepublik ein Ausmaß angenommen haben, das international Aufsehen erregte und insofern dem Image des „Wirtschaftsstandortes" Bundesrepublik Schaden zufügen kann. Beunruhigung erzeugte aber auch die Tatsache, daß sich in zunehmendem Umfange Jungwähler den rechtsextremen Parteien zuwenden und zugleich in der nachwachsenden Generation Verdruß über die etablierten Parteien sich ausbreitet, was im Anwachsen der Nichtwählerschaft in dieser Altersgruppe einen Ausdruck findet. Der damit einhergehende Legitimationsverlust auch der konservativen Parteien kann die wahlpolitische Basis der gegenwärtigen Bundesregierung gefährden oder den Zwang zur Bildung einer Großen Koalition herbeiführen.

Infolgedessen nimmt auch das konservative politische Spektrum, soweit es sich an die Unionsparteien oder die FDP gebunden fühlt, das Problem „Jugend und Rechtsextremismus" inzwischen ernst und sinnt auf „Abhilfe", was Erklärungen und Deutungen voraussetzt, wie es denn zur Ausbreitung von rechts-extremen Orientierungen bei jungen Menschen gekommen sei und auf welche Weise man diesen entgegenarbeiten könne.

Dabei tritt allerdings eine Verengung des Blicks auf den gewaltförmigen jugendlichen Rechtsextremismus auf. Dieser stellt in seinen unmittelbaren Folgen gewiß das aktuell gewichtigste Gefahrenpotential dar; eine längerfristig wirksame Auseinandersetzung mit rechtsextremen Risiken in der Jugendgeneration setzt aber eine breiter angelegte Sichtweise und Differenzierung voraus. Derzeit ist etwa folgende Aufgliederung der rechtsextremen Jugendszenen zu erkennen: 1. Jugendliche Anhänger rechtsextremer Weltbilder und Verhaltensmuster in flukturierenden Cliquen des „Skin-" oder „Rock"-Stils, mit diffusen organisatorischen Neigungen oder in Distanz zu den Organisationen. 2. Militante jugendliche Mitglieder „neonationalsozialistischer" oder „nationalrevolutionärer" Gruppierungen, die sich an historischen Vorbildern (etwa der frühen SA) orientieren. Individuelle Gewaltanwendung gehört nicht durchweg zum Repertoire dieser Richtung. 3. Jugendliche Gefolgsleute der legalistisch agierenden rechtsextremen Parteien oder Organisationen, etwa der „Republikaner". 4. Aktivisten und Anhänger einer intellektuell und seriös auftretenden „Jungen Rechten", mit Verbindungen auch zu studentischen Gruppen. Die sich selbst als „konservativ-revolutionär" definierende Zeitung „Junge Freiheit" stellt den Sammelpunkt dieser Szene dar. 5. Zu einzelnen rechtsextremen Auffassungen tendierende junge Leute in politisch nicht gebundenen Jugendgruppen konservativer, „heimattreuer" oder kirchlich-fundamentalistischer Prägung.

Zwischen diesen Szenen bestehen nicht unbedingt Trennlinien, sondern es existieren Querverbindungen, Übergänge und Doppelzugehörigkeiten, dennoch dürfen Unterschiede in ideologischer und jugendkultureller Hinsicht nicht vernachlässigt werden.

Der gegenwärtige diskurspolitische Stand beim Thema „Jugend und Rechtsextremismus" ist ein Musterbeispiel „neuer Unübersichtlichkeit". Die Konflikte um „Interpretationsmacht" in dieser Sache fügen sich nicht in die parteipolitischen Entgegensetzungen ein; herkömmliche sozialphilosophische Grenzlinien halten neuen Erkenntnissen nicht stand; „Traditionalisten" und „Modernisten" in Sachen Jugenderziehung werden in ihren Argumenten austauschbar; empirisch gestützte Hypothesen und weitgreifende, freischwebende Eindrucksurteile treten in Vermengungen auf, die kaum noch Unterscheidungen zulassen.

Im folgenden wird der Versuch gemacht, einige gängige – teils wissenschaftliche, teils politisch-feuilletonistische – Deutungsangebote zum Thema knapp vorzustellen und auf ihre argumentative Haltbarkeit hin zu überprüfen. Verzichtet wird dabei auf eine Auseinandersetzung mit der allerdings modisch werdenden Auffassung, in jugendlicher Neigung zu (nicht nur, aber häufig auch rechtsextrem motivierter) Brutalität zeige sich einmal mehr die Abgründigkeit menschlichen Wesens. Diese „Wiederentdeckung des Bösen", vornehmlich von intellektuellen Enttäuschungen über den raschen Zusammenbruch zivilgesellschaftlicher Euphorie angeregt, ist wegen ihrer anthropologisierenden Generalität undiskutabel.

Großer Beliebtheit erfreut sich seit Anfang der 90er Jahre die in etlichen Abwandlungen auftretende Interpretation des jugendlichen Rechtsextremismus als einer unbeabsichtigten Folge der links zu verortenden antiautoritären Bewegung von „1968". Diese Version wird zum Teil im Sinne einer politischen „Pendelschlagtheorie" vertreten (eine radikal linke Tendenz habe im Gegenschlag das rechte Extrem herbeigeführt); die „Ausschläge" des „Pendels" werden dabei häufig in ihrer politischen Qualität gleichgewichtet. So beklagte z.B. Konrad Adam in der „Frankfurter Allgemeinen", daß der Staat mit „den Bewohnern der Hafenstraße Duldungsverträge" abschließe, nicht aber „mit den Rabauken von Hoyerswerda".

Dieselbe Erklärung des jugendlichen Rechtsextremismus heute als einer Nachwirkung jener „Kultur-Revolution", die mit dem Datum „1968" angedeutet ist, wird vielfach aber auch in einer sozusagen sozialisationstheoretischen Variante verbreitet: Die Auflösung erzieherischer Autorität in Familie und Schule und die Diskreditierung traditioneller „Tugenden" habe ein moralisches Vakuum geschaffen, in dem nun eine aggressive und gewaltbereite Weltanschauung sich ansiedeln könne. (Von Politikern wie Alfred Dregger und Manfred Kanther wird diese Deutung verschwörungstheoretisch variiert; ihnen zufolge war es die „Frankfurter Schule", die da zersetzend tätig wurde.)

Die politischen Verwertungsinteressen, die sich mit der Argumentation, jugendlicher Rechtsextremismus in der Gegenwart sei eine Spätfolge des Umbruchs von „1968", leicht verbinden lassen, sind unschwer zu erkennen. Es dürfte auch nicht schwer fallen (sofern man den Sinn für sozialgeschichtliche Analyse nicht völlig verloren hat), die methodischen Schwächen und Ungereimtheiten dieses Erklärungsangebotes zu identifizieren (dazu etwa Roland Merten in: Otto/Merten 1993: 140). Die Erosion der herkömmlichen Familienstruktur, der Strukturwandel im Sozialisationsbereich, die Schule eingeschlossen, und der Geltungsrückgang traditioneller Erziehungswerte sind Vorgänge, die in allen hochentwickelten, zur Zeit mit dem Attribut „postindustriell" vage gekennzeichneten Gesellschaften ablaufen, ursächlich offenbar unabhängig von dem historischen Auftreten (oder Nichtauftreten) einer antiautoritären Studenten- und Schülerbewegung. Die Aufforderung, erzieherische Autorität in ihren traditionellen Formen zu rekonstituieren, ist demgegenüber hilflos oder ablenkend. Im Hinblick auf traditionelle, als spezifisch „deutsch" geltende „Tugenden" ist zu bedenken, daß eben diese es sind, auf die sich der Rechtsextremismus positiv bezieht. Sie wären also auf ihre Verträglichkeit mit einer gegen den Rechtsextremismus gerichteten Pädagogik hin näher zu untersuchen. Auch die soziale Verlagerung von Sozialisations-„Instanzen" wäre in die Untersuchung einzubeziehen, der erhebliche Bedeutungsgewinn zu berücksichtigen, den sozialisatorisch sowohl die Peer-group als auch die massenmediale Prägung zu verzeichnen haben. Schließlich wäre zu fragen, welche Tragfähigkeit „ideale" Werte in der „Gemeinschaft" von Familie und Schule haben können, wenn sie lediglich als Kontrastprogramm zu ganz anderen, in der Realitätsebene von „Gesellschaft" vorherrschenden Verhaltensanforderungen existieren.

Einen Bedingungszusammenhang mit „1968" unterstellt auch jene Deutung des aktuellen jugendlichen Rechtsextremismus, die diesen als Ausdruck von Identitätssuche in der konflikthaften Generationenfolge versteht. Die „männlich-kriegerische", politisch nach rechtsaußen ausgerichtete Verhaltensweise Jugendlicher heute erscheint hier als Selbstbewußtsein verschaffende Reaktion auf die „Ökopax"-Identität bzw. die antiautoritär-linke Identität „der" Generationen, denen Eltern oder Lehrer und Lehrerinnen angehören (siehe etwa Morshäuser 1992). Fragwürdig ist an diesem Bild schon die verallgemeinernde Zeichnung von Generationenmentalitäten. Die „68"er Orientierungen haben keineswegs die gesamte Altersgruppe der damals Heranwachsenden geprägt, und die darauf folgende Generation von Jugendlichen war nicht insgesamt ökologisch-pazifistisch gesonnen; ebensowenig ist Rechtsextremismus ein Kennzeichen „der" heutigen Jugendgeneration. Wollte man die behaupteten Reaktionszusammenhänge zwischen den Generationen herausfinden, so müßte man zunächst einmal feststellen, inwieweit die betreffenden Teilgruppen innerhalb der jeweiligen Generationen im Sozialisationsprozeß miteinander verknüpft waren oder sind.

Gewichtiger noch ist ein anderer Einwand: Rechtsextreme und auch gewaltorientierte Einstellungen sind gegenwärtig erstens kein Spezifikum Jugendlicher und zweitens keine Besonderheit derjenigen Gesellschaften, in denen zuvor antiautoritäre oder ökologisch-pazifistische Bewegungen eine Rolle gespielt haben. Im Einzelfall kann für die „Rechtswende" eines Jugendlichen heute die Rebellion gegen „linke" Eltern oder Pädagogen durchaus eine Bedeutung haben, aber der Trend hin zum Rechtsextremismus insgesamt ist damit nicht erklärbar. Gesamtgesellschaftlich wäre eine im Gegenüber der Generationen sich vollziehende Radikalisierung der Jugend nach rechts hin am ehesten plausibel in den ehemals staatssozialistischen Gesellschaften, wenn dort „die Alten" für das Desaster mit „linksradikalen" geschichtlichen Experimenten verantwortlich gemacht würden. Eine solche politische Polarisierung zwischen den Generationen ist aber derzeit im Nachlaßterrain des

Staatssozialismus nicht feststellbar; die politischen Fronten verlaufen dort
anders.

Auf spezifisch deutsche historisch-politische „Versäumnisse" nimmt eine
andere Deutung des jugendlichen Rechtsextremismus Bezug, die Martin Walser beispielsweise emphatisch unter die Leute bringt: Die brutale Ausformung
von Nationalismus bei Jugendlichen sei, so wird hier argumentiert, eine
kompensatorische Handlung, verursacht durch einen Verzicht der „offiziellen" politischen Kultur in Deutschland auf „Nationalbewußtsein".

Diese Erklärung ist in erheblichen Teilen des deutschen politischen Spektrums derzeit zustimmungsfähig, bis hin zum „seriösen" Sektor des Rechtsextremismus selbst; beweiskräftig ist sie damit allerdings nicht, und forschend
einsetzbare Begriffe oder überprüfbare Hypothesen sind hier nicht zu finden.
Für die Behauptung, das „nationale Anliegen" sei im Diskurs der Bundesrepublik „nicht zugelassen" und in der Alt-Bundesrepublik wie in der DDR
geradezu „ausgegrenzt" gewesen und eben deshalb bleibe jungen Menschen
mit „gesundem Nationalgefühl" nichts anderes übrig, als „Gebrüll und
Brandsätze" zur Hilfe zu nehmen (Martin Walser), enthält die historische
und die aktuelle Ideologielage in Deutschland keine Belege. Eine minoritäre
„antipatriotische" politische Teilkultur ist nicht mit „dem" Diskurs in der
deutschen Gesellschaft gleichzusetzen. Rechtsextreme Orientierungen sind
auch bei jener älteren Generation in Deutschland zu finden, die „Antipatrio-
tismus" in ihrer politischen Sozialisation gar nicht kennengelernt hat.

Plausibel scheint auf den ersten Blick nur eine ganz bestimmte Abwand-
lung der oben skizzierten „Überkompensations"-Deutung, nämlich diese: Es
sei die von der offiziellen Politik und politischen Bildung proklamierte Kritik
der NS-deutschen Vergangenheit, die einen „Bruch" mit der Geschichte der
eigenen Nation verlangt und, in der Re-Aktion darauf, einen aggressiven
„Stolz auf Deutschland" erzeugt habe. Aber wie ist dann der Rechtsextremismus als aktuell sich ausbreitende Tendenz in Gesellschaften zu erklären,
in denen solcherart „Vergangenheitsbewältigung" kein Problem darstellt?

Hinzu kommt, daß in der Alt-Bundesrepublik – und auf andere Weise
auch in der DDR – schon seit Jahren die offizielle Politik zum Teil darauf
abzielte und die gegenwärtige gesamtdeutsche politische Repräsentation zu
noch größeren Teilen bestrebt ist, diskurspolitisch Nationalstolz zu pflegen
(und auch „aus dem Schatten Hitlers" hinauszutreten). Es spricht vieles dafür,
daß die so geweckten Emotionen dem Rechtsextremismus eher Auftrieb geben als daß sie ihn zurückdrängen könnten.

Zur Forschungslage und deren Defiziten

Die von Wilhelm Heitmeyer betriebenen oder angeleiteten Untersuchungen
über rechtsextreme Verhaltensmuster und Weltbilder bei Jugendlichen ver-

weisen darauf, daß durchaus Zusammenhänge zwischen dem gegenwarts-
geformten Hervortreten derartiger Mentalitäten im individuellen Fall und
einer gesamtgesellschaftlich tradierten, „historischen" Ausformung von „Nationalbewußtsein" zu erkennen sind. Insofern scheint mir auch der von Birgit
Rommelspacher erhobene Vorwurf (etwa in Breyvogel 1993), Heitmeyer
klammere die „Dominanzkultur" als Entstehungsfeld rechtsextremer Einstellungen aus, nicht zutreffend. Heitmeyers Studien zum Thema, wenngleich
sie in manchen methodischen und theoretischen Fragen kritikbedürftig sind,
stellen bislang die wichtigsten Ansätze zur Erforschung der Sozialisations-
kontexte des jugendlichen Rechtsextremismus dar (Heitmeyer 1987, 1992,
1993).

Hervorgehoben werden hier vor allem die „desintegrierenden" Folgen
der erneuten epochalen „Modernisierung", die problematischen – singulari-
sierenden – Effekte der „Individualisierung" von Lebensentwürfen und sozialen Beziehungen, auch des Wegfalls herkömmlicher „kollektiver" Milieus
(das der gewerkschaftlich geprägten Industriearbeiterschaft eingeschlossen).
Aus der Sicht Heitmeyers führen Isolationserfahrungen und „instrumenta-
listische" Leitbilder bei Jugendlichen leicht zu „Anschlußstellen" für rechtsextreme Ideologieangebote, bei denen das „Recht der Stärkeren", die „Na-
turnotwendigkeit von Ungleichheit" und Gewaltakzeptanz im Mittelpunkt
stehen. Heitmeyer beschreibt „gesellschaftliche Desintegration" als Auflö-
sungsprozeß von Beziehungen zu anderen Personen oder von herkömmlichen
Lebenszusammenhängen (z.B. Familie), als Distanzierung von der Teilnahme
an institutionalisierter gesellschaftlicher Entscheidung (z.B. Wahl) und als
Erosion der Verständigung über gemeinsame Wert- und Normvorstellungen.
Bei Jugendlichen könne dies dazu führen, daß Handlungsunsicherheit sich
in „Gewißheitssuche", Ohnmachtserfahrung in Gewaltverlangen, Vereinze-
lung in den Drang nach „natürlicher" (etwa nationaler) Zugehörigkeit trans-
formiere. Die rechtsextreme Ideologie könne Jugendlichen, die diesem desintegrierenden Druck ausgesetzt sind, „Sicherheit", „Überlegenheit" und
„Stärke" anbieten und verlagere dabei den Druck auf andere, die von den
„Starken" als „unterwertig" definiert und ausgegrenzt oder angegriffen werden.

Gegen Heitmeyers Erklärungsansatz ist der Einwand gebracht worden,
es seien – auch nach seinen eigenen empirischen Befunden – nicht so sehr
„verunsicherte" Jugendliche, die sich rechtsextremen Weltbildern zuwenden.
Zudem sei die Annahme der „Integration" Jugendlicher in einer noch nicht
„individualisierten" Lebenswelt bei Heitmeyer unzutreffend idyllisch. Zu
fragen ist, ob der Begriff der „Desintegration" (der ja „Integration" als Posi-
tivum unterstellt) die gemeinten Vorgänge vielleicht eher überdeckt als erhellt, zumal rechtsextrem fühlende oder denkende Jugendliche ja durchaus
in eine bestimmte traditionelle und aktuelle Linie politischer Weltanschauung
integriert sind und diese vielleicht nur im Verhaltensstil durchbrechen.

Ergänzend hierzu ist (so etwa Leiprecht 1990) zu Recht betont worden, daß rechtsextreme Reaktionen auf den Prozeß der „Modernisierung" nicht nur bei solchen Jugendlichen auftreten, die zu den „Verlierern" dieses Vorganges gehören, sondern im Zuge sozialer Segmentierung auch bei denjenigen, die ein „Gewinnerrevier" verteidigen oder ausbauen wollen (also bei sogenannten – der Begriff kommt mir fragwürdig vor – „Wohlstandschauvinisten").

Soweit es um rechtsextreme Gewalttaten Jugendlicher geht, sind Überlegungen erhellend, die – über das Phänomen Rechtsextremismus hinausgreifend – Gewalthandeln als gesellschaftlich und individuell wiederum zerstörerische Suche nach „jugendlicher Identität" in einer Welt „neuer Unübersichtlichkeit" deuten (Heil 1993) oder als jugendtypisches Symptom des „Zerfalls der zivilen Gesellschaft" kennzeichnen (Eisenberg/Gronemeyer 1993).

Daß die Untersuchung des jugendlichen Rechtsextremismus auch auf Einsichten in die gegenwärtigen jugendlichen Subkulturen angewiesen ist, wurde nur langsam begriffen. Inzwischen liegen dazu informative Sozialreportagen vor, die gerade insoweit aufschlußreich sind, als sie sich – etwa im Hinblick auf die Skins – nicht auf rechtsextreme Phänomene in diesen Szenen beschränken (Farin/Seidel-Pielen 1991, 1993; Schröder 1992).

Auf die Hilflosigkeit eines an der Vergangenheit sich ausrichtenden politischen und pädagogischen „Antifaschismus" angesichts der Mentalitätshintergründe und gesellschaftlichen Bedingtheiten des heutigen jugendlichen Rechtsextremismus ist überzeugend hingewiesen worden (Möller 1989, 1991), was nicht heißt, daß aus solchen Erkenntnissen durchweg bereits Konsequenzen gezogen wären.

Alle bislang vorliegenden empirischen Studien oder Beobachtungen zum Thema leiden darunter, daß geschlechtsspezifische Aspekte vernachlässigt sind oder unterstellt wird, Rechtsextremismus sei ein Spezifikum männlicher Jugendlicher. Immerhin sind in jüngster Zeit Problemskizzen vorgelegt worden, die dazu führen können, diesem Forschungsdefizit abzuhelfen (Birsl 1992, 1993; Hentges 1993).

Will man die hier genannten Beiträge zum Thema in ihrem Erkenntniswert bilanzieren, so läßt sich erstens festhalten: Alle halbwegs systematischen Beschreibungen und Deutungen rechtsextremer Orientierungen bei Jugendlichen lassen keinen Zweifel daran, daß diese weder als „Spätfolgen" von „1968" im Sinne eines durch den Generationswechsel bedingten „Gegenschlages" noch als „kompensatorische", „überzogene" Bemühungen um „Nationalbewußtsein" zu verstehen sind. Ebenso deutlich wird, daß jugendlicher Rechtsextremismus heute kein bloßer Restbestand einer „unbewältigten" deutschen Vergangenheit ist und eine Analogisierung von „jugendlichem" Nationalsozialismus der Dreißiger Jahre und einer „jungen Rechten" der Gegenwart analytisch nicht weiterhilft, zumal Jugendkulturen und gesellschaftliche Bedingungen jugendlicher Sozialisation sich tiefgreifend gewan-

delt haben. Der bisherige Diskussionstand zum Thema und der Forschungsstand, auf den er sich bezieht, lassen zweitens aber auch weitreichendes
„unbekanntes Terrain" hervortreten.

Inwieweit die wieder zunehmende „Selbstverständlichkeit" kriegerischer
Konfliktaustragung in der internationalen Arena und die umsichgreifende
„realistische" Betrachtungsweise der weltweiten materiellen Ungleichheit
(die Meinung also, die Existenzweise der florierenden Sektoren in der Weltgesellschaft sei „beim besten Willen" nicht zu verallgemeinern) gerade bei
der nachwachsenden Generation fragwürdige „Lernprozesse" auslösen und
den Sozialdarwinismus mitsamt seiner gewalttätigen Variante begünstigen,
ist noch gar nicht zum Thema wissenschaftlicher Überlegungen gemacht
worden. Höchstens angedeutet ist bisher eine Thematisierung von „Jugend
und Rechtsextremismus", die im spezifischen deutschen Fall nach dem Wirkungszusammenhang mit „gesellschaftsfähigen" Wiederbelebungen nationaler Machtstaatsphilosophie fragt. Claus Leggewie weist überzeugend darauf hin, daß man rechtsextreme jugendliche Gewalttäter als „extrem normal"
in dem Sinne kennzeichnen kann, daß sie sich als „Ausführende eines unausgesprochenen Konsenses" begreifen (Leggewie in: Otto/Merten 1993:
122).

Es sind kaum Untersuchungen zu der Frage vorhanden, wie denn jugend-
spezifische rechtsextreme Risiken und in der „erwachsenen" Gesamtgesellschaft etablierte Weltbilder und Verhaltensweisen ineinandergebunden sind,
in welcher Weise jugendliche individuelle Gewaltbereitschaft und „erwach-
senengesellschaftliche" strukturelle Gewalt miteinander verknüpft sind und
schließlich, in welchem Verhältnis „auffälliger" oder militanter Rechtsextremismus zu „seriösen", nicht extremistisch erscheinenden Formen eines politischen Sozialdarwinismus steht.

Daß wir hierüber wenig wissen und viele Repräsentanten von Politik,
Wirtschaft, gesellschaftlichen Verbänden und Institutionen auch gar nicht
geneigt sind, diesen Fragen nachzugehen, hat seine schlechten Gründe. Der
verengte Blick auf „Rechtsextremismus und Gewalt" als „Jugendproblem"
oder als „Randständigkeit" schützt vor der unangenehmen Nachdenklichkeit
über die gar nicht „jugendlichen" und auch nicht „randständigen" Hintergründe des derzeitigen Untergangs globaler zivilgesellschaftlicher Hoffnungen. Solange jugendlicher Rechtsextremismus nicht als Bestandteil der gesellschaftlichen – generationsübergreifenden – Normalität wahrgenommen
wird, hat die Auseinandersetzung mit dem Phänomen eben auch Alibifunk-
tionen.

Literatur

Baacke, Dieter, 1987: Jugend und Jugendkulturen. Weinheim.

Birsl, Ursula, 1992: Frauen und Rechtsextremismus, in: Aus Politik und Zeitgeschichte, Ausgabe vom 10.1.1992.

Birsl, Ursula, 1993: Rechtsextremismus ist kein männerspezifisches Phänomen, in: Frankfurter Rundschau, Ausgabe vom 27.11.1993.

Breyvogel, Wilfried (Hg.), 1993: Lust auf Randale. Bonn.

Dudek, Peter/Jaschke, Hans-Gerd, 1982: Jugend rechtsaußen. Bensheim.

Dudek, Peter/Jaschke, Hans-Gerd, 1984: Entstehung und Entwicklung des Rechtsextremismus in der Bundesrepublik, 2 Bde. Opladen.

Dudek, Peter, 1985: Jugendliche Rechtsextremisten. Köln.

Eisenberg, Götz/Gronemeyer, Reiner, 1993: Jugend und Gewalt. Reinbek.

Farin, Klaus/Seidel-Pielen, Eberhard, 1991: Krieg in den Städten. Berlin.

Farin, Klaus/Seidel-Pielen, Eberhard, 1993: Skinheads. München.

Farin, Klaus/Seidel-Pielen Eberhard, 1993: Ohne Gewalt läuft nichts. Köln.

Förster, Peter, u.a., 1993: Jugend Ost – Zwischen Hoffnung und Gewalt. Opladen.

Heil, Hubertus, u.a. (Hg.), 1993: Jugend und Gewalt. Marburg.

Heinemann, Karl-Heinz/Schubarth, Wilfried (Hg.), 1992: Der antifaschistische Staat entläßt seine Kinder. Köln.

Heitmeyer, Wilhelm, 1987: Rechtsextremistische Orientierungen bei Jugendlichen. Weinheim.

Heitmeyer, Wilhelm, u.a., 1992: Die Bielefelder Rechtsextremismus-Studie. Weinheim.

Heitmeyer, Wilhelm, 1993: Gesellschaftliche Desintegrationsprozesse als Ursachen fremdenfeindlicher Gewalt und politischer Paralysierung, in: Aus Politik und Zeitgeschichte, Ausgabe vom 8.1.1993.

Hennig, Eike, 1982: Neonazistische Militanz und Rechtsextremismus unter Jugendlichen. Bonn.

Hübner, Axel, 1966: Unter der Odalsrune. Darmstadt.

Hentges, Gudrun, Oktober 1993: Immunisiert Weiblichkeit gegenüber Rechtsextremismus?, in: Politologinnen-Rundbrief.

Klönne, Arno, 1958: Jugendarbeit „rechtsaußen", in: Politische Studien, Ausgabe 9/1958.

Klönne, Arno, 1990: Jugend im Dritten Reich. München.

Klönne, Arno, 1990: Rechts-Nachfolge. Risiken des „deutschen Wesens" nach 1945. Köln.

Krafeld, Franz Josef/Möller, Kurt/Müller, Andrea, 1993: Jugendarbeit in rechten Szenen. Bremen.

Leggewie, Claus, 1993: Druck von rechts. Wohin treibt die Bundesrepublik? München.

Leiprecht, Rudolf, u.a., 1990: „... da baut sich ja in uns Haß auf ...". Hamburg.

Leiprecht, Rudolf, u.a., 1992: Jugendliche und Rechtsextremismus. Laufende und abgeschlossene Forschungen in Ost- und Westdeutschland. Düsseldorf.

Melzer, Wolfgang, 1992: Jugend und Politik in Deutschland. Opladen.

Meyer, Alwin/Rabe, Kurt-Klaus, 1979: Unsere Stunde die wird kommen. Rechtsextremismus unter Jugendlichen. Bornheim.

Möller, Kurt, 1991: Bedürfnisorientierung statt „Abschreckungsdidaktik", in: deutsche jugend, Ausgabe 7-8/1991.

Morshäuser, Bodo, 1992: Hauptsache Deutsch. Frankfurt a.M.

Otto, Hans-Uwe/Merten, Roland (Hg.), 1993: Rechtsradikale Gewalt im vereinigten Deutschland – Jugend im gesellschaftlichen Umbruch. Bonn.

Paul, Gerhard/Schoßig, Bernhard (Hg.), 1979: Jugend und Neofaschismus. Frankfurt a.M.

Schelsky, Helmut, 1957: Die skeptische Generation. Düsseldorf.

Schröder, Burkhard, 1992: Rechte Kerle. Skinheads, Faschos, Hooligans. Reinbek.

Willems, Helmut, 1994: Fremdenfeindliche Gewalt. Einstellungen – Täter – Konflikteskalation. Opladen.

Zinnecker, Jürgen, 1987: Jugendkultur 1940 – 1985. Opladen.

Gertrud Siller

Frauen und Rechtsextremismus

Es ist vor allem auf die Ergebnisse der Wahlforschung zurückzuführen, daß Unterschiede in der politischen Reaktion von Frauen und Männern auf rechtsextremistische Parteien in den letzten Jahren zum Thema wurden. Sei es bei Landtagswahlen, bei der Europawahl 1989 oder bei den Bundestagswahlen 1987 und 1990: Es wurde immer wieder deutlich, daß bei der Wahl dieser Parteien einem Drittel Frauen zwei Drittel Männer gegenüberstehen, auch wenn dabei regionale Unterschiede sicherlich nicht zu vernachlässigen sind.

Die bisherige Forschung kann dieses Phänomen der geschlechtsspezifisch unterschiedlichen politischen Reaktionen nicht erklären: Es gibt bisher keine empirische Untersuchung, die die Motive von Frauen für ihre zustimmende oder ablehnende Haltung zu rechtsextremistischen Parteien und/oder zu rechtsextremistischen Ideologien näher beleuchtet, und es herrscht weitgehende Unklarheit darüber, warum Frauen nicht im selben Maß und nicht in derselben Weise wie Männer mit rechtsextremistischen Positionen reagieren. Offensichtlich wird an dieser Stelle konkret, was es heißt, daß „im Kontext der Forschung zur politischen Sozialisation die Kategorie Geschlecht nach wie vor vernachlässigt (wird)" (Kelle 1993: 126).

Im folgenden soll diese zunächst lediglich pointierte und damit verkürzte Kritik konkretisiert und differenziert werden, indem der Blickwinkel auf unterschiedliche Forschungszusammenhänge gerichtet wird, die das zu erklärende Phänomen von verschiedenen Seiten beleuchten.

Im ersten Teil dieses Beitrags werden neben den Ergebnissen der Wahlforschung empirisch-analytische Einstellungsuntersuchungen vorgestellt, deren Blick auf die der Wahlentscheidung vorgelagerten politischen Einstellungen gerichtet ist. Bei diesen Studien handelt es sich im wesentlichen um quantitative Forschungen auf der methodischen Grundlage von Repräsentativbefragungen. Im zweiten Teil wird auf den Beitrag aktueller theoretischer Erklärungsansätze zur geschlechtsspezifischen Differenzierung der Rechtsextremismus-Diskussion eingegangen. Dabei werden schwerpunktmäßig Theorieansätze aus der Frauenforschung der letzten Jahre vorgestellt, deren Vorgehensweise darauf ausgerichtet ist, politisches Denken und Verhalten von Frauen im Zusammenhang mit ihren spezifischen Lebensbedingungen und -erfahrungen zu sehen. Exemplarisch soll einer dieser Theorieansätze genauer diskutiert werden, der sich in seinen Prämissen, Schwerpunkten und Schlußfolgerungen von den übrigen deutlich unterscheidet.

1. Forschungsergebnisse zum Wahlverhalten und zu politischen Einstellungen von Frauen und Männern

1.1 Wahlforschung

Das Phänomen der unterschiedlichen Reaktionen von Frauen und Männern auf rechtsextremistische Parteien ist nicht neu: Seit Einführung des Frauenwahlrechtes in Deutschland (1918) verhalten sich Frauen zurückhaltender gegenüber extremistischen Parteien der Rechten, aber auch der Linken. In der Weimarer Republik zeigt sich dies bei der KPD und bei der NSDAP (bis 1930) und in der Bundesrepublik in der zweiten Hälfte der 60er Jahre bei der NPD, der bei der Bundestagswahl 1969 6,3 % der Männer, aber nur 2,8 % der Frauen ihre Stimme gaben. Und seit der zweiten Hälfte der 80er Jahre zeichnen sich entspechende Verhaltensmuster ab gegenüber den „neuen" rechtsextremistischen Parteien, den „Republikanern" und der DVU (vgl. Molitor 1992: 121).

Ein Ausgangspunkt von Erklärungen zum distanzierten Wahlverhalten der Frauen gegenüber rechtsextremistischen Parteien aus den 30er und 60er Jahren lautete: „Frauen bevorzugen christlich-konservative Parteien und orientieren sich aufgrund ihrer christlichen Bindung in ihrer Wahlentscheidung weniger am politischen Tagesgeschehen als Männer" (Molitor 1992: 122). Darüber hinaus wurde einer „männlich-rationalen" Wahlentscheidung eine „weiblich-irrationale" gegenübergestellt und Frauen ein „rational begründetes Votum für ein bestimmtes Sachprogramm" und ein Verständnis einer politischen Partei „als Institution politischer Willensbildung" abgesprochen (vgl. Molitor 1992: 122). Unterschiede in der religiösen Bindung und in der sozialen Position dienten am häufigsten zur Erklärung des unterschiedlichen Wahlverhaltens der Geschlechter. So wurde betont, daß Frauen (v.a. Hausfrauen) „weniger vielfältigen sozialen Einflüssen ausgesetzt" seien und deshalb ihre traditionell konservativen politischen Meinungen weniger ändern (vgl. Blankenburg 1967: 109).

Die geschlechtsspezifischen Unterschiede in der Wahlentscheidung für rechtsextremistische Parteien bleiben jedoch bis heute erhalten, obwohl insgesamt zwischen den Geschlechtern im Laufe der 70er Jahre nicht nur eine Annäherung in Bildungsabschlüssen und Berufstätigkeit, sondern auch eine Angleichung im Wahlverhalten stattfand (insbesondere im Hinblick auf die beiden großen Volksparteien), die sich in den 80er Jahren fortsetzte (vgl. Molitor 1992: 16). Von einem traditionell eher gemäßigt konservativen Wahlverhalten der Frauen sowohl in der Weimarer Republik als auch in der BRD der 50er und 60er Jahre kann seit Anfang der 70er Jahre offensichtlich nicht mehr ohne weiteres ausgegangen werden. Allerdings müssen Altersunterschiede beachtet werden: Brinkmann (1990) und Molitor (1992) kommen in ihren Analysen des Wahlverhaltens von Frauen im traditionellen demokratischen Parteienspektrum der BRD übereinstimmend zu dem Ergebnis, daß in den letzten 20 Jahren generationsspezifische Unterschiede größer und geschlechtsspezifische Unterschiede im Wahlverhalten kleiner wurden: Heute sind „jüngere Frauen nicht mehr konservativer als Männer in Einstellungen und Wahlverhalten. Im Gegenteil, die besser ausgebildeten jüngeren Frauen nehmen eine herausgehobene (vergleichsweise) 'linke' Position ein hinsichtlich Einstellungen und Wahlverhalten im Verhältnis sowohl zu den jüngeren Männern als auch im Vergleich mit den geschlechtsspezifischen Unterschieden in der älteren Generation" (Brinkmann 1990: 72). Und: „Die 'älteren' Frauen sind in ihren Einstellungen und in der Wahlentscheidung weiter 'rechts' als die Männer der entsprechenden Altersgruppen" (Molitor 1992: 102), so daß insgesamt gesehen „die Altersunterschiede die Frauen stärker 'polarisieren' als die Männer" (ebd.).

Das Verhalten gegenüber rechtsextremistischen Parteien findet in diese Befunde jedoch keinen Eingang. Brinkmanns Feststellung, daß sich „in dem Maße, in dem sich schulische und berufliche Sozialisation von Männern und Frauen angleichen, das Wahlverhalten ebenfalls an(gleiche)" (Brinkmann 1990: 58), trifft, wie oben deutlich wurde, auf die Reaktionen von Frauen und Männern auf diese Parteien nicht zu. Spätestens vor diesem Hintergrund erweisen sich frühere Erklärungen, die spezifisch religiöse und soziale Einbindungen von Frauen für ihre Distanz gegenüber dem Rechtsextremismus verantwortlich sahen, für die heutige Situation als unzureichend. Auch der Versuch, die Zurückhaltung von Frauen bei der Wahl rechtsextremistischer Parteien mit einem geringeren Interesse an Politik zu begründen (vgl. Roth 1989: 12), erweist sich als nicht erklärungskräftig. Molitor kann in ihrer aktuellen Untersuchung zum Wahlverhalten von Frauen – zumindest für die Bundestagswahl von 1987 – widerlegen, daß das politische Interesse mit einer Wahlentscheidung für die „Republikaner" korreliert: „In den verschiedenen Kategorien politischen Interesses differieren die Stimmenanteile für die REPUBLIKANER kaum (...), was gegen einen direkten Zusammenhang dieser beiden Variablen spricht. Ferner unterscheiden sich die REP-Wähler/innen hinsichtlich ihres politischen Interesses nicht von der Gesamtwählerschaft; die REP-Wählerschaft weist vielmehr ... die normale Verteilung des politischen Interesses auf" (Molitor 1992: 134).

1.2 Einstellungsforschung

Anders als bei der Wahlforschung ist das Interesse sozialwissenschaftlicher Einstellungsuntersuchungen auf die einer Wahlentscheidung vorangehenden politischen Einstellungen gerichtet. Trotz der nach wie vor auffälligen Diskrepanzen zwischen den Geschlechtern in bezug auf rechtsextremistische politische Entwicklungen konzentrierte sich diese Forschung in den letzten anderthalb Jahrzehnten allerdings nicht darauf, diese Diskrepanzen genauer zu analysieren. Die Thematisierung geschlechtsspezifischer Unterschiede in den Einstellungen zum Rechtsextremismus stellt eher ein „Nebenprodukt" dar und findet als solches entsprechend wenig Berücksichtigung. Ein Überblick über einige wesentliche Ergebnisse empirisch-analytischer Studien, die in der Rechtsextremismus-Diskussion eine Rolle spielten bzw. spielen und überhaupt Aussagen machen zu geschlechtsspezifischen Unterschieden, soll diesen Eindruck verdeutlichen.

1. Sochatzy u.a. (1980) versuchten durch eine Befragung von „867 Schülern und Jugendlichen im Großraum Frankfurt" im Alter von 12 – 20 Jahren, „Neofaschismus im Schülerurteil" (wie es im Titel heißt) zu messen. Danach stimmte jede(r) 10 Schüler(in) rechtsextremistischen Parolen „in starkem Maße" zu, jede(r) 4. Schüler(in) „in überwiegendem Umfang".

Geschlechtsspezifische Unterschiede „lassen sich bei der Betrachtung der insgesamten Meinungswerte kaum ausmachen" (Sochatzy u.a. 1980: 70). Allerdings wird festgestellt, daß die befragten Mädchen die rechtsextremistischen Parolen, die im Fragebogen beurteilt werden sollten, deutlich stärker ablehnen als die Jungen.

2. Das Sinus-Institut veröffentlichte 1981 eine Repräsentativuntersuchung zu „rechtsextremistischen Einstellungen bei den Deutschen". Auf der Basis einer „Rechtsextremen Einstellungsskala" kamen die Autoren zu dem Ergebnis, daß „13 % aller Wähler in der Bundesrepublik über ein geschlossenes rechtsextremistisches Weltbild (verfügen)" (Sinus 1981: 78). Dabei seien junge Frauen und Männer zwischen 18 und 21 Jahren resistenter gegenüber rechtsextremistischen Ideologien als ältere: „Während der Anteil der 18 bis 21jährigen 8 % der Wahlbevölkerung ausmacht, sind sie beim rechtsextremistischen Einstellungspotential nur mit 4 % vertreten" (Sinus 1981: 87). Insgesamt seien „Frauen und Männer gleichermaßen anfällig bzw. unerreichbar für rechtsextremistische Ideologie" (Sinus 1981: 87).

Die Auswertung der Statements zu einer „Autoritären Einstellungsskala", die die „Ausstrahlung rechtsextremistischer Ideologie in nichtrechtsextremistische Teile der Bevölkerung" messen sollte, zeigte, daß „über das festgestellte rechtsextremistische Einstellungspotential hinaus diese Statements von weiteren 37 % der Wahlbevölkerung akzeptiert (werden)" (Sinus 1981: 93). Hier ergaben sich nun deutliche Unterschiede zwischen den Geschlechtern: 38 % dieser Gruppe waren Männer, 62 % Frauen (Sinus 1981: 115).

3. 1982 stellte das Deutsche Jugendinstitut zusammen mit der Zeitschrift „Brigitte" eine repräsentative Untersuchung vor, in der explizit die Lebenssituation und das Lebensgefühl 15-19jähriger Mädchen in der Bundesrepublik Deutschland im Mittelpunkt des Forschungsinteresses standen. 1148 Mädchen wurden u.a. nach ihrer Einstellung zu „Neonazis" befragt (Deutsches

Jugendinstitut/Brigitte: 36; Tabellenteil: 30). 35 % von ihnen lehnten diese Gruppierungen ab, 43 % hielten sie für gefährlich, 10 % interessierten sich nicht dafür oder lehnten sie ab.

4. In ihrer Repräsentativuntersuchung zum „Extremismus-Potential unter jungen Leuten in der Bundesrepublik Deutschland 1984" formulieren Noelle-Neumann/Ring den Anspruch, sowohl Rechts- als auch Linksextremismus zu untersuchen, um zu erklären, „wie dieses Potential entsteht und welche Ansätze es gibt, um es zu reduzieren" (1984: 106). Dies sollte gelingen, ohne dabei „theoretische Fragen der Extremismus-Forschung zu bearbeiten" oder „eine Methodenreflexion empirischer Sozialforschung im Spannungsbogen von 'quantitativer' und 'qualitativer Analyse' zu liefern"; es sollten lediglich „für das eine wie das andere Voraussetzungen" geschaffen werden (1984: 12f.).

Anders als in der Sinus-Studie von 1981 zeigten sich bei dieser Untersuchung die befragten jungen Frauen gegenüber rechtsextremistischen Einstellungen deutlich zurückhaltender als die jungen Männer (altersmäßig verteilt zwischen 16 und 25 Jahre). Dagegen gab es bei den „rechten Demokraten" kaum geschlechtsspezifische Unterschiede. Der größte Teil der jungen Frauen fand sich bei der „Demokratischen Mitte"(1984: 52).

5. Heitmeyer stellte in seiner 1987 veröffentlichten Repräsentativbefragung „Rechtsextremistische Orientierungen bei Jugendlichen" einen Zusammenhang zwischen gesellschaftlichen Verunsicherungen und Orientierungsproblemen einerseits und autoritär-nationalisierenden Sichtweisen andererseits fest. Befragt wurden 1257 16-17jährige Schülerinnen und Schüler aus 10. Klassen in 45 Schulen Nordrhein-Westfalens. Sowohl in den sozialen als auch in den politischen Orientierungen der befragten Jugendlichen zeigten sich dabei deutliche geschlechtsspezifische Differenzen: Die jungen Frauen blickten einerseits skeptischer in die Zukunft als die jungen Männer, sie vermißten eher eine „Strukturierung des Lebens" und hatten ein größeres Unsicherheitsempfinden (1987: 128ff.). Andererseits vertraten dieselben jungen Frauen weniger autoritär-nationalisierende Sichtweisen und standen der Gewalt zur Durchsetzung eigener Interessen distanzierter gegenüber als die jungen Männer (1987: 143ff.).

6. In einer regionalen Repräsentativ-Untersuchung von Infas zu den „Perspektiven von Jugendlichen in NRW im Zeichen des technischen und sozialen Wandels" (1989) wurden als Indikatoren für rechtsextremistische Tendenzen bei 16-23jährigen Jugendlichen vor allem der Grad ihrer Intoleranz und Feindlichkeit gegenüber Ausländern und ihre Einstellungen zur deutschen Vergangenheit analysiert. Während bezüglich des Statements „wir sollten wieder einen Führer haben" keine nennenswerten geschlechtsspezifischen Unterschiede festgestellt wurden, waren es vor allem die jüngsten männlichen

Jugendlichen (16-18 Jahre), die auch gute Seiten an der NS-Zeit sehen (32 %) und die die deutsche Vergangenheit ruhen lassen wollten (50 %). Die Parole „Ausländer raus" fanden geringfügig mehr junge Männer als Frauen „voll und ganz" berechtigt, dagegen fanden letztere sie fast doppelt so häufig wie Männer „in vielen Fällen" berechtigt.

7. Die Untersuchung „Du mußt so handeln, daß Du Gewinn machst ..." (Held u.a. 1991) wurde im Wintersemester 1989/90 in Baden-Württemberg ebenfalls als eine regionale Repräsentativerhebung durchgeführt. Befragt wurden 316 jugendliche Arbeitnehmer/innen vorwiegend zwischen 18 und 21 Jahren nach Orientierungsmustern, Handlungsformen und Perspektiven hinsichtlich derzeitiger internationaler Entwicklungen.

Geschlechtsspezifische Unterschiede ergaben sich insofern, als die männlichen Jugendlichen „eine größere Tendenz zu Rechtsradikalismus" zeigten als die befragten jungen Frauen (1991: 19). Die Frauen befürworteten zu 47 % „Ausländer rein" (Männer: 26 %), äußerten größere Beängstigung (78 %) hinsichtlich der Republikaner-Wahlergebnisse (Männer: 57 %) und befürworteten diese Ergebnisse nur zu 6 % (Männer: 17 %).

Die dargestellten Studien stellen eine Auswahl mehr oder weniger klassischer Einstellungserhebungen dar, mit denen punktuelle Meinungen zu politischen Problemen und signifikante Zusammenhänge zwischen verschiedenen Variablen erfaßt worden sind. Dabei ergeben sich, wie es die Darstellungen zeigen, je nach Anlage der Untersuchung und je nach Konstruktion der Fragen unterschiedlichste und widersprüchliche Resultate bezüglich des Verhältnisses der Geschlechter zum Rechtsextremismus, die jedoch viele Fragen offen lassen:

Sochatzy u.a. (1980) stellen fest, daß Mädchen rechtsextremistische Parolen eher ablehnen. Erklärungen für diese Unterschiede verbleiben jedoch auf einer spekulativen Ebene, da es für sie – ebenso wie für die Annahmen über die Ursache für jugendlichen Rechtsextremismus – keine theoretisch hergeleitete und fundierte Grundlage gibt. Die Autoren vermuten, daß die unterschiedlichen Befragungsergebnisse auf „geschlechtsspezifischen Unterschieden in der Sozialisation" beruhen, die bei Jungen eine „instrumentelle Rolle im Raum der Öffentlichkeit" vorsieht, bei Mädchen eine „soziale Grundtendenz", die gekennzeichnet ist durch die „Zielvorstellung Ehe und Familie, also die Privatheit": „Bei vielen Mädchen dürfte allein schon die Härte, ja Brutalität mancher Statement-Forderung Abwehrreaktionen motiviert haben" (Sochatzy u.a. 1980: 70).

In der Sinus-Studie (1981) bleibt die Frage offen, welche Faktoren dazu führen, daß Frauen und Männer auf die „Autoritäre Einstellungsskala" so unterschiedlich reagieren, während es bei der „Rechtsextremistischen Einstellungsskala" offensichtlich keine nennenswerten Unterschiede gibt. Ebensowenig können Noelle-Neumann/Ring (1984) ihr gegenteiliges Ergebnis erklären. Wie läßt es sich erklären, daß die befragten Frauen im Vergleich zu den Männern deutlich zurückhaltender gegenüber rechtsextremistischen Einstellungen sind? Und wie, daß es dagegen kaum Unterschiede bei den „rechten Demokraten" gibt? In der Brigitte-Studie (Deutsches Jugendinstitut/Brigitte 1982) wird lediglich festgestellt, daß Mädchen für „Neonazis" nicht anfällig sind. Damit werden rechtsextremistische Orientierungen auf die Zustimmung zu oder Ablehnung von organisierten Gruppen oder Parteien eingegrenzt. Durch diesen Zuschnitt erscheint das Phänomen als ein nicht nennenswertes Problem, da die Zustimmung zu solchen explizit institutionalisierten rechtsextremistischen Gruppen minimal ist. Heitmeyer (1987) konstatiert zwar, daß junge Frauen weniger autoritär-nationalisierende Positionen vertreten als Männer und gleichzeitig größere Unsicherheitsgefühle in bezug auf die Zukunft haben. Diese geschlechtsspezifischen Unterschiede werden jedoch nicht weiter beachtet bzw. interpretiert. Dies gilt auch für die Ergebnisse der Infas-Erhebung (1989), in der keine durchgängig stärkere Zurückhaltung der jungen Frauen bei den abgefragten Indikatoren für rechtsextremistische Tendenzen festgestellt werden. Es treten z.B., anders als bei Heitmeyer, keine nennenswerten Unterschiede bezüglich der Ausländerfeindlichkeit auf. Die zunächst ausführlich analysierten Zusammenhänge zwischen Alter, Geschlecht, Status in der Ausbildung und politischen Einstellungen werden für Interpretationen nicht weiter verwertet.

Held u.a. (1991), nach deren Ergebnissen sich, bezogen auf Baden-Württemberg, eine größere Skepsis der befragten Frauen bezüglich rechtsextremistischer Einstellungen abzeichnet, relativieren selbst den Aussagewert ihrer Resultate durch den Hinweis, daß die männlichen Jugendlichen eher bereit waren, „auf einem Fragebogen die extremen Positionen anzukreuzen". Dagegen nahmen die weiblichen Jugendlichen stärker die Möglichkeiten wahr, „Mittelpositionen einzunehmen". Daraus leiten sie die Vermutung ab, „daß die signifikanten Unterschiede zwischen Frauen und Männern auch auf einen generellen Trend in der Fragebogenbeantwortung bei Frauen zurückzuführen ist" (Held u.a. 1991: 19).

Abgesehen von der Widersprüchlichkeit der Ergebnisse dieser Einstellungserhebungen können sie, wie deutlich wurde, aufgrund ihrer theoretischen und methodischen Anlage, aber auch aufgrund ihres Erkenntnisinteresses kaum erklären, wie diese Ergebnisse zu interpretieren sind. Welche Motive Frauen für ihre Zustimmung oder Zurückhaltung gegenüber rechtsextremistischen Einstellungen haben und wie die Diskrepanz zwischen ihren politischen Einstellungen und ihrem politischen (Wahl-)Verhalten zu erklären ist, wird in diesen Untersuchungen nicht zum Thema gemacht. Besonders dann, wenn man nach Handlungsmöglichkeiten gegen möglicherweise zunehmende rechtsextremistische Orientierungen auch bei Frauen sucht, sind diese Fragen jedoch von entscheidender Relevanz.

2. Geschlechtsspezifische Differenzierungen in aktuellen theoretischen Erklärungsansätzen

Auch die meisten sozialwissenschaftlichen Theorieansätze, die sich nach den Wahlerfolgen der „Republikaner" mit dem Phänomen Rechtsextremismus und der Erklärung seiner zunehmenden Attraktivität verstärkt auseinandersetzen, stellen geschlechtsspezifisch unterschiedliche Reaktionen auf extrem rechte politische Positionen lediglich fest, versuchen sie jedoch nicht genauer zu erfassen (vgl. etwa Funke 1989; Leggewie 1989; Stöss 1989; Kaase/Gibowski 1990). Gemeinsam ist allen diesen Erklärungsansätzen für Rechtsextremismus, daß sie zentrale geschlechtsspezifische Differenzen in den gesellschaftlichen Lebensbedingungen und -erfahrungen im Hinblick auf ihre Bedeutung für das politische Verhalten von Frauen (und Männern) nicht thematisieren.

„Politisches Verhalten" von Frauen wird, eindimensional, ausschließlich am Maßstab männlich geprägter Politik gemessen, d.h. neben ihrer inhaltlichen Ausrichtung auch an einem engen, an staatsbürgerlichen Institutionen orientierten Politikbegriff (vgl. hierzu auch Kelle 1993: 126f.).

Die Problematik eines solchen eng gefaßten Politikverständnisses zeigt sich beispielsweise an der Frage des Interesses an Politik, die in Jugendstudien immer wieder dazu führt, daß Frauen ein geringeres politsches Interesse attestiert wird. Typisch ist beispielsweise ein Ergebnis aus einer Shell-Studie: „Das Interesse an Politik zeigt die bekannte Abhängigkeit vom Geschlecht der Befragten, ebenso wie es vom Alter abhängig ist" (Jugendwerk der deutschen Shell 1985, Band 2: 123). Zutreffend ist dies höchstens, solange das Interesse an der institutionalisierten Politik und ihre Teilnahme daran gemeint ist. Als öffentlicher Macht- und Herrschaftsbereich gilt die institutionelle Politik in der gesellschaftlichen Arbeitsteilung nach wie vor als ein den Männern vorbehaltener Bereich. Frauen haben dazu, unabhängig von ihrem jeweiligen Interesse an Politik, weniger Bezugspunkte: Inhaltliche Schwerpunkte der politischen Arbeit sind ebenso männlich dominiert wie das formale Karrierekonzept, das dem Aufstieg in politische Leitungspositionen zugrundeliegt. Es entspricht der männlichen Normalbiographie, in der Probleme etwa der Doppelbelastung durch Familie und Beruf kein Thema sind (vgl. Schlapeit-Beck 1991).

Zeigen Frauen an dieser spezifisch männlich geprägten Politik weniger Interesse, ist dies nicht gleichbedeutend mit einem generellen Desinteresse an politischen Fragen, denn: Wird zwischen den klassischen Formen politischer Teilnahme und einem Interesse an aktuellen politischen Problemen wie Umweltschutz, Frieden, Kernenergie unterschieden, kann von einem politischen Desinteresse der Frauen nicht mehr die Rede sein (vgl. auch Meyer 1992: 7). So wurde bereits 1982 in der schon erwähnten Brigitte-Studie betont: „Wichtig sind den Mädchen die auf Veränderung zielenden aktuellen Strö-

mungen wie die Friedensbewegung, die Alternativen/Grünen, die Hausin-
standbesetzer und die Frauenbewegung" (Deutsches Jugendinstitut/Brigitte
1982: 35). Aktuelle Untersuchungen bestätigen dieses Ergebnis (vgl. Molitor
1992: 111ff.).

Ein erweiterter Politikbegriff scheint also notwendig zu sein, um politisches Verhalten von Frauen im Rahmen ihrer eigenen Lebensbedingungen
und -erfahrungen angemessen analysieren zu können, denn ihre politische
Sozialisation wird auch dadurch bestimmt, daß ihre durch die Doppelorien-
tierung auf Beruf und Familie entstehenden Konfliktfelder „im traditionellen
Politikverständnis nicht berücksichtigt werden" (Jacobi 1991: 113).[1]

Vor diesem Hintergrund erscheinen ad hoc-Erklärungen, in denen versucht wird, zurückhaltende Reaktionen von Frauen auf extrem rechte politische Positionen (auch im Vorfeld einer Wahlentscheidung) mit einem geringeren politischen Interesse zu erklären, von vornherein verkürzt bzw. als
aktualisierte Neuauflage von früheren Erklärungen – so etwa Roths Argumentation, „daß Männer qua höherem Interesse neue politische Bewegungen
früher wahrnehmen als Frauen" (Roth 1990: 32) und letztere sie deshalb erst
später, aber dann im gleichen Ausmaß wählen. Auch Möller übernimmt
unkritisch die Annahme vom „verbreiteten politischen Desinteresse bei Mädchen und – insbesondere – bei jungen Frauen" und leitet daraus eine zukünftig
verstärkte Anfälligkeit für „rechte und rechtsextreme Ideologie-Offerten" ab
(Möller 1991: 36; vgl. hierzu ebenfalls kritisch Meyer 1992: 6).

Seit Anfang der 90er Jahre zeichnen sich nun vor allem im Kontext der
Frauenforschung einige Versuche ab, den Ursachen für die Geschlechterdis-
krepanz beim Rechtsextremismus nachzugehen. Es wird danach gefragt, was
Frauen veranlaßt, rechtsextremistisches politisches Verhalten zu entwickeln,
das sich als politische Meinung, als Wahlentscheidung oder als Mitgliedschaft
in einer rechtsextremistischen Organisation ausdrückt (vgl. Birsl 1991: 27;
Meyer 1991: 603), „warum und wo spezifisch weibliche Anfälligkeitskonstel-
lationen entstehen" (Möller 1991: 40), welche „spezifischen Äußerungsformen
und Handlungsmuster" es für Frauen gibt, gewalttätig und ausgrenzend zu
sein (Holzkamp/Rommelspacher 1991: 33), welche Motive Frauen für ihre
politischen Einstellungen haben und wie die Diskrepanz zwischen ihren

---

1 Auch Helga Kelle macht auf „die geschlechterpolitische Dimension eines engen Politik- und
 Sozialisationsverständnisses" aufmerksam: „Es grenzt die Reproduktionssphäre aus und
 qualifiziert damit einen wichtigen Teil der Lebensorientierung vieler Mädchen und Frauen
 als unpolitisch ab. ... Die Forschungsdefizite in diesem Bereich transportieren also wichtige
 geschlechterpolitische Bedeutungen" (Kelle 1993: 128). Deshalb fordert sie, in Anlehnung
 an Claußen, ebenfalls einen weiten, auf alle Lebensbereiche bezogenen Politikbegriff, „der
 die politischen Bedeutungen des Lebenszusammenhanges von Mädchen und Frauen als
 solche – politische – thematisierbar" macht (Kelle 1993: 128).

(rechten) politischen Einstellungen und ihrem Wahlverhalten zu erklären ist (Siller 1991: 24; 1993: 219).

Weitgehende Übereinstimmung besteht offensichtlich bei den AutorInnen darin, daß von einem unterschiedlichen Wahlverhalten der Geschlechter und von ihrer unterschiedlichen Präsenz in rechtsextremistischen Gruppen und Parteien nicht auf eine per se geringere Zustimmung zu rechtsextremistischen Orientierungen geschlossen werden kann. Allen gemeinsam ist auch, daß sie bei der Frage nach Motiven für das politische Verhalten von Frauen das Geschlecht als eine analytische Kategorie betrachten wollen. Dabei werden sowohl ihre möglichen Widerstände gegen rechtsextremistische Einstellungen als auch ihre möglichen Anknüpfungspunkte dafür weitgehend abgeleitet aus der traditionellen geschlechtsspezifischen Arbeitsteilung und den damit verbundenen Diskriminierungserfahrungen von Frauen (vgl. Birsl 1991: 29; Holzkamp/Rommelspacher 1991: 36ff.; Möller 1991: 40ff.; Siller 1991: 30ff.). Als ein naheliegender Anknüpfungspunkt gilt bisher fast durchgängig die ideologische Aufwertung eines traditionellen Frauenbildes von Seiten rechtsextremistischer Parteien, weil es Entlastung von Doppelbelastung und widersprüchlichen Lebensanforderungen verspricht.[2]

Die meisten dieser AutorInnen sehen diese spezifischen Lebenssituationen von Frauen und möglicherweise daraus erwachsende rechtsextremistische Orientierungen im Zusammenhang mit zunehmenden Individualisierungstendenzen in modernen kapitalistisch-patriarchalen Gesellschaften, wie sie auch die Bundesrepublik darstellt. So geht Ursula Birsl davon aus, „daß diese Entwicklungen ... für Frauen wesentlich radikalere Brüche mit sich bringen als für Männer" (1991: 28). Sie sieht in der durch Individualisierungsprozesse zugespitzten „widersprüchlichen Lebensrealität" von Frauen zwischen Beruf und Familie ein „Gefahrenpotential" für politische Umformungsprozesse, „das nicht zu unterschätzen ist", „denn zur Ausfüllung des 'Identitätsvakuums' bietet die rechtsextreme Ideologie Interpretationsmöglichkeiten" (1991: 29).

In ähnlicher Weise argumentiert Birgit Meyer (1991: 605). Auch sie sieht „im Zuge des Individualisierungsprozesses" eine zunehmende „Last der Entscheidung für den einzelnen", bei der „vor allem Mädchen" betroffen sind von „widersprüchlichen Orientierungsmöglichkeiten und deren Risiken" (1991: 606). Dagegen vermutet Kurt Möller, der ebenfalls von der Individualisierungsthese ausgeht, das Gegenteil: „Unter der Perspektive geschlechtsspezifischer Anfälligkeit erscheint es so, als sei das männliche Geschlecht verschärft von den Schattenseiten dieser gesamtgesellschaftlichen Entwicklungen betroffen"; diese führten „in Verbindung mit dem Aufkom-

---

2 Diese Vermutung wird allerdings von den Untersuchungsergebnissen von Berliner Studentinnen nicht bestätigt, die im Rahmen ihrer Diplomarbeiten Interviews mit bei den „Republikanern" aktiven Frauen durchführten (vgl. Skrzydlo/Thiele/Wohllaib 1992: 143).

men weiblicher Emanzipationsinteressen und ihrer allmählichen Durchsetzung zu einer tiefgreifenden Verunsicherung der Männerrolle und des Bildes
von Männlichkeit" (Möller 1991: 39).

Deutlich andere definitorische und theoretische Prämissen setzen Holz-
kamp/Rommelspacher. Auf ihre Argumentation soll im folgenden näher
eingegangen werden, weil ihre theoretischen Überlegungen zum spezifischen
Zugang von Frauen zum Rechtsextremismus starke Beachtung finden.

Sie beschreiben rechtsextremistische politische Entwicklungen und ihre
geschlechtsspezifischen Ausprägungen in erster Linie als rassistisches „Dominanzverhalten" von Angehörigen einer „Dominanzkultur", wie sie u.a.
die BRD darstellt.[3] Rechtsextremismus manifestiert sich danach im „Umgang
mit Fremden qua Hierarchisierung", als „Verteidigung von Privilegien" materieller Art und als Abwehr von Selbstverunsicherung durch Fremde (vgl.
Holzkamp 1992: 9ff.; Rommelspacher 1992: 86ff.). Aus diesen auf rassistische
Inhalte zugespitzten theoretischen Überlegungen zum Rechtsextremismus
entwickelt Rommelspacher in bezug auf die Frage nach den jeweiligen Zu-
stimmungsformen von Frauen und Männern die Forderung, „die Äußerungsformen von Rassismus auf ihre geschlechtsspezifischen Erscheinungsformen
hin (zu) untersuchen". Sie vermutet, daß Frauen nur dann „in Distanz"
gehen, „wenn rassistisches Verhalten mit männlich-chauvinistischem Geba-
ren amalgiert. ... Aber in ihrer rassistischen Programmatik wird auch eine
rechtsextremistische Partei für Frauen interessant. Daraus erklärt sich der
zwar verminderte, aber durchaus relevante Anteil von Frauen an den Wahlerfolgen der Republikaner" (Rommelspacher 1993: 22).

„Ein widerständiges Element" von Frauen gegenüber dem Rechtsextremismus führen die beiden Autorinnen im Kern zurück auf die „Bereitschaft,
die persönliche Verantwortung für andere zu übernehmen, die aus der Mütterlichkeit und Beziehungsorientierung von Frauen" entspringe: „Darin liegt
der spezifische Verhaltensspielraum und damit auch die Verantwortung von
Frauen für menschliche Verhältnisse" (Holzkamp/Rommelspacher 1991: 39;
vgl. auch Rommelspacher 1992: 88f.).

---

3 Gemeint ist hier „eine Gesellschaft unseres Zuschnitts", in der „die Menschen im Konfliktfall
ständig zu expansiven Bemächtigungstendenzen ermuntert (werden). Dabei unterstützen
sich gegenseitig kulturelle Traditionen, ein expansives Wirtschaftssystem und das Herr-
schaftsverhältnis zwischen Männern und Frauen. Sie legen es nahe, der Verunsicherung
durch Fremde qua Hierarchisierung aus dem Weg zu gehen. Sie unterstützen Strategien
der expansiven Bemächtigung, um die eigenen Privilegien abzusichern und die eigene
Position als die einzig rechtmäßige, vernünftige und normale zu behaupten" (Rommelspacher 1991: 84). Und an anderer Stelle: „Besitz weckt immer neue Begehrlichkeiten. Macht
gebiert immer neue Machtansprüche in einer Gesellschaft, die auf Expansion ausgerichtet
ist. Und dies expansive Streben wird das vorherrschende Problemlösungsmuster und ist
zugleich Ausdruck unserer Kultur als einer dominanten" (Holzkamp/Rommelspacher 1991:
34).

Rommelspachers und Holzkamps unbestreitbares Verdienst besteht darin, daß sie die inhaltlichen Bezüge zwischen kapitalistischen und patriarchalen Strukturen, rassistischem „Dominanzstreben" und rechtsextremistischen Orientierungen in den Vordergrund ihrer theoretischen Überlegungen stellen und damit gleichzeitig die das Geschlechterverhältnis unberücksichtigt lassenden Herangehensweisen anderer sozialwissenschaftlicher Analysen als verkürzt kritisieren (sie beziehen ihre Kritik v.a. auf die Vertreter der von ihnen so genannten „Defizitthese" wie Heitmeyer, Funke, Leggewie).

Problematisch erscheint mir ihre Argumentation allerdings an zwei Stellen. Der erste Einwand bezieht sich auf die Verwendung der Begriffe Rechtsextremismus und Rassismus. Der zweite Einwand bezieht sich auf die zentrale Bedeutung, die die Autorinnen der „Mütterlichkeit und Beziehungsorientierung von Frauen" für ihr Verhältnis zu rechtsextremistischen Orientierungen zuschreiben.

1. Es wird gleichzeitig nach den „Ursachen rassistischer und rechtsextremer Gewalt" gefragt, im selben Zusammenhang von „rechtsextremen Einstellungen", „rassistischem Denken", „rechten und rassistischen Orientierungen" gesprochen (vgl. Rommelspacher 1993: 13ff.), ohne daß die Begriffe „Rechtsextremismus" und „Rassismus" explizit definiert werden und ohne daß eine begriffliche Abgrenzung zwischen ihnen vorgenommen wird. Dabei entsteht der Eindruck, als seien Rechtsextremismus und Rassismus sowohl in ihren Ideologiegehalten als auch in ihren praktischen Ausdrucksformen deckungsgleich bzw. als sei rechtsextremistisches Denken und Verhalten allein aus rassistischen Motiven zu erklären. Eine Differenzierung dieser Begriffe erscheint mir notwendig, um eine Diffusität in der inhaltlichen Argumentation um Rechtsextremismus und Rassismus bei Frauen zu vermeiden.

Die definitorische „Zuspitzung" des Rechtsextremismus auf rassistische Äußerungsformen ist m.E. deshalb problematisch, weil einerseits die politische Dimension/der politische Gehalt des Rechtsextremismus verengt bzw. verkürzt wird, wenn seine Inhalte nur als rassistische wahrgenommen und diskutiert werden; andererseits entsteht der Eindruck, als sei jedes rassistische Verhalten immer gleichzeitig ein Hinweis auf rechtsextremistische Orientierungen.

Anders als der Rassismus kann der Rechtsextremismus jedoch nicht durch eine einheitliche, systematisch faßbare Ideologie fixiert werden (zum Rassismusbegriff und zur Begriffsgeschichte vgl. Miles 1991; vgl. ebenfalls Dittrich 1991). Der Rechtsextremismus ist ein politisches Projekt bzw. Konstrukt, das auf einem Konglomerat von unterschiedlichen Ideologien basiert und auf die Aufhebung demokratischer Staatsformen abzielt (vgl. Schwagerl 1993: 101f.; Kellershohn 1993: 87ff.). Der Rassismus, mit dem Soziales oder Kulturelles als naturwüchsig und damit unveränderbar dargestellt werden, bildet darin zwar einen wesentlichen Grundstein; daneben bestehen jedoch ein sozialdarwinistisches Menschenbild, das analog zum Tierreich vom Recht des Stärkeren geprägt ist, eine organische Staatsauffassung, in der das Volk als eine biologisch bestimmte Schicksalsgemeinschaft gilt, und ein Bild der Frau als Reproduzentin dieses Volkes. Gegenwärtig versuchen rechtsextremistische Gruppen und Parteien vor allem, die in der Bevölkerung weit verbreitete Fremdenfurcht und Fremdenfeindlichkeit für ihre politischen Ziele einzubinden. Das heißt, Fremdenfeindlichkeit existiert unabhängig vom Rechtsextremismus, rechtsextremistische Gruppen „erzeugen" sie nicht. Nicht jede fremdenfeindliche Äußerung (selbst wenn sie rassistisch motiviert, also auf einen ethnischen Kern zurückzuführen ist, was nicht zwangsläufig der Fall sein muß) ist gleichbedeutend mit rechtsextremistischen Einstellungen (dann dürfte es sie z.B. in feministischen Kreisen nicht geben). Aber sie kann eine entscheidende Grundlage dafür sein.

Und das heißt ebenfalls: Erst wenn zwischen den beiden Phänomenen Rassismus und Rechtsextremismus klar unterschieden wird, können auch ideologische Verknüpfungen zwischen ihnen festgestellt werden, und es werden Aussagen z.B. darüber möglich, inwieweit eine Instrumentalisierung vorhandener rassistischer Potentiale bei Frauen (und Männern) durch rechtsextremistische Propaganda gelingt.

Folgt man diesen Gedanken, dann reicht es nicht aus, die mögliche Attraktivität rechtsextremistischer Orientierungen für Frauen von vornherein analytisch auf die „rassistische Programmatik" rechtsextremistischer Parteien zu beziehen, wie Rommelspacher es vorschlägt. Es sollte vielmehr offener danach gefragt werden, wie Frauen ihr politisches Verhalten in bezug auf rechtsextremistische Ideologien im Rahmen ihrer subjektiven Sichtweise der eigenen Lebensumstände entwickeln oder konstruieren (vgl. Siller 1993). – Neben der Auseinandersetzung mit Rassismus spielen auch andere Aspekte rechtsextremistischer Ideologien eine wichtige Rolle. In Zukunft könnte z.B. das Thema Nation und nationale Identität zu einer wesentlichen Frage der politischen Verortung werden. – Wichtig erscheint mir daher bei der Analyse der Formen und Prozesse rechtsextremistischer Orientierungen bei Frauen zunächst nicht die Konzentration auf den sicherlich zentralen Platz des Rassismus im „ideologischen Gedankengebäude" des Rechtsextremismus (vgl. Jäger 1993: 80). Ausgehend davon, daß das Geschlecht in unserer Gesellschaft einen „sozialen Platzanweiser" darstellt, der „Frauen und Männern ihren Ort in der Gesellschaft, Status, ihre Funktionen und Lebenschancen zuweist" (Knapp 1988: 12), ergeben sich aus einer Verknüpfung der subjektiven Sichtweisen dieses sozialen Platzanweisers mit dem politischen Verhalten von Frauen vielfältige Fragen, u.a. auch die: Wie können Frauen gerade vor dem Hintergrund ihrer spezifischen Lebenserfahrungen rechtsextremistische Orientierungen entwickeln (vgl. Siller 1993)? Die Antworten darauf könnten ebenso vielfältig sein.

2. Der zweite Einwand gegen die Argumentation von Holzkamp/Rommelspacher richtet sich gegen den zentralen Stellenwert, der „Mütterlichkeit, Beziehungsorientierung und Empathie" für rechtsextremistisches Denken und Verhalten von Frauen von vornherein zugewiesen wird. Das „Konzept der Mütterlichkeit" erscheint als Dreh- und Angelpunkt eines ambivalenten Verhältnisses von Frauen zum Rechtsextremismus, wenn die Autorinnen einerseits zu dem Schluß kommen: „Das bedingungslose Ja zu anderen Menschen, ... das im Konzept der Mütterlichkeit angelegt ist, (wird) konterkariert durch die Beschränkung dieser Mütterlichkeit auf den engen Bereich der eigenen Familie oder der eigenen Nation/Rasse", und wenn sie andererseits argumentieren, daß „die aus der Mütterlichkeit und Beziehungsorientierung von Frauen entspring(ende) Bereitschaft, die persönliche Verantwortung für andere zu übernehmen, ein widerständiges Element in dem Kreislauf von eigener Unterdrückung und Machtausübung sowie gegenüber den Verführungen der Dominanz" darstelle (vgl. Holzkamp/Rommelspacher 1991: 39). So sei „in der den Frauen abverlangten Fürsorge für den (eigenen) Mann, das (eigene) Kind strukturell Ausgrenzug und Fremdenfeindlichkeit angelegt"; jedoch bleibe „die Abwehr des Fremden ... bei Frauen oft deshalb ambivalent und widersprüchlich, weil sie gleichzeitig – eher als Männer – sich in andere Menschen hineinversetzen, die Schwierigkeiten ihrer konkreten Lebenssituation erkennen" (1991: 37). Gleichzeitig betonen die Autorinnen, daß innerhalb dieser widersprüchlichen weiblichen Lebenssituation diskriminierendes Verhalten von Frauen nicht allein auf eigene Benachteiligungen zurückzuführen sei, sondern „daß auch Frauen genuine Wünsche nach Macht haben" (1991: 38), die im Rahmen rechtsextremistischer Organisationen vor allem auf der Basis der Gebärfähigkeit von Frauen zum Ausdruck kämen.

Problematisch erscheint mir diese Sichtweise aus folgenden Gründen: Die Argumentation der Autorinnen mit Formulierungen wie „die Fähigkeit der Frauen zu Einfühlung und Mitgefühl, ihr beziehungsorientiertes Denken" (1991: 37) erweckt den Eindruck, als sei dies eine auf alle Frauen gleichermaßen zutreffende Eigenschaft und nicht in erster Linie ein sexistisches Stigma bzw. ein Geschlechtsrollenstereotyp, das mit der Lebenswirklichkeit vieler Frauen nichts (mehr) zu tun hat. Es gerät aus dem Blick, daß es sich dabei um Zuweisungen von Fähigkeiten an Frauen handelt, denen zum einen nicht alle Frauen entsprechen (wollen) und die zum anderen auch von Männern erlernbar sind. Wenn diese Eigenschaften unkommentiert als „weibliche Kompetenzen" beschrieben und gleichzeitig zum entscheidenden Kriterium für die Interpretation des Verhältnisses von Frauen zum Rechtsextremismus gemacht werden, bedeutet das auch, daß Frauen auf diese Eigenschaften reduziert werden. Wie aber ist so das politische Verhalten von solchen Frauen zu erklären, die diesen Bildern nicht entsprechen?

Die Einbeziehung der Strukturkategorie Geschlecht in die Analyse des politischen Verhaltens von Frauen (und Männern), wie sie auch von Holzkamp/Rommelspacher gefordert wird, kann nicht von vornherein an bestimmte, als geschlechtstypisch geltende „Eigenschaften" geknüpft werden, und sie kann nicht einen Verzicht auf andere Analysekategorien wie Alter, Bildung, sozialer Status etc. bedeuten. Berücksichtigt werden muß, daß Frauen ihre objektiv widersprüchliche gesellschaftliche Lebenssituation gleichzeitig auch „subjektiv konstituieren", und zwar in vielfältiger Art und Weise: Sie verarbeiten sie in jeweils spezifischer Weise, indem sie sie unterschiedlich wahrnehmen, erfahren, deuten, akzeptieren, ignorieren etc. (vgl. Becker-Schmidt 1985), und vor diesem Hintergrund können sie auch auf unterschiedliche Art und Weise politische Konsequenzen ziehen (vgl. Siller 1993).

Aufgabe einer zukünftigen, geschlechtsspezifisch differenzierten Analyse politischen Verhaltens sollte es deshalb sein, Differenzen in der Betroffenheit und in der subjektiven Verarbeitung von politischen Themen bzw. Problemen nicht nur zwischen Frauen und Männern, sondern auch zwischen Frauen (je nach Alter, Bildung, sozialem Umfeld) genauer zu analysieren, ohne dabei „Weiblichkeit" oder „Männlichkeit" festlegende Geschlechtsrollenstereotype und damit verbundene spezifische Erfahrungen von vornherein auf ein bestimmtes politisches Verhalten zu übertragen. Erst wenn zwischen diesen (zugewiesenen) Stereotypen und dem wirklichen, tatsächlichen politischen Verhalten von Frauen unterschieden wird, werden Aussagen darüber möglich, welchen Einfluß mehr oder weniger internalisierte Weiblichkeitsstereotype auf ihr politisches Verhalten haben bzw. wie sich dieser Einfluß im politischen Verhalten manifestiert.

Durch eine solche differenzierte Analyse können Motive, Prozesse und Formen sowohl der Übereinstimmung von Frauen mit rechtsextremistischem Denken und Verhalten als auch der Nichtübereinstimmung, der Skepsis und der Zurückhaltung sichtbar gemacht werden. Insbesondere letzteren gilt es nachzuspüren und sie im Blick zu halten, denn gerade sie müssen gestärkt werden.

Literatur

Becker-Schmidt, Regina, 1985: Diskussion, Methoden und Methologie, in: Feministische Studien Nr. 2, 93-104.

Birsl, Ursula, 1991: Frauen und Rechtsextremismus, in: Aus Politik und Zeitgeschichte, B 3-4, 22-30.

Blankenburg, Erhard, 1967: Kirchliche Bindung und Wahlverhalten. Die sozialen Faktoren bei der Wahlentscheidung in Nordrhein-Westfalen 1961 bis 1966. Olten.

Brinkmann, Heinz Ulrich, 1990: Zeigen Frauen ein besonderes Wahlverhalten?, in: Institut Frau und Gesellschaft, H. 3, 55-75.

Claußen, Bernhard, 1982: Was ist und wie erforscht man politische Sozialisation?, in: *Bernhard Claußen/Klaus Wasmund* (Hg.), Handbuch der politischen Sozialisation. Braunschweig.

Deutsches Jugendinstitut/Brigitte, 1982: Mädchen '82. Hamburg.

Dittrich, Eckhard J., 1991: Das Weltbild des Rassismus. Frankfurt a.M.

Funke, Hajo, 1989: Republikaner. Rassismus, Judenfeindschaft, nationaler Größenwahn. Berlin.

Heitmeyer, Wilhelm, 1987: Rechtsextremistische Orientierungen bei Jugendlichen. Weinheim/ München.

Held, Josef/Horn, Hans-Werner/Leiprecht, Rudi/Marvakis, Athanasios, 1991: „Du mußt so handeln, daß Du Gewinn machst ..." Empirische Untersuchungen und theoretische Überlegungen zu politisch rechten Orientierungen jugendlicher Arbeitnehmer. Duisburg.

Holzkamp, Christine/Rommelspacher, Birgit, 1991: Frauen und Rechtsextremismus, in: päd extra & demokratische erziehung, H. 1, 33-39.

Holzkamp, Christine, 1992: Geschlechterverhältnis und Rechtsextremismus, in: Zukunftsforum Jugend 2000, H. 3, 9-13.

Institut für angewandte Sozialwissenschaft Bad-Godesberg, 1989: Perspektiven von Jugendlichen in Nordrhein-Westfalen im Zeichen des technischen und sozialen Wandels. Textbericht. Teil 1. Im Auftrag des Ministeriums für Arbeit, Gesundheit und Soziales NRW.

Jacobi, Juliane, 1991: Sind Mädchen unpolitischer als Jungen?, in: *Wilhelm Heitmeyer/Juliane Jacobi* (Hg.), Politische Sozialisation und Individualisierung. Weinheim/München, 99-116.

Jäger, Siegfried, 1993: Rassismus in Deutschland: Erscheinungsformen, Ursachen und Funktion – Thesen, in: *Bündnis 90/Die Grünen* (Hg.), Rechte Gewalt und Extremismus der Mitte. impulse, Band 3, 73-86.

Jugendwerk der deutschen Shell, 1985: Jugendliche und Erwachsene '85. Generationen im Vergleich. 3 Bände. Opladen.

Kaase, Max/Gibowski, Wolfgang, 1990: Die Ausgangslage für die Bundestagswahl am 9.Dezember 1990 – Entwicklungen und Meinungsklima seit 1987, in: *Max Kaase/Hans-Dieter Klingemann* (Hg.), Wahlen und Wähler. Analysen aus Anlaß der Bundestagswahl 1987. Opladen, 735-785.

Kelle, Helga, 1993: Politische Sozialisation bei Jungen und Mädchen. Kritik und Perspektiven der Forschung, in: Feministische Studien Nr. 1, 126-139.

Kellershohn, Helmut, 1993: Die Republikaner: Weltanschauung, Realpolitik, Strategie, in: *Bündnis 90/Die Grünen* (Hg.), Rechte Gewalt und Extremismus der Mitte. impulse, Band 3, 73-86.

Knapp, Gudrun-Axeli, 1988: Die vergessene Differenz, in: Feministische Studien Nr. 1, 12-31.

Leggewie, Claus, 1989: Die Republikaner. Berlin.

Meyer, Birgit, 1991: Mädchen und Rechtsradikalismus, in: Blätter für deutsche und internationale Politik, H. 5, 601-611.

Meyer, Birgit, 1992: Die „unpolitische" Frau. Politische Partizipation von Frauen oder: Haben Frauen ein anderes Verständnis von Politik?, in: Aus Politik und Zeitgeschichte B 25-26, 3-18.

Miles, Robert, 1991: Rassismus. Einführung in die Geschichte und Theorie eines Begriffs. Hamburg.

Möller, Kurt, 1991: Geschlechtsspezifische Aspekte der Anfälligkeit für Rechtsextremismus in der Bundesrepublik Deutschland, in: Institut Frau und Gesellschaft, H. 2, 27-49.

Molitor, Ute, 1992: Wählen Frauen anders? Zur Soziologie eines frauenspezifischen politischen Verhaltens in der Bundesrepublik Deutschland. Baden-Baden.

Noelle-Neumann, Elisabeth/Ring, Erp, 1984: Das Extremismus-Potential unter jungen Leuten in der Bundesrepublik Deutschland. Bonn.

Roth, Dieter, 1989: Sind die Republikaner die fünfte Partei?, in: Aus Politik und Zeitgeschichte, B 41-42, 10-20.

Roth, Dieter, 1990: Die Republikaner. Schneller Aufstieg und tiefer Fall einer Protestpartei am rechten Rand, in: Aus Politik und Zeitgeschichte, B 37-38, 27-39.

Rommelspacher, Birgit, 1991: Rechtsextreme als Opfer der Risikogesellschaft. Zur Täterentlastung in den Sozialwissenschaften, in: 1999. Zeitschrift für Sozialgeschichte des 20. und 21. Jahrhunderts, H. 2, 75-87.

Rommelspacher, Birgit, 1992: Rechtsextremismus und Dominanzkultur, in: *Andreas Foitzik* u.a. (Hg.), „Ein Herrenvolk von Untertanen". Duisburg, 81-94.

Rommelspacher, Birgit, 1993: Rassismus und rechte Gewalt. Der Streit um die Ursachen, in: *Bündnis 90/Die Grünen* (Hg.), Rechte Gewalt und Extremismus der Mitte. impulse, Band 3, 9-29.

Schlapeit-Beck, Dagmar, 1991: Karrierefrauen im Konflikt zwischen Ohnmachtszuschreibung und weiblichem Führungsstil, in: Feministische Studien Nr. 1, 147-157.

Schwagerl, H. Joachim, 1993: Rechtsextremes Denken. Merkmale und Methoden. Frankfurt a.M.

Siller, Gertrud, 1991: Junge Frauen und Rechtsextremismus. Zum Zusammenhang von weiblichen Lebenserfahrungen und rechtsextremistischem Gedankengut, in: deutsche jugend, 39. Jg., H. 1, 23-32.

Siller, Gertrud, 1993: Das Verhältnis von Frauen zu Rechtsextremismus und Gewalt. Theoretische Vorüberlegungen für eine weiterführende Analyse, in: *Hans-Uwe Otto/Roland Merten* (Hg. im Auftrag der Sachverständigenkommission des 9. Jugendberichtes), Rechtsradikale Gewalt im vereinigten Deutschland. Jugendprobleme in gesellschaftlichen und biographischen Umbruchsituationen. Bonn.

Sinus-Institut, 1981: 5 Millionen Deutsche, „Wir sollten wieder einen Führer haben ...". Reinbek.

Skrzydlo, Annette/Thiele, Barbara/Wohllaib, Nikola, 1992: Frauen in der Partei „Die Republikaner": Zum Verhältnis von Frauen und Rechtsextremismus, in: Beiträge zur feministischen Theorie und Praxis, Nr. 33, 136-146.

Sochatzy, Klaus u.a., 1980: Parole rechts! Jugend wohin? Neofaschismus im Schülerurteil. Eine empirische Studie. Frankfurt a.M.

Stöss, Richard, 1989: Die extreme Rechte in der Bundesrepublik Deutschland. Entwicklung – Ursachen – Gegenmaßnahmen. Opladen.

Armin Pfahl-Traughber

Brücken zwischen Rechtsextremismus und Konservativismus

Zur Erosion der Abgrenzung auf publizistischer Ebene in den achtziger und neunziger Jahren

Bereits seit Mitte der siebziger Jahre und dann verstärkt ab Mitte der achtziger Jahre läßt sich in Deutschland auf intellektueller Ebene eine Auflösung der Grenzziehung zwischen bestimmten Rechtsextremisten und bestimmten Konservativen beobachten. Bislang ist eine solche *Erosion der Abgrenzung* zwischen Demokraten und Extremisten nur für die politische Linke (vgl. Rudzio 1988) systematisch beschrieben worden, an einer entsprechenden Aufarbeitung für die andere Seite des politischen Spektrums mangelte es bislang (sieht man einmal von einer grobschlächtig und verschwörungstheoretisch argumentierenden Pamphlet-Literatur ab, vgl. bspw. Hethey/Kratz 1991). Im Zentrum der folgenden Ausführungen steht ein Teil-Aspekt der angedeuteten Erosion der Abgrenzung auf der politischen Rechten, das intellektuelle *Brückenspektrum* zwischen Konservativismus und Rechtsextremismus. Die „Orte" dieser Zusammenarbeit sollen dabei dargestellt, analysiert und eingeschätzt werden.

1. Begriffsdefinitonen: Rechtsextremismus und Konservativismus

Rechtsextremismus (vgl. Pfahl-Traughber 1993: 18-29) soll hier verstanden werden als Sammelbezeichnung für antidemokratische Auffassungen und Bestrebungen mit traditionell politisch rechts einzuordnenden Ideologieelementen. Dazu gehören im Kern Nationalismus, Autoritarismus, Antipluralismus und die Ideologie der Ungleichheit. Diese ideologischen Merkmale findet man mehr oder minder stark ausgeprägt bei den unterschiedlichsten Erscheinungsformen von Rechtsextremismus. Er kann darüber hinaus nach verschiedenen Kriterien unterschieden werden: Erstens nach der Organisationsform; es gibt Parteien, Aktivistengruppen, Kultur- und Jugendorganisationen, Denk-Zirkel, Zeitungen und Zeitschriften sowie Orientierungen im vorpolitischen Raum. Zweitens muß der Grad des politischen Bewußtseins differenziert werden; rechtsextreme Ideologie kann sich in Form von geschlossenen Weltbildern mit theoretischer Begründung artikulieren, aber auch in Form von diffusen Mentalitäten, emotionalen Relikten und Konstrukten des alltäglichen Lebens und in den verschiedensten Zwischenstufen dieser beiden Extreme. Und schließlich können verschiedene ideologische Ausprägungen des deutschen Rechtsextremismus unterschieden werden, dazu gehören ein antidemokratischer Konservativismus, der traditionelle Deutsch-Nationalismus, der Neonationalsozialismus, die Neue Rechte und die Nationalrevolutionäre.

Während der Begriff *Rechtsextremismus* über eine demokratietheoretische Einschätzung definiert wurde, liegt der Begriff *Konservativismus* auf einer anderen Ebene: Er bezeichnet neben dem Liberalismus und Sozialismus eine der großen drei politischen Theorien. Hier kann und soll nicht auf die komplexe politikwissenschaftliche Auseinandersetzung um das Verständnis von Konservativismus eingegangen werden (vgl. bspw. Schumann 1984), dies würde den Rahmen der zu erörternden Problematik sprengen. Um den Terminus aber in Verbindung bzw. in Abgrenzung zum Rechtsextremismus zu verwenden, bedarf es einer – zumindest groben – demokratietheoretischen Einschätzung des Konservativismus. Er soll hier nach dem Kritierium Ablehnung bzw. Akzeptanz der Wertvorstellungen des demokratischen Verfassungsstaates als antidemokratisch bzw. demokratisch unterschieden werden. Lange Zeit herrschte in diesem Sinne in Deutschland ein antidemokratischer Konservativismus vor, erst nach 1945 änderte sich dies durch die mit der Westbindung einhergehende Akzeptanz des demokratischen Verfassungsstaates (vgl. Gauland 1991; sowie Grebing 1971 und Lorig 1988). Wenn daher hier lediglich vom Konservativismus gesprochen wird, dann ist damit immer der demokratische Konservativismus gemeint. Der noch weiter bestehende antidemokratische Konservativimus ist demgegenüber, wie bereits angedeutet, als eine bestimmte ideologische Variante des Rechtsextremismus anzusehen. Die Abgrenzung zwischen beiden Formen ist auf einer abstrakten Ebene zwar leicht vorzunehmen, in konkreten Fällen aber unter Umständen schwierig. Als Kritierium dafür soll hier der Stellenwert von Menschen- und Bürgerrechten in den jeweiligen politischen Konzeptionen gelten: Werden diese anderen Werten („die Nation", „der Staat", „die Volksgemeinschaft" etc.) untergeordnet, so stellt man damit auch die Wertvorstellungen des demokratischen Verfassungsstaates zur Disposition gestellt.

2. Begriffsdefinitionen: *Neue Rechte* und *Brückenspektrum*

Da bestimmte konservative Intellektuelle sich in ihrer politischen Praxis nicht im Sinne der aufgezeigten Abgrenzung verhielten und verhalten und mit Intellektuellen der extremen Rechten kooperierten, kam es seit den siebziger Jahren in der Bundesrepublik Deutschland zu einer schrittweisen Auflösung

dieser Distanzierung. In Anlehnung an eine Formulierung des Politikwissenschaftlers Wofgang Rudzio (1988), der damit das „Verhältnis zwischen
der demokratischen Linken und Kommunisten in der Bundesrepublk
Deutschland" in den achtziger Jahren problematisierte, könnte man hier von
einer „*Erosion der Abgrenzung*" zwischen Konservativismus und Rechtsextremismus auf intellektueller Ebene sprechen. Dieses Phänomen hat die politikwissenschaftliche Analyse vor die Frage gestellt, ob eine Abgrenzung im
oben definierten Sinne noch sinnvoll ist. Man ging immer mehr von der
Herausbildung einer autonomen geistigen Strömung zwischen Konservativismus und Rechtsextremismus aus, die dann *Neue Rechte* genannt wurde
(vgl. bspw. Greß u.a. 1990: 10f.; Mantino 1992).

Prägend für dieses besondere Verständnis wirkte ein 1989 erschienener
Aufsatz des Politikwissenschaftlers Wolfgang Gessenharter, der davon sprach,
„daß sich im Laufe der letzten etwa 15 Jahre sowohl vom Ideenpotential als
auch organisatorisch eine Gruppierung zwischen dem deutschen Konservatismus und dem deutschen Rechtsextremismus konstituiert hat, die eine
Scharnierfunktion, also Verbindung und Begrenzung gleichermaßen, zwischen beiden bildet" (Gessenharter 1989: 426). Diese Auffassung von *Neuer
Rechte* behauptete über die Verortung als Sphäre zwischen Konservativismus
und Rechtsextremismus hinaus noch „eine gewisse Eigenständigkeit und
Kohärenz der Ideologie" (Gessenharter 1989: 431), die allerdings bezweifelt
werden muß. In dem angesprochenen Zwischenbereich betätigten sich ideologisch ganz unterschiedlich ausgerichtete Publizisten, wie die folgende Darstellung noch zeigen wird. Allein aus ihrer „antiliberalen Grundhaltung"
(Gessenharter 1989: 432) läßt sich, wie Gessenharter meint, diese Eigenständigkeit nicht behaupten, findet sich diese doch ebenso im Rechtsextremismus.
Auch die anderen von ihm genannten ideologischen Merkmale, etwa die
Homogenitätsforderung, sind typisch rechtsextreme Positionen. Da Gessenharters Verständnis von Rechtsextremismus einerseits analytisch nicht differenziert genug entwickelt und andererseits zu stark am traditionellen Rechtsextremismus orientiert ist, verkennt er dies. Von daher kann Gessenharter
modernisierte Varianten von Rechtsextremismus auch nicht als rechtsextrem
einschätzen und sieht sich genötigt, mit dem skizzierten Verständnis von
Neue Rechte eine Art Zwischenstück von Konservativismus und Rechtsextremismus als eigenständiges Phänomen zu behaupten.

Darüber hinaus ist es problematisch, den Terminus *Neue Rechte* für eine
bestimmte politische Sphäre zu verwenden, da er von der Wortbedeutung
her eine als neu empfundene politische Strömung bezeichnen will. Hier soll
die Definition der Extremismusforscher Uwe Backes und Eckhard Jesse geteilt
werden, die unter *Neue Rechte* „eine intellektuell vergleichsweise anspruchsvolle Strömung des Rechtsextremismus" verstehen, „die sich am Vorbild der
'Konservativen Revolution' der Weimarer Republik orientiert, mit einer metapolitischen Strategie in erster Linie auf die Umwertung bestehender Werte

zielt" (Backes/Jesse 1989 I: 136). Problematisch ist diese Begriffsbestimmung vor dem Hintergrund der neueren Diskussion allerdings dadurch, daß der Bezugsfaktor, hier die *Konservative Revolution* der Weimarer Republik, als einheitliche politische Strömung angezweifelt wird. Der Soziologe Stefan Breuer argumentiert, außer der Kritik am Liberalismus habe es hinsichtlich politischer, sozialer und wirtschaftler Vorstellungen bei den Autoren der *Konservativen Revolution* keinen gemeinsamen Kernbestand gegeben (vgl. Breuer 1993). Zwar trifft diese Einschätzung teilweise zu, dies nötigt aber nicht dazu, auf den Sammelbegriff *Konservative Revolution* zu verzichten. Wie bei anderen politikwissenschaftlichen Sammelbezeichnungen können auch hier unterschiedliche politische Phänomene unter eine gemeinsame Bezeichnung gefaßt werden, wenn diese nötigen Differenzierungen Raum gibt. Gemeinsam war den Vertretern der *Konservativen Revolution* über die Gegnerschaft zum politischen Liberalismus und zum politischen System der Weimarer Republik hinaus der Anspruch diese durch einen – so das Selbstverständnis – revolutionären Akt zu überwinden, um dadurch gesellschaftliche Verhältnisse zu schaffen, die dann konserviert werden sollten. Dieser doppelte Anspruch und die damit verbundene Strategie über Denkzirkel einen kulturellen und damit letztendlich auch einen politischen Wandel einzuleiten sind so herausragende Besonderheiten, daß die damit zusammenhängenden Akteure bei aller Differenzierung unter der gemeinsamen Sammelbezeichnung *Konservative Revolution* gefaßt werden können. Außen vor bleiben in diesem Verständnis, entgegen den meisten politikwissenschaftlichen Darstellungen, die *Nationalrevolutionäre*.

Mit der an Gessenharters Definition von *Neuer Rechter* formulierten Kritik soll nun keineswegs die Existenz eines Bereichs bzw. einer Sphäre zwischen Konservativismus und Rechtsextremismus negiert werden. Hier wird in diesem Zusammenhang von einem *Brückenspektrum* gesprochen. Es kennzeichnet das Phänomen der Erosion der Abgrenzung von Konservativismus und Rechtsextremismus und erfaßt begrifflich die Bereiche, wo sich eine wie auch immer geartete Zusammenarbeit zwischen Vertretern dieser beiden Lager abzeichnet. Ein solches Verständnis unterscheidet sich in zweierlei Hinsicht von Gessenharters Auffassungen: Damit ist lediglich ein bestimmter Ort von politischer Kooperation gemeint. Es wird somit nicht das Aufkommen einer neuen, eigenständig zwischen Rechtsextremismus und Konservativismus stehenden politischen Strömung behauptet. Ebensowenig wird von einer einheitlichen Ideologie in dieser Sphäre ausgegangen, die es entgegen manchen Veröffentlichungen (vgl. Opitz 1984; Koeltschtzky 1986; Feit 1987) auch nicht bei der *Neuen Rechten* in Gessenharters Sinne gibt (vgl. Jaschke 1985; Schönekäs 1990; Mantino 1992).

3. Entwicklung und Typologisierung der rechtsextremen Intellektuellen-Szene in Deutschland

Bevor nun das intellektuelle *Brückenspektrum* zwischen Konservativismus und Rechtsextremismus anhand von konkreten Erscheinungsformen darge-stellt und analysiert werden soll, bedarf es noch einiger Ausführungen, die die gesellschaftlichen und ideologischen Verbindungslinien besser nachvoll-ziehbar machen. Zunächst skizzenhafte Anmerkungen zur historischen Ent-wicklung der rechtsextremen Intellektuellen-Szene (immer noch ein Deside-rat der politikwissenschaftlichen Rechtsextremismusforschung): Nach 1945 waren auch die nicht-nationalsozialistischen rechtsextremen Intellektuellen aufgrund ihrer Rolle bei der ideologischen Wegbereitung der NS-Diktatur oder ihres opportunistischen Verhaltens gegenüber diesem System diskredi-tiert. Ein großer Teil der weniger bedeutsamen und jüngeren Vertreter paßte sich formal weitgehend den neuen politischen Rahmenbedingungen an und konnte sogar beruflich und gesellschaftlich Karriere machen (vgl. bspw. zur NS-Vergangenheit einiger Intellektueller Corino 1980). Einem kleineren Teil blieb weitere Tätigkeit in ihren angestammten Bereichen untersagt, was aber nicht notwendigerweise ihr geistiges Wirken verhindern mußte (wie das Beispiel des Staatsrechtlers Carl Schmitt belegt). Ein anderer kleinerer Teil betätigte sich weiter in rechtsextremen Organisationszusammenhängen, vor allem in Kulturgemeinschaften und bei Zeitschriften (vgl. Dudek/Jaschke 1984 I, 43-54). Allerdings gelang dadurch nicht eine Intellektualisierung der politisch organisierten extremen Rechten. Zu Recht bemerkt der Bonner Po-litikwissenschaftler Hans-Helmuth Knütter: „Die große Schwäche des Rechts-extremismus nach 1945 bestand in seinem Mangel an intellektuellem Niveau" (Knütter 1988: 53). Dies dürfte in der Tat mit „ein wesentlicher Grund für seine Erfolglosigkeit" gewesen sein. Widersprechen muß man Knütter aber, wenn er (1988) meint, daß „eine grundsätzliche Änderung ... in den letzten Jahren nicht eingetreten" (Knütter 1988: 70) sei. Als Reaktion auf das politische Jahr 1968 kam es auch im Rechtsextremismus zu Intellektualisierungsbemü-hungen, die zwar in der Außenwirkung zunächst auf das eigene politische Lager begrenzt blieben, seit Beginn der achtziger Jahre aber eine stärkere Ausstrahlung in die konservative Öffentlichkeit hinein hatten und seit Ende der achtziger Jahre im Umfeld der rechtsextremen Partei *Die Republikaner* (REP) Wirkung zeigten.

Allerdings bildete sich keine einheitliche rechtsextreme Intellektuellen-Szene heraus, sie ist vielmehr entlang ihrer ideologischen Prägung in die bereits genannten verschiedenen politische Tendenzen aufgesplittert, was aber nicht notwendigerweise eine Kooperation ausschließen muß. Die fol-gende Typologie will dies ebensowenig ignorieren wie die Tatsache, daß es Überschneidungen und Übergänge gibt. Bei rechtsextremen Intellektuellen im Sinne des *antidemokratischen Konservativismus* handelt es sich um Konservative, die die Wertvorstellungen des demokratischen Verfassungsstaates in ihrem Politikverständnis nicht verinnerlicht haben. Die meisten Vertreter dieser Strömung haben dies aus verständlichen Gründen lange Zeit nicht offen bekundet und erst in für sie politisch günstigerer Zeit direkt ihre Auffassungen bekannt. Bei rechtsextremen Intellektuellen im Sinne des traditionellen *Deutsch-Nationalismus* handelt es sich um Anhänger einer Ideologievariante, die insbesondere durch besitzbürgerliches Denken und völkischen Nationalismus geprägt ist. Sie bildeten lange Zeit die Hauptströmung unter den intellektuellen Rechtsextremisten und betätigten sich vor allem im Umfeld der *Nationaldemokratischen Partei Deutschlands* (NPD). Eine vergleichsweise moderne ideologische Variante des Rechtsextremismus stellt die bereits definierte *Neue Rechte* dar, die einerseits durch den Bezug auf die Theoretiker der *Konservativen Revolution* und andererseits durch den Anspruch, zukünftige grundlegende gesellschaftliche Veränderung durch kulturrevolutionäre Impulse zu bewirken, gekennzeichnet ist. Als weitere relativ moderne Variante des intellektuellen Rechtsetremismus wären die *Nationalrevolutionäre* zu nennen (vgl. Bartsch 1975). Sie verstehen sich als *Befreiungsnationalisten*, sind weniger auf den Staat und mehr auf Region und Volk bezogen und knüpfen verbal ganz bewußt an einen eher linken politischen Diskurs an. Gerade diese Besonderheiten unterscheiden sie auch von der Neuen Rechten, und von daher wären sie auch als eine eigenständige ideologische Variante der extremen Rechten anzusehen. Und schließlich wäre noch der Bereich des *Neonationalsozialismus* zu nennen. In diesem ideologischen Sinne betätigen sich Rechtsextremisten eher im agitatorischen und aktivistischen Sinne, nicht in Form von intellektueller und theoretischer Arbeit. Allerdings muß berücksichtigt werden, daß eine Person wie der verstorbene Michael Kühnen auch durch programmatische Schriften und Artikel mit intellektuellem Niveau hervortrat. Neben den genannten wichtigsten Ideologievarianten des Rechtsextremismus in Deutschland gibt es noch weniger bedeutsame Strömungen, die nicht unbedingt in die vorgestellte Typologie eingeordnet werden können.

4. GRECE – Die Neue Rechte in Frankreich als politisch-strategisches Vorbild

Das wichtigste politisch-strategische Vorbild für den Versuch rechtsextremer Intellektueller, über den Konservativismus Brücken in die demokratische Mehrheitskultur hinein zu schlagen, ist die französische Neue Rechte. Durch ihr Wirken setzte sie in den letzten beiden Jahrzehnten aufgrund ihrer relativ großen öffentlichen Resonanz europaweit einen Intellektualisierungs- und Modernisierungsprozeß der extremen Rechten in Gang. Es handelt sich dabei um GRECE, das *Groupement de recherche et d' études pour la civilisation européenne* (Forschungs- und Studiengruppe für die europäische Zivilisation)

(Vgl. Christadler 1983; Jaschke 1990; Kowalsky 1991; Pfahl-Traughber 1991). Diese Organisation wurde 1969 gegründet, verstand sich als Antwort auf die kulturevolutionären Impulse des Pariser Mai von 1968 und organisierte sich, von diesen Tendenzen lernend, in Form eines Intellektuellenzirkels. Die sich dort versammelnden jungen Journalisten, Publizisten und Wissenschaftler entstammten nahezu alle Zusammenschlüssen der traditionellen extremen Rechten, hatten sich aber aufgrund von ideologischen und strategischen Differenzen von diesen getrennt.

Der als theoretischer und organisatorischer Kopf des GRECE geltende Publizist Alain de Benoist begründete diesen Schritt mit dem Hinweis auf die verständliche Erfolglosigkeit der traditionellen extremen Rechten: „Die alte Rechte ist tot. Sie hat es wohl verdient. Sie ist daran zugrunde gegangen, daß sie von ihrem Erbe gelebt hat, von ihren Privilegien und von ihren Erinnerungen. Sie ist daran zugrunde gegangen, daß sie weder Wille noch Ziele hatte" (Benoist 1985: 13). Als Ursachen, die die Erfolglosigkeit des traditionellen Rechtsextremismus bedingten, nannte Benoist: Erstens das Fehlen einer langfristig angelegten politischen Strategie, zweitens den Mangel an konkreten politischen Zielsetzungen und -vorgaben, drittens die Ideologiefeindlichkeit und damit eng verbunden das Fehlen einer eigenen klar formulierten und wissenschaftlich abgesicherten Theorie, viertens die Kultur-Aversion und damit das Ignorieren der kulturellen Sphäre als politisches Kampffeld und schließlich die geistige Orientierung an vergangenen Politikformen und -konzeptionen, die längst überholt seien und keinerlei Attraktivität mehr ausstrahlten (vgl. Benoist 1985: 13, 20f., 23, 36).

Demgegenüber plädierten die GRECE-Anhänger für einen Erneuerungsprozeß und entwickelten entsprechende Positionen. Dabei handelte es sich aber um keine grundlegenden Unterschiede, sondern im wesentlichen um ideologische und strategische Differenzen, bei Beibehaltung der rechtsextremen Grundpositionen. Feindbilder im Politikverständnis der französischen Neuen Rechten waren demnach auch die „egalitären Ideologien", worunter Liberalismus ebenso wie Marxismus, aber auch das Christentum verstanden wurden. Die naturrechtliche Begründung für die Menschenrechte lehnte man als Ausdruck des Individualismus ab, da dieser das Organisationsprinzip der Gemeinschaft zersetze. Demgegenüber verstehen sich die Theoretiker von GRECE als Verteidiger des Rechts der Kulturen und Völker auf Selbstbestimmung, die zur Herausbildung organischer Gemeinschaften führen sollten. Ideologischer Hintergrund dieser Positionen ist ein biologistisches Gesellschaftsbild, eine Vorstellung von der Gesellschaft, die bestimmte kulturelle Normen nicht als Ergebnis eines historischen Prozesses, sondern als Ausdruck der Natur und damit als unveränderbar ansieht. Dazu gehört dann auch die Herrschaft einer Elite, die sich nicht durch ein Wahlverfahren oder einen zweckrationalen Charakter, sondern durch eine aristokratische Moral legitimiert.

Abgeleitet wurden diese Auffassungen von einer Reihe politischer Theoretiker, die den Ideologen von GRECE als Klassiker gelten. Aus deren Werken
bastelte man sich selektiv und willkürlich, ohne damit verbundene Widersprüche zu problematisieren, eine eigene Weltanschauung zusammen. Diese
theoretischen Vorbilder können in drei Gruppen gegliedert werden: Erstens
die Vertreter der deutschen *Konservativen Revolution*, wie Ernst Jünger, Edgar
Julius Jung, Arthur Moeller van den Bruck, Carl Schmitt und Oswald Speng-
ler, zweitens intellektuelle Anhänger bzw. Wegbereiter des italienischen Faschismus, wie Julius Evola, Robert Michels, Vilfredo Pareto und Georges
Sorel, und drittens in „Erbforscher", wie Hans-Jürgen Eysenck, Irenäus Eibl-
Eibesfeld, Arthur Jensen und Konrad Lorenz. Wie die Auflistung bereits
andeutet, besteht das Neue an der GRECE als Gruppierung des Rechtsextremismus keineswegs in der Abwendung von grundlegenden inhaltlichen
Prinzipien dieses politischen Spektrums, sondern in formalen Modernisierungen einerseits ideologischer und andererseits strategischer Art.

Letzteres zeigt sich in der kulturellen bzw. „metapolitischen" Orientierung
von GRECE. Plädiert wurde für eine *Kulturrevolution von rechts*, die eine
Umwandlung der bestehenden Mentalitäten und Wertvorstellungen bewirken und so die Voraussetzungen für den politischen Wandel schaffen sollte.
Bei der Entwicklung derartiger Vorstellungen griff die französische *Neue
Rechte* zum einen auf die deutschen *Konservative Revolution*, zum anderen auf
den italienischen Marxisten Antonio Gramsci zurück. Man ging davon aus,
daß keine Veränderung in der Ordnung der Macht möglich sei, wenn nicht
zuvor die politische Transformation schon in den Köpfen stattgefunden hätte.
Es gelte, eine kulturelle Macht zur Sprache zu bringen, die sich parallel zur
politischen Macht installiert und dieser in gewisser Weise vorausging. Zunächst sollte der „Kampf um die Köpfe" gewonnen, die „kulturelle Hegemonie" erlangt werden. Ganz in diesem Sinne organisierte sich GRECE: Man
schuf eine professionell arbeitende bürokratisch ausgerichtete Organisation,
gründete ein Publikationsnetz und organisierte öffentlichkeitswirksame Kol-
loquien. Gezielt sollten Multiplikatoren (Intellektuelle, Journalisten, Lehrer,
Politiker, Universitätsangehörige etc.) angesprochen werden, um so das Meinungsklima zu ändern.

Zeitweise war dieser Strategie durchaus Erfolg beschieden: Es gelang
GRECE-Vertretern in der Redaktion des einflußreichen *Figaro-Magazine* Fuß
zu fassen, Benoist schrieb für wichtige französische Zeitungen wie *Le Monde*
und *Valeurs actuelles* und ganz allgemein erregte man Ende der siebziger/ Anfang der achtziger Jahre große Aufmerksamkeit in Frankreich und im Ausland. Danach geriet das „metapolitische" Projekt GRECE jedoch in eine Krise,
was zum einen mit internen Konflikten und dem Fehlen von Ansatzpunkten
und Perspektiven für die weitere Arbeit, zum anderen mit der Abwanderung
vieler Anhänger zu Le Pens *Front National* (FN) und dem öffentlichen Interesse
für den parteilich organisierten Rechtsextremismus zu tun hat. Dies bedeutet

aber nicht, daß die französische *Neue Rechte* einflußlos geworden wäre. Schließlich gelang es GRECE, rechtsextreme Positionen in der politischen Kultur Frankreichs diskussionsfähig zu machen, man wirkte als „Pflugschar" für die Wahlerfolge des FN und setzte europaweit einen Intellektualisierungsprozeß im Lager der extremen Rechten in Gang.

5. Das Thule-Seminar – ein gescheiterter deutscher GRECE-Ableger

Nachdem GRECE in Frankreich Anfang der achtziger Jahre zum Gegenstand breiten öffentlichen Interesses geworden war und auch hierzulande zahlreiche Presseberichte zur französischen Neuen Rechten erschienen, nahm sich auch der deutsche, mehrheitlich traditionalistisch geprägte Rechtsextremismus dem Phänomen an. Offenbar hoffe man vom attraktiven Wirken von GRECE zu lernen, um so aus der Außenseiterrolle heraus zu kommen und gleichzeitig engere Verbindungen zum konservativen Lager zu knüpfen. Als Ableger der französischen Neuen Rechten wurde 1980 in Kassel das *Thule-Seminar. Arbeitskreis für die Erforschung und das Studium der europäischen Kultur* (vgl. Ak 1990; Gilhard/Goblirsch 1990; Schönekäs 1990: 278-280) von dem diplomierten Juristen und Politologen Pierre Krebs gegründet. Strategisch wollte man ähnlich wie GRECE in Frankreich vorgehen: das *Thule-Seminar* versteht sich als Intellektuellenzirkel und Kulturverein.

Kontakte zwischen Krebs und dem dem traditionellen Rechtsextremismus zuzurechnenden Tübinger Grabert-Verlag prägten die Anfangsphase des *Thule-Seminars*. Mitte der achtziger Jahre muß es zu einem Bruch zwischen Beiden – wohl aufgrund Krebs' selbst im rechtsextremen Lager als sektiererisch geltenden Positionen – gekommen sein. Er beschäftigte sich fortan mit der Herausgabe einer deutschen Ausgabe eines Publikationsorgans der französischen *Neuen Rechten, Elemente (zur Metapolitik)*, die neben Übersetzungen von Artikeln von Benoist und Faye Aufsätze bekannterer deutscher rechtsextremer und konservativer Autoren enthielt. 1986/87 erschienen drei Ausgaben, 1990 erst eine vierte, und seitdem ist keine weitere Nummer mehr veröffentlicht worden. Über beschränkte publizistischen Bemühungen hinaus wurde das *Thule-Seminar* offenbar nicht aktiv, sieht man einmal von den zahlreichen Vorträgen Krebs' ab, der bei den verschiedensten rechtsextremen Organisationen, seien dies neonationalsozialistische Aktivistengruppen oder bestimmte studentische Korporationen, als Referent auftrat.

Trotz der damit verbundenen Kontakte gelang es offenbar nicht, das *Thule-Seminar* organisatorisch wie finanziell auf eine solide Grundlage zu stellen, womit auch der Versuch scheiterte, in dieser Form eine Organisation für rechtsextreme Intellektuelle zu schaffen. Die Gründe dafür dürften zum einen in der Person von Krebs zu sehen sein, da der *Thule*-Vorsitzende mit seinen meist sehr schwülstig vorgetragenen Positionen eher abschreckte, somit das

Thule-Seminar ein auf ihn konzentriertes Unternehmen blieb und er offensichtlich den Aufbau der Organisation nicht voranbringen konnte. Zum anderen wurden von seiten anderer rechtsextremer Intellektueller Vorbehalte geäußert. Man kritisierte die geringe Bedeutung der Regionalismus- und Ökologiethematik, den Aufbau falscher politischer Fronten durch die Ablehnung des Christentums und die Propagierung des Heidentums sowie die elitäre Politikkonzeption. Insofern kann dieser Versuch, einen bedeutenden deutschen Ableger der GRECE zu schaffen, als gescheitert angesehen werden. Um so verwunderlicher ist es, daß die Bedeutung des *Thule-Seminars* in der Rechtsextremismus-Forschung völlig überschätzt wird: Da ist etwa von „einem der wichtigsten intellektuellen Zirkel der Neuen Rechten" (Feit 1987: 78) oder gar von der „Ideologiefabrik der Neuen Rechten" (Jäger 1988: 86) die Rede – beides wohl kaum realistische Einschätzungen des Einflusses dieser Organisation. Von daher muß auch der Versuch des Brückenschlags in die breite Öffentlichkeit hinein als gescheitert angesehen werden. Die genannten bekannteren Autoren (Eysenck, Hepp, Hunke, Maschke, Mohler) zogen sich aus den publizistischen Zusammenhängen des *Thule-Seminars* zurück.

6. *Criticon* – das erste wichtige Organ des *Brückenspektrums*

Wesentlich bedeutsamer für die Herausbildung eines *Brückenspektrums* zwischen Konservativismus und Rechtsextremismus auf der intellektuellen Ebene war und ist die Zeitschrift *Criticon*. Das von dem Publizisten Caspar von Schrenck-Notzing 1970 gegründete und herausgegebene zweimonatlich erscheinende Publikationsorgan entstand zu einer Zeit, in der innerhalb des gesamten deutschen Konservativismus verstärkt die Notwendigkeit der Theoriearbeit postuliert wurde. Nur mit dieser, so erkannte man bereits damals, sei es möglich, die verloren geglaubte politische Meinungsführerschaft wiederzugewinnen. Von daher sollte *Criticon* auch keine Zeitschrift für ein größeres Publikum sein, sondern ein Theorie-Organ, das von Intellektuellen für theoretisch Interessierte gemacht wurde. Schrenck-Notzing bemerkt unter dem Pseudonym Critilo: „Mit den Theorien ist es wie mit den Armeen: In jedem Lande steht eine. Ist es nicht die eigene, dann ist es eine Fremde. Der Konservativismus wird darüber hinaus jedoch durch seine Theoriebezogenheit erst er selbst" (Critilo 1973: 243). In diesem Sinne veröffentlicht die Zeitschrift Beiträge zu tagespolitischen Fragen mit stark theoretischem Hintergrund, Aufsätze zum konservativen Selbstverständnis und „Bausteine" für eine entsprechende Theorie, kulturell-historische Texte mit indirekter politischer Botschaft und Artikel zu politischen Klassikern, die die theoretische Arbeit befruchten sollen. Hinsichtlich der strategischen Option erweist man sich in *Criticon* als Schüler der GRECE und ihres *Gramscismus von rechts*:

Unter der Überschrift „Über die Kulturrevolution zur politischen Revolution"
bemerkt Schrenck-Notzing als Critilo: Die Zeitschrift „war mit Gramsci stets
der Meinung, daß die ideologische Mehrheit wichtiger ist als die parlamentarische" (Critilo 1980: 107). Insofern bildet die gesellschaftliche Elite und
hier wieder besonders die Multiplikatoren die primäre Zielgruppe der Zeitschrift, also Journalisten, die akademische Jugend, Intellektuelle, Lehrer, Universitätsangehörige, Unternehmer etc. Bei diesen soll durch die Arbeit von
Criticon ein geistiger und damit letztendlich auch ein politischer Wandel
eingeleitet werden.

In den siebziger und achtziger Jahren war *Criticon* eine Art publizistisches
Sammlungsorgan für die intellektuelle Rechte; hier schrieben Alt- und Neo-
Konservative, Unionsrechte und Vertreter der Neuen Rechten, Nationalrevolutionäre und Nationalisten unterschiedlichster Couleur. Das Hervorste-
chendste an *Criticon* ist seine politische Breite auf der Rechten und von daher
spielt die Zeitschrift auch für die erwähnte *Erosion der Abgrenzung* eine herausragende Rolle, findet man in dem Organ doch demokratisch-konservative
neben rechtsextremen Autoren. Diese Einschätzung gilt auch noch für die
neunziger Jahre, schrieben doch eine ganze Reihe von rechtsextremen Autoren seit Ende der achtziger Jahre nicht mehr für die Zeitschrift. Trotzdem
findet man in *Criticon* von anderen Autoren nach wie vor aus demokratie-
theorietheoretischer Sicht überaus problematische Auffassungen. Ein Beispiel
dafür ist ein Beitrag des in der Industrie tätigen habilitierten Wirtschaftswis-
senschaftlers Friedrich Romig, der sich zum „Wesen des Konservativismus"
aus christlich-konservativer Sicht äußert: „Für den Konservativen geht Recht
nicht 'vom Volk aus', sondern es hat seine Quelle in Gott" (Romig 1990: 136).
Dieses politische Selbstverständis negiert ein tragendes Prinzip des demokratischen Verfassungsstaates, die Volkssouveränität, und plädiert für eine
„monarchisch-aristokratisch-ständische Grundhaltung des Konservativen"
(Romig 1990: 137). In der Regel findet man in *Criticon* aber eher weniger
deutliche Formulierungen, wenngleich die vorgetragenen Positionen ideologisch die gleiche Stoßrichtung aufweisen. So etwa wenn der promovierte
Historiker und Lehrer Karlheinz Weißmann, einer der jüngeren Stamm-Auto-
ren der Zeitschrift, von dem „neuen Ethos der preußischen Dimension" oder
der Notwendigkeit von „Gliederung und Elite" spricht (Weißmann 1992: 63).
Hier wird für den autoritären Staat plädiert, zwar ohne die direkte Negierung
des demokratischen Verfassungsstaates, jedoch mit dem Rekurs auf Wertvorstellungen, die diesem nicht eigen sind.

In *Criticon* findet man auch immer wieder Beiträge, die sich nur mit
historischen oder kulturellen Aspekten beschäftigen, aber dabei gleichzeitig
eine politische Botschaft mit ähnlicher Stoßrichtung transportieren, wie in
den zitierten Artikeln von Romig und Weißmann. Ein typisches Beispiel
dafür ist ein Text des bekannten Publizisten Gerd-Klaus Kaltenbrunner über
das antike „Sparta. Huldigung an das antike Preußen". Er behandelt in dem

Beitrag essayistisch vergleichend Athen und Sparta und spielt darin letzteres gegen ersteres aus, wobei das Athen des Perikles mit den westlichen Demokratien von heute in Verbindung gebracht wird. Ein „gewisses Spartanertum" sieht Kaltenbrunner auch für die heutige Zeit als notwendig an und fordert „Askese, Heroismus und Zucht" (Kaltenbrunner 1987: 75f.) als leitende Wertvorstellungen; von Demokratie und Menschenrechten ist in diesem Zusammenhang nicht die Rede. Interessant für die politische Einordnung der Zeitschrift ist auch die Rezeption von „Klassikern", wobei insbesondere der Staatsrechtler Carl Schmitt eine wichtige Rolle spielt. Allein schon die huldigenden Charakter annehmende positive Rezeption dieses erklärten Gegners des demokratischen Verfassungsstaates ist bezeichnend. Darüber hinaus werden aber selbst Autoren wie der italienische Kulturphilosoph Julius Evola lobend besprochen. Schrenck-Notzing (1992: 249f.) äußerte sich anerkennend im Zusammenhang mit der deutschen Übersetzung eines Buches über den intellektuellen Sympathisanten der Mussolini-Diktatur. Wenn demokratische Konservative ihre Auffassungen ständig neben solchen Positionen formulieren, so werten sie diese nicht nur indirekt auf, sondern tragen mit zum Verschwimmen der Grenzen zwischen Konservativen und Rechtsextremisten bei.

7. Gelungene *Brückenschläge: Handbuch der Deutschen Nation*-Projekt, der Arun-Verlag und die Zeitschrift *Wir selbst*

Ähnliche Bedeutung hinsichtlich der Herausbildung eines *Brückenspektrums* von Konservativismus und Rechtsextremismus auf intellektueller Ebene hatte das *Handbuch der Deutschen Nation*-Projekt des dem traditionellen Rechtsextremismus zuzurechnenden Grabert-Verlag. Das bereits 1953 gegründete Unternehmen war durch die Veröffentlichung von Literatur, die sich in verharmlosender Weise mit der Zeit des Nationalsozialismus beschäftigte, bekannt geworden. Um aus der gesellschaftlichen Randexistenz heraus zu kommen und in die Öffentlichkeit hinein zu wirken, bedurfte es Autoren aus einem breiteren Spektrum der politischen Rechten, wozu auch angesehene Konservative zählen sollten. Sie ermöglichten erst Aufmerksamkeit und Interesse für die Produkte des politisch belasteten (Grabert) bzw. noch unbekannten (Hohenrain) Verlags. Man gewann den angesehenen Politologie-Professor Bernard Willms (vgl. Assheuer/Sarkowicz 1989: 150-153; Mantino 1992: 110-124) als Herausgeber für ein *Handbuch zur Deutschen Nation*-Projekt. Die von ihm im Schwester-Unternehmen des Grabert-Verlag, dem Hohenrain-Verlag, herausgegebenen drei Bände des *Handbuch zur Deutschen Nation* (Willms 1986, 1987, 1988), bildeten ein Forum – und dies macht ihre Bedeutung im hier zu behandelnden Kontext aus – in dem konservative und rechtsextreme Intellektuelle gemeinsam veröffentlichten. Von daher handelt es sich bei dem *Handbuch zur Deutschen Nation* um ein Musterbeispiel für die erfolgte *Erosion der Abgrenzung* von Konservativismus und Rechtsextremismus auf intellektueller Ebene.

In diesem Zusammenhäng wäre auch auf den Arun-Verlag und sein Programm hinzuweisen. Das relativ kleine Verlagshaus ist 1989 von Stefan Ulbrich, einem ehemaligen Funktionär der neonationalsozialistischen *Wiking-Jugend* (WJ), gegründet worden. Nach seinem Austritt aus der WJ hat Ulbrich offenbar einen politischen Lernprozeß durchgemacht, der zur Abwendung vom der traditionellen und Hinwendung zur neueren extremen Rechten in Gestalt der Neuen Rechten führte. Letzteres läßt sich auch am Verlagsprogramm ablesen: Dazu gehören zwei von Ulbrich herausgegebene Sammelbände, zum einen *Gedanken zu Großdeutschland* und zum anderen *Multikultopia*. Beide sind hinsichtlich der Autoren so angelegt, daß sie ein größeres Publikum ansprechen. Darin finden sich neben Beiträgen von Vertreterm des traditionellen Rechtsextremismus und Autoren der Neuen Rechten auch Beiträge von konservativen, liberalen und linken Demokraten mit zum Teil prominenten Namen. Mit diesen soll ganz bewußt ein breiteres Publikum angesprochen werden, um auch kontroverse Positionen der rechtsextremen Seite diskursfähig zu machen – eine typische Variante der kulturrevolutionären Strategie der Neuen Rechten. Darüber hinaus findet man im Programm des Arun-Verlages auch Veröffentlichungen, die auf der esoterischen *New Age*-Welle reiten. Diese letztengenannten Publikationen sollen wohl eine Annäherung von bestimmten rechtsextremen und bestimmten esoterischen Kreisen voranbringen, die sich aus geistigen Gemeinsamkeiten ergibt (vgl. Gugenberger/Schweidlenka 1987). Von daher verwundert es auch nicht, daß der Arun-Verlag das philosophische Hauptwerk des in diesem Zusammenhang wichtigsten Theoretikers und politischen Klassikers der Neuen Rechten, Julius Evolas *Revolte gegen die moderne Welt*, in Neuauflage veröffentlichte. Entgegen Ulbrichs Erwartungen hat der Verlag aber noch nicht die von ihm gewünschte Aufmerksamkeit gefunden: Zum einen gab es von der traditionellen extremen Rechten auch Kritik an den ungewöhnlichen Positonen des Verlagsleiters, plädierte Ulbrich doch aus aus Sicht des „Ethnopluralismus" für eine „multikulturelle Gesellschaft", was Vertreter der „alten Rechten" irritierte. Ulbrich geht es indesen lediglich darum, daß durch die Auseinandersetzung mit anderen Kulturen die „nationale Identität" der Deutschen wieder gestärkt wird; die multikulturelle Gesellschaft soll lediglich als Feld der kulturellen Auseinandersetzung dienen, auf der sich dann „die Stärkeren" durchsetzen. Zum anderen ist die *New Age*-Szene aufgrund ihres Hangs zur Innerlichkeit und Glaubens, gesellschaftliche Veränderungen durch „neues Denken" zu bewirken, zur Zeit nur schwer politisch zu mobilisieren. Ulbrichs Versuch, mit dem Politikverständis der Neuen Rechten den in der Tat überaus schwammigen Begriff der „multikulturellen Gesellschaft" politisch zu besetzen, ist unabhängig von ihrem bislang noch geringen Erfolg jedoch ein bemerkenswerter Versuch des *Brückenschlags* im Sinne *kulturrevolutionärer* Strategie.

Ein im Zusammenhang mit der *Erosion der Abgrenzung* gegenüber rechtsextremen Auffassungen wichtiges Publikationsorgan ist die Zeitschrift *Wir selbst*. Sie wurde 1979 von einer NPD-Jugendgruppe, die als *Grüne Zelle Koblenz* Einfluß auf den Parteibildungsprozeß der Grünen nehmen wollte, gegründet. Man versuchte in Anlehnung an den nationalrevolutionären Theoretiker Henning Eichberg (vgl. Glotz 1989: 137-141), rechten Nationalismus und linken Internationalismus zugunsten eines „Ethnopluralismus" bei gleichzeitiger Ablehnung von westlichem Kapitalismus und östlichem Sozialismus ideologisch zu vermischen. Ganz bewußt bediente sich *Wir selbst* eines im linken bzw. alternativen Spektrums verbreiteten Vokabulars, um so auch auf dieses zu wirken. Neben Konservativen konnten auch Autoren aus diesem politischen Lager für die Zeitschrift gewonnen werden. Trotz dieser bemerkenswerten Zusammensetzung von Autoren, die *Wir selbst* eindeutig als Zeitschrift des *Brückenspektrums* ausweisen, gelang es dem Publikationsorgan nicht, besonderes Interesse und größere Aufmerksamkeit zu erlangen. So erschienen in den Jahren 1992/93 auch nur schleppend Ausgaben, teilweise als Doppelnummern oder mit langer Verzögerung. Gründe für diese mangelnde Resonanz: Politisch Rechte irritiert wahrscheinlich das Vokabular und der regionalistische Ansatz, und der Linken ist die Zeitschrift wohl aufgrund des „Nationalen" suspekt. Hinzu kommt, daß *Wir selbst* offensichtlich ein gewisses Faible für den libyschen Staatschef Muammar al Ghaddafi hat.

8. Die Zeitung *Junge Freiheit*: das publizistisch erfolgreichste Projekt im Brückenspektrum

Die Zeitung *Junge Freiheit* (vgl. Leggewie 1993: 119-126; Pfahl-Traughber 1993a) ist zusammen mit *Criticon* das publizistisch erfolgreichste Projekt im *Brückenspektrum*. Das monatlich erscheinende Blatt wurde 1986 von Schülern und Studenten gegründet, die es als Organ für eine geplante Jugendorganisation der *Freiheitlichen Volkspartei* (FVP) konzipierten. Schon nach kurzer Zeit löste man sich aber aus diesem parteipolitischen Zusammenhang um den REP-Mitbegründer Franz Handlos. Formal war die Zeitung nun parteiunabhängig, sie sympathisierte aber bis zu ihrem offensichtlich nur vorläufigen Niedergang bei den Wahlen von 1989 mit den REP. Danach gab man sich eher parteikritisch, und erst später tendierte die *Junge Freiheit*, bei allem intellektuellem Anspruch doch dem Zeitgeist der Wahlergebnisse verpflichtet, wieder zur Schönhuber-Partei. Geleitet wird das Blatt ausschließlich von jungen Leuten, meist noch Studenten, die den Jahrgängen 1962 bis 1970 angehören. Das Konzept der Monatszeitung scheint erfolgreich zu sein. Sie konnte die Auflage nach eigenen Angaben von 400 im Jahr 1986 auf 10000

1989 und 35000 1991 anheben. Allerdings muß relativierend angemerkt werden, daß insbesondere die letztgenannte Zahl stark übertrieben sein dürfte. Trotzdem wähnt man sich auf Erfolgskurs: Für den Beginn des Jahres 1994 plant die *Junge Freiheit* das Umstellen der Monats- auf eine Wochenzeitung.

Worin besteht das Erfolgrezept des Blattes, das gern eine „rechte taz" sein möchte? Man betreibt Kommentar-Journalismus, d.h. über aktuelle Ereignisse wird zwar berichtet, allerdings nicht im Sinne einer möglichst neutralen Information der Leser, sondern um diese direkt mit einer bestimmten politischen Botschaft anzusprechen. Selbst Kurzmeldungen werden mit einer entsprechenden Überschrift ideologisch aufgeladen. Bei all dem schreiben die meisten Autoren betont locker und stellen auch problematische Positionen in der Regel geschickt dar. Letzteres verhindert allerdings nicht, daß ab und an Plattheiten herausrutschen oder Beiträge einen hetzerischen Unterton erhalten.

Politisch-ideologisch und strategisch steht die Redaktion – wie auch ihr Werbespruch „Eine konservative Revolution" verrät – offensichtlich in der Traditon der *Konservativen Revolution* der Weimarer Republik und einiger als „Nonkonforme" bezeichneter italienischer Elite-Theoretiker wie Robert(o) Michels, Gaetano Mosca und Vilfredo Pareto, alles erklärte Gegner des demokratischen Verfassungsstaates. Der wichtigste Theoretiker dürfte für das Blatt indessen Carl Schmitt sein, der in nahzu jeder Ausgabe zustimmend erwähnt wird. Ähnlich wie dieser definiert man sich in Abgrenzung vom politischen Liberalismus, der nicht erst nach dem Zusammenbruch des „real existierenden Sozialismus" als „Hauptfeind" der Neuen Rechten gilt. Das Redaktionsmitglied Roland Bubik streicht den Antiliberalismus deutlich heraus und fordert die „Konservativen" – so das Selbstverständnis – auf, sich von ihm zu „emanzipieren": „Das Aufzeigen von Zusammenhängen zwischen aufklärerischer *Gesellschaft*stheorie (die auf Vertrag und wechselseitiger Nutzenerwartung basiert) und als haltlos oder 'zu materialistisch' empfundener Wirklichkeit ermöglich das Nahebringen von 'Nation', 'Familie' und des Ordnungsgedankens." Es gelte „ganzheitliches versus rationalistisches Menschenbild" zu setzen, „um 'den Zusammenhang mit der Natur und mit Gott' zu restituieren, 'ohne den keine wahre Ordnung möglich ist' (E. J. Jung)" (Bubik 1992). Es gelte, Freiheit „durch Ordnung zu schaffen", doch der Liberalismus schwäche die institutionellen Voraussetzungen dafür, „die kollektive Volkskraft und den Staat" (Bubik 1991).

Die Orientierung an den Vertretern der *Konservativen Revolution* oder der französischen Neuen Rechten ist auch strategischer Natur. Man will nicht über eine Partei, sondern über Zeitschriften und Zirkel politisch wirken: „Inzwischen scheint sich die Erkenntnis wieder durchzusetzen", so Chefredakteur Dieter Stein, „daß das Zentrum nicht eine Partei sein kann, sondern ein vielfältiges politisches, kulturelles und publizistisches 'Kapillarsystem' (...), durch das konservative Vorstellungen in breite Schichten sickern können.

Eine Partei ... wäre diesem Vorfeld nicht überzustülpen, sondern diesem als parlamentarischer Arm unterzuordnen" (Stein 1992). In diesem Sinne initiierte man, teilweise in Zusammenarbeit mit der Zeitschrift *Criticon*, eine ganze Reihe von Arbeitskreisen in größeren Städten, die ihre politischen Klassiker diskutieren und Vortrags-Veranstaltungen (meist auf Burschenschaftshäusern) durchführen. Längerfristige Aufgabe der Zirkel soll es u.a. sein, auf eine politische Partei einzuwirken. Nach ihren letzten Wahlerfolgen und relativ guten Umfrageergebnissen orientiert man sich in der *Jungen Freiheit* mit gewissen taktischen Vorbehalten auch wieder auf die REP. Eine Aufwertung ihrer Zeitung gelang der Redaktion durch prominente Autoren und Interviewpartner sowohl konservativer als auch rechtsextremer Coleur. All diese Personen stehen mit ihrer publizistischen Zusammenharbeit für das aus der *Erosion der Abgrenzung* entstandene *Brückenspektrum* von Konservativismus und Rechtsextremismus, für das die *Junge Freiheit* ein wichtiges Forum bildet.

9. Rechtsextreme Literatur in konservativen Verlagen

Ein weiteres bedeutendes Beispiel für diese *Erosion der Abgrenzung* sind konservative Verlage, die Literatur von rechtsextremen Autoren mit entsprechenden politischen Inhalten veröffentlichen. Dazu gehört in erster Linie der Konzern des Münchner Verlegers Herbert Fleissner (vgl. Sarkowicz 1989), der u.a. die renomierten Verlage Langen Müller, Amalthea, Herbig, Bechtle, Nymphenburger und Universitas besitzt. 1984 schlossen sich die bislang allein zum Springer-Konzern gehörenden Verlage Ullstein und Propyläen mit der Fleissner-Verlagsgruppe in einer neuen Dachgesellschaft zusammen, so daß sie nun eines der bedeutendsten Verlagsimperien in Deutschland bilden. Bei der überwiegenden Mehrheit der verlegten Autoren handelt es sich, dies sei klar gesagt, um unpolitische Schriftsteller oder Demokraten, teilweise sogar um prominente Gegner von Nationalsozialismus und Rechtsextremismus, so etwa Willy Brandt, Elie Wiesel und Simon Wiesenthal. Allein von daher ist es nicht angemessen, die Verlagsgruppe als rechtsextrem zu bezeichnen; allerdings wird dort rechtsextremen Auffassungen eine Möglichkeit zur Artikulation gegeben, die es diesen erlaubt, über angesehene Verlage in die breitere Öffentlichkeit hinein zu wirken. Dies läßt sich anhand zahlreicher Bücher exemplarisch belegen:
Dazu gehört etwa die programmatische Schrift des Nationalrevolutionärs Henning Eichberg *Nationale Identität*, ein Churchill und ein Hitler-Buch des mit der DVU und Neonationalsozialisten kooperierenden Schriftstellers David Irving, von dem Theoretiker der Neuen Rechten Armin Mohler *Der Nasenring* über die Vergangenheitsbewältigung, die Goebbels-Biographie seines ehemaligen Adjutanten Wilfred von Oven, der heute noch in rechtsex-

tremen Zusammenhängen aktiv ist, alle Bücher des REP-Vorsitzenden Franz
Schönhuber und eine Beschreibung der politischen Entwicklung in Rußland
unter dem Titel *Rußland wird leben* von dem Redaktionsmitglied der rechtsextremen Zeitschrift *Nation und Europa* Wolfgang Strauss. Das hervorste-
chendste Beispiel für rechtextreme Literatur in einem konservativen Verlag
sind die bei Universitas veröffentlichen Memoiren von Leon Degrelle *Denn
der Hass stirbt ... Erinnerungen eines Europäers.* Hitler gilt dem ehemaligen
Waffen-SS-Angehörigen als „einzigartiger Mann", „Universalgenie" und
„Wunschvater", dem er auch „heute noch" die „Treue" hält. Der Parlamen-
tarismus wird verworfen und statt dessen „eine autoritäre Demokratie" mit
„einem wirklichen Volksführer" (Degrelle 1992: 109, 136, 225) gefordert. Angesichts derartiger Auffassungen, die keineswegs selten im Text vorkommen,
verwundert es doch sehr, daß der konservative Universitas-Verlag einen derartigen Buchtext ohne Erklärung druckt. Von einem Wert als historische
Quelle kann hier wohl kaum die Rede sein, selbst kommerzielle Gründe
dürften keine Rolle spielen.

Derart eindeutig rechtsextreme Publikationen veröffentlichen die Verlage
Ullstein/Propyläen nicht, wenngleich dort die Bücher von Hellmut Diwald
verlegt wurden oder die Taschenbuchausgabe des im rechtsextremen Kieler
Arndt-Verlag ursprünglich publizierten Buches *Ein Weltkrieg wird program-
maiert* von Dirk Kunert erschien. Dafür findet man als Autoren dort bekannte
Namen aus dem *Brückenspektrum.* Das Buch *Rückruf in die Geschichte* des
Criticon-Mitarbeiters Karlheinz Weißmann (1992a) ist ein typisches Beispiel
dafür. Die politische Entwicklung zwischen 1989 und 1991 wird dort als
„Epochenschnitt" gedeutet: Die alte Bundesrepublik sei wirklich unterge-
gangen, das „neue Deutschland" habe „überraschend viel mit dem alten,
dem Bismarck-Reich, gemein" (Weißmann 1992a, 49). Der geopolitische
Aspekt der Mittellage zwinge zum Abschied vom „Verzwergungswunsch"
(Weißmann 1992a, 175) der Deutschen. Die nach 1949 erfolgte Westbindung
wird als Bruch mit fest verwurzelten nationalen Traditionen interpretiert,
die „Westler" hätten „alle tiefer prägenden, also historischen Züge ausgetilgt"
(Weißmann 1992a, 43). Die mit dieser Entwicklung einhergehende erstmalige
breitere Akzeptanz der Wertvorstellungen eines demokratischen Verfassungsstaates in Deutschland gilt in dieser Sichtweise nicht als eine wichtige
Errungenschaft. Priorität in Weißmanns Politikverständnis haben entsprechend nicht Demokratie und Konstitutionalismus, sondern die nationale
Machtpolitik mit dem Primat der Außenpolitik (vgl. Backes 1993: 111f., 122-
124). Damit werden dann *Brücken* zwischen Konservativismus und Rechtsextremismus geschlagen, was sich auch bei den Anzeigen der genannten
Verlage zeigt. Sie werben in eindeutig rechtsextremen Zeitschrift wie *Deutschland in Geschichte und Gegenwart* und *Nation und Europa* regelmäßig für ihre
Produkte und tragen damit zum Fortbestand derartiger Publikationsorgane
bei.

10. Aus dem *Brückenspektrum* herausgefallen: die Zeitschrift *Mut*

Berichtet werden muß hinsichtlich der *Erosion der Abgrenzung* zwischen Konservativismus und Rechtsextremismus auf intellektueller Ebene auch über ein Publikationsorgan, das einmal zum *Brückenspektrum* gehörte, jetzt aber nicht mehr in diesem Sinne eingeschätzt werden kann. Gemeint ist die Zeitschrift *Mut*, die einen Wandel von einem eindeutig rechtsextremen zu einem konservativen Organ vollzogen hat. Das 1965 von Bernhard C. Wintzek gegründete und seit dem von ihm geleitete Publikationsorgan entwickelte sich in den siebziger Jahren zu einer der wichtigsten rechtsextremen Zeitschrifte, war aber trotz zahlreicher den Nationalsozialismus entschuldigenden und verharmlosenden Beiträge nicht neonationalsozialistisch, sondern mehr im Sinne des traditionellen Deutsch-Nationalismus der NPD ausgerichtet. Mit der Zeit wandelte sich die Zeitschrift allerdings völlig. Heute kann festgestellt werden, daß *Mut* als publizistisches Gesamtprodukt nicht mehr als rechtsextrem angesehen werden kann. Bereits seit Anfang der achtziger Jahre schrieben die bisherigen *Mut*-Mitarbeiter nicht mehr für die Zeitschrift, seit 1990 erschienen auch keine Beiträge mehr von neu gewonnenen, in der Öffentlichkeit angeseheneren rechtsextremen Publizisten. Heute findet man als Autoren in *Mut* in erster Linie renommierte Intellektuelle, Politiker und Wissenschaftler, der unterschiedlichsten politschen Couleur. Trotz dieser relativ breiten Zusammensetzung der Autorenschaft hat *Mut* den von Wintzek formulierten Anspruch „an den versteinerten Ideologien, rechten wie linken, vorbei dem politischen Dialog mit MUT ein anspruchsvolles Forum der geistigen Auseinandersetzung unterschiedlicher Standpunkte zu bieten" (Wintzek 1992: 28), nicht eingelöst. Es handelt sich um eine eindeutig konservative Zeitschrift. Zwar findet man in den letzten Ausgaben und Jahrgängen auch Beiträge von zum linken Flügel der SPD gehörenden Autoren, allerdings nur mit Themen und Positionen, die konservativen Auffassungen nicht widersprechen. Ähnlich verhält es sich mit den anderen sozialdemokratischen Autoren, die eher dem rechten Flügel ihrer Partei angehören. Mit den konservativen Positionen fast aller ihrer Autoren bewegt sich die Zeitschrift im Rahmen der Wertvorstellungen des demokratischen Verfassungsstaates, eine Einschätzung dieser als rechtsextrem wäre unzutreffend.

Bleibt noch die Frage zu klären, ob und inwieweit *Mut* eine Bedeutung als *Brücke* zwischen Konservativismus und Rechtsextremismus hat bzw. ob ihr eine „Scharnierfunktion" (Gessenharter) in diesem Zusammenhang zukommt? Was für die achtziger Jahre noch mit einer gewissen Berechtigung angenommen werden konnte (vgl. Gessenharter 1989: 434-438), gilt heute nicht mehr. Die für ein Publikationsorgan des *Brückenspektrums* typische Mischung der Autorenschaft kann bei *Mut* nicht nachgewiesen werden. Interessant im Zusammenhang mit der Einschätzung von *Mut* ist auch, wie der Wandel der Zeitschrift in der Zeitung *Junge Freiheit* bewertet wird; dort heißt es, Wintzek habe offenbar „den endgültigen Bruch mit konservativen Anschauungen" vollzogen: „*Mut* hat seine Stellung in der liberalen Mitte gefunden" (Molau 1992). Dieser Einschätzung kann allerdings nicht zugestimmt werden, sie belegt lediglich die Distanz des dem Brückenspektrum zuzurechnenden Organs zu *Mut*. Wintzeks Zeitschrift hat sich gewandelt, zwar nicht hin zu liberalen Positionen, aber zu einem nicht mehr rechtsextremen konservativen Organ.

11. Zur politischen Bedeutung des *Brückenspektrums*

Die vorstehenden Ausführungen haben deutlich gemacht, daß es auf publizistischer Ebene eine *Erosion* der Abgrenzung zwischen demokratisch-konservativen und rechtsextremen Intellektuellen gibt. Der Bereich oder die Sphäre in der sich diese Zusammenarbeit abzeichnet ist als *Brückenspektrum* bezeichnet worden. Die Existenz dieses Phänomens wird, was nicht verwundern kann, von in diesem Spektrum aktiven Intellektuellen mit polemischem Unterton als politisch motivierte Unterstellung abgestritten. So bemerkt etwa *Criticon*-Mitarbeiter Karlheinz Weißmann: „Bislang waren die meisten Analysen dieses ideologischen Sektors vor allem an personellen Verflechtungen und der Entdeckung der 'Brücken-' und 'Scharnierfunktion' zwischen den einzelnen Teilen des 'Lagers' interessiert. Von Ausnahmen abgesehen ... ging es den meisten Autoren um das volkspädagogische Ziel, die Gefährlichkeit *der Rechten* aufzudecken, indem man ihre offene oder latente '(neo-) nazistische' Gesinnung entlarvte" (Weißmann 1993: 173). Hier wird dem Hinweis auf die Existenz des *Brückenspektrums* nicht nur eine unsachliche Motivation unterstellt, sondern mit der Bemerkung, es gehe nur darum bei den Rechten „neonazistische Gesinnung" zu entlarven, ein Argumentationsmuster unterstellt, das so gar nicht formuliert wird. Auch Gessenharter (1989), auf den sich Weißmann bezieht, ohne ihn allerdings namentlich zu nennen, hat eine „neonazistische Gesinnung" für das, was er unter *Neue Rechte* versteht, nicht behauptet. Hier wird ein rhetorischer Trick bemüht, der darin besteht, die zu kritisierenden Auffassungen zu überspitzen, um sie dadurch abzuwerten. Neonationalsozialistische Auffassungen findet man in der Tat im *Brückenspektrum* nur in seltenen Ausnahmefällen. Ein anderer Effekt dieses rhetorischen Tricks ist es, daß die eigentliche Problematik ignoriert wird: Wie kommt es dazu, daß sich doch eigentlich als demokratisch-konservativ verstehende Intellektuelle mit rechtsextremen Intellektuellen zusammenarbeiten? Dies hängt offenbar damit zusammen, daß diesen ideolgische Gemeinsamkeiten mit der extremen Rechten wichtiger sind, als die Akzeptanz der Wertvorstellungen des demokratischen Verfassungsstaates als oberstes Prinzip ihres Politikverständnisses. So lange hier Konservative nicht politische Klarheit schaffen und einen eindeutigen Trennungsstrich ziehen, müssen sie sich auch mit Kritik im skizzierten Sinne auseinandersetzen.

Wie ist nun angesichts der beschriebenen Entwicklung die politische Bedeutung und der Einfluß des *Brückenspektrums* einzuschätzen? Um diese Frage differenziert zu beantworten, muß einerseits dessen interne Entwicklung und andererseits dessen Außenwirkung in die Bewertung mit aufgenommen werden. Zunächst einmal ist festzuhalten, daß das *Brückenspektrum* weder ideologisch einheitlich ausgerichtet, noch einheitlich organisiert ist. Diese ideologische Heterogenität wird in vielen politikwissenschaftlichen Arbeiten ignoriert (etwa bei Opitz 1984; vgl. Jaschke 1985: 25; Koelschtzky 1986; Feit 1987; Schönekäs 1990: 236). Organisiert ist das *Brückenspektrum* im engeren Sinne nicht, es existieren zur Zeit lediglich verstreut und ohne festere Anbindung aneinander Diskussions- und Lesezirkel, die sich um Publikationsorgane gebildet haben. Öffentliche Veranstaltungen führen sie in der Regel nur auf den Häusern studentischer Korporationen durch. Darüber hinaus gibt es natürlich noch zahlreiche informelle personelle Vernetzungen zwischen Verlagen und Zeitschriften. Schließlich muß noch darauf hingewiesen werden, daß einige als konservative *Denkfabriken* (vgl. Leggewie 1987) geltende Einrichtungen, etwa das *Studienzentrum Weikersheim* oder die *Carl Friedrich von Siemens-Stiftung,* ab und an geistige und personelle Begegnungsstätten für intellektuelle Vertreter von Konservativismus und Rechtsextremismus bilden.

Was das intellektuelle Niveau im *Brückenspektrum* angeht, so kann gesagt werden, daß dies zwar deutlich angestiegen, aber ein großer theoretischer Wurf nicht einmal in Ansätzen zu erkennen ist. Man beschränkt sich weitgehend darauf in politischen Kommentaren allgemeine „Liberalismus"-Kritik zu betreiben, hier und da dabei ein „Klassiker"-Zitat einzustreuen und traditionelle Werte hoch zu halten. Allerdings – und hier muß differenziert werden – sagt der geringe theoretische Wert einer Politikkonzeption nicht unbedingt etwas über ihre Wirkung oder mögliche Wirkung aus. Teilweise verstehen es die rechtsextremen Vertreter des *Brückenspektrums* überaus geschickt ihre Auffassungen in einem zeitgemäßen Gewande zu präsentieren, so etwa wenn von traditionellen rassistischen Argumentationsweisen Abstand genommen wird und man über das Schlagwort von der „kulturellen Differenz" und die Betonung der „Selbstbestimmung der Völker" (vgl. Müller 1992) die Prinzipien individueller Menschenrechte ideologisch aushebeln will. Bei einer über den Konservativismus erfolgenden stärkeren Wirkung in die Öffentlichkeit hinein könnten derartige Auffassungen durchaus auf Akzeptanz stoßen, vor allem in der akademischen Jugend. Da diese in der Gesellschaft später meist Multiplikator-Funktionen einnehmen, verdienen derartige Prozesse verstärkte Aufmerksamkeit. Allerdings kann derzeit noch nicht von einem Vormarsch der Vertreter des *Brückenspektrums* gesprochen werden. Diese Einschätzung will nicht das von der rechtsextremen Intellektuellen-Szene im *Brückenspektrum* ausgehende Gefahrenpotential verharmlosen, sondern lediglich realistisch einschätzen. Es ist richtig, daß in diesem Bereich etwas in Bewegung ist, das verstärkte Beachtung verdient, aber nicht im Sinne einer ungerechtfertigten Dramatisierung. Vielmehr ist es notwendig, die sachliche geistig-politische Auseinandersetzung mit den im *Brückenspektrum* kursierenden Politikvorstellungen und dessen teilweise eine Renaissance erlebenden „Klassikern" voran zu treiben.

Literatur

Ak Neue Rechte (Hg.), 1990: Thule-Seminar. Spinne im Netz der Neuen Rechten. Kassel.

Asseheuer, Thomas/Sarkowicz, Hans, 1989: Rechtsradikale in Deutschland. Die alte und die neue Rechte. München.

Backes, Uwe, 1993: Rechts- und linksradikale Intellektuelle in Deutschland. Mechanismen zur Delegitimierung des demokratischen Verfassungsstaates, in: *Eckhard Jesse* (Hg.), Politischer Extremismus in Deutschland und Europa. München, 111-132.

Backes, Uwe/Jesse, Eckhard, 1989: Politischer Extremismus in der Bundesrepublik Deutschland. Köln, Bd. I: Literatur.

Bartsch, Günter, 1975: Revolution von rechts? Ideologie und Organisation der Neuen Rechten. Freiburg.

Benoist, Alain de, 1985: Kulturrevolution von rechts. Gramsci und die Nouvelle Droite. Krefeld.

Benz, Wolfgang (Hg.), 1990: Rechtsextremismus in der Bundesrepublik. Voraussetzungen, Zusammenhänge, Wirkungen. Frankfurt a.M.

Breuer, Stefan, 1993: Anatomie der Konservativen Revolution. Darmstadt.

Bubik, Roland, 1991: Die Freiheit, die wir meinen. Die Konservativen und der Liberalismus, in: Junge Freiheit, Nr. 10/Oktober.

Bubik, Roland, 1992: Emanzipation der Konservativen, in: Junge Freiheit, Nr. 1-2/Januar-Februar.

Christadler, Marie-Luise, 1983: Die „Nouvelle Droite" in Frankreich, in: *Iring Fetscher* (Hg.), Neokonservative und „Neue Rechte". Der Angriff gegen Sozialstaat und liberale Demokratie in den Vereinigten Staaten, Westeuropa und der Bundesrepublik. München, 163-215.

Corino, Karl (Hg.), 1980: Intellektuelle im Bann des Nationalsozialismus. Hamburg.

Critilo, 1973: Kommentar, in: Criticon, 243.

Critilo, 1980: Über die Kulturrevolution zur politischen Revolution, in: Criticon, 107.

Degrelle, Leon de, 1992: Denn der Haß stirbt ... Erinnerungen eines Europäers. München.

Feit, Margret, 1987: Die „Neue Rechte" in der Bundesrepublik. Organisation – Ideologie – Strategie. Frankfurt a.M.

Gauland, Alexander, 1991: Was ist Konservativismus? Streitschrift gegen die falschen deutschen Traditionen. Westliche Werte aus konservativer Sicht. Frankfurt a.M.

Gessenharter, Wolfgang, 1989: Die „Neue Rechte" als Scharnier zwischen Konservativismus und Rechtsextremismus in der Bundesrepublik, in: *Rainer Eisfeld/Ingo Müller* (Hg.), Gegen Barbarei. Essays für Robert M. W. Kempner zu Ehren. Frankfurt a.M., 424-452.

Gilbhard, Hermann/Goblirsch, Holger, 1990: Rückkehr des Rassenwahns? Die Ideologie der „Neuen Rechten", in: *Wolfgang Benz* (Hg.), Rechtsextremismus in der Bundesrepublik. Voraussetzungen, Zusammenhänge, Wirkungen. Frankfurt a.M., 213-223.

Glotz, Peter, 1989: Die deutsche Rechte. Eine Streitschrift. Stuttgart.

Grebing, Helga, 1971: Konservative gegen die Demokratie. Konservative Kritik an der Demokratie in der Bundesrepublik nach 1945. Frankfurt a.M.

Greß, Franz/Jaschke, Hans-Gerd/Schönekäs, Klaus, 1990: Neue Rechte und Rechtsextremismus in Europa. Opladen.

Gugenberger, Eduard/Schweidlenka, Roman, 1987: Mutter Erde, Magie und Politik zwischen Faschismus und neuer Gesellschaft, Wien.

Hethey, Raimund/Kratz, Peter (Hg.), 1991: In bester Gesellschaft. Antifa-Recherche zwischen Konservativismus und Neo-Faschismus. Göttingen.

Jäger Siegfried, 1988: Selbstaufgabe oder Widerstand? Elemente – Zeitschrift für den „Gegenangriff der Intelligenz", in: *Siegfried Jäger* (Hg.), Rechtsdruck. Die Presse der Neuen Rechten. Bonn.

Jaschke, Hans-Gerd, 1985: Was ist, woher kommt, wo steht die „Neue Rechte" in der Bundesrepublik?, in: Widersprüche 5, H. 16, 23-29.

Jaschke, Hans-Gerd, 1990: Frankreich, in: *Franz Greß/Hans-Gerd Jaschke/Klaus Schönekäs,* Neue Rechte und Rechtsextremismus in Europa. Opladen, 17-103.

Kaltenbrunner, Gerd-Klaus, 1987: Sparta – Huldigung an das altgriechische Preußen, in: Criticon, 73-76.

Knütter, Hans-Helmuth, 1988: Hat der Rechtsextremismus in der Bundesrepublik Deutschland eine Chance? Bonn.

Koelschtzky, Martina, 1986: Die Stimme ihrer Herrn. Die Ideologie der Neuen Rechten. Köln.

Kowalsky, Wolfgang, 1991: Kulturrevolution? Die Neue Rechte im neuen Frankreich und ihre Vorläufer. Opladen.

Leggewie, Claus, 1987: Der Geist steht rechts. Ausflüge in die Denkfabriken der Wende. Berlin.

Leggewie, Claus, 1993: Druck von rechts. Wohin treibt die Bundesrepublik? München.

Lodenitz, Friedrich von, 1993: Konservative Genossenschaft, in: Junge Freiheit, Nr. 8/September.

Lorig, Wolfgang H., 1988: Neokonservatives Denken in der Bundesrepublik Deutschland und in den Vereinigten Staaten von Amerika. Zum intellektuellen Klima in zwei politischen Kulturen. Opladen.

Molau, Andreas, 1992: Wintzeks runder Tisch, in: Junge Freiheit, Nr. 6/Juni.

Opitz, Reinhard, 1984: Faschismus und Neo-Faschismus. Frankfurt a.M.

Pfahl-Traughber, Armin, 1991: GRECE – Die Neue Rechte in Frankreich, in: Vorgänge 30, H. 112, 15-27.

Pfahl-Traughber, Armin, 1993: Rechtsextremismus. Eine kritische Bestandsaufnahme nach der Wiedervereinigung. Bonn.

Pfahl-Traughber, Armin, 1993a: Die „Junge Freiheit". Ein publizistischer Brückenschlag zwischen Rechtsextremismus und Konservativismus, in: Neue Gesellschaft/Frankfurter Hefte 40, 44-49.

Romig, Friedrich, 1990: Das Wesen des Konservativismus. Im Lichte der katholischen Soziallehre, in: Criticon, 135-139.

Rudzio, Wolfgang, 1988: Die Erosion der Abgrenzung. Zum Verhältnis zwischen der demokratischen Linken und Kommunisten in der Bundesrepublik Deutschland. Opladen.

Sarkowicz, Hans, 1989: Der Autor Schönhuber und sein Verleger, in: *Kurt Hirsch/Hans Sarkowicz,* Schönhuber. Der Politiker und seine Kreise. Frankfurt a.M., 67-94.

Schrecnk-Notzing, Caspar von, 1992: Evola überquert die Alpen, in: Criticon, 249f.

Schumann, Hans Gerd (Hg.), 1984: Konservativismus. Königstein.

Schönekäs, Klaus, 1990: Bundesrepublik, in: *Franz Greß/Hans-Gerd Jaschke/Klaus Schönekäs,* Neue Rechte und Rechtsextremismus in Europa. Opladen, 218-349.

Stein, Dieter, 1992: Niederwerfung der Konservativen, in: Junge Freiheit, Nr. 4/April.

Weißmann, Karlheinz, 1992: Ein paar einfache Wahrheiten. Über die notwendige Renaissance des konservativen Denkens, in: Criticon, 61-63.

Weißmann, Karlheinz, 1992a: Rückruf in die Geschichte. Die deutsche Herausforderung: Alte Gefahren – Neue Chancen. Berlin/Frankfurt a.M.

Weißmann, Karlheinz, 1993: Gibt es eine konservative Revolution? Zur Auseinandersetzung um das neue Buch von Stefan Breuer, in: Criticon, 173-176.

Willms, Bernard, 1983: Das deutsche Wesen in der Welt von morgen. Überlegungen zur Aufgabe der Nation, in: Nation Europa, H. 11/12, 13f.

Willms, Bernard (Hg.), 1986: Handbuch zur deutschen Nation. Bd. 1: Geistiger Bestand und politische Lage. Tübingen.

Willms, Bernard (Hg.), 1987: Handbuch zur deutschen Nation. Bd. 2: Nationale Verantwortung und liberale Gesellschaft. Tübingen.

Willms, Bernard (Hg.), 1988: Handbuch zur deutschen Nation. Bd. 3: Moderne Wissenschaft und Zukunftsperspektive. Tübingen.

Wintzek, Bernhard, 1992: Maß und Mitte, in: Mut, Nr. 296/April, 27-31.

IV.
Internationale Aspekte

Franz Greß

Rechtsextremismus in Europa

Generelle Aspekte und das italienische und das französische Beispiel[1]

I. Renaissance des Rechtsextremismus?

Wie der Faschismus ein gesamteuropäisches Phänomen war, so ist auch der Rechtsextremismus der post-faschistischen Epoche nicht auf einzelne Länder Europas begrenzt. Lange Zeit wurden rechtsextremistischen Bewegungen und Parteien nur im Rahmen der jeweiligen nationalen Kontexte untersucht, erst mit den Wahlerfolgen dieser Parteien in den 80er Jahren wurde auch von wissenschaftlicher und politischer Seite die gesamteuropäische Dimension des Rechtsextremismus thematisiert. Im Rückblick sind in der Literatur mehrere Phasen der Bearbeitung zu identifizieren.

Erste Darstellungen (Del Boca/Giovana 1969) wiesen stark journalistische Züge auf und betonten die Kontinuität zwischen faschistischen und neo-faschistischen Parteien. Selbst systematische Arbeiten hielten noch am Ende der 70er Jahre resp. Anfang der 80er Jahre an dieser Perspektive fest (Thamer/Wippermann 1977; Wippermann 1983), die die faschismustheoretische Frage, „ob man an einem allgemeinen Faschismusbegriff festhalten kann" (Wippermann 1983: 197) in den Mittelpunkt ihrer Arbeiten stellten (und mit Einschränkungen bejahten). Aus ganz anderen Motivationen gespeist stand die vulgärmarxistische Variante der Kontinutätsthese im Mittelpunkt von Arbeiten, die sich positiv auf die „Geschichtswissenschaft der DDR" bezogen und diese als „seriöse Wissenschaft ernst genommen" (Kühnl 1979: 289) propagierten.

Seit Mitte der 80er Jahre ist dann eine Zunahme und Verstetigung von Publikationen zu beobachten, die sich mehr oder weniger komparativ mit dem Rechtsextremismus als eigenständigem Gegenstand in seinen vielfältigen Spielarten befassen. Nicht nur die Anzahl der Publikationen steigt deutlich, sondern die Systematisierung führt auch zur Schaffung von Hilfsmitteln wie z.B. der Publikation eines Pressedienstes wie dem „Blick nach rechts" (1984ff.), der Herausgabe eines Handbuches, das weltumfassend von Afgha-

---

1 Für die Überlassung von Materialien für die Fallstudien bedanke ich mich bei Frau F. Bordon und Herrn A. Korb. Das Manuskript wurde Ende November 1993 abgeschlossen.

nistan bis Zimbabwe (auf sehr unterschiedlichem Niveau freilich) informiert (Maoláin 1987) oder der Begründung des theoretisch und empirisch ausgerichteten „Jahrbuchs Extremismus und Demokratie" (Backes/Jesse (Hg.) 1989ff.). Die Beiträge in und Themenhefte von Fachzeitschriften (Husbands 1981; West European Politics 1988; Niedermayer 1990; Parliamentary Affairs 1992; European Journal of Political Research 1992) nehmen deutlich zu, und am Ende der 80er Jahre schließlich erscheint in schneller Folge eine Reihe von Sammelbänden, die einen Überblick über die Geschichte und die aktuellen Ausprägungen des Rechtsextremismus in Europa geben (Kirfel/Oswalt (Hg.) 1989; Harris 1990; Cheles/Ferguson/Vaughan (eds.) 1991; Butterwegge/Jäger (Hg.) 1992; Hainsworth (ed.) 1992; Merkl/Weinberg (eds.) 1993). Die explizit vergleichende Dimension freilich wird hier in der Regel durch ein zusammenfassendes Kapitel des oder der Herausgeber thematisiert, wobei allerdings der analytische Anspruch und seine Einlösung sehr unterschiedlich ausfallen. Empirisch orientierte Sammelbände (Hainsworth (ed.) 1992; Merkl/Weinberg (ed.) 1993) stehen neben eher ideologiekritisch akzentuierten Darstellungen (Butterwegge/Jäger (Hg.) 1992). Gemeinsamer Gegenstand all dieser Publikationen ist die „extreme-right explosion in Western Europe" (Husbands 1992a).

Daneben gibt es in diesem Zeitraum erste Versuche einer systematischen Bearbeitung des Rechtsextremismus als europäischem Phänomen, begrenzt auf spezifische Aspekte wie die Rolle der 'Neuen Rechten' in Frankreich, Großbritannien und der Bundesrepublik Deutschland für die Modernisierung des Rechtsextremismus (Greß/Jaschke/Schönekäs 1990). Noch steht eine umfassende und im Hinblick auf die systematische Zusammenführung von Daten und ihre analytische Bearbeitung breit angelegte Studie aus; insofern setzt die Rechtsextremismus-Forschung Erwartungen in das Sammelwerk S.U. Larsen/B. Hagtvet (eds.) 1994, das alle europäischen Länder, außer Island und Irland, einbezieht.

Die Auseinandersetzung mit der „new politics of resentment" (Betz 1993b) ist freilich keine bloß akademische Angelegenheit. Seit Mitte der 80er Jahre tritt neben die Analyse verstärkt auch das Bemühen um eine europäische Strategie der Bekämpfung des erstarkenden Rechtsextremismus. Nicht zuletzt ausgelöst durch den Einzug rechtsextremer Parteien in das Europa-Parlament 1984 und die Bildung einer „Technischen Fraktion der Europäischen Rechten", wird auf Antrag der Sozialistischen Fraktion des Europäischen Parlaments ein Untersuchungsausschuß zum „Wiederaufleben des Faschismus und Rassismus in Europa" eingesetzt, dessen Arbeit nicht nur in der gemeinsamen „Erklärung gegen Rassismus und Fremdenfeindlichkeit" des Europäischen Parlaments, des Rates, der im Rat Vereinigten Vertreter der Mitgliedstaaten und der Kommission der Europäischen Gemeinschaft mündet, sondern auch in einem informativen Bericht (Europäisches Parlament 1985). Ein Nachfolgeausschuß legt 1990 einen weiteren Bericht vor, der die Umsetzung der früheren Empfehlungen zum Gegenstand hat (Europäisches Parlament 1990).

Die kurz markierte Entwicklung in der wissenschaftlichen Literatur spiegelt grob die *drei Phasen* der Entfaltung des Rechtsextremismus nach dem Zweiten Weltkrieg in Europa wider. In allen westeuropäischen Staaten – ungeachtet dessen, ob diese nun Opfer nazistischer oder faschistischer Aggression geworden waren oder nicht (was in Europa praktisch ja nur das Vereinigte Königreich betraf) – bildeten sich unmittelbar *nach 1945* Organisationen und Parteien, die in ideologischer Kontinuität entweder direkt an Gruppierungen der „Epoche des Faschismus" (Nolte 1963) anknüpften oder in Reaktion auf gesellschaftliche Stigmatisierung und/oder staatliche Repression in indirekter Weise sich als Interessenvertretungen rekonstituierten. Vielfach mischten sich beide Motivationen in einem „Mythos von Verfolgung und Entrechtung" (Dudek/Jaschke 1984: 35), getragen von vermeintlicher oder realer Einbuße an sozialer Position und politischem Einfluß, z.B. im Falle der 'amtsverdrängten Hochschullehrer' in der Bundesrepublik Deutschland (Tauber 1967: 532f.) oder in der Rechtfertigung von Kollaboration wie vielfach im europäischen Ausland.[2]

Wir können in den Jahren 1945/1950 eine (Wieder-)Gründungswelle rechtsextremistischer Parteien beobachten. Dieser „post-war neo-fascism" (v. Beyme 1988: 8) ist zutreffend „Imitationsfaschismus" genannt worden, der „das Vorbild des klassischen Faschismus, ohne wesentliche, neue Züge entwickelt zu haben" (Thamer/Wippermann 1977: 252) nachahmt. Zentrales Interesse des organisierten Rechtsextremismus und seiner Mitglieder war es, ein militärisch niedergerungenes, verbrecherisches Regime zu entlasten. Das Signum der „ewig Gestrigen" traf in biographischer und ideologischer Hinsicht voll zu. Zurecht ist in dieser Phase daher die wissenschaftliche Bearbeitung des Gegenstandes der Analyse des Faschismus nachgeordnet und nur vereinzelt wird der Versuch (im nationalen Kontext) unternommen, Rechtsextremismus als eigenständigen Forschungsgegenstand zu konstituieren (Tauber 1967).

Die *zweite Phase* des Nachkriegs-Rechtsextremismus setzt in Europa ein, als angesichts der Stabilisierung der demokratischen und marktwirtschaftlichen Nachkriegsordnungen in West-Europa zunehmend die direkte Anlehnung an die historischen Vorbilder im Hinblick auf eine mehr als nur subkulturell-marginale Rolle obsolet wird. Diese zweite Phase ist geprägt durch rechtsextreme Sammlungsbewegungen, deren Kader zwar aus den Parteien und Gruppierungen der ersten Phase stammen, die jedoch die Anpassung an die Wirklichkeit der liberal-demokratischen Gesellschaften und ihre Spielregeln, zumindest äußerlich, vollziehen. Die Entstehung der NPD in der

---

2 Für die entsprechenden Beispiele des Wiedererstehens von Parteien und Interessengruppen der extremen Rechten s. die Länderberichte in P. Hainsworth (ed.) 1992.

Bundesrepublik (1964), der National Front in Großbritannien (1967), der Nederlandse Volksunie in den Niederlanden (1971), des Front National in Frankreich (1972) und auch die Reorganisation des MSI in Italien (1969) und seine Fusion mit den Monarchisten zur MSI-DN (1972) sind nur die wichtigsten Beispiele für diese neue Strategie. Diese Phase als eine des „angepaßten Faschismus" (Niethammer 1969) zu kennzeichnen muß dahin ergänzt werden, daß sich diese Sammlungsbewegungen zugleich als Institutionen erwiesen, an denen sich temporär populistischer Protest kondensierte. Eine Affinität, die bereits unmittelbar nach Endes des Zweiten Weltkriegs in Italien im „Qualunquismus"[3], in den westlichen Besatzungszonen Deutschlands und dann der Bundesrepublik in der „Wirtschaftlichen Aufbau-Vereinigung" (Woller 1983) und dann wieder in der 1953 in Frankreich von P. Poujade ins Leben gerufenen „Union de Défense des Commercants et Artisans"[4] deutlich geworden war.

Populistische Reaktionen auf (sektorale) soziale Deprivation in der Wohlstandsgesellschaft, und zunehmend auf farbige Immigration – hier ist die Entwicklung der National Front in Großbritannien in den 70er Jahren das klassische Beispiel für die Entstehung eines ethnisch exklusionistischen Rechtsextremismus (Greß 1990) – verhelfen in dieser zweiten Phase rechtsextremen Parteien in Europa zu kurzfristigen „Erfolgen" an den Wahlurnen, ohne daß sie jedoch direkten politischen Einfluß erringen. In der Folge wird deshalb innerhalb des Rechtsextremismus die Frage nach der Strategie neu gestellt; die Hinwendung zu gewalttätigen Jugend-Subkulturen und die Entstehung eines Netzwerkes des europäischen Rechts-Terrorismus (Hill/Bell 1988) einerseits und andererseits die Intellektualisierung des Rechtsextremismus durch die „Neue Rechte" (Greß/Jaschke/Schönekäs 1990; Greß 1993) sind Facetten dieser internen Dynamik die parallel und in Wechselwirkung mit den an den vorgegebenen Legalitätsrahmen angepaßten Parteien den Rechtsextremismus radikalisiert.

Demgegenüber ist die *dritte Phase* des parteiförmig organisierten Rechtsextremismus gekennzeichnet durch eine weitere Verstärkung der Affinität zu populistischen Elementen. Neugründungen wie der Vlaams Blok (1978) (Husbands 1992b; Commers 1992) oder die „Republikaner" (1983) (Stöss 1990; Jaschke 1993) sind insbesondere in ihrer Frühphase keineswegs als rechtsextrem einzuordnen, eine Ambivalenz, die auch in der weiteren Entwicklung keineswegs verschwindet und den Hintergrund der widersprüchlichen Kennzeichnung z.B. der „Republikaner" in der Literatur bildet, die wahlweise als

---

3 Gegründet 1945 in Süditalien mischten sich in der „Fronte dell Uomo Qualunqe" (Herr Jedermann) Kritik am wirtschaftlichen Nachkriegschaos mit anti-etatistischer und pro-faschistischer Polemik (Rosenbaum 1975: 34f.).

4 Die „Verteidigungsgemeinschaft der Händler und Handwerker" erzielte 1956 bei den Wahlen zur Nationalversammlung 11,6 % der Stimmen und und stellte 52 Abgeordnete, darunter auch J.-M. Le Pen (Pinol 1992: 374).

„rechtsextremistisch" (Pfahl-Traughber 1993: 54ff.) oder als „Brückenpartei zwischen Konservatismus und Rechtsextremismus" (Jaschke 1993: 150) unter Führung eines „Rechtspopulisten" (Jaschke 1993: 94ff.), der einen „Rechts- und Nationalpopulismus 'von oben'" (Pfahl-Traughber 1993: 41f.) vertritt, bezeichnet werden.

Hiermit ist mehr als nur eine Frage der einheitlichen Bennung aufgeworfen. Ohne die Fülle der Aspekte des Populismus-Begriffs auch nur ansatzweise darlegen zu wollen, so ist doch die Gleichsetzung von extremistisch und populistisch unhaltbar, es sei denn auf dem Hintergrund eines Verständnisses, das H. Dubiel sarkastisch so formuliert hat:

„Das Fremdwort 'populistisch' artikuliert die Überraschung über den Tatbestand, daß 'populus', 'das Volk', 'the people' sich in der öffentlichen Sphäre bemerkbar macht" (Dubiel 1986: 34). Und wenn es mehr als eine Technik des populären Appells bedeutet, den alle (Volks-)Parteien beherrschen, dann ist das andere Gesicht des Populismus das der „Protest- oder Verweigerungsbewegungen von unten" (Puhle 1986: 29). Es ist zurecht gegen ein bloß funktionalistisches Verständnis des Populismus (= Manipulation) und der damit einhergehenden abwertenden Verwendung des Begriffs darauf hingewiesen worden, daß Populismus auch als eine Kategorie „politischer Subjektivität" und insbesondere ihrer Verletzungen, zu interpretieren ist (Dubiel 1986: 44ff.). Das Heraustreten aus den etablierten Regeln repräsentativer öffentlicher Kommunikation erfolgt im „populistischen Moment" (Goodwyn 1978) und die „kollektiven Kränkungserfahrungen, die Statusängste und frustierten Glückserwartungen der betroffenen Bevölkerungsgruppen" gewinnen den „Status vagabundierender Potentiale ... die eigentümlich querliegen zum Spektrum politischer Richtungtraditionen" (Dubiel 1986: 47).

Diese deutsche Diskussion der 80er Jahre steht in einem internationalen Zusammenhang der Neubewertung des Populismus, die weit entfernt ist vom generellen Irrationalismus-Verdacht, der seit den Studien von R. Hofstadter (1955, 1965) und S.M. Lipset (1969) die Zentralperspektive der Interpretation bildet. Populismus wird jetzt in seiner liberalismuskritischen Bedeutung gewürdigt; ohne seine schlimmen Auswüchse wie Rassismus oder Anti-Intellektualismus zu unterschlagen, tritt auch die demokratische Qualität der sozialen Bewegung der „politics of protest" (Goodwyn 1991: 38) wieder in den Vordergrund (Telos 1991).

„Radikal rechtspopulistische Parteien unterscheiden sich von den etablierten Parteien durch ihre radikale Ablehnung des etablierten soziopolitischen und soziokulturellen Systems, ohne dabei jedoch die Demokratie selbst in Frage zu stellen" (Betz 1993a: 9). Das Fehlen grundsätzlicher Systemopposition trennt den Rechtspopulismus zugleich vom neofaschistischen Entwurf eines rassistisch begründeten Führerstaates wie einer rechtsextremen autoritären Alternative zum gewaltenteiligen Verfassungsstaat. Es ist vielmehr die libertäre Kritik am Wohlfahrtsstaat, an der Steuerbelastung und der Bü-

rokratisierung sein auffälliges Merkmal, am stärksten ausgeprägt bei den
bereits zu Beginn der 70er Jahre entstandenen „Fortschrittsparteien" Däne-
marks und Norwegens (Andersen 1992), aber auch feststellbar in der Programmatik des FN, dessen „'neoliberales' Programm" (Safran 1993: 47) erst
mit der jüngsten Wende zum national-liberalen Korporatismus aufgegeben
wurde. Im Unterschied zu den rechtsextremistischen Parteien rekrutieren
sich die rechtspopulistischen Parteien auch nicht aus marginalisierten sozialen Gruppen, sondern „aus den Kernschichten der postindustriellen Moderne" (Betz 1993a: 10). In der emprisch orientierten Parteienforschung ist daher
der Vorschlag gemacht worden, „rechts-populistische Protestparteien" als
„eigene ideologische Parteifamilie" (Niedermayer 1990: 564) anzusehen und
sie damit sowohl von (neo-)konservativen wie rechtsextremistischen Parteien
abzugrenzen (v. Beyme 1984: 179f.). Eine ähnliche Differenzierung baut auf
den theoretischen Ansätzen zu „Wandlungen der politischen Opposition"
(Kirchheimer 1957; Kirchheimer 1965) und zu Anti-System Parteien (Sartori
1976: 132) auf. Ignazi (1992) unterscheidet zwischen 'alten' und 'neuen' rechtsextremen Parteien. Während sich der 'alte' Rechtsextremismus in die Tradition
der faschistischen Bewegungen und Regime der Zwischenkriegszeit stellt
(Krejci 1991; Hainsworth 1992a: 5), sind die 'neuen' rechtsextremistischen
Parteien, zu denen Ignazi insbesondere den Front National, die Republikaner,
den Front National in Belgien und die niederländischen Zentrumsdemokra-
ten zählt, durch folgende Merkmale gekennzeichnet: „They refuse any rela-
tionship with traditional conservative parties, they define themself outside
the party system, they are constantly in fight against all the other parties,
they accuse the 'ruling class' of misconsideration of the 'real' problems of
the people, they blame the incapacity of the system to deal with the most
salient issues, law and order and immigration. Finally, they deny any reference
to fascism" (Ignazi 1992: 16).

Gemeinsame Grundlage dieser Interpretationsansätze ist die Annahme
eines grundlegenden Transformationsprozesses der Parteiensysteme in Gesellschaften, die in die postindustrielle Moderne eintreten. Veränderungen
der soziökonomischen Struktur (Bell 1973) erodieren die traditionellen Bindungen der Bürger und lösen Wandlungen des Wertesystems aus in deren
Mittelpunkt die Verschiebung der „emphasis on material well-being and
physical security toward greater emphasis on the quality of life" (Inglehart
1977: 3) stehen. Konsequenzen u.a. sind die daraus resultierenden Integrationsprobleme für die großen Volksparteien, die zunehmend den „issue voter"
und nicht mehr den im Milieu der Partei verankerten Wähler gewinnen
müssen. Die „Modernitätsfalle" (Wiesendahl 1992: 13) für die „Allerwelts-
spartei" (Kirchheimer 1965: 27) schließt sich „am Ende des sozialdemokratischen Jahrhunderts" (Dahrendorf 1983) und dem mit ihm einhergehenden
Wechsel von Themen und Wertepräferenzen.[5] Während von dieser „silent

---

5 Dahrendorf bezieht sich auf dabei nicht auf das Programm einer Partei im engen Sinn,

revolution" (Inglehart) seit den 70er Jahren im wesentlichen „linke" Parteien als Alternativen profitierten (Falter/Schumann 1992: 212) ist der neue Rechtspopulismus mit seiner Thematisierung von Immigration und öffentlicher Ordnung als Reaktion darauf interpretiert worden, als „a sort of 'silent counter-revolution'" (Ignazi 1992: 6). Die empirische Parteienforschung betont, daß diese Tendenz auch Elemente „rationaler" Abwägungsprozesse enthält – nämlich in dem Maße, wie die Bürger ihre Politikpräferenzen im etablierten Parteienspektrum nicht mehr vertreten sehen (Niedermayer 1990: 580f.; Rattinger 1993: 33). Sinkende Bindungskraft der etablierten Parteien und sinkende Wahlbeteiligung öffnen einen „politischen Raum" (Linz 1980), in den 70er und Anfang der 80er Jahre insbesondere Parteien aus dem linken Spektrum vorstießen, am Ende der 80er Jahre aber vermehrt Vertreter der „neuen Familie systemkritischer rechter Protestparteien" (Betz 1992: 33).

In diesem Sinne gilt nachdrücklich: „Das Augenmerk muß auf das Moderne an den heutigen Rechtsextremisten gerichtet werden" (Kowalsky 1993: 14), diese Perspektive ist die einzig fruchtbare, sowohl für die Analyse wie für die politische Auseinandersetzung.

Es ist allerdings auch darauf hinzuweisen, daß die Tendenz zur Expansion rechtsextremistischer und rechtspopulistischer Parteien in (West-)Europa doch insgesamt begrenzt ist[6]. In den zwölf Mitgliedsstaaten der EG sind „etwa ein Zwanzigstel bis höchstens ein Siebtel der Bevölkerung in den einzelnen Ländern zum extrem rechten Potential zu rechnen" (Bauer/Niedermayer 1990: 20). Und auch die Umsetzung dieses Potentials in Wahlentscheidungen und Parteipräferenzen ist durchaus nicht einheitlich. So ist in allen drei europäischen Ländern in denen autoritäre Regime erst nach dem Ende des Zweiten Weltkrieg abgelöst worden sind (Spanien, Portugal, Griechenland) weder der neue Populismus noch der Rechtsextremismus von irgendwelcher Bedeutung. In Spanien stagniert die extreme Rechte und ist fragmentiert (Gilmour 1992: 229; Ellwood 1992: 383), in Portugal marginalisiert (Gallagher 1992) und in Griechenland ist sie praktisch nicht existent (Dimitras 1992). Ähnliches gilt für das Vereinigte Königreich, auch hier sind rechtsextremistische oder rechtspopulistische Parteien ohne jede politische Bedeutung. Bis heute hat sich der organisierte Rechtsextremismus von der vernichtenden Wahlniederlage der National Front bei den Wahlen im Jahr 1979 nicht erholt.[7] Mit weniger als 3000 Mitgliedern und tief gespalten durch

---

sondern auf die öffentliche Dominanz der Themen Wachstum, Gleichheit, Arbeit, Vernunft, Staat, Internationalismus als politische Paradigmen.

6 Zu Ost-Europa und Rußland liegen erst vereinzelt verläßliche Analysen vor, so daß dieser Bereich ausgeklammert wurde. Für einen Überblick s. Krasnov 1993, Klönne 1992, Cox 1992 und Laqueur 1993.

7 Für die General Elections 1979 hatte die National Front 303 Kandidaten aufgestellt und durchschnittlich 1,4 % der Stimmen erzielt, die 60 Kandidaten bei den Wahlen 1983 erzielten durchschnittlich 1,1 % und die 14 Kandidaten bei den Wahlen 1992 durchschnittlich 0,7 % (Eatwell 1992: 179).

die Konkurrenz zwischen Mini-Parteien befindet sich der britische Rechtsextremismus in Auflösung (Taylor 1993: 183). Die Kombination des relativen
Mehrheitsrechts mit den Selektionsmechanismen der politischen Kultur des
Vereinigten Königreiches und der pragmatischen Politikgestaltung hat verhindert, daß der in der britischen Gesellschaft weit verbreitete „attitudinal
racism" in einen „notable political racism" (Eatwell 1992: 189) umschlug.[8]
Selbst Kritiker konstatieren:

„What the Conservatives, and to a lesser extent the Labour Party, have
done is to manage racism. Thereby, they have legitimized forms of racism,
although the general impact has been to defuse the issue as a potential
extreme right clarion call" (Eatwell 1992: 190). Die Mischung aus innerorga-
nisatorischer Unfähigkeit des Rechtsextremismus und die Beibehaltung einer
entschlossenen Politik bezüglich Asyl und Immigration durch die Konservativen haben in Verbindung mit den wahlrechtlichen Barrieren die Marginalisierung der National Front bewirkt (Husbands 1988).[9]

Nachfolgend soll unter Heranziehung von drei Fällen der Versuch unternommen werden, das Verhältnis zwischen Populismus und Rechtsextremismus näher zu bestimmen und zugleich ein Einblick in die Dynamik des
Rechtsextremismus in zwei wichtigen europäischen Nachbar-Ländern gegeben werden. Ausgewählt wurden Italien, wo neben einer lang etablierten
Partei in der Tradition des Faschismus sich seit Mitte der 80er Jahre der
Aufstieg von regional begrenzten Parteien, den „Ligen", vollzog. Während
die Zuordnung des „Movimento Sociale Italiano" (MSI) unstrittig ist, wird
über die Zuordnung der „Lega Nord" eine intensive Diskussion geführt.
Ähnliches gilt für den „Front National" in Frankreich, der Vielfach als (er-
folgreiches) Vorbild für die Parteien am rechten politischen Rand in der
Bundesrepublik angesehen wird und dessen Einschätzung ebenfalls zwischen
„droite extrême ou national-populisme?" (Milza 1992) schwankt.[10]

---

8 Während der letzten vier Jahre hat sich die Anzahl von rassistisch motivierten Übergriffen
   fast verdoppelt und erreichte 1992 mit 7993 registrierten Fällen einen neuen Höhepunkt
   (Washington Post 18.9.1993: A 17).
9 Der knappe Erfolg eines Kandidaten der rechtsextremen British National Party bei Gemeindewahlen im Londoner Ostend im September 1993 steht dem nicht entgegen. Der Stadtteil
   Tower Hamlet gehört zu einer städtischen politischen Subkultur deren Kleine-Leute- und
   Arbeiter-Milieu seit den ersten jüdischen Einwanderungen in den 80er Jahren des 19. Jahrhunderts eine kontinuierliche Tradition des „racial exclusionism" (Husbands 1982: 6) pflegt
   (Husbands 1983). Für ein anderes Beispiel langdauernder innerstädtischer „Rassenkonflikte"
   sei auf die Analyse des „municipal Powellism" durch Reeves (1989) hingewiesen.
10 Vergleiche das im Verlag des Bundesvorsitzenden der NPD G. Deckert erschienene Buch:
   Jean-Marie Le Pen und die Front National. Hoffnung – für Frankreich? Vorbild – für Deutschland?; Weinheim 1992. Es handelt sich hierbei um die Übersetzung von J.-M. Le Pen: L'Espoir
   und der anonyme „Bearbeiter und Übersetzer" formuliert im Vorwort, es wäre „sein größter
   Wunsch, wenn dieses politische Glaubensbekenntnis im deutschen Raum zu Folgen führen
   würde, die denen der Franzosen nicht nachstehen".

II. Der MSI und die Ligen, Neo-Faschismus und Regionalismus

1. *Traditioneller Rechtsextremismus*

Italien hat die ausgeprägteste Kontinuität des Rechtsextremismus mit der faschistischen Epoche. Der MSI wurde bereits 1946 von jungen und prominenten Mitgliedern des gerade erst niedergekämpften faschistischen Regimes gegründet und ist seit 1948 ununterbrochen im Parlament der Republik Italien vertreten. Die Partei hat während ihrer nun über fünfundvierzigjährigen Geschichte mehrfach ihre Strategie gewechselt, ihre inneren Machtstrukturen verändert und auch ideologische Wechsel vollzogen (Ignazi 1989a, 1993). Anfang der 90er Jahre ist der MSI eine „stabile aber isolierte Erscheinung" (Chiarini 1991: 19), die im Vergleich zu anderen rechtsextremen Parteien in Europa, ihre Wählerbasis nicht erweitern konnte.[11] Vielmehr hat die Attraktivität seit dem „Ausnahmeergebnis" (Caciagli 1988: 21) von 1972, als das MSI-DN (MSI-Nationale Rechte) aufgrund der Integration der Monarchisten, sein mit Abstand bestes Ergebnis (8,7 %) erzielte, stetig abgenommen und ist in den Parlamentswahlen 1992 auf 5,4 % abgesunken.

Die unter den Nachfolgern des 1988 verstorbenen, langjährigen Parteivorsitzenden G. Almirante, tief gespaltene Partei – zwischen 1988 und 1991 wechselte der Vorsitz der Partei dreimal zwischen dem moderaten und dem radikalen Flügel – verlor kontinuierlich Wähler und war auch nicht in der Lage Protest-Stimmen in der Wahl zum Europa Parlament 1989 zu binden. Mit 5,5 %, wich das Ergebnis von den Resultaten in Frankreich, wo Le Pen 11,8 % und in der Bundesrepublik, wo Schönhuber 7,1 % erzielten, deutlich ab. Inwieweit diese Situation sich nach dem Zusammenbruch des traditionellen Parteiensystems verändert bleibt abzuwarten, die Ergebnisse der Teil-Kommunalwahlen im November/Dezember 1993 deuten allerdings auf eine massive Ausweitung der Attraktivität des MSI als Protestträger hin.

Die Durchschnittswerte verdecken jedoch, daß die Partei immer noch ihre Hochburgen im Süden und auf den Inseln Italiens hat, basierend auf dem

---

11 Der Begriff „Isolierung" bezieht sich nur auf die begrenzten Wahlerfolge und die politische Ausschließung aus dem „Verfassungsbogen" seit dem Scheitern der auf Anpassung angelegten „inserimento" Strategie Ende der 50er und Anfang der 60er Jahre. Organisatorisch ist die Partei und ihre etwas mehr als 100 000 Mitglieder von einem umfangreichen Netzwerk von flankierenden Organisationen umgeben: Fronte della Gioventù (Jugendorganisation), Fronte Universitario di Azione Nazionale (Studentenverband), Fare Fronte (Studenten und Jugendorganisation, lose mit der MSI verbunden), Confederazione Nazionale Italiana Sindicati Lavoratori (Oreganisation der Gewerkschaftsmitglieder), Federazione Nazionale Combattenti Republicani (Veteranenorganisation), Fiamma (Sport- und Freizeit-Organisation), Comitato Tricolore Italiani nel Mondo (Organisation zur Betreuung der italienischen (Arbeits-)Emigranten) und Instituto di Studi Corporativi. Seit neustem gibt es auch ökologische Gruppen im Umfeld der MSI, die Gruppi Ricerca Ecologica (Ignazi/Ysmal 1992: 104; Ignazi 1993: 75).

traditionellen Klientelismus, der Politisierung von Verwandtschaftsbeziehungen. Diese Verankerung im Süden ist eine Konstante in der Geschichte des MSI seit 1948 als in den Parlamentswahlen rund 70 % der Stimmen für den MSI aus den Regionen südlich von Rom kamen. Hinzu treten lokale Schwerpunkte wie in Südtirol, wo der MSI einen extremen italienischen Nationalismus gegenüber den kulturellen und politischen Bemühungen der deutschsprachigen südtiroler Bevölkerung vertritt. 1987 wurden rund 53 % der Stimmen für den MSI im Süden und auf den Inseln abgegeben, knapp 33 % im industrialisierten Norden Italiens (Chiarini 1991: 25) und bei den Kommunalwahlen 1993, in denen der MSI-DN 3,6 % der Stimmen errang, verteilten sich die Stimmen für diese Partei im Verhältnis von zwei zu eins zwischen Süd- und Norditalien (8,1 % : 4,2 %). Die Wahlentscheidung für den MSI korreliert insbesondere mit zwei Variablen, der Verstädterung und der Unterentwicklung (Cacliagli 1988: 22). Kennzeichen der „missini"-Hochburgen sind Armut und Arbeitslosigkeit in Quartieren der „cities of deprivation" (Cacliagli) des Mezzogiorno. Der typische MSI-Wähler der späten 80er und frühen 90er Jahre ist der männliche beschäftigungslose Jugendliche oder der aus dem Arbeitsprozeß Ausgeschiedene mit geringer formaler Bildung. Die politische Einstellung ist geprägt durch Distanz zur politischen Klasse und gering entwickeltes politisches Interesse, die ideologische Bindung an die faschistische Programmatik ist in der Regel schwach und beruht eher auf „a 'negative' choice, based on futile protest" (Cacliagli 1988: 23) denn einer positiven Bindung.

Aufschlüsse über das sich ändernde Profil der politischen Kultur der Parteiaktivisten haben Untersuchungen der Einstellungs- und Meinungsprofile von Parteitagsdelegierten ergeben (Ignazi/Ysmal 1992; Ignazi 1993). Die Auswertung der Befragungen von Delegierten des 16. Parteitages 1990 zeigen einen deutlicher Einfluß sowohl der Neuen Rechten[12] – über 4/5 halten die USA für eine imperialistische Macht und über 2/3 identifizieren sich mit der Sache der Palästinenser – wie von 'liberalen' Positionen, so gibt es unter den Befragten mehr Zustimmung als Ablehnung für die Gleichberechtigung von Männern und Frauen oder das Offerieren von Hilfsprogrammen für Drogensüchtige; resp. mehr Ablehnung als Zustimmung bezüglich diskriminatorischer Maßnahmen gegen Homosexuelle oder der Wiedereinführung der Todesstrafe. Immigration aus der Dritten Welt allerdings wird als Bedrohung gesehen, die hohe Geburtenrate von Immigranten wird von 80 % der Partei-

---

12 Die starke Position der Neuen Rechten innerhalb der Partei ist eine europäische Besonderheit und hängt auf das engste mit der Rolle von P. Rauti als Vertreter eines sozialrevolutionären Faschismus im MSI und dem Einfluß der französischen Neuen Rechten auf die jüngeren Aktivisten der Partei nach dem Scheitern der „Destra Nazionale" Strategie, die auf die Schaffung einer rechts-konservativen Partei zielte, zusammen. Zur ideologischen Selbstdarstellung der italienischen Neuen Rechten ist noch immer der wichtigste Sammelband Acquaviva et al. 1984, siehe auch Raisi 1990.

tagsdelegierten als Gefährdung der nationalen Identität verstanden, allerdings spricht sich eine Mehrheit für die Ausweitung der Hilfe in den Herkunftsländern aus (Ignazi 1993: 88-92). Ethnischer Exklusionismus als Thema hat der MSI erst in jüngster Zeit in den Vordergrund seiner Agitation gestellt, im Gegensatz zu Frankreich etwa: „the Italian extreme right to a large extent is not typified by racism" (Sidoti 1992: 153). Eine Aussage freilich, die überprüft werden muß, seitdem der MSI mit dem Slogan „Zuerst die Italiener" gegen die „'multirassische Gesellschaft, die für das italienische Volk unakzeptable Belastungen mit sich bringen würde'" (Fritzsche 1991: 67) agitiert.

Die Stagnation des MSI-DN und seine regionale Begrenzung zeigen zum einen, daß keineswegs undifferenziert von einem gesamteuropäischen Siegeszug des Rechtsextremismus zu sprechen ist. Nichtsdestotrotz hat die politische und die wissenschaftliche Aufmerksamkeit ein Phänomen entdeckt, daß gleichsam als 'funktionales Äquivalent' den Beleg für den Aufstieg des Rechtsextremismus auch hier liefern soll.

2. Populismus und regionaler Protest

Seit Mitte der 80er Jahre vollzieht sich in (Nord-)Italien der Aufstieg der „Ligen", deren Selbstverständnis als „Anti-Parteien" sich in der Kombination von Partei-Elementen (insbesondere der Teilnahme an Wahlen) mit denen von sozialen Bewegungen (Bedeutung von symbolischen Aktionen wie z.B. Prägung eigener Münzen) ausdrückt (Ruzza/Schmidkte 1993: 12ff.).

In der Lombardei verzehnfachte sich der Stimmanteil der „Lega Lombarda" zwischen 1987 und 1992:

	Italien	Lombardei
1987 (Parlamentswahl)	1,3 %	2,7 %
1989 (Europawahl)	1,8 %	8,1 %
1990 (Regionalwahlen)	5,4 %	18,9 %
1992 (Parlamentswahl)	8,7 %	20,5 %

(Zahlen nach Furlong 1992: 351 und Betz 1993b: 414)

Die Anhänger der „Lega Lombarda" finden sich typischerweise nicht in den sozial marginalen Schichten, sondern in den Mittelklassen und im Kleingewerbe (Sidoti 1992: 170). Wobei auffallend ist, wie schnell sich die soziale Akzeptanz der Lega innerhalb kürzester Zeit ausgeweitet hat. Während noch gegen Ende 1991 die Aktivisten durch die Kriterien jung, männlich und mit geringer formaler Ausbildung gekennzeichnet waren (Ruzza/Schmidtke 1993: 10), zeichnet sich ein schneller Wandel in Richtung auf einen zunehmend mittelständischen Hintergrund der Aktivisten ab, insbesondere das formale Qualifikationsniveau steigt deutlich an (Diamanti 1992; Betz 1993b: 422).

Die Erfolge der Ligen zu Beginn der 90er Jahre sind Zeichen des Auflösungsprozesses des Parteiensystems und ein Hinweis auf die Erosion der den Nationalstaat tragenden vorstaatlichen Bindungen. „Wert-defensive Parteien" wie die von dem ehemaligen Bürgermeister von Palermo und Christdemokraten L. Orlando 1991 gegründete „La Rete" (Netz) oder „Anti-Parteien Parteien", wie eben die Ligen, sind Versuche jenseits der traditionellen ideologischen und organisatorischen Muster zu operieren und können wohl am treffendsten als „Allianzen zur Selbstreformierung" (Nedelmann 1992: 539) charakterisiert werden. Hierzu gehört auch, daß die Ligen in der italienschen Diskussion als Ausdruck noch funktionfähiger regionaler Integration verstanden werden, wobei allerdings die Aktivitäten der Lega zur Schaffung eben dieses eigenständigen Regionalbewußtseins nicht unterschätzt werden dürfen.[13] Der identitätsbildende Symbolismus wird daher in einem Teil der Literatur primär als Ausdruck des Protestes gegen Rom und des Kampfes um regionale Identität gegenüber dem Nationalstaat interpretiert: „The stigmatisation of those who are by definition excluded from the community defined as Lombard or 'north' is thus a way of pinpointing the problems" (Ruzza/Schmidtke 1993: 18). Und es gibt auch Hinweise auf eine bewußte Nutzung des Skandalwertes bestimmter 'politisch unkorrekter' Begriffe, mit dem doppelten Ergebnis der Aufmerksamkeit der Medien einerseits und der Unterschätzung durch die politischen Gegner als politische Randfigur andererseits (Bossi 1992: 42).

Dem steht eine Interpretation gegenüber, die die Ligen primär als „new 'ethnic' parties" oder als Ausdruck von „ethnic mobilisation" sieht, die auf „politicised racism" (Furlong 1992: 354f.) beruht.

Angesichts des sozialen Profils und der vorliegenden Daten zur politischen Selbsteinschätzung und politischen Orientierung der Wählerschaft scheint es allerdings realistischer von einem Programm der „nationalen Entsolidarisierung" (Braun 1992: 133) zu sprechen, das die extrem asymetrischen Beziehungen zwischen den Regionen reflektiert.[14] Dies als „inneritalienischen Rassismus" zu interpretieren ist weniger überzeugend, da biologische Argumente in der Agitation der Lega keine Rolle spielen, fruchtbarer ist viel-

---

13 Siehe die Diskussion in Mulino. Rivista bimestrale di cultura e politica, Hefte 1,3,4 1991 und Ruzza/Schmidtke 1993: 11f.

14 Kommission der EG (Hg.): Dritter Periodischer Bericht der Kommission über die sozioökonomische Lage und Entwicklung der Regionen der Gemeinschaft, KOM (87) 230; Brüssel 1987: 23. In der EG hat der Süden Italiens die niedrigsten Werte im Lande wie im Falle der Basilicata mit 36,9 den niedrigsten Wert überhaupt. Die übrigen südlichen Regionen Italiens folgen unmittelbar: Calabria 38,0; Sicilia 54,9. Die Zahlen drücken die sozio-ökonomischen Schlüsselkategorien der wirtschaftlichen Leistungskraft und der Arbeitsmarktlagen in einem synthetischen Indikator aus, der die Problemintensität zusammenfaßt derzufolge niedrige Indexwerte eine hohe Problemintensität anzeigen. Dagegen liegt Nord-Italien mit Werten von 132,8 Lombardei (höchster italienischer Wert), Toscana 116 am anderen Ende der Skala.

mehr der Hinweis auf die Verwandtschaft mit den klassischen „Steuerpro-
testparteien" (Braun 1992: 131f.).

Freilich sollte darauf hingewiesen werden, daß die „leghe" Bestandteil
einer umfassenderen Tendenz zu dezentralisierter Politik und kultureller
Selbstbestimmung in Europa sind, die wiederum ihre Hoffnung auf ein
„Europa der Regionen" setzt. In diesem Sinne sind die Erfolge der Ligen auf
das engste mit der Krise des Nationalstaates als politischem Ordnungsrahmen
verknüpft und werden von führenden Köpfen der Bewegung auch so verstanden (Miglio 1992) und in der analytischen Literatur auch so gesehen
(Ruzza/Schmidtke 1992: 58f.). Hiermit ist vereinbar, daß die Anhänger der
Ligen eher Gemeinsamkeiten mit Anhängern der Parteien der Neuen Linken
und Alternativ-Parteien teilen als mit der Rechten. Und schließlich haben
wir in diesem Punkt die klarste Differenz, nicht nur zur 'partitocrazia', sondern auch zum MSI, der die nationale Einheit gegen jegliche Regionalisierung
stellt.[15] Es ist von daher konsequent, daß die beiden Abgeordneten der Lega
Lombarda im Europäischen Parlament, im Gegensatz zu den fraktionslosen
MSI-Abgeordneten (die also selbst im europäischen Kontext isoliert sind),
Mitglieder der „Regenbogen-Fraktion" sind, die überwiegend aus Repräsentanten regionalistischer und föderalistischer Parteien besteht (Scottish National Party, Unione Valdostana-Partido sardo d'azione, Partido Andalucista,
Verts 'Europe des peuple – per un avvene corsu – Avenir corse' u.a.).

Die Krise des von Korruption zerrütteten italienischen Parteienstaates hat
in den Teil-Kommunalwahlen im Juni 1993 der „Lega Nord" Einbrüche in
das sozialistische und christdemokratische Wählerpotental ermöglicht: Konsequenz einer Übereinstimmung zwischen öffentlicher Thematisierung in
den Medien und durch die Lega von politischer Korruption, Ineffizienz des
politischen Systems und staatlichem Leistungsdefizit (Ruzza/Schmidtke
1993: 8).

Die Kommunalwahlen vom 6. Juni 1993 haben deutlich bewiesen, daß
die „Lega Nord" mit ihrem Slogan „meno stato, piu mercato" (Weniger Staat,
mehr Markt) erfolgreich das regionale Selbstbewußtsein mit liberaler Ziel-
setzung kombiniert. Die Wahlergebnisse zeigen die „Lega Nord" als stärkste
Partei im Ballungsgebiet Mailand (40,9 %), Turin (23,4 %); aber auch in den
kleinen produktiven Zentren des Nordens, wie in Pavia (44,7 %) oder Belluno
(33,7 %). In der Region Friuli-Venezia Giulia erreicht die Lega 26,7 %. Derzeit
ist die Lega Nord in der Macro-Region Norditalien mit rund einem Drittel
der Stimmen die politisch stärkste Kraft (hier erzielte der MSI 4,2 %). Mit

---

15 Siehe die Aussagen des Parteiführers des MSI Gianfrance Fini auf die Frage nach der
   Zusammenarbeit mit den Abgeordneten der Lega; L'Espresso, Nr. 49, 8.12.1991: 18, zit. nach
   Ruzza/Schmidtke 1993: 6. In gleichem Sinne auch die Stellungnahme des Repräsentanten
   des radikalen Flügels des MSI und zeitweiligen Parteiführers Pino Rauti: „Nehmen wir den
   frontalen Kampf gegen die Ligen auf ... für ein Volk, eine Nation, einen Staat" (zitiert nach
   Fritzsche 1991: 67).

der Kommunalwahl im Juni 1993, in der die Lega mit durchschnittlich 15,3 %
zur zweitstärksten Partei in Italien nach der DC (18,8 %) wurde und damit
ihre Ergebnisse fast vervierfachen konnte, hat sich diese regionale Reform-
bewegung im Norden Italiens fest etabliert und politische Verantwortung in
der wirtschaftlich bedeutendsten Region Italiens übernommen. Die Ergebnisse von Mailand wo der Bürgermeister-Kandidat der Lega, Marco Formen-
tini, mit 57,1 % der Stimmen erfolgreich war, weisen darauf hin, daß die
Wahl der Lega Nord schon längst nicht mehr auf reinem Protest beruht,
sondern die wirtschaftlichen und sozialen Zielsetzungen neoliberalen Zuschnitts zunehmend in den Vordergrund rücken. Die Schaffung effektiver
Infrastrukturpolitik und einer funktionstüchtigen Verwaltung, abgesichert
durch einen größeren regionalen Spielraum und verbunden mit der Hebung
von Sicherheit und Lebensqualität aller Bürger ist Ziel der 'politischen Pro-
fessionalisten', die sich in den letzten zwei Jahren der Lega zugewandt haben.
Alle Anzeichen signalisieren, daß sich nach dem Kollaps der DC die politische
bürgerliche Mitte zunehmend in der Lega Nord rekonstruiert. Es ist zugleich
der Übergang von der Protestbewegung zur effizienten politischen Kraft, in
dem sich die Lega Nord nun vor ihren Wählern zu bewähren haben wird.
In diesem Sinne repräsentiert die Lega weder einen „inneritalienischen Rassismus" (Braun 1992: 131) noch eine rückwärts gewandte ethnisch-folklori-
stische Dimension des Protestes. Es ist auch nicht zureichend sie als eine
protektionistische Interessen-Partei in der Tradition des Poujadismus zu interpretieren, sondern die Ligen sind vielmehr Ausdruck einer Reaktion auf
„the failure of political modernisation in Italy" (Woods 1992: 58) sowohl im
Hinblick auf dezentrale Legitimation wie auf regionale Leistungserbringung
in einem der dynamischsten Gebiete der Europäischen Gemeinschaft (Poche
1992: 80).

III. Der „Front National", der Prototyp des neuen Rechtsextremismus

1. Die Etablierung im Parteiensystem

Noch nach 10 Jahren Existenz beweist die Unfähigkeit des FN 1981 die
notwendigen 500 Unterschriften von gewählten Funktionsträgern, die die
Voraussetzung zur Teilnahme an den Wahlen sind, zu erhalten, die „Schwäche
und die Isolation des FN" (Hainsworth 1992b: 40) in der französischen Gesellschaft. Erst 1983, nachdem sich die sozialistische Regierung Mauroy unter
dem Eindruck der Wirtschaftskrise gezwungen sah, ihre Verteilungspolitik
zu revidieren, profitiert der FN wahlpolitisch von den „Enttäuschten des
Sozialismus" (Duhamel 1989: 63). Die Erfolge bei den Gemeindewahlen in
Paris (11,3 %), Dreux (16,7 %) und Aulnay sous Bois (9,3 %) stehen am Beginn
einer Reihe von Durchbrüchen in großstädtischen Gebieten, die von wach-

sender Arbeitslosigkeit und hoher Einwandererquote gekennzeichnet sind. Die Wahl zum Europäischen Parlament 1984 bringt mit 10,8 % ein international Aufsehen erregendes Ergebnis und intern einen Mitgliederschub.[16] Das nationale Medieninteresse verstärkt sich deutlich, der FN wird zu einem politischen Faktor mit Zukunft.[17]

Mit 9,9 % der Stimmen und 35 Mandaten erreicht der FN schließlich bei den Parlamentswahlen 1986 einen wichtigen Schritt zur dauerhaften Etablierung. Das wahltaktische Kalkül der Regierung Fabius, durch die Einführung des Verhältniswahlrechts die Stimmen für die konservativen Parteien zu zersplittern, war nicht aufgegangen. Vielmehr hatte dieser Schritt dazu beigetragen, vor dem Hintergrund der steigenden Prominenz der beiden Themen öffentliche (Un-)Sicherheit (Insécurité) und Einwanderung (Immigration) wie der Vorbereitungsarbeit der „Neuen Rechten" (Kowalsky 1991) bei der Akzentuierung eines neuen sozi-kulturellen Klimas, in dem nationale Identität und der starke Staat herausragende Bezugspunkte sind, dem FN auch zu einen sichtbaren Platz im institutionellen Gefüge der Republik zu verhelfen.

Bei der Präsidentschaftswahl 1988, der FN erreicht mit 14,4 % im ersten Wahlgang 4,3 Mio. Stimmmen, liegen die Hochburgen der Wählerschaft in den Städten und Regionen östlich einer Linie Le Havre – Perpignan, die das urbane und industrialisierte Frankreich von einem ruralen trennt. Zugleich deutet das Ergebnis auf eine Wählerbasis hin, die alle sozialen Gruppen umfaßt. Maßgeblich für den Wahlerfolg ist die Wahrnehmung der Zusamenarbeit der konservativen Regierungsmehrheit mit dem sozialistischen Präsidenten in der „cohabitation" als „consensus mou" (fauler Kompromiß) (Duhamel 1989: 65). Politische Unsicherheit und soziale Unzufriedenheit sind die Grundlagen eines Wählervotums, das sich in den Themen der Einwanderung und (fehlender) öffentlicher Sicherheit dem FN als radikaler Opposition zuwendet.[18]

Die vorgezogenen Parlamentswahlen 1988 zeigen einen stagnierenden FN, der mit 9,8 % der Stimmen sein Ergebnis von 1986 (9,9 %) knapp behauptet. Weit dramatischer aber ist für die Partei die Konsequenz des wieder eingeführten Mehrheitswahlrechts. Der FN erringt nur ein Mandat, freilich nicht ohne im zweiten Wahlgang regional Wahlabsprachen mit der von RPR und UDF gebilden bürgerlichen Einheitsliste getroffen zu haben.

---

16 30 % der Deligierten auf dem Parteitag in Nizza 1990 waren 1983 resp. 1984 in die Partei eingetreten; rund 3/4 zwischen 1983 und 1989 (Birenbaum 1992: 354).

17 1982 läßt sich keine Berichterstattung über den FN im Fernsehen nachweisen, 1983 sind es 41 Minuten, die die staatlichen Sender verwenden, 1984 sind es bereits knapp drei Stunden und 1985 knapp 4,5 Stunden (Ignazi 1989: 65).

18 Als entscheidend für die Stimmabgabe für den FN werden mit 59 % Einwanderung und mit 55 % fehlende öffentliche Sicherheit und Arbeitslosigkeit (41 %) genannt (Perrineau 1989: 62).

Gegen Ende der 80er Jahre ist der FN allerdings noch immer nicht lokal in der Fläche verankert. Dies wird deutlich bei den Gemeindewahlen 1989 mit ihrem Durchschnittsergebnis von 2,2 %, in den Gemeinden von über 20 000 Einwohnern im östlichen Teil Frankreichs liegt das Ergebnis jedoch bei durchschnittlich 10,1 % der Stimmen. Drei Jahre später, im März 1992, erzielt der FN in den Regionalwahlen 13,9 %, mit dem Ergebnis, daß die Partei mit insgesamt 239 Regionalräten in allen „Conseils régionaux" vertreten ist.[19] In zehn Départements erhält der FN dabei mehr als 20 %; das beste Ergebnis mit 28,0 % erzielt er in Alpes-Maritimes (Nizza), gefolgt von Var mit 25 %, Bouches-du-Rhône (Marseille) mit 22,6 %, Haut-Rhin (Colmar) mit 24,4 %, Pyrénées-Orientales (Perpignan) mit 22,6 %, Vaucluse mit 22,6 %, Bas-Rhin mit 22,4 %, Rhône (Lyon) 22,0 %, Seine-St. Denis 21,6 %, Eure-et-Loir (Dreux) 20,6 %. Der NF erweist sich dabei nicht nur im bürgerlichen Milieu als erfolgreich, sondern auch im ehemals „roten Gürtel" der Arbeiterviertel der Vororte der Region Paris.[20]

Die Folge ist „eine Art nationweiter Verankerung der FN"[21], die mit dazu beiträgt, das Ergebnis des FN im ersten Durchgang der Parlamentswahl im März 1993 auf 12,4 % zu steigern. Wobei im Vergleich zum ersten Durchgang bei den Parlamentswahlen 1988 überproportionale Zugewinne in der Pariser Region (Seine-et-Marne, Seine-St. Denis und Val-d'Oise) erfolgen (3,6 % bis 4 %) und im Osten von Paris (Eure 6,6 %, Eure-et-Loir 9,9 %), in Lothringen, der Region Champagne-Ardenne und Nordfrankreich betragen die Steigerungsraten zwischen 3,5 % und 4,5 % und im Gebiet um Lyon zwischen Ardèche und Haute-Savoie 3,5 % bis 5,4 %. Wahlgeographisch ist der FN überwiegend „ein Phänomen des entwikelten, städtischen Frankreichs" (Höhne 1990: 83). Die Mechanik des Wahlrechts allerdings verhindert den Einzug von Abgeordneten der FN in die Nationalversammlung, unter den Bedingungen des Verhältniswahlrechts wäre Le Pens Partei mit 64 Abgeordneten (von insgesamt 577) in der Assemblée Nationale vertreten.

Die politische Legitimierung des FN gündet freilich nicht nur auf den sich in steigenden Prozentwerten ausdrückenden Zuspruch einer Protestwählerschaft, sondern auch – sei es in der Reaktion auf dieses Phänomen und seine Umsetzung in politische Macht in Gestalt von Mandaten, sei es in dem Versuch einer „Verdrängungskonkurrenz" durch etablierte Parteien, in der Akzeptanz der Partei als Träger von „key-issues" und potentiellem Koalitionspartner (Levite/Tarrow 1983: 297-300).

Auf die Einführung des Verhältniswahlrechts 1986, der daraus resultierende Einzug des FN in die Nationalversammlung und die damit einherge-

---

19 Das Ergebnis der vorhergehenden Regionalwahlen 1986 war 9,5 % und 137 Mandate.
20 In vier von acht Départements der „Ile de France" liegen die Ergebnisse des FN über denen der Sozialistischen Partei.
21 „Une espèce de nationalisation de l'implantation du FN", so der führende Theoretiker Bruno Mégret des FN, zit. nach Libération 24.3.1992.

hende Medien-Aufmerksamkeit ist bereits hingewiesen worden. Noch wichtiger freilich in diesem Zusammenhang ist der kumulative Effekt, der sich aus der starken Präsenz in den regionalen Körperschaften ergibt. Das ambivalente Verhalten konservativer Lokalpolitiker, das den FN als potentiellen Koalitionspartner nicht ausschließt, eröffnet Chancen der Legitimierung. Wie das Stimmverhalten von Abgeordneten des FN allerdings zeigt, ist die Partei auf regionaler Ebene auch zu anderen Koalitionen bereit.[22] Weit wichtiger jedoch ist die Aufnahme eines zentralen Themas des FN auf nationaler Ebene durch die etablierten Parteien. Mit der restriktiven Neuregelung der Einwanderung, der Änderung der Staatsangehörigkeitsbestimmungen und der Regelungen für den Aufenthalt von Ausländern durch die konservative Regierung Balladur und der Position von Innenminister Pasqua (RPR), „die Einwanderung soweit wie möglich zu begrenzen" (FAZ v. 4.6.1993), wird offenkundig auch auf die Wahlerfolge des FN reagiert. In der Bearbeitung des Gegenstandes wird sich erweisen, ob, wie der ehemalige sozialistische Premier Fabius formulierte, der FN die „richtigen Fragen stellt, aber die falschen Antworten gibt"[23].

Ob diese Besetzung des Politikfeldes Immigration durch Parteien der rechten Mitte freilich den FN wieder von seinem errungenen Platz unter der Wählerschaft verdrängen kann, bleibt fraglich und hängt stark davon ab, ob der FN ein „single-issue movement" (Mitra 1988) ist oder doch breitere politische Entfremdung längerfristig in aktive Protestwahl-Stimmen umzusetzen vermag (Fysh/Wolfreys 1992: 311f.). Zumindest die Wahlen zum Europäischen Parlament 1994, so ist mit Sicherheit anzunehmen, werden der FN, wie den ihm in der „Technischen Fraktion der Europäischen Rechten" (TFER) verbundenen andern europäischen „Anti-Maastricht" Parteien, wieder Perfomanzgewinne bringen, da alle Daten darauf hindeuten, daß das Wählerpotential des FN noch nicht ausgeschöpft ist.[24]

---

22 In den Regionalparlamenten von Burgund und Lothringen quittierte der NF die Koalitionsabsage der Bürgerlichen Fraktionen mit der Stimmabgabe für Sozialisten bei der Wahl zum Präsidenten des Regionalparlaments, s. Libération, 30.3.1992: Le vote révolutionnaire du Front National.

23 Zu den Reaktionen der Sozialistischen Partei auf den FN s. Plenel/Rollat 1992: 300-319.

24 Hainsworth 1992b; Mayer 1991. Bei den Parlamentswahlen März 1993 bezeichneten 31 % aller Wähler und 72 % der FN-Wähler die Einwanderung als „fundamentales Problem, das die Wahlentscheidung beeinflußt hat", s. Umfrage „Sortie des urnes", CSA in: Le Parisien, 21. 3. 1993.

2. Zur Struktur der Wählerschaft

Anfang der 90er Jahre stellt sich der FN als eine Partei dar, dessen Wählerschaft sich aus allen sozialen Schichten rekrutiert, wenngleich die Gruppe
der Selbständigen überrepräsentiert ist:

Soziale Herkunft der Wähler des FN in Prozent (Mayer 1991: 115), die
Angaben zur Beschäftigungsstruktur in Frankreich im Jahre 1990 sind in
Klammern beigefügt (INSEE 1992):

	1984 Europa	1986 Légis.	1988 Prés.	1988 Légis.	1989 Europa
Landwirte (4)	9	15	13	3	3
Gewerbetr., Handwerker (7,4)	17	15	27	6	18
Höhere Angestellte (10,9)	14	7	19	10	11
Mittlere Angestellte (19)	9	8	12	6	7
Kleine Angestellte (28)	11	11	13	8	11
Arbeiter (30,8)	10	11	19	19	15

Die weitere Entwicklung des sozioprofessionellen Profils der Wählerschaft
des FN zeigt eine signifikante Abnahme in den Kategorien Landwirte und
Selbständige und Zunahmen bei den kleinen, mittleren und höheren Angestellten, insbesondere aber bei Arbeitern, Rentnern und Arbeitslosen; hier
sind Zuwächse von 6 % (Arbeiter) resp. 10 % (Rentner, Arbeitslose) festzustellen. Zugleich finden wir in diesem sozialen Sektor, zusammen mit den
Angestellten, die Wählerschaft, die mit 17 % in den Regional- und Kanto-
nalwahlen 1992 überproportional (Durchschnittsergebnis: 14 %) den FN gewählt hat (Grunberg 1993: 30). Stellt man die Analyse der Wahlresulte, der
Wählerbefragungen und der Meinungsumfragen in einen Zusammenhang,
so ergibt sich für Anfang der 90er Jahre folgendes Bild: In der zweiten Hälfte
der 80er Jahre lag die durchschnittliche Zustimmung zu den Ideen Le Pens
bei rund 17 %. Offenkundig erfolgte nach den Präsidentschaftswahlen und
den Wahlen zur Nationalversammlung ein starker Sympathieverlust, der bei
Landwirten, einfachen und mittleren Angestellten bis zu 50 % betrug. Anfang
der 90er Jahre erfolgte dann ein starker Zuwachs auf durchschnittlich 32 %
Zustimmung (1991). Betrachtet man diese Aufschwungphase detaillierter, so
zeigt sich eine deutliche Abnahme von Stimmabgabe und nur ein schwaches
Ansteigen von Sympathiewerten – gemessen anhand der Übereinstimmung
mit den von Le Pen vertretenen Ansichten – bei den Landwirten (- 6 % bzw.
+4 %); eine starke Zunahme der Sympathiewerte (+ 12 – + 16 %) in allen
anderen Kategorien, aber nur leichte Stimmengewinne bei mittleren und
höheren Angestellten; eine Konkordanz von starkem Sympathie- und Stim-
menzuwachs findet sich nur bei Arbeitern, Rentnern und Arbeitslosen (May-
er/Perrineau 1993: 65).

Die politische Herkunft der FN-Wähler ist noch in der Mitte der 80er Jahre im Verhältnis 2:1:1 durch frühere Stimmabgaben für konservative Parteien oder Kandidaten, für die Linke oder aber Nicht- resp. Erstwähler bestimmt. Die neuere Entwicklung zeigt aber die Tendenz, daß der FN in der Lage ist, Proteststimmen aus der Arbeiterschaft zu mobilisieren. In gewisser Weise hat der FN hier die Kommunistische Partei abgelöst, z.B. errang Georges Marchais in der Präsidentschaftswahl 1981 die meisten Stimmen in Marseille, 1988 fiel diese Position an Le Pen. Wenn auch die näheren Untersuchungen der Wählerbewegungen von einem Wechsel von nur 3 – 8 % von ehemaligen PCF-Wählern zum FN ausgehen (Hainsworth 1992b: 45) so ist es doch unbestritten, daß der FN zunehmend mit dem PCF um potentielle Wähler konkurriert. Eine Perspektive, die vor dem Hintergrund des Zerfalls der kommunistischen Strukturen einen funktionalen Wechsel in der Besetzung dieser Oppositionsrolle andeuten könnte.

Die Wählerschaft des FN ist wenig homogen – im Unterschied z.B. zum Poujadismus – in diesem Sinne ist der FN eine typische „Sammlungsbewegung" (Backes 1989: 276f.). Analysen der Wählerschaft des FN in der Mitte der 80er Jahre zeigten bereits deutlich die Mischung verschiedener ideologischer Orientierungen innerhalb der Wählerschaft, mit „Fremdenfeindlichen" (38 %) als führender Gruppe, gefolgt von „traditionellen Rechten/Konservativen" (28 %), „katholischen Fundamentalisten" (17,7 %), „jungen Arbeitern" (9 %) und traditionellen Wählern, die als die „verlorenen Söhne der Linken" (7,3 %) charakterisiert werden können (Mitra 1988: 58f.).

Die Inhomogenität der Wählerschaft der FN wie auch die Existenz vielfältiger Strömungen innerhalb der Partei unterwirft die integrative Leistung der Parteiführung wie der Programmatik starken Belastungen. Auf ihrem Weg von der marginalen Protestpartei der 70er und frühen 80er Jahre zur Stammwählerpartei mit „begrenzter Respektabilität" (Safran 1993) am rechten Rand des politischen Spektrums haben nicht nur die hierarchischen Strukturen der Partei ihre Effizienz erwiesen, sondern auch die beharrlichen Legitimierungsstrategien aus dem den FN umgebenden Organisations-Netzwerk, das wiederum auch zur gesellschaftlichen Verankerung beitrug.[25] Dar-

---

25 Die Kommunistische Partei Frankreichs (zu ihrer Hochzeit) ist dabei offenkundiges Vorbild (Birenbaum 1992: 221). Zur internen stabilisierenden Wirkung die Ergebnisse der Umfrage unter den Delegierten auf dem Parteitag 1990 in Nizza (n = 1002). Mehr als 76 % der Delegierten sind Mitglieder der „organisations satellites", die meisten Mitglieder hat der Wirtschaftszirkel „Entreprise moderne et libertés" (EML) (28,5 %) gefolgt von Organisationen der katholischen Traditionalisten (8,5 %), der Jugendorganisation „FN de la Jeunesse" (6,6 %). 2,6 % rechneten sich GRECE zu, der Dachorganisation der „Neuen Rechten", 2,1 % dem Club de l'Horloge. Allerdings sind diese Zahlen nur grobe Hinweise, die nichts über den tatsächlichen Einfluß auf die innere Politik-Formulierung des FN sagen. So sind insbesondere aus dem Mitgliederkreis des Club de L'Horloge, einem Forum konservativer Bürokraten und neurechter Intellektueller, wichtige programmatische Anregungen und personelle Verstärkungen in den FN geflossen.

über hinaus hat der FN bis heute mit Hilfe dieser „Front-Organisationen"
eine der größten Schwächen radikaler Parteien vermeiden können, es ist ihm
gelungen die verschiedenen und z.T. gegenläufigen Strömungen, wie z.B. die
katholischen Integralisten der „Comités Chrétienté-Solidarité" und der neu-
heidnischen „Nouvelle Droite", innerhalb der Partei auszugleichen und zen-
trifugale Tendenzen zu kontrollieren (Fysh/Wolfreys 1992: 319ff.). Le Pens
Führungsrolle ist in diesem Zusammenhang unverzichtbar.

Die Literatur stimmt weitgehend darin überein, daß der FN „seine Wahlerfolge der 80er Jahre im hohen Maße seiner fremdemfeindlichen Demagogie"
(Höhne 1990: 91) verdankt. Aber es darf nicht übersehen werden, daß die
national-populistische Synthese neurechten und neokonservativen Gedankenguts keineswegs ein Ein-Themen Spektrum ist (Mitra 1988; Shields 1990).
Ein Vergleich der 5 Programme zwischen 1978 und 1993 zeigt ein permanentes
Spannungsverhältnis zwischen Anpassung und Abgrenzung, zentriert um
die Themen-Trias „Einwanderung – Unsicherheit – Arbeitslosigkeit" („Immigration – Insécurité – Chômage").[26] So läßt sich eine eindeutige wirtschafts-
politische Wendung vom Neoliberalismus des 1984 überarbeiteten Programm
„Droite et démocratie économique" (ursprünglich 1978) mit seinem Bekenntnis zu den selbstregulierenden Kräften des Marktes über den „capitalisme
populaire" des „Militer au Front", hin zur „Fraternité Française" im Regierungsprogramm 1993 beobachten, die in einem entlang der ethnischen Zugehörigkeit definierten Ausschlußkriterium, der „préférence nationale", Wirt-
schaftspolitik mit der Sozial- und Bevölkerungspolitk verbindet. Der Primat
des Sozialen im Regierungsprogramm 1993 ist eine national-liberale korpo-
ratistische Wende unter dem Wahlkampfslogan: „Um national zu sein, muß
man sozial sein" („Pour être national, il faut être social"). Hier verbindet sich
das dominierende nationale Präferenz-Prinzip mit dem sozialen in einer
Weise, die durchaus geeignet ist, mobilisierend für eine Partei zu wirken, die
im Kern ein modernes Phänomen ist, „ein Neben-Produkt der Krise des
zeitgenössischen verstädterten Kapitalismus" (Hainsworth 1992b: 56). Es ist
also falsch, den FN als ein „single issue movement" zu interpretieren, er ist
vielmehr als eine Bündelung von rechten und konservativen Themen um
zentrale Stichworte (Immigration, öffentliche Sicherheit, Arbeitslosigkeit) unter Einbeziehung sowohl populistischer wie elitärer ideologischer und organisatorischer Komponenten zu verstehen.

---

26 Es handelt sich um folgende Programme:
   1. Droite et démocratie économique. Doctrine économique et sociale du Front National
      (Limoges 1978)
   2. Le Pen, J. M.: Les Français d'abord (Paris 1984)
   3. Le Pen, J. M.: Pour la France (Paris 1985)
   4. Institut de Formation Nationale (IFN) (ed.): Militer au Front (Paris 1991)
   5. 300 Mésures pour la renaissance de la France, Programme de Gouvernement (Paris 1993)

Ausblick

Nicht nur die modisch gewordene These von den „Modernisierungsverlierern" als Basis des neuen Rechtsextremismus lenkt den Blick wieder auf ältere Ansätze, die den Zusammenhang von sozialem Wandel (ein weniger normativer Begriff als Moderniserung) und Beharrung bzw. defizienter Verarbeitung dieser Veränderungen in den Mittelpunkt ihrer theoretischen Bemühungen stellen. Scheuch/Klingemann (1967) und Germani (1978) haben auf die allen modernen Industriegesellschaften inhärente strukturelle Spannung zwischen wachsender Säkularisierung und der Aufrechterhaltung eines präskriptiven Minimums, das ausreichend für die Erbringung der notwendigen sozialen Integration ist, hingewiesen (Germani 1978: 7). Rechtsextremismus wird hier als eine „'pathologische' Anpassung" (Scheuch/Klingemann 1967: 18) interpretiert, deren manifestes Auftreten Endpunkt einer Sequenz von nicht-deterministischen Komponenten ist, einer „chain of interrelated factors" (Germani 1978: 18), die von psychologischen Komponenten individueller Orientierungssysteme über die Bedeutung extremistischer Sentiments in der jeweiligen politischen Kultur einer Gesellschaft bis zu „mediatisierende(n) Wirkungen politischer Institutionen" (Scheuch/Klingemann 1967: 20) reicht.

Obwohl die sich theoretisch auf diesen Ansatz stützenden Untersuchungen (Falter/Schumann 1988) den Aspekt institutioneller Zugangssperren zu Legitimationsgewinn vernachlässigen, soll nochmals nachdrücklich auf die Erfahrungen in Großbritannien und Frankreich hingewiesen werden, die zeigen wie z.b. wahlrechtliche Vorschriften rechtsextreme Erfolgsbedingungen beeinflussen können:

„Den politischen Institutionen kommt eine entscheidende Bedeutung für die Chance zu, daß sich extremistische Sentiments in Kontrolle über legitime Macht ausdrücken können" (Scheuch/Klingemann 1967: 20).

Zu Recht hat von Beyme (1988) darauf hingewiesen, daß der von Scheuch/Klingemann vorgelegte Theorie-Entwurf einer der wenigen ist, dessen Komplexitätsgrad monokausale „Erklärungen" von vornherein vermeidet. Und im Hinblick auf die institutionelle Perspektive betont von Beyme auch die Bedeutung der „Angebotsseite" bei der Kontrolle des rechtsextremistischen Potentials, indem er die Möglichkeit seiner Integration in die moderaten Volksparteien anspricht, um es so zu entschärfen, anstatt es allein extremistischen Parteien zu überlassen (von Beyme 1988: 15).

Kritisch zur These von den Modernisierungsverlierern steht auch ein Ansatz, der darauf hinweist, daß „radical right-wing populist parties also appeal to groups which belong to the winners of the accelerated modernization process and benefit from the individualization process which it has set in motion" (Betz 1993b: 423). Wie am Beispiel der Lega Nord gezeigt und auch am Beispiel der FPÖ belegbar (Betz 1991: 12), wird hier ein Wählerpotential aktiviert, das sich deutlich von dem des alten Rechtsextremismus unterscheidet und dessen Verortung auf der extremen Rechten insgesamt durchaus umstritten ist. Die „hohe sozialstrukturelle Diffusität der Unterstützung extrem rechter Parteien" (Niedermayer 1990: 581) ist nur eines der Indizien, die bestätigen, daß die traditionellen „cleavages" europäischer Politik, die sich in parteiförmigen Organisationen abbilden, nämlich soziale Schicht, Religion, Stadt-Land-Gegensatz und ethnische Herkunft (Lipset/ Rokkan 1967), zunehmend durch neue Polarisierungen überlagert werden. Der Trend zu postmaterieller Orientierung in allen europäischen Gesellschaften ist, trotz ansteigender Arbeitslosigkeit, ungebrochen (Inglehart/Abramson 1993). Eine Konsequenz ist die Neugestaltung der traditionellen „rechts"-„links" Dimension mit ihrer Polarisierung von autoritären rechten Parteien und Bewegungen einerseits und radikalen Reform-Parteien und -Bewegungen andererseits durch das Hervortreten einer dazu querliegenden Achse, die entlang der Linie „alter"-„neuer" Politik verläuft. Während postmaterialistische Werte in der Regel mit neuer linker Politik in Zusammenhang gebracht werden, wurde bereits in der Mitte der 80er Jahre eine Kontroverse darüber geführt, welche Bedeutung den „postmaterialists of the right" (Savage 1985) im Hinblick auf die zukünftigen Konfliktlinien moderner Industriegesellschaften zukommt (Böltken/Jagodzinski 1985; Inglehart 1985). Offenbar ist heute, daß „a different cultural and political mood, partially stimulated by the same 'new politics'" (Ignazi 1992: 6) entstanden ist. Der Wandel der politischen Kultur in Westeuropa hat eben nicht nur eine „silent revolution" (Inglehart 1977) in egalitär-libertärer Richtung ausgelöst, sondern in zeitlicher Verzögerung und in Reaktion darauf, auch eine „silent counterrevolution" (Ignazi 1992).

Soziale Tendenzen freilich sind nicht mit sozialer Zwangsläufigkeit zu verwechseln. Den politischen Handlungsspielraum in seiner ganzen Breite von Sozialpolitik bis zum Strafrecht zu nutzen, die populistische Herausforderung als Aufforderung zur Zurückgewinnung von Handlungskompetenz in sensiblen Politikfeldern anzunehmen und zugleich nicht das Augenmaß hinsichtlich des Ausmaßes des neuen Rechtsextremismus und Rechtspopulismus zu verlieren sind zumindest wichtige Ansatzpunkte zu seiner politischen Kontrolle.

Literatur

Acquaviva, Sabino, et al., 1984: Le Forme del Politico. Idee della Nuova Destra. Firenze.
Andersen, Jørgen Goul, 1992: Denmark: The Progress Party – Populist Neo-Liberalism and Welfare State Chauvinism, in: *Paul Hainsworth* (ed.), The Extreme Right in Europe and the USA. London, 193-205.
Backes, Uwe, 1989: Politischer Extremismus in demokratischen Verfassungsstaaten. Elemente einer normativen Rahmentheorie. Opladen.

Backes, Uwe/Jesse, Eckhard, 1989ff.: Jahrbuch Extremismus & Demokratie. Bonn.

Bauer, Petra/Niedermayer, Oskar, 1990: Extrem rechtes Potential in den Ländern der Europäischen Gemeinschaft, in: Aus Politik und Zeitgeschichte, B 46-47/90, 15-25.

Bell, Daniel, 1973: The Coming of Post-Industrial Societies. New York.

Betz, Hans-Georg, 1991: Radikal rechtspopulistische Parteien in Westeuropa, in: Aus Politik und Zeitgeschichte, B 44/91, 3-14.

Betz, Hans-Georg, 1992: Wahlenthaltung und Wählerprotest im westeuropäischen Vergleich, in: Aus Politik und Zeitgeschichte, B 19/92, 31-41.

Betz, Hans-Georg, 1993a: Krise oder Wandel? Zur Zukunft der Politik in der postindustriellen Moderne, in: Aus Politik und Zeitgeschichte, B 11/93, 3-13.

Betz, Hans-Georg, 1993b: The New Politics of Resentment: Radical Right-Wing Populist Parties in Western Europe, in: Comparative Politics, vol. 25, No. 3, 413-427.

Beyme, Klaus von, 1984: Parteien in westlichen Demokratien. München.

Beyme, Klaus von, 1988: Right-Wing Extremism in Post-War Europe, in: West European Politics, vol. 11, No. 2, 1-18.

Birenbaum, Guy, 1992: Le Front National en Politique. Paris.

Blick nach rechts, 1984ff.: Sozialdemokratischer Pressedienst. Bonn.

Böltken, Ferdinand/Jagodzinski, Wolfgang, 1985: In an Environment of Insecurity. Postmaterialism in the European Community, 1970 to 1980, in: Comparative Political Studies, vol. 17, no. 4, 453-484.

Bossi, Umberto (zus. mit *Daniele Vimercati*), 1992: Vento del Nord: La Mia Lega, La Mia Vita. Milano.

Braun, Michael, 1992: Rechtsextremismus und Rassismus in Italien, in: *Christoph Butterwegge/Siegfried Jäger* (Hg.), Rassismus in Europa. Köln, 119-134.

Butterwegge, Christoph/Jäger, Siegfried (Hg.), 1992: Rassismus in Europa. Köln.

Caciagli, Mario, 1988: The Movimento Sociale Italiano-Destra Nazionale and Neo-Fascism in Italy, in: West European Politics, Vol. 11, No. 2, 19-33.

Cheles, Luciano/Ferguson, Ronnie/Vaughan, Michalina (eds.), 1991: Neo-Fascism in Europe. London/New York.

Chiarini, Roberto, 1991: The 'Movimento Sociale Italiano': A historical profile, in: *Luciano Cheles/Ronnie Ferguson/Michalina Vaughan* (eds.), Neo-Fascism in Europe. London, 19-43.

Commers, Ronald, 1992: Antwerpen: Eine Stadt driftet nach rechts, in: *Christoph Butterwegge/Siegfried Jäger* (Hg.), Rassismus in Europa. Köln, 135-143.

Cox, Michael, 1992: After Stalinism: The Extreme Right in Russia, East Germany and Eastern Europe, in: *Paul Hainsworth* (ed.), The Extreme Right in Europe and the USA. London, 269-285.

Dahrendorf, Ralf, 1983: Die Chancen der Krise. Stuttgart.

Del Boca, A./Giovana, M., 1969: Fascism Today. A World Survey. New York (urspr.: I figli del sole. Milano 1965).

Diamanti, Ilvo, 1992: La mia patria é il Veneto. I valori e la proposta politica delle leghe, in: Polis. Ricerche e studi su società e politica italiana, August 1992, 225-255.

Dimitras, Panayote Elias, 1992: Greece: The Virtual Absence of an Extreme Right, in: *Paul Hainsworth* (ed.), The Extreme Right in Europe and the USA. London, 246-268.

Dubiel, Helmut, 1986: Das Gespenst des Populismus, in: *Helmut Dubiel* (Hg.), Populismus und Aufklärung. Frankfurt a.M., 33-50.

Dudek, Peter/Jaschke, Hans-Gerd, 1984: Entstehung und Entwicklung des Rechtsextremismus in der Bundesrepublik. 2 Bde., Opladen

Duhamel, Alain, 1989: Les habits neufs de la politique. Paris.

Eatwell, Roger, 1992: Why has the Extreme Right Failed in Britain?, in: *Paul Hainsworth* (ed.), The Extreme Right in Europe and the USA. London, 175-192.

Ellwood, Sheelagh M., 1992: The Extreme Right in Post-Francoist Spain, in: Parlamentary Affairs vol. 45, no. 3, 373-385.

Europäisches Parlament, 1985: Untersuchungsausschuß Wiederaufleben des Faschismus und Rassismus in Europa; Sitzungsdokumente A 2-160/85 v. 10.12.1985.

Europäisches Parlament, 1990: Untersuchungsausschuß Rassismus und Ausländerfeindlichkeit; Sitzungsdokumente A3-195/90 v. 23.7.1990.

Falter, Jürgen W./Schumann, Siegfried, 1992: Politische Konflikte, Wählerverhalten und die Struktur des Parteienwettbewerbs, in: *Oscar W. Gabriel* (Hg.), Die EG-Staaten im Vergleich. Opladen, 192-219.

Fritzsche, K. Peter, 1991: Vom Postkommunismus zum Postfaschismus? – Das Beispiel des Movimento Sociale Italiano, in: *Uwe Backes/Eckhard Jesse* (Hg.), Jahrbuch Extremismus und Demokratie, 3. Jg. Bonn, 52-69.

Furlong, Paul, 1992: The Extreme Right in Italy: Old Orders and Dangerous Novelties, in: Parliamentary Affairs, vol. 45, no. 3, 345-356.

Fysh, Peter/Wolfreys, Jim, 1992: Le Pen, the National Front and the Extreme Right in France, in: Parliamentary Affairs, vol. 45, no. 3, 309-326.

Gallagher, Tom, 1992: Portugal: The Marginalization of the Extreme Right, in: *Paul Hainsworth* (ed.), The Extreme Right in Europe and the USA. London, 232-245.

Germani, Gino, 1978: Authoritarianism, Fascism, and National Populism. New Brunswick.

Gilmour, John, 1992: The Extreme Right in Spain: Blas Pinar and the Spirit of the Nationalist Uprising, in: *Paul Hainsworth* (ed.), The Extreme Right in Europe and the USA. London, 206-231.

Goodwyn, Lawrence, 1978: The Populist Moment: A Short History of the Agrarian Revolt. New York.

Goodwyn, Lawrence, 1991: Rethinking „Populism": Paradoxes of Historiography and Democracy, in: Telos, vol. 24, no. 2, 37-56.

Greß, Franz/Jaschke, Hans-Gerd/Schönekäs, Klaus, 1990: Neue Rechte und Rechtsextremismus in Europa. Opladen.

Greß, Franz, 1990: Großbritannien, in: *Franz Greß/Hans-Gerd Jaschke/Klaus Schönekäs*, Neue Rechte und Rechtsextremismus in Europa. Opladen, 104-217.

Greß, Franz, 1993: Revolte gegen die moderne Welt, in: Universitas, 48. Jg., H. 569, 1064-1073.

Grunberg, Gérard, 1993: De 1986 à 1992: Les boulversements électoraux, in: *SOFRES* (ed.), L'état de l'opinion 1993. Paris, 19-33.

Hainsworth, Paul (ed.), 1992: The Extreme Right in Europe and the USA. London.

Hainsworth, Paul (1992a), Introduction. The Cutting-Edge: The Extreme Right in Post-War Western Europe and the USA, in: *Paul Hainsworth* (ed.), The Extreme Right in Europe and the USA. London, 1-28.

Hainsworth, Paul, 1992b: The Extreme Right in Post-War France: The Emergence and Success of the National Front, in: *Paul Hainsworth* (ed.), The Extreme Right in Europe and the USA. London, 29-60.

Harris, Geoffrey, 1990: The Dark Side of Europe: The Extreme Right Today. Edinburgh.

Hill, Ray/Bell, Andrew, 1988: The Other Face of Terror. Inside Europe's Neo-Nazi Network. London.

Höhne, Roland, 1990: Die Renaissance des Rechtsextremismus in Frankreich, in: Politische Vierteljahresschrift, 31. Jg, H. 1, 79-96.

Hofstadter, Richard, 1955: The Age of Reform. New York.

Hofstadter, Richard, 1965: The Paranoid Style in American Politics. New York.

Husbands, Christopher T., 1981: Contemporary Right-Wing Extremism in Western European Democracies: A Review Article, in: European Journal of Political Research, vol. 9, 75-100.

Husbands, Christopher T., 1982: East End Racism 1900-1980. Geographical Continuities in Vigilantist and Extreme Right-wing Political Behavior, in: The London Journal, vol. 8, no. 1, 3-26.

Husbands, Christopher T., 1983: Racial Exclusionism and the City. The Urban Support of the National Front. London.

Husbands, Christopher T., 1988: Extreme Right-Wing Politics in Great Britain: The Recent Marginalisation of the National Front, in: West European Politics, vol. 11, no. 2, 65-79.

Husbands, Christopher T., 1992a: The Other Face of 1992: The Extreme-right Explosion in Western Europe, in: Parliamentary Affairs, vol. 45, no. 3, 267-284.

Husbands, Christopher T., 1992b: Belgium: Flemish Legions on the March, in: *Paul Hainsworth* (ed.), The Extreme Right in Europe and the USA. London, 126-150.

Ignazi, Piero, 1989a: Il polo escluso. Profilo del movimento sociale italiano. Bologna.

Ignazi, Piero, 1989: Un nouvel acteur politique, in: *Pascal Perrineau/Nonna Meyer,* Le front National à découvert. Paris, 63-82.

Ignazi, Piero, 1992: The Silent Counter-revolution: Hypotheses on the Emergence of Extreme Right-Wing Parties in Europe, in: European Journal of Political Research, vol. 22, 3-34.

Ignazi, Piero, 1993: The Changing Profile of the Italian Social Movement, in: *Peter H. Merkl/Leonard Weinberg* (eds.), Encounters with the contemporary radical right. Boulder, 75-92.

Ignazi, Piero/Ysmal, Colette, 1992: New and old extreme right parties. The French Front National and the Italian Movimento Sociale, in: European Journal of Political Research, vol. 22, 101-121.

Inglehart, Ronald, 1977: The Silent Revolution. Changing Values and Political Styles Among Western Publics. Princeton.

Inglehart, Ronald, 1985: New Perspectives on Value Change, in: Comparative Political Studies, vol. 17, no. 4, 485-532.

Inglehart, Ronald/Abramson, Paul R., 1993: Values and Value Change on five Continents. Paper for the Annual Meeting of the American Political Science Association. Washington, D.C.

INSEE (ed.), 1992: Annuaire Statistique de la France 1991-1992. Paris.

Jaschke, Hans-Gerd, 1993: Die „Republikaner". Profile einer Rechtsaußen-Partei. Bonn.

Kirchheimer, Otto, 1957: Wandlungen der politischen Opposition, in: *Otto Kirchheimer,* Politik und Verfassung. Frankfurt a.M. (1964), 123-150.

Kirchheimer, Otto, 1965: Der Wandel des westeuropäischen Parteiensystems, in: Politische Vierteljahresschrift, 6. Jg., H. 1, 20-41.

Kirfel, Martina/Oswalt, Walter (Hg.), 1989: Die Rückkehr der Führer. Modernisierter Rechtsradikalismus in Westeuropa. Wien/Zürich.

Klönne, Arno, 1992: Völkische Wiedergeburt? – Die Neue Rechte in den früher 'realsozialistischen' Ländern Osteuropas, in: *Christoph Butterwegge/Siegfried Jäger* (Hg.), Rassismus in Europa. Köln, 119-134.

Kowalsky, Wolfgang, 1991: Kulturrevolution. Die Neue Rechte im neuen Frankreich und ihre Vorläufer. Opladen.

Kowalsky, Wolfgang, 1993: Rechtsextremismus und Anti-Rechtsextremismus in der modernen Industriegesellschaft, in: Aus Politik und Zeitgeschichte B 2-3/93, 14-25.

Krasnov, Vladislav, 1993: Pamiat: Russian Right-Wing Radicalism, in: *Peter H. Merkl/Leonard Weinberg* (eds.), Encounters with the contemporary radical right. Boulder, 111-131.

Krejčí, Jaroslav, 1991: Introduction: Concepts of Right and Left, in: *Luciano Cheles/Ronnie Ferguson/Michalina Vaughan* (eds.), Neo-Fascism in Europe. London, 1-18.

Kühnl, Reinhard, 1979: Faschismustheorien. Texte zur Faschismusdiskussion 2. Ein Leitfaden. Reinbek.

Laqueur, Walter, 1993: „Der Schoß ist fruchtbar noch". Der militante Nationalismus der russischen Rechten. München.

Larsen, Stein Ugelvik/Hagtvet, Bernt (eds.), 1994: Modern Europe after Fascism 1943 – 1980's, 2 vols. Columbia University Press.

Levite, Ariel/Tarrow, Sidney, 1983: The Legitimation of Excluded Parties in Dominant Party Systems, in: Comparative Politics, vol. 15, no. 3, 295-327.

Linz, Juan J., 1980: Political Space and Fascism as a Late-Comer, in: *Stein Ugelvik Larsen/Bernt Hagtvet/Jan Petter Myklebust* (eds.), Who were the Fascists. Social Roots of European Fascism. Bergen, 153-189.

Lipset, Seymour Martin/Rokkan, Stein, 1967: Party Systems and Voter Alignments: Cross-National Perspectives. New York.

Lipset, Seymour Martin, 1969: Political Man. London.

Maoláin, Ciarán O., 1987: The Radical Right. A World Directory. London.

Mayer, Nonna, 1991: Le Front National, in: *Dominique Chagnollaud:* Bilan politique de la France 1991. Paris, 113-119.

Mayer, Nonna/Perrineau, Pascal, 1993: La puissance et le rejet ou le lepénisme dans l'opinion, in: SOFRES (ed.), L'état de l'opinion 1993. Paris, 63-78.

Miglio, Gianfranco, 1992: Toward a Federal Italy, in: Telos, no. 90, 19-42.

Mitra, Subrata, 1988: The National Front in France – A Single-Issue Movement?, in: West European Politics, vol. 11, no. 2, 47-64.

Merkl, Peter H./Weinberg, Leonard (eds.), 1993: Encounters with the Contemporary Radical Right. New York.

Milza, Pierre, 1992: Le Front National: Droite extreme ... ou National-populisme, in: *Jean-François Sirinelli* (ed.), Histoire des droites en France, tome 1. Paris, 691-732.

Nedelmann, Birgitta, 1992: Italien in 'kreativer Konfusion'? Zur Selbstreformierung einer reformbedürftigen Demokratie, in: Staatswissenschaften und Staatspraxis, 3. Jg., H. 4, 524-555.

Niedermayer, Oskar, 1990: Sozialstruktur, politische Orientierungen und die Unterstützung extrem rechter Parteien in Westeuropa, in: Zeitschrift für Parlamentsfragen, 21. Jg. H. 4, 564-582.

Niethammer, Lutz, 1969: Angepaßter Faschismus. Politische Praxis der NPD. Frankfurt a.M.

Nolte, Ernst, 1963: Der Faschismus in seiner Epoche. München.

Perrineau, Pascal, 1989: Les étapes d'une implantation électorale (1972-1988), in: *Pascal Perrineau/Nonna Mayer*, Le Front National à découvert. Paris, 37-62.

Pfahl-Traughber, Armin, 1993: Rechtsextremismus. Eine kritische Bestandsaufnahme nach der Wiedervereinigung. Bonn.

Pinol, J.-L., 1992: Le temps des droites?, in: *Jean-François Sirinelli* (ed.), Histoire des droites en France, tome 1. Paris, 371-378.

Plenel, Edwy/Rollat, Alain, 1992: Le République menacée. Dix ans d'effet Le Pen. Paris.

Poche, Bernard, 1992: The Lombard League: From Cultural Autonomy to Integral Federalism, in: Telos, vol. 24, no. 4, 71-81.

Puhle, Hans-Jürgen, 1986: Was ist Populismus?, in: *Helmut Dubiel* (Hg.), Populismus und Aufklärung. Frankfurt a.M., 12-32.

Raisi, E., 1990: Storia de idee della nuova destra italiana. Roma.

Rattinger, Hans, 1993: Abkehr von den Parteien? Dimensionen der Parteiverdrossenheit, in: Aus Politik und Zeitgeschichte, B 11/93, 24-35.

Reeves, Frank, 1989: Race and Borough Politics. Aldershot.

Rosenbaum, Petra, 1975: Neofaschismus in Italien. Frankfurt a.M.

Ruzza, Carlo E./Schmidtke, Oliver, 1992: The Making of the Lombard League, in: Telos, no. 90, 57-70.

Ruzza, Carlo E./Schmidtke, Oliver, 1993: Roots of Success of the Lega Lombarda: Mobilisation Dynamics and the Media, in: West European Politics, vol. 16, no. 2, 1-23.

Safran, William, 1993: The National Front in France: From Lunatic Fringe to Limited Respectability, in: *Peter H. Merkl/Leonard Weinberg* (eds.), Encounters with the contemporary radical right, Boulder, 19-49.

Sartori, Giovanni, 1976: Parties and party systems. A framework for analysis, vol. 1. Cambridge.

Savage, James, 1985: Postmaterialism of the Left and the Right, in: Comparative Political Studies, vol. 17, no. 4, 431-451.

Scheuch, Erwin K./Klingemann, Hans D., 1967: Theorie des Rechtsradikalismus in westlichen Industriegesellschaften, in: Hamburger Jahrbuch für Wirtschafts- und Gesellschaftspolitik, 12. Jg., 11-29.

Shilds, James G., 1990: A new chapter in the history of the French extreme right: the National Front, in: *A. Cole* (ed.), French Political Parties in Transition. Dartmouth.

Sidoti, Francesco, 1992: The Extreme Right in Italy: Ideological Orphans and Countermobilization, in: *Paul Hainsworth* (ed.), The Extreme Right in Europe and the USA. London, 151-174.

Stöss, Richard, 1990: Die Republikaner. Köln.

Tauber, Kurt P., 1967: Beyond Eagle and Swastika. German Nationalism since 1945, 2 vols. Middletown.

Taylor, Stan, 1993: The Radical Right in Britain, in: *Peter H. Merkl/Leonard Weinberg* (eds.), Encounters with the contemporary radical right. Boulder, 165-184.

Telos, 1991: Populism vs. the New Class. The Second Elizabethtown Telos Conference (April 5-7, 1991), vol. 24, no. 2, 2-154.

Thamer, Hans-Ulrich/Wippermann, Wolfgang, 1977: Faschistische und neofaschistische Bewegungen. Probleme empirischer Faschismusforschung. Darmstadt.

Wiesendahl, Elmar, 1992: Volksparteien im Abstieg, in: Aus Politik und Zeitgeschichte, B 34-35/92, 3-14.

Wippermann, Wolfgang, 1983: Europäischer Faschismus im Vergleich (1922-1982). Frankfurt a.M.

Woller, Hans, 1983: Die Wirtschaftliche Aufbau-Vereinigung, in: *Richard Stöss* (Hg.), Parteien-Handbuch. Opladen, 2458-2481.

Woods, Dwayne, 1992: The Centre No Longer Holds: The Rise of Regional Leagues in Italian Politics, in: West European Politics, vol. 15, no. 2, 56-76.

Benno Hafeneger

Rechtsextreme Europabilder

I. Problemstellung

Der (west-)europäische Rechtsextremismus[1] hatte bzw. hat mehrere zentrale inhaltliche und programmatische Themen, dazu gehören vor allem soziale Fragen, innere Sicherheit, Einwanderung. Spezifische, historisch sich verändernde Vorstellungen der europäischen Ordnung und der Integrationsperspektive von Europa gehörten und gehören ebenfalls zum Themenspektrum der – Alten und Neuen – extremen Rechten[2]. Dabei kann die aktuelle Europadiskussion innerhalb der extremen Rechten nach zwei Aspekten differenziert werden:

– Als definitio ex negativo werden die Europavorstellungen der demokratischen Parteien abgelehnt. Diese sind im Spektrum von ökonomischen, sozialen, ökologischen, multikulturellen und demokratischen Interessen und Orientierungen zu verorten.
– Formelhafte begriffliche Hinweise deuten auf eine eigene – zu den demokratischen Parteien und dem demokratischem Verfassungsstaat konkurrente – autoritäre, anti- bzw. „postdemokratische" Europakonzeption in Form der definitio ex positivo hin. Im Kern geht es dabei um eine eurozentristische Konzeption, um ein „weißes Europa", das im Spannungsverhältnis von alt-neuem „Regionalismus/Föderalismus – Nationalismus – und Euronationalismus" begründet wird.

Es gibt in der Rechtsextremismusforschung bisher keine Auseinandersetzung mit den rechtsextremen Europavorstellungen, weder mit der Geschichte noch mit den aktuellen Elementen der „rechtsextremen Europavisionen". Die vorliegenden wissenschaftlichen Studien und journalistisch angelegten Publika-

---

1 Extreme Rechte und Rechtsextremismus werden im folgenden als komplexe Sammelbegriffe verwandt. Dabei folge ich der Definition von Stöss, nach dem Rechtsextremismus „alle Erscheinungsformen des öffentlichen Lebens umfaßt, die sich gegen fundamentale Prinzipien des demokratischen Verfassungsstaates richten. Rechtsextremismus ist Demokratiefeindschaft" (Stöss 1989: 18).

2 Äußerungen zur Europakonzeption des NS-Staates gab es wiederholt von Hitler, Rosenberg und vor allem von Himmler, dem Reichsführer der SS. Die Deutschen sollten zur vorherrschenden weißen Macht und Rasse auf dem europäischen Kontinent werden. Geschichtsbild und Europapolitik waren weltanschaulich-rassenpolitisch begründet und sollten gewaltsam mit dem Lebensraum- und Vernichtungskrieg als Neuordnung der europäischen Territorial- und Staatenordnung durchgesetzt werden.

tionen zum Rechtsextremismus geben allenfalls kurze Hinweise und Stichworte, sie rekonstruieren und thematisieren aber primär die nationale Geschichte; sie setzen sich mit der Struktur, mit Ideologie, Vernetzungen und Politik der jeweiligen nationalen extremen Rechten auseinander. In den achtziger Jahren wird wiederholt auf die Veränderungsprozesse der extremen Rechten hingewiesen. Diese beziehen sich auf die thematische und ideologische Modernisierung, die Gründung von rechts-populistischen Parteien und deren Wahlerfolge sowie auf den Rechtsextremismus als gesamteuropäisches Phänomen mit programmatischen Veränderungen bzw. Differenzierungen und organisatorischen Vernetzungen (Europäisches Parlament 1985, 1990; Kirfel/Oswalt (Hg.) 1989; Backes/Jesse (Hg.) 1989; Backes 1990; Greß/Jaschke/Schönekäs 1990; Hafeneger 1990; Husbands 1991; Betz 1992; Butterwegge/Jäger (Hg.) 1992, 1993; Greß 1994). Obwohl in den letzten Jahren eine große Zahl von Veröffentlichungen vorgelegt wurde, ist der Bewertung von Backes (1989) auch Mitte der neunziger Jahre zuzustimmen: „Vor allem im Bereich der Rechtsextremismus-Forschung überwiegt nationale Eigenbrötelei. Dies mag mit dem Untersuchungsgegenstand zusammenhängen, der zur Selbstbespiegelung einlädt. Was die Zeit nach 1945 angeht, sind echte vergleichende Darstellungen Mangelware" (Backes 1989: 80f.).

Der hier vorgelegte Überblick kann die Forschungslücke nicht füllen, er kann aber den Stand der Auseinandersetzung markieren und kritisch bewerten sowie Hinweise und Stichworte zur weiteren Forschung geben. Im folgenden werden zunächst wesentliche Aspekte der Europavorstellungen der extremen Rechten in ihren *historischen Veränderungen* nachgezeichnet, die Euro-Rechte im Europaparlament vorgestellt und schließlich werden die wesentlichen *Merkmale der aktuellen „rechtsextremen Europavorstellungen"* untersucht. Dabei geht es um die weitgehend konsensfähigen Vorstellungen, die ideologischen „Verwandschaften" und organisatorischen Vernetzungen (Europaparlament) der extremen Rechten in Westeuropa; es geht weniger um die spezifischen, nationalen Ausprägungen in den west-(und ost-)europäischen Ländern[3].

II. Historische Dimensionen

Die Formierung des Rechtsextremismus war in der Bundesrepublik und in den westeuropäischen Ländern (außer Spanien, Portugal) in der *Nachkriegszeit und den fünfziger Jahren* politisch konfrontiert mit der parlamentarischen Verfaßtheit als westliche Demokratien, mit Strukturen der Westbindung (EWG,

---

3 Bezug wird auf die extreme Rechte der Länder genommen, die wesentlich die „Europa-Diskussion" geführt und stimuliert haben; das sind insb. die Bundesrepublik Deutschland und Frankreich.

Benno Hafeneger

Nato), der Ost-West-Teilung und der Blockkonfrontation. Die extreme Rechte war in ihrem Gründungsprozeß in der Bundesrepublik bemüht, eine „große nationale Sammlung", eine einheitliche große Rechtspartei zu gründen (vgl. Dudek/Jaschke 1984; Stöss 1989; Schönekäs 1990) und ist damit gescheitert. Auch in den anderen westeuropäischen Ländern formierte sich die extreme Rechte neu und knüpfte zunächst an ideologische und organisatorische Traditionen der jeweiligen Länder an (vgl. zu Frankreich: Jaschke 1990a; zu Großbritannien: Greß 1990; Überblicke zu mehreren west- und osteuropäischen Ländern in: Kirfel/Oswaldt (Hg.) 1991; Butterwegge/Jäger (Hg.) 1992, 1993; zu Frankreich und Italien: Greß 1993). Bei den Formierungsprozessen und neuen Strukturierungen ab 1945 sind wiederholt Versuche der Schaffung eines europäischen Netzwerkes – mit Vorstellungen einer Europasicherungs- und -neuordnungskonzeption – identifizierbar. Die Zusammenarbeit wird in der zweiten Hälfte der 40er Jahre strukturiert und getragen von Oswald Mosley, dem Führer der britischen Faschisten, dem in Rom 1946 von Anhängern Mussolinis gegründeten MSI und der franquistischen „Falange"; aber auch der schwedischen (Engdal), der französischen (Bardèche), der deutschen extremen Rechten (Priester, ehemals SS-Offizier und HJ-Führer). Es folgten Anfang der 50er Jahre Konferenzen und Treffen von Vertretern aus mehreren europäischen Ländern; diese waren u. a. mit den Zielsetzungen verbunden, Europa zu einer dritten Weltmacht zu entwickeln und eine europäische Elite zu erziehen (vgl. Tauber 1967). Alle Versuche eine „Europäische Soziale Bewegung" oder eine „Neue Europäische Ordnung" zu organisieren, scheiterten an ideologischen Differenzen sowie wegen organisatorischer Konkurrenzen und Animositäten der Führer[4].

Die 1964 in Hannover gegründete NPD wird in den *sechziger Jahren* in der Bundesrepublik zur führenden Kraft der extremen Rechten. Militärische Stärke, eine autoritär-konservative Sozialordnung, National-Neutralismus, „antibolschewistische Ordnungsmacht, Befreiungsmessianismus gegenüber den Völkern Osteuropas" (Stöss 1989: 135) und Antiamerikanismus konturierten programmatisch diese „Einheitspartei aller Rechtsextremisten" (Schmollinger 1984). Ihre primäre Perspektive war, die deutsche Wiedervereinigung und das Selbstbestimmungsrecht aller Deutschen zu erreichen (Dudek/Jaschke 1984). Die Europavorstellungen sind an einem „Europa der

---

4 In der Bundesrepublik Deutschland bildeten sich zwei – an einem „neuen Europa" orientierte – Zentren heraus: Gründung von Verlag und Zeitschrift „Nation Europa – Monatsschrift im Dienst der europäischen Neuordnung" im Jahre 1951 in Coburg durch Arthur Ehrhardt (ehemals SS-Hauptsturmführer und Chef der „Bandenbekämpfung" im Führerhauptquartier) sowie die HIAG („Hilfsgemeinschaft auf Gegenseitigkeit der Soldaten der ehemaligen Waffen-SS"). Letztere orientierte sich am „Glauben an Europa" und stand in der Großraum-Europa-Orientierung der Waffen-SS; Ziel war die Vollendung des Zweiten Weltkrieges in der „antikommunistischen Befreiung".

Vaterländer" orientiert, Stöss spricht von einem „'gaullistisch'-Europa-natio-
nalistischen Kurs" der NPD (1989: 141).

Innerhalb der französischen Rechten fordern *Ende der sechziger Jahre* die
aus der Denkschule „Groupe de rechreches et d'etudes pour une civilisation
europénne" (GRECE), ihren Untergliederungen und Publikationsnetzen her-
vorgegangene Modernisten der Nouvelle Droite die Gründung eines föde-
rativen europäischen Staates mit der Losung: Weder Amerikaner noch Russen
– Europäer (Taguieff 1984). Intellektuelle Gruppen arbeiteten mit veränderten
Stichworten an der Erneuerung der Grundlagen des Rechtsextremismus;
dabei ist die Wahrnehmung und Interpretation der Krisenerscheinungen „der
Moderne" zentraler Ausgangspunkt der thematischen Modernisierung. Kern
der „europäischen Identität", der gemeinsamen Europa-Idee der extremen
Rechten ist der Antikommunismus; er wird sukzessive bereichert durch einen
Anti-Amerikanismus (Verwestlichung) und zielt auf eine neutralistische Po-
sitionierung. Die in den *siebziger Jahren* fortgesetzte ideologische Modernisierung geht vor allem in Frankreich und der Bundesrepublik Deutschland
von der Neuen Rechten aus. Sie bietet Gesellschaftsdiagnosen an, die sich
in Begriffen wie „Krankheit der westlichen Gesellschaften", „Kultur- und
Werteverfall der europäischen Völker und Nationen" niederschlagen (Jaschke
1990a; Schönekäs 1990). Generationswechsel, intellektuelle Zirkeldebatten
und Zeitschriftenprojekte im rechten Lager stimulieren bereits ab Ende der
sechziger Jahre einen Perspektivenwechsel: neue Frontstellungen (von der
Alten zur Neuen Rechten) entstehen, Grenzen verschieben sich und die Lager
werden durchlässiger; Ideologie, Struktur und Organisationen werden dis-
kursorientiert; europapolitisch wird das Bild einer „Neuen Ordnung", einer
„Nation Europa" (Schönekäs 1990: 295) angeboten. Der biologische Rassismus
und die NS-Traditionen werden von der Denkfigur des „Ethnopluralismus",
als kulturelle Differenz und Notwendigkeit identitätsstiftender Gemeinschaften abgelöst (Feit 1987; Backes 1989; Greß/Jaschke/Schönekäs 1990; Kowalsky
1991; Pfahl-Traughber 1992). Vor allem in metapolitischen Zirkeln der Neuen
Rechten werden Vorstellungen eines Dritten Weges (zwischen westlichem
Kapitalismus und östlichem Kommunismus) als Befreiungsnationalismus
diskutiert, werden kulturelle Heilungskonzepte als Alternative zu den (ver-
fallenden) westlichen Demokratien angeboten. In den Zirkeln, Zeitschriften
und Büchern der Nouvelle Droite in Frankreich (mit Alain de Benoist als
führendem Kopf, Herausgeber, Verfasser und Stichwortgeber) und dann auch
den Zeitschriften der Neuen Rechten in der Bundesrepublik (u.a. Elemente,
Criticon, Mut, Die Junge Freiheit) wird eine demokratisch geläuterte, intellektuelle nationale und europäische Rechte begründet, die sich von der rechtsextremen Vergangenheit (NS-Ideologie, Rassenbiologie, Indogermanentum)
zu emanzipieren versucht (u.a. Pfahl-Traughber 1993). Als „nationale Alternative" beansprucht sie Meinungsfreiheit und setzt sich die Eroberung „kultureller Hegemonie" zum Ziel. Als modernisierte Neue Rechte bietet sie ihre

Gesellschaftanalyse und politische Problemlösung als Alternative zur west-lich-demokratischen Elite an (Jaschke 1990a: 56ff., Schönekäs 1990: 291ff.). Dieser Diskurs trägt wesentlich zum Paradigmenwechsel im parteipolitischen rechten Lager bei: vom traditionell-nationalistischen Rechtsextremismus zum modernisierten Rechtsextremismus mit populistischen Elementen. Der Kern ihres alternativen Angebotes zielt auf die Regulierung von Krisen, desinte-grativen Tendenzen und deren Folgen in modernen Gesellschaften, als deren entscheidende Ursache sie die liberal-rechtsstaatliche Verfaßtheit westlicher Demokratien lokalisieren. Angeboten werden die Wiedergewinnung von Identität bzw. identitätsstiftender Gemeinschaft über Familie, Volk, Natio-nalstaat und Europa, sowie über politische Ordnungsregeln, bei denen ein starker Nationalstaat die Probleme wie Arbeitslosigkeit, Wohnungsnot, Kri-minalität und Drogen lösen würde.

Zu Beginn der *achtziger Jahre* verlor die NPD im rechtsextremen Lager der Bundesrepublik endgültig ihre führende Rolle, programmatisch gab sie ihre westorientierte Position auf und schlug einen neutralistischen Kurs ein. Gefordert wurde der Austritt beider deutscher Staaten aus den Militärbünd-nissen, ein souveränes, einiges Deutschland als blockfreier Vermittler zwi-schen Ost und West, um als mitteleuropäische Zentralmacht nationale deut-sche Großmachtpolitik durchsetzen zu können. Der dritte Weg zwischen Kapitalismus und Kommunismus beinhaltet ein neutrales, unabhängiges, blockfreies Deutschland und eine Neubildung der europäischen Mitte: Ge-fordert wird der Zusammenschluß mit Österreich und Deutschland in den Grenzen von 1937 als „Friedensgarant von Europa".

In mehreren westeuropäischen Ländern lösen ab Beginn der achtziger Jahre rechtspopulistische (Brücken-)Parteien die traditionelle extreme Rechte ab. Im Kampf um die Hegemonie im rechten Lager geht in Frankreich der Front National (FN) Anfang der achtziger Jahre als Sieger hervor. In der Bundesrepublik werden – neben der DVU – die Republikaner (Jaschke 1990b; Stöss 1990) zur führenden Kraft im rechtsextremen Lager; in Belgien domi-niert der Vlaams Blok (Husbands 1992), in Skandinavien rechts-populistische Protestparteien, in Österreich die FPÖ, in den Niederlanden die Centrums-demokraten und in Italien die Lega Nord (Butterwegge/Jäger (Hg.) 1992, 1993; Betz 1993; Greß 1994). Mit der Bedeutung der rechtspopulistischen Parteien und ihren Themen wird ein alter europäischer Konflikt deutlich, der zwischen Universalismus, Nationalismus und Partikularismus. Vor allem die Lega Nord argumentiert (im Unterschied zum MSI/DN in Italien) nicht primär nationalistisch im traditionellen Rechts-links-Schema, sondern mehr föderalistisch; sie stellt die nationalstaatliche Einheit von Italien infrage und versucht, eine „Gemeinschaftsbildung" im Rahmen eines neuen föderalen Modells zu begründen; Föderalismus, Nationalstaat und eine an den reichen Norden angelehnte Europakonzeption sollen integriert werden (Greß 1994; Visentini 1993). Zu den programmatischen Kernpunkten der extremen Rechten gehören u. a. soziale Fragen, ein starker Staat, Kriminalität und Drogen, liberale Wirtschaft, Anti-Maastricht-Koalition, Abwehr von Zu- und Einwanderung, Kritik an (ineffizienter) Bürokratie und Steuerbelastung, „ohne dabei jedoch die Demokratie selbst in Frage zu stellen" (Betz 1993: 9). Für Europa werden militärische Stärke, Zusammenarbeit mit den anderen europäischen Ländern im atlantischen Bündnis gefordert; Hauptfeind und Aggressor bleibt bis zur Auflösung der Blockkonfrontation die UdSSR. Die Europakonzeption der rechtsextremen Parteien ist aber primär von einer Kritikperspektive geleitet, die sich in Formeln wie „Zuerst Deutschland – dann Europa", „Zuerst Frankreich – dann Europa", „Ja zu Europa – Nein zu Brüssel", „Europa ja – Maastricht niemals" wiederfinden. Die eigenen politischen Vorstellungen zu Europa finden sich in Formeln wie „Europa der Vaterländer, Europe des patries", „Selbstbestimmung der Völker, der Regionen und Nationen" wieder. Damit werden Begriffe aufgenommen, ideologisch besetzt und instrumentalisiert, die auch zum Traditionsbestand von linken, liberalen und konservativen demokratischen Parteien der Nachkriegszeit gehören und auch in den heutigen Hinweisen zu den Europavorstellungen von CDU/CSU und SPD bedeutsam sind[5]. Sie werden von der extremen Rechten als politische Kampfbegriffe gegen „die Brüsseler Bürokratie" und „Eurokraten" gerichtet und mit dem Angebot verknüpft, die wirklichen Interessen und Besitzstände von sozialen Schichten, wie der Bauern, Handwerker, Arbeiter und „kleinen Leute" zu vertreten. Das Bindungsangebot der extremen Rechten richtet sich sowohl an marginalisierte Gruppen, Modernisierungsverlierer, als auch an etablierte, integrierte Kernschichten der Gesellschaft (Backes 1989; Betz 1992, 1993; Hainsworth 1992; Jaschke 1993; Schacht 1993).

III. Parlamentarisierung der westeuropäischen extremen Rechten

Die Parteien der extreme Rechte haben in den westeuropäischen Ländern – z. T. als Ergebnis eines harten innerparteilichen Auseinandersetzungsprozesses – die Parlamentarisierung ihrer Politik durchgesetzt bzw. etabliert; in vielen europäischen Ländern sind sie in Kommunen, Regionalparlamenten und auf nationaler Ebene parlamentarisch repräsentiert. Mit der ideologischen Modernisierung und dem thematischen Perspektivenwechsel der ex-

---

5 Der Begriff wurde vor allem in den fünfziger Jahren von de Gaulle in der Entwicklung der europäischen Zusammenarbeit gebraucht. Die demokratischen Parteien meinen mit diesem Begriff im Kern eine Verfaßtheit, in der souveräne demokratische Staaten (mit ihren Regionen und Ländern) und europäische Integrationsprozesse (bis hin zum Bundesstaat) vermittelt werden. Im Rahmen dieses Beitrages kann lediglich auf diese Unterschiede von nationalen Konzeptionen der demokratischen Parteien und nationalistischen (nach innen völkischen, ethnischen und nach außen expansiven) Konzeptionen der extremen Rechten hingewiesen werden.

tremen Rechten in den siebziger Jahren ist in den achtziger Jahren eine rechtspopulistische Programmatik und Politik, die Neugründung sowie Verjüngung von Parteien und Funktionären verbunden. Als politische Opposition und Bewegung binden die rechten Parteien neue (Protest-)Wählerschichten und sie werden parlamentarisch bedeutsam; das gilt auch für das Europaparlament. Mit dem Einzug von Le Pen ins Europäische Parlament im Juni 1984 (mit einem Stimmenanteil des FN von 10,8%) und mit der Europawahl im Juni 1989 ist die extreme Rechte auch europapolitisch etabliert (Hainsworth 1992). Bei der Wahl 1989 erhielten die Republikaner mit 7,1 Prozent 6 Mandate im Straßburger Parlament, 10 Mandate (11,7% der Stimmen) gingen an den FN, 1 Mandat an den Vlaams Blok. Die Zusammenarbeit ist in einer „Technischen Fraktion der europäischen Rechten" ohne den MSI/DN (mit 4 Mandaten und 5,5% der Stimmen) organisiert; letzterer arbeitet in der Fraktion – wegen unterschiedlichen Auffassungen in der „Südtirol-Frage" – nicht mit.

Die Euro-Rechte proklamiert mit ihren Mitgliedern im europäischen Parlament einen „europäischen Patriotismus brüderlicher Staaten", ein „Europa der Völker" mit „europäischer Identität", der die „nationale Identität" wahrt und unabhängig von der außereuropäischen Welt wird[6]. Zentrale politische Denkfiguren sind die „Wertegemeinschaft und kulturelle Wiedergeburt Europas". Bis 1989 ging es um die Abschaffung des „Yalta-Systems durch völkerfeindlichen Imperialismus in Ost und West", die Etablierung „als Dritte Kraft zwischen Ost und West"[7]. Die Euro-Rechte wird vor allem von der FN getragen, sie liefert Beiträge zur Europadiskussion in Anlehnung an die Nouvelle Droite. Für Megret (Generalbevollmächtigter der FN) soll Europa zu einem Machtblock werden, damit „sein Untergang" verhindert werden kann. Er sagt in einem Interview: „Die Besonderheit Europas liegt in seiner Zivilisation. Wir sind für Europa, für die Grenzniederlegungen zwischen unseren Staaten, unter der Bedingung, daß die Grenzen zwischen Europa und dem Rest der Welt tatsächlich aufrechterhalten werden" (taz, 7. 12. 1988). Den Republikanern geht es in ihrer Europapolitik um die Wiedergewinnung verlorengegangener europäischer Stärke, sie sind gegen die Westintegration und lehnen sich an das gaullistische Modell eines „Europa der Vaterländer" an („Dinkelsbühler Erklärung der Republikaner zur Europawahl", 1988).

Europa ist für die extreme Rechte von Bedeutung, weil nach ihrem „organischen Verständnis" des Zusammenlebens neben der Familie, der Ge-

---

6 Es gibt bisher keine systematische Auseinandersetzung mit der Politik der „Euro-Rechten" im Europaparlament.

7 Die Hinweise sind folgenden Ausgaben der rechtsextremen Monatszeitschrift „Nation und Europa" (vorher „Nation Europa") entnommen: Heft 2/1985, Heft 4/1987, Heft 2/1989, Heft 10/1989, Heft 1/1992. „Nation und Europa" stellt europapolitische Themen in den Mittelpunkt, berichtet über die Arbeit der Fraktion der Euro-Rechten und läßt deren Vertreter zu Wort kommen.

meinschaft und der Nation auch Europa steht, „da wir alle der gleichen europäischen Zivilisationsgemeinschaft angehören" (Megret, zit. nach: Leggewie 1989: 132). Programmatisch formulierte Le Pen bereits 1988 zur Arbeit der rechten Fraktion im Europaparlament: „Neue Themen hielten zusammen mit uns ihren Einzug. Statt uns auf lauter materielle, wirtschaftliche Verwaltungsangelegenheiten zu beschränken, verwiesen wir auf die Probleme, die die Zukunft Europas bedrohen. Den kommunistischen Sowjetimperialismus, den europäischen Geburtenrückgang, die Bevölkerungsexplosion in der Dritten Welt verbunden mit einer Masseneinwanderung nach Europa, das Fehlen einer europäischen Verteidigungsstreitmacht" (Nation Europa, Heft 4/1988: 27). Ähnliche Formulierungen finden sich bei den Republikanern; zur gesamteuropäischen Perspektive bzw. europäischen Identität heißt es in einem Kommentar: „Europa ist nicht die EG. Die Rekonstitution eines einheitlichen Europa der Vaterländer bahnt sich jenseits von restaurativen Revanchismus oder Hegemonialstreben als unausweisliche Realität in der Welt von morgen an" (Der Republikaner, Nr. 6/1989). Geographisch zielt die Vorstellung eines weißen Europa auf „Ostsee, Nordsee, Schwarzes Meer, Mittelmeer, Osteuropa – auf keinen Fall aber die Türkei oder die Staaten und Länder Nordafrikas" (Le Pen 1987: 23). Die Diskussionsbeiträge der Euro-Rechten sind angesiedelt im Spannungsfeld von Nationalstaatsorientierung und einer Europakonzeption, die einen „Euronationalismus" (Festung Europa) beschwört und zu begründen versucht[8].

Die Vorbereitungen zur Europawahl 1994 lassen bei den Republikanern eine spezifische Mischung aus antieuropäischen Ressentiments, der Beschwörung von Fremdbestimmungsängsten (gegen Brüssel, die EG-Bürokratie, den Maastricht-Vertrag und Vorstellungen einer politischen Union) und einige formelhafte Aussagen zur Europapolitik, die sich neben der „Erneuerung und Versöhnung von Deutschland" die Schaffung eines „Europa der Völker und Vaterländer" zum Ziel setzt, erkennen. Die Kandidatenliste weist auf den Prozeß der akademischen Rekrutierung hin; auf den ersten zwölf Listenplätzen sind u.a. der Parteivorsitzende Schönhuber, Krause (ehemals CDU-Bundestagsabgeordneter), Hirzel (aus dem Widerstandskreis der 'Weißen Rose' und ehemals Journalist der linksliberalen Frankfurter Hefte), Zeitler (ehemals SPD-Oberbürgermeister von Würzburg)[9].

Als Resümee der Nachkriegsgeschichte des europäischen Rechtsextremismus kann formuliert werden: Die Parteien der extremen Rechten – d. h. vor allem die rechts-populistischen Parteien – sind in vielen europäischen Ländern und im Europaparlament im Prozeß der Veränderung der politischen

---

8 Es gibt neben der Zusammenarbeit als Euro-Rechte im Europaparlament weitere Vernetzungs-, Kontaktstrukturen und Treffen der extremen Rechten aus westeuropäischen Ländern; vgl. die Hinweise und Zusammenstellung in Hafeneger (1990).

9 Die Kandidatenlisten zu Europawahl aus anderen westeuropäischen Ländern lagen bei der Abfassung des Beitrages (Dezember 1993) noch nicht vor.

Landschaft seit den achtziger Jahren dabei, sich politisch und parlamentarisch
zu etablieren. Sie besetzen Themen wie die soziale Frage, Einwanderung,
Identität, ethnische Solidarität, die nationale Frage, innere Sicherheit, Europa
und finden mit ihren Krisenanalysen und Problemlösungsangeboten in Teilen
der Bevölkerung – eine sich stabilisierende – Resonanz und Parteipräferenz
im Wahlverhalten. Die extrem rechten Parteien setzen auf den politisch-par-
lamentarischen Weg, um die nationale und europäische Politik zu beinflussen.
In einigen rechtsextremen Parteien gibt es herausragende Führungspersön-
lichkeiten, die national und auf europäischer Ebene eine besondere Rolle
spielen. Dazu gehören Le Pen (FN), Dewinter (Vlaams Blok), Haider (FPÖ),
Janmaat (Centrumsdemokraten) und Schönhuber (Republikaner). Sie bieten
die Politikoption einer harmonischen, ethnisch homogenen Gemeinschaft in
den Nationalstaaten und in Europa an (Elbers/Fennema 1993).

IV. Inhaltliche und politisch-propagandistische Elemente
der Europakonzeption der extremen Rechten

Aus den Veröffentlichungen der extremen Rechten und – den nur spärlich
vorliegenden – Hinweisen aus politik- und sozialwissenschaftlichen Studien
lassen sich vier Elemente identifizieren, die das *aktuelle Europabild* im Wesentlichen bestimmen. Es sind Elemente einer Europakonzeption, die bei den
stärksten und dominierenden Parteien der extremen bzw. populistischen
Rechten in Westeuropa, bei intellektuellen Zirkeln und Netzwerken sowie
ihren Akteuren weitgehend konsensfähig sind.

1. Element: Antiamerikanismus und gegen Verwestlichung

Vor allem in der Zeit des 'Kalten Krieges' und bis zur Auflösung des Ostblocks
war der Antikommunismus eine wesentliche ideologische Säule der extremen
Rechten in Westeuropa. Bereits in den sechziger Jahren deutet sich jedoch
eine zusätzliche Perspektive an. Mit der Ablehnung der Moderne (und ihrer
Folgen), vor allem der westlich-universalistischen Werteorientierung der
Menschenrechte und des Individualismus, der liberal-demokratischen Verfaßtheit von Staat und Gesellschaft und seinen Institutionen wird eine nationale, geschichtlich-kulturelle und europäische Idee als Alternative beschworen (Backes 1989: 212). Zur zentralen Anklagefigur der extremen Rechten wird die Ausbeutung durch die Supermächte und mit der Auflösung der
Blockkonfrontation im Jahre 1989 vor allem die amerikanische Herrschaft
über den Weltmarkt sowie die Amerikanisierung der Gesellschaft mit seinen
Folgen (als melting pot und multikulturelle Gesellschaft). Die kultur- und
zivilisationskritische Wahrnehmung von Krisen und Problemen der westlichen – und ab 1989 auch östlichen – Gesellschaft folgt modernisierten rechten

Deutungen und Begriffen wie Dekadenz und Werteverfall (Taguieff 1985); Le Pen spricht von „décadence morale, sociale et politique" (1987: 9). Jaschke resümiert das antiwestliche Konzept des Kulturkampfes der Neuen Rechten: „Die kulturelle Identität der Völker Europas sei bedroht durch den 'Totalitarismus' der modernen Wirtschaftsgesellschaft, den Imperialismus des 'american way of life'. Die Wieder-Verwurzelung beginne bei den Ursprüngen. Referenz ist das in der antiken Überlieferung begründete 'Wesentliche'" (Jaschke 1990a: 59).

Die extreme Rechte denkt gleichzeitig national und europapolitisch, sie denkt in Kategorien klassischer territorialer Großmachtpolitik und in Vorstellungen von Hegemonie und Rivalität. Sie sieht Europa in der Triadenkonkurrenz „Europa – Nordamerika – Japan/ferner Osten", den globalen Entwicklungs- und Neuordnungsperspektiven seit 1989 gezwungen, neben den jeweils favorisierten autozentrischen Konzepten, in seinem eigenen (Über-)Lebensinteresse, politisch, ökonomisch und militärisch zusammenzuarbeiten und – als bindende Ideologie – einen Euronationalismus zu entwikkeln.

2. Element: Europäische Identität gegen den Zerfall der okzidentalen Kultur

Mit Begriffen wie Kosmopolitismus und Dekadenz, medizinischen und soziobiologischen Bildern wie „Durchmischung/Durchrassung, Bastardisierung" wird in Veröffentlichungen der extremen Rechten eine Tendenz der Bedrohung und des Zerfalls der Kultur und der Identität von Europa angedeutet. Bei der Beschwörung des Weges zur Rückkehr von Europa zu seiner – angeblichen – kulturellen Identität, wird auf Metaphern aus der Antike, auf Mythen und die europäischen Wertetraditionen zurückgegriffen. Ausgehend von der These, daß technologischer Rationalismus und geistige Kolonisation kulturelle und politische Identitäten zerstören, ruft Höffkes – in national- und befreiungsrevolutionärer Tradition – zur Rückkehr zum Mythos auf. Sie sind für ihn „Symbole für die Suche nach ethnischer Identität, dezentralistischer, nationalistischer Selbstverwaltung, basisdemokratischer Mitbestimmung und ökologischer Neubesinnung" (Höffkes 1983: 49).

Für die Neue Rechte steht europäischer Geist gegen den Materialismus der westlichen Welt. So ist für Benoist (1985) beispielsweise der bürgerliche Liberalismus und der atlantisch-amerikanische Westen der Hauptfeind der europäisch-kulturellen Identität. Kaltenbrunner (1985) spricht von einer paneuropäischen, christlich-abendländischen Weltsicht mit transzendental-soziologischer, kämpferischer Dimension. Zum Zentrum der Auseinandersetzung der Neuen Rechten wird ihre spezifische Krisendiagnose der westlichen Zivilisation; dies wird mit der Aufforderung an Europa verbunden, sich dem Zerfall im Rahmen eines wirtschaftlichen, organischen und kulturellen Zusammenschlusses entgegenzustellen. Die „Krise der Moderne" wird als Erschöpfung und Diskreditierung bisher dominanter Wertesysteme, Weltanschauungen und Gesellschaftsentwürfe interpretiert (Jaschke 1990a: 56ff.). Sowohl das einseitige wissenschaftlich-technische Denken als auch die kulturelle Nivellierung durch den Weltmarkt werden zu zentralen Kritikpunkten an der westlich-zivilisierten Welt und der liberal-demokratischen Verfassung von Staat und Gesellschaft aufgewertet (Eichberg 1978).

Die rechtsextremen Orientierungsangebote und neoeuropäischen Visionen folgen Deutungen, die sich auf anti-aufklärerische, neuheidnische, (ursprungs-)mythische, historische Werte und Wurzeln der europäischen Völker und des Okzidents beziehen (Faye 1984). Der „dritte Weg" (Benoist 1986) wird mit Neutralismus, Ethnopluralismus und Selbstbefreiung in der metapolitischen Diskussion als Lösungskonzept angeboten. Benoists „Konzept autozentrierter Entwicklung basiert auf der langfristigen Rückgewinnung des 'Rechts der Völker' gegen die umfassende Menschenrechtsideologie" (Jaschke 1990a: 62).

3. Element: Ethnopluralismus – für ein Europa der Ethnien

Die Neue Rechte wendet sich in ihren Publikationen gegen Rassismus und Xenophobie, sie verurteilt Gewalt. Sie begründet und propagiert gleichzeitig die Identität der Ethnien, der Völker als natürliche Lebenseinheiten sowie deren natürliche und kulturelle Differenzen. Dieser ethnopluralistische Diskurs[10] beeinflußt die rechtsextremen Parteien in Westeuropa, er ist Bestandteil ihrer ideologisch-programmatischen Modernisierung. Zu dieser Differenzsicht gehört auch die kulturell (und biologisch) begründete Stellung der Frau, der Einfluß von Hautfarbe, Lebensraum und Klima auf körperliche und geistige Aktivität, ein Verständnis von Volk und Gemeinschaft als Volksgemeinschaft und Rasse. Backes zufolge sind Ethnopluralismus und Polygenetismus im Denken der Neuen Rechten nicht voneinander zu trennen: „Demnach erklärt sich die naturgegebene Vielfalt der Ethnien insbesondere durch die Verschiedenheit ihrer Erbanlagen. 'Volksgruppen' oder 'Rassen' gelten als die Träger je spezifischer kultureller Werte und Verhaltensregeln" (Backes 1989: 214). Ausgehend vom Recht auf eigenständige Entwicklung der Völker wird die gegebene und zu verteidigende kulturelle Differenz sowie die propagierte kulturelle Homogenität für die Identität von allen Kulturen zum Begründungsangebot für eine weiße, ethnopluralistische Europakonzeption (Eichberg 1978, 1979). Neben einem formalen Differenzbegriff, der die Ablehnung von Egalitarismus und Universalismus beinhaltet, schließt das auf Ethnien bezogene neu-rechte Ideologieangebot immer auch Ungleichheits-/

---

10 In der Bundesrepublik Deutschland geht der Begriff und das Konzept des „Ethnopluralismus" auf Henning Eichberg – einen der ersten Theoretiker und Wortführer der Neuen Rechten – zurück; er nahm bereits 1966 die Diskussion des „Okzidentalen Syndroms" von „Nouvelle École" auf.

Hierarchievorstellungen und Bewertungen von Völkern und Kulturen ein. Die unterlegten „eindeutigen", naturgegebenen Verschiedenheiten und Differenzen unter den Völkern werden ethnisch-kulturell und nicht primär biologisch, nicht ökonomisch oder sozial begründet. Im intellektuellen Diskurs der Neuen Rechten lautet das zentrale „wissenschaftliche Argument": Geschichte und Traditionen, Kulturen und Zivilisation, Werte und Verhaltensregeln, aber auch Hautfarbe der Ethnien dürfen nicht „gemischt" werden, weil dies einen „Zerfall" und ein „Ende der Völker" zur Folge haben würde.

Die kulturell und ethnopluralistisch begründete Ungleichheit und Differenz ist im rechtsintellektuellen Diskurs das leitende Paradigma. Mit der Verteidigung der kulturellen Differenz zwischen den Völkern, versucht die Neue Rechte gleichzeitig, Abschied vom „alten Rassismus", der biologistisch argumentiert, zu nehmen und in der politischen Auseinandersetzung eine neutralisierende, quasi wissenschaftlich (mit der Genforschung, Ethnologie und Verhaltensforschung als Leitwissenschaften) untermauerte nicht-rassistische Position zu beschreiben.

4. Element: Gegen Zu- und Einwanderung

Reale politische Probleme, die sich in vielen westeuropäischen Ländern durch die globalen Flucht- und Migrationsbewegungen ergeben, werden von der extremen Rechten mit affektgeladenen Bedrohungsbegriffen wie „Zustrom, Flut, Überschwemmung", mit Metaphern wie „das Boot ist voll" aufgegriffen und radikalisiert[11]. Sie sollen andeuten, daß die Aufnahmefähigkeit für Ausländer aus fremden Kulturkreisen in Europa und in den jeweiligen Nationalstaaten überschritten sei, Überfremdung drohe und die Zahl der Ausländer begrenzt werden müsse[12]. Mit der Reduktion von komplexen Ursachen und Folgen von „Einwanderung – Zuwanderung" auf ein biologistisch-rassistisches oder kulturrassistisches Interpretations- und Problemlösungsmuster macht die extreme Rechte die Ethnie zur zentralen politischen Kategorie und begründet die Ethnisierung von Politik. Mit dieser Denkfigur wird Fremdenangst zur Überfremdung. Die angeblichen Gefahren der Überfremdung des „weißen Europa" werden zum zentralen politischen und semantischen Zentrum. Daran knüpft die Forderung nach „Trennung der Ethnien" (Jaschke 1992: 112), eine aggressive Propaganda der rechtsextremen Parteien an, die

---

11 Die Metaphern und Begriffe werden nicht nur von der extremen Rechten, sondern auch von Vertretern der demokratischen Parteien und der bürgerlichen Presse verwandt. Demirovic (1992) diskutiert die Begriffe im Zusammenhang von Gesellschaftsstruktur, Rassismus und Biopolitik.

12 Zu- und Einwanderung waren in den letzten Jahren in Europa die Leitthemen der rechtsextremen Parteien, Gruppen und die Schlagzeilen von deren Zeitschriften. In „Nation und Europa" hießen die Themen u.a.: Europa – Ball oder Spieler (Heft 4/1987), Die Germanisierung des Risikos (Heft 3/1988), Jalta-Verfallsdatum überschritten (Heft 10/1989), Festung Europa: Auf zur Neuordnung (Heft 1/1992).

sich in Forderungen wie „Begrenzung des Ausländeranteils", „Ausweisung von Scheinasylanten und kriminellen Ausländern", „begrenztes Aufenthalts- recht", „Stopp von Zuzug und Grenzkontrollen" sowie „Anpassung der hier lebenden Ausländer an die nationale Kultur" ausdrücken.

Fazit

Es hat in allen westeuropäischen Ländern ab 1945 eine Wiederbelebung und Neugründung des rechten/rechtsextremen Lagers gegeben. Sie verblieb in der Nachkriegsgeschichte zunächst in den nationalen Traditionen, weitge- hend zersplittert und ohne machtpolitische Bedeutung und Wirkung. Der Rechtsextremismus hat sich in der Nachkriegsgeschichte in unterschiedlichen Phasen national-spezifisch ausgeprägt und erhält mit dem Epochenbruch 1989 in ganz Europa eine neue Dynamik.

Das Europabild der extremen Rechten, die historischen Traditionen, aber auch die Modernisierungen sind angelegt im Spannungsverhältnis von eth- nisch, regionalistisch und nationalistisch begründeter Politik auf der einen Seite und Versuchen einer europäischen Vernetzung mit europapolitischen Vorstellungen auf der anderen Seite. Ergebnis bleibt (bisher) eine rechtsex- treme Vorstellung von Europa, wie sie in den vier Elementen resümiert wurde.

In der Krisen- und Umbruchphase, im politischen Neustrukturierungs- prozeß von Europa seit 1989, der mit einer zugespitzten globalen Aufteilung von Macht und Märkten konfrontiert ist, bietet die extreme Rechte zwei Modellvarianten an:

1. Die Alte Rechte vertritt die Konzeption eines ethnisch homogenen und ökonomisch autarken „Europa der weißen Rasse" mit Abschottungs- und Festungscharakter. Das zentrale Ideologem ist ein „Euronationalismus", der ausländerfreie Volksgemeinschaften und Kulturen im „Lebensraum Europa" verspricht.

2. Die Neue Rechte verknüpft eurozentristische Vorstellungen mit Forderun- gen nach strenger Kontrolle und Regulierung von Immigration sowie An- passungspostulaten an die nationale bzw. europäische Kultur. Angestrebt wird eine modernisierte, mit Selbstbestimmung und Ethnopluralismus be- gründete Verknüpfung von Föderalismus, Nationalismus auf der einen Seite und Europa auf der anderen Seite.

Beide Varianten stehen in der Programmatik und Politik der extremen Rechten nebeneinander. Es handelt sich um Antwortelemente auf politische, soziale und kulturelle Umbruch- und Krisenprozesse in Europa wie Armutsmigra- tion, sozialer Abstieg und Arbeitslosigkeit, Deregulierung, Wohlstandsverluste, innere Sicherheit, die Ablösung der DM durch ECU. Den veränderten Mentalitäten, Verunsicherungen, Ängsten und diffusen Lebensgefühlen in Teilen der europäischen Bevölkerung entspricht die extreme Rechte u. a. mit ihren europazentrierten Orientierungsangeboten und Gemeinschaftsbildern. Es gab und gibt einzelne und sich historisch verändernde Elemente, aber keine konsistente Europakonzeption der extremen Rechten: Angesiedelt sind die europapolitischen Überlegungen im Spannungsfeld von aggressiv-nationalistischen Traditionen bis hin zu rechts-populistischen, demokratieförmigen Modernisierungen. Die extreme Rechte versucht in der Europa-Diskussion den Begriff vom „Europa der Vaterländer – europe des patries" zu besetzen und zu instrumentalisieren; aus der Geschichte begründet sie aber eher eine Vorstellung von Europa, die mit den Begriffen „Festung Europa" und „Europa der weißen Rasse" angemessen gekennzeichnet werden kann.

Daß die europäische Dimension des Rechtsextremismus kaum erforscht ist, liegt an einer primär national-orientierten Forschungstradition, die das komplexe und nur mit großem Forschungsaufwand (im Hinblick auf die Daten- und Quellenlage) zu bearbeitende Thema Europa bisher weitgehend ausgeblendet hat[13]. Der defizitäre Forschungsstand ist gleichzeitig im Thema selbst begründet, denn die extreme Rechte hat selbst kaum klar entfaltete und zugleich konsensfähige Europavorstellungen. Der vorgelegte Überblick deutet die Gemeinsamkeiten und Unterschiede an und begründet, mit welchen Fragen sich die sozial- und politikwissenschaftliche Rechtsextremismusforschung weiter zu beschäftigen hätte:

- Durch die empirische Rekonstruktion der Europavorstellungen in der Nachkriegsgeschichte sowie in der NS-Zeit könnte die Frage der Kontinuitäten und Brüche geklärt werden.
- Mit der systematischen Untersuchung von aktuellen (alten und neuen) Ideologien und Merkmalen könnten die spezifischen Begründungen und Konturen eines rechtsextrem verfaßten Europa erhellt werden.
- Die Auseinandersetzung mit der Politik der Euro-Rechten im Europaparlament, mit deren Themen, Programm und Forderungen könnte wichtige Erkenntnisse zur praktischen Politik, zu taktischen und strategischen Vorgehensweisen liefern.
- Erkenntnisse über Prozesse der Herausbildung von Führern und deren Profile, die in der personalen Vermittlung von nationalen und Europavorstellungen von Bedeutung sind, hätten einen bedeutsamen sozialpsychologischen Stellenwert in der Rechtsextremismusforschung.
- Empirische Untersuchungen könnten Motive für das Wahlverhalten, der ideologischen „Attraktivität" von rechtsextremen Europavorstellungen so-

---

13 Anzuzeigen ist ein Sammelwerk zur extremen Rechten in europäischen Ländern von Larsen, S. U./Hagtvet, B. (1994).

wie Erklärungen für deren Resonanz in Teilen der Bevölkerung klären
helfen.
- Durch die Untersuchung von europäischen Vernetzungs-, Führungsstrukturen, der Zusammenarbeit und Entwicklung von Zentren – angesiedelt
im Spannungsfeld von „Konkurrenz und Vereinheitlichung" – könnten
wichtige Erkenntnisse zur „Europäisierung" gewonnen werden.

Literatur

Backes, Uwe, 1989: Politischer Extremismus in demokratischen Verfassungsstaaten. Opladen.
Backes, Uwe, 1990: Extremismus und Populismus von rechts. Ein Vergleich des radikalen Rechtspopulismus in Westeuropa, in: Aus Politik und Zeitgeschichte B 46-47, 3-14.
Backes, Uwe/Jesse, Eckhard (Hg.), 1989: Jahrbuch Extremismus und Demokratie 2. Bonn.
Benoist, Alain de, 1985: Kulturrevolution von rechts. Krefeld.
Betz, Hans-Georg, 1992: Aufstand auf der Wohlfahrtsinsel: Der Aufstieg des radikalen Rechtspopulismus in Westeuropa, in: Die Neue Gesellschaft/Frankfurter Hefte 7, 633-639.
Betz, Hans-Georg, 1993: Lega Nord – ein Paradigma für Westdeutschland?, in: Die Neue Gesellschaft/Frankfurter Hefte 2, 123-128.
Butterwegge, Christoph/Jäger, Siegfried (Hg.), 1993: Europa gegen den Rest der Welt? Köln.
Butterwegge, Christoph/Jäger, Siegfried (Hg.), 1992: Rassismus in Europa. Köln.
Demirovic, Alex, 1992: Vom Vorurteil zum Neorassismus, in: *Institut für Sozialforschung* (Hg.), Aspekte der Fremdenfeindlichkeit. Frankfurt a.M., 21-54.
Die Republikaner, 1988: Dinkelsbühler Erklärung zur Europawahl, (Bundesparteitag). Dinkelsbühl.
Dudek, Peter/Jaschke, Hans-Gerd, 1984: Rechtsextremismus in der Bundesrepublik (2 Bde). Opladen.
Eichberg, Henning, 1978: Nationale Identität – Entfremdung und nationale Frage in der Industriegesellschaft. München/Wien.
Eichberg, Henning, 1979: Minderheit und Mehrheit. Braunschweig.
Elbers, F./Fennema, M., 1993: Racistische Partijen in West-Europa. Leiden.
Europäisches Parlament, 1990: Untersuchungsausschuß Rassismus und Ausländerfeindlichkeit, Sitzungsdokumente A 3-195/90, vom 23. Juli 1990.
Europäisches Parlament, 1985: Untersuchungsausschuß Wiederaufleben des Faschismus und Rassismus in Europa; Sitzungsdokumnete A 2-160/85, vom 10. Dezember 1985.
Faye, Guillaume, 1984: L'Occident comme declin. Paris.
Feit, Margret, 1987), Die „Neue Rechte" in der Bundesrepublik. Organisation – Ideologie – Strategie. Frankfurt a.M./New York.
Greß, Franz/Jaschke, Hans-Gerd/Schönekäs, Klaus, 1990: Neue Rechte und Extremismus in Europa. Opladen.
Greß, Franz, 1994: Rechtsextremismus in Europa, in diesem Band.
Groupe des droites européenes, 1989: Eine Hoffnung für Europa. Strasbourg.
Hafeneger, Benno, 1990: Die extreme Rechte und Europa. Frankfurt a.M.
Hainsworth, Peter (ed.), 1992: The extreme Right in Europe and the USA. London.
Höffkes, Karl, 1983: Wissenschaft und Mythos. Tübingen.
Husbands, Christopher, 1991: Racialist Politics in Western Europe. London.
Jaschke, Hans-Gerd, 1990a: Frankreich, in: *Franz Greß/Hans-Gerd Jaschke/Klaus Schönekäs*, Neue Rechte und Rechtsextremismus in Europa. Opladen, 17-103.
Jaschke, Hans-Gerd, 1990b: Die Republikaner. Bonn.
Jaschke, Hans-Gerd, 1992: Nationalismus und Ethnopluralismus, in: *Institut für Sozialforschung* (Hg.), Aspekte der Fremdenfeindlichkeit. Frankfurt a.M., 101-116.

Kaltenbrunner, Klaus, 1985: Wege der Weltbewahrung. Sieben konservative Gedankengänge. Asendorf.

Kirfel, Martina/Oswalt, Walter (Hg.), 1989: Die Rückkehr der Führer. Modernisierter Rechtsradikalismus in Westeuropa. Wien.

Kowalsky, Wolfgang, 1991: Kulturrevolution? Die neue Rechte im neuen Frankreich. Opladen.

Le Pen, Jean-Marie (et le groupe des droites européenes), 1987: Un espoir pour l'europe. Limoges.

Leggewie, Claus, 1993: Die Republikaner. Berlin.

Pfahl-Traughber, Armin, 1992: Rechte Intelligenzblätter und Theorieorgane, in: Vorgänge 116.

Pfahl-Traughber, Armin, 1993: Die „Junge Freiheit", in: Die Neue Gesellschaft/Frankfurter Hefte 1, 44ff.

Schacht, Konrad, 1991: Der Rechtsextremismus hat eine Zukunft, in: Die Neue Gesellschaft, Nr. 2.

Schmollinger, Horst, 1984: Die Nationaldemokratische Partei Deutschlands, in: *Richard Stöss* (Hg.), Parteien-Handbuch, Bd. II. Opladen.

Schönekäs, Klaus, 1990: Bundesrepublik Deutschland, in: *Franz Greß/Hans-Gerd Jaschke/Klaus Schönekäs,* Neue Rechte und Rechtsextremismus in Europa. Opladen, 218-347.

Stöss, Richard, 1989: Die „Republikaner". Köln.

Stöss, Richard, 1990: Die extreme Rechte in der Bundesrepublik. Opladen.

Taguieff, Pierre-André (1984), La stratégie culturelle de la „Nouvelle Droite" en France (1968-1983), in: *Robert Badinter* u.a., Vous avez dit fascismes? Paris, 13-152.

Taguieff, Pierre-André (1985), Les droites radicales en France: Nationalisme révolutionaire et National-Libéralisme, in: Les Temps Modernes, April, 1780-1842.

Tauber, Kurt P., 1967: Beyond eagle und swastika (Bd. I). Middletown.

Visentini, Toni, 1993: Die Lega – Italien in Scherben. Bozen.

Dietmar Loch

Rechtsextremismus in Frankreich: Der „Front National"

Der schnelle Aufstieg und die Konsolidierung des Front National (FN) in den achtziger und den neunziger Jahren haben den Rechtsextremismus in Frankreich nach einer langen Phase der Erfolglosigkeit wieder aufleben lassen und zu einer FN-spezifischen Forschungsdiskussion geführt (Mayer/Perrineau 1989; Birenbaum 1992: 11-50; Plenel/Rollat 1992: I-XIV; Perrineau 1993). Im folgenden sollen kurz die Entwicklung des französischen Rechtsextremismus seit 1944 und die wesentlichen Merkmale des Front National vorgestellt werden, bevor eine Bilanz dieser Forschung gezogen wird. Die Forschung ordnet die Erklärungsansätze für den Aufstieg des Front National im wesentlichen einem politisch-sozialen und einem politisch-kulturellen Erklärungsstrang zu (Mayer/Perrineau 1989: 343-353). Der zweite Erklärungsstrang führt dabei zur Frage nach der historisch-ideologischen Einordnung des Front National in die Geschichte des französischen Rechtsextremismus.

I. Die Entwicklung des französischen Rechtsextremismus seit 1944

Nach dem Ende des Vichy-Regimes, das mit dem nationalsozialistischen Deutschland kollaborierte, war die extreme Rechte in Frankreich diskreditiert. Sie konnte keine nennenswerten Erfolge erzielen. Ideologisch orientierte sie sich weiterhin am Regime des Marschall Pétain und an den faschistischen Ligen der Zwischenkriegszeit (Algazy 1984: 59-94). Erst in den fünfziger Jahren gelang es einer kleinbürgerlich-ländlichen Protestbewegung um den Papierwarenhändler Pierre Poujade bei den Parlamentswahlen von 1956 11,7 % der Stimmen zu erreichen und mit 52 Abgeordneten, darunter Jean-Marie Le Pen, in die französische Nationalversammlung einzuziehen. Der Poujadismus wurde vor allem von Kleinhändlern und Handwerkern unterstützt und wandte sich gegen die Modernisierung des Steuersystems in dem sich wirtschaftlich umstrukturierenden Frankreich der Nachkriegszeit. Doch war er ein Strohfeuer und verschwand ab 1958 wieder von der politischen Bühne (Borne 1977). Danach konnte die extreme Rechte trotz ihrer Mobilisierungsversuche während des Algerienkrieges und der Dekolonisation keine Erfolge erringen. Das schwache Abschneiden des Rechtsanwaltes und ehemaligen Informationsministers der Vichy-Regierung Jean-Louis Tixier-Vignancour (5,2 %) bei den Präsidentschaftswahlen von 1965 kam nach diesen Mobilisierungsversuchen einer Niederlage gleich (Rioux 1993).

Bis Anfang der siebziger Jahre blieb die extreme Rechte organisatorisch, politisch und ideologisch in eine Vielzahl kleiner Parteien, Gruppen und Zeitschriftenzirkel zersplittert. Dabei kristallisierten sich allerdings zwei Strömungen heraus: Eine „nationale", anti-gaullistische und populistische Strömung knüpfte an den Poujadismus und den Sammlungsversuch um Tixier-Vignancour an, sie gruppierte sich um Le Pen. Eine zweite, aktivistisch-„nationalistische" und z.T. neo-faschistische versuchte in den sechziger Jahren an den Universitäten Einfluß zu gewinnen. Anfang der siebziger Jahre wurde dann mit dem Ziel, die zerstreuten Kräfte der extremen Rechten aus der politischen Isolation zu führen, eine „elektorale Sammlungsbewegung" ins Leben gerufen: der Front National (1972). Nach zahlreichen Konflikten zwischen den beiden Strömungen und mehreren Abspaltungen gelang es schließlich Jean-Marie Le Pen, seinen persönlichen und politischen Führungsanspruch innerhalb dieser Partei und bis Anfang der achtziger Jahre auch innerhalb der extremen Rechten durchzusetzen (Camus 1989; Buzzi 1991). Insgesamt aber blieb der extremen Rechten von 1944 bis zu diesem Zeitpunkt ein größerer politischer Erfolg verwehrt.

II. Der Front National

Diese Situation hatte sich mit dem Durchbruch des Front National 1983 bei einer Teil-Kommunalwahl in der Kleinstadt Dreux bei Paris (16,7 %) schlagartig geändert. Seit diesem lokalen Senkrechtstart konnte der FN im Laufe der achtziger Jahre auch bei Wahlen auf nationaler Ebene spektakuläre Erfolge erzielen (Präsidentschaftswahl 1988: 14,4 %) und sich nach einem schnellen Aufstieg als Partei etablieren, ausdehnen und konsolidieren (Perrineau 1991). Bei den Parlamentswahlen von 1993, die das Ende der Ära Mitterrand besiegelten und der konservativ-liberalen Regierung Balladur zur Mehrheit verhalfen, erreichte der FN 12,5 % der Wählerstimmen. Damit nahm er vor den Ökologen und den Kommunisten den vierten Platz im französischen Parteiensystem ein und stellt seit diesem Regierungswechsel die einzige rechte Oppositionspartei. Auch wenn das Mehrheitswahlrecht den Einzug von FN-Abgeordneten in die Nationalversammlung verhinderte, ist die Partei seit 1986 in allen Regional- und seit 1989 in einer Vielzahl von Stadtparlamenten vertreten. Der Front National ist nicht mehr nur eine Wählerpartei, sondern kann mittlerweile an die 50 000 Mitglieder zählen (Mayer/Rey 1993: 47). Er versucht außerdem, lokale Organisationsstrukturen zu bilden, auf Verbände Einfluß zu nehmen und sein Zeitschriftennetz zu vergrößern (Birenbaum 1992: 195-277).

1. Die Wählerschaft

Wahlgeographische Untersuchungen zeigen (Mayer/Perrineau 1989: 37-62), daß die Hochburgen des Front National in den städtischen und zumeist auch industriellen Ballungsräumen der östlichen Hälfte Frankreichs liegen. Dagegen hatte der Poujadismus seine Bastionen in ländlich-kleinstädtischen und ökonomisch rückständigen Gebieten. Vergleicht man den heutigen Rechtsextremismus mit dem anti-gaullistischen Rechtsextremismus der sechziger Jahre, sind nur bedingt wahlgeographische Gemeinsamkeiten zu finden. Sie treten besonders im Mittelmeerraum auf, wo sich die Algerienfranzosen niederließen. Der Front National besitzt dagegen ein neues wahlgeographisches Eigenprofil. Er erzielt sowohl in traditionellen Hochburgen der linken als auch der rechten Parteien Wahlgewinne. Für den Zeitraum von 1988 bis 1993 läßt sich für die städtischen Ballungszentren eine Konsolidierung des FN-Votums feststellen. Gleichzeitig hat sich aber auch das Stadt-Land-Gefälle verringert; der Einfluß des Front National dehnt sich zunehmend auf ganz Frankreich aus (Mayer/Rey 1993).

Die Neuheit des Front National-Rechtsextremismus wird ebenso in *wahlsoziologischer* Hinsicht deutlich (Mayer/Perrineau 1990). Während der Poujadismus eine Bewegung von Kleinhändlern und Handwerkern war und der Rechtsextremismus der sechziger Jahre vor allem von einer spezifischen Gruppe, den Algerienfranzosen, getragen wurde, ist die Wählerschaft des Front National seit dem Aufstieg der Partei „interklassistisch", d.h. sie kommt aus *allen* gesellschaftlichen Gruppen und Schichten. Dabei erhielt Le Pen bei der Präsidentschaftswahl von 1988 aus zwei sozialstrukturell näher eingrenzbaren Wählerschaften besonderen Zulauf: einerseits von Kleinhändlern und Handwerkern, bei dieser Wahl aber auch von Freiberuflern und leitenden Angestellten, andererseits von Arbeitern und einfachen sowie mittleren Angestellten. Unter den Wählern waren ferner die Männer und Jungwähler sowie die nicht praktizierenden Katholiken überrepräsentiert. Die sozialstrukturelle Zusammensetzung der Wählerschaft läßt sich somit weder eindeutig mit derjenigen rechter noch linker Parteien vergleichen. Die Wahlergebnisse von 1993 zeigen allerdings, daß sich die Kluft zwischen männlichen und weiblichen Wählern verringert, die Themen Le Pens noch stärker die Jungwähler (18-24jährige) ansprechen und der FN inzwischen auch die Konfessionslosen erreicht, die ihm bisher am reserviertesten gegenüberstanden. Seine Wählerschaft hat sich somit bei gleichzeitig zunehmender Diversifizierung und bei einer wachsenden Wahldynamik zugunsten der Partei insgesamt weiter „popularisiert", d.h. sie setzt sich noch mehr aus Arbeitern und Angestellten zusammen (Mayer/Rey 1993).

Das Eigenprofil zeigt sich schließlich auch in der politischen *Selbsteinstufung* der Wähler. Im Vergleich zum Elektorat anderer Parteien ließen sich die Wähler des Front National bei der Präsidentschaftswahl von 1988 (Mayer/

Perrineau 1990) weniger eindeutig auf einer Links-Rechts-Skala einordnen. Was ihre politische Herkunft betraf, kamen sie bezogen auf ihr Votum bei der Parlamentswahl von 1986 aus allen Parteien, mehrheitlich aber von den Neo-Gaullisten (RPR) und den Rechtsliberalen (UDF). Bei der Stimmabgabe war die Parteiidentifikation als Wahlmotiv relativ niedrig gewesen. Die FN-Wähler gaben in ihrer Mehrheit nicht die Partei oder die Person Le Pens, sondern vielmehr „seine Vorschläge, seine Ideen" als Wahlgrund an. Dabei überschnitten sich ihre eigenen Werte und gesellschaftspolitischen Vorstellungen sowohl mit Themen der linken Parteien (z.B. Staatsinterventionismus, Sicherung der sozialen Errungenschaften) als auch mit Themen der rechten Parteien (z.B. Nationalstolz, soziale Hierarchie). Signifikant unterschieden sich die FN-Wähler von den Wählerschaften der anderen Parteien nur bei zwei Themen: der „Einwanderung" und der öffentlichen „Unsicherheit" (innere Sicherheit). Sie sind die beiden wichtigsten Mobilisationsthemen des Front National und hängen mit dessen Ideologie und Programmatik zusammen.

2. Ideologie, Programmatik und politischer Diskurs

Die Ideologie des FN stützt sich vor allem auf die Reden und Schriften Le Pens (Le Pen 1984, 1985). Insofern kann man von einem „Lepenismus" sprechen. Dieser beinhaltet aber keine kohärente Doktrin. Er nimmt vielmehr Bezug auf eine Vielzahl von Ideologien, bei denen der Traditionalismus und der Nationalismus, die beiden wichtigsten Ideologien der extremen Rechten in Frankreich, von zentraler Bedeutung sind (Taguieff 1989a). Mit dem Nationalismus ist bei Le Pen ein Naturalismus verbunden, d.h. eine organische (natürliche Ordnung, Verwurzelung, Familie, Volksgemeinschaft) und eine sozialdarwinistische Vorstellungswelt (Selektion, Rasse). Die Existenz der Individuen und der Völker wird von Le Pen als ein Kampf ums Überleben gesehen. Le Pen vertritt außerdem eine Ideologie der Ungleichheit, die er aus den „natürlichen" Merkmalen (Geschlecht, Alter, Begabung etc.) des Menschen ableitet und auf alle Lebensgemeinschaften (Ehe, Familie, Gesellschaft) bezieht. Diese Ideologie der Ungleichheit äußert sich schließlich in einem starken Ethnozentrismus, der von einer Hierarchie der Völker ausgeht und „die Franzosen" in den Mittelpunkt stellt. Der Titel eines der Bücher Le Pens lautet daher: „Les Français d'abord".

Der ideologische Bezug auf die Volksgemeinschaft schlägt sich auch in der politischen Programmatik nieder. Denn neben den „Freiheiten", der „Verantwortung durch Eigentum" und der „Sicherheit" (Ordnung und Autorität) ist nach Pierre-André Taguieff (1989b) die „nationale Identität" einer der *vier Grundwerte* in der Programmatik des Front National. Diese vier Grundwerte sind im neuen „Regierungsprogramm" des FN von 1993, welches das Grundsatzprogramm von 1985 („Pour la France") ablöste, wiederzufinden (Le Monde, 14./15.2.1993). Die „*Freiheiten*", die in den achtziger Jahren ein ultraliberales Wirtschaftsprogramm begründeten und sich dabei auf das Prinzip der „*Verantwortung durch Eigentum*" stützten (Le Pen: „Keine Freiheit ohne Privateigentum"), bestimmen auch in den neunziger Jahren die wirtschaftspolitischen Vorstellungen des FN (z.B. Privatisierungen). Sie werden jedoch mit Forderungen nach protektionistischen Maßnahmen zugunsten Frankreichs vermischt. Die Grundwerte „Freiheit" und „Eigentum" können nach Le Pen (Taguieff 1989b: 211) nur durch „die *Sicherheit* der Güter und der Personen" gewährleistet werden. Damit ist die Vorstellung eines autoritären Staates verbunden, der sich durch plebiszitäre Zustimmung legitimiert und in dem der Armee, der Polizei und der Justiz eine zentrale Rolle zukommt. Daher wird im Programm von 1993 eine Aufrüstung der Polizei zur Bekämpfung der Kriminalität in den Vorstädten gefordert. Kriminalität und Delinquenz werden dabei in direkte Verbindung mit der Einwanderung gesetzt. Die Frage der Einwanderung führt zum vierten Grundwert der FN-Programmatik: zur „*nationalen Identität*". Sie bildet den Kern des neuen „Regierungsprogramms". Als größte Bedrohung der nationalen Identität wird die „Weltgesellschaft" (mondialisme) gesehen. Sie wolle „die Nationen zerstören, die Völker und die Kulturen mischen, die Grenzen und die Unterschiede beseitigen" (Le Monde, 14./15.2.1993). Zur „Rettung der nationalen Identität" hat der FN einen Maßnahmenkatalog zu Fragen der Einwanderung und der Staatsangehörigkeit erstellt.[1] Er fordert zudem die Wahrung der „nationalen Souveränität" und tritt, wie 1992 beim Maastricht-Referendum in Frankreich, als schärfster Gegner eines supranationalen Europa auf.

Jean-Marie Le Pen benutzt zur Vermittlung der Programmatik und der Mobilisationsthemen seinen politischen *Diskurs* (Taguieff 1984b). Er beabsichtigt mit ihm, über die rechtsextreme Stammwählerschaft hinaus neue Wähler hinzuzugewinnen. Daher ist der Diskurs und das Auftreten Le Pens in der Öffentlichkeit aus taktischen Gründen moderat, doch behält der FN nach Pierre-André Taguieff (1989a) dabei seine rechtsextreme Ideologie. Bei einer historischen Diskursanalyse (Höhne 1990b) wird deutlich, wie die extreme Rechte in Frankreich in Abhängigkeit von den jeweiligen gesellschaftlichen Rahmenbedingungen verschiedene „Mobilisationsideologien" in ihren Diskurs integrierte. Während sie in der Zwischenkriegszeit nicht nur mit nationalistischer oder antikommunistischer, sondern auch mit antisemitischer Propaganda Wähler gewann und in der Nachkriegszeit während der Dekolonisation sich eines Kolonialnationalismus und eines Antigaullismus bediente, konzentriert sich der politische Diskurs von Le Pen heute vor allem

---

1 Der FN fordert u.a. die Einführung des jus sanguinis, die Abschaffung der doppelten Staatsangehörigkeit, eine Reglementierung des Erwerbs von Eigentum für Ausländer, Maßnahmen gegen den „politischen Einfluß des Islam", einen völligen Stop der legalen Einwanderung und der Familienzusammenführung sowie eine Reform des Asylrechts.

auf die Fremdenfeindlichkeit. Le Pen nutzt sie aber nicht nur für die politischen Aussagen zur Einwanderung, sondern instrumentalisiert sie auch für psychologische Mechanismen: Über die Ausgrenzung anderer wie zum Beispiel der Immigranten spricht Le Pen in seinen Reden Wähler an, die sich selbst gesellschaftlich ausgegrenzt fühlen. Diese „Logik der Ausschließung" (Hastings 1993) macht sich Le Pen auch dann zu eigen, wenn er sich selbst – stellvertretend für seine Wähler – als „outsider" präsentiert und gegen das politische „Establishment" in den Wahlkampf zieht.

III. Erklärungsansätze für den Aufstieg des Front National

1. Persönlichkeitsansatz: Jean-Marie Le Pen –
Eine charismatische Führerpersönlichkeit

Die erfolgreiche Wirkung Le Pens ließ mit dem Aufstieg des Front National zunächst die Frage nach der Bedeutung seiner Person für die Renaissance des Rechtsextremismus in Frankreich aufkommen (Criton/Dumont/Lorien 1985; Rollat 1985). Jean-Marie Le Pen versteht es, seine persönliche Vergangenheit (Kriegswaise), seine Verwurzelung in einer Region (Bretagne) und seine militärischen „Heldentaten" (Freiwilliger in den Dekolonisationskriegen) in die öffentliche Selbstdarstellung einzubeziehen. Dabei erhebt er den Anspruch auf moralische Integrität. Diesen Anspruch spielt er gegen die „politische Klasse" und gegen die Medien aus, die er für den angeblichen Verfall der moralischen Werte in der französischen Gesellschaft („décadence") verantwortlich macht. Le Pen preist sich selbst als einzigen Retter, der Frankreich vor dem „Niedergang" (déclin)[2] bewahren kann. Mit seinem rhetorischen Talent gelingt es ihm, als populistischer Volkstribun, der die Emotionen und Ängste einer desorientierten Bevölkerung anspricht, medienwirksam aufzutreten (Lampe 1992: 134-139). Wenn Le Pen nach außen, d.h. in der Öffentlichkeit als charismatische Führerpersönlichkeit wirkt, hat seine Person auch innerhalb der extremen Rechten eine wichtige Funktion. Denn Le Pen ist eine politische Integrationsfigur, die die organisatorische Kohäsion der ideologisch zersplitterten extremen Rechten gewährleistet (Taguieff 1989b). Doch kann ein biographischer Erklärungsansatz, der den Erfolg zu stark aus der Person und dem Charisma Le Pens ableitet, nicht erklären, warum trotz dieser in Ansätzen bereits Anfang der achtziger Jahre bestehenden Voraussetzungen die extreme Rechte bei den Parlamentswahlen von 1981 nicht einmal ein Prozent der Stimmen bekam. Zudem läßt sich die Ausstrahlungskraft einer politischen Partei nicht auf eine einzige Persönlichkeit reduzieren

---

2   Zum „déclin" vgl.: Schubert, Klaus et al., 1988: Die Debatte über den „déclin", in: Dokumente 2, S. 104-115.

(Perrineau 1988). Die von Le Pen geschaffenen persönlichen und organisatorischen Voraussetzungen haben zwar den Aufstieg des Front National ermöglicht, sind aber in ihrer Erklärungskraft nicht mit den tieferliegenden
sozialen, politischen und kulturellen Ursachen gleichzusetzen.

2. *Problemorientierter Ansatz: Einwanderung und innere Sicherheit*

Die von den Wählern des Front National als Wahlmotivation angegebenen
Themen „Einwanderung" und öffentliche „Unsicherheit" haben in der FN-
Forschung zur Frage geführt, ob die Ablehnung der Immigranten und das
Unsicherheitsgefühl der FN-Wähler in einem direkten Zusammenhang mit
der räumlichen Nähe von Einwanderern und persönlichen Erfahrungen von
Gewalt und Kriminalität stehen. Eine solche Schlußfolgerung hat Hervé Le
Bras (1986: 216) voreilig aus einer Untersuchung auf Departementsebene
gezogen, da die französischen Departements mit hohen FN-Anteilen gleichzeitig eine große Zahl von Einwanderern und hohe Kriminalitätsraten auf-
wiesen. Für die kommunale oder die Wahlbüro-Ebene läßt sich diese Behauptung so aber nicht halten, wie Untersuchungen zum Zusammenhang
zwischen der örtlichen Präsenz von Einwanderern und der Stimmabgabe
zugunsten des FN zeigen. Pascal Perrineau (1985) stellte für eine Anzahl von
Kommunen und Stadtvierteln im Raum Grenoble fest, daß „keine klare und
deutliche Beziehung zwischen den beiden Phänomenen" besteht. Am ehesten
lassen sich nach Perrineau und auch einer Untersuchung in Toulouse und
Marseille zufolge (Bon/Cheylan 1988: 270-271) hohe FN-Resultate an den
„Rändern" von Einwandervierteln finden. Die fremdenfeindlich motivierte
Stimmabgabe sei demnach nicht aus realer Alltagserfahrung und aus persönlichen Kontakten mit Einwanderern, sondern vielmehr aus „Phantasmen"
und Ängsten zu erklären.[3] Perrineau sieht insofern einen indirekten Zusammenhang zwischen der örtlichen Präsenz von Einwanderern und der Wahl
von Le Pen, schließt aber einen direkten Zusammenhang in Stadtvierteln,
wo der Anteil an ethnischen Minderheiten besonders hoch ist, nicht aus.
Dagegen lehnt Nonna Mayer (1989) in einer Untersuchung mehrerer Stadtviertel von Paris auch einen indirekten Zusammenhang ab. Hinsichtlich der
nordafrikanischen Einwanderer stellt sie fest, daß deren Präsenz in einem
Stadtviertel „weder eine notwendige noch eine ausreichende Bedingung für
die Wahl von Le Pen ist."

In jedem Fall bleiben aber, wenn man sich auf die erwähnten Wählerum-

---

3 Für die Verbindung zwischen dem Unsicherheitsgefühl und der persönlichen Erfahrung
von Kriminalität zeigen Untersuchungen von Pascal Perrineau in Grenoble (1986), daß die
FN-Wähler ein besonders starkes Unsicherheitsgefühl äußerten, aber im Vergleich zur Wählerschaft der anderen Parteien weniger von Kriminalität (Einbrüche etc.) betroffen waren
(Mayer/Perrineau 1989: 228-246).

fragen stützt, das Thema „Einwanderung" und die Ablehnung der Immigranten als wichtige Wahlmotivation erhalten, ob diese nun mit der räumlichen Nähe zu Einwanderern in Verbindung steht oder nicht. Bei der Stimmabgabe zugunsten Le Pens scheinen daher – zumindest bei einem Teil der Wählerschaft – Fremdenfeindlichkeit und Rassismus eine wichtige Rolle zu spielen. Das Verhältnis zwischen diesen beiden Phänomenen und Rechtsextremismus ist allerdings äußerst komplex. Fremdenfeindlichkeit und Rassismus können vielerlei Ursachen haben, sie münden auch nicht automatisch in rechtsextremes Wahlverhalten. Wenn sie sich aber auf politischer Ebene bei Wahlen manifestieren, stehen sie meist in Verbindung mit sozialen und/ oder kulturellen Beweggründen (Poliakov 1980). Um diese Verbindung aufzuzeigen, sind als nächstes die politisch-sozialen und die politisch-kulturellen Ursachen für den Erfolg des FN zu diskutieren.

3. Sozialstruktureller Erklärungsansatz

In politisch-sozialer Hinsicht dominiert in der FN-Forschung ein Erklärungsansatz, der besagt, daß soziale und damit liierte politische Desintegrationsprozesse den Aufstieg des Front National verursacht haben (Le Bras 1986; Perrineau 1988; Viard 1989). Die sozialen Desintegrationsprozesse in Frankreich sind auf dem Hintergrund der „nachholenden", dafür aber beschleunigten industriellen „Modernisierung" der Nachkriegszeit (Trente Glorieuses) zu sehen. Sie hat zusammen mit der Dekolonisation eine rasante Urbanisierung bewirkt und zu „massiven sektoralen und sozialen Umschichtungen wie umfangreichen Binnenwanderungen" geführt (Uterwedde 1991: 38). Die Desintegrationsprozesse sind auch mit den Folgen der neuen ökonomischen Restrukturierung seit Mitte der siebziger Jahre verbunden. Desindustrialisierungs- und Tertiarisierungsprozesse haben dabei zum Wegzug der sozial aufgestiegenen Bevölkerungsschichten aus den zunächst modernen und in der Peripherie der Großstädte errichteten Wohnsiedlungen geführt. Hier leben heute die zurückgebliebenen sozial schwachen Gruppen und Schichten und die in jene freigewordenen Wohnungen nachgezogenen Einwanderer. In der Mehrzahl dieser Vorstädte herrscht eine hohe Erwerbslosigkeit. Doch decken sich die Zonen der Erwerbslosigkeit nur unsystematisch mit den Stadtvierteln und auch den Regionen (z.B. Elsaß), in denen der FN hohe Gewinne erzielt. Die langfristig wirkenden sozialstrukturellen Folgen des gesamten Industrialisierungsprozesses in Frankreich scheinen daher für eine Erklärung des FN-Erfolges aussagekräftiger zu sein.

    Pascal Perrineau (1988) sieht in diesem Zusammenhang den Erfolg des FN als „politisches Echo der städtischen *Anomie*". Er bezieht sich auf Emile Durkheims klassische Studie „Der Selbstmord" (1897) und auf die Beobachtung des französischen Soziologen, daß in Zeiten raschen gesellschaftlichen

Wandels die kollektiven Kräfte in der Gesellschaft schwinden und infolge der Auflösung des sozialen Normengefüges ein Zustand sozialen Bindungsverlustes (Anomie) eintreten kann, der zu einer erhöhten Suizidrate führt. Die Gebiete mit hohen Selbstmordraten zu Beginn des 20. Jahrhunderts (Pariser Becken, Mittelmeerraum) und mit Indikatoren wie hoher geographischer Mobilität oder einfachen Familienstrukturen überschneiden sich mit den Einflußgebieten des Front National (Le Bras 1986: 219). Perrineau zieht daraus die Schlußfolgerung, daß der Erfolg des FN aus vielfältigen und tiefgreifenden Desintegrationsprozessen resultiere, die sich in der französischen Gesellschaft abzeichnen: aus der Auflösung von sozialen Milieus (Arbeiterkultur in den Vorstädten, katholisches Milieu), von familiären Bindungen sowie von Vereinsstrukturen und Nachbarschaften. Bindungsverluste treten heute in Frankreich auch durch die „berufsgruppenbezogenen Umschichtungen" infolge der industriellen Nachkriegsentwicklung ein (Jaschke 1990: 17-20) und durch hohe städtische oder regionale Mobilität in ökonomisch sich restrukturierenden Gebieten wie dem Mittelmeerraum (Loch 1991: 147-154). Für Marseille hat Jean Viard (1989) zudem gezeigt, wie die Folgen der Auflösung bisheriger Sozialbindungen durch politische Desintegrationsprozesse verstärkt werden können, wenn in kommunalpolitischen Systemen die „intermediären Instanzen" zwischen Bürger und Staat (Parteien, Gewerkschaften, Kirche, Institutionen, Vereine) nicht mehr funktionieren und der Einfluß der alten lokalen politischen Kultur verlorengeht.

Perrineau interpretiert diese Desintegrationsprozesse in bezug auf den FN-Erfolg dahingehend, daß es der Partei von Le Pen in mehreren Stadtvierteln Frankreichs (Perrineau 1993: 270-273) gelungen sei, dem Zerfall der sozialen Netzwerke und der politischen Infrastruktur eine neue rechtspopulistische „Subkultur" entgegenzusetzen. Diese These liefert vor allem eine Erklärung für die Bevölkerung, die in den zerfallenden Vorstadtsiedlungen lebt, wo die soziale und politische Anomie in der städtischen Gesellschaft am weitesten fortgeschritten ist.

Doch in den Wohnsiedlungen, die am Rand der Sozialwohnungsbauten entstanden sind, ist die soziale Desintegration weniger stark ausgeprägt. Hier haben *Statusinkonsistenz*theorien, nach denen von Statusverlust oder blockiertem sozialen Aufstieg bedrohte Personen für Rechtsextremismus anfällig sind, eine schichtspezifische Erklärungskraft. Mayer/Perrineau (1990: 168) weisen bei der Interpretation der wahlsoziologischen Resultate von 1988 (Präsidentschaftswahl) darauf hin, daß es sich bei einem bedeutenden Teil der FN-Wählerschaft um Personen handelt, die entweder in sozialem Aufstieg begriffen sind oder einen festen sozialen Status haben. Untersuchungen auf lokaler Ebene (Bon/Cheylan 1988: 266; Péchu 1992: 96-101) zeigen, daß zumeist Angehörige des „alten Mittelstandes" (Handwerker, Kleinhändler) und sozial aufgestiegene Arbeiter sowie kleine und mittlere Angestellte, die nicht selten aus alten europäischen Einwandererfamilien stammen, von Statusinkonsistenzen betroffen sind. Am Rand der Sozialwohnungssiedlungen, in denen die Mehrzahl der Einwanderer zumeist nordafrikanischer Herkunft lebt, haben sie sich ihrem sozialen Aufstieg entsprechend mit dem Kauf eines kleinen Eigenheims oder einer Eigentumswohnung materiellen Zuwachs erworben. Eine weitere Aufstiegs- und Mobilitätsoption aus der schlecht angesehenen, sich „kriminalisierenden" Vorstadt bleibt jedoch versperrt.

Auf dem Hintergrund solcher vorstädtischer Lebenslagen werden in der Forschungsliteratur zum FN die sozialen Beweggründe abgeleitet, die fremdenfeindliche und rassistische Vorurteile entstehen lassen bzw. verstärken können. Demnach werden die aus den Statusinkonsistenzen resultierenden Frustrationen der „populären Mittelschichten" (Bon/Cheylan 1988: 266) durch die fremdenfeindliche Zurückweisung der sozial angeblich aufsteigenden nordafrikanischen Einwanderer kompensiert. In den Stadtvierteln, wo Einwanderer und Einheimische um Arbeitsplätze und Wohnraum konkurrieren, können Fremdenfeindlichkeit und Rassismus als ideologische Rechtfertigung von Ausgrenzungsmechanismen entstehen (Etchebarne 1989: 284). Mayer/Perrineau (1989: 344-345) bezeichnen den Front National mit Blick auf die Vorstädte als „Partei der Angst", die es versteht, angesichts der sich verschlechternden, alltäglichen Lebensbedingungen (Ausgrenzung, Anomie, Statusinkonsistenz, Arbeitslosigkeit, Gewalt, Kriminalität) die Ängste und Unsicherheiten der „armen Weißen" auf die Einwanderer zu lenken. Diese bekommen somit die Funktion von Sündenböcken.

Die sozialstrukturellen Erklärungsansätze (Anomie, Statusinkonsistenz) können vor allem die Resonanz des Front National bei der Vorstadtbevölkerung erklären. Doch wird der FN von allen Bevölkerungsschichten gewählt, zum Beispiel auch von Unternehmern, Freiberuflern und leitenden Angestellten, die in den städtischen Zentren leben. Dies legt die Vermutung nahe, daß neben den politisch-sozialen Ursachen für den Aufstieg des Front National auch die politisch-kulturellen Ursachen eine wichtige Rolle spielen. Sie können Aufschluß darüber geben, warum in Frankreich gerade seit Beginn der achtziger Jahre eine rechtsextreme Partei und nicht eine politisch anders orientierte Protestformation einen solchen Erfolg erzielte.

4. Der politisch-kulturelle Erklärungsstrang

Die politisch-kulturellen Erklärungsansätze in der FN-Forschung lassen sich entlang zweier Fragestellungen diskutieren: a) Welche Rolle spielt der Front National im französischen Parteiensystem und b) wie ist er in die Geschichte des französischen Rechtsextremismus einzuordnen?

a) Der FN im französischen Parteiensystem

In der *Wahlforschung* wird die These vertreten, daß der Front National für seine Wählerschaft vor allem die Funktion einer Protestpartei einnehme (Jaffré 1988; Mayer/Perrineau 1990; Mayer/Rey 1993). Der FN besitze zwar eine rechtsextreme Stammwählerschaft und einen relativ festen Kern von fremdenfeindlichen „Sicherheitswählern", doch sei in den achtziger Jahren das wichtigste Merkmal seiner Wählerschaft das Protest- und Wechselwählerverhalten gewesen (Mayer/Perrineau 1990: 175-178). Hierbei ist hervorzuheben, daß der FN nicht nur von politisch-konjunkturellen Wahlmotiven (z.B. Protestwahl gegen die „Kohabitation" von 1986 bis 1988), sondern von einem allgemeinen Vertrauensverlust in die „Altparteien" profitierte. Die Parlamentswahlen von 1993 verdeutlichten, daß die FN-Wählerschaft auch dann weiterwuchs, als sich ein entschiedener Oppositionsblock aus Neogaullisten (RPR) und Rechtsliberalen (UDF) gegen die diskreditierte sozialistische Regierung zur Wahl anbot.

Der Vertrauensverlust in die Großparteien ist eines von mehreren Merkmalen der in Frankreich allgemein konstatierten „Krise der politischen Repräsentation" (Portelli 1990), die sich vor allem Ende der achtziger Jahre auch in hohen Quoten der Wahlenthaltung manifestierte (Subileau/Toinet 1993). Diese Krise wird in der FN-Forschung als wichtiger Grund für den Erfolg des Front National gesehen, da er als Protestpartei die aus der zunehmenden Kluft zwischen den Bürgern und den Parteien entstandene „Politikverdrossenheit" für sich ausnutzen könne (Ignazi 1989, 1992; Perrineau 1993: 247-251). Diese Kluft erkläre sich aus der Nichtanpassung der parteipolitischen Angebote an neue gesellschaftliche Konfliktlinien (Einwanderung, Ökologie, „neue soziale Frage", Rückkehr der „nationalen Frage" etc.).

Bis in die siebziger Jahre waren die parteipolitischen Angebote vor allem auf die Konfliktlinie zwischen Kapital und Arbeit abgestimmt. Dieser Konfliktlinie entsprach die *bipolare Struktur* des französischen Parteiensystems, das sich in die beiden Parteien der Linken (PS, PCF) einerseits und in die beiden Parteien der Rechten (RPR, UDF) andererseits aufspaltete. Dabei garantierten die vier Parteien die Integration der Wählerschaft und besonders die Kommunistische Partei und die Gaullisten banden den größten Teil der Protestwähler ein. Mit dem Hinzukommen neuer Konfliktlinien ist die Integrationskraft der alten Parteien schwächer geworden, da sie die neuen Themen vernachlässigten. Infolgedessen differenziert sich das bipolare Parteiensystem der V. Republik seit den achtziger Jahren mit dem Aufstieg des Front National und mit den Wahlerfolgen der ökologischen Parteien zunehmend aus. Durch den Einflußverlust der Großparteien ist aber nicht nur ein Teil von deren Wählerschaft abgewandert und Protestwählerschaft freigesetzt worden. Perrineau (1993: 273) unterstreicht, daß zusätzlich mit der Auflösung der alten parteispezifischen politischen Kulturen (Arbeiterkultur der Kommunistischen Partei, populistisch geprägter Gaullismus etc.) und der Krise der großen gesellschaftlichen Organisationen (Parteien, Gewerkschaften, Kirche) ein „politisch-kultureller Freiraum" entstanden sei, in dem „die extreme Rechte gedeihe". Nun hat zwar die Integrationskraft der Großparteien nachgelassen, doch erklärt dies noch nicht, warum es gerade der extremen Rechten gelingt, den politisch-kulturellen Freiraum zu füllen.

Mit der Auflösung der Bindungen an eine parteispezifische *politische Kultur* hängt auch eine in Frankreich sich andeutende allgemeine „Krise der politischen Kultur" zusammen (Bock 1992: 25). Politische Kultur ist in Frankreich stark mit dem Begriff der Nation verbunden und wird somit für die Frage nach dem Erfolg des Front National relevant, denn die „nationale Identität" ist der wichtigste Punkt in der Parteiprogrammatik. Eine solche kulturhistorisch weit ausholende Betrachtung wird zwar in der FN-Forschung nicht explizit angestellt, doch deuten mehrere Faktoren darauf hin, daß gerade im klassischen Nationalstaat Frankreich, wo sich neben der politisch konzipierten „Staatsnation" auch das kulturell-ethnische und vom FN remobilisierte Nationsverständnis durch die Geschichte zog (Birnbaum 1991), die grenzüberschreitende Moderne und die neue Konfliktlinie um die Einwanderung zu einer besonders heftigen, nationalistischen Gegenreaktion führt.[4] Eine solche Betrachtung ist insofern wichtig, als hier die kulturellen Beweggründe liegen, die auf dem Hintergrund von Fremdenfeindlichkeit und Rassismus zu rechtsextremem Wahlverhalten führen können. So weist Michel Wieviorka (1992: 25-41; 1993: 9-20) im Rahmen der Rassismusdiskussion auf die ethnozentrischen Reflexe in Teilen der französischen Bevölkerung hin. Sie lassen sich als Reaktion auf den Bedeutungsverlust des Nationalstaats erklären. Wieviorka betont zudem den Stellenwert der kolonialen Vergangenheit bei der Entstehung des Rassismus in Frankreich; der Rassismus richtet sich vor allem gegen die nordafrikanischen Immigranten.

Die Frage der Einwanderung und der Nationalismus als zwei Themen der extremen Rechten haben in der FN-Forschung im Rahmen der Diskussion um den *„Wertwandel"* Eingang gefunden. Piero Ignazi (1992) erklärt die Renaissance des Rechtsextremismus im Zusammenhang mit dem „Wertwandel" folgendermaßen: Auf kulturell-ideologischer Ebene habe der Neo-Konservatismus seit den siebziger Jahren in Reaktion auf die Themen der Neuen Linken versucht, ökonomische „Laisser-faire" – Prinzipien und Werte wie Autorität, Familie und traditionelle Moralvorstellungen zu propagieren. Er habe dadurch in den achtziger Jahren eine ideologische Polarisierung in mehreren westeuropäischen Parteiensystemen, darunter Frankreich, herbeigeführt. Dies ermöglichte nach Ignazi den „neuen rechtsextremen Parteien", die neo-konservativen Werte ohne Risiko des Wählerverlustes zur „Mitte"

---

4   Vgl. den Themenschwerpunkt zur Identitätsdebatte in Frankreich, in: Frankreich-Jahrbuch 1990. Opladen, 33-170.

hin in radikalisierter Form einzufordern: „Völligen Abbau des Wohlfahrtsstaates, einen aggressiven Nationalismus, eine Form von Sozialdarwinismus,
die Wiederherstellung von moralischem Traditionalismus, einen autoritären
Staat und eine fremdenfeindliche Politik gegenüber Ausländern" (Ignazi 1992:
21). Parallel dazu habe auf gesellschaftlicher Ebene in Teilen der Bevölkerung
in den achtziger Jahren ein „Verhaltens- und Einstellungswandel" stattgefunden. Er habe, verbunden mit der „Vertrauenskrise" in die Parteien und
mit verbreiteten Zukunftsängsten, neue „materialistische" Bedürfnisse geschaffen, die von den „neuen rechtsextremen Parteien" aufgegriffen wurden.
Diesen auf den „postmaterialistischen" Optimismus reagierenden „Wertwandel", diesen autoritären Gegenpol in der „post-industriellen" Gesellschaft
bezeichnet Ignazi in Antithese zu Ronald Inglehards „Silent Revolution"
(1977) als „Stille Gegenrevolution". Nach Ignazi war es nur den rechtsextremen Parteien möglich, nicht aber zum Beispiel den Ökologen, das politische
Unbehagen mit dem Bedürfnis nach einfacher Orientierung und Sicherheit
versprechender Autorität zu verbinden. Erscheint Ignazis Erklärung plausibel[5] und liefert sie auch ein Paradigma für die Erklärung des westeuropäisch
verbreiteten Phänomens, ist für die „Besonderheit" Frankreichs eine weitere
Betrachtung nötig. Sie führt auf die bereits von Ignazi angeführte ideologische
Ebene und zur Frage der historischen Einordnung des neuen Rechtsextremismus.

b) Der Front National – nur eine Rückkehr des National-Populismus?

Der Erfolg des Front National ist von Historikern wie Michel Winock (1990:
41-49) als Rückkehr der „alten Geschichte des National-Populismus" interpretiert worden. Sie beginnt Ende des 19. Jahrhunderts mit der antiparla-
mentarischen und populistischen Bewegung des Generals Boulanger, zieht
sich über die faschistischen Ligen der Zwischenkriegszeit, findet sich zum
Teil im Vichy-Regime wieder und taucht nach 1944 im poujadistischen Protest
und schließlich bei Le Pen wieder auf. Die Betonung der „nationalen Dekadenz", die Anklage der Politiker, der Ruf nach plebiszitärer „Demokratie"
und die Selbstanpreisung des charismatischen Retters sind gemeinsame Charakteristika der national-populistischen Bewegungen in Frankreich. Neben
dieser historisch-ideologischen Linie, die auch faschistisches Gedankengut
aufweist, gibt es eine zweite Linie der extremen Rechten in Frankreich (Winock 1993: 7-16). Sie ist beim Front National vor allem in der innerparteilichen
Strömung des katholischen Integrismus zu finden (Buzzi 1991). Diese zweite
Linie beginnt mit der gegenrevolutionären, katholisch-royalistischen Rechten

---

5   Zur Gegenposition: Inglehard, Ronald, 1987: Value Change in Industrial Societies, in: Ame-
    rican Political Science Review, vol. 81, 4. Vgl. den knappen Überblick zur Erklärung des
    Rechtsextremismus im Rahmen der Diskussion um den „Wertwandel" bei Perrineau 1993:
    295-298.

von 1789 und führt zu Beginn des 20. Jahrhunderts zur Action Française, die nach Ernst Nolte (1986) ein Vorläufer des europäischen Faschismus war. Die Action Française spielt eine wichtige Rolle in einer komplexen wissenschaftlichen Diskussion um die Frage, ob es überhaupt einen eigenständigen französischen Faschismus gab (Milza 1991: 11-59). Damit verbunden wird auch die Frage kontrovers diskutiert, ob das Vichy-Regime infolge der militärischen Niederlage Frankreichs im Zweiten Weltkrieg primär von außen kam (Winock 1990: 272-286) oder vielmehr in Frankreich geboren wurde (Sternhell 1983).

Für die Frage der ideologischen Einordnung des Front National ist festzuhalten: *Erstens* geht der FN ideologisch stark aus der national-populistischen Tradition hervor, besitzt aber nach Pierre Milza (1991: 428-436) auch programmatische Anleihen bei der gegenrevolutionären Rechten (z.B. autoritäre Staatskonzeption bei gleichzeitiger Garantie „der Freiheiten"). Milza betont außerdem, daß Le Pen ein Erbe des Vichy-Regimes sei, in welches ideologische Elemente der beiden Strömungen der extremen Rechten einflossen. Dabei besitze der FN aus diesen beiden Strömungen heraus faschistische Elemente (z.B. Führerkult), doch müsse man die Partei Le Pens insgesamt als politisch „rechts" einordnen. Dagegen sei der Faschismus französischer Prägung weder rechts noch links, sondern eine Ideologie des „dritten Weges".

Zweitens reicht es, wie die FN-Forschung unterstreicht (Birenbaum 1992: 22-28), nicht aus, den Front National nur in eine ideologische Ahnenreihe zu stellen, weil dabei der Blick auf das Neue in der Entwicklung des Rechtsextremismus verlorengeht. Michel Winock (1993: 12) weist selbst darauf hin, daß Le Pen mit der organisatorischen Zusammenführung „fast aller Bestandteile der extremen Rechten" in der Nachkriegszeit ein Novum in der Geschichte des französischen Rechtsextremismus gelungen sei. Die eigentliche Neuheit läge dabei aber nicht in der Ausbildung einer Doktrin, sie sei vielmehr „politisch und strukturell", d.h. sie läge in der „Einheit und in der Kontinuität der Bewegung". Die Kontinuität würde vor allem mit den ökonomischen, politischen und kulturellen Veränderungen in Frankreich zusammenhängen (Winock 1990: 47-49).

Drittens wirkt jedoch auch eine ideologische Erneuerung von rechtem Gedankengut auf den Front National. Sie geht von der französischen Neuen Rechten aus (Taguieff 1984a; Duranton-Crabol 1988; Jaschke 1990; Kowalsky 1991; Monzat 1992). Die „Nouvelle Droite" bezieht sich ideologisch vor allem auf die „Konservative Revolution" (Taguieff 1984a), deren Ideen sich nicht nur in der Weimarer Republik, sondern bereits zuvor in Anlehnung an die Action Française in Frankreich entwickelten. Mit diesem ideologischen Rückbezug und mit dem Ziel, das Gedankengut der „alten" Rechten zu erneuern, ist die „Nouvelle Droite" Ende der sechziger Jahre entstanden. Sie gruppiert sich mit ihrem geistigen Vater Alain de Benoist vor allem um den rechtsintellektuellen Reflexionszirkel GRECE (Forschungs- und Studiengruppe für

die europäische Zivilisation) und versucht als ideologische Gegenbewegung
zu Mai '68 mit Hilfe linker Methoden eine „kulturelle Hegemonie" herbeizuführen. Ihre Strategie zielt demnach nicht auf den Erwerb parteipolitischer
Macht, sondern ist vielmehr in Opposition zum politischen System auf einen
langfristigen „Kulturkampf" angelegt, den sie über latente Begriffsbesetzun-
gen in den öffentlichen Diskurs hineinträgt. Ihre Ideologie ist anti – egalita-
ristisch, das heißt sie richtet sich gegen die Prinzipien der Aufklärung und
auch gegen die Gleichheit vor Gott (anti-christlich). Die „Nouvelle Droite"
greift dabei auf die vorchristlich „heidnischen" Wurzeln der europäischen
Zivilisation zurück und fordert „ethnopluralistisch" das kulturell begründete
„Recht auf Verschiedenheit". Hinter dieser Forderung verbirgt sich bei der
Neuen Rechten ein Kulturrassismus, ein „Rassismus der Differenz" (Taguieff
1988), der sich vor allem gegen die Einwanderer aus Dritte-Welt-Staaten
wendet.

Die Ausstrahlungskraft der Neuen Rechten ist im europäisch vergleichen-
den Maßstab aus diversen Gründen in Frankreich am größten. Sie liefert
einen kulturell-ideologischen Erklärungsansatz für den europaweit beispiel-
losen Erfolg des Front National (Kowalsky 1991: 23, 191). Diesem Erklärungsansatz zufolge hat die Neue Rechte in Frankreich, die Ende der siebziger
Jahre kurz nach ihrem Bekanntwerden durch die Medien bald wieder aus
dem Licht der Öffentlichkeit verschwand, den wenig später einsetzenden
Aufstieg des Front National ideologisch vorbereitet. Zwar lehnen Alain de
Benoist und Jean-Marie Le Pen eine Verbindung zwischen dem „Ideenlabo-
ratorium" und der rechtsextremen Partei streng ab, doch gibt es zwischen
beiden eine uneingestandene Arbeitsteilung.

Die Diffusion „neurechter" Ideen und Werte über den Front National
macht schließlich verständlich, warum auch ein Teil der aufsteigenden „neuen
Mittelschichten" mit hohem Bildungsniveau, der technischen Intelligenz und
der leitenden Angestellten dem polternden, aber „respektabel" gewordenen
Populisten Le Pen ihre Stimme gibt. Hans-Gerd Jaschke (1990: 23) hebt in
diesem Zusammenhang hervor, daß „... das Krisenbewußtsein der beruflich
und regional hochmobilen 'neuen Mittelschichten' nach ... Bindungsverluste
kompensierenden, eher wertbezogenen und normativen Deutungsmustern ..." verlangt. „Besonders für die jüngere und mittlere Generation gut
ausgebildeter Angestellter und Freiberufler eröffnen sich Symptome des
'Wertwandels', die eine Offenheit für alternative Deutungsmuster signalisieren." Die Neue Rechte bietet solche alternativen Deutungsmuster an.

In Fortsetzung zu den Erfolgen der „Nouvelle Droite" läßt sich ein letzter
Erklärungsansatz anfügen, der den Erfolg des Front National in dessen Ent-
wicklung von „der aktiven Minderheit zu einer sozialen Bewegung" sieht
(Orfali 1990). Formiert sich nach den Ideen der Neuen Linken, nach dem
„Wertwandel" und den sozialen Bewegungen der sechziger und siebziger
Jahre mit den Ideen der Neuen Rechten und mit der „Stillen Gegenrevolution"

eine neue soziale oder besser identitäre Bewegung von rechts (Perrineau 1993: 250, 298)? Anzeichen wie die – wenn auch langsam – wachsende lokale Einflußnahme des Front National (Birenbaum 1992: 277-286), steigende Mitgliederzahlen und die Breitenwirksamkeit der Partei als auch die politische Religiosität der Bewegung, die durch Le Pen verkörpert wird, deuten darauf hin. Dabei resultiert aber die Motivation für einen Parteieintritt nicht nur aus dem Bedürfnis nach sozialer Einbindung (Tristan 1988), sondern auch aus der Suche nach neuen politisch-kulturellen Werten und Bindungen bei den insgesamt sehr heterogen zusammengesetzten „Mittelschichten", die zumeist in festen sozialen Beziehungen stehen (Péchu 1992: 93).

IV. Zusammenfassung

Der Erfolg des Front National ist nicht monokausal zu erklären. Er resultiert vielmehr aus dem gleichzeitigen Zusammentreffen verschiedener sozialer, politischer und kultureller Faktoren. Wie die historische Forschung zeigt, haben Modernisierungsschübe in Frankreich schon immer zu rechtsextremen „Fieberzuständen" in der Gesellschaft geführt (Winock 1990; Milza 1991). Doch weist die Fortdauer der FN-Erfolge heute auf einen besonders einschneidenden gesellschaftlichen Wandel hin. Für den politisch-sozialen Erklärungsstrang läßt sich daher resümieren, daß nach der beschleunigten Nachkriegsindustrialisierung, die zu massiven sozialstrukturellen Umschichtungen und zu einer rasanten Urbanisierung führte, mit dem Ende der „Trente Glorieuses" und der damit einsetzenden „postfordistischen" Modernisierung (neue Technologien, Auflösung der traditionellen Klassenstrukturen etc.) jahrzehntealte, ja säkulare (Arbeiterkultur, katholisches Milieu) soziale und politische Bindungen verlorengingen. Die sozialstrukturellen Probleme allein (Anomie, Statusinkonsistenz, Ausgrenzung, Arbeitslosigkeit etc.) erklären aber noch nicht, warum sich der soziale Protest in Frankreich gerade rechtsextrem artikuliert. Die sozialen Beweggründe für die Wahl von Le Pen gehen einher mit politisch-kulturellen Motivationen.

Die politisch-kulturellen Erklärungsansätze haben gezeigt, daß der FN angesichts der „Krise der politischen Repräsentation" zwar die Funktion der *Protestpartei* („Volkstribun-Funktion") einnimmt, die in Frankreich jahrzehntelang die Kommunistische Partei für einen Teil ihrer Wählerschaft hatte (Mayer/Perrineau 1989: 344). Doch erst die Verbreitung neo-konservativer Werte und die grassierenden Zukunftsängste bei einem Teil der Bevölkerung erklären den Protest in seiner rechtsextremen Ausprägung. Sie haben zu einer „Stillen Gegenrevolution" geführt, von welcher der FN profitiert, indem er mit seinem politisch-ideologischen Angebot (moralischer Traditionalismus, fremdenfeindlich-rassistischer Nationalismus) auf die „materialistischen" Bedürfnisse (Sicherheit, Autorität, traditionalistische Moral etc.) reagiert. Dabei

ist der FN primär eine rechtsextreme Partei und nicht nur eine fremdenfeindliche Bewegung (Höhne 1990b). Die Frage der Einwanderung wirkt aber
deshalb so mobilisierend, weil sie als neue Konfliktlinie den Nationalstaat,
die nationale Identität und damit verbunden die politische Kultur Frankreichs
in Frage stellt.

Die Folgen der Umbrüche in den westlichen Industriegesellschaften und
die Krise des europäischen Nationalstaats haben auch in Frankreich dem
Rechtsextremismus einen fruchtbaren Boden bereitet (Wieviorka 1992: 25-41).
Der sozialstrukturelle und der politisch-kulturelle Wandel greifen hier aber
besonders tief, da in Frankreich der Weg der Industrialisierung „verspätet"
bzw. anders verlief und der Nationalstaat über eine jahrhundertealte Tradition
verfügt. Wenn es in diesen beiden Bereichen Tendenzen gibt, daß sich der
französische „Sonderweg" der westeuropäischen Entwicklung angleicht,
bleiben in historisch-ideologischer Hinsicht und in bezug auf den Erfolg des
Rechtsextremismus französische Spezifika erhalten.

Hier sind zunächst die Folgen des Defizits in der französischen „Vergangenheitsbewältigung" zu nennen (Plenel/Rollat 1992: XI-XIII). Nach dem
Ende des Vichy-Regimes und der Kollaboration ist im Frankreich der Nachkriegszeit mit dem Gaullismus der Gründungsmythos der Résistance entstanden. Je mehr sich jedoch eine Krise dieses Mythos abzeichnete und es
zudem mit dem Aufstieg des Front National der extremen Rechten gelungen
ist, aus dem Schatten de Gaulles hervorzutreten, hat Le Pen als „Erbe von
Vichy" diese Krise benutzen können, um das „kollektive Gedächtnis" zu
reaktivieren. Alte spezifisch französische Traditionen aus den beiden Strän-
gen der extremen Rechten wurden wiederbelebt. Doch sind auch die ideologischen Neuheiten in ihrer Besonderheit zu sehen: So ist vor allem die
„Nouvelle Droite", die auf den Front National wirkt, z.B. in ihrem Bezug auf
die Action Française „tief in die historischen Wurzeln des französischen
Rechtsextremismus verstrickt" (Jaschke 1990: 88). Insofern bleiben die französischen Spezifika auch in ihrer Neuheit konserviert.

Berücksichtigt man den ideologischen Einfluß der „Nouvelle Droite" auf
den Front National, ist der neue französische Rechtsextremismus nicht nur
eine national-populistische Protestbewegung, die von einer sozial ausge-
grenzten Bevölkerung in den Vorstädten getragen wird. Er besitzt gleichzeitig
eine ideen- und wertebezogene, kulturell-zivilisatorische Dimension und
wird dabei auch von den in den urbanen Zentren lebenden „neuen Mittelschichten" unterstützt. Die verschiedenen Dimensionen des neuen Rechtsextremismus treten in den Städten hervor. Hier konzentriert sich die soziale,
politische und kulturelle Krise Frankreichs und hier übt der Front National
– in *allen* Bevölkerungsschichten – seinen größten Einfluß aus.

Literatur

Algazy, Joseph, 1984: La Tentation néo-fasciste en France (1944-1965). Paris.

Algazy, Joseph, 1989: L'Extrême Droite de 1965 à 1984. Paris.

Birenbaum, Guy, 1992: Le Front national en politique. Paris.

Birnbaum, Pierre, 1991: Nationalisme à la française, in: Gil Delannoi/Pierre-André Taguieff (Hg.), Théories du nationalisme. Nation, Nationalité, Ethnicité. Paris, 125-138.

Bock, Hans-Manfred, 1992: Frankreich 1991/92: Europäische Herausforderungen und nationale Ungewißheiten, in: Frankreich-Jahrbuch 1992. Opladen, 9-33.

Bon, Frédéric/Cheylan, Jean-Paul, 1988: La France qui vote. Paris.

Borne, Dominique, 1977: Petits bourgeois en révolte? Le mouvement poujade. Paris.

Bourseiller, Christophe, 1991: Extrême droite. L'enquête. Paris.

Buzzi, Paul, 1991: Le Front national entre national-populisme et extrémisme de droite, in: Regards sur l'actualité 169, 31-43.

Camus, Jean-Yves, 1989: Origine et formation du Front national (1972-1981), in: *Nonna Mayer/Pascal Perrineau,* Le Front national à découvert. Paris, 17-36.

Camus, Jean-Yves/Monzat, René, 1992: Les droites nationales et radicales en France. Lyon.

Chebel d'Appollonia, Ariane, 1988: L'Extrême Droite en France, de Maurras à Le Pen. Paris.

Criton, Karl/Dumont, Serge/Lorien, Joseph, 1985: Le système Le Pen. Anvers.

Duranton-Crabol, Anne-Marie, 1988: Visages de la nouvelle droite. Le GRECE et son histoire. Paris.

Etchebarne, Serge, 1989: Le FN dans le Nord ou les logiques d'une implantation électorale, in: *Nonna Mayer/Pascal Perrineau,* Le Front national à découvert. Paris, 284-306.

Greß, Franz/Jaschke, Hans-Gerd/Schönekäs, Klaus, 1990: Neue Rechte und Rechtsextremismus in Europa. Opladen.

Hastings, Michel, 1993: Der Diskurs Jean-Marie Le Pens und seines Front National, in: *Christoph Butterwegge/Siegfried Jäger* (Hg.), Rassismus in Europa. 2. Aufl., Köln, 105-118.

Hennion, Blandine, 1993: Le Front national, l'argent et l'establishment. Paris.

Höhne, Roland, 1989: Der Aufstieg des Front National. Sozialer Protest und Rechtsextremismus in Frankreich 1981-1988, in: Lendemains 52, 104-114.

Höhne, Roland, 1990a: Die Renaissance des Rechtsextremismus in Frankreich, in: Politische Vierteljahresschrift 1, 79-96.

Höhne, Roland, 1990b: Fremdenfeindliche Bewegung oder rechtsextremistische Partei? Ideologie und Programmatik des Front National, in: Lendemains 60, 95-107.

Ignazi, Piero, 1989: Un nouvel acteur politique, in: *Nonna Mayer/Pascal Perrineau,* Le Front national à découvert. Paris, 63-80.

Ignazi, Piero, 1992: The silent counter-revolution: Hypotheses on the emergence of extreme right-wing-parties in Europe, in: European Journal of Political Research 1, 3-34.

Ignazi, Piero/Ysmal, Colette, 1992: New and old extreme right parties: The French Front National and the Italien Movimento Sociale, in: European Journal of Political Research 1, 101-121.

Jaffré, Jérôme, 1988: Le Pen ou le vote exutoire, in: Le Monde 12.04.1988.

Jaschke, Hans-Gerd, 1990: I. Frankreich, in: *Franz Greß/Hans-Gerd Jaschke/Klaus Schönekäs,* Neue Rechte und Rechtsextremismus in Europa. Opladen, 17-103.

Jean-Marie Le Pen und die Front National. Hoffnung – für Frankreich? Vorbild – für Deutschland?, 1992. Weinheim.

Kowalsky, Wolfgang, 1991: Kulturrevolution? Die Neue Rechte im neuen Frankreich und ihre Vorläufer. Opladen.

Lampe, Thomas, 1992: Der Aufstieg des „Front National" in Frankreich. Extremismus und Populismus von rechts. Frankfurt a.M.

Le Bras, Hervé, 1986: Les trois France. Paris.

Leggewie, Claus, 1988: Explosion der Mitte. Zum Erfolg von Le Pens „Front National", in: Blätter für deutsche und internationale Politik 7, 793-801.

Le Monde, 1993: Dossiers et documents, Elections législatives. Paris.

Le Pen, Jean-Marie, 1984: Les Français d'abord. Paris.

Le Pen, Jean-Marie, 1985: La France est de retour. Paris.

L'Histoire, 1993: La droite en France, 162, Sonderheft.

Loch, Dietmar, 1990: Marseille – eine Hochburg des Front National. Erklärungsansätze für den Erfolg des Rechtsextremismus in Frankreich, in: Frankreich-Jahrbuch. Opladen, S. 157-170.

Loch, Dietmar, 1991^2: Der schnelle Aufstieg des Front National. Rechtsextremismus im Frankreich der 80er Jahre. München.

Mayer, Nonna, 1989: Le vote FN de Passy à Barbès (1984-1988), in: *Nonna Mayer/Pascal Perrineau*, Le Front national à découvert. Paris, 249-267.

Mayer, Nonna/Perrineau, Pascal, 1989: Le Front national à découvert. Paris.

Mayer, Nonna/Perrineau, Pascal, 1990: Pourquoi votent-ils pour le Front national?, in: Pouvoirs 55, S. 163-184.

Mayer, Nonna, 1992: Le Front national, in: *Dominique Chagnollaud* (Hg.), Etat politique de la France, année 1991. Paris, 101-107.

Mayer, Nonna/Rey, Henri, 1993: Avancée électorale, isolement politique du Front national, in: Revue politique et parlementaire 964, 42-48.

Milza, Pierre, 1991: Fascisme français. Passé et présent. 2. Aufl., Paris.

Monzat, René, 1992: Enquêtes sur la droite extrême. Paris.

Nolte, Ernst, 1986^7: Der Faschismus in seiner Epoche. München.

Orfali, Birgitta, 1990: L'adhésion au Front national. De la minorité active au mouvement social. Paris.

Péchu, Cécile, 1992: Le FN à Aulnay-sous-Bois du vote protestataire au parti de militants, in: Cahiers du CEVIPOF 8, 72-115.

Perrineau, Pascal, 1985: Le Front national: un électorat autoritaire, in: Revue politique et parlementaire 918, 24-31.

Perrineau, Pascal, 1988: Front national: l'écho politique de l'anomie urbaine, in: La France en politique, Esprit 3-4, 22-38.

Perrineau, Pascal, 1991(2): Le Front national: du désert à l'enracinement, in: *Pierre-André Taguieff* (Hg.), Face au racisme, 2 Bde. Paris, 83-104.

Perrineau, Pascal, 1993: Le Front national: 1972-1992, in: *Michel Winock* (Hg.), Histoire de l'extrême droite en France. Paris, 243-298.

Plenel, Edwy/Rollat, Alain, 1992: La République menacée. Dix ans d'effet Le Pen. Paris.

Poliakov, Léon, 1980: La causalité diabolique: essai sur l'origine des persécutions. Paris.

Portelli, Hugues, 1990: La crise de la représentation politique, in: Regards sur l'actualité 164, 3-20.

Rémond, René, 1982: Les Droites en France. Paris.

Rey, Henri/Roy, Jacques, 1986: Quelques réflexions sur l'évolution électorale d'un département de la banlieue parisienne: la Seine-Saint-Denis, in: Hérodote 43, 6-38.

Rioux, Jean-Pierre, 1993: Des clandestins aux activistes (1945-1965), in: *Michel Winock* (Hg.), Histoire de l'extrême droite en France. Paris, 215-241.

Rollat, Alain, 1985: Les hommes de l'extrême-droite. Le Pen, Marie, Ortiz et les autres. Paris.

Roy, J.P., 1993: Le Front national en région Centre 1984-1992. Paris.

Sternhell, Zeev, 1983: Ni droite ni gauche. L'idéologie fasciste en France. Paris.

Subileau, Françoise/Toinet, Marie-France, 1993: Les chemins de l'abstention. Paris.

Taguieff, Pierre-André, 1984a: La stratégie culturelle de la „Nouvelle Droite" en France (1968-1983), in: Robert Badinter (Hg.), Vous avez dit Fascismes? Paris, 13-152.

Taguieff, Pierre-André, 1984b: La rhétorique du national-populisme (II), in: Mots 9, 113-139.

Taguieff, Pierre-André, 1988: La force du préjugé. Essai sur le racisme et ses doubles. Paris.

Taguieff, Pierre-André, 1989a: La métaphysique de Jean-Marie Le Pen, in: *Nonna Mayer/Pascal Perrineau*, Le Front national à découvert. Paris, 173-194.

Taguieff, Pierre-André, 1989b: Un programme „révolutionnaire"?, in: *Nonna Mayer/Pascal Perrineau*, Le Front national à découvert. Paris, 195-227.

Taguieff, Pierre-André (Hg.), 1991: Face au racisme, 2 Bde. Paris.

Tristan, Anne, 1988: Von innen. Als Mitglied der Front National in der Hochburg Le Pens. Köln.

Uterwedde, Henrik, 1991: Sozialer Wandel in Frankreich: von den Trente Glorieuses zur dualen Gesellschaft?, in: Frankreich-Jahrbuch 1991. Opladen, 35-52.

Viard, Jean, 1989: Le dérangement marseillais, in: *Nonna Mayer/Pascal Perrineau*, Le Front national à découvert. Paris, 307-321.

Wieviorka, Michel, 1992: La France raciste. Paris.

Wieviorka, Michel (Hg.), 1993: Racisme et modernité. Paris.

Winock, Michel, 1990: Nationalisme, antisémitisme et fascisme en France. Paris.

Winock, Michel (Hg.), 1993: Histoire de l'extrême droite en France. Paris.

Ysmal, Colette, 1991: Les cadres du Front national: les habits neufs de l'extrême droite, in: SOFRES: L'état de l'opinion 1991. Paris.

Rolf Uesseler

Rechtsextremismus in Italien

1. Vorbemerkung

Die westeuropäischen Länder sind – vor allem nach den Erfahrungen mit totalitären Regimen – als „offene Gesellschaften" konzipiert, die begrenzt sind durch einen verfassungsmäßigen Rahmen. Je arbeitsteiliger sich diese „offenen Gesellschaften" entwickeln, um so mehr divergierende Interessen bilden sich aus. Diese Interessen müssen verhandelt werden und in einer Vielzahl der Fälle auf der politischen Ebene einer Kompromißlösung zugeführt werden. Lösungsvorschläge gibt es von jedem Standpunkt aus. Es wäre in einer offenen Gesellschaft verwunderlich, wenn es nicht auch rechte sowie rechtsextreme Lösungsvorschläge gäbe.

In diesem Beitrag kann jedoch nicht allen Hypothesen rechtsextremen Einflusses auf die gesellschaftliche Entwicklung Italiens nachgegangen werden, sondern es sollen nur diejenigen dargestellt werden, die die Wissenschaft aufgegriffen hat, um sie einer genaueren Untersuchung zu unterziehen. Es wird im folgenden darum gehen, den gesicherten Forschungsstand darzulegen; aber auch aufzuzeigen, wo noch weiße Flecken in der wissenschaftlichen Erklärungsarbeit vorhanden sind.

Bleibt noch zu umreißen, was unter Rechtsextremismus gefaßt werden soll. Es handelt sich dabei nicht um eine wissenschaftlich definierte, sondern um eine heuristische Bestimmung. Grundsätzlich werden alle Bewegungen darunter subsummiert, die im Geltungsbereich einer demokratischen Verfassung Partikularinteressen zum allgemeinen Gesamtinteresse erheben und deren Bestreben darauf gerichtet ist, die gesellschaftliche Ordnung nach diesem Grundsatz umzugestalten. (Auch wenn dies nicht durch ein politisch umrissenes Projekt/Plan, sondern nur unmittelbar durch die Faktizität der Ereignisse angestrebt wird.) Konkreter – und hier wird der italienischen Begriffsweise gefolgt – werden alle jene Gruppierungen, Organisationen, Bewegungen etc. gefaßt, die bestrebt sind, ein politisches System zu errichten, in dem die Strukturen und Spielregeln in einer parlamentarischen Demokratie durch Strukturen und Regeln eines autoritären/diktatorischen und antiegalitären Systems ersetzt werden. Untereinander können die Bestrebungen unterschieden werden nach den Mitteln, die sie zur Erreichung des Ziels der Systemveränderung einsetzen: ob sie sich a) auf demokratisch, parlamentarische Mittel beschränken, ob b) Anwendung von Gewalt auch als Mittel einkalkuliert ist, d.h. Gewaltbereitschaft besteht (Rechtsradikalismus)[1] oder ob c) Gewalt einer der tragenden Pfeiler bei der Strategie zur Aufhebung der Demokratie ist (rechter Terrorismus).

2. Faschismus und Antifaschismus

Ohne die Zeit zwischen 1943 und 1945[2], in der Italien intern zwischen Faschisten und Antifaschisten gespalten war, ist die italienische Nachkriegsgeschichte nicht verständlich und auch nicht die Rolle, die Neofaschismus und Rechtsextremismus in ihr gespielt haben und spielen (Candeloro 1984). Am 8. September 1943 unterschreibt die italienische Regierung die bedingungslose Kapitulation. Offiziell ist für Italien der Krieg beendet, aber nur den kleineren Teil, Süditalien, haben die Alliierten befreit. Im übrigen, übergroßen Teil, in Mittel- und Norditalien, wird sofort danach die „Repubblica Sociale Italiana" (RSI oder „Republik von Salò") ausgerufen, an deren Spitze erneut Mussolini und gestützt auf die Militärmaschinerie Nazideutschlands, die diese Gebiete besetzt hält, steht. Es gibt also eine Regierung unter dem König, die die Kapitulation unterschrieben, die italienischen Soldaten zur Niederlegung der Waffen aufgerufen und wenig später Deutschland den Krieg erklärt hat; und eine andere, die gegen den „Verrat der Kapitulation" die Soldaten zum Kampf gegen den „alliierten Feind" aufruft und jeden, der die Waffen niederlegt, als Deserteur vor ein Kriegsgericht stellt (Salvadori 1955; Catalano 1962). Ein erbarmungsloser Kampf auf allen Ebenen beginnt, der sich quer durch die Gesellschaft zieht: Auf der einen Seite stehen die Faschisten der „Republik von Salò" und auf der anderen Seite die „Resistenza", die Antifaschisten (Carocci 1963).

Italien steht gegen Italien, Italiener gegen Italiener mit einer Härte und Grausamkeit, wie sie dieses Land noch nicht gesehen hat (Battaglia 1964). „Man kann sagen, daß es keine italienische Familie gegeben hat, die diese Erfahrung nicht direkt durchlebt hat" (Ragionieri 1976: 2395). Einerseits standen neben Mussolini Leute wie Almirante, De Marsanich, Michelini, die nach '45 Führer der (neo-)faschistischen Partei MSI wurden und andererseits Personen wie Pertini, La Malfa, Segni, Nenni, Togliatti, die nach dem 2. Weltkrieg zu Staatspräsidenten bzw. zu Vorsitzenden der wichtigsten demokratischen Parteien Italiens wurden. „Die zwanzig Monate, in denen die RSI bestand, waren eine sehr kurze und doch intensive Zeit: nur so versteht man den

---

1 Im Italienischen wird in diesem Kontext statt „Rechtsextremismus" der Begriff „Rechtsradikalismus" benutzt. Da dieser Begriff im Deutschen eine andere Konnotation hat, ist er hier durch „Rechtsextremismus" ersetzt worden, was dem Sinn am nächsten kommt.

2 Die bedeutsamste Monographie hinsichtlich der zusammengetragenen Materialien und Quellen für die Zeit der Republik von Salò stellt die Arbeit von P.P. Poggio (1986) dar.

Einfluß, den die Erfahrung von Saló auf den Faschismus der Nachkriegszeit
hatte" (Collotti 1989: 62).

Am 25.4.1945 hatte die „Resistenza" – unterstützt von amerikanischen
und britischen Truppen – Italien „befreit". Als „Tag der Befreiung" wird er
später zum italienischen Nationalfeiertag. Am 29.4. gibt das „nationale Be-
freiungskomitee" (CLNAI) in Mailand ein Kommuniquee heraus, in dem es
erklärt, daß mit der von ihm angeordneten und am Vorabend durchgeführten
Erschießung Mussolinis eine historische Phase endgültig beendet ist (Audisio
1975: 392).

Rund ein Jahr später am 2. Juni 1946 wird durch Volksentscheid die
Monarchie abgeschafft, die über 20 Jahre an der Seite des Faschismus ge-
standen und ihn gestützt hatte (Vivarelli 1967; Tranfaglia 1973). Die gleichzeitig gewählte verfassungsgebende Versammlung wird durch die Parteien
der antifaschistischen Front repräsentiert; der „Verfassungsbogen" spannt
sich von den Christdemokraten zu den Kommunisten. Die kurz zuvor gegründete (neo-)faschistische Partei MSI erhielt 5,3 Prozent der Stimmen und
die monarchistische Partei PNM 6,8 Prozent. Doch erst 1948, als nach langen
Debatten am 1. Januar die neue Verfassung in Kraft tritt (in der dem König
und seinen Nachkommen verboten ist, jemals wieder Fuß auf italienischen
Boden zu setzen), wird die demokratische Republik Italien geboren. Erst jetzt
hat die in der „Resistenza" zusammengeschlossene Mehrheit endgültig ge-
siegt.

Die faschistischen Machthaber von gestern und ihre Nachfolger ebenso
wie die Monarchisten stehen außerhalb des „Verfassungsbogens" (Basso 1958;
Calamandrei 1966). Der italienische „Neofaschismus", der sich programmatisch an die RSI anlehnt (Colotti 1989), muß als Minderheit seine Position in
der Gesellschaft und im politischen Koordinatensystem neu bestimmen. Mit
dem gesamten rechtsextremen Lager setzt er erfolgreich auf die mit dem
Marshall-Plan ausgespielte Karte des „Kalten Krieges" (Ragionieri 1976).

3. Die Faschismusforschung

Die Untersuchung des italienischen Faschismus – vor allem in seiner institutionalisierten Form von 1922 bis 1943/1945 – erfolgt in der Nachkriegszeit
im Rahmen des „Verfassungsbogens" vor dem Hintergrund der „Ideologie
des Antifaschismus" (Candeloro 1981). Einer der profundesten Forscher des
Faschismus – und mit zahlreichen Werken über den „Nationalsozialismus"
auch ein genauer Kenner der deutschsprachigen wissenschaftlichen Literatur
– E. Collotti konstatiert: „... hat in Deutschland die antifaschistische Inspira-
tion gefehlt, die in Italien die erste Phase der wissenschaftlichen Studien über
den Faschismus bewegt hat" (Collotti 1989: 63). Zwar hatte es die Stimme B.
Croces gegeben, der den Faschismus zwischen '22 und '45 als eine „Parenthese

in der italienischen Geschichte" ansah, doch dies war eine persönliche und isolierte Position geblieben (Agazzi 1966)[3].

Die gemeinsame „Ideologie des Antifaschismus" bringt in dieser *ersten Phase* bis Anfang/Mitte der sechziger Jahre trotz unterschiedlicher Verortung der Wissenschaftler keine „rechte" und keine „linke" Faschismusforschung oder -deutung hervor (Colarizi 1976; Collotti 1978). Symptomatisch dafür kann die Zusammensetzung des Kongresses „Faschismus und Antifaschismus" angesehen werden, bei dem zwischen Januar und Juni 1961 in Mailand 15 Lektionen über die Geschichte Italiens zwischen 1918 und 1948 abgehalten wurden. Obwohl zu dieser Zeit das Land eine der schwersten politischen Krisen durchmachte, eine rechte DC-Regierung an der Macht war, die sich nur mit Unterstützung der Neofaschisten über Wasser hielt und die Kluft zwischen Christdemokraten und Kommunisten nicht zuletzt wegen des Kalten Krieges unüberbrückbar geworden war, saßen Forscher und Politiker bzw. Wissenschaftler als Abgeordnete oder ehemalige Politiker als Wissenschaftler – allesamt Mitglieder entweder der christdemokratischen, republikanischen, der sozialistischen, liberalen oder kommunistischen Partei – zusammen und diskutierten von der Plattform des antifaschistischen Konsenses der „Resistenza" Probleme des Faschismus und Probleme, die an ihn gebunden waren (AA. VV 1962).

Ein Großteil der Nachkriegsforschung[4] bezog sich auf Analysen, die schon während des Faschismus von Italienern in der Emigration erstellt worden waren. Vor allem die Arbeiten von A. Tasca (1950), G. Salvemini (1963), S. Trentin (1975) und F.L. Ferrari (1983) – die später fast alle aus dem Französischen übersetzt und in Italien publiziert wurden – waren es, die den Gesamtrahmen abgaben, in dem sich eine vertiefende Analyse der Einzelaspekte zu bewegen hatte. Dieser bestand einerseits aus der Erkenntnis, daß es sich

---

3 Benedetto Croce hatte in seiner 1932 zum ersten Mal erschienenen „Geschichte Europas im Neunzehnten Jahrhundert", die sich bis ins 20. Jhd., bis zum Versailler Vertrag erstreckte, nicht einmal die Figur Mussolinis erwähnt. Und in seinem „Ausblick" genannten Schlußkapitel, das Ende 1931 geschrieben wurde, wird nicht einmal der Faschismus und die nun schon konsolidierte faschistische Diktatur in Italien angesprochen. In seinem Schlußwort zu einer Neuauflage 1947 schrieb Croce: Der „Ausblick" ... „enthielt Andeutungen (!) (d. Verf.) über die Möglichkeiten von gewissen Ereignissen, die eine persönliche Hoffnung des Verfassers darstellten ... Für den Verfasser wie für andere Männer seiner Generation ist es ganz gewiß schmerzhaft, daß der Lauf der Geschichte nach 1931 andere Wege eingeschlagen und daß keine Wiedererweckung des Freiheitsideals stattgefunden hat." (Hätte Croce seine Stimme erhoben, wäre es für ihn sicherlich schmerzhafter, aber für andere gewiß weniger schmerzhaft ausgegangen.)
4 Eine Einführung in diesen Themenkreis aus geschichtswissenschaftlicher Sicht zusammen mit einer ausführlich kommentierten Bibliographie liegt mit dem Buch von E. Colotti (1989) vor. Eine umfassende Bibliographie zum italienischen Faschismus, geordnet nach Themenkreisen, ist vom Institut für die Geschichte der Befreiungsbewegung herausgegeben worden, das außerdem herausragende Einzelbeiträge zu den verschiedensten Aspekten enthält (Instituto per la storia... 1985).

beim Faschismus um eine bedeutsame Epoche in der Geschichte Europas handelte, trotz der unterschiedlichen nationalen Ausprägungen und unabhängig davon, ob die verschiedenen faschistischen Bewegungen an die Macht gekommen waren oder nicht. Zum anderen fußte er auf der Erkenntnis, daß sich der Faschismus gegen eine, wie auch immer geartete monokausale Erklärung sperrt. Um zu einer generellen Aussage zu kommen, muß der Faschismus in Beziehung zu den ökonomischen, sozialen, politischen und psychologischen Bedingungen, die „sein kulturelles Terrain" bedeuten, gesetzt werden; dann aber auch in Beziehung zu seiner sozialen Basis, zu den Klassenkämpfen, zu seiner Taktik, zu seiner Organisation, zum Regime, das er aufbaut, zu seinem Programm und zu seiner Ideologie. Nur das gesamte Beziehungsgeflecht ergibt eine Aussage über den Faschismus (Tasca 1950).

Doch zu dieser Komplexität ist die Forschung anfänglich selten vorgestoßen. Noch 1961 konnte L. Basso mit Recht behaupten, daß die Antwort auf die Frage „was ist Faschismus" immer unterschiedlich ausfällt, je nachdem wie man sie stellt und an wen man sie richtet (Basso 1962). Je nachdem, ob das Problem Faschismus vom ökonomischen, politischen, juristischen etc. Blickwinkel aus angegangen wird – ob die wirtschaftliche Krise zu Beginn der zwanziger Jahre, die Rolle des Finanzkapitals, das Verhalten der Mittelschichten oder des Kleinbürgertums, die Verfassung der staatlichen Ordnung oder die Ungleichverteilung bei der Partizipation an der Macht im Vordergrund steht – ergeben sich andere wissenschaftliche Aussagen und Erklärungsmuster. Einig ist man sich jedoch darin[5], daß der Faschismus kein dunkles Loch, keine Falle ist, in die eine kontinuierlich sich entwickelnde Geschichte (aus unerklärlichen, sogar dämonischen oder zufälligen Gründen) hineinfällt und die, aus der Grube herausgeklettert, linear wieder ihren Weg in die Zukunft fortsetzt. Die Forschung arbeitet vielmehr heraus – „und hierin stimmt die Mehrheit der Wissenschaftler überein" (Candeloro 1981) – daß der Faschismus mit der ihm vorangehenden und der ihm nachfolgenden Geschichte Italiens in einer Beziehung steht, die sowohl durch Kontinuität wie durch Bruch gekennzeichnet ist (Pavone 1974; Quazza 1976, 1986; Palla 1986, 1987).

Die *zweite Phase* der Faschismusforschung ist einerseits dadurch gekennzeichnet, diese Kontinuitäten und Diskontinuitäten in den einzelnen Bereichen herauszudestillieren und andererseits dadurch, die antifaschistische Grund- und Ausgangslage der wissenschaftlichen Beschäftigung zu durchlöchern und aufzubrechen.

Protagonist und bis heute unerklärter Schirmherr letzterer Tendenz ist der Historiker R. De Felice, der 1965 mit dem ersten Band seiner (bis heute nicht abgeschlossenen) Mussolini-Biographie die Polemik mit dem angebli-

---

5 Zum jüngeren Stand der Debatte vergleiche J. Jacobelli (Jacobelli 1988), auch wenn die gesamte Bandbreite nicht wiedergegeben wird.

chen „antifaschistischen Konformismus" in der italienischen Wissenschaft aufnimmt (De Felice 1965). Hier beginnt die Personalisierung des Faschismus auf die Person Mussolinis hin; wenig später die Auflösung des Faschismus als Epoche Europäischer Geschichte in viele kleinere oder größere nationale – Ismen, die miteinander nichts zu tun haben (De Felice 1969, 1970); danach die Entschuldung und das Freisprechen von schweren Verbrechen durch die Unterscheidung zwischen „guten" und „schlechten" Regimen und Bewegungen dieser Zeit (De Felice 1975); dann die Auflösung des Faschismus als geschichtlichem Phänomen in größere oder kleinere Unfälle, in mehr oder weniger signifikant abnorme Episoden, in dem ansonsten normalen Geschichtsablauf; bis hin zur These, daß der Faschismus als eigenständiges Phänomen eine Erfindung des Antifaschismus sei (De Felice 1981, 1983, 1986). Was die Vertiefung der einzelnen Bereiche bzw. Aspekte des historischen Faschismus anbetrifft, so sei hier nur auf die repräsentativsten Arbeiten verwiesen.[6]

Was den Arbeiten trotz unterschiedlicher Arbeitsfelder, zeitgeschichtlicher Rahmenbedingungen (in denen sie geschrieben wurden), politischer Standpunkte gemeinsam ist, ist die Erkenntnis, daß sich trotz zu beobachtender Diskontinuitäten historische Kontinuitäten zwischen der Zeit vor, während und nach dem Faschismus ergeben. Zu Diskontinuitäten kommt es, wenn bewußt Brüche vollzogen werden, die – in letzter Instanz – aufgrund eines organisierten gesellschaftlichen Konsenses als politische Entscheidung umgesetzt werden.

Mit den Lateranverträgen von 1929 beispielsweise gehen der Vatikan wie die katholische Kirche Italiens und der faschistische Staat eine Interessengemeinschaft zum gegenseitigen Vorteil ein, die mit der Bestätigung ihrer Gültigkeit in der Verfassung der Republik Italien von 1948 ihre Verlängerung und ihren Einfluß auf die postfaschistische Entwicklung der italienischen Gesellschaft erfahren. Im Gegensatz dazu erfährt beispielsweise das andere Standbein des faschistischen Staates, die Monarchie mit der politisch organisierten konsensbildenden und im Volksentscheid von 1946 gipfelnden Kampagne ein irreversibles Ende.

---

6 Der Übergang vom Liberalismus zum Faschismus bzw. die Fragestellung, „was waren die Ursprünge des Übergangs von der liberal-autoritären Demokratie zur faschistischen Machtergreifung" (Vivarelli 1967, 1981; Tranfaglia 1973; Procacci 1983); Ideologie des Faschismus (Gentile 1975; Zunino 1985); korporatives System und die Organisation des Konsenses der Massen (Aquarone 1965; De Grazia 1981; Preti 1987); die faschistische Partei (Petersen 1975; Bompeni 1984; Lazzaro 1985); die Rolle der Arbeiterklasse (Sapelli 1975, 1981; Passerini 1984); die Organisation der Kultur (Canistraro 1975; Isnenghi 1979; Turi 1980; AA.VV. 1987); die Rolle der Frau (Bartolini 1982; Detragiache 1983; Fradosio 1986; Mondella 1987); das Verhältnis von Staat, Kirche und Vatikan (Margiotta Broglio 1966, 1977; Micoli 1973; Scoppola 1973; Collotti 1989); zur Frage der Juden und der Rassengesetze (De Felice 1961 (1988); Zuccotti 1987; La Rassegna 1988; Coen 1988); die Verknüpfung von faschistischer Epoche und Neofaschismus (Santarelli 1974; Candeloro 1984).

Die Beispiele hinsichtlich Kontinuität in der Diskontinuität könnten in alle Richtungen – beispielsweise von der Organisation der öffentlichen Verwaltung über die Strukturierung der Renten- und Sozialversicherung bis hin zur kulturellen Förderung, um nur einige nicht „klassische" Aspekte zu nennen – ausgeweitet werden. Was in diesem Zusammenhang jedoch wichtig ist und weshalb der ausführliche Rückgriff auf die Faschismusforschung erfolgte, ist die Tatsache, daß früher oder später in diesen Arbeiten die Handlungsfelder zutage treten, die dem Neofaschismus bzw. Rechtsextremismus aufgrund der Kontinuität/Diskontinuität in der neuen republikanischen Realität bzw. verfaßten Demokratie Italiens offengeblieben sind oder ihnen unter veränderten Bedingungen eröffnet werden.

4. Die neofaschistische Partei MSI/DN

Nach den Wahlerfolgen des Spätherbstes 1993 hat die MSI/DN beschlossen, sich in einer neuen, größeren Partei aufzulösen, der „Alleanza Nazionale", um in ihr den Aggregationspunkt für ein rechtskonservatives/reaktionäres Lager zu bilden. Welche Bedeutung dieser Umwandlungsprozeß der MSI/DN vor allem auf der ideologischen/programmatischen Ebene und welche Auswirkungen er auf den Rechtsextremismus in Italien haben wird, muß die zukünftige Entwicklung zeigen. Welche Rolle die MSI von 1945 bis in die Gegenwart hinein gespielt hat, kann in groben Linien und aufgrund der geschichtswissenschaftlichen Anstrengungen teilweise auch in feineren Strichen nachgezeichnet werden.

Unzweifelhaft sind die Ursprünge des Rechtsextremismus im Faschismus zu suchen (Ragionieri 1976) ebenso wie die des Neofaschismus, der ihn historisch begleitet (Rosenbaum 1975). Aber nur ein Teil des Rechtsextremismus findet sich in den Anfängen nach '45 – wie überall in Europa – im politisch organisierten Neofaschismus wieder. In Italien gilt zumindest, daß das Lager des Rechtsextremismus immer sehr viel größer war und noch ist, als was die neo-faschistische Parti MSI/DN repräsentierte und politisch binden konnte. Andererseits war die MSI – im Gegensatz zu anderen europäischen Ländern, wie z.B. der Bundesrepublik – seit ihren Anfängen in der Lage, den größten Teil jenes rechtsextremen Potentials zu binden, das auch nach der Niederlage 'ihres Regimes' bereit war, sich politisch zu engagieren.

Die *MSI/DN* (Movimento sociale italiano/Destra nazionale) beginnt 1946 dort, wo die „Repubblica Sociale Italiana" (RSI) unter Mussolini 1945 aufgehört hatte. Sie führt ohne Unterbrechung die „Neue faschistische Partei", die eine Rückbesinnung auf die Werte des glorreichen Aufstiegs 1920-24 darstellen sollte, und mit der Mussolini die RSI regierte, weiter. Insofern ist es strenggenommen selbst 1994 unkorrekt, bei der MSI von einer neo- oder ex-faschistischen Partei zu sprechen, „weil es bis heute keinerlei Abschwörungen der Mussolinischen Doktrin und nicht einmal ab und zu hinsichtlich der Methoden dieser Bewegung gegeben hat" (Tranfaglia 1993: 10). An den Zielen und an den Programmsätzen hatte sich gegenüber der 30jährigen Vergangenheit nur unwesentlich etwas verändert. Das einzige 'Zugeständis', das sie in ihrem Gründungsprogramm machte, war, daß sie das gerade untergegangene Regime nicht wieder errichten wollte. Doch dieses 'Zugeständnis' war eine Anpassung an die neue politische und gesetzliche Lage, ohne das die MSI das sofortige Verbot riskiert hätte. Diese Kontinuität in Zielen und auch Mitteln gewährleistet die MSI in der Nachkriegszeit ab 1946 bis in die Gegenwart. „Die MSI Finis ist der Erbe des Faschismus und desjenigen von Salò" (Tranfaglia 1993: 10). Diese Kontinuität kommt auch beispielsweise in der Person G. Almirante zum Ausdruck, der schon 1938 an den Rassengesetzen mitwirkt, in der RSI eine bedeutende Führungsposition innehat, von der Gründung der MSI bis 1950 und wiederum von 1969 bis zu seinem Tod 1988 ihr Parteivorsitzender ist.

Was sich für die Faschisten, die überlebt und nicht überdacht hatten, gewandelt hatte, war der politische Kontext, waren die veränderten Rahmenbedingungen. Ihren Zielen treu bleibend versuchte die MSI ihre Strategien und Taktiken den beständigen gesellschaftspolitischen Veränderungen von den 50er zu den 90er Jahren anzupassen. Nicht in den Zielen und der Substanz – und hierin ist sich die Mehrheit der Wissenschaftler einig – hat es Veränderungen gegeben, sondern in der Frage, wie sie erreicht werden sollen. Was dies betrifft, so hat es in der Geschichte der MSI mehrfache Strategiewechsel, Umwandlungen von Organisations- und Machtstrukturen gegeben, die auch programmatisch in den Parteidokumenten ihren Niederschlag gefunden haben (Ignazi 1989). Die unterschiedlichen Vorstellungen über das „wie" und das heißt auch die „richtige Interpretation des Vermächtnisses Mussolinis" hat in den 48 Jahren der MSI – auch dies ist eine Konstante – nicht nur zu Spaltungen und z.T. tiefen Spaltungen innerhalb der Partei, sondern auch zu regelrechten Abspaltungen von der Partei geführt. Dies beginnt nicht erst mit der Sezession von militanten Gruppen wie „Ordine Nuovo" und „Avanguardia Nazionale" in den 50er Jahren (1954 respektive 1959) und hat Anfang der 90er Jahre nicht mit den Richtungskämpfen zwischen Links- und Rechtsfaschisten und ihrem Alternieren als jeweiliger Mehrheits- bzw. Minderheitsflügel innerhalb der MSI aufgehört.

Die MSI hat sich seit ihrer Gründung 1946 bis 1992 immer als viertstärkste Partei behaupten und ein nahezu konstantes Wählerpotential an sich binden können. 1946 lagen ihre Wahlergebnisse bei 5,3 %, 1992 bei 5,4 %. Eine Ausnahme bildeten die Wahlen von 1972, als die MSI sich mit der monarchistischen Partei PDIUM zur MSI/DN verschmolzen hatte und zusammen mit deren Wählerpotential 8,7 % der Stimmen auf sich vereinigen konnte. Als nationale Partei ist sie fast gleichmäßig über das ganze Land verteilt, mit

einem leichten Übergewicht im Süden[7] (die Inseln Sizilien und Sardinien
ausgenommen) und ihren Hochburgen in den süditalienischen Regionen
Kampanien und Kalabrien, in der mittelitalienischen Region Lazium und in
den norditalienischen Regionen Trentino Alto Adige und Friuli Venezia Giulia
(siehe Cacciagli/Spreafico 1991).

Die Einbindung Italiens nach 1945 in die westliche Allianz und die Rolle
als Frontstaat im Kalten Krieg bestimmte – neben der ideologischen Stellung
außerhalb des Verfassungsbogens – auch die Position der MSI innenpolitisch.
Es bildete sich nach 1948 in Italien ein „Zentrum" – von Parteien, in dem
die Christdemokraten der DC eine Hegemonialstellung innehatten und in
das ab 1962 die Sozialisten der PSI Eingang fanden – sowie zwei, als niemals
regierungsfähig apostrophierte „Extremismen" heraus: auf der einen Seite
die Faschisten der MSI, auf der anderen Seite die Kommunisten der PCI.[8]

Obwohl es mal weniger, mal verstärkter im Laufe der Nachkriegszeit
immer wieder zur Zusammenarbeit zwischen der MSI und dem rechten Rand
der DC kommt, wird die MSI dennoch immer wieder als „Systemgegner"
perzipiert, d.h. als Gegner jener „Parteienherrschaft" des Zentrums, das als
System bezeichnet und aufgefaßt wird und in dem die ihr angehörigen
Parteien unter sich nur die Machtgleichgewichte verschieben. Diese Rolle als
Systemgegner auf dem rechten Rand spiegelt sich einerseits in den Wahlpo-
tentialen der MSI wieder: Bevölkerungsteile, die auf der rechten Seite vom
Klientelismus und Assistenzialismus der DC nicht bedient werden und die
auf der linken Seite aus dem Solidarpakt der Gewerkschaften herausfallen,
und die der ideologischen Ausrichtung am Faschismus der MSI wenig Bedeutung zumessen. Und andererseits macht sie sich in ihrer politischen Strategie bemerkbar, die aufgrund ihrer Minderheitenposition (auch bezüglich
der Macht – trotz Verankerung im Militär und im Staatsapparat) nicht auf
einen Staatsstreich oder gewaltsamen Umsturz (auch wenn sie manchmal
damit droht), sondern auf eine Konditionierung der gesellschaftspolitischen
Prozesse hin auf eine statische, autoritär verfaßte, formale Demokratie ausgerichtet ist.

Wenn auch schon die ideologische Kontinuität und die Übereinstimmung
mit den Prinzipien des Faschismus bis hin zu seinen Anfängen betont wurde[9],

---

7 Das Wählerpotential der MSI basiert jedoch nicht auf dem Klientelismus, wie F. Greß in
   seinem Beitrag in diesem Band schreibt, sondern sie hat ihn im Gegenteil sogar immer
   bekämpft, weil er das Instrument der Machtgrundlage für die DC bildete. Der (traditionelle)
   Klientelismus ist auch keine Politisierung von Verwandtschaftsbeziehungen (Greß ebd.),
   sondern eine Politisierung von Beziehungen nach dem Organisationsmuster der Familie,
   eine Form von lokaler Selbstorganisation (Vergleiche dazu u.a. Müller 1980).

8 Die PCI war als Massenpartei immer ungleich stärker als die MSI und hatte in der Nachkriegszeit bis zu ihrer Auflösung 1990 die Oppositionsrolle zum „Zentrum" inne, war der
   tatsächliche Antagonist der DC.

9 Dies bedeutet auch, daß die oben behandelte Faschismusforschung in weiten Bereichen sich
   nicht auf den „historischen Faschismus" beschränkt, sondern für den „Neo"-Faschismus

so soll doch noch ein Blick auf einige Vorstellungen der MSI, Staat und Gesellschaft betreffend, geworfen werden. In der Tradition stehend sieht die MSI den Faschismus als Gegenmodell zu all den gesellschaftspolitischen Vorstellungen an, die sich in Nachfolge der Französischen Revolution mit ihren Werten von Gleichheit, Freiheit, Brüderlichkeit und Demokratie beziehen[10]. Dieser rote Faden zieht sich explizit oder implizit als Kampf gegen Egalitarismus, Materialismus und Internationalismus durch alle Parteitagsprotokolle. Ihr Schlachtruf ist unverändert: Ein Volk, eine Nation, ein Staat. Ihr Modell ist eine geschlossene Gesellschaft im Gegensatz zu den offenen Gesellschaften „bürgerlicher" oder „westlicher" Demokratien. Sie ist nationalistisch, weil nur dies eine geschlossene Gesellschaft ermöglicht und kämpft gegen den „Internationalismus", weil er diese aufbricht. (Aus diesem Grund bestehen in der MSI Sympathien für die islamischen Fundamentalismen; ist sie gegen den „amerikanischen Imperialismus", für die Palästinenser und gegen den Zionismus, weil dieser das internationale Finanzkapital repräsentiert und regiert.)

Die MSI ist nicht vordergründig (!) rassistisch, aber weil sie die geschlossene Gesellschaft bedroht sieht, ist sie gegen „offene Grenzen" gegenüber fremden Rassen und Angehörigen anderer Völker. Sie propagiert zwar nicht mehr den „gesunden Volkskörper", aber nach dem gleichen Denkmodell sieht sie die Lösung der Immigrationsfrage darin, daß die Grenze dort gezogen werden muß, wo die Absorbierungsfähigkeit des Volkes, der Gesellschaft aufhört. Deshalb wendet sie sich gegen eine multikulturelle Gesellschaft, gegen eine Überfremdung, eine Vermischung der Rassen.

Sie kämpft gegen Gleichheit bzw. „Egalitarismus", weil ihre Vorstellung für die innere Struktur einer geschlossenen Gesellschaft immer noch ein hierarchisches Modell ist; und zwar ein Modell, das sich an den frühkapitalistischen, patriarchalischen Organisationsprinzipien einer Fabrik orientiert: Der Fabrikherr als „Familienvater", als Führer (wobei es in der heutigen MSI nur noch eine untergeordnete Rolle spielt, ob es ein Mann oder eine Frau ist). In ihrem Gesellschaftsmodell verlaufen die Befehls- und Entscheidungsstrukturen von oben nach unten, ebenso wie die Hierarchisierung der Rechte, während die der Pflichten in entgegengesetzter Stufenleiter angelegt sind.

Wer unter diesen Ecksätzen und -pfeilern, die das Denken der MSI-Anhänger leiten und formen, deren Programme und Parteidokumente analysiert oder an ihren Parteitagen teilnimmt, wird feststellen, daß die Einlassungen, betreffen sie nun tagespolitische oder grundsätzliche gesellschaftspolitische

---

einschlägig wird. Welche methodischen und wissenschaftlichen Probleme beim Vergleich bzw. hinsichtlich der Vergleichbarkeit auftauchen, siehe S. Santarelli (1974).

10 Vergleiche hierzu beispielsweise die Positionspapiere des XVI. Kongresses der MSI/DN. In dem Papier des Mehrheitsflügels um Parteisekretär G. Fini heißt es u.a.: „Wir sind die kulturelle und politische Alternative zu den Prinzipien von 1789 und ihren Abkömmlingen: dem Marxismus und dem Liberalismus" (Destra in movimento... 1989).

Problemstellungen, immer nur Varianten der gleichen Grundsätze und Ziel-
stellungen sind.

Da es hinsichtlich der einzelnen, hier angeschnittenen Aspekte der MSI/
DN in der wissenschaftlichen Literatur Italiens keine grundsätzlichen Diver-
genzen gibt, sei nur auf die einschlägigen Werke verwiesen.[11]

5. Die Lega (Nord-Centro-Sud)

Die Lega geistert als seltsam schillerndes Phänomen durch die – vor allem
– ausländische, außerhalb der italienischen Grenzen erscheinende wissenschaftliche Literatur wie auch durch journalistische Beiträge und Publikationen. Wie ein ständig die Farbe wechselndes Chamäleon erhält die Lega einmal
den Anstrich schwarz, dann rot, dann braun, grün, weiß etc. Bei der Lega
handelt es sich – inzwischen auch weitgehend empirisch wissenschaftlich
nachgewiesen[12] – um eine nahezu ganz normale Massenpartei mit Schwerpunkt im Zentrum des parteipolitischen Spektrums, was gleich noch gezeigt
werden wird.

Was die Lega beim Blick von außen (auf die italienischen Verhältnisse)
aber auch zum Teil aus inneritalienischer Sicht so schwer faßbar erscheinen
läßt, sind vor allem zwei Faktoren. Der erste ist, daß sie eine neue Partei
darstellt; und der zweite ist, daß Italien nach 1989 beginnt, sein gesamtes

---

11 Auf die Geschichte der MSI und ihre Rolle in der Nachkriegszeit wird sowohl monografisch
    (u.a. De Simone 1972; Gaddi 1974; Rosenbaum 1975; Ignazi 1989; Chiarini 1992) wie histo-
    riografisch (u.a. Catalano 1962; Ragionieri 1976; Tranfaglia/Firpo 1986) eingegangen. Das
    Verhältnis von DC, „Zentrum" und MSI ist nie systematisch, sondern nur partiell (Galli
    1974) untersucht worden, während die Aufarbeitung der außerparlamentarischen Aktivitä-
    ten und des Rechtsradikalismus (Giovana 1966; Chiarini/Corsini 1983; Ferraresi 1984) vor
    allem der 50er bis Anfang der 70er Jahre und die Untersuchung des rechten oder schwarzen
    Terrorismus danach (Mimma 1984; Della Porta 1984; Boracetti 1986) inzwischen eine enorme
    Breite erreicht hat. Was die Zusammenarbeit des Rechtsextremismus und vor allem der MSI
    mit den staatlichen Institutionen anbetrifft, ist die wissenschaftliche Analyse – auch
    aufgrund der Schwierigkeiten, die dieser Gegenstand bietet – bisher noch auf die „Geheim-
    dienste", d.h. auf die Informations- und Nachrichtendienste beschränkt (Faenza 1978; De
    Lutiis 1984). Die Intellektuellen der „Neuen Rechten" (Nuova Destra – ND) um Mario Tarchi
    haben sich mit ihrem „Gramscismus von rechts" und ihrer „Kulturrevolution von rechts"
    vornehmlich in ihrem theoretischen Organ „Diorema letterario" dargestellt (Al di là 1982;
    Tarchi 1992). Untersuchungen zur ideologischen Aktualisierung und strategischen Anpas-
    sung an die gegenwärtigen Bedingungen unter den Parametern einer „offenen versus ge-
    schlossenen Gesellschaft" liegen derzeit nicht vor – Ansätze dazu sind bei D'Agata (1987)
    vorhanden.

12 Vergleiche dazu die Fülle der seit über zehn Jahren durchgeführten empirisch-analytischen
    Arbeiten der Hochschule für Soziologie und der soziologischen Fakultät der Universität in
    Mailand. Ein Teil der Ergebnisse hat Eingang in die Veröffentlichungen von Mannheimer
    (1988, 1989, 1990, 1991), Diamanti (1990, 1991), Biorcio (1987, 1989, 1991) gefunden. Zur
    Lega vergleiche auch die Arbeiten von Cesareo (1989), Vimercati (1990), Confalonieri (1990),
    Costabile (1991), Pasquino (1991).

politisches System umzubauen und von Grund auf zu erneuern. Beide Faktoren hängen eng miteinander zusammen. Da Beobachter außerhalb Italiens im allgemeinen von der Erfahrung in ihren Ländern ausgehen und sie die politischen Systeme in den westeuropäischen Ländern und auch in den USA weitgehend als stabil ansehen, was die Stellung der Parteien auf dem Wählermarkt betrifft, gehen sie weiterhin davon aus, daß neue Parteien nur entstehen können, wenn sie politische Marktnischen entdecken oder wenn aufgrund neu auftretender Probleme politische Marktlücken entstehen, die die „traditionellen" Parteien wegen ihrer Unbeweglichkeit nicht schnell genug oder gar nicht schließen können oder die sie nicht füllen wollen. Dies erklärt dann auch die Wahlerfolge von neu auftretenden rechtspopulistischen oder rechtsextremen Parteien, ökologischen Formationen oder Ein-Punkt-Bewegungen wie einer „Autofahrer-Partei".

In Italien hat sich aber eine – weitgehend bewußt herbeigeführte – Situation entwickelt, in der die den Markt beherrschenden Produkte, sprich Parteien (Mannheimer/Sani 1988) nicht nur in kürzester Zeit ihre dominante Stellung verloren haben, sondern nach und nach von anderen Produkten ersetzt wurden (und weiterhin werden), die eine größere Akzeptanz aufweisen. Wie auf dem Konsumgütermarkt ist auch auf dem Wählermarkt die Verschiebung – und auch drastische Verschiebung – von Marktanteilen an vielfältige Variablen gebunden.[13] Ob beispielsweise die „Krise des Parteienstaats" als monokausales Erklärungsmuster ausreicht, muß ebenso bezweifelt werden wie die Aussage nach der Spezifität als „Krise des italienischen Parteienstaats". Nicht nur die Massenmedien in den meisten europäischen Ländern reden von „Politik-" und/oder „Parteiverdrossenheit" der eigenen Bürger, sondern Untersuchungen belegen, daß die Kluft zwischen dem (Politik-)Angebot der beherrschenden Parteien dort und der (Politik-)Nachfrage seitens der (Wahl-)Bürger immer größer wird.

Auch der Zusatz zu dieser These von der Spezifität Italiens, daß es sich um „einen von der Korruption zerrütteten Parteienstaat" handelt, hält als Erklärung einer näheren Betrachtung nicht stand. Einerseits, weil es sich bei der „Korruption" von Parteien und Teilen des Staatsapparats um keine italienische Besonderheit, sondern um ein – beispielsweise auf die EG-Länder bezogen – flächendeckendes Phänomen handelt.[14] Und zum anderen, weil das Bekanntmachen des *Systems* der illegalen Parteienfinanzierung (als „Korruptionsaffären" in ausländischen Medien gehandelt) erst über ein Jahrzehnt

---

13 Für die Lombardei – unter besonderer Berücksichtigung der Lega – ist dies im einzelnen untersucht worden von Mannheimer (1991).

14 Stichprobenhafte Untersuchungen qualitativer Art, die in einem anderen (aber ebenso an diesem Phänomen interessierten) Zusammenhang gemacht wurden – nämlich hinsichtlich seiner Bedeutung für die organisierte Kriminalität – bestätigen diese Beobachtung (Uesseler 1993). Italien würde im übrigen – eingeordnet in eine Rangfolge – unter den EG-Ländern nicht den untersten, sondern den mittleren Platz „Korruption" betreffend einnehmen.

nach der Gründung beispielsweise der „Lega Lombarda", erst mehrere Jahre
nach dem kometenhaften Aufstieg der Lega Nord und auch erst nach der
Gründung anderer Parteien, die bestrebt sind, sich an die Stelle der traditionellen Parteien zu setzen, erfolgte. Die sogenannten Korruptionsaffären sind
nicht Ursache, sondern Auslöser für die sinkende Akzeptanz der traditionellen Politik-Produkte und damit zugleich für die beschleunigte Eroberung
von Marktanteilen beispielsweise seitens der Lega.[15]

Weil auch von offizieller Seite (Commissione Europarlamentare 1991), in
der wissenschaftlichen Literatur wie auch in den Massenmedien die Lega
nicht zuletzt wegen ihrer Wahlerfolge als Paradebeispiel neuer Parteien in
Italien herangezogen wird, sollen einige Deutungsansätze betrachtet werden.

Kann man die Lega in die rechtspopulistischen[16] Bewegungen einreihen,
die überall in Europa wie Pilze aus dem Boden schießen? Sicherlich hat sie
wenig gemeinsam mit rechten Protestbewegungen wie beispielsweise um
den Vlaams Blok in Belgien, um die „Republikaner" in Deutschland, um Le
Pen in Frankreich, um die Autofahrer-Partei in der Schweiz oder um Haider
in Österreich. Aber sie ist auch nicht rechtspopulistisch im Sinne englischer
Marxisten, die auch im Thatcherismus Elemente eines „autoritären Populismus" ausmachten und eine Strategie der Mobilisierung von Bevölkerungsschichten diagnostizierten, in der eine unaufgeklärte, von vorrationalen und
emotionalen Motiven durchsetzte Mehrheitsmeinung systematisch politisch
instrumentalisiert wird. Sie ist es auch nicht im Sinne von L. Löwenthals
„psychoanalysis in reverse". Das heißt, die Lega arbeitet nicht – wie Löwen-
thal bei faschistischen Agitatoren der Zwischenkriegszeit konstatierte – mit
der umgekehrten Absicht eines Psychoanalytikers: sie greifen die neurotischen Ängste, die kognitiven Verunsicherungen und Regressionsneigungen
mit dem Zweck systematischer Verstärkung auf, nicht um den Bürger mündig
werden zu lassen, sondern um ihn zum Instrument ihrer politischen Projekte
zu formen. Wenn die Lega mit populistischen Elementen arbeitet, dann nicht,
indem sie „unaufgeklärte Bewußtseinspotentiale" zynisch instrumentalisiert;
sondern indem sie „das Volk" in die sorgfältig gehegten Gärten der politischen
Ordnung (Dubiel 1986) einbrechen läßt, um bei den herrschenden Kreisen
Panik auszulösen. Und es löst bei ihnen Panik aus, weil „das Volk an sich",
der „Souverän" in der Verfassung, konkretes Volk geworden ist.

Kann man die Lega unter die „Anti-Parteien" oder „Anti-Parteien Partei-
en", unter die „Allianzen zur Selbstreformierung", unter die „new 'ethnic'
parties", die auf „political racism" beruhen, unter die „Steuerprotestpartei-
en", unter „regionale Reformbewegungen" subsumieren oder in die Nähe

---

15 Zu der gesamten Problematik der Krise des italienischen politischen Systems und seiner
    Entwicklung in den letzten Jahren siehe Uesseler (1991, 1992, 1993).
16 Zum Begriff Populismus sei hier auf H. Dubiel (Dubiel 1986) verwiesen und besonders auf
    die dort erschienenen Kapitel „Was ist Populismus" und „Das Gespenst des Populismus".

der „Parteien der Neuen Linken" bzw. der „Alternativ-Parteien" rücken?[17]
Die Lega läßt sich in keine dieser Kategorien einordnen. Ohne im einzelnen
auf die verschiedenen Thesen eingehen zu müssen, reicht zu ihrer Widerle-
gung die – empirisch-analytisch nachgewiesene – Tatsache aus, daß die Lega
so gemischt und heterogen zusammengesetzt ist nach Alter, Schichtenzuge-
hörigkeit, Interessen, Auffassungen, Berufen etc. wie die Bevölkerung Nord-
italiens selbst (Mannheimer 1991; Biocio 1991). Wäre die Lega eine „new
ethnic party based on politicised racism", dann wäre die Bevölkerung z.B.
der Lombardei im Mittel bewußtseinsmäßig von einem politisierten Rassismus geprägt – und sollte dies tatsächlich zutreffen, würde dies sich auf alle
Parteien niederschlagen. Fakt ist vielmehr, daß sich die Lega seit ihrer Gründung von der Zusammensetzung wie von den Organisationsprinzipien und
-strukturen immer mehr dem Modell der traditionellen Massenparteien – die
sie im Zentrum ersetzen will – angepaßt hat bis hin zum Aufbau und zur
Präsenz „flankierender" Organisationen und heute davon nicht mehr zu
unterscheiden ist (Mannheimer 1991: 193). Es hat auch keinen Sinn, von
einem „Leghisten" oder von einem typischen Sympathisanten der Lega zu
sprechen, weil es keinen bestimmten Typus gibt (Diamanti 1991).

Was der Lega vorschwebt, ist eine technologisch moderne, hocheffiziente
Gesellschaft in den norditalienischen Provinzen, die zu den Spitzenreitern
in einem zukünftigen vereinten Europa, einem – wie sie es will – Europa der
Regionen gehört.[18] Ihr Credo ist antinationalistisch auch im Sinne von anti-
nationalstaatlich; selbst Italien oder Italiener-Sein sind für sie keine relevanten
Identifikationsgrößen. (In diesem Punkt hat sie sich die MSI/DN zum schärf-
sten Gegner gemacht.) Um ihren programmatischen Ecksätzen Föderalismus,
Wirtschaftsliberalismus und Regionalismus näher zu kommen, hat die Lega
ihre Kräfte auf zwei Ebenen konzentriert. Ihr erstes Ziel ist eine absolute
Dezentralisierung und Förderalisierung (im Sinne einer Teilung Italiens in
drei föderativ miteinander verbundenen Republiken – Nord, Mitte, Süd) und
damit eine Neuverteilung der Macht. Um diesem Projekt auch international
Geltung zu verschaffen, versucht die Lega einerseits von der Regenbogen-
fraktion des Europäischen Parlaments aus und andererseits über die ALE
(Associazione Libera Europa), die „föderalistische Internationale", die aus
rund zwanzig autonomistischen Bewegungen westlicher Länder besteht,
Druck auf den italienischen Staat auszuüben. Ihr zweites Ziel ist die völlige
Privatisierung der gesamten Wirtschaft; und zwar nicht nur der Staatsbetrie-

---

17 Zu all diesen Deutungsversuchen und den Bemühungen, dies auch wissenschaftlich abzu-
    decken, siehe den Beitrag von F. Greß in diesem Band und die dort angeführte und dazu
    einschlägige Literatur.

18 Die programmatischen Grund- und Leitsätze veröffentlicht die Lega regelmäßig in der
    Wochenzeitung „La Voce Della Lega". Das Programm ist beispielsweise zum ersten Mal in
    Nr. 5, 1991, abgedruckt worden. In „La Voce del Federalismo" geht sie täglich auf aktuelle
    Fragestellungen ein und erklärt ihre politische Position dazu.

be, sondern auch der öffentlichen Dienstleistungen vom Verkehrs- über das Gesundheitswesen bis zu Rundfunk und Fernsehen. Das Motto ist: „Wir wollen ein Land ohne Monopole und große Wirtschaftsgruppen mit einer soliden sozialen Harmonie." Das besondere Augenmerk gilt den kleinen und mittleren Betrieben als dem „produktiven Rückgrat des Landes".

Die Lega hat das zukünftige Problem der Vernetzung von supranationalen, regionalen und nationalen Strukturen, Belangen wie Interessen bei steigender Entnationalisierung in Westeuropa auf ihre Weise beantwortet (wobei Zweifel geäußert werden dürfen, ob dies eine konsensfähige Lösung ist). Sie hat das Problem des Konflikts zwischen zunehmend notwendiger Dezentralisierung im institutionellen, ökonomischen wie kulturellen Bereich und das Problem der Solidaritätsfindung in der nationalen wie europäischen Gesellschaft dadurch beantwortet, daß sie „ihren" Großraum Norditalien aus dem nationalen Solidarpakt herauslösen und einen neuen mit den dynamischsten Gebieten der EG eingehen will. Die Lega hat die zukünftig immer problematischer werdende Stellung und Funktion ideologisch (!) gewachsener Parteien im Hinblick auf die Koordination gesellschaftlicher Belange und die Konsensbildung aus ihrer Optik thematisiert, indem sie keinerlei konsensstiftende Werte postuliert, sondern nur die Grundsätze einer offenen Gesellschaft propagiert und ihre Effizienzkriterien hervorhebt – d.h. an die Stelle ethischer Kriterien formale setzt.

Die Lega paßt nicht in das traditonelle politische Koordinatensystem von rechts und links, das – zumindest in Italien – nicht nur einer Korrektur, sondern Neubestimmung bedarf. Nach den Kategorien der untergehenden „Parteienherrschaft" und auch im herkömmlichen Sinne ist die Lega bestimmt nicht links; aber es ist genauso wenig korrekt, sie aus dieser Optik rechts einzuordnen. Die Lega verkörpert in Norditalien (bisher noch) die Interessen der egoistischen Mitte der Gewinner im gegenwärtig herrschenden Gesellschaftssystem. Diejenigen Personen, die an diesem System in Westeuropa inzwischen erfolgreich partizipieren, stellen über fünfzig Prozent der Bevölkerung dar. In Norditalien sitzt die Lega in deren Zentrum und organisiert es politisch wie kulturell.

6. Rechtsextremismus, fremdenfeindliche Gewalt und Rassismus unter Jugendlichen

Die rechtsextreme Partei der MSI/DN – Ausdruck der Kontinuität des Faschismus in Italien sowohl auf ideologischer wie kultureller Ebene – ist von ihrer Anlage rassistisch geprägt. Daß sie nicht zur monothematischen 'Rassismus-Partei' mutiert ist, hat neben vielen anderen Gründen einmal damit zu tun, daß es ein starkes Netzwerk antirassistischen Bewußtseins in der italienischen Gesellschaft gibt, weshalb die Monothematik Rassismus sich wahlmäßig für die MSI nicht auszahlt (Balbo/Manconi 1993); und weil zum anderen der Rassismus – hier ganz in der Tradition von 1920-45 stehend – nur einen neben anderen Pfeilern im ideologischen und strategischen Gesamtkonzept der MSI darstellt.

Der Lega wird auch in offiziellen Dokumenten (Presidenza del Consiglio 1989; Comissione Europarlamentare 1991; Ministero dell'Interno 1993) und in wissenschaftlichen Arbeiten (Balbo/Manconi 1993, 43-47) der z.T. berechtigte Vorwurf der Fremdenfeindlichkeit und des mehr oder weniger versteckten oder verdeckten Rassismus gemacht. Es handelt sich aber weniger um eine ideologische oder strategische Variante ihres Programms als vielmehr um eine politisch-taktische Entscheidung, um die regionalistische Binnenkohärenz der Lega durch ein „Feindbild" zu stärken (Biorcio 1991). D.h. angesichts nicht ausmachbarer „positiver" Unterscheidungsmerkmale hinsichtlich Sprache, Kultur, Religion etc. beispielsweise der Lombardei (aber auch die einzelnen Regionen zusammengenommen als Großregion Norditalien) gegenüber dem Rest Italiens, propagiert die Lega eine „negative Identifikation". Sie definiert 'das Andere', indem sie an den diffus und verbreitet vorhandenen Ressentiments in der „eigenen Bevölkerung" gegenüber den Immigranten aus dem Süden Italiens zum einen und gegenüber dem restlichen Süden in der Welt zum anderen anknüpft (Mannheimer 1991). Der Grad der politischen Instrumentalisierung von fremdenfeindlichen und rassistischen Ressentiments unterscheidet die Lega aber nicht signifikativ von anderen moderaten Parteien wie z.B. den Christdemokraten (Balbo/Manconi 1993: 33-37).

Wenn es angesichts der von den Medien und durch offizielle Veröffentlichungen verbreiteten Meinung (als signifikantes Beispiel siehe dazu die schon erwähnte Studie der „Comissione Europarlamentare" 1991) so erscheinen mag, daß Rassismus und Fremdenfeindlichkeit im „rechtsextremen" Rahmen in Italien auf Parteien wie MSI/DN und Lega beschränkt sind, so entspricht dies keineswegs den Tatsachen. (Abgesehen davon, daß die Lega keinen Platz im rechtsextremen Lager hat.) Läßt man den alltäglichen, subkutan in der italienischen Bevölkerung vorhandenen und sich ausbreitenden Rassimus[19] auch in seiner Version der Fremdenfeindlichkeit beiseite (wobei der Intensitätsgrad sicherlich noch einer der niedrigsten in der Europäischen Gemeinschaft ist), so gibt es Myriaden von Gruppierungen und Subjekten im rechtsextremen Raum, d.h. dort, wo Gewaltbereitschaft manifest wird. Auf der ideologischen Ebene kann man im wesentlichen drei Pole ausmachen, die zwar autonom sind, aber untereinander dennoch Verbindungen aufweisen.

---

19 Rassismus, gemeint im Sinne von Turner (Turner 1984: 2); also ein System, das die Verteilung von Macht an – wie auch immer definierte oder determinierte – ethnische Komponenten koppelt.

Den *ersten Pol* stellen die politisierten Ultras dar, also jene politisierten Fußballfans, die an jedem Wochenende in den Stadien zu sehen sind. Es sind Gruppierungen, die sich zumeist als Einzelpersonen auf verschiedene Stadtteile verteilen und dort in den Fanclubs, in „ihrer Gruppe", als Organisator oder auch Sprachrohr die dort systematisch vorhandene Aggression gegen jede rassische, politische, religiöse Diversität ideologisch in eine bestimmte Richtung kanalisieren. Personen also, die versuchen, der schon vorhandenen Aggressivität und dem schon vorhandenen Rassismus unter den organisierten Fans rechtsradikalen Ausdruck und Formen zu verleihen (Roversi 1990, 1992; Smargiasse 1993). Wenn die organisierten Fans sich zur extremen Rechten hingezogen fühlen und in und außerhalb der Stadien Zeichen und Symbole faschistischer oder nationalsozialistischer Provenienz benutzen, so hat dies jedoch immer noch „spielerischen Charakter", geht über die „ludische Sphäre" selten hinaus, erreicht also kaum einmal eine wirklich ideologische Ebene und noch seltener eine politisch militante Ebene.

Den *zweiten Pol* könnte man als das Lager der „theoretischen Zentren" bezeichnen. Er besteht aus Personen, Zirkeln und Zeitschriften, die die Ideologeme des Rechtsextremismus bis hin zum rechten Terrorismus theoretisch erarbeiten und deren Verbreitung organisieren. Bei den verschiedensten Zentren handelt es sich zumeist um eine zahlenmäßig nicht sehr ausgedehnte Bewegung von Personen, die um einen Verlag oder eine Zeitschrift gruppiert sind, der/die als Sprachrohr der Theorien fungieren.[20] Unter den wichtigsten befinden sich Fronte Nazionale um den Verlag Edizioni di Ar, gegründet von Franco Freda (einem der Hauptangeklagten des Sprengstoffattentats auf die Mailänder Landwirtschaftsbank 1968); die Lega Nazionalpopolare des Stefano delle Chiaie, der schon mit der rechtsextremen Gruppierung Avanguardia Nazionale in den 60er Jahren. Aufsehen erregt hatte und dessen neue Formation in engen Verbindungen zum Movimento Politico steht, auch dies ein Aggregationspunkt für die internationale Vernetzung rechtsextremer Verbindungen; die Communità di Meridiano Zero um das Centro Studi Orientamenti e Ricerca, das sich am Modell des „Rebellen" aus dem Gedankengut Ernst Jüngers orientiert; die Nuova Azione um die „national-revolutionäre" anti-zionistische, anti-internationalistische Zeitschrift Orion (mit starken Sympathien für den islamischen Fundamentalismus); die Movimento Politico Antagonista um die Zeitschrift Aurora, die ähnlich wie Fronte Nazionale die neue weltweite Front im „Krieg der Rassen" sieht, aber gleichzeitig „ihr Haupt gegen die Bestie des internationalistischen Kapitalismus" und gegen das „zionistisch beherrschte Finanzkapital" erhebt; die Comunità Politica Nazionale um die Zeitschrift Avanguardia; das Zentrum L'Uomo Libero des

---

20 Statt die enorme Fülle rechtsextremer Primärliteratur anzuführen, sei hier nur auf die im folgenden angeführten Zeitschriften und die Publikationen der genannten Verlage verwiesen. Eine Auswahl der wichtigsten Arbeiten findet sich in der am Ende dieses Absatzes angeführten Sekundärliteratur.

gleichnamigen Mailänder Verlags und der gleichnamigen Vierteljahreszeitschrift, um das nahezu zwei Dutzend rechtsextreme, organisierte Bewegungen in ganz Italien kreisen (Ferraresi 1984; Minstero dell'Interno 1992, 1993; Marchi 1993).

Der *dritte Pol* ist durch die über ganz Italien verbreitete „sub-" bzw. „gegen-kulturelle" (Hebdige 1983) Bewegung der „bonehead" gekennzeichnet. „Bonehead" ist jene Bewegung, die in den Massenmedien häufig den Namen „naziskin" erhält (über die Unsinnigkeit dieses Begriffs siehe auch V. Marchi 1993: 201). Es handelt sich dabei um die rechtsextrem ideologisierte Abspaltung der „skinheads", die sich Ende der 70er/Anfang der 80er Jahre im angelsächsischen Raum und Mitte der 80er Jahre in Italien vollzieht. Die Bewegung „bonehead" (s. dazu u.a. die herausragende Monographie „Blood and Honour" von V. Marchi), die sich über ganz Europa, Australien, Nordamerika erstreckt, orientiert sich mit ihrer offen faschistischen Matrix nicht an politischer Militanz oder politischen Organisationen, sondern am – verkürzt ausgedrückt – „White Power Rock". Es ist also eine Bewegung, die sich nicht politische Ziele hinsichtlich der Lenkung und Ausgestaltung von Staat und Gesellschaft setzt, sondern die (aus der proletarischen Subkultur entwachsen) eine klar faschistisch ausgerichtete Gegenkultur geschaffen hat. Ihren Mittelpunkt bildet die Musik – und zwar ein bestimmter Typus weißer Rockmusik – und sie ist begleitet von einem bestimmten „Look" und einem ausgeprägten Typus von standardisierten Verhaltensweisen.[21]

Während ein großer Teil der „skinheads" in Italien – vornehmlich diejenigen aus den selbstverwalteten Sozialzentren – offen für Rassenintegration eintreten und gegen Fremdenfeindlichkeit demonstrieren, geht der größte Teil begangener Gewalttaten gegen Ausländer auf das Konto der „bone-heads" mit ihrem Umfeld (Ministero dell'Interno 1993). Was schon für die „ideologisierten Ultras" angeführt wurde, daß sie nämlich dem vorhandenen Aggressionspotential ihres jugendlichen, zumeist 15- bis 25jährigen Umfeldes, in dem sie sich bewegen, Ausdruck und Form verleihen, was die ideologische Ausrichtung anbetrifft, gilt auch für die „boneheads" (Marchi 1992, 1993). Auch dem „bonehead" gelingt es selten, andere seiner Gruppe zu politischer Militanz zu bewegen. Auch der „bonehead" bewegt sich in seiner Gruppe unter seinesgleichen und nicht er, sondern die Gruppe bestimmt ihn. Während jedoch für die Gruppe die Entladung von Aggression in Gewalttaten zu einem „ludischen Kodex" gehört, hat der „bonehead" dies zu einem „Spaß machenden Auftrag im höheren Sinne", für ein Ziel, dem er sich verschrieben

---

21 Die wichtigsten Rock-Gruppen der „bonehead"-Szene in Italien sind: „Verde Bianco Rosso"; „Peggior Amico"; Powerskin; „Mad Joke"; „Intolleranza"; „Bulldog Skin"; „Palstic Sugery". Die wichtigsten „bonehead"-Magazine sind: „Azione skinhead". Milano; „Running Riot", Torino; „La Fenice", Genova; „Trionfo Bianco", Modena; „La mia battaglia", Cremona; „Blitzkrieg Vicenza", Lonigo (Vicenza); „Risveglio Europeo", Lonigo (Vicenza); „Linea Gotica", Trento; „Nuovi Orizzonti", Frascati (Roma); „Fronte Skinhead", Palermo.

hat, gemacht (Marchi 1993: 203). Beim „bonehead" erhält der subkulturell vorhandene und aus sozialen Wurzeln erwachsene Fremdenhaß sozusagen einen „politischen Überbau".[22]

Übereinstimmend sehen verschiedene Autoren (Ferrarotti 1988, 1993; della Pergola 1991; Balbo/Manconi 1992, 1993; Marchi 1993) die Hauptgefahr der Ausbreitung gewaltsamer Aktionen in Italien nicht in dem ideologisierten rechtsradikalen Potential, wie es sich in den drei beschriebenen Polen manifestiert, begründet, sondern in dem jugendlichen proletarischen, subproletarischen wie kleinbürgerlichen Umfeld, in dem sich diese drei Pole gelegentlich und in Spannungssituationen häufiger, erfolgreich als Verstärker bewegen.

Aufgrund verschiedener Felduntersuchungen (Colucci 1990; Guala 1990; Franchini 1991; Gardinali 1991; Masotti 1991) und Analysen (Castradori 1991; Rusconi 1991, 1992; Somma 1992; Finzi 1993; Ferrarotti 1993) ergibt sich – vorläufig – verhältnismäßig klar, daß Fremden- und Ausländerfeindlichkeit und Haß auf alles politisch, kulturell, ethnisch „Andere" nicht auf Ideologismen (vornehmlich aus dem rechtsradikalen und -extremen Lager) beruhen, sondern auf dem mit den gesellschaftlichen Veränderungen einhergehenden und sich nach 1989 verstärkendem, beschleunigtem Ausbreiten des „alltäglichen Rassimus" in der Bevölkerung (Balbo/Manconi 1993).

Die Ausbreitung dieses alltäglichen Rassismus unter Jugendlichen und vor allem in der jugendlichen Subkultur glaubt V. Marchi eindeutig auf soziale Wurzeln zurückführen zu können (Marchi 1992, 1993). Es sind vor allem Entsolidarisierungsprozesse, die Mitte der 80er Jahre am gesellschaftlichen Rand beginnen, inzwischen weite Teile des Proletariats erreicht haben (mit dem Effekt einer flächendeckenden Jugendarbeitslosigkeit) und in diesen Schichten ein Klima sozialer Unsicherheit und kultureller Entwurzelung geschaffen haben. Diese neu eingetretene Situation ist für die Betroffenen weder rational faßbar noch erklärbar. In einer Art „Sündenbocktheorem" muß deshalb der „Fremde" herhalten, wird der „Andere an sich" zur Hauptursache gestempelt.

Was jedoch noch mehr dazu beiträgt, den jugendlichen Gewaltprozeß gegen Fremde zu erklären, ist das „ludische Element" in seiner häufig ritualisierten Form (Hall/Jefferson 1976). Beginnend in den 80er Jahren hat ein Transformationsprozeß in den 90er Jahren seinen vorläufigen Abschluß ge-

---

22 An dieser Stelle scheint es notwendig anzumerken, daß es beispielsweise seitens der Lega keinerlei, wie auch immer geartete Berührungspunkte zu diesen drei Polen gibt, während die Verbindungen beispielsweise der MSI/DN zum Teil direkt und teilweise sogar sehr eng sind. Diese Pole handeln jedoch vollständig autonom und sie agieren absolut unabhängig, frei von Anbindungen oder 'äußerer' Steuerung. Es ist also die MSI, die den Kontakt zu diesen – auch wahlstimmenmäßig nicht irrelevanten – „Planeten" nicht verlieren möchte und deshalb häufig von sich aus den Kontakt sucht; und sei es nur dadurch, daß einzelne ihrer Exponenten beispielsweise „bonehead"-Aktionen als „modernes Hippytum" verteidigen.

funden, der sozialpsychologisch gesehen Züge kollektiver Perversion trägt. Begonnen hat es mit vereinzelten Akten der Transgression, der Überschreitung der Grenzen, wobei das Objekt der Aggression noch das fest ausmachbare Subjekt (oder auch das beliebig ausgewählte, aber immer noch Subjekt) des Fremden, des Ausländers anderer Rasse oder Hautfarbe war. Dies ist mit der Zeit zum „Spiel" geworden, um die Langeweile zu vertreiben und der Misere des Alltagslebens zu entfliehen (Scalzone 1983) und in dem der „andere" – ob Homosexueller, Afrikaner oder Transvestit – nur noch als „Spielobjekt" gesucht wird, um den eigenen Spaß zu befriedigen.

Je mehr dieses „ludische Element" der gewalttätigen Transgression zum Bestandteil einer bestimmten Subkultur vor allem im Lumpenproletariat, aber auch in den Unterschichten des Proletariats wie in sozial gefährdeten Teilen des Kleinbürgertums geworden ist, hat es nicht nur diese enorme Verbreitung gefunden, sondern ist in den letzten Jahren zur „Mode" geworden. Diese Subkultur ist zur „Mode" in dem Sinne geworden, als diejenigen, die die Spaß und stark machenden Gewaltaktionen zum Bestandteil ihres (Freizeit-)Lebens gemacht haben, als „Vorbilder" für andere dienen, wie man „erfolgreich" der Angst vor der Alltagsmisere und der Langeweile entfliehen kann.[23] Dieser Trend hat auch noch an Attraktivität durch einen leicht erkennbaren Lebensstil gewonnen, der durch Habitus und einen bestimmten Musikgeschmack die Identifikation und das Finden der eigenen Identität erleichtert sowie die Gruppenzugehörigkeit bzw. die Zugehörigkeit zu einer derartigen Gruppierung erhöht. („Wir sind viele – überall, ich bin nicht mehr allein.")[24]

7. Schlußbemerkung

Geht man in Italien der Frage nach, ob es sich beim „Rechtsextremismus" um ein Produkt der Moderne oder um ein Überbleibsel des Faschismus handelt, so muß die generelle Antwort „sowohl als auch" lauten. Einerseits hat die Faschismusforschung aufgezeigt, daß es in vielerlei Bereichen – so beispielsweise im kulturellen – Kontinuitäten gibt, obwohl Staatsform, Verfassung und gesellschaftlicher Rahmen sich nach dem Zweiten Weltkrieg radikal geändert haben. Weiterhin stellt die auffälligste Kontinuität auf politisch organisierter Ebene die MSI/DN dar, die das Gedankengut über das Verschwinden des institutionalisierten Faschismus von 1922-45 hinwegrettet

---

23 Vergleiche dazu auch die Analysen von V. Marchi (1992, 1993).
24 Eigene – nicht systematisierte – Untersuchungen teilnehmender Beobachtung in römischen Vorstadtvierteln mit einem hohen Anteil jugendlicher, fremdenfeindlicher Gewalt bestätigen diese Beobachtungen und weisen auf eine steigende Attraktivität und sich verbreitende Akzeptanz hin.

und es bruchlos bis in die Gegenwart hineinführt. Außerdem nehmen rechts-extreme Gruppierungen in der Nachkriegszeit bis heute Teile der faschisti-schen Ideologie oder bestimmte Kampfformen auf, um sie theoretisch, aber auch praktisch neu modelliert in den gesellschaftspolitischen Auseinander-setzungen einzusetzen.

Andererseits handelt es sich beim Rechtsextremismus nicht nur um ein „Überbleibsel" des Faschismus, sondern die Moderne selbst bringt neue Agenten auf der gesellschaftlichen Ebene hervor, die eigenständig neu-fa-schistische Ideologien oder Versatzstücke davon entwickeln. Hier werden die „alten Ideologien" also nicht für die Gegenwart fruchtbar gemacht oder auf ihre Validität hin abgeklopft, sondern – wenn überhaupt – entleiht man Symbole wie aus einer Requisitenkammer, schlachtet die Symbolik aus, um sie in einem anderen Kontext zu verwenden.

Es ist unbezweifelbar, daß der Faschismus in seiner institutionalisierten Form der Geschichte angehört. Sicher ist auch, daß es keine politische For-mation oder Gruppierung in Italien gibt, die das historische Modell wieder mit Leben erwecken will. Dies strebt nicht einmal die MSI/DN an, obwohl sie der skrupellosesten Nachlaßverwalter des „Mussolinischen Erbes" ist.

Nicht abgeschlossen ist die Auseinandersetzung zwischen „offenen" und „geschlossenen" Gesellschaften respektive der sie tragenden unterschiedli-chen Werte und Normen (und dies nicht nur in Italien). Zwei Tendenzen lassen sich gegenwärtig ausmachen, was die offenen oder latenten Befür-worter eines geschlossenen Systems betrifft. Die eine ist anzusiedeln im oberen Teil der Gesellschaftspyramide, wo die Privilegierten bei einer fort-schreitenden Demokratisierung der Gesellschaft um die Wahrung ihres Be-sitzstandes fürchten. Die andere Tendenz findet sich am Fuß der Pyramide dort, wo man glaubt, die verlorengegangene Solidarität zwischen den Ge-sellschaftsmitgliedern der eigenen Nation durch Ausgrenzung der „Ande-ren" auch in den eigenen Reihen, wieder einfordern zu können. Beide Lager wissen unabhängig voneinander, daß sie – obwohl sich ihr Einfluß auch auf das sie umgebende Umfeld erstreckt – in der Gesellschaft nicht konsensfähig sind. Sie setzen daher beide auf autoritäre Lösungen, die es ihnen ermögli-chen, ihre Zielvorstellungen durchzusetzen. Das quantitative Ausmaß dieser Tendenzen ist schwer abschätzbar, sie stellen aber – wie die Forschung der letzten Jahre herausgearbeitet hat – nicht die alleinige Ursache für Fremden-feindlichkeit, Rassismus und Rechtsextremismus dar.

Literatur

AA.VV., 1962: Fascismo e antifascismo (1918-1936), Lezioni e testimonianze. Milano.
AA.VV., 1962: Fascismo e antifascismo (1936-1948), Lezioni e testimonianze. Milano.
AA.VV., 1987: Cultura e società negli anni del fascismo. Milano.

Agazzi, E., 1966: Benedetto Croce e l'avvento del fascismo, in: Rivista storia del socialismo, 27, 76-103.

Al di là..., 1982: Al di là della destra e della sinistra. Atti del convegno „Costanti ed evoluzioni di un patrimonio culturale". Roma.

Aquarone, A., 1965: L'organizzazione dello stato totalitario. Torino.

Audisio, W., 1975: In nome del popolo italiano. Milano.

Balbo, L., 1989: Oltre l'antirazzismo facile, in: Democrazia e diritto n.6.

Balbo, L., 1992: Razzismo ordinario, parlando d'altro, in: Politica ed Economia, marzo 1992.

Balbo, L./Manconi, L., 1990: I razzismi possibili. Milano.

Balbo, L./Manconi, L., 1992: I razzismi reali. Milano.

Balbo, L./Manconi, L., 1993: Razzismi – un vocabolario. Milano.

Bartolini, S., 1982: Il fascismo femminile e la sua stampa la Rassegna Femminile italiana (1925-1930), in: Nuova „DWF", Nr. 21.

Basso, L., 1958: Il principe senza scettro, Democrazia e sovranità popolare nella costituzione e nella realtà italiana. Milano.

Basso, L., 1962: Le origini del fascismo, in: AA.VV, Fascismo e antifascismo (1918-1936), Lezioni e testimonianze. Milano.

Battaglia, R., 1964: Storia della Resistenza italiana, 8 settembre 1943 – 25 aprile 1945. Torino.

Battaglia, R., 1964: Risorgimento e Resistenza. Roma.

Battaglini, M., 1986: Il movimento politico Ordine Nuovo. Il Processo di Roma del 1973, in: *V. Borraccetti* (Hg.), Eversione di destra, terrorismo, stragi. Milano.

Bellotti, F., 1947: La Repubblica di Mussolini. Milano.

Biorcio, R., 1991: La Lega come attore politico: dal federalismo al populismo regionalista, in: *R. Mannheimer* (Hg.), La Lega Lombarda. Milano.

Biorcio, R./Diamanti, I., 1987: La scelta di voto: dal risultato all'attore sociale, in: Quaderni dell'Osservatorio elettorale, n. 19.

Biorcio, R./Natale, P., 1989: La mobilità elettorale degli anni ottanta, in: Rivista italiana di scienze politiche, n.3.

Borraccetti, V. (Hg.), 1986: Eversione di destra, terrorismo, stragi. Milano.

Caciagli, M., 1988: Quante Italie? Persistenza e transformazione delle culture politiche subnazionali, in: Polis, n. 3.

Caciagli, M., 1991: Erosioni e mutamenti nell'elettorato democristiano, in: *M. Caciagli/A. Spreafico* (Hg.), Vent'anni di Elezioni in Italia. 1968-1987. Padova.

Caciagli, M./Spreafico, A. (Hg.), 1991: Vent'anni di Elezioni in Italia. 1968-1987. Padova.

Cadorna, R., 1948: La riscossa (dal 25 luglio alla Liberazione). Milano.

Calamandrei, P., 1966: Scritti e discorsi politici, a cura di N. Bobbio, 2 voll., Firenze.

Campioni, G., 1990: Chi ha paura dei senegalesi?, in: Micromega n.3.

Candeloro, G., 1981: Storia dell'Italia moderna, vol. IX. Milano.

Candeloro, G., 1981: Il fascismo e le sue guerre. Milano.

Candeloro, G., 1984: La seconda guerra mondiale, il crollo del fascismo, la Resistenza. Milano.

Cannistraro, Ph.V., 1975: La fabbrica del consenso. Fascismo e mass media. Bari.

Carocci, G., 1963: La Resistenza italiana. Milano.

Carocci, G., 1972: Storia del fascismo. Milano.

Castradori, F., 1991: Le radici dell'odio. Il conte di Gobineau e le origini del razzismo. Milano.

Casucci, C., 1982: Il fascismo. Antologia di scritti critici. Bologna.

Catalano, F., 1964: La fase di formazione della R.S.I. attraverso la memorialistica fascista, in: Il Movimento di Liberazione in Italia, n.77.

Cavalli, L. (Hg.), 1975: Il fascismo nell'analisi sociologica. Bologna.

Cavalli, L./De Lillo, A., 1983: I giovani negli anni '80. Bologna.

Censis, 1989: I valori guida degli Italiani, Roma, Presidenza del Consiglio dei Ministri, Dipartimento per l'Informazione e l'Editoria. Roma.

Cesareo, V./Rovati, R./Lombardi, M., 1989: Localismo politico: il caso Lega Lombarda, Comitato Regionale Lombardo Democrazia Cristiana. Varese.

Cheles, L./Fergusonn, R./Vaughan, M. (Hg.), 1992: Neo-fascism in Europe. London.

Chiarini, R., 1992: The 'Movimento sociali italiano: A historical profile; in: *L. Cheles/R. Ferguson/M. Vaughan* (Hg.), Neo-Fascism in Europa. London.

Chiarini, R./Corsini, P., 1983: Da Salò a Piazza della Loggia. Milano.

Cione, E., 1948: Storia della Repubblica sociale italiana. Caserta.

Cocchi, G. (Hg.), 1990: Stranieri in Italia, Istituto Cattaneo. Bologna.

Coen, F., 1988: Italiani ed ebrei: come eravamo. Le leggi razziali del 1938. Genova.

Colarizi, S., 1976: L'Italia antifascista dal 1922 al 1940. Bari.

Collotti, E., 1978: L'antifascismo in Italia e in Europa 1922-1939. Torino.

Collotti, E., 1989: Fascismo, Fascismi. Firenze.

Colucci, C., 1990: L'insofferenza verso lo straniero, in: *G. Cocchi* (Hg.), Stranieri in Italia, Istituto Cattaneo. Bologna.

Commissione Europarlamentare sul razzismo e la xenofobia, 1991: Relazioni e risultati. Brüssel.

Confalonieri, M.A., 1990: S'avanza uno strano soldato: qualche idea sulla Lega lombarda, in: Ulisse, n. 3.

Costabile, A., 1991: Il fronte dell'Uomo Qualunque e la Lega Lombarda. Messina.

Critica Marxista, 1993: Le nuove frontiere del razzismo, Contributi di West, Merlo, De Costanzo, Chiaromonte, gennaio-aprile.

D'Agata, R., 1987: Bauer, Nitti, Mann. Fasano.

Deakin, F., 1963: La Repubblica di Salò. Torino.

De Felice, R., 1961, 1988: Storia degli ebrei italiani sotto il fascismo. Torino.

De Felice, R., 1965: Mussolini. Il rivoluzionario. Torino.

De Felice, R., 1969, 1986: Le interpretazioni del fascismo. Bari.

De Felice, R., 1970: Il fascismo. Le interpretazioni dei contemporanei e degli storici. Bari.

De Felice, R., 1975: Intervista sul fascismo. Hrsg. M.A. Ledeen. Bari.

De Felice, R., 1981: Mussolini. Il Duce. Torino.

De Felice, R., 1983: Mussolini. Il mito. Torino.

De Grazia, V., 1981: Consenso e cultura di massa nell'Italia fascista. L'organizzazione del Dopolavoro. Bari.

Del Boca, A./Giovana, M., 1965: I figli del sole. Milano.

Della Pergola, G., 1991: Razzismo (anzi xenofobia) degli italiani, in Territorio, Rivista del Dipartimento di scienze del territorio.

Della Porta, D. (Hg.), 1984: Terrorismi in Italia. Bologna.

De Lutiis, F., 1984: Storia dei servizi segreti in Italia. Roma.

Democrazia e Diritto, 1989: n. 6. Roma.

de Simone, C., 1972: La pista nera. Roma.

Destra in movimento – Verso l'unità e il rinnovameto. Tesi politiche e programmatiche orientative a carattere nazionale, 1989: XVI. Congresso nazionale MSI-DN. Roma.

Detragiache, D., 1983: Il fascismo femminile da San Sepolcro all'affare Matteotti, in: Storia Contemporanea, April.

Diamanti, I., 1990: Partecipazione e orientamenti politici, in: *V. Belotti* (Hg.), Giovani a Vicenza. Venezia.

Diamanti, I., 1991: Una tipologia dei simpatizzanti della Lega, in: *R. Mannheimer* (Hg.), La Lega lombarda. Milano.

Dossier sul neofascismo, 1972. Roma.

Dubiel, H. (Hg.), 1986: Populismus und Aufklärung. Frankfurt a.M.

Faenza, R., 1978: Il Malaffare, Dall'America di Kennedy all'Italia, a Cuba al Vietnam. Milano.

Ferraresi, F., 1984: Da Evola a Freda. Le dottrine della destra radicale fino al 1977, in: *F. Ferraresi* (Hg.), La destra radicale. Milano.

Ferraresi, F., 1984: La destra eversiva, in: *F. Ferraresi* (Hg.), La destra radicale. Milano.

Ferrari, F.L. 1928, italienische Übersetzung 1983: Le Règime fasciste Italien. Paris.

Ferrarotti, F., 1988: Oltre il razzismo. Roma.

Ferrarotti, F., 1993: La tentazione dell'oblio. Razzismo, antisemitismo e neonazismo. Bari-Roma.

Finzi, R., 1993: L'antiebraismo viene da lontano, in: Critica Marxista, gennaio-aprile.

Fraddosio, M., 1986: Le donne e il fascismo. Ricerche e problemi di interpretazione, in: Storia contemporanea, Februar.

Fritzschke, K., Vom Postkommunismus zum Postfaschismus? – Das Beispiel des Movimento Sociale Italiano; in: *U. Backes/E. Jesse* (Hg.), Jahrbuch Extremismus und Demokratie, 3. Jg. Bonn, 52-69.

Franchini, R./Guidi, D., 1991: „Premesso che non sono razzista.", L'opinione di mille modenesi sull'immigrazione extracomunitaria. Roma.

Gaddi, G., 1974: Neofascismo in Europa. Milano.

Galli, G., 1974: La crisi italiana e la destra internazionale. Milano.

Gallini, C., 1989: Le radici dell'immaginario esotico, in: Democrazia e Diritto n. 6.

Gardinali, P. e altri, 1991: Inchiesta sugli studenti in Lombardia, in: Ulisse n. 6, autunno.

Gentile, E., 1975: Le origini dell'ideologia fascista (1918-1925). Bari.

Gentile, E., 1982: Il mito dello stato nuovo dall'antigiolittismo al fascismo. Bari.

Giovana, M., 1966: Le nuove camicie nere. Torino.

Guala, C., 1990: Atteggiamenti verso gli immigrati del Terzo mondo: una ricerca a Torino, in: *G. Cocchi,* Stranieri in Italia. Bologna.

Hall, S./Jefferson, T. (Hg.), 1976: Resistance through rituals. London.

Hebdige, D., 1983: Sottocultura. Il fascino di uno stile innaturale. Genova.

Ignazi, P., 1989: Il polo escluso. Profilo del Movimento sociale Italiano. Bologna.

Isnenghi, M., 1979: Intellettuali militanti e intellettuali funzionari. Appunti sulla cultura fascista. Torino.

Istituto per la storia del movimento di liberazione in Italia, 1985: Storiografia e fascismo. Milano.

Jacobelli, J., 1988: Il fascismo e gli storici oggi. Bari.

La rassegna mensile di Israel, 1988: 1938. Le leggi contro gli ebrei, Nr. 1-2.

Lazzero, R., 1985: Il partito nazionale fascista. Milano.

Luti, G., 1966: Cronache letterarie tra le due guerre 1920-1940. Bari.

Lyttelton, A., 1974: La conquista del potere. Il fascismo dal 1919 al 1929. Bari.

Manconi, L., 1989: Molti razzismi, in: Democrazia e Diritto n. 6.

Manconi, L., 1990: Solidarietà, egoismo. Bologna.

Manconi, L., 1990: Razzismo interno, razzismo esterno e strategia del chi c'è, c'è, in: *Manconi, L., L. Balbo/L. Manconi,* I razzismi possibili. Milano.

Mangoni, L., 1974: L'interventismo della cultura. Intellettuali e riviste del fascismo. Bari.

Mannheimer, R., 1989: Elezioni e comportamento elettorale, in: *L. Morlino* (Hg.), Scienza politica. Torino.

Mannheimer, R., 1990: I metalmeccanici e la Lega Lombarda. Milano.

Mannheimer, R., 1991: La Lega Lombarda. Milano.

Mannheimer, R., 1991: La crisi del consenso per i partiti tradizionali, in: *R. Mannheimer* (Hg.), La Lega Lombarda. Milano.

Mannheimer, R., 1991: Chi vota Lega e perchè, in: *R. Mannheimer* (Hg.), La Lega Lombarda. Milano.

Mannheimer, R., 1991: Nota conclusiva, in: *R. Mannheimer* (Hg.), La Lega lombarda. Milano.

Mannheimer, R./Sani, G., 1988: Il mercato elettorale. Bologna.

Marchi, V., 1992: Skinhead: stili di vita e movimenti politici. Torino.

Marchi, V., 1993: Naziskin: stile di vita ed attivismo politico, in: Critica Marxista, nn.1-2, gennaio-aprile.

Marchi, V., 1993: Blood and Honour. Roma.

Margiotta Broglio, F., 1966: Italia e Santa Sede dalla grande guerra alla Conciliazione. Bari.

Margiotta Broglio, F. (Hg.), 1977: La chiesa del Concordato. Anatomia di una diocesi. Firenze 1929-1943. Bologna.

Marletti, C., 1989: Mass media e razzismo in Italia, in: Democrazia e Diritto n.6.

Marletti, C., 1991: Extracomunitari. Dall'immaginario collettivo al vissuto quotidiano del razzismo. Roma.

Masotti, G., 1991: I giorni neri. Il raid di Firenze e i veleni del razzismo. Firenze.

Miccoli, G., 1973: La chiesa e il fascismo, in: *G. Quazza* (Hg.), Fascismo e società italiana. Torino.

Micromega, 1990: Il terzo mondo in Italia, n. 3. Roma.

Mimma, R., 1984: Il terrorismo di destra in: *D. Della Porta* (Hg.), Terrorismi in Italia. Bologna.

Ministero dell'Interno, 1992: Relazione del Ministro al Parlamento. Roma.

Ministero dell'Interno, 1993: Episodi di antisemitismo 1988-1992. Roma.

Ministero dell'Interno, 1993: Episodi di intolleranza, discrominanzione e violenza ascrivibili agli skinhead 1988-1992. Roma.

Ministero dell'Interno, 1993: Episodi di intolleranza, discriminazione e violenza nei confronti di cittadini extracomunitari 1988-1992. Roma.

Ministero dell'Interno, 1993: Rassegna stampa sul razzismo 1990-1992. Roma.

Moioli, V., 1990: I nuovi razzismi. Roma.

Moioli, V., 1993: il razzismo delle leghe, in: Critica marxista, gennaio-aprile.

Mondello, E., 1987: La Nuova Italiana, La donna nella stampa e nella cultura del ventennio. Roma.

Müller, P., 1990: Die Mafia in der Politik. München.

Natale, P., 1991: Lega Lombarda e insediamento territoriale: un'analisi ecologica, in: *R. Mannheimer* (Hg.), La Lega Lombarda. Milano.

Nirenstein, F., 1990: Il razzista democratico. Milano.

Paladin, G., 1954: La lotta clandestina di Trieste nelle drammatiche vicende del CLN della Venezia Giulia. Trieste.

Palla, M., 1986: Nascita e avvento del fascismo in Italia, in: La Storia, vol. IX. Torino.

Palla, M., 1987: Sul regime fascista italiano. Precisazioni terminologiche e interpretative, in: Italia contemporanea Nr. 169.

Passerini, L., 1984: Torino operaia e fascismo. Una storia orale. Bari.

Pasquino, G., 1991: Una lega contro i partiti, in: Rivista dei Libri, maggio.

Pavone, C., 1974: La continuità dello stato. Istituzioni e uomini, in: *AA.VV.,* Italia 1945-48. Le origini della Repubblica. Torino.

Pavone, C., 1986: Il Regime fascista, in: La Storia, vol. IX. Torino.

Perticone, G., 1946: La Repubblica di Salò. Roma.

Petersen, J., 1975: Elettorato e base sociale del fascismo italiano negli anni venti, in: Studi Storici Nr. 3.

Petrosini, D., 1988: Forme di Razzismo in Italia, in: Il Progetto nn. 43-44.

Poggio, P.P., 1986: La Repubblica sociale italiana 1943-45. Atti del convegno, „Annali della fondazione L. Micheletti", vol. II, Brescia.

Pombeni, P., 1984: Demagogia e tirannide. Uno studio della forma partito del fascismo. Bologna.

Presidenza del Consiglio dei Ministri – Dipartimento per l'Informazione e l'Editoria, 1989: Razzismo e intolleranza nella società italiana, Materiali di documentazione (1988-1989), Rome.

Presidenza del Consiglio dei Ministri – Dipartimento per l'Informazione e l'Editoria, 1990: L'immigrazione nella stampa italiana, Materiali e documentazioni (1989-1990), 3 volumi. Roma.

Preti, D., 1987: La modernizzazione corporative (1922-1940), Economia, salute pubblica, istituzioni e professini sanitarie. Milano.

Procacci, G., 1983: Stato e classe operaia in Italia durante la prima guerra mondiale. Milano.

Quazza, G., 1976: Resistenza e storia d'Italia. Problemi e ipotesi di ricera. Milano.

Ragionieri, E., 1976: La storia politica e sociale, in: Storia d'Italia. Torino.

Rauty, R., 1993: Giovani razzisti: un nuovo senso commune?, in: Critica marxista, gennaio-aprile.

Repaci, A., 1954: Fascismo vecchio e nuovo e altri saggi. Torino.

Rosenbaum, P., 1975: Il nuovo fascismo. Storia del MSI. Milano.
Rosenbaum, P., 1976: Italien 1976, Christdemokraten mit Kommunisten?, Reinbek bei Hamburg.
Roversi, A. (Hg.), 1990: Calcio e violenza in Europa. Bologna.
Roversi, A., 1990: Calcio, tifo e violenza. Il teppismo calcistico in Italia. Bologna.
Rusconi, G.E., 1989: Osservazioni sui razzismi, in: Micromega, n. 1.
Rusconi, G.E., 1989: Questione etnica e cittadinanza, in: Democrazia e Diritto n. 6.
Rusconi, G.E., 1991: Razzismo, etnocentrismo e cittadinanza, in: Pospettive sindacali n. 79/80.
Rusconi, G.E., 1992: Etnia: un costrutto polemico, in: Polis n. 3.
Saccomani, E., 1977: Le interpretazioni sociologiche del fascismo. Torino.
Salvadori, M., 1955: Storia della resistenza italiana, Venezia.
Salvemini, G., 1966: Scritti sul fascismo, vol. I, a cura di Roberto Vivarelli. Milano 1966, vol. II, a cura di Nino Valeri e Alberto Merola. Milano.
Sani, G./Segatti, P., 1991: Mutamento culturale e politica di massa, in: *V. Cesareo* (Hg.), La cultura dell'Italia Contemporanea. Torino.
Santarelli, E., 1953: Origini del fascismo. Urbino.
Santarelli, E., 1967: Storia del movimento e del regime fascista, 2 voll. Roma.
Santarelli, E., 1974: Fascismo e neofascismo. Studi e problemi di ricerca. Roma.
Sapelli, G., 1975: Fascismo, grande industria e sindacato. Il caso di Torino 1929-1935. Milano.
Scalzone, O., 1983: Un pomeriggio in piazza, in: Frigidaire, n. 31, giugno.
Scoppola, P., 1973: La chiesa e il fascismo. Bari.
Secondo (Il) Risorgimento. Nel decennale della Resistenza e del ritorno alla democrazia, 1945-1955, scritti di A. Garosci, L. Salvatorelli, C. Primieri, R. Cadorna, M. Bendiscioli, C. Morati, P. Gentile, M. Ferrara, F. Montanari, (1955) Roma.
Smargiasse, A., 1993: Calcio, ultrà e ideologia, in: Critica Marxista nn.1-2, gennaio-aprile.
Somma, P., 1992: Spazio e razzismo. Strumenti urbanistici e segregazione etnica. Milano.
Tamaro, A., 1948-49: Due anni di storia, 1943-45. Roma.
Tarchi, M. (Hg.), 1992: La voce della fogna, Modena.
Tasca, A., 1950: Nascita e avvento del fascismo. L'Italia dal 1918 al 1922. Firenze.
Tentori, T., 1987: Il rischio della certezza. Pregiudizio, potere, cultura. Roma.
Togliatti, P., 1970: Lezioni sul fascismo. Roma.
Tranfaglia, N., 1973: Dallo stato liberale al regime fascista. Milano.
Tranfaglia, N., 1976: Fascismo e capitalismo. Milano.
Tranfaglia, N. (Hg.), 1978: Il Mondo contemporaneo, Storia d'Italia. Firenze.
Tranfaglia, N., 1993: Tornano i reazionari, in: La Repubblica 25.11.
Transfaglia, N./Firpo, M., 1986: La Storia. Torino.
Trentin, S., 1975: Dieci anni di fascismo totalitario in Italia. Dall'istituzione del Tribunale Speciale alla proclamazione dell'impero. Roma.
Turi, G., 1980: Il fascismo e il consenso degli intellettuali. Bologna.
Turner, J.H./Singleton, R. Jr./Musick, D., 1984: Oppression. A Socio-History of Black-White Relations in America. Chicago.
Uesseler, R., 1993: Herausforderung Mafia. Strategien gegen Organisierte Kriminalität. Bonn.
Uesseler, R., 1991: „Gladio" – Der Schattenkrieg. Italienische Ausgrabungsfunde im Nato-Untergrund, in: Blätter für deutsche und internationale Politik, 9.
Uesseler, R., 1992: Das politische System Italiens in der Krise, in: Blätter für deutsche und internationale Politik, 4.
Uesseler, R., 1992: Der Durchbruch der Lega. Italien zwischen Regionalisierung und Zerfall, in: Blätter für deutsche und internationale Politik, 12.
Uesseler, R., 1992: Die regionalistischen Leghe und das Unbehagen in Italien, in: Neue Gesellschaft/Frankfurter Hefte, 4.
Uesseler, R., 1993: Italien: Revolution ohne Revolutionäre, in: Blätter für deutsche und internationale Politik, 5.

Uesseler, R., 1993: Italiens Parteienlandschaft im Umbruch, in: Blätter für deutsche und internationale Politik, 8.
Valiani, L., 1966: Problemi di storia della Resistenza italiana. Modena.
Veneruso, D., 1981: L'Italia fascista (1922-1945). Bologna.
Vimercati, D., 1990: I Lombardi alla nuova crociata. Milano.
Vivarelli, R., 1967: Il dopoguerra in Italia e l'avvento del fascismo (1918-1922), Napoli.
Vivarelli, R., 1981: Il fallimento del liberalismo. Studi sull'origine del fascismo. Bologna.
Zuccotti, S., 1987: L'Olocausto in Italia. Milano.
Zunino, L., 1985: L'ideologia del fascismo. Miti, credenze e valori nella stabilizzazione del regime. Bologna.

V.
Gesellschaftliche und staatliche Reaktionen

Peter Dudek

Die Auseinandersetzungen mit Nationalsozialismus und Rechtsextremismus nach 1945

1. Einleitung

„Wir haben den Nationalsozialismus noch nicht von innen her überwunden. Dies nachzuholen und zwar in raschem Tempo, ist unerläßlich. Ein solcher Kampf einer neuen Gesellschaftsordnung gegen die Reste der alten stellt aber schon an sich ein revolutionäres Element dar" (Deiters 1948: 84). Was hier Heinrich Deiters, renommierter Professor für Pädagogik an der Ostberliner Humboldt-Universität, 1948 forderte, war in der SBZ anfänglich breiter Konsens. Erziehungsreform und Gesellschaftstransformation, so hieß der einfache Nenner in der Auseinandersetzung mit dem Nationalsozialismus als einer noch gegenwärtigen Vergangenheit. Vor dem Hintergrund dieses gesellschaftspolitischen Selbstverständnisses in der SBZ war es nur konsequent, daß die SED 1950 offiziell den Nationalsozialismus und dessen Folgen für überwunden erklärte. Im Juli 1950 beschloß der III. Parteitag der SED, daß in der DDR „die Wurzeln des Faschismus ausgerottet worden" seien (Dokumente 1952: 97). Damit existierte für sie das Problem nur noch mit Blick auf die Bundesrepublik.

In den Westzonen und der Bundesrepublik stellte sich die Situation völlig anders dar. Verfassungspolitisch setzte man mit dem Grundgesetz und den Länderverfassungen eine Zäsur (Pfetsch 1990), ohne daß mit dem Neubeginn eine strukturelle Neuordnung der sozio-ökonomischen Verhältnisse beabsichtigt war. Neben der mißlungenen personellen Entnazifizierung (Fürstenau 1969; Niethammer 1982; Vollnhals 1991) war die junge Republik gleich mit mehreren Hypotheken belastet.

Zunächst mußte sie politisch und sozial erhebliche Integrationsleistungen gegenüber Vertriebenen, Spätheimkehrern, deklassierten Wehrmachtsangehörigen, Mitgliedern der Waffen-SS erbringen, die sich – anders als in der DDR – nicht an den Mustern einer totalitären Herrschaftslogik orientieren konnten. Eugen Kogon hatte das Problem schon 1947 mit Blick auf die Millionen von Mitläufern auf den Punkt gebracht: Er sprach vom Recht auf den politischen Irrtum, denn „man kann sie nur töten oder gewinnen ... Töten kommt hierzulande, auf den Breitengraden der Demokratie, der verkündeten Humanität und des da und dort immerhin noch nachwirkenden, noch wir-

kenden Christentums nicht in Frage. Also muß man sie gewinnen" (Kogon
1947: 655). Der Weg ohne Alternative barg aber auch Risiken, denn einerseits
blieb die von der Formationserziehung des Nationalsozialismus geprägte
Jugend in hohem Maße skeptisch bis ablehnend gegenüber dem „Projekt
Demokratie" (Dudek 1992), zum anderen signalisierten die zum Teil spektakulären regionalen Wahlerfolge rechtsextremer Parteien in den vierziger und
frühen fünfziger Jahren das mögliche Scheitern des Projektes.[1] Vor diesem
Hintergrund schienen die Warnungen vor einem neuen Faschismus in der
Bundesrepublik nicht unbegründet. Sie begleiteten die Geschichte des Rechtsextremismus nach 1945 von Beginn an – mit Blick auf Auschwitz und die
Wiederholungsgefahr. Brechts Satz vom „Schoß, der noch fruchtbar ist",
gehörte seit den fünfziger Jahren denn auch zur Grundlage aller Auseinandersetzungen des linken Lagers mit dem organisierten Rechtsextremismus.

Der „linke Alarmismus" (Hartung 1992) hat seitdem aber schon zu oft
selbstdestruktiv für Fehlalarme gesorgt, weil der inflationäre Gebrauch des
Faschismusbegriffs, und damit das Denken in Gefahren, den Sinn für Differenzen – zwischen Weimar und Bonn – getrübt hat. Deshalb ist die Kritik an
den Auseinandersetzungsformen mit dem Rechtsextremismus in den letzten
fünfzehn Jahren notorisch geworden (Kowalsky 1992), ohne daß den Kritiker
aus ihrer spitzen Feder schon die effektiveren Strategien geflossen wären. In
den Sesseln hinter den Schreibtischen läßt es sich augenscheinlich bequemer
einrichten als in der öffentlichen Gestaltung politischer Aktionen. Auch der
vorliegende Beitrag wartet nicht mit innovativen Vorschlägen auf, sondern
mit einer historischen Bilanz. Wie reagierten das politische System und die
demokratische Öffentlichkeit nach 1945 auf die Existenz des organisierten
Rechtsextremismus und auf das mentale Nachleben der NS-Vergangenheit
in der Demokratie? Wie gestaltete sich auf welchen Feldern jene „Aufarbeitung der Vergangenheit", von der Adorno schrieb, daß eben dieses „Nachleben des Nationalsozialismus in der Demokratie als potentiell bedrohlicher
(betrachtet werden müsse) denn das Nachleben faschistischer Tendenzen
gegen die Demokratie" (Adorno 1963: 126).

Ich will im folgenden – sehr verkürzt – einige strukturelle und historisch-
systematische Überlegungen zum Thema „Umgang mit Rechtsextremismus
und NS-Vergangenheit" anstellen. Dessen Schwierigkeit besteht darin, daß
man in historischer Perspektive kaum auf theoretisch gehaltvolle und empirisch gesättigte Vorarbeiten zurückgreifen kann. Zwei sinnvolle Forschungs-
strategien bieten sich an: Zum einen ein institutionentheoretischer Zugang,
der die Umgangs-Thematik im Hinblick auf politische Institutionen (Regie-

---

1 Zu den Wahlergebnissen rechtsextremer Parteien seit 1945 vgl. Stöss (1993). Für die Geschichte rechter Splitterparteien unentbehrlich ist Stöss u.a. (1983). Speziell zur Geschichte
   der DRP und NPD erstmals auf der Grundlage parteiinterner Quellen vgl. Dudek/Jaschke
   (1984). Für die Geschichte des Nachkriegs-Rechtsextremismus noch immer instruktiv ist die
   Studie von Tauber (1967).

rung, Parlament), gesellschaftliche Verbände (Kirchen, Gewerkschaften), auf politische Justiz, die Institutionen politischer Kontrolle (Polizei, Verfassungsschutz) und jene der Bewußtseinsbeeinflußung (Bildungssystem, Jugendarbeit, Jugendschutz, Medien) diskutiert, und die Auseinandersetzung mit NS-Vergangenheit und Rechtsextremismus als eine Form sozialer Kontrolle begreift. Er wäre in der Lage die von Dudek/Jaschke (1984: 30ff.) entwickelte interaktionstheoretische Dimension des Rechtsextremismus, die zwischen der Aufklärungs-, Kriminalisierungs- und Pathologisierungsstrategie unterscheidet, theoretisch so weiter zu differenzieren, daß sie empirischen Fallstudien als adäquate Interpretationsfolie dienen und zugleich die Brüche in der Mehrheitskultur erkennen kann. Zum anderen bietet sich eine Strategie an, welche die unterschiedlichen Phasen der Auseinandersetzung zeitlich und thematisch rekonstruiert.[2] Beides würde jedoch den zugestandenen Rahmen sprengen. Ich will den Zugang deshalb über unterschiedliche Deutungsmuster suchen und fragen, welche Konsequenzen sich jeweils daraus für die Umgangs-Thematik ergeben. Meine Prämisse also lautet: Politische und wissenschaftliche Deutungen bestimmen die Reaktionen gesellschaftlicher Subsysteme auf Rechtsextremismus und NS-Vergangenheit.

2. Rechtsextremismusdeutungen und die Aufarbeitung der NS-Vergangenheit

> „Es gibt Lagen, in denen man die schlafenden Höllenhunde
> wecken muß, um an ihrem Gebelle innezuwerden, wie nahe
> wir der Hölle noch sind. Nur indem wir dieses Finstere,
> das da und dort in unserem Volke noch sein Unwesen
> treibt, auflösen, werden wir es bannen."[3]

Dieses Zitat aus der Erklärung des Bundestagspräsidenten Carlo Schmid anläßlich der antisemitischen Schmierwellen 1960 stellte ein intimer Kenner der rechtsextremen Szene 1961 seinem Buch als Motto voran; und als wollte er solche fast apokalyptischen Deutungen noch bekräftigen, nannte er das Buch „Verschwörung von rechts?" (Jenke 1961). Hölle, Finsternis, Unwesen, Verschwörung – das sind zwar analytisch wenig brauchbare Begriffe aus der Geschichte der Verarbeitung der NS-Vergangenheit, aber doch sehr geläufige.[4] Wie lauteten die Lehren?

Nach 1945 wurden die Auseinandersetzungen mit dem organisierten

---

2 Nicht ohne überraschende Pointen hat dies Jasper (1992) versucht.
3 Erklärung des Bundestagspräsidenten vom 20. 1. 1960 (Verhandlungen 1960: 5231).
4 Ich kann aus dem Blickwinkel der Erziehungswissenschaft weitere ergänzen: Mißbrauch echter Ideale, Destruktion des Geistes, Pervertierung echter Erziehung oder die Vergewaltigung der Werte des christlichen Abendlandes (Dudek 1992a).

Rechtsextremismus, der Kontinuität des Antisemitismus und der NS-Vergangenheit auf verschiedenen Ebenen geführt. Systematisch lassen sich vier Bereiche unterscheiden: a) der verfassungs- und strafrechtliche, b) der politische, c) der finanzielle (Goschler 1992) und schließlich der pädagogische Bereich. Ich will mich auf das politische und pädagogische Feld als Bereiche sozialer Kontrolle beschränken und zugleich betonen, daß man die Auseinandersetzung mit der NS-Vergangenheit und den öffentlichen Umgang mit dem organisierten Rechtsextremismus als einen parallel verlaufenden, interaktiven Prozeß verstehen muß, an dem die politische Öffentlichkeit in Gestalt der Medien, der Gewerkschaften, der Kirchen, der Verbände und politisch-sozialer Bewegungen ebenso beteiligt waren wie die politische Justiz und die Vertreter der politischen Klasse.

Allen Gegenstrategien war bis Anfang der achtziger Jahre über die politischen Lager hinweg die Überzeugung gemeinsam, daß die rechtsextreme Protestbewegung politisch-ideologisch und personell als das Nachleben des Nationalsozialismus zu sehen sei. Das waren Befürchtungen vor einer Wiederholungsgefahr, die sich in dem gegen den damaligen NPD-Vorsitzenden Adolf von Thadden gerichteten Slogan ausdrückten: „Ein Adolf ist genug." Es gab gute Gründe für eine solche Kontinuitätsannahme.

Bis in die späten sechziger Jahre hinein schien die Strategie, den organisierten Rechtsextremismus mit dem Bannstrahl von Auschwitz zu belegen, nämlich auch deshalb erfolgreich zu sein, weil sie die neuralgischen Punkte des rechten Lagers traf. Seine führenden Männer waren zumeist politisch vorbelastet, sie waren „Unverbesserliche", die ihre Lebensgeschichte mit dem Schicksal des „Dritten Reiches" verbanden, ihren beruflichen oder politischen Karriereknick 1945 nicht überwanden und auch nicht bereit waren, politisch den Integrationsangeboten der Bürgerblockparteien zu folgen. Es waren die Vertreter eines Reichsmythos mit vormodernen Wertvorstellungen. Unter ihnen befanden sich nicht-entnazifizierte Professoren, politisch belastete Schriftsteller, Angehörige der SS und der Wehrmacht, aber auch Jugendliche, die kaum in das von Schelsky so fein colorierte Bild der „skeptischen Generation" paßten. Etwa 40 000 von ihnen fühlten sich in den fünfziger Jahren einer Jugendsubkultur zugehörig, deren Stilmittel aus der völkischen Jugendbewegung einerseits und der HJ andererseits entlehnt waren, und die weiterhin an Leitbegriffen wie Reich, Volksgemeinschaft, Jugendführer etc. festhielten und fast automatisch unter Rechtsextremismus-Verdacht gerieten (Dudek 1985: 53ff.). Während sie von Gewerkschaften, Jugendringen und Kirchen unter dem Aspekt der Wiederholungsgefahr politisch überbewertet wurden, sahen andere in ihnen „ein häßliches Fossil, von vielen mit Argwohn betrachtet, aber nur als Museumsstück interessant" (Laqueur 1962: 249). Speziell für sie hatte Bundeskanzler Adenauer 1960 vor dem Hintergrund der weltweit Entrüstung hervorrufenden antisemitischen Schmierwellen den keineswegs ungewöhnlichen Vorschlag parat: „Meinen deutschen Mitmenschen insgesamt sage ich: Wenn Ihr irgendwo einen Lümmel erwischt, vollzieht die Strafe auf der Stelle und gebt ihm eine Tracht Prügel. Das ist die Strafe, die er verdient" (Bundesregierung 1960: 63).

Ein solcher Erziehungsratschlag mag heute als Instrument aus dem Arsenal „schwarzer Pädagogik" belächelt werden, aber er traf damals nicht nur den pädagogischen Zeitgeist, sondern er enthielt auch eine entlastende Deutung: Antisemitismus als Pubertätsdelikt. Sie ergänzte die zweite Deutung des Rechtsextremismus als dem Nachleben des Nationalsozialismus, die ebenfalls eine entlastende Komponente enthielt, weil sie vielfach die Hoffnung nährte, das Problem würde sich biologisch von selbst lösen.

Wissenschaftler haben nun die professionelle Aufgabe, sich mit solchen Deutungen nicht zufrieden zu geben. In ihre Vorstellungen zum Umgang mit der NS-Vergangenheit und ihren vermeintlichen Epigonen fließen in der Regel selbst die Ergebnisse faschismustheoretischer Reflexionen ein. Sie haben durchaus Definitionsmacht, schon deshalb, weil sie die politische Praxis mitbestimmen, sei es in Form von Büchern, Aufsätzen, Tagungen, Reden bei Großdemonstrationen oder in Vorschlägen zum Umgang mit Rechtsextremismus. Soweit ich sehe, lassen sich in der Geschichte der Bundesrepublik idealtypisch vier verschiedene Interpretationsansätze identifizieren, die zu jeweils unterschiedlichen Umgangsvorschlägen geführt haben:

– der faschismustheoretische Ansatz
– der totalitarismustheoretische Ansatz
– der demokratietheoretische Ansatz
– der modernisierungstheoretische Ansatz

Mit guten Gründen blickt der faschismustheoretische Ansatz auf die längste Tradition zurück. Denn die politische Programmatik der extremen Rechten und die personelle Zusammensetzung ihrer Führungskader forderten zu einer solche Sichtweise geradezu auf.[5] In der DDR gehörte es seit Beginn der fünfziger Jahre und in der bundesdeutschen Linken spätestens nach 1968 zum Konsens, daß (Neo)faschismus generell ein an die Interessenlagen der ökonomischen Eliten gebundenes Phänomen kapitalistischer Gesellschaftsformationen sei. Die in den sechziger Jahren geführte Debatte, ob die Epoche des Faschismus zu Ende sei, zentrierte sich gerade auf den Zusammenhang von kapitalistischer Gesellschaftsformation und „Faschismus". Vor diesem Hintergrund konnte Niethammer für die NPD vom „angepaßten Faschismus", Kühnl von einer „neofaschistischen Partei" sprechen und für die DDR hatte die Bundesrepublik damals schon die Schwelle zum Übergang in den Faschismus überschritten. Das Stereotyp vom „klerikal-faschistischen Staat"

---

5 Nicht nur die politische Linke, sondern auch konservative Beobachter sahen im Rechtsextremismus in erster Linie ein ideologisches Nachwirken des Nationalsozialismus (Knütter 1961) und nicht die Gestalt einer neuen sozialen Bewegung von rechts.

und die Kontinuitätsthese „vom 'Dritten Reich' zur Bundesrepublik" (Lozek/Walter 1968) dienten dabei auch der eigenen nachholenden politischen Legitimation des antifaschistischen Staates.

Lutz Niethammers funktionale Analyse der politischen Praxis der NPD wies diese Partei als faschistisch aus, und er sah für sie nur dann Erfolgsbedingungen, wenn sie sich „aus der Nachahmung und personellen Kontinuität des Nationalsozialismus löst und sich auf die spezifischen Voraussetzungen der Bundesrepublik in Aussage, Stil und Bezugsgruppen einläßt" (Niethammer 1969: 262). Andere Autoren wie Reinhard Kühnl haben Ende der sechziger Jahre die Erfolgsbedingungen weniger in der Modernisierungsfähigkeit der Rechten gesehen, sondern eher in der Krisenhaftigkeit des kapitalistischen Systems, in der Entpolitisierung der an das Wirtschaftswachstum gewöhnten Bürger und in den Deformationen des etablierten Parteiensystems. Sie haben damals politische Strategien in zwei Richtungen hin vorgeschlagen, die seither die Praxis faschismustheoretischer Sichtweisen bestimmt haben, nämlich:

(Neo)faschismus bekämpft man einerseits kurzfristig mit den Mitteln der politischen Justiz, nämlich dem Verbot seiner Parteien und Organisationen. Seine Entstehungsbedingungen kann man langfristig andererseits erfolgreich nur dann beseitigen, wenn man das Ziel einer umfassenden Demokratisierung von Politik, Gesellschaft und Wirtschaft verfolgt, „wie sie von den Landesverfassungen und in den Parteiprogrammen 1945 bis 1947 angestrebt" worden ist (Kühnl u.a. 1969: 383). Von Beginn an war diese Strategie auch angesichts der deutschen Zweistaatlichkeit mit unlösbaren Widersprüchen belastet. Einerseits nämlich betonten Kritiker wie Wolfgang Abendroth stets den antifaschistischen Auftrag des Grundgesetzes, der im Artikel 139 seinen Niederschlag gefunden habe. Vor diesem Hintergrund ließen sich ihre Appelle und Forderungen nach politischer Repression gegen die antidemokratische Rechte als Versuche deuten, das politische System an seine grundgesetzlich verankerten Aufgaben zu erinnern. Andererseits gingen die Kritiker von politischen Diagnosen aus, welche das offizielle Selbstverständnis der Bundesrepublik im Antisowjetismus und Antikommunismus sahen, „die ja stets das wichtigste Element faschistischer Ideologie darstellten" (Faller/Siebold 1986: 102). Die Insinuation, die Bundesrepublik stehe in der Kontinuität des NS-Regimes und verrate politisch und moralisch die antifaschistischen Prinzipien des kurzen Interregnums der Besatzungszeit, machte es den Gegnern dieser Position besonders leicht, weil diese politische Fundamentalkritik in der Regel auf der Überzeugung basierte, daß es in der DDR gelang, „mit den faschistischen Traditionen zu brechen und eine Wiederkehr des Faschismus unmöglich zu machen... Dagegen bleibt in der Bundesrepublik der Faschismus als Tendenz und Drohung bestehen" (Kühnl 1971: 269).

Denn die Vertreter der totalitarismustheoretischen Sichtweise haben solche Demokratisierungsvorschläge oder die Berufung auf sozialistische Reformprogramme der Jahre 1946/47 stets als Versuche einer Destabilisierung des politischen und ökonomischen Systems der Bundesrepublik zugunsten eines totalitären Gesellschaftsmodells abgewehrt. Sie haben damit vor allem die kommunistischen Kritiker der extremen Rechten erfolgreich aus dem demokratischen Spektrum ausgegrenzt, weil sie in ihren Versuchen der politischen Revitalisierung des Antifaschismus nur „totalitäre Träumer" (Wilke/Brabant 1988) am Werke sahen. Die entscheidende Grenzlinie, so die Vertreter totalitarismustheoretischer Überzeugungen, verlaufe nicht zwischen Faschismus und Antifaschismus, sondern „zwischen freiheitlicher Demokratie und Totalitarismus" (Rudzio 1988: 124). Sie sehen in der Antifaschismus-Formel einen ideologischen Volksfrontkitt der Kommunisten, denen es in den siebziger Jahren vor allem im Jugendbereich gelungen sei, die Abgrenzungspolitik der demokratischen Linken zu durchbrechen. Ihre Botschaft lautet: Keine gemeinsamen Aktionen mit Kommunisten gegen die extreme Rechte, denn „unter dem großen moralischen Deckmantel des Antifaschismus bemüht sich der verfassungsfeindliche Linksextremismus, salonfähig zu werden" (Knütter 1988: 96).

Wie keine andere politische Strategie gegen den Rechtsextremismus ist der Antifaschismus in den letzten Jahren Gegenstand von linken wie konservativen Kritikern geworden. Wolfgang Kowalsky hat jüngst nochmals die Argumente zusammengetragen, die sowohl vor einem inflationären Gebrauch des Faschismusbegriffs wie vor der politischen Blauäugigkeit warnen, über den Orientierungs- und Kampfbegriff Antifaschismus sich von einer differenzierten Analyse des modernen Rechtsextremismus zu dispensieren. Sein Vorwurf, „in der Linken (habe sich) tiefe Theoriemüdigkeit und eine simple Betroffenheitsrhetorik breitgemacht" (Kowalsky 1992: 32), wird auch von dem konservativen Bonner Politologen Hans-Helmuth Knütter bekräftigt. Er wirft den Antifaschisten vor, nur noch die eigenen Anhänger mobilisieren zu wollen.

„Eine theoretische Vertiefung und Analyse unterbleibt in der Regel. Würde sie nämlich vorgenommen, käme an den Tag, daß die Rechtsextremen weniger über eine bestimmte Ideologie verfügen, sondern daß es sich vielmehr weitgehend um Äußerungen von Frustration und Enttäuschung, um soziale und politische Orientierungslosigkeit handelt. Diese Theorielosigkeit ermöglicht gerade das Aufbauschen der Gefahr" (Knütter 1991: 28).

Die politische Konsequenz aus dieser Kritik heißt für ihn: Kämpferischer Antitotalitarismus, „da die Demokratie nur als antitotalitäre Idee den Anfechtungen auf die Dauer wird widerstehen können" (ebd.).[6] Mit dem poli-

---

6 Günther Rohrmosers Faschismusanalyse dagegen endet unter Berufung auf Lukács und Bloch mit einem ideologiepolitischen Reaktionsvorschlag, nämlich mit dem Verweis auf die „Notwendigkeit einer christlichen Alternative zur Wiedergewinnung der Evidenz der geistigen Grundlagen, ohne die der liberale Verfassungsstaat, wie der Faschismus zeigt, nicht überleben kann" (Rohrmoser 1979: 46).

tischen Bezug auf die parlamentarische Demokratie hat sich die Linke in ihrer Auseinandersetzung mit dem Rechtsextremismus stets schwer getan. Sie blieb bis heute einem fatalen politischen Selbstbezug verhaftet, der vorwiegend der Bekräftigung der eigenen politischen Tradition diente und im übrigen nur eine geringe Sensibilität für die neuen politischen und sozialen Probleme entwickelt hat, welche die Flüchtlingsbewegungen, neuen Nationalismen und ethnischen Konflikte in Europa hervorbringen. So verwundert es nicht, daß gegenwärtig in Ansätzen Selbstkritik und der Ruf nach neuem Denken laut werden, ohne auf den innenpolitischen Kern der Extremismusproblematik, nämlich der Verteidigung der Demokratie und des Gewaltmonopols des Staates einzugehen.

Eng verwandt mit dem totalitarismustheoretischen Ansatz ist die demokratietheoretische Interpretation des politischen Extremismus. Auch sie geht von den politischen Bedrohungspotentialen durch die kommunistische Linke und die extreme Rechte aus. Die politische Linke hat sich mit diesem Konzept nie anfreunden können, ja es nicht einmal kritisch geprüft. Das mag historische Gründe haben, die in einem Noske-Syndrom oder Zörgiebel-Syndrom gründen, aber auch in Erfahrungen aus der Zeit des Kalten Krieges, in der die Linke generell unter Kommunismusverdacht gestellt wurde, oder in der Identifizierung von Streitbarer Demokratie mit formierter Gesellschaft und Notstandsgesetzgebung in den sechziger Jahren.

Im Zentrum der demokratietheoretischen Sichtweise stehen aber weniger historisch-systematische Vergleiche europäischer Totalitarismen und ihre Abwehr, sondern das Konzept der Streitbaren Demokratie und Inneren Sicherheit als Formen politisch-sozialer Kontrolle und Fazit der jüngsten deutschen Geschichte. Ihre Vertreter sehen in dem Konzept – bei aller Detailkritik – die erfolgreiche und folgenreiche Bewältigung des NS-Vergangenheit. Hans-Gerd Jaschke hat das Konzept historisch-systematisch in Intention und Wandel sowie an Exempeln überzeugend rekonstruiert und Maßstäbe gesetzt, hinter die eine ernstzunehmende Diskussion nicht zurückfallen darf. Seine These lautet: In der Geschichte der Bundesrepublik haben es die Unions-Parteien erfolgreich verstanden, den Gedanken der Streitbaren Demokratie von einem verfassungsschutzpolitischen Instrument in ein ordnungspolitisches Staatsschutz-Modell zu verwandeln. Es basiert auf einer ahistorischen, fiktiven Trennung von Demokratie und Extremismus, die selektiv die verschiedenen Formen sozialer Kontrolle steuert.

Die Dominanz des Konzepts der Inneren Sicherheit, so Jaschke, „führt zu sicherheitspolitischem Denken in Kategorien von Bedrohung und Abwehr. Sie vernachläßigt die mit dem 'Streitbarkeits'-Prinzip verbundene 'geistig-politische Auseinandersetzung'. Diese diskursive, konfliktorientierte Ebene erschöpft sich praktisch auf die jährliche Vorlage von Verfassungsschutzberichten. Eine Alternative künftiger Entwicklung kann nur lauten: Mehr Offenheit und Transparenz, mehr Durchschaubarkeit, stärkere Öffnung hin zum Diskurs mit der Gesellschaft, Überprüfung der Rechts-Links-Begrifflichkeit, innere Reformbereitschaft" (Jaschke 1991: 298).

Diese Entwicklung war apriori keineswegs zwangsläufig. Die staatlichen Beobachtungen und Reaktionen auf das Nachleben des Nationalsozialismus gegen die Demokratie setzten zunächst primär auf diskursive und an politischer Aufklärung orientierte Gegenmaßnahmen. Sie zeigen jedoch zugleich auch die Zeitgebundenheit der Auseinandersetzungen, die besonders der Politischen Bildung großen Kredit einräumten. Die jährlichen Veröffentlichungen der Beobachtungen des rechtsextremen Lagers durch die politischen Administrationen waren eine direkte Folge der antisemitischen Schmierwellen 1960. Aus historischer Sicht lohnt ein Blick in diese Berichte, um den Wandel zu dokumentieren. In den sechziger Jahren, anfangs veröffentlicht in der Beilage zum „Parlament", hießen sie „Erfahrungen aus der Beobachtung und Abwehr rechtsradikaler und antisemitischer Tendenzen". In unserem Zusammenhang sind die staatlichen Abwehrmaßnahmen deshalb von besonderem Interesse, weil hier noch das Streitbarkeits-Postulat vor den repressiven Strategien der Inneren Sicherheit rangierte. Über Jahre hinweg findet sich nämlich die Überzeugung, die wirksamste Abwehrmöglichkeit gegen den Rechtsradikalismus liege „in der Erziehung der Staatsbürger, insbesondere der Jugend, zu verantwortungsbewußtem, demokratischen Denken und Handeln und in der Aufklärung über Wesen und Gefahren totalitärer Ideologien" (Bundesinnenministerium 1963: 21). Heute kaum denkbar, erwähnten die Berichte jeweils das Engagement von Parteien, Gewerkschaften, Kirchen und Wissenschaft als notwendig in der Auseinandersetzung mit dem Rechtsextremismus So heißt es im Verfassungsschutzbericht des Jahres 1963:

„Die zeitgeschichtliche Forschung und die politischen Wissenschaften haben durch weitere Beiträge zur Aufhellung unserer politischen Vergangenheit wertvolle Hilfen zur Abwehr neuer rechtsradikaler Bestrebungen gegeben; die geistige Auseinandersetzung ist vertieft und verbreitet worden. Die Bundeszentrale für politische Bildung und ähnliche Einrichtungen haben alle Möglichkeiten genutzt, den Ergebnissen der Wissenschaft zu einer breiten Wirkung – besonders im Bereich der Schulen, aber auch der Erwachsenenbildung – zu verhelfen. Die Bundesregierung hat wie bisher nach Kräften alle Bestrebungen unterstützt, die das Verständnis zwischen den Rassen und Völkern fördern. So wurden kulturelle jüdische Einrichtungen und Institutionen, die sich für die christlich-jüdische Zusammenarbeit einsetzen, sowie die von der Stadt Köln veranstaltete Dokumentar-Ausstellung 'Monumenta Judaica' gefördert" (Bundesinnenministerium 1964: 20f.).

Ob allerdings die Institutionen der Inneren Sicherheit und die intellektuellen Vordenker des Postulats der Streitbaren Demokratie angesichts der veränderten innen- und deutschlandpolitischen Lage noch jene geforderte Reformbereitschaft, damit auch die Kraft für neue Lernprozesse und theoretische Revisionen aufbringen, muß eher skeptisch beurteilt werden. Joachim Schwagerl, selbst Vertreter eines auf Aufklärung setzenden informativen Verfassungsschutzes, kritisierte schon 1985 die umgreifende „Geheimdienst-Mentalität" und politisch konservative Grundhaltung der Mehrheit seiner Kollegen, die nach der Devise handelten: Der Feind steht links (Schwagerl 1985: 276ff.). Daß es mit dem Zusammenbruch des sowjetischen Imperiums, mit der Krise der kommunistischen Parteien im Westen oder angesichts der sprunghaften Zunahme rechtsextremer Gewalt und des Wählerpotentials von Rechtsaußen-Parteien zu einer kritischen Selbstreflexion des Konzepts Streitbarer Demokratie kommt, dafür gibt es gegenwärtig wenig Anzeichen. Andererseits hat die Existenz der neuen sozialen Bewegungen seit den späten siebziger Jahren und die im gesellschaftlichen Wertewandel der Gesellschaft entstandenen Jugendsubkulturen den überkommenen Gegensatz von Extremismus und Demokratie zwar nicht überflüssig, aber doch ins Wanken gebracht. Zudem haben sich die argumentativen Schnittmengen zwischen Teilen der Mehrheitskultur und dem rechten Lager vergrößert und eine „neue Rechte" entwickelt, die als Scharnier zwischen Konservatismus und Rechtsextremismus fungiert (Gessenharter 1989). Das Problem scheint mir darin zu bestehen, daß Bürokratien – wie die der Inneren Sicherheit – sich bei veränderten Situationen nicht abbauen, sondern neue Betätigungsfelder suchen, die auch auf dem Feld des Rechtsextremismus liegen können. Dies muß nicht unbedingt ein Zugewinn an Problembewußtsein bedeuten.

Das Konzept der Streitbaren Demokratie war eine demokratietheoretische Antwort auf die Erfahrung des „Dritten Reiches" und zugleich ein durch den Ost-West-Konflikt bedingter Versuch, die „Feinde der Demokratie" – so der Titel eines vom DGB in den fünfziger Jahren herausgegeben Nachrichtenblattes – ins politische Abseits zu drängen. Der Bannstrahl des Extremismus traf seit der Gründung der BRD alle, die nicht bereit waren, sich in die Integrationspolitik der bürgerlichen Parteien einzupassen. Spätestens seit den Verbotsurteilen gegen die SRP 1952 und die KPD 1956 durch das Bundesverfassungsgericht wurde das Konzept der Streitbaren Demokratie jedoch zunehmend auf verfassungs- und strafrechtliche Dimensionen verengt bis hin zu der häufig schon nicht mehr hinterfragten Unterscheidung zwischen Extremisten und Demokraten, die doch selbst politisch gesetzt und historischem Wandel unterworfen ist.

Nach dem Zusammenbruch der kommunistischen Regime und dem Beitritt der DDR zur Bundesrepublik ist gegenwärtig noch nicht abzusehen, inwieweit sich das politische Koordinatensystem zu verändern beginnt und zu einer Neubestimmung des Extremismusbegriffs führt.[7] Während die ge-

---

7 Zur Entwicklung des Rechtsextremismus in der DDR vor und nach der „Wende" vgl. als Exempel sensationsjournalistischer Reportagen (Borchers 1993), theoretisch reflektiert (But-

genwärtige Innenpolitik in erster Linie auf Organisationsverbote und die Intensivierung strafrechtlicher Maßnahmen setzt, beginnen einige streitbaren Verfechter der Streitbaren Demokratie wie Eckhard Jesse die bislang vorwiegend wahltaktisch motivierte Stigmatisierungspolitik gegenüber rechtsextremen Parteien als wirkungslos zu kritisieren. Jesse fordert wieder den Primat der Politik im Umgang mit dem Rechtsextremismus und eine argumentative Auseinandersetzung in der Form, „daß man auf seine Einwände eingeht und keine Berührungsängste an den Tag legt. Eine solche Offenheit untergräbt rechtsextremistische Bestrebungen weit stärker, als wenn man mit Kanonen auf Spatzen schießt" (Jesse 1990: 67).

Ein in der gegenwärtigen Diskussion nicht mehr rezipiertes und von der politischen Linken unterschätztes Analysemodell stammt von dem Kölner Soziologen Erwin Scheuch. Er hatte 1967 eine Theorie des Rechtsradikalismus vorgelegt, die dem eingebürgerten Bild widersprach, Rechtsextremismus sei lediglich eine übersteigerte Spielart des Konservatismus und ausschließlich auf eine Revitalisierung des „Dritten Reiches" angelegt. Scheuch sah in ihm vielmehr eine soziale Bewegung in modernen Gesellschaften, die in ihren Grundorientierungen zwar reaktionär, in ihren konkreten Forderungen jedoch teilweise „links" sei und in ihre politische Kampfstile Elemente linker Bewegungen integriere. Ein Potential für diese Bewegungen existiert, so Scheuch, in allen westlichen Industriegesellschaften. Modernisierungstheoretisch gesprochen sei Rechtsextremismus „eine 'normale' Pathologie von freiheitlichen Industriegesellschaften" (Scheuch 1967: 13). Den Status einer politischen Sekte könne er aber erst dann überspringen, „wenn einzelne Elemente rechtsradikalen Denkens als einzelne Elemente jeweils bei verschiedenen Gruppen der Bevölkerung anzutreffen sind" (Scheuch 1967: 25).

Scheuch hat zwar keine Strategie zur Auseinandersetzung mit rechtsextremen Bewegungen vorgeschlagen, aber er hat ein Prognosemodell vorgelegt, das sich Anfang der neunziger Jahre durch eine bestechende Realitätsbeschreibung auszeichnet. Die Erfolgschancen rechtsextremer Bewegungen sind demnach von mehreren situativen Bedingungen abhängig – von den Sachthemen, dem Zustand des politischen Systems und seinen Lösungskompetenzen sowie dem Agitationsverhalten des rechten Lagers selbst.

„Zu diesen Bedingungen gehört etwa in einer Krisensituation eine Reduzierung politischer Streitfragen auf extrem einfache Alternativen, die Priorität gegenüber der sonst bestehenden Vielfalt von Interessen und Anschauungen erlangen. Entsprechend der scheinbar praktischen Orientierung einer Mehrzahl der Wähler erfolgt der entscheidende Durchbruch rechtsextremistischer Bewegungen jeweils dann, wenn das herkömmliche System der politischen Entscheidung und dessen Akteure als nicht mehr leistungsfähig erscheinen" (Scheuch 1967: 28).

---

terwegge/Isola 1990), quantitativ gestützt (Förster u.a. 1993) und mit Blick auf den Wandel der Strukturen politischer Kontrolle (Korfes 1992).

Einen anderen, weniger politisch-normativen oder empirisch-sozialwissen-
schaftlichen Blick auf die rechtsextreme Protestbewegung hat in einer seiner
letzten Arbeiten der Neuzeithistoriker Detlev Peukert vorgenommen. Sich
auf andere theoretische Referenzen beziehend und explizit historisch argu-
mentierend, kommt er doch zu Befunden, die denen Scheuchs nicht unähnlich
sind.

Sein mentalitäts- und alltagsgeschichtlicher Ansatz löst sich zunächst von
der Fixierung auf den Nationalsozialismus, in dem er historisch die Grund-
züge der Erfolgsbedingungen rechtsextremer Bewegungen in der Moderne
benennt. „Der Rechtsradikalismus als soziale Bewegung reflektiert Positions-
verluste oder wenigstens Befürchtung von Statusverlusten seitens der Mitglieder angesichts eines rapiden Modernisierungsbooms in Wirtschaft und
Gesellschaft" (Peukert/Bajohr 1990: 24). Er ist heute aber nicht – wie die
NS-Bewegung – die Massenbewegung aus der Krise und seine Erfolgsaussichten scheinen auf Dauer auch deshalb gering, „weil sich heute alle herrschenden Funktionseliten mit dem Verfassungs- und Sozialsystem der Bundesrepublik" (Peukert/Bajohr 1990: 27) identifizieren.

Für beide Autoren ist Rechtsextremismus eine Antwort auf die Irritationen
der Moderne mittels symbolischer Politik, der sich in politischen Haltungen
manifestiert, die gegenüber Vernunftargumenten immunisiert sind. Zwar
gibt es auch für Peukert und Bajohr keine Patentrezepte, aber doch die Mah-
nung, die sozialen und sozialpsychologische Motive für die Flucht nach
rechtsaußen ernstzunehmen. Hier hat jede Auseinandersetzung anzusetzen.
Analytisch bietet der modernisierungstheoretische Ansatz schließlich eine
Deutung an, die sich seit Anfang der achtziger Jahre in der politischen Realität
zunehmend durchzusetzen beginnt, und zu Unterscheidungen zwischen „alter" und „neuer" Rechte, „altem" und „neuem" Nationalismus geführt hat
(Stöss 1988). Sie reflektieren den einsetzenden „Entkoppelungsprozeß": Der
scheinbar ursächliche Zusammenhang zwischen NS-Vergangenheit und
Rechtsextremismus, der jahrzehntelang die Umgangs-Thematik bestimmt
hatte, ist irreversibel in Auflösung begriffen. Nicht nur mit Blick auf die
europäischen Nachbarn läßt sich die rechtsextreme Bewegung als eine Reaktion auf Modernisierungsprozesse verstehen, die zugleich moderne und
traditionale Elemente enthält. Ihre Existenz lehrt, daß Modernisierungsprozesse „paradoxerweise vormoderne Wertorientierungen verstärken" (Rüschemeyer 1969: 384) können, welche die Vergangenheit sich wandelnder
Gesellschaften in verklärten Bildern glorifizieren. Gepaart mit Wohlstandschauvinismus, sozialen Ängsten, ethnozentrischem und national-funktio-
nalem Denken ergibt dies ein explosives Gemisch, angerichtet von populistischen Politikern und Medien, die nun den Zauberlehrling, den sie riefen,
nicht mehr los werden.

Der Zusammenbruch der DDR hat den Entkoppelungsprozeß eher noch
beschleunigt und das Nachdenken darüber, inwieweit der rechtsextreme

Jugendprotest seit Anfang der achtziger Jahre in der DDR der Vorbote der Systemkrise gewesen ist, in eine andere Richtung gelenkt. Vergangenheit wird in neuer Weise zu einem Gegenwartsproblem. Ihre „Aufarbeitung" richtet sich seit 1989 zunehmend auf Faschismus und Stalinismus in der deutschen Zeitgeschichte mit politischen Kontinuitätsbehauptungen einerseits, subjektiven Dissenserfahrungen in den neuen Ländern andererseits und der wachsenden Einsicht, daß mit dem Zusammenbruch der DDR auch die Geschichte der alten Bundesrepublik zu Ende gegangen ist. Spätestens jetzt lassen sich die Ursachen der gesamtdeutschen rechtsextremen Bewegung nicht mehr in den lichten Höhen faschismustheoretischer Gesellschaftsreflexion verorten oder in einer ahistorischen Wiederholungsrhetorik diskutieren. Die Angst vor der Wiederholungsgefahr bildete aber von Beginn an das zentrale Motiv in der Auseinandersetzung mit der NS-Thematik, das natürlich durch die lebensgeschichtlichen Erfahrungen der im „Dritten Reich" aufgewachsenen und ihm verfolgten Zeitgenossen geprägt war.

3. Politische Bildung – der Glaube an die Aufklärung

Zum Spektrum des Umgangs mit NS-Vergangenheit und Rechtsextremismus zählen nun nicht nur politische Aktionen und strafrechtliche Sanktionen, sondern auch das professionelle Geschäft von mentaler Prävention und Gefahrensbegrenzung durch Aufklärung. Es ist kein Zufall, daß der Begriff der „unbewältigten Vergangenheit" erstmals im Rahmen der Erwachsenenbildung auftauchte, nämlich im Sommer 1955 als die Evangelische Akademie Berlin ein gleichnamiges Seminar veranstaltete. Bereits ein Jahr später machte das Wort dann auf dem 7. Evangelischen Kirchentag in Frankfurt/M die Runde und 1960 edierte Alois Seiler, Professor am Pädagogischen Institut in Weilburg, eine für Schüler didaktisch aufbereitete Dokumentation unter dem Titel „Unbewältigte Vergangenheit" (Seiler 1960).[8]

Die wichtigste Zielgruppe waren und sind dieser Hinsicht die nachwachsenden Generationen. Zu sozialen Trägern der Vergangenheitsvermittlung und des Demokratie-Lernens avancierten vor allem die professionellen Pädagogen, ihr sozialer Ort wurde die Schule. In den letzten Jahren hat es in der Erziehungswissenschaft – zumindest in ihren öffentlichen Diskursen – jedoch eine deutliche Akzentverschiebung und damit einen Wandel der sozialen Kontrolle gegeben, nämlich von den Schulpädagogen hin zu den Sozialpädagogen. Das hat Gründe, die in veränderten Sichtweisen des Rechtsextremismus liegen. Ich will sie kurz skizzieren.

Als die Pädagogik sich 1945 in West und Ost neu konstituierte, mußte sie

---

8 Eine verbesserte Neuauflage erschien 1962 unter dem Titel „Zeitgeschichte und wir". Zur Genese des Wortes „Vergangenheitsbewältigung" vgl. Klingenstein (1988).

„a) ganz von vorn beginnen und b) sich unter dem Eindruck der unsäglichen Katastrophe ein Ziel setzen, das sich ausdrücklich auf sie bezog: die Menschen so zu erziehen, daß sie ein zweites 1933 rechtzeitig erkennen und entschlossen verhindern würden" (Hentig 1982: 94). Eine zentrale, wenn nicht gar die wichtigste Reaktion auf die Faschismuserfahrung in beiden deutschen Staaten war nach 1945 – wie oben erwähnt – die Option auf eine grundlegende Gesellschafts- und Erziehungsreform. Spielten solche Gedanken schon in den faschismustheoretischen Analysen der westlichen Alliierten und in Kreisen der deutschen Emigration während des Zweiten Weltkrieges eine gewichtige Rolle, so wurden sie in den Jahren 1945/46 in allen Besatzungszonen propagiert, aber in unterschiedlicher Weise bildungspolitisch realisiert. Für die SBZ hatte Albert Norden 1947 die hochgeschraubten Erwartungen an Erziehung und Gesellschaftstransformation auf einen Nenner gebracht:

„Nie wieder wird es in den beiden Sachsen, in Thüringen, Mecklenburg und Brandenburg einen Faschismus geben. Ökonomisch ist ihm das Rückgrat gebrochen, politisch wird er ausgerottet, und die Erziehungsreform vertreibt die Überreste seiner Ideologie aus den Köpfen" (Norden 1947: 266).

Wir wissen zwar heute, daß solche Erwartungen naiv waren, auch wenn ein Erziehungsstaat wie die DDR bis zu seinem Ende glaubte, durch Erziehung den neuen, den sozialistischen Menschen schaffen zu können. Dennoch spielten Erziehung und Bildung im Umgang mit der NS-Vergangenheit eine nicht unbeträchtliche Rolle. Es gehörte bis Anfang der achtziger Jahre zur Denklogik des bildungsoptimistischen Basiskonsenses, antidemokratischen Tendenzen sei erfolgreich durch die Aufklärung über die NS-Vergangenheit zu begegnen. In den fünfziger Jahren noch häufig gegen den Widerstand von Eltern und begleitet vom Unwillen vieler Lehrer wurde das „Dritte Reich" durch die Kultusadministrationen von den Gymnasien über die Mittelschulen bis in die Volksschuloberstufe zum obligatorischen Unterrichtsfach etabliert. Inzwischen wissen wir aus diversen Studien: Der Geschichtsunterricht zum „Dritten Reich" ist häufig erfolglos, aber obligatorisch. Die gelegentlich noch immer zu hörende laute Klage, er habe bei jungen Rechtsextremisten versagt, ist wenig stichhaltig. Im Gegenteil. Die Pädagogisierung der NS-Vergangenheit ist gelungen, die Delegation der „Aufarbeitung der Vergangenheit" an das Bildungssystem war erfolgreich, ein stiller Sieg mit ambivalenten Effekten. Denn historisch-politische Bildung sieht sich häufig mit Erwartungen konfrontiert, die sie nicht einlösen kann.

Im Unterschied zu polizeilichen und juristischen Handlungsformen bleiben nämlich pädagogische Interventionsstrategien bezüglich ihrer Adressaten in der Regel hochgradig unspezifisch. Zum zweiten muß man sehen, daß die Auseinandersetzung mit dem Nationalsozialismus im Bildungssystem eine institutionelle Eigendynamik gewonnen hat, die bis heute mit den gleichen Mechanismen immer dann in Gang gesetzt wird, wenn das politische System zum Handeln gegenüber dem Rechtsextremismus gezwungen ist. Das Interaktionssystem von Pädagogik, Politik und politischer Öffentlichkeit hat sich seit den sechziger Jahren so verfestigt, daß die Gesellschaft die „Aufarbeitung der Vergangenheit" nur noch als bildungspolitisches Pflichtprogramm für die nachwachsende Generation organisiert. Die Schuldzuweisung an den versagenden Geschichtsunterricht hat sich aber inzwischen abgenutzt, und sie ist der Einsicht gewichen, daß Aufklärung über die NS-Vergangenheit keine Immunisierungsstrategie gegen rechtsextreme Orientierungsmuster sein kann, schon weil sie sich aus anderen Quellen speisen als aus dem schönen Schein des „Dritten Reiches".

Das administrative Interesse an quantitativer Ausweitung der Bildungsprogramme zum Nationalsozialismus läuft Gefahr, daß das Erinnern und Durcharbeiten der Vergangenheit mit dem Ziel, ihre Gegenwartsbedeutung freizulegen, zu einer institutionellen Pflichtübung verkommt, deren Legitimität und politische Aussagekraft für Jugendliche nicht mehr erkennbar sind. Antifaschismus ist hier kein Leitbegriff mehr, der die Erfahrungswelt der heutigen Jugendgeneration erreichen könnte und auch erziehungstheoretisch ist er höchst problematisch (Dudek 1990). Der Film „Nacht und Nebel" z.B. ruft anders als in den frühen sechziger Jahren heute bei Schülern keine Weinkrämpfe und Schuldgefühle mehr hervor, schon gar nicht in der Realität multikulturell zusammengesetzter Klassen. Augenblickliche Betroffenheit ja, geschichtliches Verständnis weniger, weil für die heutige Jugendgeneration die NS-Vergangenheit in erster Linie Vergangenheit ist. Es sind nach meinen Erfahrungen eher die ausländischen Schüler, die hier eine gewisse Sensibilität entwickeln und es verstehen, ihre eigene Lebenssituation als Minorität in Deutschland mit der historischen Verfolgung von Minderheiten erkennen.

4. Veränderte Sichtweisen – die Sozialpädagogisierung des Rechtsextremismus

Es zählt wohl zu den Paradoxa in der Geschichte des öffentlichen Umgangs mit dem Rechtsextremismus, daß in jenem Moment, in dem Teile des rechten Lagers den erfolglosen Kurs der strategischen Anpassung an die Spielregeln des politischen Systems verließen und sich offen in die politische und symbolische Tradition der frühen NSDAP stellten, das traditionelle Antifaschismusverständnis brüchig zu werden begann. Dies hat mehrere Ursachen. Zu ihnen zählen u.a. ein Generationswechsel im rechten Lager Ende der siebziger Jahre sowie die Bemühungen junger Rechter ohne lebensgeschichtlichem Bezug zum „Dritten Reich", den alten Nationalismus zu überwinden und die rechte Ideologie zu modernisieren. Während sich aber die Entstehung einer „Neuen Rechten" in Europa weitgehend unbemerkt von der politischen

Öffentlichkeit vollzog (Greß/Jaschke/Schönekäs 1990), weil sie unter Verzicht auf öffentliche politische Aktionen theoriepolitisch arbeitend das Seminar der Straße vorzog, erlangten jene Jugendlichen Medienresonanz, die öffentlich als die neue „revolutionäre" SA gewaltbereit durch die Straßen marschierten und die Gewalteskalation von rechts in Gang setzten. Die große Resonanz, die Neonazi-Gruppen seit Ende der siebziger Jahre bis heute in den Bildmedien erlangt haben, entsprach zwar nicht deren politischer Bedeutung[9], aber sie hatten vor allem den von diesen Gruppen beabsichtigten Effekt, sie bundesweit und im Ausland bekannt zu machen. Jaschke kam in einer medienkritischen Analyse zu dem Befund:

> „Das Massenmedium Fernsehen benutzt rechtsextremistische Phänomene von heute, um das Gestern der NS-Vergangenheit noch einmal zu bekämpfen. Daher dominiert ein verknotetes Bündel von Sensationsberichterstattung, moralischem Aufschrei und volkspädagogischem Pathos auf der einen, Ignoranz und Verharmlosung auf der anderen Seite" (Jaschke 1992: 59).[10]

Gerade der Rückgriff auf das Vexierbild des „Dritten Reiches" durch die Wirtschaftswunder-Kinder konfrontierte die politische Linke mit dem Problem, daß der moralische Rigorismus ihres Antifaschismus nur noch Antworten auf Fragen bereithielt, die diese Jugendlichen nicht mehr stellten. Es waren Ende der siebziger Jahre zunächst sensible Beobachter wie die Journalisten Karl-Klaus Rabe und Alwin Meyer, die hinter die Fassade der SA-Rabulistik blickten und vorwiegend auf Jugendliche trafen, deren Provokationen in erster Linie Rufe nach Hilfe, Orientierung und einem gesicherten sozialen Umfeld waren und deren Etikettierung als „Neo-Nazi" eher noch zu einer Verfestigung ihrer politischen Karriere führte. Meyer/Rabe und einige wenige andere knüpften intuitiv an das an, was bereits Anfang der sechziger Jahre Karl Otto Paetel als angemessene Reaktion im Umgang mit jungen Rechten empfahl: „Polizeiaktionen würden in die Illegalität treiben, Märtyrer schaffen. Sie nur lächerlich zu machen oder sie einfach zu ignorieren, ist gefährlich. Erfahrung zeigt, daß manchmal der Nicht-Ernst-Genommene zuletzt lacht" (Paetel 1963: 252f.). Sie erkannten, daß der Generationswechsel auch eine Enttabuisierung rechtsradikaler Themen und Positionen nach sich zog, die weit über das Spektrum des rechten Lagers hinausging und mehr mit den aktuellen Lebensperspektiven Jugendlicher als mit einem emphatischen Bekenntnis zur politischen Programmatik des Nationalsozialismus zu tun hatte. Damit begann die antifaschistische Gegenstrategie allmählich ins Wanken zu geraten. Der einsetzende Generationswechsel und die Moderni-

---

9 Noch 1981 sah Niethammer in ihnen lediglich ein „Desorientierungsphänomen, sozusagen eine Fortsetzung der Psychopathologie mit politischen Mitteln" (Niethammer 1981: 126).
10 Zur Medienberichterstattung über Rechtsextremismus vgl. jetzt auch Weiß (1993) und Weiß/ Nebel (1993).

sierung rechter Ideologien zwangen zu anderen Sichtweisen. Vor den wahlpolitischen Erfolgen der „Reps" und der DVU konzentrierte sich der Blick in erster Linie auf die Jugendlichen.

Unbestreitbar ist es ein Verdienst von Wilhelm Heitmeyer, die Aufmerksamkeitsrichtungen neu strukturiert und vor allem erweitert zu haben. Die traditionelle politik- und sozialwissenschaftliche Rechtsextremismusforschung weitgehend ignorierend, hat er mit seinem sozialisationstheoretischen Ansatz das Interesse auf die Genese rechtsextremer Orientierungsmuster im Zentrum der Gesellschaft gelegt. Neben einer quantiativen Einstellungsuntersuchung (Heitmeyer 1987) haben er und seine Mitarbeiter eine erste qualitative Langzeitstudie zur politischen Sozialisation männlicher Jugendlicher vorgelegt (Heitmeyer 1992) und es verstanden, für ihre Thesen medienwirksam zu werben. Die gesellschaftstheoretischen Prämissen des Ansatzes und die methodischen Standards der Untersuchung haben aber auch vielfältig Kritik provoziert (Pfahl-Traughber 1993), etwa durch die unzuläßige Abwertung familiärer Erfahrungen (Hopf 1991) oder der unzuläßigen Übertragung ihrer Befunde auf die Situation in Ostdeutschland.[11] Die Tragfähigkeit ihrer Gegenargumente steht hier nicht zur Debatte, sondern die Folgen des Ansatzes für den Umgang mit dem Rechtsextremismus heute. Denn die These, daß in einer „Risikogesellschaft" vor allem die Lebenswirklichkeit Jugendlicher durch Handlungsunsicherheiten, Ohnmachts- und Vereinzelungserfahrungen geprägt sei, daß schwindende soziale Einbindung zu Selbsthauptungsverhalten, zur rücksichtslosen Durchsetzung eigener Vorteile und schließlich zu rechtsextremen Orientierungsmustern führen, impliziert eine – ob intendiert oder nicht – naheliegende Schlußfolgerung.

Sie lädt dazu ein, die Auseinandersetzung mit rechten Jugendlichen zur Aufgabe von Sozialpädagogik und Jugendarbeit zu deklarieren. Dieses Deutungsangebot ist denn seit 1989 auch in vielfältiger Weise aufgenommen, in den pädagogischen Diskurs eingeführt und auf zahlreichen Fortbildungsveranstaltungen der außerschulischen Jugendarbeit diskutiert worden.[12] Nach dem offensichtlichen Scheitern der traditionellen Aufklärungspädagogik in der Schule scheint die Perspektive einer Sozialpädagogisierung des Problemfeldes „Rechtsextremismus unter Jugendlichen" besonders attraktiv. Die pu-

---

11 Das überzeugendste Konzept zur Erklärung des Rechtsextremismus-Syndroms bei Jugendlichen in Ost und West stammt von Melzer, der vor dem Hintergrund der Unterschiede in der politischen Kultur beider Gesellschaften die für den jugendlichen Lebenslauf relevanten Bereiche in Abhängigkeit zum Modernisierungsgrad der jeweiligen Gesellschaft begreift. Am Ende steht eine sinnvolle Integration klassischer sozialpsychologischer mit aktuellen lebensweltorientierten Ansätzen (Melzer 1992: 121ff.), die empirisch überprüft worden ist.

12 Die finanzpolitische Konsequenz zeigt sich in der hektischen Bereitstellung von 20 Millionen DM für die Arbeit mit rechten Jugendlichen in den neuen Bundesländern durch die Bundesregierung. Zwar sind ihre Effekte umstritten, weil tragfähige Arbeitskonzepte nicht vorliegen, von Forschungsergebnissen ganz zu schweigen, sie nötigen aber andererseits die Regierung nicht zur Reform ihrer jugend- oder ausländerpolitischen Konzepte.

blizistische Karriere, die etwa ein empirisch zweifelhaftes und in den Konsequenzen ambivalentes Konzept von der „akzeptierenden Jugendarbeit" (Krafeld 1992) gemacht hat, die Rede von neuen „pädagogisch-politische(n) Dialoge(n)" (Scherr 1993) mit entstigmatisierenden Zielsetzungen deuten an, daß die Pädagogik mit Stangen im Nebel stochert und dankbar jeden Strohhalm ergreift, der sich ihr bietet. Die Fallstricke einer individualisierenden Problemwahrnehmung sind offensichtlich und auf dem Gebiet des Rechtsextremismus besonders gravierend. Denn verfolgt man die Diskussion, so beherrschen erstaunlicherweise nicht die Kriterien professioneller pädagogischer Arbeit – wie Qualifikation und fachliche Kompetenz – die Diskussion, sondern die Frage nach der politischen Haltung von Sozialarbeitern, nach Verstehensgrenzen oder der Limitation von Akzeptanz gegenüber rechten Jugendlichen. Nicht selten rangiert kurzatmiger Aktionismus vor distanzierter Forschung, wird eher die Gesinnungsfrage vor der professionellen Kompetenz diskutiert.

Gestritten wird über die Probleme, die rechte Jugendliche machen, weniger über jene, die sie haben; reflektiert wird über die Toleranzgrenzen von Sozialarbeitern, aber kaum über die strukturellen Grenzen von außerschulischer Jugendarbeit. Benno Hafeneger hat diese Dilemmata deutlich gemacht: in der Auseinandersetzung mit Rechtsextremismus und menschenverachtender Gewalt muß es nicht „um Pädagogisierung, sondern um Politisierung der Jugendarbeit" (Hafeneger 1993: 125) gehen. Forderungen nach einer neuen pädagogischen Moral- und Werteerziehung, in jüngster Zeit von Vertretern der „68-Generation" selbstanklagend erhoben (Leggewie 1993), zielen schon deshalb am Problem vorbei, weil die gesellschaftliche Ethnisierung des Denkens sich schwerlich auf Erziehungsversäumnisse reduzieren läßt.[13] Wenn die Botschaft des Feuilletons „Erziehung muß sein" lautet, wenn der Zeitgeist nach Pädagogik ruft, ist Skepsis gegenüber dem Zeitgeist angesagt. Wer mehr elterliche oder schulische Autorität fordert, vergißt, daß man Autorität in modernen Gesellschaften nicht wie im feudalen Untertanenverband z.B. qua Religion oder Positionsrekrutierung administrativ herstellen oder moralisch einklagen kann. Sie ist das Ergebnis komplizierter personengebundener interaktiver Prozesse, in deren Verlauf Autorität als das Ergebnis von persönlichen Erfahrungen und Lernprozessen entstehen kann, aber häufig nicht muß, weil sich nicht intendierte Kontingenzerfahrungen nicht limitieren lassen.

Der Versuch, a) Rechtsextremismus auf ein Jugendproblem zu reduzieren

---

13 Abgesehen davon, daß Leggewies Zustandsbeschreibung faktisch allen neueren empirischen Befunden der Familien- und Jugendsoziologie widerspricht, reduziert sich sein Plädoyer für einen neuen „Mut zur Erziehung" (Leggewie 1993a, 62) auf die Forderung zur Wiederherstellung der Autorität der Eltern über ihre Kinder, der Älteren über die Jüngeren, der Lehrer über die Schüler. Die Antwort auf die Frage, wie dies in einer Gesellschaft pluralistischer Lebensstile geschehen soll, bleibt er schuldig.

und b) ihn auf ein sozialpädagogisches Handlungsfeld zurechtzustutzen mag zwar in die Verwaltungslogik politischer Administrationen passen, für Personalstellen und neue Finanzmittel sorgen, aber er greift zu kurz. Pädagogik wäre gut beraten, Rechtsextremismus nicht als Devianzproblem zu individualisieren, sondern die Möglichkeiten ihrer Handlungsfelder dahingehend zu prüfen, wie die Eingemeindung rechtsextremer Orientierungsmuster in die Köpfe und Herzen der nachwachsenden Generation verhindert werden kann und zugleich für die selbstkritische Reflexion offen sein, inwieweit das Bildungssystem sich nicht in der paradoxen Situation befindet, gleichzeitig Lernort für rechtsextreme Orientierungsmuster und deren präventiver Verhinderung zu sein. Im Rahmen von Individualhilfe mag Pädagogik ihre Chancen haben, als Antwort auf die rechtsextreme Herausforderung taugt sie nicht.

5. Versuch eines Ausblicks

In der Geschichte der Bundesrepublik schwankten die Urteile über die Gefahr des Rechtsextremismus erheblicher als die Wahlerfolge rechter Parteien, Kritik an den überkommenen Auseinandersetzungsformen regiert vor der Innovation und die politische Praxis bleibt von beiden unberührt. Ein Vergleich zwischen den dreißiger Jahren, den antisemitischen Schmierwellen 1960 und der neuen Gewalteskalation zeigt die Dramatisierung der Probleme und die Differenzen. Wir haben es heute nicht mit einer Massenbewegung aus der ökonomischen Verelendungskrise, sondern mit einem von Haß und Bedrohungsgefühlen durchsetzten Wohlstandschauvinismus zu tun, in dem marginalisierte deutsche Jugendliche auf der Täterseite das tun, was die Hoheit der Stammtische öffentlich oder in der Wahlkabine fordert. 1993 beginnen die potentiellen Opfer sich zu wehren, der „Krieg in den Städten" (Farin/Seidel-Pielen 1991) eskaliert zur Zeit. Er ist nicht mehr nur ein Problem rivalisierender Jugendgangs. Die Ethnisierung der Gewalt beginnt quer durch die Ethnizitäten zu verlaufen, wobei es gegenwärtig offen ist, ob die politische Steuerung der Administrationen sozialer Kontrolle eine Deeskalation einleiten kann.[14]

Die Ursachen des Rechtsextremismus liegen in gesamtgesellschaftlichen Entwicklungen, auf die die Politik nur unzureichend vorbereitet ist – bzw. sie kontrollieren kann –, obwohl sie diese selbst zum Teil in Gang gesetzt

---

14 Die Morde von Mölln und Solingen haben nicht nur Proteste und Gegengewalt ausgelöst, sondern auch zu einer weiteren Ethnisierung der Konflikte beigetragen, von der auf beiden Seiten nur die politischen „Ultras" profitieren werden. Die Gefahr deutet sich an, daß sukzessive universalistische Prinzipien zu Gunsten ethnozentristischer Ordnungsinstrumente aufgegeben werden.

hat. Während die Christdemokraten sich wundern, daß sie die Geister, die
sie riefen, nicht mehr los werden, manövriert sich die Sozialdemokratie an
den Rand der Politikunfähigkeit, täuschen sich die Gewerkschaften über ihr
eigenes Dilemma, nämlich öffentlich zwar sprachmächtig gegen „rechts"
mobil zu machen, zugleich aber auf die Stimmungen ihrer Mitglieder vor
Ort Rücksicht nehmen zu müssen. Denn auch die Solidarität einer multikulturellen Arbeitnehmerschaft hat ihre engen Grenzen, und selbst wenn die
Vorstandsetagen der Konzerne nachdrücklich auf den wirtschaftspolitisch
unverzichtbaren Beitrag der ausländischen Arbeitnehmer hinweisen, impo-
niert dies die Brandsätze werfenden Mörder kaum. Ich kann gegenwärtig
nicht sehen, wie erfolgreich eine zunehmend aufgeheizte Stimmung eingedämmt werden kann. Pädagogik jedenfalls ist der falsche Ratgeber zur falschen Zeit.[15] Erkennbar ist in jüngster Zeit eine Polarisierung der Bevölkerung, nämlich zwischen jenen, die weltoffen und europäisch denken – es
sich leisten können – und jenen, die gewichtige soziale und politische Probleme nach der klassischen Sündenbock-Philosophie ethnisieren.

Gefordert ist deshalb eine Politik, „die den Weg der politischen Zivilisie-
rung fortsetzen wird" (Habermas 1993: 3). Bleibt die Frage nach der Rolle
und den Aufgaben der Wissenschaften. Hier ist zunächst Selbstkritik angesagt.

Von ihnen wird man zwar am wenigsten „Lösungen" erwarten dürfen,
aber doch durch Forschung gewonnene Erkenntnisse und Analysen über die
Entwicklung des Rechtsextremismus und damit über den Zustand der Gesellschaft. Diese Aufgabe haben die Sozialwissenschaften bislang nur unzureichend bearbeitet. Die zahlreichen Bücher über das rechte Spektrum sollten
nicht darüber hinwegtäuschen, daß es eine institutionalisierte Rechtsextremismusforschung mit Standards, die in der internationalen Kommunikation
Bestand hätten, in der Bundesrepublik allenfalls in Ansätzen gibt. Noch
immer dominieren auf dem Publizistikmarkt journalistische Reporte und mit
Empirie aus zweiter Hand arbeitende Reflexionen, machen Ad-hoc-Erklä-
rungen die Runde, delektieren sich die Deuter des Zeitgeistes an ihren kurz-
atmigen Diagnosen oder verwechseln den Gebrauch von Konjunkturbegrif-
fen wie dem von der Risikogesellschaft oder die Rede von den Individuali-
sierungsprozessen mit empirisch gesicherter wissenschaftlicher Analyse. Die
Desiderata sind offensichtlich: Unbestreitbar liegen die Defizite der aktuellen

---

15 Soweit ich sehe, liegt eine Analyse der offenen Präventiv- und heimlichen Erziehungsvor-
    schläge, die sich in fast allen Veröffentlichungen zum Rechtsextremismus finden lassen,
    noch nicht vor. Sie würde in dieser Hinsicht mit Sicherheit das ganze Ausmaß konzeptioneller
    Hilflosigkeit zu Tage fördern, weil keiner der zahlreichen Vorschläge die Kontrolle seiner
    Erfolgsbedingungen garantieren kann. Als jüngstes Beispiel seien Willems u.a. (1993: 143ff.)
    genannt, die ihre Präventionsvorschläge u.a. in den Bereichen der sozialpädagogischen
    Jugendarbeit, der Erlebnispädagogik, der Politischen Bildung und der Weiterentwicklung
    der Grund-, Haupt- und Berufsschulen ansiedeln.

Rechtsextremismus-Diskussion in ihrer Empirieschwäche, ihrer Geschichts-
losigkeit, dem verengten nationalen Blick, der die Möglichkeiten der Kom-
paratistik nicht sieht, sowie in den Vorlieben für gesellschaftsstrukturelle
und kulturphilosophische Makrotheorien, die in der Regel empirisch kaum
operationalisierbar sind und von der scheinbaren Plausibilität ihrer Argumente zehren.

Sowohl in der Soziologie wie in der Politikwissenschaft, in der Psychologie
und Pädagogik fehlt bislang eine systematische, längerfristige Arbeit schon
deshalb, weil das Thema einmal wenig karriereträchtig, zum anderen in
diesen Disziplinen die Sensibilität für das Problem noch immer unterent-
wickelt ist. Ein Zentrum für internationale Rechtsextremismusforschung, aus-
gestattet mit Geld und Personal aus verschiedenen Disziplinen und angelegt
auf längerfristige Arbeitsperspektiven, ist angesichts der Renaissance nationalistischer und ethnozentristischer Bewegungen in West- und Osteuropa
längst überfällig.

Künftig wird es nicht so sehr darauf ankommen, die Weltanschauung
rechter Gruppen ideologiekritisch neu zu vermessen oder das Thema orga-
nisationssoziologisch der Parteien- und Wahlforschung zu überlassen, sondern in historischer Perspektive den Blick auf die Umgangs-Thematik zu
richten (Herz 1991). Es gilt zunächst auszuloten, welche Handlungsmöglichkeiten die Subsysteme der sozialen Kontrolle in einer modernen Industriegesellschaft überhaupt haben, welche Strategien ihnen zur Verfügung stehen,
um die Ursachen für das Entstehen rechtsextremer Orientierungsmuster und
ihre Verdichtung in soziale Bewegungen einzudämmen. Zu überprüfen wäre
in diesem Kontext auch die im Topos der Klage immer wieder behauptete
Unterschätzung des Rechtsextremismus durch bzw. die Affinität von Teilen
der Justiz, Polizei und Politik zu ihm.[16] Jedenfalls sind das Verhältnis von
Staat, Gesellschaft und politischer Gewalt und die interaktiven Prozesse zwischen rechtspopulistischem Protest und Öffentlichkeit noch nicht so erhellt,
wie man das am Beispiel des linken Terrorismus – wenngleich ohne Primär-
erhebungen – schon studieren kann (Sack/Steinert 1984). Einen ersten Ansatz
bietet jetzt hierzu die Studie von Willems u.a. (1993), die neben einer Analyse
der Strukturen rechtsextremer Straftäter auch eine Untersuchung zur Dynamik von Eskalationsprozessen enthält.

Wenn es richtig ist, daß die gegenwärtige Stärke des rechten Protestpotentials die Antwort auf die Schwäche des politischen Systems ist, wenn es

---

16 Durch die permanente Wiederholung solcher Vorwürfe wird ihr Wahrheitsgehalt noch nicht
    verdichtet. Mit Blick auf die Justiz wäre hier systematisch und empirisch nach einem pro-
    fessionsspezifischen Differenzverhalten in der Be- und Verurteilung von „links" und
    „rechts", am Beispiel der Polizei nach den Strukturen politischer Mentalitäten im Sicher-
    heitsbereich zu fragen. Am Beispiel des Oktoberfest-Anschlages von 1980 versuchte Vinke
    (1980) den Verdacht des „zweierlei Maßes" am Beispiel der Pressereaktionen zu erhärten.
    Differenzierter dagegen die vergleichende Studie von Zimmermann (1985).

weiterhin stimmt, daß die Normalisierung rechtsextremer Denkmuster die
Bereitschaft erhöht, sie zu übernehmen und nach ihnen zu handeln, dann
heißt Rechtsextremismusforschung auch, die Verantwortung der politischen
Klasse für die politische Renaissance antimoderner, demokratiefeindlicher
Bewegungen zu bilanzieren, ohne die strukturell bedingt verengten Handlungsspielräume zu negieren. Es ist die Funktion der Wissenschaften, solche
Bilanzen empirisch gesättigt und theoretisch gehaltvoll zu erstellen und entsprechende Konsequenzen vorzuschlagen. Deren Umsetzung jedoch ist Aufgabe der Politik, von der sie niemand dispensieren kann.

Literatur

Adorno, Theodor W., 1963: Eingriffe. Neun kritische Modelle. Frankfurt a.M.
Borchers, Andreas, 1993: Neue Nazis im Osten. Rechtsradikalismus und Ausländerfeindlichkeit.
   Hintergründe, Fakten, Perspektiven. München.
Bundesinnenministerium (Hg.), 1963: Erfahrungen aus der Beobachtung und Abwehr rechtsra-
   dikaler und antisemitischer Tendenzen im Jahre 1962, in: Aus Politik und Zeitgeschichte B
   14, 3-21.
Bundesinnenministerium (Hg.), 1964: Rechtsradikalismus in der Bundesrepublik im Jahre 1963,
   in: Aus Politik und Zeitgeschichte B 26, 3-21.
Bundesregierung (Hg.), 1960: Die antisemitischen und nazistischen Vorfälle. Weißbuch und Er-
   klärung der Bundesregierung. Bonn.
Butterwegge, Christoph/Isola, Horst (Hg.), 1990: Rechtsextremismus im vereinten Deutschland,
   Bremen.
Deiters, Heinrich, 1948: Die Schule der demokratischen Gesellschaft, Berlin.
Dokumente der SED, 1952: Band III, Berlin.
Dudek, Peter, 1985: Jugendliche Rechtsextremisten. Zwischen Hakenkreuz und Odalsrune 1945
   bis heute. Köln.
Dudek, Peter, 1990: Antifaschismus: Von einer politischen Kampfformel zum erziehungstheore-
   tischen Grundbegriff?, in: Zeitschrift für Pädagogik 36, 353-370.
Dudek, Peter, 1992: Der schwierige Übergang zur Demokratie – Einstellungen und Wertorientie-
   rungen Jugendlicher nach 1945, in: Geschichte – Erziehung – Politik 3, 191-202.
Dudek, Peter, 1992a: Kontinuität und Wandel. Wissenschaftliche Pädagogik im Nachkriegs-
   deutschland, in: *W. Pehle/P. Sillem* (Hg.), Wissenschaft im geteilten Deutschland. Restauration
   oder Neubeginn nach 1945? Frankfurt a.M., 57-73.
Dudek, Peter/Jaschke, Hans-Gerd, 1984: Rechtsextremismus in der Bundesrepublik. Zur Tradition
   einer besonderen politischen Kultur. 2 Bde, Opladen.
Farin, Klaus/Seidel-Pielen, Eberhard, 1991: Krieg in den Städten. Jugendgangs in Deutschland.
   Berlin.
Förster, Peter u.a., 1993: Jugend Ost. Zwischen Hoffnung und Gewalt. Lebenssituationen und
   extreme Einstellungen '92. Opladen.
Fürstenau, Justus, 1969: Entnazifizierung. Neuwied.
Gessenharter, Wolfgang, 1989: Die „Neue Rechte" als Scharnier zwischen Neokonservatismus und
   Rechtsextremismus in der Bundesrepublik, in: *R. Eisfeld/I. Müller* (Hg.), Gegen Barbarei.
   Essays Robert M.W. Kempner zu Ehren. Frankfurt a.M., 424-452.
Goschler, Constantin, 1992: Wiedergutmachung. Westdeutschland und die Verfolgten des Natio-
   nalsozialismus (1945-1954). München.
Gress, Franz/Jaschke, Hans-Gerd/Schönekäs, Klaus, 1990: Neue Rechte und Rechtsextremismus in
   Europa. Opladen.

Habermas, Jürgen, 1993: Die Festung Europa und das neue Deutschland, in: Die Zeit Nr. 22, 3.

Hafeneger, Benno, 1993: Wider die (Sozial-)Pädagogisierung von Gewalt und Rechtsextremismus, in: Deutsche Jugend, H. 3, 120-126.

Hartung, Klaus, 1992: Wider den linken Alarmismus, in: Die Zeit Nr. 48, 65-66.

Heitmeyer, Wilhelm, 1987: Rechtsextremistische Orientierungen bei Jugendlichen. Weinheim/ München.

Heitmeyer, Wilhelm, 1992: Die Bielefelder-Rechtsextremismus-Studie. Erste Langzeituntersuchung zur politischen Sozialisation männlicher Jugendlicher. Weinheim/München.

Hennig, Eike, 1993: „Dem Haß keine Chance: Ausländerstopp". Zur Bedeutung „der Ausländerfrage" für rechte Deutungsmuster in der Bundesrepublik Deutschland, in: Politische Bildung 26, 33-47.

Hentig, Hartmut v., 1982: Die entmutigte Republik. Frankfurt a.M.

Herz, Thomas, 1991: Rechtsextreme Parteien und die Reaktion der Gesellschaft, in: Sozialwissenschaftliche Informationen 20, 234-240.

Hopf, Wulf, 1991: Familiale und schulische Bedingungen rechtsextremer Orientierungen von Jugendlichen, in: Zeitschrift für Sozialisationsforschung und Erziehungssoziologie 11, 43-59.

Jaschke, Hans-Gerd, 1991: Streitbare Demokratie und Innere Sicherheit. Grundlagen, Praxis und Kritik. Opladen.

Jaschke, Hans-Gerd, 1992: Fremdenfeindlichkeit, Rechtsextremismus und das Fernsehen. Eine medienkritische Betrachtung, in: *Institut für Sozialforschung* (Hg.), Aspekte der Fremdenfeindlichkeit. Beiträge zur aktuellen Diskussion. Frankfurt a.M./New York, 55-69.

Jasper, Gotthard, 1992: „Vergangenheitsbewältigung". Historische Erfahrungen und politische Voraussetzungen, in: *C. Burrichter/G. Schödl* (Hg.), Ohne Erinnerung keine Zukunft! Zur Aufarbeitung von Vergangenheit in einigen europäischen Gesellschaften unserer Tage. Köln, 17-31.

Jenke, Manfred, 1961: Verschwörung von rechts? Ein Bericht über den Rechtsradikalismus in Deutschland nach 1945. Berlin.

Jesse, Eckhard, 1990: Therapien in der Bekämpfung des Rechtsextremismus, in: *BMI* (Hg.), Rechtsextremismus in der Bundesrepublik Deutschland. Bonn, 55-68.

Klingenstein, Grete, 1988: Über Herkunft und Verwendung des Wortes „Vergangenheitsbewältigung", in: Geschichte und Gegenwart 7, 301-312.

Knütter, Hans-Hellmuth, 1961: Ideologien des Rechtsradikalismus im Nachkriegsdeutschland. Eine Studie über die Nachwirkungen des Nationalsozialismus. Bonn (Diss.).

Knütter, Hans-Hellmuth, 1988: Hat der Rechtsextremismus in der Bundesrepublik Deutschland eine Chance? Bonn.

Knütter, Hans-Hellmuth, 1991: Antifaschismus und politische Kultur in Deutschland nach der Wiedervereinigung, in: Aus Politik und Zeitgeschichte B 9, 17-28.

Kogon, Eugen, 1947: Das Recht auf den politischen Irrtum, in: Frankfurter Hefte 2, 641-655.

Korfes, Gunhild, 1992: Zur Entwicklung des Rechtsextremismus in der DDR, in: Kriminologisches Journal 24, 50-64.

Kowalsky, Wolfgang, 1992: Rechtsaußen ... und die verfehlten Strategien der deutschen Linken. Frankfurt a.M./Berlin.

Krafeld, Franz Josef (Hg.), 1992: Akzeptierende Jugendarbeit mit rechten Jugendcliquen. Bremen.

Kühnl, Reinhard, 1971: Die Auseinandersetzung mit dem Faschismus in der BRD und DDR, in: Jung H. u.a., BRD-DDR. Vergleich der Gesellschaftssysteme. Köln, 248-271.

Kühnl, Reinhard u.a., 1969: Die NPD. Struktur, Ideologie und Funktion einer neofaschistischen Partei. Frankfurt a.M.

Laqueur, Walter, 1962: Die deutsche Jugendbewegung. Eine Historische Studie. Köln.

Leggewie, Claus, 1993: Plädoyer eines Antiautoritären für Autorität, in: Die Zeit Nr. 10, 93.

Lozek, Gerhard/Walter, Georg, 1968: Vom „Dritten Reich" zur Bundesrepublik, in: Zeitschrift für Geschichtswissenschaft 16, 1253-1264.

Melzer, Wolfgang, 1992: Jugend und Politik in Deutschland. Gesellschaftliche Einstellungen, Zukunftsorientierungen und Rechtsextremismus-Potentiale Jugendlicher in Ost- und Westdeutschland. Opladen.

Niethammer, Lutz, 1969: Angepaßter Faschismus. Politische Praxis der NPD. Frankfurt a.M.

Niethammer, Lutz, 1981: Nach dem Dritten Reich ein neuer Faschismus?, in: *P. Lersch* (Hg.), Die verkannte Gefahr. Rechtsradikalismus in der Bundesrepublik. Reinbek, 105-127.

Niethammer, Lutz, 1982: Die Mitläuferfabrik. Die Entnazifizierung am Beispiel Bayerns. Berlin/Bonn.

Norden, Albert, 1947: Lehren deutscher Geschichte. Zur politischen Rolle des Finanzkapitals und der Junker. Berlin.

Paetel, Karl Otto, 1963: Jugend in der Entscheidung. 2. Aufl., Bad Godesberg.

Peukert, Detlev/Bajohr, Frank, 1990: Rechtsradikalismus in Deutschland. Zwei historische Beiträge. Hamburg.

Pfahl-Traughber, Armin, 1993: Nur Modernisierungsopfer? Eine Kritik der Heitmeyer-Studien, in: Die Neue Gesellschaft/Frankfurter Hefte, 329-336.

Pfetsch, Frank R., 1990: Ursprünge der Zweiten Republik. Prozesse der Verfassungsgebung, in den Westzonen und in der Bundesrepublik. Opladen.

Rohrmoser, Günther, 1979: Metamorphosen des Faschismus – eine bleibende Herausforderung, in: *L. Bossle* (Hg.), Sozialwissenschaftliche Kritik am Begriff und der Erscheinungsweise des Faschismus. Würzburg, 33-46.

Rudzio, Wolfgang, 1988: Die Erosion der Abgrenzung. Zum Verhältnis zwischen der demokratischen Linken und Kommunisten in der Bundesrepublik Deutschland. Opladen.

Rüschemeyer, Dietrich, 1969: Partielle Modernisierung, in: *W. Zapf* (Hg.), Theorien des sozialen Wandels. Köln/Berlin, 382-396.

Sack, Fritz/Steinert, Heinz, 1984: Protest und Reaktion. Analysen zum Terrorismus 4. Bd. 2, Opladen.

Scherr, Albert, 1993: Möglichkeiten und Grenzen der Jugendarbeit mit rechten Jugendlichen, in: Deutsche Jugend, H. 3, 127-135.

Scheuch, Erwin, 1967: Theorie des Rechtsradikalismus in westlichen Industriegesellschaften, in: Hamburger Jahrbuch für Wirtschafts- und Gesellschaftspolitik 12, 11-29.

Schwagerl, Hans-Joachim, 1985: Verfassungsschutz in der Bundesrepublik Deutschland. Heidelberg.

Seiler, Alois, 1960: Unbewältigte Vergangenheit. Berichte, Dokumente, Bilder zur jüngsten Vergangenheit. München u.a.

Stöss, Richard u.a. (Hg.), 1983: Parteienhandbuch. Die Parteien in der Bundesrepublik Deutschland. 2 Bde, Opladen.

Stöss, Richard, 1988: The Problem of the Right-Wing-Extremism in West Germany, in: West European Politics 11, 34-46.

Stöss, Richard, 1993: Rechtsextremismus und Wahlen in der Bundesrepublik, in: Aus Politik und Zeitgeschichte B 11, 50-61.

Tauber, Kurt P., 1967: Beyond Eagle and Swastika. German Nationalism since 1945. 2 Bde, Middletown.

Verhandlungen des Deutschen Bundestages – 3. Wahlperiode, 95. Sitzung. Bonn 1960.

Vinke, Hermann, 1980: Mit zweierlei Maß. Die deutsche Reaktion auf den Terror von rechts. Eine Dokumentation. Reinbek.

Vollnhals, Clemens (Hg.), 1991: Entnazifizierung – Politische Säuberung und Rehabilitierung in den vier Besatzungszonen 1945-1949. München.

Weiss, Hans-Jürgen, 1993: Gewalt von rechts – (k)ein Fernsehthema? Opladen.

Weiss, Ralph/Nebel, Bettina, 1993: Lokalradio und Rechtsextremismus. Aufklärungsarbeit mit Hörfunkprogrammen? Opladen.

Wilke, Manfred/Brabant, Marion, 1988: Totalitäre Träumer. Die Politik der SDAJ und die Wirklichkeit des realen Sozialismus. München.

Willems, Helmut u.a., 1993: Fremdenfeindliche Gewalt: Eine Analyse von Täterstrukturen und Eskalationsprozessen. Hektographierter Forschungsbericht, hrsg. vom Bundesministerium für Frauen und Jugend. Bonn.

Zimmermann, Pia, 1985: Der Oktoberfest-Anschlag im Spiegel der überregionalen Presse. Zur Interaktionsstruktur rechtsextremistischer Taten. Frankfurt a.M. (unv. Staatsexamensarbeit).

Hans-Gerd Jaschke

Staatliche Institutionen und Rechtsextremismus

In der veröffentlichten Meinung und auch in wissenschaftlichen Debatten gehören Forderungen nach staatlichen Maßnahmen und gegen rechtsextremistische Gewalt zur conditio sine qua non. Die Auffassungen, der Staat habe versagt, die Politiker seien unfähig, sie hätten die rechte Gewalt, etwa in der Asyl-Debatte, noch geschürt, gehören heute zum guten Ton jeder „aufgeklärten" Veranstaltung gegen rechts, jedes „kritischen" Artikels. Aus einzelnen Fahndungspannen, mangelnder Polizei-Präsenz, etwa in Hoyerswerda und Rostock und bei einer Neonazi-Demonstration in Fulda im August 1993, nachsichtigen Gerichtsurteilen und ähnlichen Indizien erhält die Legende immer wieder Auftrieb, der Staat sei auf dem rechten Auge blind, ja es gebe gar, verschwörungstheoretisch inspiriert aus Mangel an Beweisen, einen „Pakt" zwischen den Rechten und dem Staat (z.B. Siegler 1993). Zumindest aber, so eine weitverbreitete Variante, sei der Blick nach rechts viel nachsichtiger als der nach links.

Intelligenter und origineller, aber einstweilen noch wenig überzeugend aufgrund fehlender empirischer Untersuchungen ist Heitmeyers Paralysierungsthese. Ihr zufolge sind die staatlichen Institutionen bestrebt, ihr „strukturelles Versagensdilemma", begründet im Auseinanderfallen von zunehmenden Aufgaben und abnehmender Bewältigungskapazität, zu kaschieren. Überdies verfolgten sie Abschirmungsinteressen, um den Protest von rechts nicht mit den Grundmustern der durchkapitalisierten Gesellschaft und ihren politischen Sozialisationsmustern in Verbindung zu bringen (Heitmeyer 1993).

Niemand wird heute jedoch ernsthaft behaupten können, der Staat sei auf dem rechten Auge blind, im Gegenteil. Wohl selten zuvor hat es einen staatlichen Aktionismus gegeben wie nach der Gewaltwelle von Rostock bis Solingen.[1] Die Motive, auf die wir weiter unten näher eingehen, liegen klar auf der Hand: Es geht darum, die „Republikaner" als Mitbewerber um parlamentarische Pfründe bei den anstehenden Wahlen des Jahres 1994 unter 5 Prozent zu drücken und darum, Schadensbegrenzung für das gesunkene

---

1   Auch für den Zeitraum vor 1989 kann von einer Untätigkeit des Staates gegenüber Rechtsextremismus nicht die Rede sein, vgl. Jesse (1989a) und Jaschke (1991). Zur Rechtsprechung in Verfahren mit vermutetem rechtsextremistischem Hintergrund in den Jahren 1978 bis 1987 vgl. Kalinowsky (1990). Kalinowsky vertritt auf der Basis von über 1300 ausgewerteten Strafverfahren die These, die Justiz sei keineswegs auf dem rechten Auge blind.

Ansehen des Wirtschaftsstandortes Deutschland in der Welt zu betreiben. Kohls Regierungserklärung vom 18. Juni 1993 listet die wesentlichen staatlichen Maßnahmen auf (Presse- u. Informationsamt 1993: 569):

- 1992 wurden insgesamt 12 000 Ermittlungsverfahren wegen rechtsextremer und fremdenfeindlicher Straftaten eingeleitet gegen 11 000 Beschuldigte. Im gleichen Zeitraum wurden über 10 000 früher eingeleitete Verfahren abgeschlossen, 1500 Straftäter wurden verurteilt.
- Die Nationalistische Front, die Deutsche Alternative und die Nationale Offensive wurden verboten.
- Arbeitseinheiten beim Bundeskriminalamt und beim Verfassungsschutz wurden ausgebaut, die Einsatzbereitschaft des Bundesgrenzschutzes erhöht.
- Das Straf- und Strafprozeßrecht wird künftig rechtsextreme Gewalt härter sanktionieren.
- Im Bundeskanzleramt sollen alle Maßnahmen und Planungen zur Gewaltbekämpfung und -verhütung zusammengefaßt werden.

Anzufügen wären noch einige Länder-bezogene Verbote und Folgemaßnahmen: Der Nationale Block wurde im Juni 1993 in Bayern verboten, die Heimattreue Vereinigung Deutschlands im Juli 1993 in Baden-Württemberg. Seit Dezember 1992 sind rund 100 Ermittlungsverfahren der Staatsanwaltschaften anhängig wegen Fortführung verbotener Vereinigungen (Der Spiegel 29/ 1993: 34).

Rechnet man neben diesen „harten" Maßnahmen, zu denen noch zahlreiche, demokratietheoretisch fragwürdige Veranstaltungsverbote sowie die polizeilichen Konzepte gerechnet werden müßten (Klink 1993, 1993a), noch jene der symbolischen Ebenen hinzu, wie etwa Erklärungen und Ergebenheitsadressen, Demonstrationen, Beteiligung staatlicher Würdenträger an Lichterketten, Maßnahmen der politischen Bildung usw., dann folgt daraus ein breites Panorama staatlicher Gegen-Aktionen. Sie reichen bis hin zu schmutzigen Tricks, etwa gezielten Einschüchterungen und hoheitlichen Verrufserklärungen. Jahrelang betriebene, gezielt lancierte Drohungen, man werde die „Republikaner" vom Verfassungsschutz beobachten lassen oder gar einen Verbotsantrag stellen, folgen einer Strategie innerstaatlicher Feinderklärung, welche die häßlichen Seiten der gar nicht so offenen und demokratischen „streitbaren Demokratie" offenbart. Auf derselben Linie liegen die Ankündigungen der Hamburger Innenbehörde vom August 1993, nicht zufällig vier Wochen vor der Bürgerschaftswahl, man erwäge einen Verbotsantrag gegen die „Nationale Liste" und des bayerischen Innenministeriums, man überlege den – inzwischen erfolgten – Gang nach Karlsruhe, um die FAP verbieten zu lassen.

Die Innenminister von Bund und Ländern haben im Frühjahr die Aufklärungskampagne „Fairständnis" entwickelt. Sie umfaßt u.a. Anzeigen in Zeitungen und Zeitschriften, Broschüren in Millionenauflage, Informations- und

Diskussionsveranstaltungen mit Jugendlichen, Aktionen in Schulen, bei Sportverbänden u.ä. (Innere Sicherheit 4/1993: 2). Solche Maßnahmen fußen auf Grundüberzeugungen bei Staat, Wirtschaft und Kultur, die im Vergleich und im Unterschied zur Haltung der Weimarer Eliten durchweg demokratisch und republikanisch sind. Die Frage kann daher nicht die sein, ob der Staat überhaupt etwas tut, in Frage steht vielmehr die Qualität der Maßnahmen. Zu fragen ist: Wie legitimieren sich die staatlichen Gegen-Strategien, was bewirken sie und was nicht, zielen sie auf die Beseitigung oder Abmilderung der Ursachen von Fremdenfeindlichkeit? Als forschungsleitende Fragen kämen in Betracht:

– Wie ist der output staatlicher Institutionen meßbar? Gibt es Erfolgskriterien für die Auseinandersetzung mit Rechtsextremismus? Wie ist das Verhältnis von repressiven und symbolischen Handlungsebenen, von Entscheidungs- und Schaupolitik bei den Institutionen? Wie ist das Verhältnis der mit Fremdenfeindlichkeit und Rechtsextremismus befaßten Institutionen zueinander – zwischen Kooperation, Ignoranz und Konkurrenz?
– Wie reagieren Institutionen auf politische und gesellschaftliche Veränderungen? Wie flexibel, anpassungs- und lernfähig sind zum Beispiel die Migration und das Ende des Ost-West-Konflikts samt ihrer Folgen im Hinblick auf neue rechte Protest-Bereitschaften verarbeitet worden?
– Institutionen verfügen über Deutungsmacht, Handlungs- und Interpretationsspielräume. Sie können verharmlosen, beschwichtigen und dramatisieren und so eigene Maßnahmen begründen. Gibt es kontraproduktive Wirkungen staatlichen Handelns? Sind die Institutionen an der Entstehung, dem Verlauf und den Begrenzungen rechtsextremistischer Ereignisketten aktiv beteiligt? Geben sie dieser Protestform einen spezifischen Zuschnitt dadurch, daß sich der Protest von rechts auf die Logik institutionellen Handelns einstellt und sich institutionengerecht verhält?
– Gibt es in den Institutionen selber rechtsextreme und fremdenfeindliche Tendenzen, etwa in Schulen, bei der Polizei oder beim Verfassungsschutz? Es gibt darüber zahlreiche Berichte, eher auf einzelne Ereignisse bezogen, vor allem bei Bundeswehr (Schiller 1993) und Polizei.[2] Empirisch gehaltvolle wissenschaftliche Untersuchungen dazu gibt es jedoch kaum.[3] Wie lassen sich solche Beobachtungen systematisieren, wofür stehen sie, was bedeuten sie? Blockieren sie einen angemessenen Umgang mit Fremdenfeindlichkeit? Wie gehen die Institutionen damit um, intern und extern?

---

[2] Vgl. das Themenheft Rechtsextremismus, Rassismus und polizeiliche Reaktionen von BÜRGERRECHTE & POLIZEI/CILIP 44 (1/1993: vor allem 34ff.).
[3] Die einzige wissenschaftliche Analyse rechtsextremer Tendenzen bei der Bundeswehr stammt aus dem Jahr 1978 (vgl. Gessenharter u.a. 1978).

Forschungsstand

Vorschnelle Antworten sind nicht angebracht. Greift man zur Klärung der aufgeworfenen Fragen auf die Fachliteratur der letzten Jahre zurück, so wird man kaum fündig werden. Rechtsextremismus und Fremdenfeindlichkeit werden weiterhin und überwiegend aufgefaßt als politisch organisierte und auch unorganisierte normabweichende und demokratiegefährdende Einstellungspotentiale und Verhaltensmuster, deren Ursachen und Hintergründe gesehen werden

- in der Reproduktionsweise der Gesellschaft und in unverarbeiteten Individualisierungsschüben auf der Basis wachsender sozialer Ungleichheit, die zu aggressiver Apathie und Gewaltbereitschaft führen
- in den mentalen und institutionellen Nachwirkungen des Nationalsozialismus, der Restbestände völkischen Denkens und Ideologien des Nationalismus und der Volksgemeinschaft weiter tradiert
- im zyklischen Auf und Ab des Protest von rechts nach 1945, der die „Normalität" von Rechtsextremismus als „normaler Pathologie westlicher Industriegesellschaften" (Scheuch) belegt, Fragen nach Entwicklung, Verlauf und Ende der Zyklen ebenso aufwirft wie die nach der besonderen Qualität der gegenwärtigen Welle
- in den wahlanalytisch aufzuschlüsselnden Desintegrationsprozessen, die zu politischer Entfremdung, Apathie, Desintegration der Volksparteien und zur Renaissance rechtspopulistischer Parteien führen
- in strukturellen Bündnissen zwischen Konservatismus und Rechtsextremismus, die sich heute zeigen in den Brückenfunktionen einer jüngeren intellektuellen Neuen Rechten einerseits und in der Rechtswende von CDU und CSU andererseits und die darauf hinauslaufen, das Meinungsklima nach rechts zu verschieben.

In der fortgeschrittenen Debatte, geführt von Autoren wie Gessenharter, Heitmeyer, Hennig, Klönne, Leggewie, Stöss und (einigen wenigen) anderen, wird dieses Muster in Variationen und Nuancierungen seit Jahren diskutiert – und zwar bisher in den Nischen und Randzonen der sozialwissenschaftlichen Debatte. Die Bedeutung des Staates und seiner Institutionen wurde bislang kaum in die Diskussion einbezogen.

Nicht zuletzt die größer werdende Nachfrage nach Erklärungen u.a. seitens der politischen Bildung und der Medien nach „Hoyerswerda" hat offenbart, wie schwach die bundesdeutsche Rechtsextremismus-Forschung vor sich hin räsonniert, in personeller, finanzieller und institutioneller Hinsicht. Sie ist in der Substanz kein Richtungsstreit zwischen verschiedenen „Schulen", sondern eine relativ offene empirisch orientierte Debatte über Fragestellungen, Forschungsmethoden und Bedeutungshierarchien einzelner Erklärungsfaktoren.[4] Eine Reihe empirischer Fragen ist weiter ungelöst. Dazu

---

4   Dies übersehen einige neuere Bilanzierungen des Forschungsstandes, indem sie die Dabatte

gehören etwa die Bedeutung von Ethnisierungsprozessen und der Bewegungscharakter der Rechten (Jaschke 1993). Motive und Beweggründe der rechten Wähler sind noch immer zu wenig bekannt. Protestverhalten, Politikverdrossenheit, aggressive Apathie, Umsetzung von sozialen Ängsten – diese Stichworte aus der Wahlforschung sind bislang noch nicht dahingehend konkretisiert, wie sie längerfristig entstehen und welche Auswirkungen auf politisch längerfristige Orientierungen sie haben. Die Genese autoritärer Strukturen in den Familien ist heute ein Stiefkind der empirischen Forschung. Entsprechende neuere Forschungen fünfzig Jahre nach den Studien über Autorität und Familie des Instituts für Sozialforschung bleiben in der Diskussion nahezu unbeachtet (z.B. Österreich 1993). Eine Mitglieder-Soziologie rechtsextremer Parteien existiert bislang gar nicht. Angesichts solcher Desiderate verwundert das selbstherrliche Im-Nebel-Herumstochern von Wahlforschern, die angesichts von 40 000 Parteimitgliedern rechtsaußen und damit 40 000 Multiplikatoren zu wissen vorgeben, hier handele es sich um „Protestwähler", die beim nächsten Mal schon wieder zur Raison gerufen werden könnten. Wie eine Wahl-Soziologie unter gänzlichem Verzicht auf eine Mitglieder-Soziologie aussagekräftig sei, gehört zu den Geheimnissen moderner Wahlforschung, das Verhältnis von Wahl- und Mitglieder-Soziologie noch nicht einmal als Problem wahrzunehmen, gehört zu ihren Versäumnissen.[5] Eine Täter-Soziologie ist dagegen vor dem Hintergrund fremdenfeindlicher Anschläge immerhin auf dem Weg (Willems u.a. 1993).

Ohne auf diese Debatten und die angrenzenden Schauplätze und Ideologie-Unternehmen, wo etwa über sprach- und verschwörungstheoretisch orientierten „Neorassismus" auf der linken, gesellschaftstheoretisch abstinente „streitbare Demokratie" auf der rechten Seite in exakt abgegrenzten Zitier-Kartellen und Glaubens-Gemeinschaften mit kaum offener wechselseitiger Kenntnisnahme gestritten wird, hier näher einzugehen, bleibt doch die Frage nach den staatlichen Handlungsoptionen eine terra incognita. Selbst dort, wo die komplexe Wechselwirkung zwischen Rechtsextremismus und Institutionen am offensichtlichsten ist, bei den elektronischen Medien, gibt es keine empirisch begründeten Debatten, allenfalls einige plausible Hinweise (Jaschke 1992). Es gibt derzeit keine empirisch ausgewiesene Analyse institutionellen Handelns gegen rechts, die auch nur ansatzweise alle drei Ebenen – faktisches institutionelles Handeln, mögliche kontraproduktive Wirkungen,

---

in Schubladen und Raster verpacken. Tatsächlich ist sie viel offener und erweist sich als komplexe Auseinandersetzung um sinnvolle Fragestellungen und Bedeutungshierarchien und nicht als Kontroverse um Erklärungsansätze. In diesem Sinne sind vorschnell: Kowalsky 1992 und Pfahl-Traughber 1993.

5   In dieser Hinsicht war selbst der Forschungsstand Ende der sechziger Jahre angesichts der NPD-Erfolge besser als heute (vgl. die seinerzeitigen Mitglieder-Soziologien: Niethammer 1969 und Kühnl u.a. 1969).

rechtsextreme Tendenzen in den Institutionen selber – berücksichtigen würde.[6] Dafür lassen sich unschwer einige Gründe benennen.

Während sich der öffentlich zugängliche Output staatlicher Institutionen rekonstruieren läßt, tendieren sie zur Blockade, je stärker innengerichtete Orientierungsmuster einschließlich fremdenfeindlicher Tendenzen zur Sprache gebracht werden sollen. Die Skandal-Anfälligkeit der Institutionen und die Konkurrenz des Sensationsjournalismus erschweren bzw. verunmöglichen die Datenerhebung aus sozialwissenschaftlicher Perspektive. Ein zweiter Grund ist das Fehlen staats- und verfassungstheoretischer Vorarbeiten, auf die sich die Analyse von Institutionen beziehen könnte. Während der Umgang des Staates mit dem Linksextremismus bzw. dem Terrorismus relativ breit erforscht ist (Sack/Steinert 1984), dominiert in Bezug auf Rechtsextremismus die politisch gesetzte und wissenschaftlich-apologetisch nachvollzogene Doktrin der „streitbaren Demokratie", wie sie vor allem von Backes und Jesse ausgearbeitet wurde. Sie verbleibt auf der Ebene von Verfassungsdebatten und Messungen extremistischer Organisationen an der Verfassung, erlaubt hingegen keinerlei Schlüsse auf das Realverhalten von Institutionen. Diese gelten in den Theorien der „streitbaren Demokratie" allenfalls als Opfer extremistischen Verhaltens, ihre Mitverantwortung an der Entstehung des Extremismus bleibt außen vor.

Voraussetzung weiterführender Analysen wäre eine institutionentheoretische Erörterung über Möglichkeiten und Grenzen der staatlichen Akteure, die sich nicht mit dem vorschnellen aber wohlfeilen Verdikt bescheiden, auch in den Institutionen selbst gebe es fremdenfeindliche Reproduktionsmuster. Bevor wir, vor dem Hintergrund eines wenig befriedigten Forschungsstands, einige Rahmenbedingungen staatlicher Strategien diskutieren, scheint es unerläßlich, wenigstens in groben Zügen die Ursachen für Fremdenfeindlichkeit und Rechtsextremismus zu skizzieren. Nur so scheint es möglich, die Reaktionen des Staates daraufhin zu befragen, inwieweit sie zur Ursachenbekämpfung beitragen oder aber, Heitmeyer zufolge (1993), geradezu planmäßig davon ablenken.

---

6   Auch die sich noch am ehesten mit Legitimationsfragen staatlicher Extremismus-Bearbeitung beschäftigende Forschungsrichtung, die „Extremismustheorie" von Eckhard Jesse, Uwe Backes und Anhängern hat bisher keine derartigen Analysen vorgelegt. Stattdessen scheint deren Programm immer offensichtlicher auf eine großangelegte doktrinäre Rechtfertigung der staatlichen Extremismusbekämpfung, gleichermaßen gegen links wie rechts, hinauszulaufen und letztlich auf eine überarbeitete, affirmative Totalitarismustheorie (vgl. etwa das von Backes und Jesse herausgegebene Jahrbuch Extremismus & Demokratie, Bonn 1989ff.).

Zu den Ursachen von Fremdenfeindlichkeit und Gewalt

Die seit 1989 anhaltenden und sich ausbreitenden fremdenfeindlichen Stimmungen konzentrieren sich vor allem im Aufwind rechtsextremer Parteien und in der Gewaltbereitschaft rechter Jugendlicher. Neu an dieser Entwicklung sind die Intensität des rechten Protests, der die subkulturellen Randnischen jahrzehntelangen Schattendaseins überwunden hat und der krisenhafte Kontext einer tiefgreifenden wirtschaftlichen Strukturkrise, die breiter werdende Teile der Bevölkerung umfaßt. Diesbezüglich besteht die größte politische Veränderung seit 1989 wohl darin, daß öffentlich auftretende organisierte rechtsextreme Gruppen sich heute als Vorhut einer neuen Protestbewegung im Aufwind fühlen können (Jaschke 1993), während sie bis dahin als antiquierte Nachhut eines verbrecherischen Systems gelten konnten. Die öffentlichen politischen Debatten darüber liegen quer zu den sozialwissenschaftlichen: Während hier über lebensweltliche Entfremdungsprozesse und strukturelle Hintergründe diskutiert wird, überwiegt dort der Ruf nach Polizei, schärferen Gesetzen und Urteilen. Es gibt, worauf weiter unten eingegangen wird, ein unangemessenes Primat der Inneren Sicherheit in den öffentlichen Diskussionen – so als ob Polizei, Verfassungsschutz und Gerichte den Rechtsextremismus wirksam bekämpfen könnten. Fragt man nach den Ursachen der fremdenfeindlichen Gewaltkette und der rechten Protestwelle, so läßt sich keine in sich geschlossene, theoretisch stringente und weitgehend akzeptierte Erklärung formulieren. Ein dominierendes Paradigma hat sich noch nicht herausgebildet. Wohl aber läßt sich ein Ursachenbündel beschreiben, das in den fortgeschrittenen Debatten diskutiert und unterschiedlich gewichtet wird.

Nicht der absolute Mangel an Gütern, Dienstleistungen und Werte-Verwirklichungschancen führt zu Unzufriedenheit und Protestbereitschaft, sondern die relative Benachteiligung im Vergleich zu anderen Gruppen. Die Theorie der relativen Deprivation kann heute auf ein Phänomen verweisen, das in der Entwicklung der zurückliegenden Jahre immer deutlicher hervortritt. Es ist das in den wirtschaftlichen Lebensformen westlicher Gesellschaften zutage tretende Phänomen der *wachsenden sozialen und regionalen Ungleichheit*. Einkommens- und Statusunterschiede, lokale und regionale Wohlstandsgefälle in einer Gesellschaft mit „neuem Reichtum" und „neuer Armut" lassen sich kaum mehr rational begründen. Sie entspringen einem nur noch dem Akkumulationsgesetz unterworfenen kapitalistischen Wohnungsmarkt, der Arbeitsmarktdynamik, der Dynamik von Konkurrenzbeziehungen in einem Kontext von Individualisierungsschüben, die zu vermehrtem Qualifikationsdruck und letztlich Entsolidarisierung in der „Zwei-Drittel-Gesellschaft" führen. Umfragen aus dem Jahr 1991, noch vor der die soziale Polarisierung weiter verschärfenden Spar- und Umverteilungspolitik samt ihrer Folgen für die Armutsentwicklung, bestätigen die dünne Legitimationsdecke sozialer Ungleichheit. Auf die generelle Frage nach der Gerechtigkeit der sozialen Unterschiede bejaht nur knapp die Hälfte der Befragten in den alten Bundesländern (48 %) die bestehenden Ungleichheitsstrukturen, in den neuen sind es nur 15 Prozent. Umgekehrt erwarten über 90 Prozent vom Staat, er müsse „dafür sorgen, daß man auch bei Krankheit, Not, Arbeitslosigkeit und im Alter ein gutes Auskommen hat" (Statistisches Bundesamt 1992: 544).

Die Legitimation sozialer Polarisierung durch die arbeitsethischen und konsumistischen Verhaltensnormen einer „Leistungsgesellschaft" beginnt, so scheint es, brüchig zu werden. Die Ideologie der „Leistungsgesellschaft" proklamiert einen Leistungsbegriff, dem viele aus sozialen, ethnischen oder anderen Gründen nicht folgen können. Sie werden aus dem Wohlstandsbündnis dauerhaft ausgegrenzt, ohne daß es dafür vernünftige Begründungen gäbe. Das Tempo der Modernisierung schließlich zerstört Traditionen und Lebensgewohnheiten ohne neue Perspektiven überzeugend begründen zu können.

Der Verweis auf strukturelle Problemlagen und industriegesellschaftliche Verwerfungen scheint aus zwei Gründen notwendig: Zum einen argumentieren weite Teile der neueren Debatte ohne einen Begriff von Gesellschaft. Ursachen von Rechtsextremismus und Fremdenfeindlichkeit entspringen aber letztlich defizitären Entwicklungen einer Gesellschaft, die Gewalt, Ellenbogenmentalität und ethnische Diskriminierungen aus sich selbst heraus hervorbringt. Ursachen des Rechtsextremismus liegen primär, darauf wäre nachdrücklich zu insistieren, auf der Art des Wirtschaftens und Zusammenlebens. Zum zweiten trägt der gesamtgesellschaftliche Verweis der Tatsache einer europaweiten Rechts-Entwicklung Rechnung. Fast zeitgleich, seit etwa Mitte der achtziger Jahre, erstarken national-populistische Parteien in Italien, Österreich, Frankreich und in der Bundesrepublik (Greß/Jaschke/Schönekäs 1990; Kirfel/Oswalt 1991). Sie rekurrieren auf fremdenfeindliche Einstellungen, die sich fast gleichmäßig in ganz Westeuropa herausbilden (Wiegand 1993). Dies kann nicht auf das Versagen von Politikern und Regierungen im nationalen Maßstab allein zurückgeführt werden. Dadurch müssen einzelne politische Entscheidungsketten, etwa die deutschen Asyl-Beschlüsse, in ihrer Bedeutung für die Entstehung des Rechtsextremismus relativiert werden. Die Gründe dafür liegen vielmehr zuallererst in international vergleichbaren gesellschaftlichen Entwicklungen.

Dennoch haben verspätete und ausgebliebene politische Entscheidungen die bestehenden Konfliktstrukturen noch verschärft. Die verfehlte Zuwanderungs- und Ausländerpolitik hat erheblich dazu beigetragen, daß Einwanderer und hier lebende Ausländer als Konkurrenz um Wohnungen und Arbeitsplätze und als Kostgänger des Sozialstaats wahrgenommen werden.

Rechtsextremistische Parteien wie die „Republikaner" setzen hier an. Sie vertreten volksgemeinschaftliche Positionen gegen die Machthaber „da oben" und entwerfen die Vision einer ethnisch homogenen Gemeinschaft auf der

Basis traditionalistischer Weltbilder. Damit eignen sie sich vorzüglich als
Transporteure des Unmuts und des Protests in einer politischen Kultur, in
der die historisch begründeten Hemmschwellen gegen rechtsextremistische
Gedankenwelten in sich zusammenfallen. Sie profitieren von der nachlas-
senden Integrationskraft der etablierten Parteien. Sie haben das rechtsextreme
Wählerpotential so stark binden können, daß die Rechtsaußen-Parteien parlamentarisch bedeutunglos blieben. Die Desintegration der Rechts-Wähler
scheint 1989 eingesetzt zu haben, so daß die Erfolgsaussichten der rechtsextremen Parteien derzeit nicht schlecht sind (Stöss 1993).

Zur Legitimation staatlicher Reaktionen auf Rechtsextremismus

Seit 1949 haben der Staat und die mit ihm verflochtenen etablierten Parteien
differenzierte Mechanismen erprobt, um das Wiederaufleben des Nationalsozialismus und seiner Nachfahren zu verhindern. Die Grundstrategien im
Umgang mit organisiertem Rechtsextremismus entsprechen einem Sowohl
als Auch: Er wurde integriert *und* ausgegrenzt, toleriert *und* verfolgt. Die
gescheiterte Entnazifizierung bewirkte die Aufnahme zahlreicher bekennen-
der Ex-Nationalsozialisten in den Staatsdienst, während zur selben Zeit die
neonazistische SRP samt Nachfolgeorganisationen verboten und verfolgt
wurden. Die kleinen Rechtsparteien rechts von der Union wurden von dieser
Ende der fünfziger und Anfang der sechziger Jahre integriert, wenige Jahre
darauf wurde die NPD als Neonazi-Partei aus dem Grundkonsens der Demokraten ausgegrenzt. Später wurden die „Republikaner" seitens der Union
sowohl durch programmatische Annäherungen und Offenhalten der Koali-
tionsfrage hofiert wie auch verfolgt und stigmatisiert etwa durch die angedrohte oder durchgeführte Beobachtung durch den Verfassungsschutz (Jaschke 1993a). Die wichtigste Grundlage staatlicher Gegenstrategien ist das ver-
fassungspolitische Selbstverständnis und Konzept einer „streitbaren Demokratie", die sich gegen ihre Feinde zur Wehr setzen müsse. Daraus können
sowohl repressive Maßnahmen wie auch das Gebot der „geistig-politischen
Auseinandersetzung" abgeleitet werden. Bevor wir auf diesen Zusammenhang näher eingehen, müssen die beiden aktuellen Triebkräfte staatlicher
Reaktionen beachtet werden.
    Zwei parteienübergreifende Motive veranlassen nahezu hektische staat-
liche Aktivitäten gegen Rechtsextremismus und Fremdenfeindlichkeit. Bei
beiden geht es letztlich um zu befürchtende Beeinträchtigungen in der politischen Machtausübung. Das erste zielt darauf ab, die teils bereits erfolgte
Etablierung eines politischen Mitbewerbers zu stoppen und rückgängig zu
machen. Eine weitere Konsolidierung der „Republikaner" könnte die eingespielten Mechanismen der Machtverteilung nachhaltig stören. Dabei ist die
Perspektive heute noch dramatischer als sie etwa Franz-Josef Strauß 1988

angenommen hatte. „Aber wenn sich eine Rechtspartei bildet", so Strauß noch vor den „Republikaner"-Wahlerfolgen, „mit einem populistischen Programm und einer charismatischen Führung, dann stimmt die ganze Lagertheorie von CDU und FDP endgültig nicht mehr", Koalitionen mit den Rechten oder eine sozialliberale Koalition wären die Folgen (Strauß 1989: 512). Während Strauß noch annahm, neue Rechts-Parteien könnten in das Unions-Wählerpotential einbrechen, besteht heute Klarheit, daß beide Großparteien davon betroffen sind. Dies eint sie in ihrer Strategie gegen die „Republikaner" und andere Konkurrenten rechtsaußen. Deshalb zielen die Aktivitäten von Bundes- und Landesregierungen über die zur Verfügung stehenden Instrumente – Verfassungsschutz, Öffentlichkeitsarbeit, politische Bildung, Gesetzesinitiativen – darauf ab, die ungebetene Konkurrenz auszuschalten durch Repression und Stigmatisierung. Der Umgang der etablierten Parteien mit den „Republikanern" gleicht hoheitlichen Verrufserklärungen, die den stärker werdenden Nationalpopulismus letztlich als ein Problem der politischen Hygiene verklären.

Ein weiteres Motiv ist die Schädigung des Ansehens der Bundesrepublik im westlichen Ausland. Wachsende Fremdenfeindlichkeit behindert ausländische Investitionsentscheidungen, ein radikal auftrumpfender Nationalismus stellt die West-Bindung der Bundesrepublik infrage. Exemplarisch hat im Oktober 1992 die *New York Times* die ausländischen Bedenken artikuliert:

„Wenn Deutschland seine Nachbarn ökonomisch platt walzt, wenn so viele Deutsche der ausländerfeindlichen Gewalt ihrer Nazi-Youngster applaudieren, wenn Deutschland entscheidet, die Antwort auf Flüchtlinge heißt Einschränkung des Asylrechts, wenn Deutschland die Deportation von Zigeunern vorbereitet, der ersten Opfer der alten Nazis, dann müssen die Europäer unbedingt die Vereinigung mit dem neuen Deutschland überdenken, bis Klarheit herrscht, ob dieses Deutschland wirklich ein vollständig neues ist" (nach: Der Spiegel 41/1992: 20).

Die Recherchen eines Düsseldorfer Wirtschaftsjournalisten kam zu einem wenig schmeichelhaften Ergebnis für den Wirtschaftsstandort Deutschland:

„Die Deutschland AG verliert Boden als Investitionsstandort, als Reiseziel und als Exporteur. Würden ihre Aktien an der Börse gehandelt: Ihre Kurse stünden derzeit schlecht.
Im brandenburgischen Rathenow platzte die Übernahme der Neuzehrer Möbel GmbH durch den Möbelhersteller Ashley Industries aus Arcadia im US-Staat Wisconsin. Ashley-Geschäftsführer Ronald Wanek erklärte dem 'Wall Street Journal', das dem Fall eine ganze Spalte auf Seite eins widmete, die Ausschreitungen in Rostock-Lichtenhagen hätten ihn umgestimmt.
Der japanische Sony-Konzern überdenkt sein Investitionsvorhaben in Berlin – unter anderem, so erläutert Rainer Wagner, Geschäftsführer der Sony Berlin GmbH, wegen der Ausländerfeindlichkeit in Deutschland.

In der Regel gehen Investitionen aber im Stillen verloren – indem Deutschland gar nicht erst in die engere Standortwahl der Geldgeber kommt. Ein dänischer Reeder erklärte gegenüber dem Hamburger IG-Metall-Bezirksleiter Frank Teichmüller: 'Wenn ich jetzt Aufträge an Rostocker Werften vergeben würde, hielten mich meine Landsleute für verrückt'. Jörg Laskowski, Sprecher der Treuhand-Niederlassung in Potsdam, bestätigt: 'Ausländische Unternehmer sind verunsichert durch die Krawalle'. Für Irene Lenkner vom Münchner Ifo-Institut ist der Zusammenhang klar: 'Wenn die Sicherheit an einem Standort zurückgeht, dann hat das Auswirkungen auf die Investitionen'".[7]

Wiederholte besorgte Reaktionen der westlichen Staatengemeinschaft, Rechtfertigungszwänge für die Außenpolitik und nicht zuletzt das angedrohte Abflauen ausländischer Investitionsströme in die neuen Bundesländer tangieren die weichen Standortfaktoren, eben das Investitionsklima. In der Situation einer noch ungeklärten Rolle des vereinigten Deutschland in der internationalen Politik sind fremdenfeindliche und rechtsextreme Vorfälle Sand im Getriebe einer Politik, die auf eine ökonomisch und politisch führende Rolle in Europa und damit in der Welt bedacht ist. Beide Motive sind im historischen Rückblick einzigartig. In der Geschichte der Bundesrepublik spielte zwar der befürchtete Ansehensverlust im Ausland immer eine gravierende Rolle. Bis 1989/90, vor allem aber in den fünfziger und sechziger Jahren stand dabei der Gedanke im Vordergrund, öffentliche Vorfälle mit neonazistischem Hintergrund könnten die innere demokratische Instabilität der Bundesrepublik decouvrieren und die Anerkennung Westdeutschlands in der Staatengemeinschaft behindern. Seit der Vereinigung geht es allerdings nicht mehr um die innere demokratische Stabilität, sondern um ungeklärte Erwartungen an eine international führende Rolle der Bundesrepublik. Offener Rechtsextremismus kann den Prozeß des Hineinwachsens in einer international führende Position erheblich erschweren. Insofern ist das deutsche *Erscheinungsbild* nach außen hin ein wichtiges politisches Kriterium geworden. Nur so wird verständlich, warum im Sommer 1993 Ereignisse, die jahrzehntelang unbeachtet blieben, plötzlich höchste Alarmstufe bedeuten: Als im August 1993 fünfhundert Neonazis, von der Polizei ungestört, am Domplatz in Fulda eine Demonstration durchführen konnten, führte dies zu einem mittleren Skandal – und der Entlassung eines Staatssekretärs.

Die Beeinträchtigungen des Investitionsstandorts Deutschland durch fremdenfeindliche Vorfälle sind neuartig. Sie haben dazu geführt, daß neben den staatlichen Institutionen auch Wirtschaftsverbände und Industrie nicht müde werden, Weltoffenheit und Toleranz als angebliche deutsche Eigenschaften zu preisen. Während bis 1989/90 Totschweigen und Ignoranz neben repressiven, nach außen hin kaum öffentlich diskutierten Maßnahmen, be-

---

7   Schumacher 1993. Dieser Bericht, recherchiert von Mitarbeitern der Wirtschaftswoche, enthält zahlreiche weitere Beispiele.

herrschende Mechanismen staatlicher Reaktionen waren, wird nach Rostock und Hoyerswerda Rechtsextremismus zu einem der wichtigen innen- und letztlich auch außenpolitisch bedeutsamen Themen. Die staatlichen Maßnahmen, initiiert durch die Investitionsstandort-Frage und den drohenden Mitbewerber in den Parlamenten, greifen dabei zurück auf eine Rechtfertigungsebene, die vierzig Jahre lang staatliches Handeln beherrscht hatte: auf die Doktrin einer streitbaren Demokratie.

Die Doktrin der „streitbaren Demokratie" in der wissenschaftlichen Diskussion

Die Auffassung, der Staat müsse sich gegen die Feinde der Demokratie, die Gegner der „freiheitlichen demokratischen Grundordnung", zur Wehr setzen, rekurriert auf die Rechtsprechung des Bundesverfassungsgerichts vor allem bei den Parteien-Verboten 1952 (SRP) und 1956 (KPD). Sie besagt, daß der Staat sich gegen seine Feinde mit rechtsstaatlichen Mitteln zu wehren habe. Der Gedanke einer „streitbaren Demokratie" ist in seiner historisch bedingten Grundstruktur vergleichbar mit den seinerzeit entstandenen Totalitarismustheorien: Beide postulieren, den Nationalsozialismus und den Stalinismus vor Augen, Demokratie als Gegenbild zu diesen totalitären Herrschaftsformen. Kennzeichnend für diese Grundstruktur ist die Bipolarität des Extremismus- bzw. Totalitarismusbegriffs, die vermutete Bedrohung der Demokratie von rechts und von links. Dieses in der Zeit des Zweiten Weltkrieges und des nachfolgenden Kalten Krieges entwickelte Rechts-Links-Schema hat seine Ursprünge überdauert und prägt bis heute die staatliche Auseinandersetzung mit dem politischen Extremismus. Gegen verfassungsfeindliche Bestrebungen kommen u.a. in Betracht: Die Beobachtung durch den Verfassungsschutz, Parteien- und Vereinigungsverbote, Verbot der politischen Betätigung und nicht zuletzt, die „geistig-politische Auseinandersetzung". In der Debatte über die Doktrin der „streitbaren Demokratie" (Jesse 1989, 1993; Jaschke 1991) sei hier an zwei Aspekte erinnert: Sie macht keinen substantiellen Unterschied zwischen Links- und Rechtsextremismus, proklamiert vielmehr die Existenz *eines* verfassungsfeindlichen Extremismus mit unterschiedlichen, eben rechten und linken, Spielarten. Demokratie und Extremismus sind scharfe, unvereinbare Gegensätze. Dadurch wird Extremismus aus der Gesellschaft ausgegrenzt, Entstehung und Wirkungsweisen von Extremismus *in* der Demokratie kommen nicht in den Blick. Ebensowenig seine strukturellen Ursachen und die dort liegenden Ansatzpunkte politischer Intervention.

Die Doktrin der „streitbaren Demokratie" entstand in den Nachkriegsjahren im Kontext der Ost-West-Polarisierung. Die fortwirkenden rechtsextremen Strömungen im Nach-Hitler-Deutschland konnten seitens der staatlichen Institutionen durch Verweise auf den Linksextremismus einerseits und die freiheitliche demokratische Grundordnung gleichsam neutralisiert werden. Der Staat in den fünfziger und sechziger Jahren konnte die Selbstdefinition als demokratisches Gemeinwesen legitimieren durch den Verweis auf die *außerhalb* der Verfassung stehenden Extremisten von links und rechts und die scharfe Trennung zwischen Demokratie und Diktatur. Daran hat sich bis heute nicht viel geändert. Wenn Kohl im Juni 1993 betont, es sei außer Zweifel, „daß wir den Rechtsextremismus mindestens genauso ernst nehmen wie den Linksextremismus" (Presse- und Informationsamt 1993: 571), so spiegelt sich darin die ungebrochene Tradition der Gleichsetzung zweier substantiell gleicher Bedrohungen der Demokratie.

Dieses eigentümlich antiquiert anmutende Modell, das Helmut Ridder einmal „ein Instrument spätzeitlicher antirevolutionärer Systemverteidigung" genannt hat (Ridder 1979: 3), ist auch heute noch das zentrale Legitimationsmuster der politischen Justiz, der Verfassungsschutzbehörden – in deren Jahresberichten es immer wieder bekräftigt wird – der Informations- und Fortbildungsveranstaltungen der Innenministerien und auch noch der Lehrpläne in den unionsregierten Bundesländern. Es handelt sich, wie seine politikwissenschaftlich argumentierenden Anhänger betonen, um einen verfassungszentrierten, normativen, Grundwerte-orientierten Ansatz (Backes 1989). Vor allem Uwe Backes und Eckhard Jesse haben die Streitbarkeits-Doktrin in zahlreichen Arbeiten immer wieder verteidigt. Sie gehen von der Einheitlichkeit des politischen Extremismus aus, der eine rechte und eine linke Variante aufweise, und von dessen Frontstellung gegen den demokratischen Verfassungsstaat. Dieser müsse sich mit rechtsstaatlichen Mitteln, aber entschieden gegen seine Feinde zur Wehr setzen, um den eigenen Bestand zu sichern. Diesen grundlegenden Denkansatz haben Backes und Jesse versucht zu untermauern durch typologisch-klassifizierende Deskription des organisierten verfassungsfeindlichen Extremismus einerseits und durch Rettungsversuche der Streitbarkeits-Doktrin aus verfassungsgeschichtlicher und demokratietheoretischer Sicht andererseits. Die zahlreichen Publikationen von Backes und Jesse kreisen in der Tradition der Totalitarismustheorie und der konservativen Staatsrechtslehre immer wieder um diese beiden Pole: Rettung und Verteidigung des Streitbarkeitsprinzips und Beschwörung des politischen Extremismus in beiden Varianten als substantiell gleichartige Bedrohung des demokratischen Verfassungsstaats.

Die Erkenntnisperspektive eines solchen betont normativen Ansatzes ist letztlich reduziert auf „Extremistische Gefahrenpotentiale im demokratischen Verfassungsstaat" (Backes/Jesse 1991). Um diese beiden Hauptakteure drehen sich all die Bemühungen von Backes und Jesse, wobei dieser aus der defensiven Perspektive von Bedrohung und Gefährdung betrachtet, jener aber als aggressiv normverletzend und verfassungsfeindlich dargestellt wird. Andere Perspektiven kennen Backes und Jesse nicht, andere theoretische

Orientierungen werden in der Regel zurückgewiesen. Dieser Ansatz, immerhin im Bunde mit der real existierenden Praxis der Verfassungsschutzbehörden und des Staatsschutz, weist einige erhebliche Defizite auf. Gesellschaftliche Ursachenzusammenhänge wie etwa soziale Ungleichheiten, ökonomische Entwicklungen und Vorurteilsstrukturen bleiben außen vor, weil soziologische und analytische Ebenen in einer Politikwissenschaft keine Rolle spielen, wo es um die Rehabilitierung und Verteidigung der Staatsräson gegen politische Normabweichungen von Bürgern geht. Dies ist deshalb ein gravierendes Versäumnis, weil so die sehr unterschiedlichen Entstehungshintergründe von Links- und Rechtsextremismus aus dem Blickfeld ebenso verschwinden wie die extremistischen Potentiale in der Mitte der Gesellschaft. Daß der demokratische Verfassungsstaat sich seine Extremisten selber schaffen könnte, daß Rechtsextremismus etwas zu tun haben könnte mit den Reproduktionsformen der Gesellschaft – ein solcher Fragehorizont ist Backes und Jesse gänzlich fremd. An einer entscheidenden Stelle ihres Begründungszusammenhangs unterläuft Backes und Jesse ein Fehlschluß: Das Prinzip der Streitbarkeit ist nicht identisch mit der Praxis der Kontrollinstitutionen der inneren Sicherheit. Das eine ist aber mit dem anderen unauflöslich verwoben, wenn Politikwissenschaft nicht zum bloßen Claqueur der Staatsorgane verkommen soll. Backes und Jesse hingegen verbinden mit der unkritischen Rechtfertigung des Prinzips der streitbaren Demokratie eine daraus abgeleitete Glorifizierung der Praxis des Verfassungsschutzes und der Innenbehörden. Da Verfassung und Verfassungswirklichkeit gerade in diesem Bereich keineswegs nahtlos übereinstimmen, bedarf es einer kritischen Sichtweise der Institutionen.

Sofern die Doktrin der abwehrbereiten, wehrhaften oder auch streitbaren Demokratie aber heute noch das verfassungspolitisch dominierende Legitimationsmuster staatlicher Gegenmaßnahmen ist, geht sie an entscheidenden Problemen der gegenwärtigen Entwicklung des Rechtsextremismus vorbei:
- Sie betrachtet politischen Extremismus letztlich als sanktionswürdiges politisch-abweichendes Verhalten. Die Zwischenformen zwischen Demokratie und Extremismus bleiben so außen vor.
- Sie verkennt die Spezifika der Entstehung des rechtsextremen Protests in den Alltagserfahrungen industriegesellschaftlicher Lebenswelten, folglich im Zentrum der Gesellschaft. Ihre Fixierung auf organisierte Formen des Protests läßt die alltäglichen, unorganisierten Entstehungsprozesse von Fremdenfeindlichkeit gänzlich außer Betracht.
- Sie konzentriert sich einseitig auf das Instrumentarium der „inneren Sicherheit".

Das Primat der Inneren Sicherheit

Im Kontext administrativer Zuständigkeiten gilt das Instrumentarium der „inneren Sicherheit" als Domäne der Extremismus-Bekämpfung. Gewiß kann die unmittelbare Repression extremistischer Bestrebungen so am ehesten erfolgen, denn der staatliche Akteur kennt ein direktes Gegenüber (Partei, Organisation) und kann öffentlichkeitswirksam das Gewaltmonopol einsetzen und Stärke demonstrieren. Die Institutionen „streitbarer Demokratie" bearbeiten Formen des politischen Extremismus in professioneller Weise. Die Dauerhaftigkeit ihrer Existenz, die Herausbildung spezifischer Sichtweisen, Begrifflichkeiten, Sprachregelungen und Kontrolltraditionen führt dazu, daß sie ihren Gegenstand quasi „umstellen" und zurichten. Politischer Protest trifft, sobald er als „extremistisch" qualifiziert ist, naturwüchsig auf die angedrohte oder tatsächliche Beobachtungstätigkeit des Verfassungsschutz, die Sanktionsmacht der politischen Justiz, den Zugriff der politischen Parteien und die demokratisch intendierten „verfassungssichernden" Orientierungsleistungen der politischen Bildung. „Streitbare" Institutionen „umstellen" politischen Extremismus, definieren und sanktionieren ihn, schränken seine Artikulationschancen ein und liefern Deutungsangebote an das breite Publikum. Das tun sie nicht nur nach dem bloßen Legalitäts- bzw. Opportunitätsprinzip. Auf einer Sub-Ebene des Geschehens haben sich „inoffizielle" Sichtweisen und Bearbeitungsformen herausgebildet, die den Einfluß der Akteure entscheidend bestimmen. Ritualisierung, Skandalisierung, Stigmatisierung setzen symbolisch wirksame Effekte institutionellen Kontrollhandelns frei, die „eigentlich" nicht dazugehören: Die jährliche ritualisierte Bekräftigung des Verfassungsschutz und der Innenminister, der Extremismus bedeute keine Gefahr für die freiheitliche demokratische Grundordnung. Der ritualisierte Ruf nach politischer Bildung, wenn extremistische Positionen auch bei Wahlen vordringen, nach dem Verbot, wenn sie als Störenfriede der öffentlichen Ordnung oder Konkurrenten bei Wahlen erscheinen, nach neuen Gesetzen zur Verbesserung der „Extremisten-Bekämpfung" gehören zu den wichtigsten institutionellen Ressourcen. Ebenso ritualisiert ist die Stigmatisierung des politischen Protests, die Ausschaltung aus dem Diskurs durch die politische Justiz. Auf der Sub-Ebene des institutionellen Handelns ist der Kampf um Deutungsmonopole und Einflußchancen überaus spürbar. Ihre Rationalität bemißt sich weniger an einer prinzipiell unabschließbaren, offenen „geistig-politischen Auseinandersetzung", sondern eher an der Unterscheidung von Freund und Feind und der Frage der Legitimationsgewinne für die Zielwerte der jeweiligen Institution. Das Gebot geistig-politischer Auseinandersetzung erfolgt nicht um seiner selbst willen. Es gilt, jene von Carl Schmitt beschriebenen undemokratischen „versteckten Arten der Ächtung, des Bannes, der Proskription" (Schmitt 1963: 46) zum Gegenstand rationaler Aufklärung zu machen, anstatt ihre Wirkungsweisen unreflektiert zu dulden.

Die Mechanismen politischer Ausgrenzung insgesamt, in der Frühphase der Bundesrepublik herausgebildet, später verfeinert und intensiviert (Jesse 1989a), sind gegenüber Veränderungen der Gesellschaft im nationalen und internationalen Kontext eigentümlich resistent. Die Entschärfung des Ost-West-Konflikts nach 1969, besonders Ende der Achtzigerjahre, und die demokratischen Entwicklungen in den als ewig-„totalitär" definierten Staaten des real kaum noch existierenden Sozialismus hätten längst zu Revisionen des Totalitarismus-Paradigmas, überholter Feindbildstrukturen und semantisch ausgelaugter Begrifflichkeiten führen müssen. Die Abkopplung der „neuen sozialen Bewegungen" von orthodoxen Formen des Marxismus-Leninismus, aber auch die Ent-Differenzierung des neuen, auch wählerwirksamen rechten Protestpotentials entsprechen längst nicht mehr traditionellen Formen des Rechts- bzw. Linksextremismus.

Zu den Verzerrungen der deutschen Innenpolitik gehört das Mißverhältnis zwischen den Erwartungen an die Politik der inneren Sicherheit einerseits und deren Leistungsfähigkeit andererseits. Wenn von Bekämpfung des Rechtsextremismus geredet wird, dann ist das in den Augen der veröffentlichten Meinung (und womöglich auch der öffentlichen Meinung) in erster Linie eine Aufgabe von Polizei, Gerichten und Verfassungsschutz. In einer rechtsstaatlich-parlamentarischen Demokratie können diese aber allenfalls symbolische Wirkungen freisetzen, die Ursachen des rechten Protests können sie nicht beseitigen. Insgesamt gesehen werden die Möglichkeiten der „inneren Sicherheit" bei weitem überschätzt. Nicht nur aufgrund ihrer beschränkten Möglichkeiten in einem Rechtsstaat, sondern auch aufgrund von *institutionellen Blockierungen*, die sich, zusammenfassend, auf drei Ebenen zeigen:
- Das Festhalten an der antiquierten, in den Denkweisen des Kalten Krieges entstandenen Doktrin der „streitbaren Demokratie" blockiert Einsichten in die veränderten politischen Konstellationen. Grundkategorien wie Demokratie und Extremismus, Demokratie und Diktatur, sind nicht geeignet, weiterhin innerstaatliche Feinderklärungen aufrechtzuerhalten, die dem Weltbild der Ost-West-Konfrontation nach Kriegsende entsprechen. Sinnvoll wäre es, die Ausübung von Gewalt präventiv und repressiv als Kriterium des politischen Extremismus zu verwenden. Das bedeutet in der Praxis, den vorverlegten Staatsschutz, der an politischer Gesinnung ansetzt, nach hinten zu verlegen an die Grenze der Militanz.
- Die Institutionen der inneren Sicherheit haben sich bislang als eher reformfeindlich und immobil erwiesen. Max Webers These, die Politik sei zu einem schwerfälligen, vom Beamtenapparat und der Bürokratie beherrschten Betrieb geworden (Weber 1992: 25ff.), ist für die Institutionen der inneren Sicherheit fatal. Sie scheinen nur schwer in der Lage, politische und gesellschaftliche Veränderungen daraufhin zu überprüfen, welche institutionellen Veränderungen diese begleiten müssen. Ein wesentlicher

Grund dafür ist die Unfähigkeit der Institutionen, in selbstreflexiver Weise
extremistische und fremdenfeindliche Tendenzen bei sich selber zu bearbeiten. Statt dessen dominiert das Prinzip der Abschottung nach außen
und der Tabuisierung nach innen.

– Die Institutionen der inneren Sicherheit sind aufgrund des Gewaltmonopols und aufgrund ihres ihnen zugeschriebenen Informationsvorsprungs
in enormer Weise skandalisierungsanfällig.[8] Daher sind sie ein bevorzugtes
Thema der politischen Berichterstattung in den Massenmedien und eine
ständige Quelle der Delegitimation des politischen Systems. Die große
öffentliche Aufmerksamkeit für Polizei, Verfassungsschutz und politische
Justiz bestärkt noch die Reform-Unfähigkeit und Abschottungsmentalität
dieser Institutionen.

Fazit: Rechtsextremismus, Fremdenfeindlichkeit und der Staat

Wenn die Ursachen von Rechtsextremismus und Fremdenfeindlichkeit etwas
mit der Art des Zusammenlebens in der Konkurrenzgesellschaft, der Art des
Wirtschaftens und der Verteilungsstruktur von materiellen und immateriellen
Gütern zu tun haben – und hieran kann kein ernsthafter Zweifel bestehen –
sind unter diesen Vorzeichen die staatlichen Gegenmaßnahmen problemad-
äquat? Unser Fazit lautet: Das Primat einer Politik der inneren Sicherheit,
gestützt auf die rostigen Schwerter der „streitbaren Demokratie", die sich
offenkundig noch immer einer mehrheitlichen Unterstützung in der Bevölkerung erfreuen können,[9] auf antizipierten Imageverlusten im Ausland und
befürchteten Nachteilen für den Wirtschaftsstandort Deutschland, geht geradezu systematisch an den wirklichen Ursachen und Problemen vorbei.
Deshalb ist die Politik der inneren Sicherheit eine Politik der Verschiebung
von Ursachenzusammenhängen und Interventionsmöglichkeiten. Umgekehrt aber stellen diejenigen Politikfelder, die am ehesten eine Ursachen-Be-
kämpfung leisten könnten, keinen Zusammenhang mit Rechtsextremismus
und Fremdenfeindlichkeit her: Wirtschafts-und Sozialpolitik unterliegen dem
Primat des Wachstums und der – mittlerweile mehr und mehr minimalisti-
schen – sozialen Abfederung, die Arbeitsmarktpolitik setzt auf Qualifikation,
Leistung und Konkurrenz und nimmt die dauerhafte Ausgrenzung von über
vier Millionen Menschen aus dem Arbeitsmarkt in Kauf. Ausländer- und
Asylpolitik zehren weiterhin von einem völkischen Staatsbürgerrecht. Eine

---

8   Die Inflation der Skandale wird begleitet durch den Aufschwung der „Skandalforschung"
    (vgl. Ebbighausen/Neckel 1989; Käsler 1991).
9   Gerichte, Polizei und Verfassungsschutz genießen einen vergleichsweise großen Vertrauens-
    vorschuß. Auf die Frage „Wenn sich der demokratische Staat aktiv gegenüber seinen Feinden
    von links und rechts zur Wehr setzt, finden Sie das gut oder finden Sie das nicht gut",
    entschieden sich 67 Prozent der Befragten mit „gut" (vgl. IPOS 1993: 57).

homogene Gemeinschaft der Deutschen soll es sein, in der Ausländer prinzipiell Gäste sind. Je weniger der Staat in der Lage ist, die strukturellen
Ursachen von Fremdenfeindlichkeit und Rechtsextremismus wirksam zu bekämpfen, desto mehr setzt er, so könnte unser Fazit lauten, in das öffentlichkeitswirksame Feld der „inneren Sicherheit". So können langfristig Hemmschwellen erhöht, offene Gewalttätigkeit eingedämmt und symbolisch wirksam ein starker Staat vorgeführt werden. Die eigentlichen Gefährdungen,
resultierend aus wachsender sozialer Ungleichheit und „Erkenntnisverwei-
gerung" (K.J. Bade) gegenüber einer zuwanderungsabhängigen multikulturellen Gesellschaft, können so nicht bekämpft, ja noch nicht einmal in Au-
genschein genommen werden.

Für die sozialwissenschaftliche Diskussion hat diese paralysierte Struktur
staatlichen Handelns eine Reihe von Konsequenzen. Sie lassen sich andeuten
in der Skizierung künftiger Arbeitsfelder:

- Es gilt, die Doktrin der „streitbaren Demokratie" daraufhin zu überprüfen,
  inwieweit sie das Verhalten der Institutionen der inneren Sicherheit noch
  beeinflußt, prägt und anleitet. Reformen und Alternativen nach dem Zusammenbruch des kommunistischen Feindbildes sind bisher kaum entwickelt worden.
- Staatliche Reaktionen auf Rechtsextremismus und Fremdenfeindlichkeit
  folgen der Logik einzelner Institutionen, bilden aber auch einen übergreifenden Zusammenhang. Institutionelle Interaktionen, etwa zwischen Polizei, Verfassungsschutz, Justiz oder auch zwischen Schule, Sozialarbeit,
  Erwachsenenbildung und Hochschule, sind vor allem hinsichtlich ihrer
  Handlungsspielräume und Auswirkungen auf kollektive Orientierungen
  kaum erforscht worden.
- In einem weiter gefaßten Sinn wären auch diejenigen staatlichen Einrichtungen, die vordergründig nichts mit Rechtsextremismus und Fremdenfeindlichkeit zu tun haben, daraufhin zu befragen, inwieweit sie selbst
  Fremdenfeindlichkeit herstellen, dulden oder fördern bzw. ihr entgegen-
  wirken können. Inwieweit sind im alltäglichen Verhalten von Mitarbeitern
  der allgemeinen Verwaltung, in Sozialämtern, Krankenhäusern, Schulen,
  in der Polizei und bei der Bundeswehr Diskriminierungsprozesse zwischen
  den Ethnien angelegt, inwieweit wird von dieser Seite die Ethnisierung
  von Politik und sozialen Beziehungen vorangetrieben?

Die bisherige polarisierte und heterogene, notwendig interdisziplinär zu be-
treibende Debatte über Rechtsextremismus und Fremdenfeindlichkeit allgemein und zum Verhältnis von Staat und Rechtsextremismus ganz besonders
verfügt in diesen Arbeitsfeldern bisher kaum über gut begründete Antworten.
Angesichts einer mulitkultureller werdenden Gesellschaft und zunehmender
sozialer Auseinandersetzungen könnte sie dennoch wichtige Beiträge leisten
zu den Möglichkeiten und Grenzen staatlicher Interventionen.

Literatur

Backes, Uwe, 1989: Politischer Extremismus in demokratischen Verfassungsstaaten. Opladen.
Backes, Uwe/Jesse, Eckhard, 1991: Extremistische Gefahrenpotentiale, in: Jahrbuch Extremismus & Demokratie Bd. 3, 7-32.
Ebbinghausen, Rolf/Neckel, Sighard (Hg.), 1989: Anatomie des politischen Skandals. Frankfurt a.M.
Gessenharter, Wolfgang, u.a., 1978: Rechtsextremismus als normativ-praktisches Forschungsproblem. Weinheim/Basel.
Greß, Franz/Jaschke, Hans-Gerd/Schönkäs, Klaus, 1990: Neue Rechte und Rechtsextremismus in Europa. Opladen.
Heitmeyer, Wilhelm, 1993: Gesellschaftliche Desintegrationsprozesse als Ursachen von fremdenfeindlicher Gewalt und politischer Paralysierung, in: Aus Politik und Zeitgeschichte B 2-3, 3-13.
Hennig, Eike, 1993: „Dem Haß keine Chance: Ausländerstopp". Zur Bedeutung „der Ausländerfrage" für rechte Deutungsmuster in der Bundesrepublik Deutschland, in: Politische Bildung 1, 33-47.
Infratest, 1980: Politischer Protest in der Bundesrepublik Deutschland. Stuttgart/Berlin/Köln/Mainz.
IPOS, 1993: Einstellungen zu aktuellen Fragen der Innenpolitik 1993 in Deutschland. Mannheim.
Jaschke, Hans-Gerd, 1991: Streitbare Demokratie und Innere Sicherheit. Opladen.
Jaschke, Hans-Gerd, 1992: Fremdenfeindlichkeit, Rechtsextremismus und das Fernsehen, in: Aspekte der Fremdenfeindlichkeit, hrsg. vom Institut für Sozialforschung. Frankfurt a.M./New York, 55-70.
Jaschke, Hans-Gerd, 1993: Rechtsradikalismus als soziale Bewegung. Was heißt das?, in: Vorgänge Nr. 2, 105-116.
Jaschke, Hans-Gerd, 1993a: Die „Republikaner". Profile einer Rechtsaußen-Partei. Bonn.
Jesse, Eckhard, 1989: Streitbare Demokratie in der Bundesrepublik Deutschland (= unveröff. Habil.-Schrift). Trier.
Jesse, Eckhard, 1989a: Das Instrumentarium einer „streitbaren Demokratie" am Beispiel der Bundesrepublik Deutschland, in: Abwehrbereite Demokratie und Verfassungsschutz, hrsg. vom Bundesminister des Innern. Bonn, 55-72.
Jesse, Eckhard, 1993: Streitbare Demokratie und Rechtsextremismus. Funktioniert der innere Kompaß?, in: Frankfurter Rundschau 30.1.
Kalinowsky, Harry, 1990: Rechtsextremismus und Strafrechtspflege. Bonn.
Käsler, Dirk, 1991: Der politische Skandal. Opladen.
Kirfel, Martina/Oswalt, Walter, 1991: Die Rückkehr der Führer. Modernisierter Rechtsradikalismus in Westeuropa. Wien/Zürich.
Klink, Manfred, 1993: Polizeiliches Bekämpfungskonzept gegen Rechtsextremismus und Fremdenfeindlichkeit, in: Extremismus und Fremdenfeindlichkeit Bd. 2, hrsg. vom Bundesminister des Innern. Bonn, 71-80.
Klink, Manfred, 1993a: Fremdenfeindliche Kriminalität – Möglichkeiten und Grenzen polizeilicher Strafverfolgung, in: *Murck/Schmalzl/Zimmermann* (Hg.), Immer dazwischen. Fremdenfeindliche Gewalt und die Rolle der Polizei. Hilden, 207-242.
Kowalsky, Wolfgang, 1992: Rechtsaußen ... Und die verfehlten Strategien der deutschen Linken. Frankfurt a.M./Berlin.
Kühnl, Reinhard, u.a., 1969: Die NPD. Frankfurt a.M.
Niethammer, Lutz, 1969: Angepaßter Faschismus. Politische Praxis der NPD. Frankfurt a.M.
Österreich, Detlef, 1993: Autoritäre Persönlichkeit und Gesellschaftsordnung. Weinheim/München.
Pfahl-Traughber, Armin, 1993: Rechtsextremismus. Eine kritische Bestandsaufnahme nach der Wiedervereinigung. Bonn.
Presse- und Informationsamt der Bundesregierung, 1993: Bulletin Nr. 54/S. 569 vom 18. Juni, S. 574.

Ridder, Helmut, 1979: Zur Ideologie der „streitbaren Demokratie" (= Argument Studienheft 32). Berlin.

Sack, Fritz/Steinert, Heinz, 1984: Protest und Reaktion (= Analysen zum Terrorismus Bd. 4/2). Opladen.

Schiller, Dietmar, 1993: Rechtsextremismus in der Bundeswehr. Eine aktuelle Bestandsaufnahme, in: Vorgänge Heft 2, 31-37.

Schmitt, Carl, 1963: Der Begriff des Politischen. Berlin.

Schumacher, Harald, 1993: Auch die Wirtschaft spürt die Folgen. Deutschland haftet für das Verhalten seiner Kinder, in: Das Parlament Nr. 2-3, 10.

Siegler, Bernd, 1993: Über den Umgang staatlicher Ordnungshüter mit Rassismus und Neofaschismus, in: *Bernd Siegler* u.a., Der Pakt. Die Rechten und der Staat. Göttingen, 11-118.

Statistisches Bundesamt (Hg.), 1992: Datenreport 1992. Bonn.

Stöss, Richard, 1993: Rechtsextremismus und Wahlen in der Bundesrepublik, in: Aus Politik und Zeitgeschichte B 11, 12.3., S. 50-61.

Strauss, Franz-Josef, 1989: Die Erinnerungen. Berlin.

Weber, Max, 1992 (zuerst 1919): Politik als Beruf. Stuttgart.

Wiegand, Erich, 1993: Ausländerfeindlichkeit in der Festung Europa, in: ISI Informationsdienst Soziale Indikatoren Nr. 9, hrsg. vom ZUMA. Mannheim, 1-4.

Willems, Helmut, u.a., 1993: Fremdenfeindliche Gewalt: Eine Analyse von Täterstrukturen und Eskalationsprozessen. Trier.

VI.
Übergreifende Forschungsansätze und -diskussionen

Claus Leggewie

Rechtsextremismus – eine soziale Bewegung?

Die Erforschung von Formen und Ursachen des Rechtsradikalismus[1] in Deutschland war bislang vor allem dem Verfassungsschutz bzw. seinen alternativen Ausprägungen, sog. „Fliegenbeinzählern" der empirisch arbeitenden Sozialwissenschaften und dem investigativen Journalismus überlassen. Ein Übermaß an Gesinnung und Propaganda besteht nicht nur bei den Verfechtern, sondern auch bei den Verächtern der radikalen Rechten. Aufgrund dieser Theorielosigkeit fehlt eine zufriedenstellende Antwort auf die Frage, wie sich rechte Bewegungen im Prozeß der Modernisierung konstituieren und situieren, wie sie sich historisch wandeln und selbst zum sozialen Wandel beitragen. Neuerdings ist die Frage aufgetaucht, ob es sich beim Rechtsradikalismus um eine „soziale Bewegung" handeln könne. Die Bewegungsforschung hat sich in den letzten Jahrzehnten auf die Analyse und Interpretation von Strömungen konzentriert, die auf der „Meso-Ebene", außerhalb des etablierten Organisationsspektrums, Impulse des kulturellen Wertewandels und erweiterte Partizipations- und Emanzipationsansprüche artikuliert und mobilisiert, zum Teil auch in Gestalt parlamentarischer Parteien oder büro-kratischer Organisationen institutionalisiert haben. Hier kämpften sie für „mehr Demokratie", mehr bürgerliche Beteiligung, mehr „Zivilität". Die meisten Bewegungsteilnehmer und -forscher empfinden es daher als geschmack-los, dem Gedanken einer nunmehr rechtsorientierten sozialen Bewegung überhaupt näherzutreten, während andere damit provozieren, in dem sie aktuelle rechtsradikale Tendenzen als „APO von rechts" in die Tradition und Nähe der (neuen) sozialen Bewegungen rücken.

Meine These ist, daß die radikale Rechte in ganz Europa auf dem Weg zu einer sozialen Bewegung eigenen Typs ist. Sie erzielt ihre politisch-kulturelle Wirkung heute nicht allein in der traditionellen Form der Führer- und Kaderpartei oder paramilitärischer Freischärler, sondern auch als dezentrales Netzwerk autonomer Initiativen, die sich unter bestimmten Umständen ideo-logisch und politisch zu einer kohärenten Sammlungsbewegung formieren lassen[2]. Verlief die Entwicklung der paradigmatischen Sozialbewegungen

---

1 Ich benutze ab jetzt in Absetzung von der durch die Totalitarismustheorie und den Bun-desverfassungsschutz geprägten Terminologie zur Kennzeichung von Strömungen am rech-ten Rand den Begriff der radikalen Rechten bzw. des Rechtsradikalismus, zur inhaltlichen Begründung weiteres im Text.
2 Näher ausgeführt wird diese These in meinem Essay *Druck von rechts. Wohin treibt die*

der Nachkriegszeit, der Frauen-, Umweltschutz- und Friedensgruppen von der Bewegung zur Partei (der GRÜNEN bzw. in die „Altparteien" zurück), so weist der Weg auf der anderen Seite des politischen Spektrums von den rechtsradikalen Altparteien in Richtung auf eine „neueste soziale Bewegung": Dafür sprechen die anhaltend schwache und dezentrale Strukturierung, die geringe organisatorische Verfestigung und Bürokratisierung, die Führer- und Hierarchiefeindlichkeit, die Abwesenheit einer geschlossenen, einheitlichen Ideologie und die Variabilität der Aktionsformen der radikalen Rechten mit einer starken Präferenz für direkte, momentane und gewaltförmige Aktion.

In der sozialwissenschaftlichen Literatur ist dieser Ansatz kontrovers. Butterwegge (1993) hat den Mythos einer jugendlichen Protestbewegung von rechts zu entzaubern versucht. Bei ihr handele es sich nicht um eine anti-staatliche Rebellion, sondern um eine Strömung, die im Einklang sowohl mit sozialen Herrschaftshierarchien wie mit verbreiteten Überzeugungen der „schweigenden Mehrheit" stehe. Es gehe weniger um eine Äußerung anti-autoritären Protestes als um autoritätsfixierten Konformismus. Die APO-Generation habe an dieser Entwicklung weder direkt noch indirekt Anteil; vielmehr seien die von ihr ausgegangenen Bewegungen für soziale Reform, Gleichberechtigung, Umweltschutz und Frieden das einzig verläßliche Bollwerk der Zivilgesellschaft gegen den Rechtsradikalismus. Dessen Protesten-ergie müsse und könne sie auf ihre Bahnen lenken und gewissermaßen recodieren.

Jaschke (1993) hingegen verfolgt die Hypothese „Rechtsextremismus als soziale Bewegung" und stellt ihn, trotz seiner „gänzlich andersartigen" Ziele, in die formale Tradition der „neuen sozialen Bewegungen" der 80er Jahre. Dazu veranlassen ihn die folgenden, noch ungeordneten Merkmale: der po-pulistische Anschluß an Alltagsinteressen, die dezentralen, breitenwirksamen Strukturen, die breite und aktivistische Beteiligung jugendlicher Akteure, die bisweilen terroristische Militanz am Rande, der Einfluß rechtsintellektu-eller Gruppen und think tanks, die Abarbeitung an dem in die Defensive gedrängten linken Gegner, die politische Religiosität und die partielle Inter-nationalität der nationalistischen Bewegungen. Ihre Chancen schätzt Jaschke hoch ein, da sie die negativen Folgen der Individualisierung, die aktuellen Vereinigungsprobleme und vor allem die Ethnisierung der sozialen Konflikte auf ihre Bahnen lenken können. Überdies verhalte sich die politische Klasse kompromißbereit, und es verblasse das kollektive Gedächtnis an die NS-Zeit in Ost- und Westdeutschland, das bisher die breite Rehabilitation revisioni-stischer, teilweise oder „orthodox" an den historischen Faschismus und Na-tionalsozialismus anschließenden Überzeugungen tabuisiert habe.

Bundesrepublik, 2. Aufl. München 1994; vgl. auch die Fallstudie Jörg Bergmann/Claus Leg-gewie, Die Täter sind unter uns. Beobachtungen aus der Mitte Deutschlands, in: Kursbuch 113, Sept. 1993 (Deutsche Jugend), S. 7-37.

I. Von der „socialen Bewegung"[3] zur Bewegungsgesellschaft

Soziale Bewegung ist ein spezifischer Modus kollektiver Aktion, der typologisch zwischen amorphen ad hoc-Kollektiven (z.B. dem Mob) und formal-bürokratischen Organisationen (wie zum Beispiel Parteien) angesiedelt ist. Soziale Bewegungen – von der in vieler Hinsicht paradigmatischen Arbeiterbewegung bis zu jüngsten Erscheinungsformen des „Öko-Pax"-Spektrums oder der Frauenbewegung – unterscheiden sich von bloß momentanen oder episodischen Vergemeinschaftungen ebenso wie von hierarchisierten, auf formale Mitgliedschaft angelegten Parteien und Verbänden, auch wenn sie gelegentlich einem spontanen Aktionismus frönen und auf der anderen Seite Verbindungen zum Institutionengefüge demokratisch-liberaler Gesellschaften aufweisen. Friedhelm Neidhardt erfaßt die fluide Struktur sozialer Bewegungen als mobilisiertes Netzwerk von Netzwerken (1985); wo diese die Sozialstruktur prägen, spricht er von der „Bewegungsgesellschaft".

Die jüngere Forschung hat vor allem solche soziale Bewegungen thematisiert, die sich im politischen Spektrum links ansiedelten. Trotz des gelegentlich geäußerten Verdachts, die Neuen Sozialen Bewegungen seien nur ein „konservativer Aufbruch in buntem Gewand" (Schäfer 1983) oder es bestünden Affinitäten zwischen der neutralistischen Friedensbewegung und dem Nationalismus (Diner 1982) oder zum „Populismus" (Dubiel 1986), wurden sie auf der Rechts-Links-Achse in der Regel als „progressiv" eingestuft. Es war eher eine Marginalie, daß Raschke (1985) auch Konservatismus und Faschismus (dazu auch W. Schieder 1983) konzeptuell einbezog. Den Konservatismus kann man als eine „Reaktionsbildung und Gegenbewegung" ansehen, als eine Bewegung wider Willen mithin, der die Gestalt der Massen und erst recht deren ideologische Mobilisierung fern lag, solange eine festgefügte Institutionenordnung Bestand hatte. Erst in der Abwehr liberaler und sozialistischer Herausforderungen organisierten sich konservative Kritiker der Moderne selbst „bewegungsförmig" und brachten mit dem völkischen Nationalismus, Antisemitismus und Sozialdarwinismus auch massenattraktive Mobilisierungsthemen hervor, die ihn über seine immanenten, aktions- und bewegungsfeindlichen Grenzen hinaustreten ließ. Die Gesetze der industriellen Massengesellschaft mußten zähneknirschend anerkannt und verinnerlicht werden. Der Faschismus machte die von den Konservativen contre cœur eingeleitete Politisierung zum Programm.

Die Renaturalisierung der Massendemokratie wurde zum Programm der radikalen Rechten am Ende des 19. und zu Beginn des 20. Jahrhunderts. Im europäischen Faschismus hat diese Bewegung gegenrevolutionäre Qualität

---

3   So die klassische Schreibweise bei frühen Theoretikern wie Lorenz von Stein für Sozialbewegungen am Beginn des 19. Jahrhunderts, als sich liberale und proletarische Strömungen noch nicht so stark ausdifferenziert hatten, dazu Langewiesche (1988).

angenommen und ihre Richtung verändert (Nolte 1963). Vom Grundprinzip der Restauration der guten alten Ordnung wich sie radikal ab, indem sie sich am Sturz der Alten Welt beteiligte und mächtig über den Status quo hinausstürmte. Raschke qualifiziert faschistische Bewegungen, ähnlich wie die kommunistische Arbeiterbewegung, als „Machteroberungs-Bewegung totalitären Zuschnitts", die sich im Sog der sozialen Desorganisation während und nach dem Ersten Weltkrieg radikalisierten.

Radikaler Konservatismus und Faschismus als prototypische soziale Bewegungen von rechts gehören typologisch der „industriellen Phase" der Moderne an. Sie weisen geschlossene Ideologien, formale Organisation und Aktionscharakter auf. In ihrer Aversion gegen moderne Formen des Pluralismus fungierten sie sozusagen als soziale Bewegungen zur Beendigung aller sozialen Bewegung. Wer nach Vorläufern einer rechtsradikalen sozialen Bewegung sucht, hat hier ausreichend Anschauungsmaterial und Vergleichsstoff. Aber die „neueste soziale Bewegung" unterscheidet sich, wenn nicht ideologisch, so doch strukturell von diesen Vorbildern, da sie der „nachindustriellen Phase" zuzurechnen sind.

Vergegenwärtigen wir uns, was eine soziale Bewegung ist: „ein mobilisierender kollektiver Akteur, der mit einer gewissen Kontinuität auf der Grundlage hoher symbolischer Integration und geringer Rollenspezifizierung mittels variabler Organisations- und Aktionsformen das Ziel verfolgt, grundlegenden sozialen Wandel herbeizuführen, zu verhindern oder rückgängig zu machen" (Raschke 1985: 77). In dieser Bandbreite bestehen wichtige sachliche und zeitlich-räumliche Differenzierungen. So fragt sich im Bezug auf unseren Gegenstand, ob und wie rechtsradikale Akteure sich sozialstrukturell, in ihren Ausdrucks- und Interaktionsformen sowie in ihrer instrumentellen, ästhetischen und expressiven Aktivität mit den Mustern älterer sozialer Bewegungen decken oder davon signifikant abweichen – und welche Züge „postindustrieller" oder „postmoderner" Gesellschaften sie selbst aufweisen. In solchen dominieren soziale Bewegungen, die gewissermaßen „zwecklos" agieren, d.h. ohne einer „objektiven" gesellschaftlichen Spaltungslinie zu entsprechen oder zu entspringen, und in dieser radikalen Subjektivität sind sie aus Selbstverwirklichung und Autonomie der Teilnehmer, nicht machtergreifungs- oder -teilhabeorientiert (von Beyme 1991: 290ff.).

Mit diesem allgemeinen Konzept kann man das vorhandene Datenmaterial der Umfrage- und Wahlforschung (Stöss 1989, 1993) und der Jugendsoziologie (Heitmeyer 1992; Otto/Merten 1993), teilnehmende Beobachtung (Farin/Seidel-Pielen 1993) und journalistische Reportagen (B. Schröder 1992), die jährlichen Rapporte des Verfassungsschutzes, Fallstudien über rechtsradikale Parteien, Kulturvereine und klandestine Organisationen (Backes/Moreau 1993; Jahrbuch E&D 1989ff.) sowie programmatische Äußerungen der rechten Szene selbst ordnen und theoretisch gewichten. Der heutige Rechtsradikalismus ist keine episodische Gewalt, auch keine Kaderorganisation mehr (obwohl er Züge von beidem hat), sondern ein (noch weitgehend sprachloser) kollektiver Akteur, der nachhaltig in den Prozeß des sozialen und politischen Wandels eingreift. So gesehen, ist er – auf jeden Fall – ein Thema der Bewegungsforschung.

Auf die folgenden Fragestellungen kann man sich im Licht der theoretischen Diskussion über soziale Bewegungen konzentrieren:
- welche Ressourcen können die radikalen Rechten mobilisieren (II.),
- welche kollektiven Deutungsmuster verbinden sie mit der Gesamtgesellschaft oder bringen sie mit ihr in Konflikt (III.),
- welche Besonderheiten weist die radikale Rechte gegenüber älteren deutschen und zeitgenössischen ausländischen Formen des Rechtsradikalismus auf (IV.),
- welchen Grad an „Modernität" hat die Bewegung, gemessen am Niveau der funktionalen Differenzierung und des kulturellen Pluralismus heute (V.)?

II. Ressourcenmobilisierung: Von den Einzeltätern zur schweigenden Mehrheit

Rechtsradikalismus darf nicht zu breit, aber auch nicht zu spezifisch definiert werden. Er reicht mit Sicherheit über die vom Verfassungsschutz beobachteten, „extremistisch" oder „radikal" eingestuften „Personenzusammenschlüsse" hinaus, unterscheidet sich aber ebenso (trotz beachtlicher Grauzonen) von der gemäßigten Rechten, die den demokratisch-liberal-westlichen Konsens der „Bonner Republik" mitträgt. Die Spannweite der radikalen Rechten reicht von den militanten Aktivisten der Straße, darunter als derzeit auffälligste „Szene" die rechten Skinheads und eine Menge als „Einzeltäter" deklarierter, nicht organisatorisch verankerter Personen, über konspirative neonationalsozialistische Zirkel und legale, parlamentarisch aktive rechtspopulistische Parteien mit hohen Mitgliederzahlen (vor allem REP und DVU) bis zum auflagen- und mitgliederstarken Vereins- und Zeitungswesen und einem breiten Netz von Lesezirkeln und Verlagen. Dahinter steht ein nur demoskopisch abzuschätzender Sympathisantenkreis („Stammtisch"), der sich weit ins Mitglieder- und Wählerpotential der etablierten Großparteien bzw. der Nichtwähler hinein erstreckt.

Wie Fallstudien zum biographisch-politischen Hintergrund rechtsradikaler Jugendlicher (z.B. Farin/Seidel-Pielen 1993; Bergmann/Leggewie 1993) zeigen, verbinden sich dort Erfahrungen und Deprivationen einzelner, die sich subjektiv in Isolation oder no exit-Situationen wähnen, mit übergeordneten Verwerfungen der Gesamtgesellschaft. In diesem disparaten Spektrum wirkt eine noch näher zu erläuternde Dialektik von Provokation und Delegation, die die exponierten Akteure mit der „schweigenden Mehrheit" koa-

litioniert. Die politische Alltagskommunikation, das Wahlverhalten und symbolische Anlässe (wie z.B. der 3. Oktober oder Volkstrauertage, auch NS-
„Gedenktage" oder Fußballspiele) sind davon breit affiziert.

Kenner der Szene konstatieren bei der heutigen radikalen Rechten einerseits eine lockere Organisationsstruktur, die sich einer kontinuierlichen Mit-
gliedermobilisierung und -beteiligung widersetzt, andererseits die beachtliche Finanz- und punktuelle Mobilisierungskapazität parteiförmiger Apparate mit konspirativer Kommandostruktur. Hinzu kommt der wachsende
subkulturelle Einfluß rechter Kulturgruppen, darunter neuerdings von Rock-
bands, Fanclubs, Mailbox-Services, Fanzines usw. Die radikale Rechte hat
sich einen Teil der Subkultur anverwandelt, die heute nicht altbacken als
Trachten-Jugend des deutschen Ostens oder rechte Wandervögel auftritt,
sondern den Anschluß an die Rock- und Punkkultur gefunden hat und deren
Rebellions- und Protestrituale recodiert (Diederichsen 1993; Annas/Chri-
stoph 1993). Die Aspirationen dieser Jugendkultur waren (bisher) nicht auf
zentrale Großkundgebungen und Aktionen gerichtet und entzogen sich der
kontinuierlichen Mitgliedschaft in Parteien wie der DVU oder den REP, überwiegend auch den Formierungsabsichten nazistischer Gruppen wie der FAP.
Diese Parteien fungieren aber als potentielle korporative „Bewegungsunternehmer" und können Knotenpunkte eines stärker formalisierten Allianzsy-
stems werden.

Der „Ressourcenmobilisierungsansatz" (McCarthy/Zald 1977) versucht,
kollektives Handeln sozialer Bewegungen rational zu erklären und rückt
dabei die Organisationskapazität (durch „Bewegungsunternehmer") in den
Mittelpunkt. Eine Kennzeichen und eine wesentliche Ressource der Neuen
Sozialen Bewegungen, die vornehmlich identitär und expressiv orientiert
waren, war ihr originelles und dichtes Milieu, das sich durch sozioprofes-
sionelle Homogenität, weithin geteilte „postmaterialistische" Wertüberzeu-
gungen und gemeinsame Lebensstile konstituierte und damit nach außen
gut erkennbar war. Den meisten Bewegungsforschern erschloß sich dieses
Milieu durch teilnehmende Beobachtung oder aktive Mitwirkung.

Ein auch nur halbwegs ähnlicher Milieucharakter scheint den radikalen
Rechten zu fehlen; es erschließt sich erst, wenn Sozialforscher ihre Scheu
überwinden und genauer hinsehen. Rund um Fußball, Alkoholkonsum und
Musik, diese höchst populären Freizeitbeschäftigungen und Gegenwartsmy-
then, wächst ein relativ konsistentes und homogenes Milieu, das sich von
Zeit zu Zeit gewalttätig äußert und gesinnungsmäßig in der Nähe eines
plebejisch-weißen Nationalismus steht (Farin/Seidel-Pielen 1993). Die Besonderheit der heutigen rechtsradikalen Bewegung, gemessen an ihren „Vorbildern" (s.u.) der 60er bis 80er Jahre, ist dabei vor allem ihre ausgeprägte
Jugendlichkeit und die Dominanz junger Männer. Hinzu kommt die gestei-
gerte Bereitschaft zur aktiven Anwendung von Gewalt bei einer wachsenden
Minderheit, die sich einer verkappten, aber offenbar breiten Unterstützung

durch Leute aus der unmittelbaren Umgebung und im demoskopisch abgefragten Meinungsspektrum versichert.

Diese spezifischen Merkmale sind eingebettet in vollkommen entgegen-
gesetzte politisch-kulturelle Gegebenheiten und Mentalitäten in der Jugendkultur wie in der Gesamtgesellschaft. Wie alle einschlägigen Jugendstudien
der vergangenen Jahre zeigen, neigt das Gros der Jugendlichen zwischen 14
und 25 Jahren nach wie vor dem grün-alternativen bzw. linksliberalen Öko-
Pax-Spektrum zu; junge Frauen spielen dabei eine besonders aktive Rolle.
Gerade gegen diesen Mainstream richten sich Mobilisierung und Gewaltbereitschaft eines relevanten Teils der männlichen Jugend und der Jüngsten;
unter den Gewaltaktivisten der Szene sind überdurchschnittlich viele Kinder
unter 16 Jahren. Diese verbale und tätige Gewaltbereitschaft entwickelte sich
in einem Generalklima generalisierter Friedfertigkeit, die das deutsche Selbstbild wie die Fremdwahrnehmung nachhaltig geprägt hat. Umso frappieren-
der ist nicht nun die Intensität der Gewaltwellen, besonders seit 1990, die in
komparativer Hinsicht auch in Gesellschaften mit starken rechtsextremen
und -populistischen Parteien und ähnlich stark gemessener Xenophobie ih-
resgleichen sucht (abgesehen von Großbritannien, dazu Thränhardt 1993,
und osteuropäischen Gesellschaften).

Der hier so genannte „plebejische" Charakter der Bewegung von Stra-
ßenaktivisten, Wählern und Sympathisanten von Parteien der extremen Rechten ergibt sich daraus, daß unter ihnen eine relativ hohe Konzentration von
abstiegsbedrohten Personen mit geringer formaler Bildung anzutreffen ist.
Damit liegen noch keine „harten" Sozialstruktur- oder Milieumerkmale vor,
die die Bewegung insgesamt als proletarische oder (abstiegsbedrohte) mit-
telständische ausweisen können. Allerdings scheint es besonders „gefährde-
te" oder „anfällige" Milieus zu geben: Die Familien sozialer Aufsteiger in
stadtnahen ländlichen Regionen des Westens und die abstiegsbedrohten oder
abgestiegenen Arbeitermilieus in ostdeutschen Mittelstädten. Der Begriff
„plebejisch" soll auch darauf hinweisen, daß im Unterschied zu den „neuen
sozialen Bewegungen" der 70er Jahre akademische Vorkämpfer und Bewe-
gungsintellektuelle rar und in der „Szene" auch nicht sonderlich gefragt sind.
Umgeben von einer intellektuell-verwissenschaftlichten „Streitkultur" treten
die Protagonisten der radikalen Rechten mit trotzigem Stolz als Sprecher
und Anwälte der „kleinen Leute" auf, von denen sie sich wiederum unterstützt und berufen wähnen. Auch diese relativ breite Unterstützung wird im
Rahmen einer (noch) allgemeinen Stigmatisierung des rechten Radikalismus
durch die Mehrheit der Bevölkerung gewährt, der umso stärker tabuisiert
ist, je expliziter der Anschluß an einzelne Versatzstücke des Nationalsozialismus gesucht wird. Niemand ist in demoskopischen Sympathietests unbe-
liebter als ein „Neonazi" oder „Skinhead" – nicht einmal „Ausländer".

III. Kollektive Deutungsmuster – Ethnisierung und Gewaltbereitschaft

Soziale Bewegungen konstituieren und regenerieren sich über „kollektive Deutungsmuster, in denen bestimmte Problemdefinitionen, Kausalzuschreibungen, Ansprüche, Begründungen und Wertorientierungen in einen mehr oder weniger konsistenten Zusammenhang gebracht werden, um Sachverhalte zu erklären, Kritik zu fundieren und Forderungen zu legitimieren" (Neidhardt/Rucht 1993: 4). Derartige *frames* können als programmatische Stabilisatoren sozialer Kollektive angesehen werden. Sie besitzen diagnostische (problembestimmende), identitäre (wir-gruppenbildende) und prognostische (zielbildende) Funktionen und lassen sich, bei Erfolg, weit in die Mehrheitsgesellschaft vortreiben. In der Regel tragen soziale Bewegungen derartige Muster avantgardistisch an die Mehrheit heran. Denkbar ist aber auch der umgekehrte Fall, in dem sich aktive „Arrieregarden" bilden, die Volkes Stimme artikulieren und seinen Protest gegen den seit den 60er Jahren auf breiter Ebene stattgefundenen, bedrohlich empfundenen kulturellen Wandel artikulieren.

Hierbei scheint als untergründiges Motiv durch, daß sich die Anhänger und Gefolgsleute der radikalen Rechten in vieler Hinsicht als *kulturelle* Verlierer[4] eines rasanten Modernisierungsprozesses fühlen. Sie wähnen sich vom Wertewandel der 70er und 80er Jahre (vor allem von der Gleichstellung der Frauen) überrollt und bilden nun – mit wachsendem Selbstbewußtsein, aber immer im Gefühl des „Zukurzgekommenseins" – eine rechte Variante postmaterialistischer Überzeugungen. Diese Grundhaltung kann sich mit kurz- und mittelfristigen Veränderungs- und Abstiegsängsten verbinden, die durch die politischen Prozessen seit 1989 in Ost und West ausgelöst wurden und mit dem neuerlichen Ansteigen der Massenarbeitslosigkeit zu tun haben.

Es sind Vermutungen darüber angestellt worden, in welchem Zusammenhang die diversen Manifestationen der radikalen Rechten „objektiv" mit der politisch-sozialen und ökonomischen Konjunktur der größeren Bundesrepublik seit 1989 stehen und was sie zweitens mit dem politischen Meinungsklima und jüngsten Entscheidungen in Sachen Asylrechtsänderung zu tun haben. Inwiefern konnten sich die „Einzeltäter" von „oben" (politischen Entscheidungsträgern) bzw. von „unten" (Volksmeinung) indirekt gedeckt, beauftragt, jedenfalls nicht gehindert fühlen und somit animiert, ihre „Aktionen zu machen", darunter schwerste Verbrechen? Wohl niemals sind Gewaltakte einer linksorientierten sozialen Bewegung auf derartige Resonanz gestoßen, wie sie sich schlagartig an den ostdeutschen Brennpunkten Hoyerswerda

---

4 Damit unterscheide ich mich von der Generalthese, Sympathisanten rechter Bewegungen seien soziale Modernisierungsverlierer (z.B. Heitmeyer 1992). Sozioökonomische Trends schlagen nur vermittelt auf die Perzeption abgestiegener oder abstiegsbedrohter Schichten durch; sie werden gewissermaßen gefiltert durch kulturelle Muster und eine spezifische Wahrnehmung des politischen Betriebs.

und Rostock, auch in Cottbus und anderen Orten, zeigte und auch an westdeutschen Schauplätzen weniger offen, aber sehr wohl spürbar war.

Die Übereinstimmung besteht wohl in weitverbreiteten, von der politischen Klasse und den Massenmedien aber lange tabuisierten Wahrnehmungs-
mustern, die den sozialstruktureller Wandel in ganz Europa wieder stärker
in ethnischen und nationalistischen Kategorien deuten. Die Inklusion von
Arbeitsimmigranten und Flüchtlingen, die bis zu Beginn der 80er Jahre in
einem Klima genereller Indifferenz und demonstrativer „Ausländerfreund-
lichkeit", auf der Basis wachsender Verteilungsspielräume und bei nach Osten
weitgehend geschlossenen Grenzen verlief, ist besonders seit der Vereinigung
in Ost und West als ein Konkurrenzverhältnis hochproblematisch geworden.
In jüngster Zeit haben Angehörige aller politischer Parteien, verstärkt seit
dem Auftreten rechtsradikaler Splittergruppen mit parlamentarischen Erfolgschancen, dieses Deutungsmuster aufgegriffen und im Bezug auf die Aus-
länder- und Flüchtlingspolitik symbolisch-restriktiv politisiert.

Zur Bewertung dieser Konvergenz von Deutungsmustern sind Parolen
im Umlauf wie „Die Brandstifter sitzen in Bonn" (was auf eine Art von
Beauftragungs- oder Delegationsverhältnis zwischen Eliten und Tätern hin-
deutet) oder es wurde behauptet, die Einschränkung des Asylrechts sei eine
Folge des „Drucks der Straße", womit ein Verhältnis der Provokation der
Eliten durch die Täter, die Mitläufer und Unterstützer unterstellt ist. Genau
im Zwischenbereich dieser Unterstellungen wird das Konzept des Rechtsradikalismus als soziale Bewegung brisant und tragfähig. Weder kann man
von einem organisierten rechten Aufstand ausgehen, wie sie die „Hinter-
männer"-Theorie immer wieder insinuiert; noch kann man bei einer derartigen Breite der Geschehnisse aufrechterhalten, es habe sich um irregeleitete
und versprengte Einzeltäter gehandelt. Erst die lose, netzwerkartige Struktur
sozialer Bewegungen bringt beides – die Konsistenz verbindender Deutungsmuster und die Spontaneität der meisten Gewaltakte – zusammen, womit
die Suche nach lückenlosen Kausalketten oder gar konspirativen Arbeitstei-
lungen überflüssig wird. Kennzeichen sozialer Bewegungen ist gerade, daß
kollektive Deutungsmuster an den verschiedensten Positionen der Gesellschaft auftauchen können und zwischen nicht explizit verbundenen Segmen-
ten transportierbar sind.

IV. How German is it? Die rechte Inter-Nationale

Für den gegenwärtigen Rechtsradikalismus hat sich die Bezeichnung „Neonazismus" eingebürgert. Dieser politische Kampfbegriff, der die „alte" Bundesrepublik polemisch unter Kontinuitäts- und Restaurationsverdacht gestellt hat, ist unscharf. Zum einen ist die Bezugnahme rechtsradikaler Gruppen auf den Nationalsozialismus in seltenen Fällen explizit; der größte, eher

nationalpopulistisch eingestellte Teil lehnt (bisher) auch implizite Aufwer-
tungen der NS-Diktatur ab. Für sie ist eine sekundäre Rezeption des Nationalsozialismus ausschlaggebend, die Anstoß nimmt an der angeblich verfehlten oder überzogenen „Vergangenheitsbewältigung" und sich der These
von der „zweiten Schuld" (Giordano) entgegenstellt. Das für die kollektive
Identität der Bundesrepublik bedeutsame Motiv der Abwehr des Holocaust
soll in den Hintergrund treten. Der aktionistische Teil der Rechtsradikalen
knüpft auch affirmativ an der Frühzeit und Bewegungsphase des Nationalsozialismus (z.B. die SA) an. Diesen deuten sie, im Sinne des Mythos von
der „konservativen Revolution", als rechte soziale Bewegung sui generis.
Der Unterschied der radikalen, extrakonstitutionellen Rechten zur gemäßigten innerhalb des „Verfassungsbogens" besteht darin, daß sie weder die
Resultate des Zweiten Weltkrieges noch die Bindung an die politische Kultur
des Westens hinnehmen, während letztere sie (keineswegs murrend) verinnerlicht und wesentlich mitgestaltet haben.

Obwohl xenophobe Kampagnen gegen ethnische Minderheiten und Haß-
verbrechen in allen europäischen Ländern von Skandinavien bis Sizilien und
vom Atlantik bis zum Ural stattfinden und Wahlerfolge nationalpopulisti-
scher oder neofaschistischer Parteien zum Teil deutlich über dem deutschen
Niveau liegen, hat die deutsche Vereinigung, das dadurch offenbarte Ost-
West-Gefälle und die daraus resultierenden Verteilungskämpfe Richtung und
Intensität dieser Erscheinungen beeinflußt. Auch ist ihr Charakter, trotz bisweilen ähnlicher Folgen, nicht identisch. Man kann, was Straßenmobilisie-
rung und Gewaltakte anbetrifft, eine sich ausweitende Bewegung von ostdeutschen Industrie- und Trabantenstädten (Rostock, Hoyerswerda oder
Eberswalde) mit zum Teil konzentrierter und offener Präsenz rechtsradikaler
Täter und Mitläufer über Aktionen kleiner Gruppen und Einzeltäter im westdeutschen Hinterland (stadtnahe Dörfer vom Typ Hünxe) in die Metropolen
(Gewaltaktionen in fast allen Ballungsgebieten) feststellen. In der Gewaltsta-
tistik führen nicht die ostdeutschen Bundesländer, sondern Nordrhein-Westfalen. Auch die größten Wahlerfolge der radikalen Rechten waren im Süd-
westen und Norden der Bundesrepublik zu verzeichnen. Hypothetisch kann
man formulieren, daß in den Anschlägen und Vorurteilen gegen Fremde,
darunter eine erhebliche Zahl nicht-ausländischer Minderheiten wie Behin-
derte, Wohnungslose, „Asoziale", ein verschobener Konflikt zwischen Ost-
und Westdeutschen zum Ausdruck kommt. Eine verunsicherte „Nation, die
keine sein will" (Christian Meier 1990) sucht sich ein Ventil für „unzulässige"
Spannungen an schwächeren, in der öffentlichen Meinung und von Mei-
nungsführern stigmatisierten Gruppe. Jedenfalls erscheint mir diese Annahme plausibler als die empirisch kaum faßbare Insinuation eines autoritären
deutschen Nationalcharakters, der sich – nach vierzig Jahren „Tarnung" gewissermaßen – erneuert und seine ewige Nazi-„Fratze" zeigt.

Zwei Issues sind für die Konstitution der rechten Sozialbewegung in

Deutschland besonders relevant: Im Unterschied zur „alten Rechten", die in der Geschichte der Bundesrepublik durch hierarchische „N-Parteien" (wie zuletzt die NPD) repräsentiert war und extremen Nationalismus propagierte, vertritt die „neue Rechte" einen vor allem gegen die Immigration gerichteten, defensiven Kulturnationalismus („Deutschland den Deutschen!"), der in letzter Konsequenz ebenfalls auf eine ethnische Säuberung des nationalen Territoriums hinauslaufen kann. Dieses Mobilisierungsmotiv ist in ganz Europa anzutreffen. Auch nicht exklusiv, aber für Deutschland typischer ist ein sekundärer Revisionismus, der die Resultate der nationalsozialistischen Diktatur und Vernichtungspolitik in der Regel nicht mehr leugnet („Auschwitz-Lüge"), aber imperativ die Re-Normalisierung der deutschen Nation in ihren alten geopolitischen Konstellationen und die „Bewältigung der antifaschistischen Vergangenheitsbewältigung" propagiert. In diesem Zusammenhang regeneriert sich aus der jahrzehntelangen Latenz heraus auch ein sekundärer Antisemitismus/Antizionismus, welcher die Juden nicht „trotz", sondern gerade „wegen Auschwitz" und der dadurch bewirkten Stigmatisierung der deutschen Nation, zu Feinden erklärt.

Ein drittes Element kann man als deutsche Besonderheit herausstreichen: die intensive Reaktion und Interaktion der rechten Sozialbewegung mit ihren negativen Vorbildern der 70er und 80er Jahre. Die (vermeintliche) Weltanschauung der GRÜNEN kann, abgesehen von einer gewissen Sympathie mit deren anfänglichem Außenseiterstatus als Protestpartei, als das ziemlich genaue Gegenteil der radikal-rechten Weltbilder identifiziert werden. Häufige Warnungen vor dem „Ruck nach rechts" vonseiten antifaschistischer Kreise verstärken diese Interaktion zu einem Kreislauf wechselseitiger Feindbildkonstruktion. Ein ähnliches Verhältnis ergibt sich zu den etablierten Print- und elektronischen Medien, sofern sie einen (vermeintlich) linksliberalen Zeitgeist präsentieren und die vermeintlich „wahren Bedürfnisse der kleinen Leute" angeblich verschweigen oder verhöhnen. So wie die GRÜNEN einmal eine „Anti-Parteien-Partei" werden sollten, ist der Rechtsradikalismus vielleicht als „Anti-Bewegungs-Bewegung" zu charakterisieren. Er teilt mit den Neuen Sozialen Bewegungen nicht das Demokratisierungsmotiv und das partizipatorisch-akademische Milieu, wohl aber bestimmte Strukturmerkmale, die sich im politisierten Affekt der „Unpolitischen" gegen das politische Establishment der „Bonner Republik" und ihre politisch-kulturellen Eigenschaften ausagieren.

V. Modernität: Funktionale Differenzierung und kultureller Pluralismus

So stellt sich abschließend die Frage nach dem Modernitätsgrad der radikalen Rechten, die in vielen ihrer Redensarten, Ritualen und Zielvorstellungen eher ein archaisch-vormodernes Relikt zu sein scheint, in manchen Zügen aber

336 Claus Leggewie

auch an Aspekte der traditionellen Arbeiterbewegung anknüpft. Diese symbolischen Rekurse können die Verankerung der „neuen Rechten" in der nachindustriellen Phase nicht wirklich infragestellen. In vieler Hinsicht ist sie eine Gegenbewegung gegen die „Ökopax"-Strömungen und den durch sie symbolisierter „kulturellen Umbruch" in Richtung auf postmaterialistische Einstellungen und Überzeugungen in einer rechte Variante. Damit stehen sie in der modernen Tradition und gegen sie, ähnlich wie die religiös-politischen Fundamentalismen, die die Moderne gleichzeitig bekämpfen und adaptieren (dazu z.B. Perthes 1993). So kann man von einer antagonistischen Interaktion sprechen. Die Mobilisierungsbereitschaft – von der Straße bis in die Universität – verdankt sich nicht zuletzt dem Feindbild einer linkslibertären oder antiautoritären Linken, deren kultureller Einfluß überaus hoch eingeschätzt wird und nun „endlich" zurückgedrängt werden soll.

Dabei teilt die rechte Bewegung aber viele Züge des bekämpften Vorbilds, z.B. die Ausdifferenzierung nach Alters- und Geschlechtsgruppen und sogar, der nationalistischen Ideologie zum Trotz, einen gewissen Internationalisierungsgrad. Auch eine rechte Bewegung, wenn sie Bestand hat und sich profiliert, bleibt damit Bestandteil der „Bewegungsgesellschaft" (Neidhardt/Rucht). Deren kulturelle Züge verachtet sie zwar, deren Pluralität muß sie aber hinnehmen und ihre Erscheinungsformen teilen. Auch darin zeigt sich die übergreifende Virulenz der identitären Frage, die hier, als Spiegel des multikulturellen Diskurses, in ein ethnisch-protektionistisches Gewand gekleidet ist und mit dem weltweiten Ausbruch ethnischer Konflikte ständig „Bestätigung" hinsichtlich ihrer Relevanz und ihres „Wahrheitscharakters" erhält.

Diese Überlegung führt zu einer letzten These einer nunmehr gegenläufigen Tendenz funktionaler und kultureller Differenzierung in multikulturellen Gesellschaften. Neue soziale Bewegungen kann man als Ausdruck struktureller Spannungen im Modernisierungsprozeß analysieren (Neidhardt/Rucht 1993). Man kann sie darüberhinaus so deuten, daß die fortgesetzte funktionale Ausdifferenzierung der verschiedenen Subsysteme einen „cultural lag" erzeugt, der gerade solche Differenzen hervorhebt und zur Wirkung bringt, die unter dem Diktat sach- und zweckrationaler Modernisierungszwänge „eigentlich" absterben und verschwinden müßten: Ethnizität, Nationalismus und Xenophobie bilden in ihrer parochialen und segmentären Orientierung einen backlash zu den vorherrschenden, kulturell indifferenten Ausdifferenzierungstendenzen. Eine rechte Sozialbewegung wäre dann kein traditionales Relikt, sondern eine moderne Formen des Protests gegen die Moderne und gegen ihre individualisierenden und milieuzersetzenden Wirkungen, an deren Stelle kommunalistische und nationale Vergemeinschaftung treten soll.

Zusammenfassend kann man sagen, daß das Aufkommen rechtsradikaler sozialer Bewegungen bzw. die bewegungsförmige Transformation der „alten

Rechten" die These von der Bewegungsgesellschaft bestätigt. In vieler Hinsicht müssen die radikalen Rechte Züge jener Strömungen übernehmen, die sie ideologisch, zum Teil auch gewaltförmig am meisten bekämpft. Gegen die Vermutung, Bewegungsinitiativen würden langfristig eher abnehmen oder ganz absterben, bleiben soziale Bewegungen ein wesentliches Merkmal postmoderner Gesellschaften. Dieser Befund wird gerade durch die Paradoxie bestätigt, daß sich nun auch die der klassischen und neuen „socialen Bewegung" fernstehende Rechte von dieser Aktions- und Artikulationsform affizieren ließ, ohne im entferntesten ihre universalistischen Implikationen (im Sinne einer demokratischen Zivilgesellschaft) und ihre sozialstrukturellen Voraussetzungen (vor allem die Bildungsrevolution) zu teilen.

Literatur

Annas, Max/Christoph, Ralph (Hg)., 1993: Neue Soundtracks für den Volksempfänger. Nazi-Rock, Jugendkultur & Rechter Mainstream. Berlin/ Amsterdam.

Backes, Uwe/Moreau, Patrick, 1993: Die extreme Rechte in Deutschland. Geschichte – gegenwärtige Gefahren – Gegenmaßnahmen. München.

Bergmann, Jörg/Leggewie, Claus: Die Täter sind unter uns. Beobachtungen aus der Mitte Deutschlands, in: Kursbuch 113, S. 7ff.

Beyme, Klaus von, 1991: Theorie der Politik im 20. Jahrhundert. Von der Moderne zur Postmoderne. Frankfurt a.M.

Butterwegge, Christoph, 1993: Rechtsextremismus als soziale Bewegung, in: Forschungsjournal Neue Soziale Bewegungen, H. 2, S. 17ff.

Dalton, Russell J./Küchler, Manfred (Hg.), 1990: Challenging the Political Order: New Social and Political Movements in Western Democracies. Cambridge.

Diederichsen, Dietrich, 1993: Freiheit macht arm. Köln.

Diner, Dan, 1982: Die 'nationale Frage' in der Friedensbewegung, in: Friedensanalysen 16, S. 86ff.

Dubiel, Helmut (Hg.), 1986: Populismus und Aufklärung. Frankfurt a.M.

Farin, Klaus/Seidel-Pielen, Eberhard, 1993: Skinheads. München.

Heitmeyer, Wilhelm u.a., 1992: Die Bielefelder Rechtsextremismus-Studie. Weinheim/München.

Jaschke, Hans-Gerd, 1993: Formiert sich eine soziale Bewegung von rechts? Über die Ethnisierung sozialer und politischer Konflikte, in: Mitteilungen des Instituts für Sozialforschung, H. 2, S. 28ff.

Jahrbuch Extremismus & Demokratie. Bonn 1989 ff.

Klandermans, Bert u.a. (Hg.), 1988: From Structure to Action: Comparing Social Movement Research Across Cultures. Grennwich/Conn.

Leggewie, Claus, 1993: Druck von rechts. Wohin treibt die Bundesrepublik? München.

McCarthy, John D./Zald, Mayer N., 1977: Resource Mobilization and Social Movements. A Partial Theory, in: American Journal of Sociology, Bd. 82, S. 1212ff.

Meier, Christian, 1990: Eine Nation, die keine sein will. München.

Neidhardt, Friedhelm, 1985: Einige Ideen zu einer allgemeinen Theorie sozialer Bewegungen, in: S. Hradil (Hg.), Sozialstruktur im Umbruch. Opladen.

Neidhardt, Friedhelm/Rucht, Dieter, 1992: Auf dem Weg in die „Bewegungsgesellschaft"? Über die Stabilisierbarkeit sozialer Bewegungen. Ms. Berlin.

Nolte, Ernst, 1963: Der Faschismus in seiner Epoche. München.

Otto, Hans-Uwe/Merten, Roland (Hg.), 1993: Rechtsradikale Gewalt im vereinigten Deutschland. Jugend im gesellschaftlichen Umbruch. Bonn.

Paris, Rainer, 1989: Situative Bewegung, moderne Protestmentalitäten und politisches Engagement, in: Leviathan, 17 (3), S. 322ff.

Perthes, Volker, 1993: Die Fiktion des Fundamentalismus. Von der Normalität islamistischer Bewegungen, in: Blätter für deutsche und internationale Politik, 2/1993, S. 188-199.

Raschke, Joachim, 1985: Soziale Bewegungen. Ein historisch-systematischer Grundriß. Frankfurt a.M.

Rucht, Dieter (Hg.), 1990: Research on social movements. The state of the art in Western Europe and the USA. Frankfurt a.M.

Schäfer, Wolf (Hg.), 1983: Neue soziale Bewegungen – konservativer Aufbruch in buntem Gewand. Frankfurt a.M.

Schieder, Wolfgang (Hg.), 1983: Faschismus als soziale Bewegung. Göttingen.

Schröder, Burkhard, 1992: Rechte Kerle. Skinheads, Faschos, Hooligans. Reinbek.

Stöss, Richard, 1989: Die extreme Rechte in der Bundesrepubik. Opladen.

Stöss, Richard, 1993a: Rechtsextremismus in Berlin 1990. Berlin (Berliner Arbeitshefte und Berichte zur sozialwissenschaftlichen Forschung, 80).

Stöss, Richard, 1993b: Rechtsextremismus und Wahlen in der Bundesrepublik, in: Aus Politik und Zeitgeschichte, B 11, S. 50ff.

Thränhardt, Dietrich, 1993: Die Ursprünge von Rassismus und Fremdenfeindlichkeit in der Konkurrenzdemokratie, in: Leviathan, Bd. 21, H. 3, S. 336ff.

Eike Hennig

Politische Unzufriedenheit – ein Resonanzboden für Rechtsextremismus?

Rechtsextremismus – als Sammelbezeichnung für ein weites Spektrum antidemokratischer nationalistischer, ethnozentrischer bzw. fremdenfeindlicher und autoritärer Ideologieelemente und für ein ebenso breites Handlungs- und Organisationsfeld von „neuen Rechten" bis zu Neonazis und der militanten Subkultur von Teilen der Skinheads – wird analytisch und politisch zumeist erst dann wahrgenommen, wenn er eine konkrete, zumeist gewaltbestimmte Gestalt angenommen hat. Die extremismusträchtigen Mentalitäten im Vorfeld entsprechender Verhaltensweisen wie der Wahl einer rechtsextremen Partei oder der Ausübung fremdenfeindlicher Gewalt werden nur insoweit rekonstruiert, wie sie linear als Vorgeschichte späterer Taten ins Auge zu springen scheinen. Daneben konzentriert sich die dominante gesellschaftliche Aufmerksamkeitshaltung bevorzugt auf die farbigsten Bilder – insbesondere auf die überwiegend von männlichen Jugendlichen begangenen Gewalttaten und auf das zugehörige martialische „Outfit" einer besonderen Subkultur der Gewalt –, um dagegen die Abwehrmechanismen eines moralischen Aufschreis, d.h. die Stigmatisierung der Täter und Tatgeschichten, zu mobilisieren. Auf diese Art kann die Gesellschaft „den" Rechtsextremismus aus ihrer Normalität ausgrenzen, die „Bearbeitung" der rechtsextremen Potentiale kann dann auch z.B. an Polizei, Staatsanwaltschaft und Pädagogik delegiert werden. Diesem Muster sind die wissenschaftlichen Bearbeitungsformen zuzuordnen; sie sind ohne die gesellschaftlichen Aufmerksamkeitsmuster und Bewältigungsverfahren eben nicht zu verstehen. Sozial wie wissenschaftlich sind die eindeutig rekonstruierten Tathergänge und die Geste des moralischen Aufschreis Abwehrhaltungen, die die Komplexität „des" Rechtsextremismus an „Außenseiter" anbindet und die Felder der sozialen, politischen wie psychischen Normalität – bewußt oder unbewußt – entlastet. Zudem akzentuieren die Forschungslinien bevorzugt die sozioökonomischen Bedingungen und politischen Strukturen, wenn z.B. von „rechtsradikaler Gewalt im vereinigten Deutschland" die Rede ist (Otto/Merten 1993). Psychische Prädispositionen, biographische und familienbezogene Interpretationen spielen demgegenüber eine untergeordnete Rolle. Wenn Armin Pfahl-Traughber (1993: 202ff.) die Forschungslandschaft in vier Ansätze unterteilt, nämlich in die Extremismus- und Faschismustheorie, das „Modernisierungsopfer"-Theorem und die politische Kulturforschung, dann kommt am ehesten dem politisch-soziologischen „approach" der politischen Kulturforschung die Bedeutung zu, Mikro- und Makroebenen der Subjekte, Organisationen und Strukturen zu verknüpfen und nach den Bedingungen für rechtsextreme Deutungsmuster in „Normalsituationen" einer defizitären demokratischen politischen Kultur zu fragen.

Wenn modernen Rechtsextremismen ein Gemisch aus sozialen Ängsten und nationalen Sentiments bzw. Orientierungsbemühungen unterliegt, wenn sie – so ein breiter Tenor der Forschung – stärker als Thematisierung sozioökonomischer (Krisen)Ängste denn als die Krisenthematik selbst zu analysieren sind, wenn also sozioökonomische Merkmale allein die Wendung zum rechtsextremen Verhalten – insbesondere zur Form des Wähler„protests" – nicht erklären, dann spielen solche Untersuchungsansätze eine wichtige Rolle, die auf diffuse Ursprungsfelder einer erst über politische Konstellationen (wie die Parteiverdrossenheit bzw. das Unbehagen an aktuellen Formen repräsentativ-parlamentarischen [Partei]Politik) „rechtsextrem" werdenden Politikdeutung hinweisen. Vor allem sollte Rechtsextremismus nicht a priori schon als isoliertes Phänomen analysiert werden, weil dadurch seine Genese nur sehr begrenzt in die Untersuchung einbezogen wird. Rechtsextremismus erscheint aus der breiteren Sicht – analog zur Chaosforschung – als eine Art „deterministische Chaos" in einer nichtlinearen Welt. Rechtsextremismus ist eine Strukturbildung, die eine überempfindliche Systemreaktion hervorrufen kann, die aber vor allem nicht exakt linear prognostizierbar ist, die sich also auch nicht zwingend ereignen muß. Die rechtsextremen Strukturbildungen reagieren sehr sensibel auf Nebenbedingungen wie den allgemeinen Zustand und die vorherrschende Perzeption des politischen Systems bzw. besonderer Parteien, sozialer Milieus und Wahrnehmungsmuster der Beziehungen von Regierung und Opposition.

In diesem Sinn soll hier möglichen Ursprüngen vor allem des rechtsextremen Wähler„protests" im Vergleich mit Nichtwählern und Wählern der Grünen nachgespürt werden. Alle drei Gruppen, Nichtwähler und Sympathisanten rechter Parteien und der Grünen, zeichnen sich durch ein hohes Maß an „Unzufriedenheit" aus. Ein „deterministisches Chaos", also jene scheinbar vom Zufall beeinflußte Wendung gegen das nichtlineare System der Demokratie, scheint dann einzutreten, wenn allgemeine „Unzufriedenheit" mit „Demokratie-Unzufriedenheit" und einer Enttäuschung über die geringe oder nachlassende Leistungsfähigkeit des (politischen) Systems koinzidiert. Diese Kopplung „entscheidet" im Verbund mit den Prädispositionen, mit denen Individuen und/oder soziale Gruppen diese „cross-pressure"-Situation erleben, darüber, ob Unzufriedenheit in einen demokratischen/demokratisierenden Aufbruch oder in eine autoritäre Reaktion einfließt.

(Un)Zufriedenheit wird deshalb im folgenden aus Sicht der „Unzufriedenheitstheoreme" Deprivation und Anomie interpretiert. Deprivation (von dem durch die Vorsilbe de verstärkten lateinischen Wort privare = trennen, berauben, befreien) verweist auf ein (empfundenes) Ungleichgewicht zwischen den Entwicklungen in unterschiedlichen Lebensbereichen; Anomie (vom Griechischen Anomia = Gesetzlosigkeit) bezeichnet den Zustand, daß rapide Wandlungsprozesse – gleich ob es sich um sozioökonomischen, politischen und/oder Wertewandel handelt –, die Statik und Geltung des Normensystems unterminieren, die normative Ordnung von gestern erscheint angesichts der Wandlungen überholt oder als Ordnungs- wie Orientierungsrahmen als funktionslos. Eine soziale und politische Realität aber, die sich den Möglichkeiten des Erkennens und Kommunizierens entzieht, ist nach Emile Durkheims Urteil anomisch. Gleichzeitige Ungleichgewichte sektoraler Entwicklungen erzeugen dann Unzufriedenheit – eine Unzufriedenheit, die nicht linear determiniert ist, sondern verschiedene Ausdrucksformen im Spektrum von Demokratisierung bis zu autoritärer Demokratiekritik annehmen kann. Vor allem aber ist zu fragen, welchen Anteil alltägliche Normalität an „derartiger Anomisierung der Welt" (R. Grathoff) hat.

Solche Fragen bzw. Überlegungen spielen in „der" Rechtsextremismusforschung eine geringe Rolle. Auch in der Politikwissenschaft fehlt aber eine empirisch gesättigte „Theorie des Institutionenvertrauens" (Gabriel 1993), die z.B. entsprechende systemtheoretische Hinweise David Eastons zur (diffusen) politischen Unterstützung ausführen würde (vgl. Westle 1989). Vertrauen als diffuse Unterstützung wird hier sekundäranalytisch auf die Zufriedenheit mit politischen Institutionen und Einrichtungen des öffentlichen Lebens (Bundesverfassungsgericht [BVerfG], Gerichte, Bundesrat, Bundesregierung, Landesregierung, Bundestag, Bundeswehr, Polizei, Fernsehen, Presse, Kirchen, Gewerkschaften, Parteien) bezogen. Die vom Forschungsinstitut ipos verwendete Frage lautet: „Wir haben hier einige Einrichtungen aus dem Bereich des öffentlichen Lebens aufgeschrieben und möchten gerne wissen, ob Sie diesen Einrichtungen vertrauen oder nicht vertrauen... Wie ist das mit... ?" Die Antwort erfolgt auf einer Skala von +5 (volles Vertrauen) bis –5 (überhaupt kein Vertrauen). Ferner wird die allgemeine Demokratiezufriedenheit berücksichtigt. Sie wird mit folgender Frage ermittelt: „Was würden Sie allgemein zu der Demokratie in Deutschland, d.h. zu unserem ganzen politischen System sagen? Sind Sie damit sehr zufrieden, eher zufrieden, eher unzufrieden oder sehr unzufrieden?" Flankierend wird zusätzlich noch die Zufriedenheit mit den gesellschaftlichen Bedingungen in den Bereichen Bildung, Aufstieg, Gleichberechtigung, Gerechtigkeit, soziale Sicherheit, Kriminalität, wirtschaftliche Lage und Arbeitsplatz berücksichtigt. Die entsprechende Frage lautet: „Bitte sagen Sie uns, wie zufrieden oder unzufrieden Sie mit folgenden gesellschaftlichen Bedingungen sind. Sind Sie mit ... sehr zufrieden, eher zufrieden, eher unzufrieden oder sehr unzufrieden?"

Vergleichbare Primär- oder Sekundäranalysen liegen nicht vor. Oscar Gabriel (1993) vergleicht für die Jahre 1991 und 1992 das Institutionenvertrauen in beiden deutschen Gesellschaften mit dem Schnitt in der BRD-alt für die

Jahre 1984 bis 1990. Gabriel (1993: 11) verneint eine Zunahme der Politikverdrossenheit, stellt aber einen Vertrauensschwund fest, „der insbesondere die
in den Parteienwettbewerb involvierten Einrichtungen betrifft." Inwieweit
dies 1991/92 eine Wende einleitet, vermag Gabriel nicht zu entscheiden, ob
dies (positiv oder negativ) mit Problemen des Nichtwählens, Rechtswählens
oder der Demokratieunzufriedenheit korreliert wird nicht betrachtet. Vom
Titel her verspricht Armin Pfahl-Traughber (1993a) an die letztgenannten
Fragen anzuschließen. Pfahl-Traughber legt aber keine eigene empirische
Analyse vor und betrachtet – gestützt auf deskriptiv herangezogene empirische Studien – lediglich das Zusammenspiel von rechtsextremen Einstellungen, Politikverdrossenheit und Protest bei der Wahl extrem rechter Parteien. Das Wirken von Politikverdrossenheit wird als „Auslöser-Funktion"
relativiert (Pfahl-Traughber 1993: 135), aber dem Zusammenhang von Protest
und Unzufriedenheit wird nicht nachgespürt (Pfahl-Traughber 1993a, 124
ff.). Gleichwohl wirft diese Studie die Frage auf, ob Sozial- und Politikprotest
am Anfang eines Prozesses der Hinwendung zu rechten Parteien stehen kann
(Pfahl-Traughber 1993a, 127).

Es gibt also einen Überhang an Fragen zum „Normalitätsursprung" vor
allem rechter Wähler-Stimmen und ein Forschungsdefizit hinsichtlich des
theoretischen Konzepts und der Antworten. Diese Schere im Rückgriff auf
die Unzufriedenheitstheoreme Deprivation und Anomie sowie mittels der
sekundäranalytischen Interpretation einer repräsentativen Umfrage (ipos
1992) etwas zu schließen, ist die Intention der anschließenden Bemerkungen.
Grundsätzlich soll „der" Rechtsextremismusforschung damit ein breiteres
Untersuchungsfeld eröffnet werden, denn die weitgehende Fixierung oder
auch nur die starke Betonung jugendlicher („fertiger") Brandstifter und Gewalttäter entspricht zwar dem Moralhaushalt der sich normal und demokratisch fühlenden Gesellschaft, übersieht aber viele wichtige Dimensionen
des nichtlinearen thematischen Zusammenhangs, vor allem solche der „Vor-
felder".

Zur Fragestellung

1989, in der angeblich postkonventionellen und postnationalen alten BRD
(Hennig 1993), und wiederum seit 1991 sind Parteien rechts von CSU und
CDU wählbar geworden und überschreiten öfters die 5 % Hürde. Den „Republikanern" (REPs) wird 1993 im Politbarometer der Forschungsgruppe
Wahlen (FGW) 1993 ein Jahresschnitt von 5,2 % zugesprochen (entsprechend
der Sonntagsfrage: „Wenn am nächsten Sonntag Bundestagswahl wäre, welche Partei würden Sie wählen?").

Aus dem rechtsextremen Spektrum und dem rechtsextremen Wählerprotest soll der Bezug zwischen allgemeiner Unzufriedenheit und der Wahl einer

Abbildung 1: **Ausgewählte Wahlergebnisse rechter Parteien in der BRD**
(1986-1993 in Prozent der gültigen Stimmen)

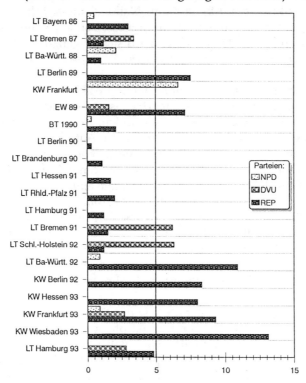

BT = Bundestags-, LT = Landtags-, KW = Kommunalwahl, EW = Europawahl

rechten Partei betrachtet werden. Dabei wird insbesondere von der bedeutendsten dieser Parteien, den REPs, die Rede sein. Ein Großteil derjenigen
Unzufriedenen, die hier betrachtet werden sollen, sammelt sich bei den REPs.
Bezüglich der politischen Einordnung dieser Partei wird dem Verfassungsschutzbericht des Landes Nordrhein-Westfalen (1993: 51ff.) gefolgt (ebenso
Jaschke 1993: bes. 18; Hennig 1993c). Zwischen der (rechtsextremen) Partei
der Funktionäre und den (rechtspopulistischen) Wählern bzw. den REPs und
dem „Republikaner"-Syndrom wird unterschieden und zugleich auf fließen-
de Übergänge hingewiesen. Dieser „Zweiteilung" der REPs in Kader und
Wähler entsprechen jene Umfragen, die die Wahlentscheidung hauptsächlich
auf einen diffusen „Protest" zurückführen. Lediglich ein Fünftel der Wähler
der REPs (aber auch der NPD oder DVU) führen ihre Wahlentscheidung auf
programmatische Überzeugungen zurück, während die überwiegende Mehrzahl ihre Stimmabgabe für eine rechte Partei als „Protest" gegen das politische

System, gegen die etablierten Parteien insbesondere, betrachtet (ipos92, 67ff.; ipos93, 63f.). Ein Protest allerdings mit einer besonderen psychischen und thematischen Struktur von Abgrenzung, Nationalismus, Ethnozentrismus und Autoritarismus, weshalb der Begriff „Protest" ohne weitere Kennzeichnung nicht verwendet werden sollte. Es wird sich zeigen, daß z.B. zwischen dem „Protest" der Grünen und demjenigen der REPs bedeutende Unterschiede bestehen.

Vor allem diese Doppelstruktur der Kader und Wähler macht die „Brücken nach rechts" gangbar und „den" Rechtsextremismus wählbar. Die REPs versuchen, im Verfassungsbogen Eingang zu finden. Rechtsextremismus wird dennoch – abgesehen vom kurzfristig moralischen Aufschrei nach besonders brutalen Aktionen – kein gewichtiges öffentliches Thema. Der Betroffenheitskult hält jeweils nur solange an, wie eine Kerze brennt (während die fremdenfeindlichen Gewalttaten lange Nachfolgeketten einleiten und ab 1991 das Gewaltniveau auf einem immer höheren Pegel stabilisieren). Gegenüber den das Meinungsklima bestimmenden großen Themen[1] Asyl/Ausländer im Westen und Arbeitslosigkeit im Westen bzw. Osten sind Rechtsradikale 1993 nur ein klar untergeordnetes Thema. Nur nach besonders herausragenden Aktionen (wie Mölln, den Lichterketten, Solingen) schnellt der Aufmerksamkeitspegel an, erreicht aber selbst dann nicht die Bedeutung der genannten tonangebenden Themen.

Ein Rechtsextremismus (aus) der Mitte von Politik und Gesellschaft grenzt sich von Neonazis und Skins mit ihrer direkt-physischen Gewalt ab (Hennig 1993b und d), um einen funktionalen Nationalismus und eine ebensolche Abgrenzung gegenüber Fremden zu propagieren. Diesen Rechtsextremismus gründet die Mehrzahl seiner Wähler nicht auf Programme und geschlossene Weltbilder, sondern er entwächst den an den Alltag angelehnten autoritären Mustern einer diffusen politischer Unzufriedenheit. Dieser Vermittlung soll nachgespürt werden. Denn die Herkunft des Rechtsextremismus aus der Mitte der Gesellschaft wird zwar angesprochen (Hennig 1992; Heitmeyer 1993; Jaschke 1993; Möller 1993), wie aber Unzufriedenheit in rechten „Protest" einmündet, ist wenig erforscht. Anders als vor allem die städtischen Zentren rechter Wahlerfolge (Hennig 1991 und 1993a), die Organisation, Struktur und Ideologie entsprechender Parteien (Stöss 1989; Jaschke 1993; Pfahl-Traughber 1993) und die Wirkung solcher alltäglicher Radikalisierungen auf (männliche) Jugendliche (Heitmeyer 1992) sind die „normalen" Wähler rechter Parteien vergleichsweise unbekannt. Gerade empirische Studien der FGW erklären die REPs 1989 und auch 1992 immer wieder zur Eintagsfliege, „wenn (ja, wenn – E.H.) es den etablierten Parteien gelingt, durch

---

1 Vgl. die monatlichen Politbarometer der FGW, die jeweils nach den zwei wichtigsten Themen fragen.

Abbildung 2: **Rechtsradikale als politisches Thema** in West und Ost
(Juli 1992 – Dez. 1993) Politbarometer FGW

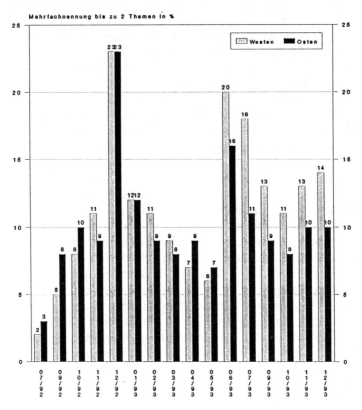

Ereignisse: Mölln 22.11.92
Lichterketten Dez. 92, Solingen 29.5.93.

überzeugende Problemlösungen einen Teil des verlorenen Vertrauens wieder zurückzugewinnen."[2]

Politische Unzufriedenheit mündet in einen besonderen „Protest" ein, dessen Bausteine 1989 beschrieben worden sind (Hennig 1991: 115ff.[3]). Dieser „Protest" verschmilzt nationale, autoritäre und ethnisch eingefärbte Einstellungen (Hennig 1992: 32f.). Er wird genährt von einer seit 1989 von SINUS

---

2 FGW, Wahl in Baden-Württemberg. Eine Analyse der Landtagswahl vom 5. April 1992, Mannheim 1992: 60f.; für die REPs vgl. Roth in: Aus Politik und Zeitgeschichte B 37-38 v. 14.9.1990, 27-39.

3 Seitdem hat sich die Diskussion stärker auf Gewalt und Jugend verlegt, wobei selbst deren Einbettung in Prozesse des Systemwandels und der sozioökonomischen Krise zu kurz kommen (Hennig 1993).

als Angst um den sozialen Status und die national-kulturelle Orientierung beschriebenen Einstellung und von einer „Output"-orientierten Haltung zum demokratischen System. Quelle dieser Angst sind neben der Furcht um Wohlstand und vor „Überfremdung" die Enttäuschung über mangelnde bzw. mangelhafte Leistungen der Herrschaftsträger. Im Wohlstandschauvinismus fließen diese Elemente zusammen. Als Wohlstands-Chauvinismus bezeichnet SINUS 1989 ein Grundmuster, demzufolge nur diejenigen Anspruch auf Leistungen des Verteilungsstaates haben sollen, die als Deutsche in der BRD den gesellschaftlichen Reichtum erwirtschaften (Klär 1989: 15). Am ehesten noch werden langjährig in der BRD lebende und Steuern zahlende „Gastarbeiter" eingeschlossen (Klär 1989: 13), während vor allem (die seit 1988 stark zunehmenden und sozial anders zusammengesetzten) Asylbewerber scharf ausgegrenzt und abgelehnt werden. In Verbindung mit einer „Output"-orientierten Einstellung zum demokratischen System trägt diese Angst um den erreichten, durch „Sozialflüchtlinge" und „Trittbrettfahrer" als akut gefährdet empfundenen ökonomischen Status dazu bei, daß eine Ethnisierung politischer und sozialer Konflikte stattfindet (Jaschke 1993a).

Die ertragsorientierte Haltung gegenüber der Demokratie akzeptiert entsprechende Normen und Institutionen nicht als demokratischen Selbstwert (z.B. als ein System von Grundrechten), sondern mißt das politische System an seinen (pro-deutschen) Verteilungsleistungen. Grundrechte taugen nur etwas, wenn der „Output" stimmt. Die politische Ordnung wird wesentlich über materielle Leistungen definiert und legitimiert. Demokratie wird unterstützt, wenn und weil sie als ein leistungsfähiges und verteilungsgerechtes System gilt und sich über ökonomische (Um-)Verteilungen des Wohlfahrtsstaates und über politische Chancenangleichungen legitimiert. Insofern, im Gefolge sozioökonomischer Modernisierungen, Flexibilisierung, Pluralisierung und Individualisierung an Bedeutung gewinnen, kulturelle Gewißheiten und soziale Sicherheiten abnehmen, traditionelle Schutzgemeinschaften (wie Familie, Milieus, Kirchen) sich auflösen, die Spaltung in Kern- und Randbelegschaften zunimmt und angesichts der Akkulturationsdifferenzen beider deutschen Gesellschaften, der Deindustrialisierung in der Ex-DDR und der ökonomischen Krise die Regulationsfähigkeit des Staates rapide abnimmt werden das Leistungsvermögen und der „Output" des Staates immer kritischer beurteilt. Skandale und parteipolitische Vorteilsnahme zerschleißen zusätzlich den politischen Allgemeinheits- und Gerechtigkeitsnimbus ebenso wie das Vertrauen in politisches Personal und in Organisationen. Aus der Optik der „Output"-Orientierung nährt ein als ineffizient und amoralisch eingestufter Staat politische Entfremdung und dichotome Gesellschaftsdeutungen.

Weil Unterstützung zuvor an die Integrität der Herrschaftsträger und an das Leistungsvermögen der materiellen politischen Ordnung geknüpft worden ist[4], zerfällt in der politisch-ökonomischen und politisch-moralischen Krise die Teilhabe und Teilnahme. Partizipation ist an „Output" und an die Selbstlosigkeit der Repräsentanten gebunden und versagt in „schlechten Zeiten". Diese Isolation greift eine neue Partei als „Anwalt der 'kleinen' Leute" auf[5], indem sie diesen Unmut artikuliert und gegen das etablierte System der „Altparteien" wendet. Die rechte Mehrheitsposition der REPs bündelt diejenige Unzufriedenheit, der es weder um demokratische Positionen als Selbstwert geht, die andererseits aber die als ineffizient und korrupt erachtete (Partei-)Demokratie nicht mit Gewalt oder von einem geschlossenen rechtsextremen Weltbild aus bekämpfen. Politische Unzufriedenheit in Verbindung mit einer autoritär und ethnozentrisch eingefärbten Distanz zum politischen System verweist somit auf jene indifferente Einstellung, die die rechten Parteien wählbar werden läßt. Die REPs organisieren keine Interessen, sondern artikulieren eine rebellische Unzufriedenheit und die (rechts-)populistische Sicht komplexer Themen, die ansonsten im Parteiensystem keinen Ausdruck finden. Es schadet ihnen (ebenso wie DVU und NPD) nicht, daß sie wesentlich nur ein Thema, die Ausländerkritik, vertreten und kaum über kompetentes Personal verfügen. Ihre Wahl allein ist für einen Großteil ihrer Wähler gegenwärtig schon (noch?) „Protest" genug.

Rechte Parteien, das zeigen die historischen Beispiele der NSDAP- und NPD-Erfolge (Falter 1991: 285ff., 364ff.; Stöss 1989: 140) gewinnen dann Wählerstimmen, wenn sie in der Lage sind, an allgemein vertretene Unzufriedenheitsmuster anzuschließen. Diese Leistung scheinen die REPs zu vollbringen; jedenfalls sind ihre Sympathisanten hinsichtlich der Konfession, des Haushaltseinkommens, des Alters und der Wohnsituation (nicht aber hinsichtlich des Geschlechts, der Bildung und Berufe) „auffallend durchschnittlich" (Klär 1989: 28). Die aktuelle soziale Segregation, d.h. die sozialräumliche Abtrennung verschiedener in sich homogener Schichten und Gruppen, und die politische Fragmentierung, d.h. die Aufsplitterung des Elektorats weg von den „Volks-" bzw. Großparteien hin zu Flügelparteien und zur „Partei der Erfolglosen", vor allem zu den Nichtwählern, erleichtern die Erfolge rechter Parteien (Hennig 1993a). Die sozioökonomische Krise und das politisch-kulturelle Krisenphänomen des Parteiverdrusses tragen ebenfalls dazu bei, das Unzufriedenheitsniveau anwachsen zu lassen und begünstigen ebenfalls die Erfolgschancen der Rechten.

---

4 Vgl. die Darstellung von Eastons politischer Systemtheorie durch Westle (1989).
5 Insofern gleichzeitig zum Bruch der ertragsorientierten Demokratieeinbindung das konventionelle Muster der Wertorientierung hinter der „Output"-Orientierung freigelegt wird, können, je nach herrschender Konvention, unterschiedliche Parteien bzw. Bewegungen an diese Abwendung von der politischen Ordnung anknüpfen. Möglicherweise ist dies ein Grund für das schlechte Abschneiden der REPs im Osten bzw. für die Erfolge der PDS 1993 bei der Kommunalwahl in Brandenburg.

Rechtsextremismus, politische Unzufriedenheit und die Wahl rechtsextremer Parteien: Ein defizitärer Forschungsstand

Die in der BRD betriebene Analyse „des" Rechtsextremismus erforscht die Rahmenbedingungen der rechten Parteien zu wenig im Kontext des gesamten politischen Systems, der ökonomischen Entwicklungen und der sozialen Modernisierungen bzw. Wandlungen. Die Kenntnisse des REP-Syndroms (Jaschke 1993) sind weitgehend phänomenologisch, entbehren eines demokratietheoretischen Konzepts, der Operationalisierung und der empirischen Erforschung. Entsprechende Ansätze von 1989 (Klär 1989) werden nicht weitergeführt und zu wenig mit der Erforschung der Nichtwähler verbunden (Starzacher 1992). Rechtsextremismus wird isoliert, der Normal-Gesellschaft und Demokratie gegenübergestellt, man analysiert kaum die Interaktionen mit dem sozialen wie politischen System und dessen Trägergruppen. Das Studium kapriziert sich auf Formen jugendgeprägter neonazistischer (Klein-)Gruppen und nimmt Rechtsextremismus als organisierte oder informelle direkte (politische) Gewalt wahr. Hinsichtlich der Erfolgschancen rechter Parteien werden die gesellschaftlichen Desintegrationsprozesse und deren nationales, autoritäres und ethnisierendes Muster (das als solches auch der Wahl einer rechten Partei aus „Protest" unterliegt) empirisch bislang kaum ausgeleuchtet (Heitmeyer 1993; Möller 1993). Auch die Affinität von Teilen der Nichtwähler zu rechten Parteien (was 1930 und im Sommer 1932 die Wahlerfolge der NSDAP entscheidend mit erklärt) ist als Quelle der politischer Paralyse des demokratischen Systems wenig erforscht (Hennig 1992 und 1993e).

Die Analyse des Rechtsextremismus müßte verstärkt die Grundfrage der politischen Kulturforschung, nämlich die nach der Integration und Stabilität eines sozial verankerten demokratischen Systems, aufgreifen; es wäre Anschluß an die politisch-soziologische Analyse der Ursachen politischer Konflikte und Desintegrationsprozesse im Gefolge wachsender Unzufriedenheitspotentiale zu suchen. In diesem Sinn verstehen sich die folgenden Bemerkungen als ein Versuch, umfassendere Forschungsvorhaben zu modellieren und anzuregen.

Der Blick auf die qua REP-Wahl „protestierenden" Unzufriedenen muß über die REPs weit hinausreichen, muß (anders als der Verfassungsschutz, die Umfrageforschung oder die Forschungsinstitute der Parteien dies tun) das gesamte politische System von Regierung und Parteien ebenso wie die politisch-kulturellen Verbindung formeller wie informeller Orientierungen im Visier haben (Jaschke 1993).

Am Beispiel der Analyse politischer Unzufriedenheit im Spielraum von REPs, Grünen und Nichtwählern als den drei politisch-unzufriedensten Wählergruppen der Bundesrepublik sollen Probleme der Demokratiezufriedenheit und der Einschätzung der gesellschaftlichen Bedigungen und des Vertrauens zu politischen Institutionen beleuchtet werden. Nachfolgende Stu-

dien hätten vor allem zeitlich und quantitativ die Untersuchungsbasis aus-
zuweiten, um dann qualitativ die Untersuchungsreichweite durch Einbezug
z.B. hermeneutischer und typologischer Verfahren sowie komparativer Fallstudien für verschiedene Unzufriedenheitspotentiele und -quellen weiter zu
verbessern. Vor allem müßten die Interaktionen der REPs mit dem System
und des Systems mit Kadern und Wählern der REPs stärker einbezogen
werden. Entscheidend ist es, die Analyse des (wählbar gewordenen) Rechtsextremismus nicht zu isolieren, theoretische Konzepte zu entwickeln, die
eine vielschichtige Operationalisierung ermöglichen, in empirische Analysen
einmünden und dabei qualitative wie quantitative Forschungsschritte ver-
zahnen. Die Rechtsextremismusforschung muß empirisch-analytisch profes-
sionalisiert, d.h. „entmoralisiert" werden.

Politische Unzufriedenheit ist ein seit längerem wachsender Prozeß der
Erosion des Kapitals der Demokratie, der u.a. bei den REPs ankommt, von
ihnen aber nicht ausgeht. Nicht nur das Potential der REPs, sondern auch
„die" Nichtwähler und die Anhänger der Grünen sind besonders unzufrieden
(ipos92, 29 ff.; ipos93, 27 ff.); zu rund einem Fünftel sind aber auch Anhänger
von SPD, CDU und FDP unzufrieden. Eine Analyse der „Normalität" des
REP-Potentials muß divergierende Akzente und Folgerungen „der" Unzufriedenheit herausarbeiten; jeder isolierende Zugriff auf schon „rechts" gewordene Wähler verkürzt die Komplexität und Ambivalenz, aus denen sich
dieses Potential interaktiv entwickelt. Die von der Parteien- und Wahlforschung ebenso wie von der politischen Kulturforschung vernachlässigten
Nichtwähler müssen hinsichtlich möglicher „Brücken nach rechts" differenziert werden. (Zum Stand der Parteienforschung vgl. Rohe 1990; Wehling
1991; Mintzel/Oberreuter 1992; Niedermayer/Stöss 1993; als Forschungsbericht vgl. Immerfall 1992.)

Parteiverdrossenheit von „links" wie „rechts"

Parteiverdrossenheit, 1992 das „Wort des Jahres", soll als die Paradoxie eines
„engagierten Disengagements" bzw. als diffuse Unzufriedenheit gegenüber
etablierten Parteien – denen aus Sicht der REPs auch die Grünen zugezählt
werden[6] – diskutiert werden. Politikverdrossenheit gilt vor allem den Herrschaftsträgern, d.h. den Parteien und dem politischen Personal. Als besondere
Form einer politisierenden Politikdistanz siedelt sie zwischen Haltungen wie
Aktivität, kritischer (Nicht-)Wahl, Pflichterfüllung, Desinteresse und Apathie
gegenüber dem politischen System. Bildlich gesprochen, Politikverdrossene
geben dem System – zumindest aber dem Parteiensystem – die gelb-rote

---

6 Die REPs vergleichen sich mit den Grünen. So wie diese den Verfassungsbogen „links" von
  der SPD ausweiten, beanspruchen die REPs ein Mandat, dieses nach „rechts" hin, jenseits
  von CSU/CDU, „nationalkonservativ" zu tun zu können (Klär 1989: 13, 19, 30).

Karte, verlassen dann aber das Spielfeld nicht, sondern laufen aufgeregt
weiter mit: Politikverdrossene sind Disengagierte, die, schwer berechenbar,
im Spiel bleiben.

Gespeist wird der Politik- bzw. Parteiverdruß aus unterschiedlichen Motiven, die teilweise demokratisch, teilweise autoritär und/oder populistisch
sind und entsprechend (ambivalent) vorgetragen werden. Die Argumentation
ist vielfältig und widersprüchlich: Teils wird gegen Politiker als „Völkerver-
derber" polemisiert (Gloede 1993); „Skandalierer" eröffnen das „politische
Massenschlachten" (dagegen Vollmer in Hofmann/Perger 1992); eine „neue
Ethik des Politischen" (nicht der Politik!) wird gefordert, um Konsensbildung
voranzutreiben (Kleinert und Vollmer in Hofmann/Perger 1992), teils wird
der Status quo beschworen, gegen den „Willen zur Macht" sollten die „Volksparteien" wieder auf „Bindekraft" setzen (N. Blüm in FAZ v. 14.8.1993: 25)
und die Bürger sollten weniger fordern; Glaubwürdigkeit und Moral (nicht
Sachkompetenz, Kompromisse und realistische Politik) werden als Allheil-
mittel gepriesen. „Schuld" am Politikverdruß hätten alle: „Natürlich sind die
Politiker an der Politikverdrossenheit schuld. Aber auch das Volk ist selber
schuld" (R. Herzog, Präsident des BVerG, Frankfurter Allgem. Sonntagsztg.
v. 29.11.1992: 5).

Die Beliebigkeit dieser Argumente belegt die Notwendigkeit, „die" Unzufriedenheit selbst genauer zu analysieren und auszudifferenzieren. Geht
man davon aus, daß die Wählbarkeit rechter Parteien mit Unzufriedenheit
selbst und mit dem Gerede darüber, d.h. mit dem zitierten Gemisch kritischer
und autoritärer, moralischer und analytischer Positionen und Begriffe zusammenhängt, dann muß der gegenwärtige Diskussionsstand analytisch auf-
gehoben werden. Alles habe mit allem zu tun, diese Feststellung reicht nicht
aus, wenn denn überhaupt „interveniert" und „(re-)demokratisiert" werden
soll. Die seinerzeit (Ende der 70er Jahre) „linken" Formen unkonventioneller
oder sogar aggressiver Partizipation zugewandte Aufmerksamkeit muß der
politischen Konjunktur und ökonomischen Krise folgend nun auch der „Rechten" gelten: Hier sind die Sozialwissenschaften und Umfrageinstitute gefordert.

Unzufriedenheit, Krise und Protest

Politische Unzufriedenheit soll daraufhin untersucht werden, inwiefern ein
ähnlich hoher Unzufriedenheitspegel bei Sympathisanten der Grünen oder
der REPs unterschiedliche Ausdrucksformen findet. Unzufrieden sind sie
alle, die Anhänger der Grünen wie der REPs ebenso wie größere Teile „der"
Nichtwähler; recht unterschiedlich sind sie aber auch. Entlang der Unzufriedenheit vollzieht sich ein Gutteil der für die aktuelle BRD typischen politischen Polarisierung. Grüne und REPs stehen sich nicht nur hinsichtlich ihrer

sozialräumlichen Wählerschwerpunkte vor allem in Städten, sondern auch hinsichtlich deren Lebensstil und Orientierungen (z.B. gegenüber expressiven Orientierungsmodi und Nicht-Deutschen) regelrecht diametral gegenüber und markieren die Extrempunkte der deutschen Gesellschaft.

Eine vergleichbare Ausgangseinstellung, die politische Unzufriedenheit, kann also sehr unterschiedlich be-/verarbeitet werden, je nach der Werthaltung von der aus man unzufrieden wird oder mittels derer man Unzufriedenheit deutet und in Verhalten umsetzt. Um die Verbindung interpretativer und materieller Komponenten zu analysieren, ist eine objektiv (u.a. strukturell, polit-ökonomisch, politisch-institutionell) wie subjektiv (u.a. alltagästhetisch, politisch-psychologisch) gehaltvolle politische Krisentheorie bzw. eine auf die Analyse politischer Integrationsdefizite zugeschnittene empirische politische Kulturforschung erforderlich (Kaase 1988: 131).

Drei „klassische" Theorien widmen sich zentralen Aspekten von „Krisen" und schotten sich gleichzeitig gegeneinander ab. Hier dreht es sich mehr um die Verwertung dieser Theorien, als um deren Rekonstruktion; Aufmerksamkeitsperspektiven sollen gezeigt werden, nicht aber sollen Marx, Durkheim und Gehlen mit ihren Finessen vorgestellt werden.

Karl Marx begreift die Krise sozio-ökonomisch als einen zielgerichteten Strukturwechsel der Gesellschaftsordnung; politisch – über das Klassenbewußtsein für sich – muß die Bewegung als Klassenkampf durchgesetzt werden, um dann die Transformation als Diktatur des Proletariats voranzutreiben und abzusichern. Im Rahmen seiner Entfremdungstheorie sieht Marx durchaus das Problem, wie schwer politisches Klassenbewußtsein als kollektives Deutungsmuster vermittelbar ist. Das Verhältnis von Realität, abstrakten Möglichkeiten und kategorialen Gesetzmäßigkeiten ist also gebrochen und bedarf vielschichtiger ökonomischer wie politischer Studien (Marx/Engels 1974: LIXff.).

Emile Durkheim diskutiert krisenhafte Zustände – wie die erste Weltwirtschaftskrise (1873 ff.) – als den Verfall gesellschaftlicher Normen und Bedürfnis-/Triebsteuerungen. Der Normenhaushalt wird von rapiden Wandlungsprozessen überrollt. Eine Krise wird von Durkheim als (ökonomische) Anomie und somit als „Zustand der gestörten Ordnung" beschrieben (Durkheim 1973: 273ff.). Das „seelische Gleichgewicht" des Einklangs von Bedürfnissen und Mitteln wird dauerhaft und tiefgreifend gestört; „infolge schmerzhafter Krisen oder... allzu plötzlicher Wandlungen" gerät der psychosoziale, durch (rechtliche) Autorität garantierte und durch Erziehung reproduzierte Normenhaushalt außer Kontrolle und stachelt negativ das System der Bedürfnisse an. Die Individuen verfügen über keine steuernde Autorität und vergesellschaftenden Normen mehr und werden anomisch (im Gegensatz zu normal). Politik, Recht und Erziehung werden sowohl von Anomie betroffen, wie sie – vor dem Wandel – Mittel der gesellschaftlichen Stabilität gewesen sind und zur Überwindung von Anomie beitragen sollen.

Die Reaktion auf anomische Krisen und den Zerfall von Gesellschaft erfolgt primär privatistisch (Durkheim analysiert Selbstmord- und Scheidungsquoten, Merton Kriminalität als Ausdruck von Anomie). Aus Sicht des Systems geht es um Nicht-Anpassung oder Neu-Adaption sozialer Normen. Durkheim und Robert K. Merton begreifen das „Auseinanderklaffen von kulturell vorgegeben Zielen und von sozial strukturierten Wegen, auf denen diese Ziele zu erreichen sind" (Merton 1968: 289), bzw. das Bedürfnisgleichgewicht (Durkheim) als gesellschaftlich vermittelt. Normal oder anormal sich anzupassen (Merton) oder sich zu verhalten (Durkheim), ist zwar eine Aufgabe der Individuen, aber gemeinsame soziale Wertvorstellungen, i.e. die kulturelle Struktur, bestimmen ebenso die Anpassung wie das Abweichen. Anomie ist der „Zusammenbruch der kulturellen Struktur" (Merton 1968: 292), die Krisen als Ursachen für Anomie sind sozial und primär ökonomisch (Durkheim) oder kulturell (Merton).

An Marx, Durkheim und Merton anknüpfende amerikanische Ansätze zur empirischen Erforschung von Entfremdung („alienation") und Normlosigkeit („normlessness") verkürzen die Ursachen zum Ausdruck individuellen Fehlverhaltens; diese Forschungen (Fischer 1970: 21ff.) betrachten politische Entfremdung als individuelles Sozialisationsdefizit in einer im Ganzen „guten" Ordnung. Aus systemischer Sicht geht es dagegen um Erhalt oder (Neu-)Aufbau von Zuständen und Werthaushalten, die die Vergesellschaftung der Individuen fördern, die Anomie, Isolation und Entfremdung verhindern oder überwinden.

Konservative Kritiker der libertären Aufweichung bzw. Pluralisierung des ehernen Wertehimmels, der Verweltlichung selbst der (Zivil-)Religionen (durch Säkularisierung und Laizismus), mißtrauen der „Entzauberung der Welt" und dem Wertewandel. Arnold Gehlen setzt der Desorientierung von „Orientierungwaisen" (H. Lübbe) in einer unbehausten Welt die Pflege des Normensystems durch Institutionen und Institute entgegen, letztlich baut er – in Tradition von Thomas Hobbes und Carl Schmitt – auf den Staat sowie auf die Vorbild- und Klammerfunktion von Multiplikatoren und Eliten. Gehlen greift das antiliberale Gleichgewichtskonzept Durkheims auf (so wie Marx, Durkheim und Gehlen gemeinsam den „invisible hands" des liberalen Prinzips Hoffnung mißtrauen und aus deren Nichtwirken Krisen- und Konflikturschen ableiten). Während Durkheim eine äußere Autorität präferiert, baut Gehlen (1986: 259) stärker auf abstrakte Instututitionen als „Wirksamkeit (jenes) Ideellen", das sich vom „perfiden Terrain des Subjektiven" abhebt. Marx betont die Notwendigkeit, die Interpretation solcher Autoritäten, Institutionen und Normen ebenso wie sozialer Deutungsmuster mit der materiellen Produktion zu verbinden. Politische Psychologie und politische Kulturforschung bedürfen ebenfalls der Perspektive einer politischen Ökonomie, um den Verzahnungen von Subjekt und Objekt, Struktur, Bewegung und Deutung zu entsprechen.

Für die weiteren Analysen „des Rechtsextremismus" käme es darauf an, die am Beispiel von Marx, Durkheim, Merton und Gehlen angesprochenen „klassischen" Zugänge mit ihren Leitbegriffen der Struktur, des rapiden Wandels (oder gar Zusammenbruchs), der sozialen und zeitlichen Ungleichheit und der Verknüpfung von Gesellschaft, Individuum und Normen/Institutionen systematisch aufeinander zu beziehen, um institutionelle wie normative politische, soziale, ökonomische und individuelle Krisenprozesse vielschichtig analysieren zu können. „Rechtsextremismus" ist aus dieser Sicht nur eine Variante, um krisenhafte Entwicklungen zu deuten und auf Krisenprozesse zu reagieren. Diese Sichtweise eröffnete eine Perspektive, die die Spielarten des rechten Extremismus in eine breitere und vielschichtige Perspektive einordnet. Rechtsextremismus sollte nicht analysiert werden, ohne zentral auf die Korrespondenz mit dem politisch-sozialen System, vorherrschenden individual- wie sozialpsychologischen Einstellungen und kollektiven Deutungsmustern wichtiger Themenfelder einzugehen. Die komplexe Ausgestaltung von sozialer Segregation und politischer Fragmentierung mündet in unterschiedliche Formen von Protest und Apathie, von Rebellentum und Ressentiment ein. Wie diese Spaltungen ausgelebt werden, welche Form sie annehmen, in welchen Bildern die objektiv zugrundeliegenden Ungleichheiten und Ängstigungen interpretiert werden, dies ergibt sich aus einer „Mischung" von Sozialstruktur (vor allem dem Bildungsniveau) und individuellen Anteilen an Individualisierung, Sozialisierung und Lebensstil. Die Konkretisierung dieser „Mischung" realisiert sich als situativer Kontext im Umfeld von Arbeit, Wohnen und Freizeit. Keineswegs ist es z.B. so, daß jeder Arbeiter mit Hauptschulbildung, der krisenbedroht ist und in einer Massenwohnsiedlung wohnt, die SPD verläßt, um entweder die REPs oder nicht mehr zu wählen. Keineswegs ist es so, daß jede Art von Protest und Unzufriedenheit nach „links" hin bewegt. Hinter die grüne Bewegungsdynamik der späten 70er und 80er Jahre muß wieder auf diejenige der 20er und 30er Jahre, die zum Faschismus geführt hat, zurückgeblickt werden, wobei heute diese Bewegungslinien und Protestformen nebeneinander bestehen.

Monokausale und linear simplifizierende Gleichungen oder Bezüge zwischen Bedürfnis/Befriedigung und Frustration/Aggression reichen nicht aus (Scheerer 1988: 83ff.; Hennig 1989: 61ff.), um Erscheinung und Wirkung von Unzufriedenheit in einem Achsenkreuz von Segregation und Fragmentierung sowie Wandel und Konstanz zu bestimmen.

Entwicklungslinien der Unzufriedenheit

Um die aktuellen Ausprägungen (Jung 1992) politischer Unzufriedenheit einzuordnen, sollen zunächst zwei längerfristige Entwicklungen unterschieden werden. Diese ambivalenten Prozesse werden sodann auf den krisenhaften politisch-ökonomischen Kontext bezogen, der als Hinweis- und Auslöserreiz für die aktuellen Formen von „Protest" und Unzufriedenheit begriffen wird.

(1.) Politische Fragmentierung: Seit Mitte der 60er Jahre nimmt politisches Interesse zu; von 1964 bis 1990 wächst der stark politisch interessierte Personenkreis von 20 auf 50 % an. Gleichzeitig verlieren Traditionen, Milieus und Parteibindungen ihre Prägekraft und Bindewirkung, so daß sich heterogene Gruppen wechselhafter und ungebundener Wähler („floating votes") herausbilden: Seit Mitte der 70er Jahre lernen die Wähler das Wählen. „Die Wähler sind wählerischer geworden", stellt H.-J. Veen fest (FAZ v. 14.10.1987: 7). Das Parteiensystem öffnet sich wieder, nach einer starken Konzentration auf CDU/CSU und SPD ab Mitte der 60er Jahre. Alte politisch-soziale Trennungs- und Konfliktlinien („cleavages") schleifen sich ab, was die Bindung von Arbeitern und Gewerkschaftern an die SPD, die der Katholiken an die CDU, die Erosion traditioneller Hochburgen und den Stadt-Land-Gegensatz hinsichtlich konventioneller Politikformen und -inhalte betrifft. Vor allem die „Volksparteien" SPD und CDU verlieren spürbar an Milieuverhaftung, so wie das „Volk", aber auch „das" Allgemeininteresse im Gemenge von Individualisierung, relativistischer Ethik und pluralisierten Lebensstilen zerfasert. Neue Kohärenz entsteht kaum. Nur in bestimmten städtischen Zonen bilden sich neue Politik- und „Gesellungsstile" und ein sozial-kulturalistisches Milieu als Basis vor allem für Hochburgen der Grünen heraus (Vester 1993).

Tertiarisierung (d.h. der Aufbau von Dienstleistungsindustrien und Kommunikationszentren), Bildungsexpansion, eine Pluralisierung von Lebensstilen und der an den Aufstieg von materiellen zu postmateriellen Bedürfnissen anschließende Wertewandel sind wesentliche Momente dieser Wandlungen bzw. Modernisierung, die gemeinhin mit Verweisen auf eine „neue", „weiche" Politik, als Postkonventionalismus und Postnationalismus, unkonventionelle Partizipation (z.B. durch Bürgerinitiativen, Demonstrationen, Boykott) und eine postmaterialistische Wende z.B. von Abhängigkeit, Kontrolle und Unterordnung zu Selbstverwirklichung und Verhaltensfreiheit umschrieben werden. Träger sind die „neuen Mittelschichten" der Dienstleistungsindustrien, aber auch die neuen alternativen Milieus. Teilweise gestalten diese Trägergruppen ihre Art der Selbstbestimmung auf der Grundlage von Statusinkonsistenz aus. Das hohe Bildungsniveau der neuen alternativen Milieus korreliert vielfach mit der Existenzweise von „Gelegenheitsjobbern" – eine Unstimmigkeit von Beruf und Bildung, die eine Unzufriedenheitsquelle darstellt und (gemäß Davies' J-Kurve – dazu Scheerer 1988: 93ff.) Fragen aufwirft, wie lange und zu welchen Bedingungen die Differenz zwischen Voraussetzung und Verwirklichung, zwischen Anspruch und Befriedigung als erträglich betrachtet werden.

Abbildung 3: **Die Wahlbeteiligung bei den Bundes- und Landtagswahlen**
(unter Ausschluß der Europawahl vom 18.6.1989)
In den alten Bundesländern 1987-1993

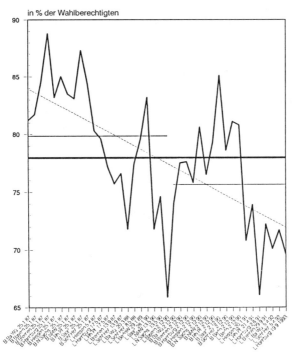

Bundesländer und Wahldaten (B: Bundes-, L: Landtagswahl)

Mittelw. insges. = 77,9 %; MW 87-90 = 76,8 %; MW 90-93 = 75,6
Regressionsgrade: y = 84,3 – 0,3 x

Gegenüber den festen Parteibindungen und dem Stammwähler tritt der Wechselwähler – zunächst in den Räumen der neuen Mittelschichten – auf den Plan, wobei sich seit 1988 auch eine Verfestigung rechter Flügelparteien ankündigt. Die Weimarer Republik (ab 1928) und 1993 Italien zeigen, daß solche Prozesse der Umorientierung vergleichsweise abrupt zur Zerstörung und Radikalisierung traditioneller Wählerlager und des gesamten Parteiensystems führen können. Zunächst aber wird der Wechselwähler als kritisch-demokratisch und „vorsichtig abwägend" vorgestellt. Seine „rationale Wahl" trifft er fallweise je nach Interessen-/Güterabwägung. Eine Variante dieses Wählertypus sind auch bestimmte Nichtwähler. Diese Nichtwähler verfügen laut SINUS (1993) über eine basisdemokratische Grundeinstellung und verabschieden sich vom staatsbürgerlichen Pflichtenkanon der konventionellen Politik mit seiner impliziten Wahlpflicht. Dieser Nichtwähler sieht in einer

Abbildung 4: **Politisches Interesse, Systemzufriedenheit und Wahlbeteiligung** (BRD 1980 – 1991)

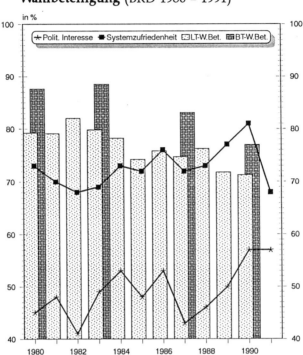

Wahlbeteiligungen in % der Wahlberechtigten (bei LT-Wahlen im Jahresschnitt) – Systemzufriedenheit = Befragte, die sehr und ziemlich zufrieden sind mit der Art, wie die Demokratie funktioniert (Eurobarometer).
Politisches Interesse = Allgemeines Interesse für Politik (IfD) – Alle Angaben nach Noll/Wiegand, 1993: System sozialer Indikatoren für die BRD. München, 211, 215, 216, 219.

bestimmten Wahl keinen Sinn, eine bestimmte Partei zu wählen. Er trifft aber keine grundsätzliche Entscheidung gegen das politische System oder für politische Apathie, sondern kann sich in einer rationalen Abwägung angesichts einer bestimmten Wahl nur für keine Partei entscheiden. Trifft dies z.B. für die Kommunalwahl zu, so beteiligt sich dieser Wählertypus an der Bundestagswahl (und wählt 1990 z.B. die FDP als „Partei der zweiten Wahl" [J. Dittbemer], während er bei vorherigen Landtagswahlen die CDU bevorzugt, und sich an der Europawahl nicht beteiligt hat).

Mittelfristig betrachtet geht die Wahlbeteiligung seit Mitte der 80er Jahre um rund 2 Prozentpunkte zurück. Dieser Rückgang betrifft vor allem Großstädte (die zum Motor des Rechtswählens avancieren) und führt dort zum Abbruch größerer Teile vor allem der SPD-Stammwählerschaft. Gerade in vormals traditionellen Arbeiterquartieren und SPD-Hochburgen werden neben wachsenden Nichtwähleranteilen SPD und REPs – bzw. rechte Parteien überhaupt – Seit' an Seit' gewählt (Hennig 1991, 1993a und e). In der Kontroverse über die abnehmende Wahlbeteiligung vertreten Dieter Roth (FGW) und Ursula Feist (Infas) die maßgeblichen Positionen zur Bewertung des Wählerrückgangs. Roth vertritt 1992 die These: „Hohe Wahlbeteiligung bei freien Wahlen ist eher ein Krisensymptom als ein Ausdruck der Systemzufriedenheit" (Starzacher 1992: 61). Ähnlich redet G.P. Hefty in der FAZ (28.7. 1992: 1) von „Wahlabstinenz im Schlaraffenland". Vergleichsweise unkritisch (vor allem hinsichtlich der Rechtswende und Jugendtendenz) überträgt Roth amerikanische Impressionen politischer Stabilität auf die BRD und redet von Normalisierung (angesichts offensichtlicher Krisenphänomene korrigiert er 1993 diese Ansicht). Auch die IPOS-Umfrage betrachtet Nichtwähler als eine „sehr heterogene Gruppe", die demokratischen Institutionen zwar kritischer gegenüberstehe, aber „keine besondere Distanz zum System" aufweise (ipos 92: 5f.). Ursula Feist hebt dagegen die größer werdende Distanz von Jugendlichen gegenüber den Parteien hervor und bewertet den Rückgang der Wahlbeteiligung kritisch als ein (kompexes) „Signal für vielfältig motivierte politische Unzufriedenheit" (Starzacher 1992: 57).

Diese Kontroverse bestimmt, wie 1993 der Gegensatz der Nichtwählerstudien von SINUS und Allensbach zeigt, die Erforschung und Darstellung der Probleme (oder Normalität) der verschiedenen Arten des Nichtwählens ebenso wie die Positionen der Parteiverdrossenheitsdebatte. So stellt das IfD 1993 ein extremes Desinteresse an politischen Fragen bei jungen Nichtwählerinnen fest, untersucht diese Distanz zur Politik und das geringe Vertrauen in die Möglichkeiten einer Einflußnahme aber nicht hinsichtlich ihrer Genese und Auswirkung. Alle Parteien und alles Politische steht dieser Nichtwählergruppe fern, was offensichtlich gleichermaßen bedrohlich wie beruhigend ist. SINUS differenziert 1993 erst einmal die Nichtwählergruppen und zeichnet dann selbst für den Durchschnitt ein irritierenderes Bild, das durch seine inhaltliche Nähe zu REP-Motiven ängstigt. Unter den 35 % der Bevölkerung, die nicht regelmäßig zur Wahl gehen, identifiziert SINUS mittels einer Faktorenanalyse sechs Motive, nicht zu wählen: „Verdrossenheit und aggressive Apathie", „Entfremdung/Sinnkrise/enttäuschter Rückzug vom politischen Geschehen: Wahlenthaltung als Protesthandlung", „Individualismus/Entpflichtung", „Basisdemokratische Grundeinstellung/Zurückweisung des Repräsentativprinzips", „Saturiertheit", „Gleichgültigkeit/Desinteresse/Politikferne". Insgesamt schließen 12 % der Nichtwähler die Wahl einer Rechtspartei nicht aus. Mit 19 bzw. 13 % ist die Möglichkeit, rechts zu wählen, vor allem in den beiden Nichtwähler-Motivkreisen der aggressiven Apathie und der Entfremdung vergleichsweise hoch. Unzufriedenheit, Nichtwählen und Rechtswählen weisen also eine bedrohlich große Schnittmenge auf.

(2.) Soziale Segregation: Die sozioökonomische Tertiarisierung und der Rückgang des produzierenden Gewerbes[7] führen (zunächst eher unterschwellig)
zu sozialen Verwerfungen – Kürzel wie „2/3-Gesellschaft" und „Modernisierungsverlierer" seien genannt –, besonders zur Spaltung in Großstädten
in Zonen des Aufschwungs, der Umorientierung (z.B. durch eingesprengte
Blöcke modernisierter Wohnungen und durch festungsartig nach außen ab-
gegrenzte Kaufinseln nach Art amerikanischer Malls) und des Abwirtschaf-
tens, der Verslumung (Häußermann/Siebel 1987: 138ff.). Der parallele politische Trend führt zu zunehmender Fragmentierung (zu abnehmender Konzentration auf die Großparteien) und – angesichts der programmatisch-sti-
listischen Angleichung der „Volksparteien" – zum Anwachsen der aggres-
siv-apathischen Nichtwähler und zum Aufstieg von Flügelparteien wie den
Grünen und den REPs (Hennig 1991, 1992, 1993e). Soziale Spaltungen, poli-
tisch-psychologische Ausgrenzungen und politische Polarisierung korrelieren offensichtlich positiv miteinander. Es bilden sich Sozialräume und Wäh-
lermärkte heraus, wo entweder eine außengeleitetete „Erlebnisgesellschaft"
des Konsums und der expressiven Lebensstile oder aber die Angst vor dem
sozialen Absturz dominiert. Die Angst um den Status, um den Wohlstand,
und die „Revolte gegen die moderne Welt" (Greß 1993) führen 1989 zu ersten
Erfolgen der Rechtsparteien, an die ab 1991 die Landtagswahlen in Bremen,
Baden-Württemberg und Schleswig-Holstein wieder anschließen (Hennig
1992, 1993e).

Auch der „aggressiv-apathische" – anders als der „rational-abwägende"
– Nichtwähler geht auf das Konto dieser sozialen Desintegration. Dieser
Nichtwählertypus der späten 80er und 90er Jahre optiert stärker gegen das
politisch-demokratische System insgesamt, als daß er, geleitet von Ressentiments, unter bestimmten Bedingungen und auf einer ebensolchen Wahlebene
keine Partei seiner Wahl findet. Diese Nichtwähler mit ihrer 1993 in Hessen
und Hamburg gezeigten Neigung, nach rechts zu tendieren, verdeutlichen
die Nachbarschaft von Anomie und (autoritär eingefärbter) Rebellion. Die
Haltung des graduellen Ressentiments, wie sie „vorsichtig abwägende"
Nichtwähler und „Realo"-Grüne charakterisiert, unterscheidet sich vom Rebellentum der demokratieunzufriedenen Nichtwähler oder REP-Sympathisanten. Die eine Position, das Rebellentum, sieht kaum mehr die Möglichkeit,
das demokratische System von innen her zu reformieren, während das Ressentiment zwar kritisch und skeptisch ist, aber immer noch an einer immanent
möglichen Demokratisierung und an einem Demokratisierungsschub durch
außerparlamentarisch-unkonventionelle Politik festhält.

---

7 1991 arbeiten nur noch 41 % der Erwerbstätigen im produzierenden Gewerbe (gegenüber
   55 % im Dienstleistungsbereich, bei Handel, Verkehr und Nachrichtenübermittlung). Selbst
   im produzierenden Gewerbe ist nur noch rund jeder Dritte unmittelbar mit der Arbeit am
   Produkt beschäftigt.

Abbildung 5: **Zufriedenheit mit Regierung und SPD**
Mittelwerte einer Skala von –5 bis +5 (April 1993 – Dez. 1993)

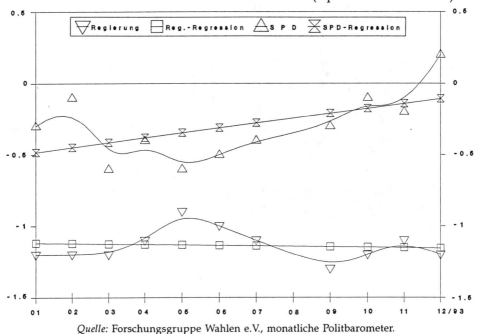

Quelle: Forschungsgruppe Wahlen e.V., monatliche Politbarometer.

(3.) Soziale Segregation und politische Fragmentierung: Aktuell werden beide Trendlinien – die längerfristige der sozialen Segregation und die mittelfristigere der politischen Spaltung – seit 1991/92 im situativen Kontext einer politisch-ökonomischen Krise dynamisiert und synchronisiert. Die Synchronisation von Unzufriedenheitspotentialen verschiedener Felder in Stadt und Land, innerhalb der Städte und zwischen alten und jungen Männern (nicht aber zwischen den Geschlechtern) erklärt die Wahlerfolge der Rechtsparteien. Die Konzentration des Meinungsklimas auf materielle Themen – seit Herbst 1993 avanciert Arbeitslosigkeit auch im Westen zum Zentralthema – begünstigt relative Deprivation und Anomie, so wie die Akzeptanz der Großparteien in diesem Meinungsklima weiter schmilzt (Hennig 1993f). Mehrheitlich wird keiner Großpartei die Kompetenz zur Lösung so wichtiger Probleme wie Arbeitslosigkeit, Preisanstieg, Ausländer, Staatsschulden und Kriminalität zugesprochen (lt. EMNID-Umfrage für den Spiegel 46/1993: 19). Im Oktober 1993 sind 63 % der Ansicht, die Regierung mache ihre Sache schlecht, aber 59 % meinen ebenfalls, eine SPD-Regierung würde es genauso machen. Noch allgemeiner wird im April 1993 von 65 % – vor allem aber von An-

Abbildung 6: **Demokratiezufriedenheit in der BRD-West**
        Sehr und eher zufriedene Antworten (%) von 1989 – 1993

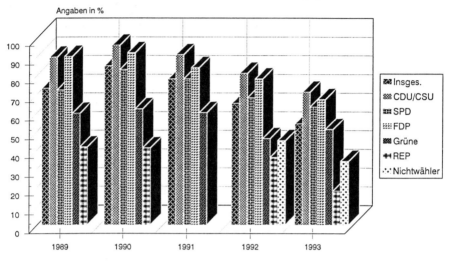

Quelle: ipos, Einstellungen zu aktuellen Fragen der Innenpolitik 1989-1993. – 1989 und
1990 werden die Nichtwähler, 1991 die REP- und Nichtwähler nicht aufgeführt.

hängern der Grünen (85 %) – verneint, daß in den führenden Positionen die
richtigen Leute zu finden seien.[8]
Im Herz des politischen Systems führen die Konfliktfolgen von sozialer Segregation und politischer Fragmentierung wie Polarisierung dazu, daß seit
Anfang 1992 Regierung und Opposition gleichermaßen an Vertrauen verlieren. Das „give and take" von Regierung und Opposition funktioniert kaum
mehr, die wachsende Unzufriedenheit mit der Regierung mündet nicht in
Zustimmung zur Opposition ein.[9] Vielmehr erreichen Regierung und SPD-
Opposition im Anfang 1993 Negativwerte, die laut Aussage der Forschungsgruppe Wahlen (Politbarometer 1/93 und 3/93) die schlechteste Leistungs-
beurteilung seit Einführung des Politbarometers vor 15 Jahren darstellen.
    Die in der Endphase der alten BRD postmaterialistisch für tot erklärte
soziale Frage erwacht zum Leben und verbindet sich mit neuen wie alten
Spaltungslinien. Ebenso meldet sich die nationale Frage zurück und dringt

---

8 Die Hinweise und Daten entstammen jeweils dem FGW-Politbarometer des betreffenden
   Monats 1993.
9 Am schlechteste wird die Regierung im Januar, Februar und März 1993 beurteilt (–1,2 als
   Skalenmittelwert), was im September sogar noch überboten wird (–1,3). Gleichzeitig werden
   im März und Mai 1993 die schlechtesten Beurteilungen einer Opposition gemessen (–0,6).
   Ob sich der (leichte) Kredit für die SPD seit Frühsommer 1993 zu einem stablien Trend
   entwickelt und dann auch die Wahlentscheidung mitbestimmt, läßt sich (im Dezember 1993)
   noch nicht abschätzen.

über die von Abgrenzungen und einem Prius des „Ethnos" vor dem „Demos" bestimmte Asyldebatte in das Meinungsklima ein (Hennig 1993c und f). Von September 1991 bis zum Juli 1993 markiert das Stichwort „Asyl/Ausländer" das wichtigste Themenfeld für die Bevölkerung im Westteil der BRD (im Osten ist dies mit Abstand immer die Arbeitslosigkeit). In diesem Kontext nimmt die Demokratiezufriedenheit ab. Nichtwähler und die Anhänger der Grünen vor allem aber der REPs fallen diesbezüglich besonders deutlich auf, so wie diese Gruppen auch ein besonders hohes Mißtrauen gegenüber Parteien ausprägen.

Im Juni 1992 sind 62 % der Ansicht, die Gesellschaft befinde sich in einer schweren Krise; im September 1993 sehen nur 20 % Zeichen eines Wirtschaftsaufschwungs. Die traditionell hohe Demokratiezufriedenheit erweist sich als nicht frei von einer ökonomischen „Output"-Orientierung, ist also krisenlabiler als gedacht: „Die Demokratie erfreut sich einer Wertschätzung – mit ausgestreckter Hand" (Wildenmann 1989: 57). Mehr und mehr aber bleibt die Hand leer und offenbart, wie sehr Postmaterialismus tatsächlich Materialismus voraussetzt und eine stabile Grundversorgung benötigt. Verteilungsstaatliche und sozial-demokratische Krisenregelungen setzen (unausgesprochen) ein hohes gesellschaftliches Mehrprodukt voraus, aber nicht dieses, sondern die Staatsverschuldung wächst an. Die bisherige Konfliktverdrängung durch Alimentierung und Subvention verliert also ebenso ihr materielles Fundament, wie die Akzeptanz von Parteien, Regierung wie Opposition abnimmt. Seit 1990 sinkt allgemein das Vertrauen vor allem in folgende öffentliche Einrichtungen bzw. Institutionen: Bundestag, Bundesregierung, Fernsehen, Gewerkschaften; der Bundestag bzw. die Abgeordneten haben ein nachgerade katastrophales Image. Vor allem nimmt das Interesse an Parteien und an politischem Engagement in Parteien ab. (Diesbezüglich gibt es übrigens ein klares Meinungsbild, die Zahl derjenigen, die die Antwort verweigern oder sich positiv wie negativ nicht festlegen ist verschwindend gering. Vertrauen und Mißtrauen bzw. Zufriedenheit und Unzufriedenheit korrelieren nahezu perfekt negativ miteinander.)

Dominierend wird eine vielschichtige Kritik an den Parteien und an der von Parteien veranstalteten Politik. Diese Politik wird seitens der „Rechte" als „volksfremd" oder alternativerseits als rückwärtsgewandt, nicht-ökologisch bezeichnet, beide Kritiklinien treffen sich in einer Kritik der entfremdeten politischen Apparate und Herrschaftsträger. Diese Kritiken werden entweder aus einer demokratischen Perspektive als Votum für mehr direkte Beteiligung oder rechts-populistisch bzw. autoritär als Kritik am Parlament als einer „Schwatzbude" bzw. an handlungsunfähigen Parteien und mediatisierenden Organisation überhaupt vorgetragen. Wenn die Kohärenz ihrer kollektiven Werte und das Vertrauen in Institutionen und Normen ersatzlos zerrieben wird, zerfällt die auf den materiellen Kern von Produktion und Reproduktion reduzierte Gesellschaft in Individuen und Gemeinschaften.

Abbildung 7: **Vertrauen in die Parteien 1992 und 1993**
       Meinung aller Befragten und der Personen mit bes. Wahlabsicht

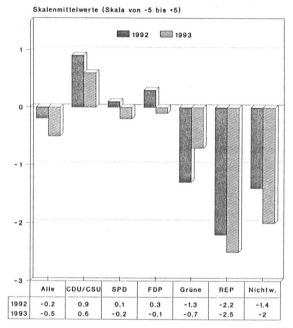

Skalenmittelwerte (Skala von -5 bis +5)

	Alle	CDU/CSU	SPD	FDP	Grüne	REP	Nichtw.
1992	-0.2	0.9	0.1	0.3	-1.3	-2.2	-1.4
1993	-0.5	0.6	-0.2	-0.1	-0.7	-2.5	-2

Quelle: ipos, Einstellungen zu aktuellen Fragen (Feldforschung: Mai 1992 und 1993).

Durkheims ökonomische Anomie leitet zu Mertons Definition von Anomie als Zusammenbruch kultureller Strukturen über. Daneben wird seit der Bundestagswahl 1990 auch das von amerikanischen Theoretikern demokratischer Stabilität, der „stable democracy" (Eckstein 1966), bzw. der Bürgerkultur, der „civic culture" (Almond/Verba 1963), gelobte Kapital des Vertrauens in Personen und Organisationen regelrecht verschleudert. Die Tiefwerte des Zutrauens für Regierung wie Opposition deuten hierauf hin.

Intermediäre Instanzen der politischen Interessenvermittlung (wie Parteien, Gewerkschaften, Kirchen, Vereine, Verbände) als Träger der pluralistischen Vermittlung von Staat und Gesellschaft verlieren an Einfluß (vgl. Rucht in Niedermayer/Stöss 1993). Es gibt hierfür keinen funktionalen und emotionalen Ersatz, denn zivilgesellschaftliche Vermittlungswege von den „grassroots" her bilden kein dem Pluralismus vergleichbares Netzwerk, nehmen keine institutionell faßbare Formalisierung an und haben zudem in West wie Ost einen schweren Stand. 1992/93 ist nicht die Zeit der Bürgerinitiativen (auch nicht der Lichterketten). Der Zerfall intermediärer Vermittlungszusammenhänge zerstört gesellschaftliche Verallgemeinerungen und kollektive Interessenfindung, eröffnet zusätzlich Raum für Gemeinschaften und Zirkel.

Verstärkt wird dies durch den Funktionsschwund der Familie, die mehr und mehr ihre Sozialisationsaufgabe an den Staat (Schule, Jugendarbeit) delegiert. Dem „Staat" stehen so „atomisierte" Individuen, Cliquen, Machtkartelle und Parteien gegenüber, die kaum mehr soziale Rückkopplungen und Einbindungen aufweisen, die gleichwohl aber einen faktisch auf ihren Eigensinn reduzierten Vermittlungs- wie Repräsentationsanspruch propagieren und wahrnehmen. Dies gefährdet zwar nicht die Staatsapparate, aber die mangelnde Vermittlung von Staat und Gesellschaft läßt Staat und Politik autoritär und entfremdet erscheinen; auch der Bezug zum Allgemeinen nimmt einen Zwangscharakter an. Politische und vor-politische Vermittlungen vom Besonderen zum Allgemeinen, zwischen Individuen, Familie, Korporationen, Gesellschaft und Staat – um an Hegels Vermittlungsschema aus der „Rechtsphilosophie" zu erinnern – verlieren politisch an Bedeutung.

Die subjektive Wahrnehmung und öffentliche Kommunikation von Inkompetenz, Skandalen und Vorteilsnahmen der Parteien fällt mit einer objektiven Krise der Parteien und regulativer Politik zusammen. Die „Output"-Orientierung einer wohlstandschauvinistischen Haltung, das Übergewicht materieller Themen im Meinungsklima befördern die Skandalisierung der Parteien und des politischen Systems. Je höher die Staatsverschuldung wird, desto schärfer fällt die Entrüstung über die Petitesse der Diäten aus; je komplexer Politik und Ökonomie sind, desto mehr kapriziert sich die Öffentlichkeit auf moralisch verwerfliche Verfehlungen einer wachsenden Zahl einzelner Politiker. Dabei kann selbstgerecht per Projektion bzw. Verdrängung die eigene Partizipation an der verteilungsstaatlichen (Un)Politik kaschiert werden; die Kritik an Parteien oder an der politischen Klasse trägt durchaus Zeichen einer „populistische(n) Heuchelei" (Leggewie in Hofmann/Pergel 1992: 84f.). Die als moralische Instanz auftretende, mit ihrem Außenseiterstatus kokettierende, sich bedrängt und mißachtet fühlende politische Rechte versucht demzufolge zielstrebig, die Parteiverdrossenheit als „Protest" zu instrumentalisieren: „Für Deutsche sind die etablierten Parteien nicht mehr wählbar!" (Unabhängige Nachrichten 1/1993: 9).

Parallel zu den längerfristigen Wandlungsprozessen der Sozialstruktur und des Parteiensystems ergibt sich das Bild rapider Wandlungen, entwerteter Orientierungen und schwindenden Vertrauens. In weniger integrierten Sozialräumen und Gesellschaftsgruppen führt dieses Klima mehrheitlich zu einem „Protest", der Isolation und Anomie durch einen „deutschnationalen" Autoritarismus überwinden möchte. Charakteristisch für dieses „Protest"-Muster ist die Interpretation objektiv bestehender Ungleichheiten und ängstigender Potentiale, wobei mythische Sicherheiten gegen die bedrohlichen Verunsicherungen und Änderungen der Modernisierungsprozesse beschworen werden. Auf die Tendenzen zur ökonomischen und kulturellen Globalisierung und zur Ausbildung faktisch-multikultureller „Gesellschaften" reagiert die „Rechte" mit rigiden Thematisierungen mit vermeintlich eindeuti-

gen Klarstellungen. Die Unterschiede im rechten Lager ergeben sich durch
die Wahl der Worte und (Gegen)Mittel, sie betreffen aber kaum das Deutungsmuster selbst (Hennig 1993b). Die Transformation beider deutscher
Gesellschaften in einen Staat, parallel zur deutschen und internationalen
Wirtschaftskrise, begünstigt offensichtlich die Chancen einer Wende nach
rechts sowohl für den wählbaren wie mehr noch für den gewaltbestimmt-
informellen Rechtsextremismus (Hennig 1993 und 1933d).

Die Stimmungslage aus Angst, politischer Entfremdung, Rigorismus und
radikalen Erwartungen ergibt einen antidemokratischen Cocktail, der die
Motive des „Protests" und der „Bewegung" wieder einmal – wie 1930 und
von 1966 bis 1969 – für die politische Rechte aufschließt und der demokra-
tisierenden, pro-partizipativen Parteienkritik einen schlechten Stand ver-
schafft. Rapider Wandel mit einer Entwertung vormaliger Sicherheiten einerseits, andererseits Inkompetenz, Alimentierung, Skandale der Parteien
und Entfremdung von Parteien, Politikern und teilweise vom politischen
System: Das bildet die Bezugsmenge einer anomischen Konstellation, in der
Isolation und politische Entfremdung eine tendenzielle Rechtswende einläu-
ten, in der Unzufriedenheit wie Protest schillernd werden und stärker „rechte" als „linke" oder Deutungen nähren. Die politische Polarisierung nimmt
ihren Ursprung von „den" Unzufriedenen, so wie sie entsprechend der Einstellung zum demokratischen System gerade diese Gruppe scharf ausdifferenziert. Unzufriedenheit verzehrt Vertrauen und Systemakzeptanz und
wirkt sich keineswegs durchgängig als „demokratisierende" Skepsis oder als
„Mittelmaß" (H.M. Enzensberger) aus. Unzufriedenheit, so die neu-alte Entdeckung, kann auch in autoritäre Deutungen und ethnozentrische Klarstellungen gegen „Überfremdung" – anstelle einer politisch-ökonomischen Kritik
von Entfremdung – einfließen. „Normlessness", Isolation und die Eindrücke
von Ohnmacht und Strukturlosigkeit verschmelzen zu politischer Entfremdung und autoritären Hoffnungen.

Relative Deprivation und Anomie

Relative Deprivation[10] bezeichnet die Empfindung über die Qualität von
Quantitäten hinsichtlich einer Diskrepanz zwischen ökonomischen und politischen Erwartungen und entsprechenden Befriedigungen. Diese, vielfach

---

10 Relative Deprivation bezeichnet die Diskrepanz zwischen Werteerwartungen und Wertver-
wirklichungschancen z.B. zwischen Normen (wie: Gleichberechtigung) und Realität (wie:
Privilegien). Im Gegensatz zur absoluten Deprivation ist nicht das tatsächlich Ausmaß an
Disparität und Last (Verelendung) entscheidend, sondern das Maß, die Empfindungen und
Deutungen der Diskrepanzen bestimmen im Vergleich einer Gruppe mit anderen oder eines
zeitlichen Zustands mit vorherigen die Erwartungen, Ansprüche und Enttäuschungen. –
Infratest 1978: 17ff., 67.

psychologisierende, Makrotheorie bezeichnet ein negativ empfundenes Ungleichgewicht zwischen gesellschaftlichen Sektoren, zwischen (hohen) Werteerwartungen und ebensolchen normativen Bestimmungen sowie (niedrigeren) Werterealisierungschancen und realen Ungleichheiten. Zunächst ist in einem allgemeinen Sinn darauf hinzuweisen, daß Überlegungen zur relativen Deprivation Unzufriedenheit als Voraussetzung für Protest und Gewalt ansprechen. Je mehr Wertebereiche zwischen Werteerwartung und Verwirklichung schwanken, je bedeutender diese Bereiche sind (bzw. so gelten), je länger die Belastung andauert, je gravierender eigene Benachteiligungen im Kontrast zu vergleichbaren (oder zum Vergleich herangezogenen) sozialen Gruppen und/oder (segregierten) sozialen Räumen empfunden werden, desto intensiver funktioniert relative Deprivation als Auslöser für politischen Protest. Die Kluft zwischen Ansprüchen und Befriedigungen ändert sich von einer erträglichen zu einer unerträglichen Differenz (Scheerer 1988: 91ff.; Hennig 1989: 61ff.).

Unzufriedenheit über die Verteilung ökonomischer Werte und sozialer Chancen ebenso wie über mangelnde oder unzureichende politische Partizipation steht im Zentrum dieser Konzepte. Dabei soll – so Max Kaase (1976) – eine Kombination von geringer Zufriedenheit mit den politischen Herrschaftsträgern in Verbindung mit einer positiven Bewertung des eigenen politischen Vermögens unkonventionelles („links-alternatives") Verhalten hervorbringen. Relative Deprivation, „das prominenteste Mitglied in der Familie der Unzufriedenheitskonzepte" (Kaase 1976: 182), wird herangezogen, um „links-"unkonventionelles Politikverhalten bis hin zur aggressiv-gewaltsamen politischen Partizipation zu erklären. Es ist auffällig, daß dieses Konzept von seinen Protagonisten nicht angewendet worden ist, um „rechts"-unkonventionelles Verhalten und Fragen des Protestes durch Wahl einer (öffentlich stigmatisierten) rechten Partei zu untersuchen. In Verbindung mit Aspekten der Anomiekonzepte von Durkheim (Ökonomie) und Merton (Kultur) erscheint dies aber sinnvoll, um Gemeinsamkeiten und Differenzen der politischen Verarbeitung von „Unzufriedenheit" zu erfassen. Aus den Deprivations- und Anomietheorien wird für die folgende Sekundäranalyse abgeleitet, diese Theorien seien in der Lage, die nicht-programmatisch-geschlossene Hinwendung zum rechten Wählerprotest zu beleuchten. Diese Haltung läßt sich auf ein diffuses politisches Mißtrauen zurückführen, dessen Verfaßtheit sich gleichwohl von der Unzufriedenheit „alternativer" Gruppen des Elektorats unterscheiden läßt.

Anhänger der Grünen, der REPs und Nichtwähler sind gemäß der ipos-Umfrage 1992 über Einstellungen zur Innenpolitik diejenigen Gruppen, die am unzufriedensten mit Institutionen und zugerechneten Chancen z.B. in den Bereichen von Wirtschaft und Bildung sind. Absolute Unzufriedenheit allein oder über die Werteverwirklichungschancen reicht also angesichts dieser unterschiedlichen Gruppen nicht aus, um die Reaktionen auf hohe Unzufriedenheit zu erklären. Für die Klärung „linker" Ausdrucksformen jenseits der eingespielten und normativ etablierten Formen politischer Partizipation bringt Max Kaase deshalb die hohe Selbsteinschätzung eigener politischer Einflußchancen ins Spiel. Unkonventionelle politische Partizipation nährt sich aus der Unzufriedenheit über Repräsentanten, einzelne Entscheidungen und besondere Entscheidungswege/-verfahren sowie über mangelnde Reflexivität und Transparenz, sie tendiert zwar dazu, bestimmte Werte (bes. im Bereich von Ökologie, Feminismus und Minderheiten) moralisch zu verabsolutieren und in apokalyptische Szenarien einzubinden (letztere legitimieren den nachdrücklichen Einsatz unkonventioneller Mittel), betreibt mehrheitlich aber Politik in der Absicht und aus der Intention, demokratische Verhältnisse zum Tanzen zu bringen, beim Wort zu nehmen, um sie zu „demokratisieren".

Anomiekonzepte gehen davon aus, daß Zeiten eines rapiden Wandels, z.B. einer sozioökonomischen Krise und eines tiefgreifenden Wertewandels, Orientierungssysteme verunsichern, Desorientierung hervorbringen. Geltende Normen werden schneller abgewertet als neue Gültigkeiten erwachsen. Von den traditionellen Normen bleiben nurmehr nostalgische Bilder einer rückwärtsgewandten „heile(re)n Welt" im Gegensatz zur (zerstörerischen, „entzaubernden" und verwirrenden) Moderne. Bezogen auf das Unzufriedenheitskonzept der relativen Deprivation existieren somit aus der Anomieperspektive Werte vorrangig als rückwärtsorientierte Werteerwartung. Werte bezeichnen ein Postulat, dem das fast schon besiegte „Gute" bzw. die Gegenwart gegenüber einer verbrämten Vergangenheit (von der mit Ängsten überladenen Zukunft ganz zu schweigen) nicht mehr entspricht. Die Gegensätze: einerseits hoher Werteerwartungen und nostalgisch verbrämter Normen wie Institutionen, andererseits gering eingeschätzter, wenig ausdifferenzierter, strukturarmer und dichothomer Bewertungen eigener politischer Einflußchancen im demokratischen System liegen vor, wenn Unzufriedenheit „rechte" Formen annimmt oder eine besondere Art des Nichtwählens begründet. Relative Deprivation wird aus diesen Blickwinkeln als dramatischer Zerstörungs- wie Gefährdungsprozeß auf der Ebene des Vergleichs von Zeiten und Gruppen empfunden. Verglichen werden vor allem Tradition und Moderne, Nation und Internationalismus sowie Vertautheit und Ent-/Überfremdung.

Bei geringen Werteverwirklichungschancen, geringem Glauben an Einflußchancen und einem schmalen Repertoire an Verhaltensweisen, bei geringem Zutrauen in die innovative Fähigkeit des Systems bzw. bei niedriger Systemübereinstimmung, führt Unzufriedenheit somit nicht nach „links", sondern begründet einen rückwärts blickenden, autoritär, ethnisch und gemeinschaftlich eingefärbten „Protest". Dieser „Protest" einer Revolte gegen die Moderne richtet sich vor allem gegen die als Antipode angesehene multikulturelle Gesellschaft bzw. gegen eine multi- wie transnationale, polyglotte und universalistische Welt der „global cities" und „global culture". Der „Protest" stützt sich dabei nicht auf ein Programm, geht meistens auch nicht von einer Mitgliedsrolle aus, sondern versteht sich als Denkzettel mit einer grundlegend richtigen Akzentuierung. Im September 1993, als Reaktion auf die Landtagswahlen in Baden-Württemberg, Schleswig-Holstein (beide am 5. 4. 1992) und auf die Hamburger Bürgerschaftswahl (19. 9. 1993), interpretieren 79 % die Wahl der „rechtsradikalen Parteien" als „Protest"; auch 88 % der REP-Anhänger bezeichnen ihr Wahlmotiv als „Protest" (ipos93, 63f.). Für 1992 zeigt die ipos-Umfrage, die Bewertung der Wahl einer Rechtspartei als „Protest" wird von den Anhängern aller Parteien – besonders aber von denen der FDP – geteilt; in dieser Umfrage bezeichnen sich nur rd 20 % der Anhänger von REPs, NPD und DVU als überzeugte Anhänger (ipos92, 67f.).

Relative Deprivation in Verbindung mit der hohen Einschätzung politischer Änderungschancen soll auf „linke", relative Deprivation in Verbindung mit einer gering eingeschätzten Einflußmöglichkeit und einer anomisch-rückwärtsgerichteten Interpretation des Werteverfalls und Wandels soll auf „rechte" Formen des „Protestes" bzw. der unkonventionellen Politik hinweisen.

Die ipos-Umfrage 1992[11] wird (bezüglich der westdeutschen Bevölkerung) herangezogen werden, um die bisherigen Thesen zu konkretisieren und unterschiedlichen Äußerungen von Unzufriedenheit weiter nachzuspüren. Diese Umfrage wird ausgewählt, weil sie als erste größere Studie gezielt über „die" Nichtwähler berichtet.

Die bisherige Argumentation zur Strukturierung der Aufmerksamkeitshaltung läßt sich schematisch folgendermaßen veranschaulichen (s. Schema auf S. 368).

Politische Unzufriedenheit: Ursache für demokratisierende oder autoritäre Protestformen?

Am Beispiel einer Sekundäranalyse der ipos-Umfrage 1992[12] soll die ambivalente Struktur politischer Unzufriedenheit und der entsprechenden Pro-

---

11 Es handelt sich um folgende Untersuchung: Institut für praxisorientierte Sozialforschung (ipos), Manfred Berger, Matthias Jung, Dieter Roth (Mannheim): Einstellungen zu aktuellen Fragen der Innenpolitik 1992 in Deutschland. Ergebnisse jeweils einer repräsentativen Bevölkerungsumfrage in den alten und neuen Bundesländern. – Die Untersuchung wird seit 1984 jährlich im Auftrag des Bundesministers des Innern durchgeführt. Vom BMI wird der gleichnamige Bericht (1992: 118+12 S.) als Manuskript verteilt (1992 vgl. zu den Nichtwählern bes. 5f., 1993 wird diese 1992 „entdeckte" Gruppe nicht mehr gesondert behandelt). Die hier vorgestellte Sekundäranalyse der ipos92-Umfrage benutzt einen vom Zentralarchiv für empirische Sozialforschung an der Universität zu Köln der Interdisziplinären Arbeitsgemeinschaft „Nationalsozialismus" an der Gesamthochschule Kassel (M. Kieserling) zur Verfügung gestellten Datensatz. Die Analyse erfolgt mit dem Programmpaket SPSS/PC+ 5.0.1 und bezieht sich auf die 1546 Interviews, die in der Zeit vom 12. bis 29 Mai 1992 im Westen Deutschlands einschließlich West-Berlins durchgeführt worden sind.
12 Im folgenden beziehen sich alle Angaben auf ipos92 bzw. die eigene Sekundäranalyse.

Abbildung 8: Das Untersuchungsmodell: Politische Unzufriedenheit und die „Brücken nach rechts"[13]

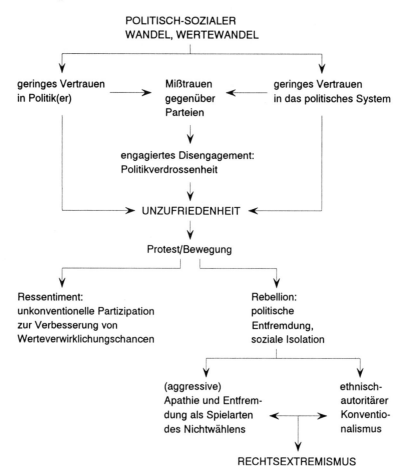

testhaltung weiter beleuchtet werden. Dabei wird insbesondere das Antwortverhalten auf Fragen nach der Einstellung zu Institutionen bzw. öffentlichen Einrichtungen (ipos92, 40ff.) und nach der Zufriedenheit mit gesellschaftlichen Bedingungen (ipos92, 14ff.) neu untersucht. Hinsichtlich der Einrichtungen des öffentlichen Lebens finden die Einschätzungen der Gerichte allgemein und des Bundesverfassungsgerichts insbesondere, der Bundes- und der Landesregierung, des Bundestages, der Bundeswehr, der Polizei, der

---

13 Dieses Schema bemüht sich nur, die autoritär-rechten Wendungen politischer Unzufriedenheit anzudeuten. Alternative Reaktionsformen werden hier nicht gezeigt. Dem Modell zufolge nähmen sie ihren Ausgang vom Ressentiment.

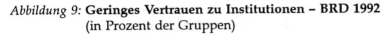

Abbildung 9: **Geringes Vertrauen zu Institutionen – BRD 1992**
(in Prozent der Gruppen)

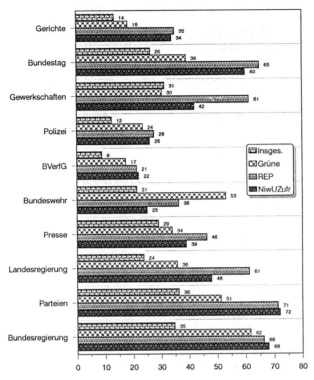

Quelle: ipos 1992. – Bezugsgrößen: Insges. = 1456, Anhänger der Grünen = 115 und der REPs = 80, mit der Demokratie unzufriedene Nichtwähler (NiwUZuf) = 100.

Presse, der Gewerkschaften und der Parteien Berücksichtigung; bezüglich der Zufriedenheit mit gesellschaftlichen Bedingungen werden die Einschätzungen der Bildungschancen, Aufstiegsmöglichkeiten, Gleichberechtigung, wirtschaftlichen Lage und der Schutz vor Kriminalität herangezogen. Um die zentralen Tendenzen der Unzufriedenheit und des Mißtrauens zu unterstreichen, werden die Antwortmöglichkeiten zusammengefaßt und rekodiert. Ipos selbst faßt die Gruppe der sehr und eher zufriedenen Antworten zusammen[14]; analog werden im folgenden die eher und sehr unzufriedenen Antworten zur Gruppe derjenigen, die mit der Demokratie überhaupt bzw.

---

14 Vgl. ipos92, 15f., 29. Das Vertrauen in Einrichtungen des öffentlichen Lebens (40ff.) wird von ipos entsprechend der Skalenmitelwerte berichtet. Dabei handelt es sich um eine 11stufige Skala, die von +5 (volles Vertrauen) bis –5 (überhaupt kein Vertrauen) reicht und daneben noch die Antwortvorgaben 0 und k. A. (keine Antwort) vorsieht.

Abbildung 10: **Geringes Vertrauen zu Institutionen – BRD 1992**
Unterschiedliche Nichtwählergruppen
(in % der jeweiligen Gruppe)

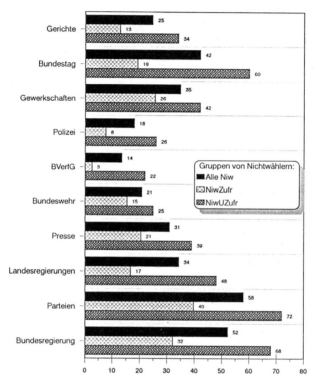

Bezugsgrößen: Alle Nichtwähler (Niw) = 178, mit der Demokratie zufriedene (NiwZufr)
bzw. unzufriedene Nichtwähler (NiwUZufr) = 78 bzw. 100.

mit bestimmten gesellschaftlichen Bedingungen unzufrieden sind, zusam-
mengezogen. Ferner wird die von ipos verwendete (über)differenzierte Ver-
trauensskala auf die Gruppen derjenigen reduziert, die den Institutionen
bzw. Einrichtungen des öffentlichen Lebens mehr (rekodiert von +1 bis +5)
oder weniger (rekodiert von –1 bis –5) vertrauensvoll gegenüberstehen.[15]
Die zusammengezogene Kategorie des geringen Vertrauens zu Bildung, Aufstieg, Gleichberechtigung, wirtschaftlicher Lage und des Schutzes vor Kriminalität rückt so ebenfalls ins Zentrum dieser Sekundärbetrachtung.

---

15 Vgl. Anm. 11. Erhalten bleibt bezüglich der Skala auch die Antwortvorgabe 0, so daß die
   11stufige Skala auf die Einstellungen „weniger – kein (0) – mehr Vertrauen" reduziert wird.
   Die Antwortvorgabe k. A. bleibt ebenfalls erhalten. Die Differenzierung soll durch diese
   Rekodierung auf ihre zentrale Tendenz zugespitzt werden.

Während ipos92 über die Zufriedenheit berichtet, wird hier die Perspektive der Unzufriedenheit bzw. Demokratieunzufriedenheit ausgewählt. Im Zentrum stehen diejenigen Personen, die auf die Frage: „Was würden Sie allgemein zu der Demokratie in Deutschland, d.h. zu unserem ganzen politischen System sagen? Sind Sie damit sehr zufrieden, eher zufrieden, eher unzufrieden oder sehr unzufrieden?" mit den Antworten „eher" und „sehr unzufrieden" antworten. Ferner wird denjenigen Interviewten ein Augenmerk geschenkt, die sich auf die Sonntagsfrage hin als Anhänger der Grünen und der REPs zu erkennen geben oder die auf die Sonntagsfrage antworten, sie würden nicht wählen. (Die Gruppe der Nichtwähler wird sodann hinsichtlich ihrer Demokratiezufriedenheit in zwei Teilgruppen untergliedert.)

Die ipos92-Umfrage umfaßt für den Westteil der BRD bei insgesamt 1546 Befragten 80 Anhänger der REPs (5,2 %), 115 der Grünen (7,4 %) und 178 Personen (11,5 %), die erklären, sie würden nicht wählen. Die Nichtwähler und REP-Sympathisanten weisen hauptsächlich einen Hauptschulabschluß auf, während die Anhänger der Grünen über ein ausgeglicheneres Bildungsspektrum verfügen, wobei die Hochschulreife (45,2 %[16]) an der Spitze steht. Die Gruppe der Nichtwähler läßt sich hinsichtlich ihrer grundsätzlichen Einstellung zur Demokratie in zwei Gruppen von 78 zufriedenen und 100 unzufriedenen Interviewten unterteilen.

Auch die Grünen müßten übrigens – wenn es (was hier *nicht* der Fall ist) um eine Detailanalyse dieses Elektorats gehen sollte – in zwei Untergruppen, die mit der Demokratie zufrieden oder unzufrieden sind, unterteilt werden. Von den REPs wäre, um zum „hard core" dieser „Protest"-Variante vorzudringen, der kleinere Teil der demokratiezufriedenen Anhänger abzuziehen.

Insgesamt sind entsprechend der ipos92-Umfrage 34,5 % der Befragten[17] mit dem demokratischen System (in) der Bundesrepublik unzufrieden. Zwischen den Gruppen der Zufriedenen und Unzufriedenen lassen sich dabei keine grundsätzlichen Differenzen hinsichtlich der Bildung nachweisen. Wenn die Einstellung der Unzufriedenheit hinsichtlich der BRD-Demokratie mit der Neigung zum Nichtwählen oder mit der Sympathie für REPs oder Grüne zusammenfällt, so grenzt dies diejenigen Gruppen ein, die die maximale Unzufriedenheit mit gesellschaftlichen Bedingungen und das geringste Vertrauen zu öffentlichen Einrichtungen aufweisen. Die unterschiedlichen Spielarten von Anomie, Unzufriedenheit und Parteienverdruß finden sich also in diesem Spektrum von Nichtwählern und Anhängern der REPs und der Grünen.

Im allgemeinen (bezogen auf die Gesamtheit aller 1546 westdeutschen Befragten) genießen folgende Institutionen bzw. Einrichtungen des öffentli-

---

16 Im Gegensatz zu 75 bzw. 68 % mit einem Hauptschulabschluß unter den REP-Anhängern bzw. Nichtwählern. In diesen Gruppen verfügen nur 3,8 oder 9,6 % über die Hochschulreife.
17 In der Untersuchung sind dies 533 Personen.

**Mit der Demokratie zufriedene oder unzufriedene Anhänger der bundes-
republikanischen Parteien (BRD-West, ipos92)**

	N	% von 1546	zufrieden	unzufrieden
			in % der Parteisympathisanten	
CDU	408	26,4	79,2	20,6
FDP	64	4,1	78,1	20,3
SPD	545	35,3	69,5	30,3
Grüne	115	7,4	48,7	49,6
REP	80	5,2	35,0	63,8
Nichtwähler	178	11,5	43,8	56,2

Legende: Die Differenz von 100 % bezüglich der zufriedenen bzw. unzufriedenen
Parteianhänger bezeichnet den Anteil derjenigen, die keine Angabe gemacht haben.
Maximal sind dies 1,7 % bei den Grünen, so daß diese Möglichkeit unberücksichtigt
bleiben kann. – Wer nicht unzufrieden ist, ist eben zufrieden: Diesbezüglich ist das
Meinungsbild klar strukturiert.

chen Lebens ein geringes (> 30 %) Vertrauen (ipos92, 40f.): Gewerkschaften
(31,3 %), Bundesregierung (34,7 %) und Parteien (36,3 %). Das vor allem
diesen Einrichtungen entgegengebrachte allgemeine Mißtrauensprofil läßt
sich über drei Faktoren darstellen: (1.) Vergleichsweise hohes Vertrauen genießen die Einrichtungen der Judikative und Exekutive (Polizei); (2.) höheres
Mißtrauen bestimmt die Interessen- und Manipulationsannahme mit der
Presse und Gewerkschaften beurteilt werden; (3.) noch weniger Vertrauen
wird der Partei-Politik, d.h. den Parteien und der Bundesregierung, entgegengebracht.

Besonders unzufrieden (> 30 %) ist die Bevölkerung mit folgenden gesellschaftlichen Bedingungen (ipos92, 15f.): Gleichberechtigung (30,1 %),
wirtschaftliche Lage (34,6 %) und dem (viel zu gering eingeschätzten) Schutz
vor Kriminalität (52, 4 %). Zwei Faktoren umschreiben die immanenten und
konstruierbaren Zusammenhänge, die die Unzufriedenheit mit den gesellschaftlichen Bedingungen in Deutschland bestimmen: (1.) Einer ideellen Unzufriedenheit (um die Unzufriedenheit mit Bildung, Aufstieg und Gleichberechtigung) steht (2.) ein materialistischer Faktor gegenüber, der die Unzufriedenheit über die Wirtschaftslage und die Kriminalität ausdrückt. Der
erstgenannte Faktor verweist auf kulturelle, der zweite auch auf ökonomische
Anomie.

Auch das unzufriedene Drittel der bundesrepublikanischen Bevölkerung
wird von den zuletzt genannten beiden Faktoren bestimmt. Es gibt, so ließe
sich schlußfolgern (was aber weiterer Untersuchungen bedürfte), kein besonderes Unzufriedenheitsprofil, sondern eine bestimmte Steigerung mit der
allgemein ähnlich betrachteten Unzufriedenheit bzw. geringen Zufriedenheit.

Der Übergang von der Systemzufriedenheit zur Unzufriedenheit mit der Demokratie wäre dann nicht qualitativ, sondern quantitativ durch eine Steigerung des Gewichts der Unzufriedenheitsfaktoren zu erklären. Varianzanalytisch[18] kommt dabei dem Faktor der ökonomischen Anomie, d.h. der Verbindung von Kriminalität und Wirtschaftslage, in der Bevölkerung insgesamt eine geringere Bedeutung zu als dem immateriellen Faktor der Unzufriedenheit über Aufstieg und Emanzipation. Dieses Verhältnis kehrt sich aber in der Teilgruppe des unzufriedenen Drittels um. Dies deutet darauf hin, daß die Systemunzufriedenheit den Kriterien und Wertschätzungen eines „Output"-orientierten Demokratieverständnisses folgen dürfte. Quantitative Steigerungen der Unzufriedenheit über die Wirtschaftslage und über den geringer werdenden Schutz vor Kriminalität bzw. über die Erhöhungen der Kriminalitätsrate würden dann zum Umschlagpunkt führen, so daß die Bilanz der Demokratiebwertung negativ wird; im Verlauf dieses Prozesses nimmt zugleich die Bedeutung des immateriellen Faktors ab, während die Gewichtung der ökonomischen Anomie immer stärker wird. Obwohl die Geschlechterfrage den immateriellen kulturellen Faktor mitbestimmt (Gleichberechtigung), sind Männer und Frauen gleichermaßen zufrieden und/oder unzufrieden. Keineswegs sind Männer unzufriedener als Frauen, obwohl Detailuntersuchungen zur Bedeutung von Emanzipation für die Sympathisanten der REPs ein maskulines Übergewicht unter den Unzufriedenen nahelegen. (Diesbezüglich erscheinen weitere Untersuchungen zur Analyse der Binnenstruktur von Enttäuschungs- und Mißtrauensprofilen hinter „der [politischen] Unzufriedenheit" dringend geboten. – Vgl. Kaase 1988.)

Allgemein trifft zu: Wer mit der Demokratie in der Bundesrepublik weniger zufrieden ist, mißtraut den Institutionen des politischen bzw. öffentlichen Lebens stärker. Dies gilt ganz besonders für die Beurteilung der Parteien, wobei der Parteiverdruß recht deutlich mit dem Bildungsniveau korreliert (je höher das Bildungsniveau ist, desto mehr Vertrauen wird den Parteien entgegengebracht). Dieses allgemeine Muster weist darauf hin (vor allem wenn es zusätzlich im Zeitverlauf betrachtet wird – vgl. ipos92, 41f. und den Anhang), daß anomische Einstellungen am Aufbau von Unzufriedenheit maßgeblich beteiligt sind. Auf der Zeitebene der einleitend beschriebenen Wandlungsprozesse (hin zur Segregation und Fragmentierung) liefert Ano-

---

18 Varianz ist ein statistisches Streuungsmaß, das die Abweichung der Einzelmessungen vom Mittelwert oder Zentroid ausdrückt (Varianz = Summe der quadrierten Abweichungen/Anzahl der Meßwerte). – Faktoren sind konstruierte (im einzelnen nicht zu messende) Zusammenhänge zwischen Variablen (Items) und dem Antwortverhalten. Die einzelnen Faktoren determinieren Anteile der Gesamtvarianz, d.h. der Streuungen insgesamt. Die jeweils erklärte Varianz zeigt an, welchen Anteil der jeweilige Faktor erklärt bzw. festlegt. Je größer diese Determination ist, desto bedeutender ist die Erklärungsreichweite des Faktors. – Solchen statistischen Verfahren kommt hier nur die Bedeutung zu, inhaltliche Aussagen explorativ herauszuarbeiten. Schwankungsbreiten und Kontingenzmaße werden daher nur implizit berücksichtigt.

mie – insbesondere eine ökonomische Anomie, die auch für Durkheim von
zentraler Bedeutung ist – diejenige Dramatik, die die relative Deprivation
der Enttäuschung über geringer werdenden Aufstiegs-/Bildungsmöglichkei-
ten in die Dynamik der Unzufriedenheitszirkel einbezieht. Dies bestimmt
insbesondere die Mißtrauensprofile der Anhänger der REPs und der mit der
Demokratie unzufriedenen Nichtwähler.

Die Sympathisanten der REPs lehnen Parteien besonders deutlich ab.
Ebenfalls sprechen sie sich gegen alle Regierungen aus, während die Anhänger der Grünen zwischen positiver bewerteten Landesregierungen und der
klar abgelehnten Bundesregierung unterscheiden. Auch die Gewerkschaften
und die Presse werden im REP-Lager schroff abgelehnt. Ökonomische Anomie spielt hier gegenüber den immateriellen Unzufriedenheiten die dominante Rolle. – Die unzufriedenen Nichtwähler ähneln vom Muster her weitgehend dem REP-Profil. Die zufriedenen Nichtwähler, also der „vorsichtig
abwägende" Nichtwählertypus im demokratischen System, weisen eine po-
sitivere Einstellung zum Bundestag und zu den Parteien auf.

Die Sympathisanten der Grünen beurteilen demgegenüber die Presse aus-
geglichen. Parteien werden abgelehnt, Gewerkschaften wird weniger Mißtrauen entgegengebracht. Die Polizei wird von dieser Gruppe kritischer bewertet. Weniger zufrieden ist diese Gruppe gleichermaßen mit der wirtschaftlichen Lage wie mit der Gleichberechtigung (wobei anzunehmen ist, daß die
Anhänger der Grünen zu wenig Gleichberechtigung beklagen, während diejenigen der REPs und unzufriedene Nichtwähler wohl eher ein Übermaß an
Emanzipation monieren).

Anhänger der Grünen weisen im Unterschied zu denen der REPs und zu
unzufriedenen Nichtwählern sowohl eine differenziertere Unzufriedenheit
gegenüber Einrichtungen des öffentlichen Lebens als auch gegenüber materiellen wie immateriellen Unzufriedenheitsfaktoren auf. Im Kontrast dagegen
nährt sich die politische Unzufriedenheit der REP-Anhänger aus ökonomischer Anomie und aus einer wenig differenzierten, strukturarmen „Totalablehnung" politischer Institutionen, der Öffentlichkeit und intermediärer Instanzen wie Parteien und Gewerkschaften. Vor allem aber sind die Sympathisanten der Grünen mit den Aufstiegschancen und der wirtschaftlichen
Lage (noch?) etwas zufriedener als die der REPs. Im Sinne Kaases (1976: 182;
1988: 115) können die Anhänger der REPs eher als politisch enttäuscht gelten,
wobei sie vor allem mit dem Staat unzufrieden sind. Gleichberechtigung und
Schutz vor Kriminalität sind für diese Gruppe bedeutsame, aber negativ
beurteilte Bereiche, denen gegenüber der Staat versagt. Eine Zusammentreffen wichtiger Bereiche mit Staatsversagen führt, wie Kaase betont, zu „politischer Deprivation".

Definiert man den Grenzwert > 60 % als ein Maß, um eklatantes Mißtrauen gegenüber Institutionen zu messen, so weisen lediglich die Anhänger
der REPs derartig niedrige Vertrauenswerte auf. Mit diesem geringen Ver-

trauen begegnen sie dem Bundestag, den Gewerkschaften, Landesregierungen und Parteien (lediglich unzufriedene Nichtwähler beurteilen die Parteien ebenfalls so negativ). Bezüglich der Gerichte, des Bundestages, der Polizei, des Bundesverfassungsgerichts, der Bundesregierung und der Parteien fällt die Einschätzung der REP-Sympathisanten und der unzufriedenen Nichtwähler sehr ähnlich bis identisch aus. Dabei werden die Polizei und das Bundesverfassungsgericht recht positiv beurteilt, hierin stimmen die Anhänger der Grünen mit diesen Gruppen überein. Diese Nähe gilt auch für die negative Beurteilung der Bundesregierung. Am wenigsten ähneln sich die Mißtrauensäußerungen einerseits der Grünen und andererseits der REPs und der unzufriedenen Nichtwähler bezüglich des Bundestages, der Gewerkschaften, der Landesregierungen und der Bundeswehr (abgesehen von der Bundeswehr – hier weisen die Grünen das geringste Vertrauen auf – werden all' diese Einrichtungen von den Grünen deutlich besser beurteilt). Hinsichtlich der Rangkorrelation (Spearman's Rho), d.h. dem Ausmaß der Übereinstimmung zwischen den Gruppen bei der Bewertungsreihenfolge („ranking") der Institutionen und öffentlichen Einrichtungen[19], ähneln sich vor allem unzufriedene Nichtwähler und REP-Anhänger (rho = .96). Auch die unzufriedenen und zufriedenen Nichtwähler sind einander nicht so unähnlich (rho = .87), weil sich die Unzufriedenheitsprofile der stärker ökonomisch oder stärker kulturell bedingten Anomie eben nicht diametral unterscheiden. Für die Anhänger der REPs bedeutet dies, daß sie sich von allgemeineren Ansichten über Unzufriedenheit nicht so weit entfernt haben. Weitere Untersuchungen hätten demzufolge den Fragen der Übergangsmöglichkeiten von den Unzufriedenheitsprofilen der Nichtwähler zu demjenigen der REPs nachzugehen.

Rebellion und Ressentiment

Zusammenfassend ist auf die von Merton (1968: 310ff.) vorgenommene Unterscheidung von Ressentiment und Rebellion hinzuweisen – eine Unterscheidung, die in Verbindung mit den materiellen (von Durkheim unterstrichenen) bzw. immateriellen (von Merton angesprochenen) Wurzeln von Unzufriedenheit mit dem Bildungsstand zu korrelieren scheint. Unzufriedenheit allein ist dagegen gegenüber dem Bildungsniveau indifferent. Höhere Bildung und eine stärker immateriell eingefärbte Unzufriedenheit begründen ein Ressentiment, das durchaus mit dem Votum für eine partizipative direk-

---

19 Der Korrelationskoeffizient Spearman Rho gibt den Bezug zwischen dem Rang der unterschiedlichen Institutionen für die unterschiedlichen Gruppen wieder. Maximal kann dieser Koeffizient für ordinalskalierte Messungen die Größe 1 annehmen, wenn die Rangfolge für die Instutitionen zwischen den verglichenen Gruppen gleich ist. Je mehr sich der Koeffizient Null nähert, desto größer ist die Differenz der Rangfolge.

Abbildung 11: **Geringes Vertrauen von unzufriedenen Nichtwählern sowie
von Anhängern der Grünen und der REPs**
(Nennungen in % der jeweiligen Gruppen)

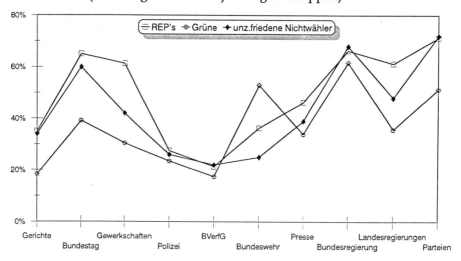

tere Demokratie verknüpft werden kann. Geringere Bildung und materielle
Unzufriedenheit führen im Fall der Anhänger der REPs und der (unzufriedenen) Nichtwähler zu einer stärkeren Totalablehnung bzw. zu einem allgemein geringeren Vertrauenskredit gegenüber Einrichtungen des öffentlichen
Lebens. Diese Negativhaltung betrifft vor allem solche Institutionen und
Einrichtungen, die aktive Partizipation oder Kritik bzw. Urteilsbildung verlangen, während Judikative, Polizei und Bundeswehr positiver abschneiden.
Die Unzufriedenheit mit der wirtschaftlichen Lage charakterisiert jedenfalls
mehrere Gruppen – Gruppen, die sich bezüglich ihrer Haltung zur Demokratie bzw. bezüglich der Unzufriedenheitsprofile mit politischen Einrichtungen unterscheiden. Ebenso wie es keinen einheitlichen Ursprung von
Unzufriedenheit gibt, wie also zwischen materiellen und immateriellen
Aspekten und Schwerpunkten zu unterscheiden ist, so führt eine geringe
Zufriedenheit mit der wirtschaftlichen Lage nicht linear zur Demokratieunzufriedenheit. Selbst die demokratieunzufriedenen Anhänger der Grünen
verknüpfen ihre Unzufriedenheit noch mit dem Interesse an einer partizipativen Demokratisierung des politischen Systems. REPs und unzufriedene
Nichtwähler „kultivieren" ihre stärker materiell empfundene Benachteiligung zu einer grundsätzlicher-rebellischen Haltung, weil sie für eigene Initiativen in der Öffentlichkeit und dem politischen System kaum Anknüpfungspunkte sieht. Diese Gruppen stehen mit ihrem Mißtrauen dem politischen System quasi von außen gegenüber.

(Immanente) Reformvorschläge gegen die „politischen Kartelle" durch „mehr Beteiligung des Volkes" beispielsweise durch neue Parteien, Volksbegehren und Volksentscheid sowie durch die Direktwahl von Bürgermeistern entsprechen dem Mißtrauensprofil der REP-Sympathisanten und der unzufriedenen Nichtwähler nicht. Derartige Reform setzt eine partielle Unzufriedenheit voraus, wie sie die Haltung der Grünen und der zufriedenen Nichtwähler charakterisiert. Institutionen und intermediäre Instanzen müßten den grundlegend Unzufriedenen, die die Haltung des Ressentiments überschreiten, zuerst wieder nahegebracht werden, bevor sie als Ausdruck einer demokratisch verändernden Unzufriedenheit wirken können. Grundlegendes Charakteristikum rebellischer Unzufriedenheit ist die Entstrukturierung des politischen Lebens und die Ablehnung einer komplexen gesellschaftlichen Modernisierung. Dieses Unzufriedenheitsmuster unterscheidet sich dabei von der allgemein obwaltenden politischen Unzufriedenheit lediglich dadurch, daß die materielle Kritik an der ökonomischen Lage wichtiger ist und demzufolge eine „Output"-orientierte Haltung politische Unzufriedenheit stukturiert. Ein Abbau der Demokratieunzufriedenheit setzt deshalb nicht nur eine Aufwertung demokratischer Institutionen, sondern auch eine materielle Verbesserung voraus. Selbst wenn die materielle Unzufriedenheitsquelle, Durkheims ökomische Anomie, beseitigt werden könnte (nichts spricht dafür, daß dies kurzfristig möglich sein wird), so bleiben aber der immaterielle Faktor, der sich auf Unzufriedenheit über Bildung, Aufstieg und Emanzipation gründet. Die Anhänger von REPs und Grünen mit ihrern unterschiedlichen Unzufriedenheitsmustern zeigen, daß der regulative Umgang mit diesen immateriellen Aspekten entweder die eine oder die andere Art unzufrieden zu sein, d.h. entweder die Haltung des Ressentiments oder des Rebellentums bevorzugt. Vor dieser Entscheidung steht das politische System. Sozialwissenschaftliche Analysen sind gefordert, diese Abwägung detaillierter zu durchleuchten, was nur gelingen dürfte, wenn eine isolierende Betrachtung der REPs aufgegeben wird. Vor allem müßte eine in voneinander abgeschottete Gemeinschaften zerfallende Gesellschaft als eine noch größere Unzufriedenheitsquelle diskutiert werden; denn die Bedingungen für Gleichberechtigung, Aufstiegs- und Bildungschancen ebenso wie zur Gestaltung der wirtschaftlichen Lage werden allgemein um so weniger zufriedenstellend empfunden, je weniger die Gesellschaft allgemeine Regeln setzt (und über den Staat durchsetzt), je mehr also gemeinschaftliche Sonderrechte und Wunschvorstellungen maßgeblich werden und die Refeudalisierung des Staates entsprechend voranschreitet.

Ausblick

Insgesamt zeigt dieser erste Blick auf die Binnenstruktur politischer Unzufriedenheit, daß die Unzufriedenheitsprofile von Anhängern der REPs und der mit dem demokratischen System unzufriedenen Nichtwähler eine irritierend große Ähnlichkeit aufweisen. Selbst zufriedene Nichtwähler ähneln mehr diesen beiden Gruppen als den Sympathisanten der Grünen. Es überwiegen die Muster des „rechten" Protests gegen das demokratische politische System von Staat und Parteien. Ein Großteil der Bevölkerung teilt nicht nur die Haltung des Ab- und Ausgrenzens (gegenüber den Bedrohungen der Modernisierung und gegenüber dem/den Fremden), sondern betrachtet auch „sein" politisches System von außen her. Gerade die aus demokratietheoretischer Sicht diffusen Formen des Vertrauens haben sich, so will es scheinen, in Formen der diffusen Kritik, des vor allem den Parteien und der Bundesregierung gegenüber vorgetragenen Politikverdrusses verwandelt.

Die Nähe von REPs und unzufriedenen Nichtwählern kann als Indiz für die „Normalisierung" einer wählbar gewordenen Rechten aufgefaßt werden. Die gegen die Parteien gerichtete Politikverdrossenheit kommt offensichtlich eher den REPs als den Grünen entgegen und begünstigt ebenfalls die kritisch zu bewertende Kumulation einzelner Unzufriedenheitsaspekte, so daß partielle Unzufriedenheiten sich aufaddieren und den Zustand der relativen (bzw. politischen) Deprivation ergeben.

Seitens demokratischer Politik muß jede Politik haltloser Versprechungen etwa hinsichtlich des Schutzes vor Kriminalität vermieden werden (dagegen Hennig 1993f). Ebenso gilt es weitere politische Entfremdung zu vermeiden. Der Opfertenor der „Standort Deutschland"-Diskussion dürfte dagegen den Eindruck der Entfremdung vermehren, weil dieser Propaganda der Abstriche das geringe Vertrauen in die Herrschaftsträger entgegensteht.

Die Dilemmata politischer Unzufriedenheit, abnehmender politischer Regulationsfähigkeit und hinsichtlich zunehmender Ungleichheit voranschreitenden sozioökonomischen Entwicklung müssen von „der" Rechtsextremismusforschung stärker berücksichtigt werden. Gegenüber den überwiegenden jugendsoziologischen, organisations- und programmpolitischen Forschungsakzenten, gegenüber auch der starken Berücksichtigung physischer Gewaltaktionen müssen demokratietheoretisch-systembezogene Analysen stärker als bisher den Überschneidung rechter und allgemeiner Unzufriedenheitsprofile nachspüren, um die (neuerliche) Entwicklung eines „Extremismus der Mitte" zu verfolgen. Die Eule der Minerva sollte nicht erst dann ihre Erkenntnisse verbreiten, wenn die Dämmerung zu Finsternis geworden ist!

Literatur

Almond, Gabriel A./Verba, Sidney, 1989: The Civic Culture. Newbury Park u.a. (1. Aufl. 1963).

Durkheim, Emile, 1973: Der Selbstmord. Neuwied/Berlin (1. Aufl. 1897).

Eckstein, Harry, 1966: A Theory of Stable Democracy, in: *Harry Eckstein,* Division and Cohesion in Democracy. Princeton, 225-288.

Falter, Jürgen, 1991: Hitlers Wähler. München.

Fischer, Arthur, 1970: Die Entfremdung des Menschen in einer heilen Gesellschaft. München (Der Bd. enthält auch eine Textsammlung über Entfremdung, Anomie und Anpassung bzw. abweichendes Verhalten.).

Gabriel, Oscar W., 1993: Institutionenvertrauen im vereinigten Deutschland, in: Aus Politik und Zeitgeschichte, B 43 v. 22.10., 3-12.

Gehlen, Arnold, 1986: Anthropologische und sozialpsychologische Untersuchungen. Reinbek b. Hamburg.

Gloede, Walter, 1993: Zur Hölle mit den Politikern. München.

Greß, Franz, 1993: Revolte gegen die moderne Welt, in: Universitas, 48. Jg, 1064-1073.

Häußermann, Hartmut/Siebel, Walter, 1987: Neue Urbanität. Frankfurt a.M.

Heitmeyer, Wilhelm u.a., 1992: Die Bielefelder Rechtsextremismus-Studie. Weinheim/München.

Heitmeyer, Wilhelm, 1993: Gesellschaftliche Desintegrationsprozesse als Ursachen von fremdenfeindlicher Gewalt und politischer Paralysierung, in: Aus Politik und Zeitgeschichte, B 2-3 v. 8.1., 3-13.

Hennig, Eike, 1989: Was leistet das Konzept der „strukturellen Gewalt"?, in: *Wilhelm Heitmeyer u.a.* (Hg.), Jugend – Staat – Gewalt, Weinheim/München, 57-79.

Hennig, Eike, zus. m. *Manfred Kieserling* und *Rolf Kirchner,* 1991: Die Republikaner im Schatten Deutschlands. Frankfurt a.M.

Hennig, Eike, 1992: Rechter Extremismus. Ein Protest vom Rand der Mitte, in: Vorgänge, Dez., 31-39.

Hennig, Eike, 1993: Neonazistische Militanz und fremdenfeindliche Lebensformen in der „alten" und „neuen" Bundesrepublik Deutschland, in: *Hans-Uwe Otto/Roland Merten* (Hg.), Rechtsradikale Gewalt im vereinigtenDeutschland. Bonn, 64-79.

Hennig, Eike, 1993a: Rechtsextremismus. Bemerkungen aus politisch-soziologischer Sicht, in: *Werner Billing u.a.* (Hg.), Rechtsextremismus in der Bundesrepublik Deutschland. Baden-Baden, 81-95.

Hennig, Eike, 1993b: „Dem Haß keine Chance: Ausländerstopp", in: Politische Bildung, 26. Jg, 33-47.

Hennig, Eike, 1993c: Safer Democracy, in: links, März, 10-13.

Hennig, Eike, 1993d: Gesellschaftlicher Wandel und Gewalt, in: Gewerkschaftliche Monatshefte, 44. Jg, 221-230.

Hennig, Eike, 1993e: Die Kommunalwahl in Hessen, in: Vorgänge, Juni, 4-15.

Hennig, Eike, 1993f: Die Rückwirkung der REPs, in: links, Okt., 30-32.

Hofmann, Gunter/Perger, Werner A. (Hg.), 1992: Die Kontroverse. Frankfurt a.M.

Immerfall, Stefan, 1992: Die letzte Dekade westdeutscher Parteiforschung, in: Zeitschrift für Parlamentsfragen, Heft 1, 172-189.

Infratest, 1987: Politischer Protest in der sozialwissenschaftlichen Literatur. Stuttgart u.a.

Innenministerium des Landes Nordrhein-Westfalen, 1993: Verfassungsschutzbericht des Landes Nordrhein-Westfalen. Düsseldorf.

Institut für Demoskopie Allensbach, 1993: Junge Nichtwählerinnen = Bundesministerium für Frauen und Jugend, Materialien zur Frauenpolitik 30/93.

ipos, 1992: Einstellungen zu aktuellen Fragen der Innenpolitik 1992 in Deutschland. Mannheim.

ipos, 1993: Einstellungen zu aktuellen Fragen der Innenpolitik 1993 in Deutschland. Mannheim.

Jaschke, Hans-Gerd, 1993: Die „Republikaner". Bonn.

Jaschke, Hans-Gerd, 1993a: Formiert sich eine neue Bewegung von rechts?, in: Institut für Sozial-forschung an der JWG Universität Frankfurt am Main – Mitteilungen, Heft 2, 28-44.

Jung, Helmut, 1992: Die Beurteilung der Parteien und der repräsentativen Demokratie durch den Bürger, in: Politische Studien, Nov., 16-38.

Kaase, Max, 1976: Bedingungen unkonventionellen politischen Verhaltens in der Bundesrepublik, in: *Peter Graf Kielmansegg* (Hg.), Legitimationsprobleme politischer Systeme = Politische Vier-teljahresschrift (PVS), Sonderheft 7. Opladen, 179-216.

Kaase, Max, 1988: Political Alienation and Protest, in: *Mattei Dogan* (Hg.), Comparing Pluralist Democracies, Boulder and London, 114-142.

Klär, Karl-Heinz u.a., 1989: Die Wähler der extremen Rechten III. Bonn.

Marx, Karl/Engels, Friedrich, 1974: Staatstheorie. Frankfurt a.M. u.a.

Merton, Robert K., 1968: Sozialstruktur und Anomie, in: *Fritz Sack/René König* (Hg.), Kriminal-soziologie. Frankfurt a.M., 283-313.

Mintzel, Alf/Oberreuter, Heinrich (Hg.), 1992: Parteien in der Bundesrepublik Deutschland. Op-laden.

Möller, Kurt, 1993: Zusammenhänge der Modernisierung des Rechtsextremismus mit der Mo-dernisierung der Gesellschaft, in: Aus Politik und Zeitgeschichte, B 46-47 v. 12. 11., 3-9.

Niedermayer, Oskar/Stöss, Richard (Hg.), 1993: Stand und Perspektiven der Parteienforschung in Deutschland. Opladen.

Pfahl-Traughber, Armin, 1993: Rechtsextremismus. Eine kritische Bestandsaufnahme nach der Wiedervereinigung. Bonn.

Pfahl-Traughber, Armin, 1993a: Politikverdrossenheit als Ursache des Rechtsextremismus?, in: *Der Bundesminister des Innern* (Hg.), Extremismus und Gewalt, Bd I. Bonn, 113-135.

Rohe, Karl (Hg.), 1990: Elections, Parties and Political Tradititons. New York u.a.

Scheerer, Sebastian, 1988: Ein theoretisches Modell zur Erklärung sozialrevolutionärer Gewalt, in: Angriff auf das Herz des Staates, 1. Bd. Frankfurt, 75-189.

SINUS, 1993: Bewältigungsmuster der deutschen Einheit – Teil II: Motive der Wahlenthaltung. MS: Heidelberg, 35-66.

Starzacher, Karl u.a. (Hg.), 1992: Protestwähler und Wahlverweigerer. Köln.

Stöss, Richard, 1989: Die extreme Rechte in der Bundesrepublik. Opladen.

Vester, Michael u.a., 1993: Soziale Milieus im gesellschaftlichen Strukturwandel. Köln.

Wehling, Hans-Georg (Red.) 1991: Wahlverhalten. Stuttgart u.a.

Westle, Bettina, 1989: Politische Legitimität. Baden-Baden.

Wildenmann, Rudolf, 1989: Volksparteien: Ratlose Riesen? Baden-Baden.

VII.
Chronologie

Anne Schmidt

Chronologie des Rechtsextremismus in der Bundesrepublik Deutschland und anderen westeuropäischen Ländern ab 1945

Die folgende Chronologie listet Daten des Rechtsextremismus, wie Parteiengründungen, Mitgliederzahlen, Wahlergebnisse, Publikationen und öffentlichkeitswirksame Aktivitäten, auf. Ohne Anspruch auf Vollständigkeit nennt sie die wichtigsten rechtsextremistischen Ereignisse ab 1945. Deutlich wird dabei, daß der Rechtsextremismus nach dem Ende des Zweiten Weltkriegs in der Bundesrepublik und den anderen westeuropäischen Ländern – mehr oder weniger stark – weiterexistierte, sich in Parteien, Gruppen und Denkzirkeln organisierte und Kontakte auf europäischer Ebene pflegte und ausbaute.

Die Angaben über Mitgliederzahlen und Auflagenhöhen beruhen weitgehend auf Eigenangaben der Parteien bzw. Verlage. Es sollte daher davon ausgegangen werden, daß die tatsächliche Zahl niedriger liegt. Die Anzahl der rechtsextremistischen Gruppen und deren Mitglieder, der Ausschreitungen, Gewaltakte und Verlage sind den Verfassungsschutzberichten entnommen. Es handelt sich um Ca.-Angaben. Alle weiteren Quellen, die zur Recherche herangezogen wurden, finden sich in der Literaturliste am Ende der Chronologie.

Portugal	Seit 1932 ist O. Salazar diktatorischer Staatschef
Spanien	Seit Ende des spanischen Bürgerkrieges (1939) ist Francisco Franco Bahamonde diktatorischer Staatschef
1945, Großbritannien	Oswald Mosley Leiter des *Union Movement*, das an die Tradition der *British Union of Fascists (BUF)* von 1932 anknüpft; Mosley propagiert mit dem Slogan „Europe – a nation" europaweite Zusammenarbeit rechtsextremistischer Organisationen
Okt. 1945	*Nationaldemokratische Partei (NDP)* erhält Parteilizenz für den oberhessischen Kreis Friedberg
1946, 22. März	Fusion der *Deutschen Konservativen Partei (DKP)* und der *Deutschen Aufbau-Partei (DAP)*, beide 1945 in der britischen Besatzungszone gegründet, zur *Deutschen Konservativen Partei – Deutschen Rechtspartei (DKP-DRP)*

25. März 1946	*Wirtschaftliche Aufbau-Vereinigung (WAV)* wird als Landespartei in Bayern zugelassen und erreicht 7,4 % der Stimmen, 13 Mandate, bei der ersten Landtagswahl
Italien Ende 1946	Gründung des *„Movimento sociale italiano" (MSI)*, Nachfolgeorganisation der verbotenen faschistischen Partei; Vorsitzender ist Giorgio Almirante (bis 1950 und 1969-87); *MSI* erhält bei Wahl zur verfassunggebenden Versammlung 5,3 % der Stimmen
1947, Ende	Gründung des *Deutschen Blocks (DB)* durch Karl Meißner in München, Abspaltung von *WAV*
1948, Italien	Bei Parlamentswahlen mit 2,0 % der Stimmen 6 Sitze für *MSI*, der ab diesem Zeitpunkt ununterbrochen im Parlament vertreten ist
16. Okt. 1948	In Bad Kissingen gründen Anhänger von Otto Strasser, der sich in Kanada aufhält, den *Bund für Deutschlands Erneuerung (BDE)*
1949, 27. April	*Vaterländische Union (VU)* erhält Lizenz für Stadt München; ihr Ziel ist, Anhänger des NS-Regimes zu sammeln
14. Aug. 1949	Die Wahlen zum ersten Deutschen Bundestag bringen der *Deutschen Konservativen Partei – Deutschen Rechtspartei (DKP-DRP)* 5 Mandate durch 8,1 % der Wählerstimmen in Niedersachsen ein; Abgeordnete sind u.a. Fritz Rößler (nannte sich bis 1952 Dr. Franz Richter), Fritz Dorls (NSDAP-Mitglied seit 1929) und Adolf von Thadden; die *Wirtschaftliche Aufbau-Vereinigung (WAV)* erhält 12 Bundestagsmandate durch 14,4 % der Stimmen in Bayern
2. Okt. 1949	Gründung der *Sozialistischen Reichspartei (SRP)* u.a. durch Fritz Dorls und Otto Ernst Remer (war an der Niederschlagung des Umsturzversuches vom 20. Juli 1944 beteiligt), die beide aus der *DKP-DRP* ausgeschlossen wurden; Fritz Dorls wird Vorsitzender
4. Dez. 1949	Gründung der *Deutschen Gemeinschaft (DG)* in Bayern durch August Haußleiter, der neutralen deutschen Nationalstaat propagiert
1950	„Deutsche Soldatenzeitung" von Heinrich Damerau u.a. gegründet
Italien 1950	*MSI* beruft in Rom Konferenz ein, an der Rechtsextremisten aus neun europäischen Ländern teilnehmen; „Zehn-Punkte-Programm" zur europäischen Zusammenarbeit verabschiedet
21. Jan. 1950	*Deutsche Reichspartei (DRP)* wird Nachfolgeorganisation der *DKP-DRP* durch Fusion von niedersächsischem Landesverband der *DKP-DRP* und Teilen der hessischen *NDP*; Vorsitzender wird Oberst a.D. Hans-Heinrich Scheffer

17. März 1950	Gründung des *Blocks der Heimatvertriebenen und Entrechteten (BHE)*, der bei Landtagswahl in Schleswig-Holstein seinen größten Wahlerfolg mit 23,4 % der Stimmen hat
1. Mai 1950	Herbert Böhme, ehemaliger Reichsfachschaftsleiter für Lyrik in der Reichsschrifttumskammer, gründet das *Deutsche Kulturwerk Europäischen Geistes (DKEG)*; Mitglieder werden zahlreiche NS-belastete Schriftsteller und Literaten
Sept. 1950	Gründung des *Jugendbund Adler (JBA)* durch *Deutschen Block*
1951, Jan.	Erscheinen der Monatsschrift „Nation Europa" in Coburg, als geistiges Forum der nationalen und europäischen Rechten, herausgegeben von Arthur Ehrhardt, ehemaliger SS-Sturmbannführer
Mai 1951	Otto Ernst Remer wird wegen übler Nachrede in zwei Fällen zu 4 Monaten Haft verurteilt
6. Mai 1951	Landtagswahl in Niedersachsen, die *SRP* gewinnt mit 11 % der Stimmen 16 Mandate
Schweden 12. Mai 1951	1. „Europäischer Nationalkongreß" mit 60 Delegierten aus ca. 10 europäischen Ländern in Malmö; Bildung eines europäisch rechtsextremistischen Netzwerks; Kultivierung der SS-Europa-Idee
Aug. 1951	Gründung des *Freikorps Deutschland* durch Hermann Lamp, ehemaliger SS-Führer; neonazistische Organisation mit internationalen Kontakten
Okt. 1951	Bei Wahl des Bremer Senats gewinnt *SRP* mit 7,7 % der Stimmen 8 Mandate
1952	Entlarvung von „Dr. Franz Richter" als Fritz Rößler; Verurteilung wegen Urkundenfälschung, Anmaßung falscher Titel u.a. zu 18 Monaten Gefängnis
Mai 1952	Gründung der *Arbeitsgemeinschaft Nation Europa* durch den ehemaligen Feldmeister des Reichsarbeitsdienstes Erwin Schönborn in Berlin
Sept. 1952	Selbstauflösung der *Sozialistischen Reichspartei (SRP)*, die damit dem Verbot des Bundesverfassungsgericht vom 23. Okt. 1952 zuvorkommt
14. Nov. 1952	Umbennung des *Blocks der Heimatvertriebenen und Entrechteten (BHE)* in *Gesamtdeutscher Block/BHE*
2. Dez. 1952	Ehemaliger Funktionär der *SRP*, Walter Matthaei, gründet *Wiking-Jugend (WJ)*, die sich an Hitler-Jugend orientiert
1953	Auflösung der *Wirtschaftlichen Aufbau-Vereinigung (WAV)*; Herbert Grabert gründet rechtsextremistischen „Verlag der deutschen Hochschullehrer-Zeitung" (später „Grabert-Verlag")
Italien 1953	Bei Parlamentswahlen 5,8 % der Stimmen für *MSI*, 29 Sitze
26. Jan. 1953	Berliner Senat verbietet *Arbeitsgemeinschaft Nation Europa*

| 11. Febr. 1953 | Verbot des *Freikorps Deutschland* durch Beschluß der Bundesregierung |
| 6. Sept. 1953 | Bundestagswahl, 5 %-Klausel eingeführt, *Gesamtdeutscher Block/BHE* 5,9 % der Stimmen |

1954	Gründung der *Vereinigung Nation Europa Freunde e.V.* durch Arthur Ehrhardt
Italien 1954	Militanter „*Ordine Nuovo*" spaltet sich vom *MSI* ab
Mai 1954	Baden-württembergischer Landrat wegen Beleidigung eines jüdischen Geschäftsmannes zu Geldstrafe verurteilt und seines Amtes enthoben
24. Juni 1954	*Wiking Jugend, Jugendbund Adler* u.a. schließen sich zum *Kameradschaftsring nationaler Jugendverbände (KNJ)* zusammen
Ende 1954	78.000 Personen sind Mitglied rechtsextremistischer Organisationen (Schätzungen des Bundesinnenministeriums)

| **1955**, Jan. | Gründung der *Schillerjugend* durch Hans Ulfert Siebrand; Kontakte zum *DKEG* |
| Sept. 1955 | Wilhelm Meinberg, ehemaliger SS-Brigadeführer, neuer Vorsitzender der *Deutschen Reichspartei (DRP)* |

1956, Frankreich 2. Jan.	Bei den Wahlen zur Nationalversammlung erhält die *Union zur Verteidigung der Kaufleute und Handwerker (UDCA)* von Pierre Poujade (gegr. 1954) 11,7 % der Stimmen; über 50 Abgeordnete, u.a. Jean-Marie Le Pen, ziehen ins Parlament ein
17. Juni 1956	Gründung der *Deutsch-Sozialen Union* als Nachfolgeorganisation des *Bundes für Deutschlands Erneuerung* durch Otto Strasser, der nach 20 Jahren in die Bundesrepublik zurückgekehrt ist; *Bund Nationaler Studenten (BNS)* in Heidelberg gegründet; Mitbegründer ist Martin Mußgnug
Sept. 1956	Plesse-Verlag und Druffel-Verlag werden von der Teilnahme an Frankfurter Buchmesse wegen Förderung von NS-Gedankengut ausgeschlossen; Berliner Senat verbietet *Bund für Deutschlands Erneuerung* und *Arbeitsgemeinschaft Nie vergessene Heimat* wegen Verfassungsfeindlichkeit

| **1957**, Juni | Hauptmann der Bundeswehr wird wegen antisemitischer Äußerungen gegenüber einem Freiwilligen jüdischer Abstammung entlassen |
| Juli 1957 | Verurteilung von Fritz Dorls, ehemaliger Vorsitzender der *Sozialistischen Reichspartei (SRP)*, zu 14 Monaten Haft wegen Rädelsführerschaft in einer verfassungsfeindlichen Organisation |

Nov. 1957	Arthur Ehrhardt, Herausgeber der Zeitschrift „Nation Europa" (Coburg), wegen Beleidigung und Gefährdung der verfassungsmäßigen Grundrechte zu drei Monaten Gefängnis verurteilt
1958	Gerhard Frey erwirbt 50 % Beteiligung an „Deutscher Soldatenzeitung" und gründet „Deutsche Soldaten-Zeitung und Verlags-GmbH"; Gründung des *Bundes Heimattreuer Jugend (BHJ)*
Italien 1958	Bei Parlamentswahlen 4,8 % der Stimmen für *MSI*, 24 Sitze
1959	Gründung der „Deutschen Wochen-Zeitung"
Italien 1959	Militante *„Avanguardia Nazionale"* spaltet sich vom *MSI* ab
24./25. Dez. 1959	Kölner Synagoge und Gedenkstein der Opfer des Nationalsozialismus in Köln werden von zwei Mitgliedern der *Deutschen Reichspartei (DRP)* geschändet; diesem Anschlag gingen seit 1948 zahlreiche Schändungen jüdischer Friedhöfe voraus
1960	Gerhard Frey erwirbt die restlichen Anteile der „Soldaten-Zeitung", die fortan unter dem Titel „Deutsche Soldaten-Zeitung und National-Zeitung" erscheint
Jan. 1960	Anschlag auf die Kölner Synagoge und Gedenkstein vom Dezember 1959 löst im In-und Ausland eine Vielzahl antisemitischer und neonazistischer Vorkommnisse aus; 470 in der Bundesrepublik bis zum 28. Januar 1960
16. Jan. 1960	Bundeskanzler Adenauer verurteilt in einer Rundfunk- und Fernsehansprache die Kölner Vorkommnisse
Mai 1960	Gründung des *Bundes Vaterländischer Jugend (BVJ)*; Zusammenschluß ehemaliger Mitglieder des *Jugendbundes Adler* und des *Bundes Nationaler Jugendlicher (BNJ)*; publiziert Monatszeitschrift „Deutscher Jungendienst"
Sept. 1960	Rechtsextreme Publizisten und Verleger gründen die *Gesellschaft freie Publizistik (GfP)*
1961, Schweiz	Gründung der *Nationalen Aktion für Volk und Heimat (NA)* durch den Publizisten James Schwarzenbach
Algerien 22.-25. April 1961	Putsch der Generäle gegen de Gaulles Unabhängigkeitspläne
Mai 1961	Auflösung der Verlage „Hohe Warte" und „Bund für Gotterkenntnis" als verfassungsfeindliche Vereinigungen
Dez. 1961	Adolf von Thadden wird Vorsitzender der *Deutschen Reichspartei (DRP)*
1962	Selbstauflösung der *Deutsch-Sozialen Union*; *Aktion Oder-Neisse (AKON)* gegründet
Großbritannien 1962	Gründung der *National Socialist Movement (NSM)*; erste offen neonazistische Organisation in Großbritannien

Jan. 1962	Kontroversen innerhalb der *Deutschen Reichspartei (DRP)* führen zur Gründung der *Deutschen Freiheits-Partei (DFP)* in Hagen
21. Jan. 1962	Gründung der *Unabhängigen Arbeiterpartei (UAP)* in Nordrhein-Westfalen
Juli 1962	*Bund Vaterländischer Jugend (BVJ)* wird verboten
Frankreich 22. Aug. 1962	Attentat der militärischen Geheimorganisation OAS gegen de Gaulles Unabhängigkeitspläne und für die Aufrechterhaltung des Algérie française
Sept. 1962	Spaltung und Neugründung des *Bundes Heimattreuer Jugend (BHJ)*
Okt. 1962	Uniformverbot für *Wiking-Jugend (WJ)*
1963	585 Verurteilungen wegen strafbarer Handlungen mit rechtsextremistischen oder antisemitischen Motiven; Umbenennung der „Deutschen Soldaten-Zeitung und National-Zeitung" in „Deutsche National-Zeitung und Soldaten-Zeitung", die seit 1962 wöchentlich erscheint; Verbot des *Bundes Nationaler Studenten (BNS)*
Italien 1963	Bei Parlamentswahlen 5,1 % der Stimmen für *MSI*, 27 Sitze
Ende 1963	Mitgliederzahl rechtsextremistischer Organisationen geht auf 24.600 zurück, gegenüber 78.000 Mitgliedern 1954
1964	Monatszeitschrift „Mut" gegründet
28. Nov. 1964	*Deutsche Reichspartei (DRP)* initiiert die Gründung der *Nationaldemokratischen Partei Deutschlands (NPD)* in Hannover, Sammlung des rechtsextremen Lagers; Vorsitzender wird Fritz Thielen, stellvertretender Vorsitzender Adolf von Thadden u.a.
1961-1964	Anzahl der nazistischen und antisemitischen Vorkommnisse geht von 389 (1961) auf 171 (1964) zurück
1965	Gründung des *Arbeitskreises Volkstreuer Verbände (AVV)*, Dachverband rechtsextremer Verbände, durch Herbert Böhme; wesentlicher Träger ist sein *Deutsches Kulturwerk Europäischen Geistes (DKEG)*
Spanien 1965	Gründung des *Circulo Espanol de Amigos de Europa (CEDADE)*, der zahlreiche Kontakte zu rechten Gruppierungen in ganz Europa aufbaut
Jan. 1965	Erste Ausgabe der Wochenzeitung „Deutsche Nachrichten", Parteiorgan der *NPD*
4. Juli 1965	*Deutsche Freiheits-Partei (DF), Deutsche Gemeinschaft (DG)* und andere Gruppierungen schließen sich zusammen zur *Aktionsgemeinschaft Unabhängiger Deutscher (AUD)* mit dem Ziel einer „nationalen Sammlung" zur Bundestagswahl (im Sept.), bei der sie allerdings nur 0,5 % der Stimmen gewinnt

19. Sept. 1965	Bundestagswahl, *NPD* erstmals 2,0 % der Stimmen; sie veranstaltete vorher ca. 1500 Wahlversammlungen
4. Dez. 1965	Selbstauflösung der *Deutschen Reichspartei (DRP)*
Frankreich 5. Dez 1965	Bei Präsidentschaftswahlen erhält Jean-Louis Tixier-Vignancourt (während der Vichy-Regierung für Propaganda zuständig) 5,2 % der Stimmen; kurz darauf zerfällt sein Bündnis von Pro-Algerienanhängern, Anti-Gaullisten und Anti-Kommunisten, die *Comités Tixier-Vignancourt*
1.1.-31.12.1965	Sprunghafter Anstieg nazistischer und antisemitischer Vorkommnisse auf 464
1966	Mitgliederzahl der *NPD* steigt von 13.700 (1965) auf 25.000 an; „Deutsche Nachrichten" der NPD haben ihre höchste Auflage mit 45.000; „Deutsche National-Zeitung" hat eine Auflage von 125.000
Großbritannien 1966	Oswald Mosley tritt als Führer des *Union Movement* zurück, das in der Folgezeit unbedeutend wird
6. Nov. 1966	Landtagswahl in Hessen bringt *NPD* 7,9 % der Stimmen, 8 Mandate
20. Nov. 1966	Bei bayerischer Landtagswahl erreicht die *NPD* 7,4 %, 15 Mandate; Gründung des *Nationaldemokratischen Hochschulbundes (NHB)* in Heidelberg, Organisation der *NPD*
1967	Blütezeit der *NPD* mit 28.000 Mitgliedern
Großbritannien Febr. 1967	Neofaschistische *National Front (NF)* gegründet, Zusammenschluß rechter Splittergruppen
Griechenland 21. Apr. 1967	Nach Armeeputsch unter den Obristen G. Papadopulos und St. Pattakos Errichtung einer Militärdiktatur
23. April 1967	Bei Landtagswahlen in Rheinland-Pfalz und Schleswig-Holstein erreicht *NPD* mit 6,9 % 4 Mandate bzw. mit 5,8 % 4 Mandate
8. Mai 1967	Erster Vorsitzender Fritz Thielen tritt aus *NPD* aus und gründet *Nationale Volkspartei (NVP)*, die allerdings erfolglos bleibt
4. Juni 1967	*NPD* in Niedersachsen 7,0 % der Stimmen, 10 Mandate
1. Okt. 1967	*NPD* bei Bremer Bürgerschaftswahlen 8,8 % der Stimmen, 8 Mandate
10.-12. Nov. 1967	Dritter Parteitag der *NPD* in Hannover; Wahl Adolf von Thaddens zum ersten Vorsitzenden
Ende 1967	38.700 Personen sind Mitglieder rechtsextremistischer Organisationen
1968	*Aktionsgemeinschaft Unabhängiger Deutscher (AUD)* hat ca. 1900 Mitglieder

Frankreich 1968	Beginn der „*Nouvelle Droite*", Gründung einer Forschungs- und Studiengruppe für europäische Zivilisation, *GRECE*, einer intellektuellen „Denkfabrik", unter Mitwirkung von Alain de Benoist
Italien 1968	Bei Parlamentswahlen 4,5 % der Stimmen für *MSI*, 24 Sitze
11. April 1968	Josef Bachmann, der neonazistischer Szene zugerechnet wird, schießt auf Studentenführer Rudi Dutschke
28. April 1968	9,8 % der Stimmen für *NPD* bei Landtagswahlen in Baden-Württemberg, 12 Mandate; damit ist *NPD* in 7 Landesparlamenten vertreten
Mitte 1968	„Deutsche National-Zeitung und Soldaten-Zeitung" wird in „Deutsche National-Zeitung" umbenannt
1969	*NPD* verzeichnet erneut einen Mitgliederstand von 28.000; in der Folgezeit kommt es allerdings durch Wahlniederlagen zu starkem Mitgliederrückgang und Verringerung des politischen Einflusses; Gründung der rechtsextremistischen Geheimorganisation *Europäische Befreiungsfront (EBF)*
Frankreich 1969	Gründung des *Ordre Nouveau (ON)*, der sich am neofaschistischen *MSI* Italiens orientiert
28. Sept. 1969	*NPD* erhält bei Bundestagswahlen 4,3 % der Stimmen und scheitert somit knapp an der 5-Prozent-Hürde
1.1.-31.12.1969	Rückgang der rechtsextremen Ausschreitungen auf 162
Ende 60er Jahre	Erste intellektuelle Zirkel der Neuen Rechten in der BRD
1970	Rechtsanwalt Manfred Roeder gründet *Deutsche Bürgerinitiative (DBI)*; Bei 6 Landtagswahlen bleibt *NPD* immer unter der 5-Prozent-Marke, sie hat nur noch 21.000 Mitglieder; *NPD* muß wegen einer Vielzahl gewalttätiger Ausschreitungen ihren bewaffneten „Ordnerdienst" auflösen; „Deutsche National-Zeitung" hat eine Auflage von 117.000, die Monatszeitschrift „Mut" von mehreren tausend Exemplaren
April 1970	Zusammenschluß der rechtsextremistischen Jugendgruppen *Bund Heimattreuer Jugend (BHJ)*, *Wiking Jugend (WJ)*, *Junge Nationaldemokraten (JN)* u.a. zur *Gesamtdeutschen Aktion* auf Initiative des Herausgebers der rechtsextremistischen Zeitschrift „Mut", Bernhard Wintzek
21. Mai 1970	*Gesamtdeutsche Aktion* organisiert Demonstration in Kassel gegen das Treffen von Bundeskanzler Brandt und dem Ministerpräsidenten der DDR Stoph
Schweiz 7. Juni 1970	Bei Volksabstimmung 46 % für die Forderung der *Nationalen Aktion*, ca. 400.000 Ausländer auszuweisen
19./20. Sept. 1970	Erster Bundeskongreß der *Jungen Nationaldemokraten (JN)*, Jugendorganisation der *NPD*

31. Okt. 1970	Gründungskongreß der *Aktion Widerstand (AW)* von Gruppen der *Gesamtdeutschen Aktion, NPD* u.a. in Würzburg, der sich gegen die Ost- und Deutschlandpolitik der Bundesregierung richtet

1971	123 rechtsextreme Organisationen mit 27.900 Mitgliedern
Schweiz 1971	Austritt von James Schwarzenbach aus *Nationaler Aktion für Volk und Heimat (NA)* und Gründung der „*Republikanischen Bewegung*"; sein Nachfolger wird Valentin Oehen; die radikale Rechte gewinnt bei Nationalratswahlen mit 7,2 % der Stimmen 10 Sitze
16. Jan. 1971	Gründung der *Deutschen Volksunion (DVU)* durch Gerhard Frey, Herausgeber der „Deutschen National-Zeitung", Parteiorgan „Deutscher Anzeiger", ca. 4000 Mitglieder
17. Juni 1971	Friedhelm Busse gründet *Partei der Arbeit (PdA)*; wurde wegen gewalttätiger Ausschreitungen bei einer Protestveranstaltung aus *NPD* ausgeschlossen
24. Sept. 1971	*NPD*-Funktionär Viktor Gislo ohrfeigt Bundeskanzler Willy Brandt in München; spricht von Racheakt „für den Verrat des Herrn Bundeskanzler an Moskau"
Okt. 1971	*NPD*-Angehörige gründen in München *Neue Ordnung – Deutscher Sozial- und Kulturdienst (NO/DSK)* und nehmen Kontakt zu ausländischen Rechtsextremisten auf
Nov. 1971	Thies Christophersen, ehemaliger „Sonderführer für Pflanzenzucht" im Konzentrationslager Auschwitz, gründet neonazistische *Bürger- und Bauerninitiative (BBI)*
19.-21. Nov. 1971	*NPD*-Parteitag in Holzminden, Adolf von Thadden tritt zurück; Martin Mußgnug wird zum Vorsitzenden gewählt
1.1.-31.12.1971	starker Anstieg der Ausschreitungen aus rechtsextremistischen und antisemitischen Beweggründen (428, davon 123 Fälle von Terrorakten, Gewalttaten und Androhung von Gewalt), von denen sich ca. 76 % gegen die Ostpolitik der Bundesregierung richten

1972	Mitgliederzahl der *NPD* geht auf 14.500 Personen zurück; Thies Christophersen veröffentlicht die Broschüre „Die Auschwitz-Lüge", in der er die Massenvernichtung der Juden leugnet, Vorwort Manfred Roeder; trotz Verbots in der BRD werden ca. 100.000 Exemplare verbreitet
Italien 1972	*MSI* fusioniert mit Monarchistischer Partei *PDIUM* zum *MSI/DN* (Destra nationale); 8,7 % der Stimmen bei Parlamentswahlen, 56 Sitze; mit ca. 450.000 höchster Mitgliederstand; viertgrößte Partei Italiens
Jan. 1972	Gerhard Frey gründet *Freiheitlichen Rat (FR)*, Bündnis von *Deutschem Block, Wiking-Jugend* u.a.
9. Jan. 1972	Siegfried Pöhlmann, ehemals bayerischer *NPD*-Landesvorsitzender, aus der Partei ausgetreten, gründet *Aktion Neue Rechte (ANR)* in München, Sammlung neurechter Kräfte

30. April 1972	„Marsch auf Bonn" mit 3000 Teilnehmern, organisiert von *DVU*, Protest gegen Ostverträge
Juli 1972	Gründung der *Einheitsfront der nationalen Publizistik (ENP)* in München zur Unterstützung der NPD im publizistischen Bereich
Sept. 1972	Gründung der *Intereuropäischen Nationalen (IEN)* auf dem *1. Nationaleuropäischen Jugendkongreß* in Planegg bei München, organisiert von der „nationaldemokratischen Rechten"
Frankreich 5. Okt. 1972	Gründung des *Front National (FN)* in Paris, als Sammlungsbewegung der extremen Rechten, maßgeblich beteiligt ist *Ordre Nouveau (ON)*; Jean Marie Le Pen wird zum Präsidenten gewählt; bei Wahlen bis 1984 unter 1 %
1973	Auflage der „Deutschen National-Zeitung" liegt bei 106.000 Exemplaren, der „Deutschen Wochen-Zeitung" bei 42.500; letztes Erscheinungsjahr der „Deutschen Nachrichten" (*NPD*), mit 23.000 niedrigste Auflage seit 1965
3./4. Febr. 1973	*Arbeitskreises Volkstreuer Verbände (AVV)* gibt seine Funktion als Dachverband auf
Frankreich 28. Juni 1973	*Ordre Nouveau (ON)* wird wegen Bereitschaft zu Gewalt und möglichem Putschversuch verboten
Griechenland Nov. 1973	Ph. Gisikis übernimmt nach einem Putsch die Präsidentschaft
Ende 1973	1343 Angehörige rechtsextremistischer Organisationen sind im öffentlichen Dienst beschäftigt
1.1.-31.12.1973	218 Ausschreitungen aus rechtsextremistischen Motiven, davon 46 Gewaltakte
1974	Karl Heinz Hoffmann gründet paramilitärische *Wehrsportgruppe Hoffmann* in Nürnberg
Frankreich 1974	Gründung des *Club d'Horloge*, neurechte Bewegung, u.a. von Yvan Blot, Abspaltung von *GRECE*, die Brücke von ideologischer zur politisch-praktischen Arbeit schlagen will; Gründung der *FN*-Jugendorganisation *Front National de la Jeunesse*
Österreich 1974	Gründung des *Nationalen Ideologie-Zentrums (NIZ)* in Wien unter Beteiligung deutscher Rechtsextremisten
1. Jan. 1974	Fusion der „Deutschen Nachrichten" mit „Deutscher Wochen-Zeitung" zur „Deutschen Wochenzeitung. Deutsche Nachrichten"
Portugal 25. April 1974	Sturz des diktatorischen Regimes durch Movimento das Forças Armadas (MFA)
Griechenland Juli 1974	Zusammenbruch des Militärregimes; Griechenland kehrt unter Ministerpräsident Karamanlis zur parlamentarischen Demokratie zurück

Nov. 1974	Gary Rex (Gerhard) Lauck, Vorsitzender der *Nationalsozialistischen Deutschen Arbeiterpartei (NSDAP/AO)* (Sitz in Lincoln/Nebraska), die NS-Propagandamaterial herstellt und verbreitet und mehrere Stützpunkte in der Bundesrepublik hat, wird bei einem Besuch Gleichgesinnter in Hamburg festgenommen und ausgewiesen
Ende 1974	119 rechtsextremistische Organisationen mit 21.400 Mitgliedern

1975	Umbennung der *PdA* in *Volkssozialistische Bewegung Deutschlands / Partei der Arbeit (VSBD/PdA)*, Vorsitzender wird Friedhelm Busse
5. April 1975	Erwin Schönborn gründet *Kampfbund Deutscher Soldaten (KDS)*, der Massenvernichtung der Juden leugnet
16. Juni 1975	*NPD*-Vorsitzender Mußgnug und *DVU*-Vorsitzender Frey vereinbaren Zusammenarbeit
17. Juni 1975	Frey tritt *NPD* bei
18./19. Okt. 1975	Neunter Parteitag der *NPD* in Ketsch/Rhein; Günter Deckert setzt sich gegenüber Gerhard Frey durch und wird zum stellvertretenden Vorsitzenden gewählt; Adolf von Thadden tritt aus der Partei aus
Spanien 20. Nov. 1975	Tod von Staatschef Franco, Ende der 39jährigen Diktatur
Ende 1975	Mit 148 rechtsextremistischen Vereinigungen die höchste Anzahl seit 1945, Zeichen für zunehmende Zersplitterung des rechtsextremen Spektrums

1976, Italien	Bei Parlamentswahlen 6,1 % der Stimmen für *MSI/DN*, 35 Sitze
Jan. 1976	Ersterscheinen des neuen *NPD*-Parteiorgans „Deutsche Stimme" (DS)
29. Mai 1976	*Junge Nationaldemokraten (JN)* schänden am 29. Mai die Gedenkstätte für die KZ-Opfer in Bergen-Belsen; die Organisation zählt ca. 1800 Mitglieder
3. Okt. 1976	Bei Bundestagswahl erreicht *NPD* nicht einmal 0,5 % der Stimmen (0,3 %), erhält dadurch keine Wahlkampfkostenerstattung, was zur Verschuldung der Partei führt
Ende 1976	„Deutsche Stimme" hat eine Auflage von 100.000 Exemplaren

1977, Belgien	Flämisch-nationalistischer *Vlaams Blok* gegründet, Vorsitzender wird Karl Dillen
Jan. 1977	„Deutsche National-Zeitung" und „Deutscher Anzeiger" haben zusammen eine Auflagenhöhe von 100.000 Exemplaren wöchentlich
3. April 1977	*Neues Nationales Europa (NNE)* von Erwin Schönborn (*Kampfbund Deutscher Soldaten (KDS)*) gegründet, der sich allerdings bald davon trennt

Juni 1977	„Deutschlandtreffen" der *NPD* in Frankfurt mit ca. 4000 Teilnehmern; diese Treffen finden jährlich am 17. Juni oder am darauffolgenden Wochenende statt
30. Aug. 1977	Michael Kühnen (22 Jahre), Leutnant, wird wegen rechtsextremer Aktivitäten aus der Bundeswehr entlassen
Sept. 1977	Gründung des *Bundes deutscher Mädel (BDM)* in Hamburg, neonazistische Organisation
1. Okt. 1977	Erwin Schönborn ruft *Aktionsgemeinschaft Nationales Europa (ANE)* ins Leben
Nov. 1977	Michael Kühnen faßt Hamburger neonazistische Gruppen zur *Aktionsfront Nationaler Sozialisten (ANS)* zusammen; Verurteilung von Manfred Roeder zu 3 Monaten Haft
1.1.-31.12.1977	Weiterer Anstieg rechtextremistischer Ausschreitungen auf 616, davon 40 Gewalttaten
1978	Monatsschriften „Mut" und „Nation Europa" gehören mit je einigen tausend Exemplaren zu den auflagestärksten rechtsextremistischen Zeitschriften; Bundesprüfstelle für jugendgefährdende Schriften setzt 23 Schriften und Schallplatten der NS-Propaganda auf die Liste indizierter Werke; insgesamt 104 rechtsextremistische Publikationsorgane
Frankreich 1978	Alain de Benoist (GRECE) wird Chef der Rubrik „Ideen" beim „Figaro Magazine"
Jan. 1978	„Reichsgründungsfeier" in München unter Beteiligung der *NPD, DVU* und *AKON* organisiert von *Deutschem Block*
Febr. 1978	Manfred Roeder entzieht sich durch Flucht ins Ausland seiner Haftstrafe
28. Febr. 1978	Urteil des Verwaltungsgerichtshofs Baden-Württemberg: *NPD* verfolgt im Sinne der Rechtsprechung des BVerfG keine verfassungsfeindlichen Ziele
4. Mai 1978	Schändung der Konzentrationslager-Gedenkstätte Bergen-Belsen
Frankreich Sommer 1978	Diskussion um „Nouvelle Droite" wegen Eindringens in seriöse Medien
Frankreich Nov. 1978	Robert Faurisson bezeichnet Massaker in Gaskammern als „Lüge" und löst damit eine heftige öffentliche Debatte aus; Noam Chomsky nimmt ihn mit dem Argument der Meinungsfreiheit in Schutz
1.1.-31.12.1978	Mit 992 Vorfällen, davon 52 Gewalttaten, Höchstand rechtsextremistischer Ausschreitungen seit 1960
1979	Rückgang der *NPD*-Mitgliederschaft von 28.000 (1969) auf 8000 Personen und der Mandatsträger der *NPD* in Kommunalvertretungen, der Anzahl rechtsextremistischer Organisationen und der Gesamtzahl der Mitglieder;

	Gründung der *Volksbewegung für Generalamnestie (VOGA)* durch Gerhard Frey
Italien 1979	Bei Parlamentswahlen 5,3 % der Stimmen für *MSI/DN*, 31 Sitze
17. März 1979	Gründung der *Freiheitlichen Deutschen Arbeiterpartei (FAP)* durch den ehemaligen HJ-Führer Martin Pape
7. Juni 1979	Monatszeitschrift „Mut" wird wegen ihrer Ausgabe über den Holocaust vom Januar 1979 als jugendgefährdend auf den Index gesetzt
Italien 10. Juni 1979	Bei Europawahl 5,4 % der Stimmen für *MSI/DN*, 4 Mandate
Juli 1979	Gründung der *Hilfsorganisation für nationale politische Gefangene und deren Angehörige e.V. (HNG)*, Sammelorganisation der neo-nazistischen Szene und Initiative zur Betreuung strafverfolgter Neonazis
13. Sept. 1979	Michael Kühnen wird wegen Volksverhetzung und Aufsta-chelung zum Rassenhaß zu 4 Jahren Haft verurteilt
1.1.-31.12.1979	1483 Ausschreitungen mit rechtsextremistischen Motiven, da-von 97 Gewalttaten – Höchststand seit Kriegsende; Verfas-sungsschutz nennt als Grund dafür die Ausstrahlung des Fern-sehfilms „Holocaust"
1980	Mitgliederzahl der *NPD* geht auf ca. 7200 zurück; *DVU* hat 10.000 Mitglieder Seit 1960 größte Anzahl rechtsextremistischer Verlage und Ver-triebsdienste: 18 Buch-, 27 Zeitungs-und Schriftenverlage und 20 Vertriebsdienste; Anschläge auf jüdische Friedhöfe in Jugenheim, Worms, Köln u.a., Schändung der alten Synagoge in Frankfurt am Main
Frühjahr 1980	*NPD*-Mitglieder gründen mit Gleichgesinnten in Nordrhein-Westfalen *Bürgerinitiative Ausländerstopp*, die bald Gründun-gen in anderen Bundesländern nach sich zieht
30. Jan. 1980	Verbot der *Wehrsportgruppe Hoffmann (WSG)*, mit ca. 400 Mit-gliedern stärkste neonazistische Organisation, durch den Bun-desminister des Innern
Anf. Febr. 1980	Gründung der *National-Sozialistischen Demokratischen Arbeiter-Partei (NSDAP)* in Frankfurt am Main
21. Febr. 1980	*Deutsche Aktionsgruppen (DA)* bekennen sich zu Sprengstoff-anschlag auf das Landratsamt Esslingen, in dem eine Au-schwitz-Ausstellung gezeigt wird
Italien 2. Aug. 1980	Rechtsextremisten verüben Sprengstoffanschlag im Bahnhof von Bologna, 85 Menschen kommen ums Leben
22. Aug. 1980	*Deutsche Aktionsgruppen (DA)* verüben Brandanschlag auf ein Ausländerwohnheim in Hamburg, dabei werden 2 Vietname-sen getötet
26. Sept. 1980	Bei einem Bombenanschlag auf das Münchner Oktoberfest werden 13 Menschen getötet (einschließlich des mutmaßlichen

	Attentäters, des Rechtsextremisten Gundolf Köhler) und 211 Menschen z.T. schwer verletzt
Belgien Okt. 1980	*Vlaams Blok* agiert zusammen mit *Vlaamse Militanten Orde* (militante rechtsextremistische Organisation) bei „Anti-Gastarbeiter-Demonstration" in Antwerpen
19. Dez. 1980	Ermordung des jüdischen Verlegers S. Lewin und seiner Lebensgefährtin F. Poeschke; verdächtigt werden Angehörige der *Wehrsportgruppe Hoffmann* und Hoffmann selbst
Ende 1980	Gründung des *„Thule-Seminars"* in Kassel als „Arbeitskreis für die Erforschung der europäischen Kultur" durch Pierre Krebs, wichtiger Ideologie- und Denkzirkel der Neuen Rechten; Zusammenarbeit mit Grabert-Verlag
1.1.-31.12.1980	1643 neonazistische und antisemitische Übergriffe
1977-1980	von den seit 1977 wegen Taten mit rechtextremistischen Motiven Verurteilten sind 39 % Jugendliche und Heranwachsende, 27 % 21-30 Jahre, 16 % 31-40 Jahre, 11 % 41-50 Jahre

1981	Mitgliederzahl der NPD geht auf 6500 zurück; Zusammenarbeit deutscher Neonazis mit ausländischen Gesinnungsgenossen verstärkt sich weiter; Schändung jüdischer Friedhöfe in Salzgitter, Hachenburg/ Rheinland-Pfalz, Frankfurt u.a.
Spanien 23. Feb. 1981	Putschversuch zur Bildung einer Militärregierung durch Angehörige der Guardia Civil unter Führung von Oberstleutnant Tejero scheitert; daraufhin demonstrieren am 27. Februar Millionen Bürger für Freiheit, Demokratie und Verfassung
24. März 1981	Bundesweite Ermittlungsaktionen, ca. 450 Wohnungen werden durchsucht und große Mengen von antisemitischen Druckschriften aus USA und Kanada beschlagnahmt
Spanien 23. Mai 1981	13 bewaffnete Rechtsextremisten nehmen in einer Bank in Barcelona 200 Menschen als Geiseln und fordern u.a. die Freilassung Tejeros
Juni 1981	Elf Professoren unterzeichnen das „Heidelberger Manifest", das vom *„Thule-Seminar"* verfaßt wurde und sich gegen den Zuzug von Ausländern richtet
20. Okt. 1981	Der Neonazi Nikolaus (Klaus-Ludwig) Uhl (24 Jahre, NSDAP-AO) und Kurt Wolfgram (21 Jahre) werden von der Polizei bei dem Versuch, sich der Festnahme gewaltsam zu entziehen, in Notwehr getötet
26. Okt. 1981	Umfangreiche Waffenfunde in Hanstedt bei Uelzen, 33 von Rechtsextremisten angelegte Erddepots entdeckt; der festgenommene, mutmaßliche Täter Heinz Lembke begeht am 1. Nov. in der Untersuchungshaft Selbstmord
Nov. 1981	Bayerischer Rundfunk entläßt Franz Schönhuber nach Erscheinen seines Buches „Ich war dabei", in dem er die Waffen-SS rechtfertigt

1.1.-31.12.1981	1824 Gesetzesverletzungen mit rechtsextremem Hintergrund, davon 1202 mit neonazistischem, 297 mit ausländerfeindlichem und 323 mit antisemitischem Charakter

1982 — Mitgliederrückgang bei *NPD* auf 5900; Mitgliederzahl der *DVU* (einschließlich der Aktionsgemeinschaften *„Aktion deutsche Einheit" (AKON)* u.a.) stagniert bei 10.000;
Günter Deckert verläßt *NPD* aus Protest gegen zu „weiche" Politik Mußgnugs;
Manfred Roeder zu 13jähriger Freiheitsstrafe wegen Mittäterschaft durch Unterlassung bei tödlich ausgehenden Anschlägen verurteilt, seine Ehefrau Gertraud Roeder leitet die *Deutsche Bürgerinitiative* weiter;
Schändungen jüdischer Friedhöfe in Bleckede (Niedersachsen), Eppingen (Baden-Württemberg) u.a.

27. Jan. 1982 — Verbot der *Volkssozialistischen Bewegung Deutschlands/Partei der Arbeit (VSBD/PdA)* und ihrer Jugendorganisation *Junge Front (JF)* wegen Verstoßes gegen die verfassungsmäßige Ordnung

März 1982 — *Deutscher Bürgerschutz (DBS)* in Köln gegründet mit dem Ziel, gegen „Überfremdung" durch Ausländer vorzugehen

April 1982 — Gründung der *NPD*-nahen Initiative *Hamburger Liste für Ausländerstopp* anläßlich der Hamburger Bürgerschaftswahl

Spanien 19. April 1982 — Großdemonstration von Rechtsextremisten in Madrid, die ihre Hoffnung auf Militärputsch zum Ausdruck bringen

9. Mai 1982 — *DVU* verleiht dem britischen Schriftsteller David Irving den mit 10.000 DM dotiert „Europäischen Freiheitspreis" der Deutschen National-Zeitung

Spanien 3. Juni 1982 — Offiziere Tejero und Milans del Bosch werden zu je 30 Jahren Haft in Zusammenhang mit versuchtem Militärputsch verurteilt

24./25. Juni 1982 — Helmut Oxner, 26jähriger Neonazi, erschießt in Nürnberg drei Ausländer, verletzt drei weitere schwer und begeht nach einem Schußwechsel mit der Polizei Selbstmord

28. Juni 1982 — Lebenslängliche Freiheitsstrafen für Raimund Hörnle und Sibylle Vorderbrügge, mehrjärige Freiheitsstrafe für Manfred Roeder und Heinz Colditz, Angehörige der *Deutschen Aktionsgruppen*, die bei Sprengstoff- und Brandanschlägen zwei Vietnamesen getötet hatten (22. Aug. 1980)

1983 — Erstmals seit 1969 Mitgliederzuwachs bei *NPD*: 6000 Personen; *DVU* über 11.000 Mitglieder

Italien 1983 — Bei Parlamentswahlen 6,9 % der Stimmen für *MSI/DN*, 42 Sitze

15. Jan. 1983 — Michael Kühnen gründet *Aktionsfront Nationaler Sozialisten/Nationale Aktivisten (ANS/NA)* in Frankfurt am Main, *Aktionsfront Nationaler Sozialisten* von 1977 geht darin auf

Ende Febr. 1983	Bundesgerichtshof bestätigt Anordnung des Landgerichts Stuttgart, Werner Stäglichs Buch „Der Auschwitz-Mythos – Legende oder Wirklichkeit?" (Grabert-Verlag, 1979) einzuziehen
1. April 1983	Gründung der *Deutschen Freiheitsbewegung (DDF)* auf Initiative von Otto Ernst Remer, Auffangbecken für ehemalige *ANS/NA*- und *VSBD/PA*-Mitglieder, Parteiorgan: „Der Bismarck-Deutsche" (Juni 1992ff. „Recht und Wahrheit")
26. Aug. 1983	Thies Christophersen, Leiter der *Bürger- und Bauerninitiative (BBI)*, zu 9 Monaten Haft verurteilt, bei Einreise in die Bundesrepublik in Aachen festgenommen
Sept. 1983	Anklage gegen ehemaligen Polizeibeamten und seine Freundin wegen Anfertigung und Verbreitung des Spiels „Jude ärgere Dich nicht"
Frankreich 4. Sept. 1983	Bei Stadtratswahlen in Dreux bei Paris erhält *FN* 16,7 % der Stimmen, erster Wahlerfolg
25. Nov. 1983	Friedhelm Busse, Gründer der *Volkssozialistischen Bewegung Deutschlands / Partei der Arbeit (VSBD/PdA)* wird wegen Verstoßes gegen das Waffengesetz u.a. zu drei Jahren und neun Monaten Haft verurteilt
26. Nov. 1983	Gründung der *„Republikaner"*, Abspaltung der CSU, durch die ehemaligen CSU-Politiker Franz Handlos und Ekkehard Voigt und den Journalisten Franz Schönhuber in München; Anlaß ist u.a. der Milliardenkredit von Franz-Josef Strauß an DDR; Handlos wird Parteivorsitzender
Frankreich Dez. 1983	Bei Nachwahlen zur Nationalversammlung 51 % der Stimmen für *FN* in Trinité-sur-Mer, Geburtsstadt Le Pens
7. Dez. 1983	Bundesinnenministerium verbietet neonazistische *Aktionsfront Nationaler Sozialisten / Nationaler Aktivisten (ANS/NA)*; die 270 Mitglieder (vorwiegend unter 30 Jahre) treten daraufhin beinahe geschlossen der *FAP* bei; Verbot der *Aktion Ausländerrückführung (AAR)*, Wählerverein für hessische Landtagswahl
Ende 1983	280 erkannte Rechtsextremisten im öffentlichen Dienst; Zahl der rechtsextremistischen Verlage und Vertriebsdienste geht auf 45 zurück
1984, 21. Jan.	Anstelle des verbotenen ANS-*„Mädelbundes"* formiert sich die *Deutsche Frauenfront (DFF)*; DFF-Zeitschrift: „Die Kampfgefährtin"
Frankreich 13. Febr. 1984	Erster Fernsehauftritt Le Pens bei L'Heure de Vérité
17. Juni 1984	0,8 % der Stimmen für die *NPD* bei der Europawahl; sie erhält damit Wahlkampfkostenerstattung und kann bestehende Schulden tilgen
Frankreich 17. Juni 1984	Wahl zum Europäischen Parlament, *FN* erhält 11 %, 2,2 Millionen Stimmen, 10 Abgeordnete

Italien 17. Juni 1984	Wahl zum Europäischen Parlament, *MSI/DN* erhält 6,5 % der Stimmen, 5 Abgeordnete
Straßburg Ende Juni 1984	*FN, MSI/DN* und griechische Obristenpartei *EPEN* bilden die „euro-rechte" Fraktion im Europaparlament
4. Okt. 1984	Ausweisung von Michael Kühnen aus Frankreich, der dorthin geflohen ist
Nov. 1984	Gründung der 6. Aktionsgemeinschaft der *DVU, Schutzbund für Leben und Umwelt*, die Kampf gegen Abtreibung propagiert
Ende 1984	12 rechtsextremistische Jugend- und Studentengruppen, zusammen 1200 Mitglieder, von Bedeutung sind *Wiking-Jugend (WJ)* und *Junge Nationaldemokraten (JN)*
1985, Jan.	Gründung der *Volkstreuen außerparlamentarischen Opposition (VAPO)* durch *FAP* und *Wiking-Jugend*
Schweiz 1. März 1985	Gründung der *Schweizer Autopartei (AP)* als Reaktion auf die zunehmend ökologisch ausgerichtete Politik der Schweiz; Slogan: „Freie Fahrt für freie Bürger"
16. Juni 1985	Franz Schönhuber wird Vorsitzender der „*Republikaner*", nachdem Franz Handlos und Ekkehard Voigt die Partei wegen interner Streitereien verlassen haben; Handlos gründet die *Freiheitliche Volkspartei (FVP)*
Ende Aug. 1985	Beginn der *Europäischen Bewegung (EB)*, gemeinsame Treffen westeuropäischer Naziführer; Initiator ist Michel Caignet der „*Faisceaux Nationalistes Européens*" (*F.N.E*)
16. Nov. 1985	Gründung der *Nationalistischen Front (NF)*, Vorsitzender wird Bernhard Pauli (ehemals *NPD* und *VSBD/PdA*)
Ende 1985	ca. 1420 aktive Neonazis sind den Sicherheitsbehörden bekannt, 219 gelten als militant; 78 rechtsextremistische Organisationen mit ca. 22.100 Mitgliedern
Silvester 1985	Verbot des „Mahnfeuers" der *Wiking-Jugend*, das traditionell an der innerdeutschen Grenze veranstaltet wurde
1986, Österreich	Jörg Haider, zum äußersten rechten Flügel der „*Freiheitlichen Partei Österreichs*" *(FPÖ)* (1956 gegründet) zählend, wird Parteivorsitzender
1. Jan. 1986	Verkauf der „Deutschen Wochen-Zeitung" an Frey, was zur Erweiterung und Festigung seines rechtsextremen Presseimperiums führt
Frankreich 16. März 1986	Wahl zur Nationalversammlung, 9,7 %, 2,7 Millionen Stimmen für *FN*, 35 Abgeordnete (durch Verhältniswahlrecht); Durchbruch auf nationaler Ebene ist Vorbild für deutsche Rechtsextremisten; *FN* in allen Regionalparlamenten
1. April 1986	Nach Verbot der *Aktionsfront Nationaler Sozialisten / Nationaler Aktivisten (ANS/NA)* führt „*Bewegung*", ca. 500 Personen, die auch der *FAP* beitreten, Arbeit fort

Mai 1986	Erstausgabe der monatlich erscheinenden „Jungen Freiheit"; Herausgeber haben bis Ende 1989 enge Verbindung zu „*Republikanern*"; Auflage 400 Exemplare
Juli 1986	Verurteilung von Karl-Heinz Hoffmann, *Wehrsportgruppe Hoffmann*, zu 9 1/2 Jahren Haft wegen Geldfälschung, Strafvereitelung, Freiheitsberaubung u.a.
1. Sept. 1986	Michael Kühnen tritt wegen Kampagne gegen Homosexuelle kurzfristig aus „*Bewegung*" aus
12. Okt. 1986	Bei bayerischer Landtagswahl gewinnen „*Republikaner*" 3,0 % und haben damit ersten Wahlerfolg
Ende 1986	22.100 Personen in rechtsextremistischen Organisationen

1987	*Gesellschaft für Freie Publizistik (GFP)* ist weiterhin größte rechtsextremistische Kulturvereinigung
Großbritannien 1987	*National Front* hat ca. 1500 Mitglieder
25. Jan. 1987	Bei Bundestagswahl erhält *NPD* 0,6 % der Stimmen, d.h. Verdreifachung der Stimmen gegenüber 1983; erstmals unterstützte Frey den Wahlkampf der *NPD*
5. März 1987	Auf Initiative von Frey wird *DVU-Liste D* gegründet, Wahlbündnis von *NPD* und *DVU*
Italien Juni 1987	*MSI/DN* bei Parlamentswahlen nur noch 5,9 % der Stimmen, 35 Sitze (gegenüber 42 Sitzen 1983)
Mitte 1987ff.	Zunehmende Verbreitung von Computerprogrammen mit rechtsextremistischen Inhalten „Ariertest", „Clean Germany" u.a.
Frankreich Juli 1987	Klaus Barbie, ehemaliger SS-Hauptsturmführer 1942-44, zweithöchster Gestapoführer in Lyon, von Lyoner Schwurgericht wegen Verbrechen gegen die Menschheit zu lebenslanger Haft verurteilt
17. Aug. 1987	Tod von Rudolf Heß ist für neonazistische Gruppen Anlaß für zahlreiche Aktionen und Publikationen
13. Sept. 1987	*DVU – Liste D* erhält bei Bürgerschaftswahl in Bremen 3,4 % der Stimmen, in Bremerhaven 5,4 %; ihr Spitzenkandidat Hans Altermann zieht in den Landtag ein
Frankreich 13. Sept. 1987	Le Pen bezeichnet Gaskammern als „Detail der Geschichte des Zweiten Weltkrieges" (Grand Jury RTL-Le Monde)
Schweiz Herbst 1987	Bei Nationalratswahlen gewinnt *Nationale Aktion* mit 2,5 % der Stimmen 3 Sitze; *Schweizer Autopartei (AP)* mit 1,2 % 2 Sitze
29. Okt. 1987	Martin Mußgnug, Parteivorsitzender der NPD, erhält bei der Oberbürgermeisterwahl in Tuttlingen 15 % der Stimmen
Dez. 1987	Stetiger Mitgliederzuwachs bei „*Republikanern*" auf inzwischen 5000 Personen
Belgien 13. Dez. 1987	Bei Parlamentswahlen gewinnt *Vlaams Blok* 2 Mandate

Italien 13. Dez. 1987	Führungswechsel auf 15. Parteitag des *MSI/DN*, Giorgio Almirante legt sein Amt nieder, Vorsitzender wird Gianfranco Fini
1988, Italien	Wähleranteil der *Lega Lombarda* (ehemals unbedeutende Splittergruppe, gegründet von Umberto Bossi) steigt bei Wahlen in 25 lombardischen Gemeinden auf 6 %
März 1988	Gründung der *„Jungen Republikaner"*, Jugendorganisation der *„Republikaner"*
Frankreich 24. April 1988	Bei Präsidentschaftswahl 14,4 %, 4,4 Millionen Stimmen für Jean-Marie Le Pen; kurz zuvor hatte Le Pen 20.000 Menschen im Fußballstadion von Marseille um sich versammelt
Mai 1988	Harald Neubauer, ehemaliges *NPD*-Mitglied und Redakteur der „Deutschen National-Zeitung", wird bayerischer Landesvorsitzender und Bundespressesprecher der *„Republikaner"*
15. Juni 1988	Kühnentreue Aktivisten gründen *Nationale Sammlung (NS)*
Frankr. 12./19. Juni 1988	Bei Parlamentswahl 9,8 % für *FN*, 2,3 Millionen Stimmen, wegen Mehrheitswahlrecht nur 1 Mandat
30. Juni 1988	Bundesprüfstelle für jugendgefährdende Schriften indiziert 6 Computerspiele mit neonazistischen und kriegsverherrlichenden Inhalten
Sept. 1988	Schändung der Gedenkstätte des KZ Bergen-Belsen
Belgien Okt.1988	*Vlaams Blok* gewinnt bei Kommunalwahlen 23 Sitze
Italien Nov. 1988	Bei Landtagswahlen in Südtirol 10,3 % der Stimmen für *MSI/DN*
5. Nov. 1988	Friedhelm Busse wird Vorsitzender der *Freiheitlichen Deutschen Arbeiterpartei (FAP)*
17. Dez. 1988	Durch Brandstiftung an einem überwiegend von Ausländern bewohnten Haus in Schwandorf/Bayern kommen vier Menschen ums Leben
Ende 1988	28.300 Personen in rechtsextremistischen Organisationen, gegenüber 17.300 (1977)
1989	*Nationale Alternative (NA)* von ostberliner Skinhead-Szene gegründet; „Deutsche National-Zeitung", „Deutscher Anzeiger" und „Deutschen Wochen-Zeitung" des Gerhard Frey erreichen eine gemeinsame Auflagenhöhe von 110.000 Exemplaren
Frankreich 1989ff.	*FN* in Vielzahl von Stadtparlamenten vertreten
Italien 1989	*Lega Lombarda* u.a. regionale Vereinigungen schließen sich zur *Lega Nord* zusammen
2. Jan. 1989	Erstmalige Fernsehausstrahlung eines Werbespots der *„Republikaner"*, der spielende türkische Kinder zeigt, während im Hintergrund die Filmmusik aus „Spiel mir das Lied vom Tod" erklingt; dieser Spot löst eine heftige öffentliche Debatte aus

29. Jan. 1989	Bei der Wahl zum Berliner Abgeordnetenhaus erhalten „*Republikaner*" 7,7 % der Stimmen
9. Febr. 1989	Bundesinnenminister verbietet *Nationale Sammlung* des Michael Kühnen, die erste „ausländerfreie Zone" in Langen/Hessen proklamierte
März 1989	Gründung der neonazistischen Landespartei *Nationalen Liste (NL)* in Hamburg durch Christian Worchs
12. März 1989	Bei hessischen Kommunalwahlen gewinnt *NPD* in Frankfurt 6,6 % der Stimmen, 7 Mandate; damit überspringt *NPD* erstmals seit 20 Jahren die 5-Prozent-Hürde
April 1989	Ausschreitungen in Berlin und Bremen anläßlich des 100. Geburtstags von Adolf Hitler (20. April)
Italien Mai 1989	Bei Wahlen zum Bozener Stadtrat wird *MSI/DN* mit 27,1 % der Stimmen stärkste Fraktion
5. Mai 1989	*Deutsche Alternative (DA)* in Bremen von Kühnen-Anhängern gegründet; *DA* will sich vor allem in den neuen Bundesländern engagieren
16. Mai 1989	Gründung des *Republikanischen Hochschulverbandes* in München, der den „*Republikanern*" nahesteht
18. Juni 1989	Bei Europawahl gewinnen die „*Republikaner*" bundesweit 7,1 % der Stimmen, 6 Abgeordnete, darunter Franz Schönhuber, Harald Neubauer u.a.
Belgien 18. Juni 1989	Bei Europawahl 4,1 % für *Vlaams Blok*, 1 Mandat
Frankreich 18. Juni 1989	Bei Europawahl 11,8 %, 2,1 Millionen Stimmen für *Front National*, Le Pen, 10 Mandate
Italien 18. Juni 1989	Bei Europawahl 1,8 % für *Lega Lombarda* (8,1 % in der Lombardei), 2 Sitze; *MSI/DN* mit 5,5 % 4 Sitze
Straßburg Ende Juni 1989	Nach den Wahlen zum Europaparlament formieren sich *FN*, *Republikaner* und *Vlaams Blok* zur *Eurorechten* im Europaparlament, keine Kooperation mit *MSI/DN*
Juli 1989	Georg Albert Bosse tritt an die Stelle Otto Ernst Remers als Vorsitzender der *Deutschen Freiheitsbewegung (DDF)*
Schweiz Herbst 1989	*Schweizer Autopartei (AP)* nimmt Themen „Asyl" und „Drogen" in ihr Programm auf
Belgien 9. Okt. 1989	*Vlaams Blok* mit 10 Abgeordneten im Antwerpener Stadtparlament
Frankreich 3. Dez. 1989	*FN* erreicht bei Nachwahlen in Dreux 61,3 % für Marie-France Stirbois, in Marseille 47,2 % der Stimmen
Ende 1989	70 rechtsextremistische Organisationen („Republikaner" nicht mitgezählt) mit ca. 35.900 Mitglieder, davon ca. 25.000 in *DVU*; „*Republikaner*" haben 25.000 Mitglieder gegenüber 2500 (1985) und 8500 (1988); 222 Rechtsextremisten im öffentlichen Dienst
Italien Ende 80er Jahre	Mitgliederrückgang bei *MSI/DN* von ca. 450.000 (1972) auf 120.000

1990, Frankreich	Gründung einer *FN*-Studentenorganisation *Cercle National des étudiants de Paris* und einer Bauernorganisation *Cercle National des agriculteurs*
Jan. 1990	*Deutsche Alternative (DA)* verfaßt „Arbeitsplan Ost"
18. Jan. 1990	NPD-nahe *Mitteldeutsche Nationaldemokratische Partei (MNP)* und ihre Jugendorganisation *Junge Nationaldemokraten (JN)* in Leipzig gegründet
31. Jan. 1990	*Nationale Alternative (NA)* in Ostberlin durch Michael Kühnen gegründet
Italien Mai 1990	*Lega Lombarda* bei Kommunal- und Regionalwahlen 20,2 %
20. Juni 1990	*Bürger- und Bauerninitiative (BBI)* von Thies Christophersen wird aufgelöst
Juli 1990	*Nationale Offensive (NO)* in Bayern von ehemaligen *FAP*-Mitgliedern gegründet
7./8. Juli 1990	Parteitag der *„Republikaner"*, Wiederwahl Schönhubers, der am 25. Mai 1990 wegen innerparteilicher Auseinandersetzungen zurückgetreten war
Sept. 1990	Erstes Erscheinen der Monatszeitung „Deutsche Rundschau" von Teilen der *NPD* und der *„Republikaner"*
Österreich 7. Okt. 1990	Bei Wahlen zum Nationalrat 16,6 %, 0,78 Millionen Stimmen, für *FPÖ*, 33 Mandate (1986 mit 9,7 % 18 Mandate)
9. Nov. 1990	In Essen schneiden drei Rechtsextremisten einem 13jährigen Mädchen ein Hakenkreuz ins Gesicht
Frankreich 18. Nov. 1990	Le Pen reist nach Bagdad, um Saddam Hussein zu treffen
24./25. Nov. 1990	Gruppe rechtsextremistischer Jugendlicher verletzt den Angolaner Amadeu Antonio in Eberswalde/Brandenburg so schwer, daß er am 6. Dez. stirbt
2. Dez. 1990	Bei erster gesamtdeutscher Bundestagswahl insgesamt 2,1 % für *„Republikaner"* und 0,3 % für *NPD*; in Ostdeutschland bleiben die Parteien mit nur 1,3 % bzw. 0,2 % weit hinter ihren Erwartungen zurück
16. Dez. 1990	Als Reaktion auf das schlechte Wahlergebnis erklärt *NPD*-Parteivorsitzender Martin Mußgnug seinen Rücktritt; Günther Deckert wird zu seinem Nachfolger gewählt
Ende 1990	69 rechtsextremistische Organisationen (ohne *„Republikaner"*) mit 32.300 Mitgliedern; 10 % weniger als Ende 1989 durch Mitgliederrückgang bei *DVU* auf ca. 22.000
Italien 1990/91	*MSI/DN* bei landesweiten Kommunal- und Regionalwahlen nur 3,9 % der Stimmen; Tiefststand seit 1945
1991	DVU hat ca. 24.000 Mitglieder; Zusammenschluß von „Deutschem Anzeiger" und „Deutscher Wochen-Zeitung" zu einer Publikation der „Deutschen Wochen-Zeitung/Deutscher Anzeiger"; Auflage der „Jungen Freiheit" liegt bei 35.000 Exemplaren;

	„Nation Europa" wird in „Nation und Europa. Deutsche Monatshefte" umbenannt
Frankreich 1991	*FN* hat ca. 30.000 Mitglieder; „National Hebdo" 15.400 im Handel verkaufte Exemplare, „Présent" 6000, „Le Choc du mois" 9700 und „Minute" 3200 Exemplare
Österreich 1991	*FPÖ* 23 % der Stimmen bei Landtagswahlen in Wien
18. Jan. 1991	Konstituierung des Vereins *Deutsche Allianz – Vereinigte Rechte* durch Harald Neubauer (ehemals *REP*) und Martin Mußgnug (ehemals *NPD*)
25. April 1991	Tod von Michael Kühnen; Gottfried Küssel übernimmt seine Führungsrolle unter deutschen Neonazis
7./8. Juni 1991	Günter Deckert wird neuer Vorsitzender der *NPD* auf Parteitag in Herzogenaurach; er setzt Zusammenarbeit mit *DVU* nicht fort
17.-22. Sept. 1991	Asylbewerberheim in Hoyerswerda/Sachsen wird von Rechtsextremen angegriffen, mindestens 30 Menschen werden verletzt, erstmals zeigen Anwohner unverhohlene Sympathie
Frankreich, 21. Sept. 1991	Nach SOFRES-Repräsentativumfrage steht Le Pen mit 22 % Zustimmung an Spitze der Politiker, die „zufriedenstellende Lösung für das Immigrantenproblem vorschlagen" (Mitterrand nur 10 %)
Frankreich 25. Sept. 1991	Klaus Barbie stirbt im Lyoner Gefängniskrankenhaus
29. Sept. 1991	Bei Bürgerschaftswahlen in Bremen erreicht *DVU-Liste D* 6,2 % der Stimmen, 6 Mandate
3. Okt. 1991	*Deutsche Allianz/Vereinigte Rechte* konstituiert sich als Partei mit dem Namen *Deutsche Liga für Volk und Heimat (DL)*
Schweiz 20. Okt. 1991	*Auto-Partei (AP)* erhält bei Nationalratswahl mit 5,1 % 8 Sitze
Frankreich 24. Okt. 1991	Nach SOFRES-Umfrage sind 32 % der Befragten mit politischen Zielen des *FN* einverstanden (14 % mehr als im Sept. 1990); 38 % sind einverstanden mit Haltung gegenüber Ausländern; gleichzeitig werten 81 % den *FN* als rassistisch, 64 % als Gefahr für die Demokratie (RTL-Le Monde)
Italien Nov. 1991	Bei Kommunalwahlen in Brescia wird *Lega Lombarda* mit 24,4 % der Stimmen stärkste Partei
Frankreich 16. Nov. 1991	Bruno Mégret, *FN*, präsentiert 50 Maßnahmen zur Regelung des Einwanderungsproblems
Spanien 17. Nov. 1991	Auf Einladung von *CEDADE* versammeln sich 1500 Neonazis am Grab General Francos, vor dem Madrider Königspalast ca. 7000
Belgien 24. Nov. 1991	Bei Parlamentswahlen erhält *Vlaams Blok* 8,0 % der Stimmen, 12 Mandate; gegenüber 2 Mandaten 1987
Ende 1991	39.800 Personen sind Mitglied in 76 rechtsextremistischen Organisationen (ohne „*Republikaner*"); erstmals sind die neuen

	Bundesländer in die Statistik des Verfassungsschutzberichts einbezogen
1.1.-31.12.1991	1483 schwere rechtsextremistische Gewalttaten

1992	25.000 Mitglieder in der *DVU*; An Stelle der *DA* treten der *Nationale Block (NB)* in Bayern, die *Nationale Liste (NL)* in Hamburg, *Deutsches Hessen (DH)*, *Der Deutsche Weg (DDW)* in Nordrhein-Westfalen, die *Sächsische Nationale Liste (SNL)*; Auflage von „Nation Europa" liegt bei 15.000 monatlich
Italien 1992	Bei Parlamentswahlen 5,4 % der Stimmen für *MSI/DN*, 34 Sitze
Frankreich 22. März 1992	Bei Regionalwahlen erhält *Front National (FN)* 13,6 %, 3,4 Millionen Stimmen
5. April 1992	Landtagswahl in Schleswig-Holstein, *DVU* 6,3 % der Stimmen, 6 Mandate; Landtagswahl in Baden-Württemberg, 10,9 % der Stimmen, 15 Mandate für *„Republikaner"*; bestes landesweite Ergebnis seit Gründung
Italien 5. April 1992	Bei Parlamentswahlen 5,4 % der Stimmen für *MSI/DN*; Alessandra Mussolini, Enkelin des Diktators, kandidiert; 34 Sitze in Abgeordnetenhaus und 16 im Senat; *Lega Nord* (23 % in Lombardei) 55 bzw. 25 Sitze
19. April 1992	*Deutsch Nationale Partei (DNP)* in Wechselburg (Landkreis Rochlitz/Sachsen) gegründet; ihr Vorsitzender, Thomas Dienel, war FDJ-Sekretär und 1990 bis 1992 thüringischer Landesvorsitzender der *NPD*
Frankreich 20. Mai 1992	3 Generalräte, 33 Bürgermeister, 239 Regionalräte und 1666 Stadträte gehören an diesem Stichtag dem *FN* an sowie 10 Europaparlamentarier
24. Mai 1992	Bei Berliner Bezirkswahlen erreichen *„Republikaner"* in Westberlin 9,9 %, in Ostberlin 5,4 % der Stimmen
15. Aug. 1992	An Rudolf-Heß-Gedenkmarsch in Rudolstadt nehmen ca. 2000 Neonazis aus dem In- und Ausland teil
Frankreich 22. Aug. 1992	Le Pen hält in seinem Geburtsort La Trinité-sur-Mer eine Rede gegen Maastrichter-Vertrag: „Krieg finsterer Mächte und Lobbies gegen die Nationalen"
24. Aug. 1992	Angriff auf die zentrale Aufnahmestelle für Flüchtlinge in Rostock, die nahezu zerstört wird, Sympathiebekundungen Rostocker Bürger
Frankreich 20. Sept. 1992	Beim Referendum über Maastricht 48,95 % Nein-Stimmen
26. Sept. 1992	Brandanschlag auf „Jüdische Baracke" im ehemaligen KZ Sachsenhausen/Brandenburg
27./28. Sept. 1992	*Lega Nord* von Umberto Bossi 33,9 % in Provinz Mantua
Österreich 8. Okt. 1992	Bei Gemeinderatswahl in Salzburg erreicht *FPÖ* 14,5 % der Stimmen

7. Nov. 1992	Skinheads töten den Obdachlosen Rolf Schulze
13. Nov. 1992	Günter Deckert (*NPD*) wird wegen der Übersetzung eines Vortrags von Fred Leuchter („Gaskammer-Experte" aus den USA) u.a. zu einer einjährigen Freiheitsstrafe auf Bewährung und 10.000,– DM verurteilt
23. Nov. 1992	Bei einem Brandanschlag auf ein von Türken bewohntes Haus in Mölln/Schleswig-Holstein kommen zwei türkische Mädchen und eine türkische Frau ums Leben
Nov./Dez. 1992	Bundesinnenminister verbietet *Deutsche Alternative (DA)*, *Nationale Offensive (NO)* und *Nationalistische Front (NF)*
1.1.-31.12.1992	2285 Gewalttaten mit erwiesener oder vermuteter rechtsextremistischer Motivation, 17 Todesopfer rechtsextremer Täter, Höchststand seit Ende des 2. Weltkrieges; die meisten Täter sind jünger als 21 Jahre

1993	Die *DVU* zählt ca. 24.000 Mitglieder; *NPD* ca. 6000 Mitglieder; „Mut" hat eine Auflage von 30.000
Frankreich 1993	Neues „Regierungsprogramm" des *FN* behandelt im Kern „nationale Identität", zu deren „Rettung" ein Maßnahmenkatalog erstellt wurde
Anfang 1993	Behinderte sind immer häufiger Opfer brutaler Überfälle, Bruno Kappi aus Siegen wird von zwei Skinheads getötet
Frankreich 21. März 1993	Bei Parlamentswahlen (1. Wahlgang) erhält *FN* 12,4 %, 3,2 Millionen Stimmen und wird damit viertstärkste Partei, verliert aber seinen einzigen Abgeordneten
Mai 1993	Bundestagsabgeordneter Rudolf Krause wechselt von CDU zu „*Republikanern*", wodurch Partei im Bundestag vertreten ist; er wird am 4. Juli 1993 zum Vorsitzenden des Landesverbandes Magdeburg gewählt
29. Mai 1993	In Solingen sterben fünf Türkinnen bei einem Brandanschlag auf das Wohnhaus ihrer Familie
10. Juli 1993	*FAP*-Bundesparteitag in Thüringen
14. Aug. 1993	ca. 500 Neonazis demonstrieren in Fulda zum Gedenken an Rudolf Heß
18. Sept. 1993	Bundesparteitag der *NPD* in Coppenbrügge/Niedersachsen (ca. 250 Delegierte), wird auf Druck von Demonstranten und Kommunalpolitikern abgebrochen
Italien Herbst 1993	Wahlerfolge des *MSI/DN* auf kommunaler Ebene; Parteipräsidium beschließt Auflösung in neue, größere Partei „*Alleanza Nazionale*"
Ende Okt. 1993	Parteitag der „*Republikaner*" in Rastatt, Vorsitzender Franz Schönhuber wird zum Spitzenkandidat für Europawahl und Bundestagswahl 1994 gewählt
1.1.-30.11.1993	1699 Gewalttaten in den ersten elf Monaten des Jahres gegenüber 2366 im gleichen Zeitraum 1992, 8 Menschen wurden getötet

18. Dez. 1993	Verurteilung der Brandstifter von Mölln, Michael Peters (Neonazi, 26 Jahre) erhält lebenslange Freiheitsstrafe, Lars Christiansen (20 Jahre) wird zu 10 Jahren Haft verurteilt
Ende 1993	Nach Schätzungen der Behörden gibt es in Deutschland ca. 6200 militante und 42.100 organisierte Rechtsextremisten
1994, Januar	Die Monatszeitung „Junge Freiheit" stellt um auf wöchentliche Erscheinungsweise

Literatur

Assheuer, Thomas/Sarkowicz, Hans, 1992: Rechtsradikale in Deutschland. Die alte und die neue Rechte. 2. aktualisierte Aufl., München.

Backes, Uwe/Jesse, Eckhard, 1993: Politischer Extremismus in der Bundesrepublik Deutschland. Berlin.

Benz, Wolfgang (Hg.), 1992: Rechtsextremismus in der Bundesrepublik. Voraussetzungen, Zusammenhänge, Wirkungen. Aktualisierte Neuausgabe. Frankfurt a.M.

Bundesminister des Innern (Hg.), 1969-1991: Verfassungsschutzberichte 1969 – 1991. Bonn.

Bundesregierung (Hg.), 1960: Die antisemitischen und nazistischen Vorfälle. Weißbuch und Erklärung der Bundesregierung. Bonn.

Butterwegge, Christoph/Jäger, Siegfried (Hg.), 1992: Rassismus in Europa. Köln.

Evangelischer Pressedienst (Hg.), 1987: Fremdenhaß als Triebfeder. Zur Situation der extremen Rechten in sechs westlichen Nachbarländern, (epd Dokumentation Nr. 28a, 15. Juni 1987). Frankfurt a.M.

Fischer, Claus A. (Hg.), 1990: Wahlhandbuch für die Bundesrepublik Deutschland. Daten zu Bundestags-, Landtags-und Europawahlen in der Bundesrepublik Deutschland, in den Ländern und in den Kreisen 1946-1989, 2 Bde. Paderborn.

Fromm, Rainer, 1993: Am rechten Rand. Lexikon des Rechtsradikalismus. Marburg.

Greß, Franz/Jaschke, Hans-Gerd/Schönekäs, Klaus, 1990: Neue Rechte und Rechtsextremismus in Europa. Bundesrepublik, Frankreich, Großbritannien. Opladen.

Hirsch, Kurt, 1989: Rechts von der Union. Personen, Organisationen, Parteien seit 1945, ein Lexikon. München.

Kirfel, Martina/Oswalt, Walter (Hg.), 1989: Die Rückkehr der Führer. Modernisierter Rechtsradikalismus in Westeuropa. Wien/Zürich.

Kowalsky, Wolfgang, 1991: Kulturrevolution? Die Neue Rechte im neuen Frankreich und ihre Vorläufer. Opladen.

Lampe, Thomas, 1992: Der Aufstieg des „Front National" in Frankreich. Extremismus und Populismus von rechts. Frankfurt a.M.

Pfahl-Traughber, Armin, 1993: Rechtsextremismus. Eine kritische Bestandsaufnahme nach der Wiedervereinigung. Bonn.

Schiesser, Giaco, 1992: Die Schweizer Auto-Partei, in: Die Neue Gesellschaft. Frankfurter Hefte, April 1992, 330-335.

Schlenker, Hans-Heinz, 1992: Belgiens Rechtsextremismus auf dem Vormarsch, in: Die Neue Gesellschaft. Frankfurter Hefte, April 1992, 335-339.

Stöss, Richard (Hg.), 1983: Parteien-Handbuch. Die Parteien der Bundesrepublik Deutschland 1945-1980, 2 Bde. Opladen 1983.

VIII.
Anhang

Wichtige Forschungsliteratur – eine Auswahl in chronologischer Abfolge

1950

Adorno, Theodor W.: Studien zum autoritären Charakter, Frankfurt a.M.
(Referenzwerk über sozialpsychologische Grundlagen von Vorurteilen und autoritär-rechtsextremen Denk- und Verhaltensmustern)

1957

Büsch, Otto/Furth, Peter: Rechtsradikalismus im Nachkriegsdeutschland. Studien über die „Sozialistische Reichspartei" (SRP), Berlin/Frankfurt a.M.
(Erste Studie über eine rechtsextreme Nachkriegsorganisation)

1967

Scheuch, Erwin K./Klingemann Hans-Dieter: Theorie des Rechtsradikalismus in westlichen Industriegesellschaften, in: Hamburger Jahrbuch für Wirtschafts- und Gesellschaftspolitik, Tübingen, S. 11-29.
(Versuch, den Rechtsextremismus als normale Pathologie moderner Industriegesellschaften zu interpretieren, und damit Einleitung eines Perspektivenwandels)

1967

Haug, Wolfgang Fritz: Der hilflose Antifaschismus. Zur Kritik der Vorlesungsreihen über Wissenschaft und Nationalsozialismus an deutschen Universitäten, Frankfurt a.M.
(Referenzwerk für die antifaschistische Diskussion der Studentenbewegung)

1969

Kühnl, Reinhard/Rilling, Rainer/Sager, Christine: Die NPD. Struktur, Ideologie und Funktion einer neofaschistischen Partei, Frankfurt a.M.
(Erste breit angelegte Auseinandersetzung mit der NPD)

1969

Niethammer, Lutz: Angepaßter Faschismus. Politische Praxis der NPD, Frankfurt a.M.
(Studie über die Anpassung neonazistischer Politik an die veränderten Rahmenbedingungen der Bundesrepublik Deutschland)

1981

SINUS: Fünfmillionen Deutsche: „Wir sollten wieder einen Führer haben ...". Die SINUS-Studie über rechtsextremistische Einstellungen bei den Deutschen, Reinbek.
(Erste materialreiche Studie zur Messung rechtsextremer Einstellungen in Deutschland)

1983/1984

Stöss, Richard (Hg.): Parteien-Handbuch. Die Parteien der Bundesrepublik Deutschland 1945-1980, 2 Bde, Opladen.
(Umfangreichste Darstellung rechtsextremistischer Parteien in Deutschland)

1984

Dudek, Peter/Jaschke, Hans-Gerd: Entstehung und Entwicklung des Rechtsextremismus in der Bundesrepublik. Zur Tradition einer besonderen politischen Kultur, 2 Bde, Opladen.
(Historische Aufarbeitung bundesdeutschen Rechtsextremismus)

1987

Heitmeyer, Wilhelm: Rechtsextremistische Orientierungen bei Jugendlichen. Empirische Ergebnisse und Erklärungsmuster einer Untersuchung zur politischen Sozialisation, Weinheim/ München.
(Erste empirische Langzeitstudie zur qualitativen Analyse biographischer Entwicklungen vor sozialisationstheoretischem Hintergrund)

1989

Backes, Uwe/Jesse, Eckhard: Politischer Extremismus in der Bundesrepublik Deutschland Bd. I-III, Berlin.
(Systematische Einführung in die historische Entwicklung rechtsextremer Politik und die theoretischen Grundlagen zu ihrer Interpretation)
Stöss, Richard: Die extreme Rechte in der Bundesrepublik. Entwicklung – Ursachen – Gegenmaßnahmen, Opladen.
(Umfassende Darstellung des Rechtsextremismus in der Bundesrepublik Deutschland mit besonderem Augenmerk auf die Genese und Struktur der Republikaner)

1990

Greß, Franz/Jaschke, Hans-Gerd/Schönekäs, Klaus: Neue Rechte und Rechtsextremismus in Europa. Bundesrepublik, Frankreich, Großbritannien, Opladen.
(Länderberichte über Neue Rechte und Rechtsextremismus)

1993

Kalinowsky, Harry H.: Kampfplatz Justiz. Politische Justiz und Rechtsextremismus in der Bundesrepublik Deutschland 1949-1990, (Studien und Materialien zum Rechtsextremismus, hrsg. von Prof. *Eike Hennig*, Bd. 3), Pfaffenweiler.
(Erste systematische, empirische Untersuchung der Strafrechts-und Strafgerichtsverfahren gegen den Rechtsextremismus)

Die Autorinnen und Autoren

Peter Dudek
geb. 1949 in Bad Orb, Studium der Fächer Mathematik, Gesellschaftswissenschaften und Pädagogik an der Universität Frankfurt, 1978 Promotion zum Dr. phil. mit einer Arbeit zum Thema „Naturwissenschaft und Gesellschaftsformation. Zum Problem der historischen und begrifflichen Konstitution der klassischen Naturwissenschaften", 1985 Habilitation zum Thema „Entstehung und Entwicklung des Rechtsextremismus in der Bundesrepublik", seit 1991 Professor für Erziehungswissenschaften an der Johann Wolfgang Goethe-Universität Frankfurt.

Wichtigste Veröffentlichungen:
- Jugend als Objekt der Wissenschaft. Geschichte der Jugendforschung in Deutschland und Österreich 1890-1933, Opladen 1990.
- (zus. hrsg. mit H.-Elmer Tenorth), Transformation der deutschen Bildungslandschaft. Lernprozeß mit ungewissem Ausgang. 30. Beiheft der Zeitschrift für Pädagogik, Weinheim/Basel 1993
- Gesamtdeutsche Pädagogik im Schwelmer Kreis. Geschichte und politisch-pädagogische Programmatik 1952 – 1974, Weinheim/München 1993

Franz Greß
geb. 1941 in Ulm, Studium der Fächer Politikwissenschaften, Germanistik und Philosophie an den Universitäten Tübingen und Frankfurt, 1970 Promotion zum Dr. phil. mit einer Arbeit zum Thema „Germanistik und Politik", seit 1972 Professor für Politikwissenschaft an der Universität Frankfurt.

Wichtigste Veröffentlichungen:
- (zus. mit Hans-Gerd Jaschke und Klaus Schönekäs) Neue Rechte und Rechtsextremismus in Europa. Bundesrepublik, Frankreich, Großbritannien, Opladen 1990
- (zus. hrsg. mit H. Vorländer) Liberale Demokratie in Europa und den USA. Festschrift für Kurt L. Shell, Frankfurt am Main/New York, 1990
- Europa – Ende des Föderalismus? Hrsg. i.A. des Hessischen Landtags, Wiesbaden 1993

Benno Hafeneger
geb. 1948 in Bad Camberg, Studium der Fächer Psychologie und Pädagogik an der Universität Frankfurt, 1984 Promotion zum Dr. phil. mit einer Arbeit zum Thema „Jugendalltag und Jugendarbeit", Habilitand (Thema „Jugendarbeit und Politik"), seit 1983 Professor für Jugend, Jugendarbeit und Jugendpolitik an der FH Fulda, ab Sommersemester 1994 an der Universität Marburg.

Wichtigste Veröffentlichungen:
- Jugendarbeit als Beruf. Geschichte einer Profession in Deutschland, Opladen 1992
- Rechte Jugendliche. Einstieg und Ausstieg: Sechs biographische Studien, Bielefeld 1993

- (zus. mit Michael Fritz) Sie starben für den Führer, Volk und Vaterland. Ein Lesebuch zur Kriegsbegeisterung junger Männer. Band 3: Die Hitlerjugend, Frankfurt am Main 1993

Eike Hennig
geb. 1943 in Kassel, Studium der Fächer Politische Wissenschaft, Soziologie und Öffentliches Recht an den Universitäten Marburg und Frankfurt, 1973 Promotion zum Dr. phil. mit einer Arbeit zum Thema „Zur Darstellung des Verhältnisses von Nationalsozialismus und Industrie", Habilitation zum Thema „Demokratietheorie und Kommunikation", seit 1981 Professor für Theorie und Methodologie der Politikwissenschaft an der Gesamthochschule Kassel.
Wichtigste Veröffentlichungen:
- (zus. mit Manfred Kieserling und Rolf Kirchner), Die Republikaner im Schatten Deutschlands, Frankfurt 1991.

Hans-Gerd Jaschke
geb. 1952 in Lautzert, Studium der Fächer Germanistik, Politikwissenschaften und Pädagogik an der Universität Frankfurt, 1981 Promotion zum Dr. phil. mit einer Arbeit zum Thema „Soziale Basis und soziale Funktion des Nationalsozialismus", 1990 Habilitation zum Thema „Streitbare Demokratie und Innere Sicherheit", seit 1991 Wissenschaftlicher Mitarbeiter am Institut für Sozialforschung.
Wichtigste Veröffentlichungen:
- (zus. mit Peter Dudek) Entstehung und Entwicklung des Rechtsextremismus in der Bundesrepublik. Zur Tradition einer besonderen politischen Kultur, Opladen 1984, 2 Bde
- (zus. mit Franz Greß und Klaus Schönekäs) Neue Rechte und Rechtsextremismus in Europa. Bundesrepublik, Frankreich, Großbritannien, Opladen 1990
- Streitbare Demokratie und Innere Sicherheit. Grundlagen, Praxis und Kritik, Opladen 1991

Arno Klönne
geb. 1931 in Bochum, Studium der Fächer Soziologie, Politikwissenschaften und Pädagogik an den Universitäten Köln und Marburg, 1955 Promotion zum Dr. phil. mit einer Arbeit zum Thema „Die Hitlerjugend und ihre Organisation im Dritten Reich", seit 1977 Professor für Soziologie an der Universität-Gesamthochschule Paderborn.
Wichtigste Veröffentlichungen:
- Die deutsche Arbeiterbewegung. Geschichte, Ziele, Wirkungen, München 1989
- Jugend im Dritten Reich. Die Hitler-Jugend und ihre Gegner, München 1990
- Rechts-Nachfolge. Risiken des „deutschen Wesens" nach 1945, Köln 1990

Claus Leggewie
geb. 1950 in Wanne-Eickel, Studium der Fächer Geschichte und Sozialwissenschaft an den Universitäten Köln und Paris, 1978 Promotion zum Dr. dic. pol. mit einer Arbeit zum Thema „Siedlung, Staat und Wanderung. Das französische Kolonialsystem

in Algerien", 1984 Habilitation zum Thema „Sozialdemokratie in Frankreich – Am Ende eines Sonderweges", seit 1989 Professor für Politische Wissenschaft an der Justus-Liebig-Universität Gießen.

Wichtigste Veröffentlichungen:
- MultiKulti. Spielregeln für die Vielvölkerrepublik, 3. Aufl., Berlin 1993.
- Druck von rechts. Wohin treibt die Bundesrepublik?, 2. Aufl., München 1994
- Alhambra. Der Islam im Westen. Reinbeck 1992.

Dietmar Loch
geb. 1960 in Lauffen/N., Studium der Fächer Politikwissenschaft, Geschichte und Romanistik an den Universitäten Konstanz, Tübingen, Aix-en-Provence und Gießen, Staatsexamen Sek.II, Geschichte, Politik, Romanistik 1990/91, Doktorand an der Universität Gießen.

Wichtigste Veröffentlichung:
- Der schnelle Aufstieg der Front National. Rechtsextremismus im Frankreich der 80er Jahre, 2. Aufl., München 1991.

Heinz Lynen von Berg
geb. 1959 in Süsterseel/Kreis Heinsberg, Studium der Fächer Politische Wissenschaft und Germanistik an den Universitäten Berlin und Urbino/Italien, 1989 Dipl.-Politologe (Arbeit zur Situation der Sinti und Roma in der Bundesrepublik Deutschland), seit 1992 Wissenschaftlicher Mitarbeiter am Institut für Politikwissenschaft der TU Berlin.

Armin Pfahl-Traughber
geb. 1963 in Schwalmstadt, Studium der Fächer Politikwissenschaft, Soziologie, Neuere Geschichte, Philosophie an den Universitäten Duisburg und Marburg, 1992 Promotion zum Dr. phil. mit einer Arbeit zum Thema „Der antisemitisch-antifreimaurerische Verschwörungsmythos in der Weimarer Republik und im NS-Staat", freier Publizist und seit 1993 Lehrbeauftragter an der Universität Marburg

Wichtigste Veröffentlichungen:
- Rechtsextremismus. Eine kritische Bestandsaufnahme nach der Wiedervereinigung, Bonn 1993
- Der antisemitisch-antifreimaurerische Verschwörungsmythos in der Weimarer Republik und im NS-Staat, Wien 1993.

Anne Schmidt
geb. 1965 in Villmar/Lahn, Studium an der Fachhochschule für Bibliotheks- und Dokumentationswesen in Köln, 1987 Dipl.-Bibliothekarin, seit 1992 Mitarbeiterin in der Abteilung Grundsatzfragen beim Vorstand der IG Metall.

Gertrud Siller
geb. 1959 in Nordhorn, Studium der Pädagogik an der Universität Bielefeld, 1986 Dipl.-Pädagogin, seit 1991 Wissenschaftliche Angestellte im Interdisziplinären Frauenforschungs-Zentrum, Universität Bielefeld, Promotionsthema „Zusammenhänge

zwischen weiblichen Lebenserfahrungen und rechtsextremistischen Orientierungen bei Frauen" (Arbeitstitel)

Richard Stöss
geb. 1944 in St. Goar, Studium der Fächer Politische Wissenschaften an der Freien Universität Berlin, 1978 Promotion zum Dr. phil. mit einer Arbeit zum Thema „Parteiensoziolgie", 1984 Habilitation zum selben Thema, seit 1971 Wissenschaftlicher Angestellter am Zentralinstitut für sozialwissenschaftliche Forschung an der FU Berlin.
Wichtigste Veröffentlichungen:
- Parteien-Handbuch. Die Parteien der Bundesrepublik Deutschland 1945-1980, 2 Bde, Opladen 1986
- Die extreme Rechte in der Bundesrepublik. Entwicklung – Ursachen – Gegenmaßnahmen, Opladen 1986
- Politics Against Democracy: Right Wing Extremism in West Germany, Oxford/New York 1991

Rolf Uesseler
geb. 1943 in Dortmund, Studium der Fächer Volkswirtschaft, Psychologie und Publizistik an den Universitäten Freiburg, Hamburg, München, Köln, Göttingen und Braunschweig, 1969 Dipl.-Volkswirt/-Psychologe, seit 1980 Publizist.
Wichtigste Veröffentlichung:
- I programmi della socialdemocrazia tedesca, Rom 1986

Juliane Wetzel
geb. 1957 in München, Studium der Fächer Geschichte und Kunstgeschichte an der Ludwig-Maximilians-Universität München, 1987 Promotion zum Dr. phil. mit einer Arbeit zum Thema „Jüdisches Leben in München 1945-1951. Durchgangsstation oder Wiederaufbau?", seit 1991 Wissenschaftliche Mitarbeiterin im Zentrum für Antisemitismusforschung an der TU Berlin.

Jürgen R. Winkler
geb. 1955 in Weidenau/Siegen, Studium des Faches Politikwissenschaft an der Freien Universität Berlin, 1993 Promotion zum Dr. phil. mit einer Arbeit zum Thema „Sozialstruktur, politische Traditionen und Liberalismus", seit 1993 Wissenschaftlicher Assistent am Institut für Politikwissenschaft der Johannes-Gutenberg-Universität Mainz.
Wichtigste Veröffentlichungen:
- Sozialstruktur, politische Traditionen und Liberalismus. Eine Längsschnittstudie zur Wahlentwicklung in Deutschland 1871-1933, Opladen 1994.
- Historische Wahlforschung. Entwicklung, Theorien, Daten, Methoden, Ergebnisse, St. Katharinen 1994.

Kurzbiographien der Herausgeber

Wolfgang Kowalsky
geb. 1956 in Köln, Studium der Fächer Soziologie, Psychologie, Politologie an der Freien Universität Berlin und an der Université de Paris X, 1989 Promotion zum Dr. phil. mit einer Arbeit zum Thema „Frankreichs Unternehmer-Zentralverband CNPF 1965-1982", von 1987 bis 1992 Wissenschaftlicher Mitarbeiter am Fachbereich Politische Wissenschaft der FU Berlin, seit 1992 Referent in der Abteilung Grundsatzfragen beim Vorstand der IG Metall.

Wichtigste Veröffentlichungen:
- Die Inszenierung eines positiven Unternehmerbildes in Frankreich 1965-1982, Rheinfelden/Berlin 1991
- Kulturrevolution? Die Neue Rechte im neuen Frankreich und ihre Vorläufer, Opladen 1991.

Wolfgang Schroeder
geb. 1960 in Mayen, Studium der Fächer Politikwissenschaft, Geschichte und Theologie an den Universitäten Marburg, Wien, Tübingen und Frankfurt, von 1987 bis 1991 Wissenschaftlicher Mitarbeiter am Fachbereich Katholische Theologie an der Johann Wolfgang Goethe-Universität in Frankfurt, 1991 Promotion zum Dr. rer. soc., seit 1991 Referent in der Abteilung Grundsatzfragen beim Vorstand der IG Metall.

Wichtigste Veröffentlichung:
- Katholizismus und Einheitsgewerkschaft. Der Streit um den DGB und der Niedergang des Sozialkatholizismus in der Bundesrepublik bis 1960, Bonn 1992.

Minderheiten und Integration

Claudia Koch-Arzberger /
Klaus Böhme / Eckart Hohmann /
Konrad Schacht (Hrsg.)

Einwanderungsland Hessen?

Daten, Fakten, Analysen

1993. X, 213 S. Kart.
ISBN 3-531-12502-8

Angesichts der starken Migrationsbewegungen in den letzten Jahren ist die Frage nach dem Umgang mit einer großen Zahl von Zuwanderern ohne deutschen Paß wieder einmal in das Zentrum des Interesses von Öffentlichkeit und Politik gerückt. Die acht Aufsätze im ersten Teil des Buches bieten zunächst einen kurzen historischen Abriß und analysieren die Einstellungen der Deutschen zu Ausländern; es folgen Beiträge zur Lage der Ausländer in verschiedenen Lebensbereichen. Im zweiten Teil werden Daten des Hessischen Statistischen Landesamts zu den verschiedenen Themenbereichen in Form kommentierter Tabellen aufgearbeitet.

Wolf-Dietrich Bukow

Leben in der multikulturellen Gesellschaft

Die Entstehung kleiner Unternehmer und der Umgang mit ethnischen Minderheiten

1993. 212 S. Kart.
ISBN 3-531-12370-X

Für die Bundesrepublik Deutschland wie für andere fortgeschrittene Industriegesellschaften gehören ethnische wie kulturelle Eigenschaften nicht mehr zu den Leitmerkmalen. Damit wäre der erforderliche Spielraum gegeben, die multikulturelle Wirklichkeit der Bundesrepublik auf allen Ebenen zuzulassen. Statt dessen wird diese multikulturelle Wirklichkeit im Rahmen der neuen Restauration zunehmend geleugnet. Dies mag kurzfristig vorteilhaft erscheinen, weil damit populistisch Gewinne zu machen sind; langfristig haben jedoch alle dafür die Kosten zu tragen, besonders die ethnischen Minderheiten. Sie werden, wie die Untersuchung ethnischer kleiner Selbständiger belegt, in Ghettos abgedrängt und geraten in dem Maß, in dem die Einheimischen längst überholte Nationalismen entwickeln, selbst in nationalistisches Fahrwasser.

Wolf-Dietrich Bukow /
Roberto Llaryora

Mitbürger aus der Fremde

Soziogenese ethnischer Minoritäten

2., durchges. Aufl. 1993. 182 S. Kart.
ISBN 3-531-11876-5

Im Alltag, in der Politik wie in der Wissenschaft ist es üblich, die Integrationsprobleme des „Ausländers" auf seine Herkunft zurückzuführen. Unter Rückgriff auf neuere Überlegungen in der Soziologie und Ethnologie wird dieses Verständnis kritisch durchleuchtet, und es wird gezeigt, daß und wie der Migrant trotz der vorhandenen Möglichkeiten zum integrierten Miteinander zur ethnischen Minorität erklärt wird.

WESTDEUTSCHER VERLAG

OPLADEN · WIESBADEN

Aus dem Programm
Sozialwissenschaften

Franz Greß/Hans-Gerd Jaschke/
Klaus Schönekäs
**Neue Rechte
und Rechtsextremismus
in Europa**
Bundesrepublik, Frankreich,
Großbritannien
1990. 360 S. Kart.
ISBN 3-531-11890-0

Die Autoren legen mit diesem Band
eine vergleichende Studie vor, in
der die Tendenzen im Rechtsextremismus in Frankreich, Großbritanni-
en und der Bundesrepublik Deutschland dargestellt und analysiert werden. Basierend auf umfangreichen
Recherchen und bislang nicht publizierten Quellen wird der ideologische und organisatorische Prozeß
dargelegt, in dem Teile des traditionellen Rechtsextremismus den Versuch unternehmen, die Rechte als
theoretisches Projekt neu zu formulieren.

Ortfried Schäffter (Hrsg.)
Das Fremde
Erfahrungsmöglichkeiten zwischen
Faszination und Bedrohung
1991. 240 S. Kart.
ISBN 3-531-12245-2

Das Fremde wird nicht auf den
„exotischen" Charakter eines Ge-
genübers zurückgeführt, sondern
darauf, daß in be-fremdlichen Erfahrungen „zwischen Faszination
und Bedrohung" immer auch die
eigentümlichen Wahrnehmungsmuster einer Person, sozialen Gruppe
oder Kultur zum Ausdruck kommen.
Fremdheit erweist sich als ein Be-
ziehungsverhältnis, das stark von
dem Abgrenzungsbedarf der eigenen Identität geprägt ist. Durch soziologische, psychoanalytische, kul-
turhistorische, kunst- und literatur-
wissenschaftliche Deutungen zeich-

net der Band an Beispielen aus
allen Lebensbereichen das Spektrum von Erfahrungsmöglichkeiten
nach, die uns in bezug auf Fremder-
leben zur Verfügung stehen. Die
Beiträge verdeutlichen unterschiedliche „Modi des Fremderlebens"
und bilden hierdurch einen Reso-
nanzboden für den Zusammenklang
von persönlicher Betroffenheit und
sozialwissenschaftlicher Analyse.

Werner Helsper/Hermann Müller/
Eberhard Nölke/Arno Combe
Jugendliche Außenseiter
Zur Rekonstruktion gescheiterter
Bildungs- und Ausbildungsverläufe
1991. 292 S. Kart.
ISBN 3-531-12276-2

Das Scheitern von Jugendlichen in
der Phase der Ausbildung und des
Berufsstarts wird in diesem Band in
den Zusammenhang des gesamten
Lebenslaufs der Jugendlichen gestellt. Marginalisierung wird nicht
eindimensional als Ergebnis institutioneller Karrieremuster begriffen,
sondern als Resultat der familialen,
schulischen und Peer Group-Sozia-
lisation im Zusammenhang mit institutionellen Interventionen der Jugend-
hilfe verstanden. Die Rekonstruktion
der Fälle und die Fallvergleiche
bilden die Grundlage für die Entwicklung professioneller präventiver Interventionen bei Marginalisie-
rungsprozessen.

WESTDEUTSCHER
VERLAG
OPLADEN · WIESBADEN